A book for You 赤本バックナンバーのご案内

赤本バックナンバーを1年単位で印刷製本しお届けします！

弊社発行の「**高校別入試対策シリーズ（赤本）**」の収録から外れた古い年度の過去問を1年単位でご購入いただくことができます。

「**赤本バックナンバー**」は**amazon（アマゾン）**の*プリント・オン・デマンドサービスによりご提供いたします。

定評のあるくわしい解答解説はもちろん赤本そのまま，解答用紙も付けてあります。

志望校の受験対策をさらに万全なものにするために，「**赤本バックナンバー**」をぜひご活用ください。

⚠ *プリント・オン・デマンドサービスとは，ご注文に応じて1冊から印刷製本し，お客様にお届けするサービスです。

ご購入の流れ

① 英俊社のウェブサイト https://book.eisyun.jp/ にアクセス

② トップページの「高校受験」 赤本バックナンバー をクリック

③ ご希望の学校・年度をクリックすると，amazon（アマゾン）のウェブサイトの該当書籍のページにジャンプ

④ amazon（アマゾン）のウェブサイトでご購入

⚠ 納期や配送，お支払い等，購入に関するお問い合わせは，amazon（アマゾン）のウェブサイトにてご確認ください。

⚠ 書籍の内容についてのお問い合わせは英俊社（06−7712−4373）まで。

国私立高校・高専 バックナンバー

⚠ 表中の×印の学校・年度は，著作権上の事情等により発刊いたしません。あしからずご了承ください。

（アイウエオ順）

※価格はすべて税込表示

学校名	2019年 実施問題	2018年 実施問題	2017年 実施問題	2016年 実施問題	2015年 実施問題	2014年 実施問題	2013年 実施問題	2012年 実施問題	2011年 実施問題	2010年 実施問題	2009年 実施問題	2008年 実施問題	2007年 実施問題	2006年 実施問題	2005年 実施問題	2004年 実施問題	2003年 実施問題
大阪教育大附高池田校舎	1,540円 66頁	1,430円 60頁	1,430円 62頁	1,430円 60頁	1,430円 60頁	1,430円 58頁	1,430円 [illegible]	1,430円 [illegible]	1,430円 [illegible]	[illegible]	[illegible]	1,320円 50頁	1,320円 52頁	1,320円 52頁	1,320円 48頁	1,320円 48頁	
大阪星光学院高	1,320円 48頁	1,320円 44頁	1,210円 42頁	1,210円 34頁	×	[illegible]	[illegible]	[illegible]	[illegible]	[illegible]	[illegible]	1,650円 80頁	1,650円 86頁	1,650円 80頁	1,650円 82頁	1,320円 52頁	1,430円 54頁
大阪桐蔭高	1,540円 74頁	1,540円 66頁	1,540円 68頁	1,540円 66頁	1,540円 66頁	[illegible]	[illegible]	[illegible]	[illegible]	[illegible]	[illegible]	1,430円 62頁	1,430円 60頁	1,430円 62頁	1,430円 58頁		
関西大学高	1,430円 56頁	1,430円 56頁	1,430円 58頁	1,430円 54頁	1,320円 52頁	[illegible]	[illegible]	[illegible]	[illegible] 52頁	[illegible] 50頁							
関西大学第一高	1,540円 66頁	1,430円 64頁	1,430円 64頁	1,430円 56頁	1,430円 62頁	1,430円 54頁	1,320円 48頁	1,430円 56頁	1,430円 56頁	1,430円 56頁	1,430円 56頁	1,320円 52頁	1,320円 52頁	1,320円 50頁	1,320円 46頁	1,320円 52頁	
関西大学北陽高	1,540円 68頁	1,540円 72頁	1,540円 70頁	1,430円 64頁	1,430円 62頁	1,430円 60頁	1,430円 60頁	1,430円 58頁	1,430円 58頁	1,430円 58頁	1,430円 56頁	1,430円 54頁					
関西学院高	1,210円 36頁	1,210円 36頁	1,210円 34頁	1,210円 34頁	1,210円 32頁	1,210円 32頁	1,210円 32頁	1,210円 32頁	1,210円 28頁	1,210円 30頁	1,210円 28頁	1,210円 30頁	×	1,210円 30頁	1,210円 28頁	×	1,210円 26頁
京都女子高	1,540円 66頁	1,430円 62頁	1,430円 60頁	1,430円 60頁	1,430円 60頁	1,430円 54頁	1,430円 56頁	1,430円 56頁	1,430円 56頁	1,430円 56頁	1,430円 56頁	1,430円 54頁	1,430円 54頁	1,320円 50頁	1,320円 50頁	1,320円 48頁	
近畿大学附属高	1,540円 72頁	1,540円 68頁	1,540円 68頁	1,540円 66頁	1,430円 64頁	1,430円 62頁	1,430円 58頁	1,430円 60頁	1,430円 58頁	1,430円 60頁	1,430円 54頁	1,430円 58頁	1,430円 56頁	1,430円 54頁	1,430円 56頁	1,320円 52頁	
久留米大学附設高	1,430円 64頁	1,430円 62頁	1,430円 58頁	1,430円 60頁	1,430円 58頁	1,430円 58頁	1,430円 58頁	1,430円 58頁	1,430円 56頁	1,430円 58頁	1,430円 54頁	×	1,430円 54頁	1,430円 54頁			
四天王寺高	1,540円 74頁	1,430円 62頁	1,430円 64頁	1,540円 66頁	1,210円 40頁	1,210円 40頁	1,430円 64頁	1,430円 64頁	1,430円 58頁	1,430円 62頁	1,430円 60頁	1,430円 60頁	1,430円 64頁	1,430円 58頁	1,430円 62頁	1,430円 58頁	
須磨学園高	1,210円 40頁	1,210円 40頁	1,210円 36頁	1,210円 42頁	1,210円 40頁	1,210円 40頁	1,210円 38頁	1,210円 38頁	1,320円 44頁	1,320円 48頁	1,320円 46頁	1,320円 48頁	1,320円 46頁	1,320円 44頁	1,210円 42頁		
清教学園高	1,540円 66頁	1,540円 66頁	1,430円 64頁	1,430円 56頁	1,320円 52頁	1,320円 50頁	1,320円 52頁	1,320円 48頁	1,320円 52頁	1,320円 50頁	1,320円 50頁	1,320円 46頁					
西南学院高	1,870円 102頁	1,760円 98頁	1,650円 82頁	1,980円 116頁	1,980円 112頁	1,980円 112頁	1,870円 110頁	1,870円 112頁	1,870円 106頁	1,540円 76頁	1,540円 76頁	1,540円 72頁	1,540円 72頁	1,540円 70頁			
清風高	1,430円 58頁	1,430円 54頁	1,430円 60頁	1,430円 60頁	1,430円 60頁	1,430円 60頁	1,430円 60頁	1,430円 60頁	1,430円 56頁	1,430円 58頁	×	1,430円 56頁	1,430円 58頁	1,430円 54頁	1,430円 54頁		

※価格はすべて税込表示

学校名	2019年実施問題	2018年実施問題	2017年実施問題	2016年実施問題	2015年実施問題	2014年実施問題	2013年実施問題	2012年実施問題	2011年実施問題	2010年実施問題	2009年実施問題	2008年実施問題	2007年実施問題	2006年実施問題	2005年実施問題	2004年実施問題	2003年実施問題
清風南海高	1,430円 64頁	1,430円 64頁	1,430円 62頁	1,430円 60頁	1,430円 60頁	1,430円 58頁	1,430円 58頁	1,430円 60頁	1,430円 56頁	1,430円 56頁	1,430円 56頁	1,430円 56頁	1,430円 58頁	1,430円 58頁	1,320円 52頁	1,430円 54頁	
智辯学園和歌山高	1,320円 44頁	1,210円 42頁	1,210円 40頁	1,210円 40頁	1,210円 38頁	1,210円 38頁	1,210円 40頁	1,210円 38頁	1,210円 38頁	1,210円 40頁	1,210円 40頁	1,210円 38頁	1,210円 38頁	1,210円 38頁	1,210円 38頁	1,210円 38頁	
同志社高	1,430円 56頁	1,430円 56頁	1,430円 54頁	1,430円 54頁	1,430円 56頁	1,430円 54頁	1,320円 52頁	1,320円 52頁	1,320円 50頁	1,320円 48頁	1,320円 50頁	1,320円 50頁	1,320円 46頁	1,320円 48頁	1,320円 44頁	1,320円 48頁	1,320円 46頁
灘高	1,320円 52頁	1,320円 46頁	1,320円 48頁	1,320円 46頁	1,320円 46頁	1,320円 48頁	1,210円 42頁	1,320円 44頁	1,320円 50頁	1,320円 48頁	1,320円 46頁	1,320円 48頁	1,320円 48頁	1,320円 46頁	1,320円 44頁	1,320円 46頁	1,320円 46頁
西大和学園高	1,760円 98頁	1,760円 96頁	1,760円 90頁	1,540円 68頁	1,540円 66頁	1,430円 62頁	1,430円 62頁	1,430円 62頁	1,430円 64頁	1,430円 64頁	1,430円 62頁	1,430円 64頁	1,430円 64頁	1,430円 62頁	1,430円 60頁	1,430円 56頁	1,430円 58頁
福岡大学附属大濠高	2,310円 152頁	2,310円 148頁	2,200円 142頁	2,200円 144頁	2,090円 134頁	2,090円 132頁	2,090円 128頁	1,760円 96頁	1,760円 94頁	1,650円 88頁	1,650円 84頁	1,760円 88頁	1,760円 90頁	1,760円 92頁			
明星高	1,540円 76頁	1,540円 74頁	1,540円 68頁	1,430円 62頁	1,430円 62頁	1,430円 64頁	1,430円 64頁	1,430円 60頁	1,430円 58頁	1,430円 56頁	1,430円 56頁	1,430円 54頁	1,430円 54頁	1,430円 54頁	1,320円 52頁	1,320円 52頁	
桃山学院高	1,430円 64頁	1,430円 64頁	1,430円 62頁	1,430円 60頁	1,430円 58頁	1,430円 54頁	1,430円 56頁	1,430円 54頁	1,430円 58頁	1,430円 58頁	1,430円 56頁	1,320円 52頁	1,320円 52頁	1,320円 48頁	1,320円 46頁	1,320円 50頁	1,320円 50頁
洛南高	1,540円 66頁	1,430円 64頁	1,540円 66頁	1,540円 66頁	1,430円 62頁	1,430円 64頁	1,430円 62頁	1,430円 62頁	1,430円 62頁	1,430円 60頁	1,430円 58頁	1,430円 64頁	1,430円 60頁	1,430円 62頁	1,430円 58頁	1,430円 58頁	1,430円 60頁
ラ・サール高	1,540円 70頁	1,540円 66頁	1,430円 60頁	1,430円 62頁	1,430円 60頁	1,430円 58頁	1,430円 60頁	1,430円 60頁	1,430円 58頁	1,430円 54頁	1,430円 60頁	1,430円 54頁	1,430円 56頁	1,320円 50頁			
立命館高	1,760円 96頁	1,760円 94頁	1,870円 100頁	1,760円 96頁	1,870円 104頁	1,870円 102頁	1,870円 100頁	1,760円 92頁	1,650円 88頁	1,760円 94頁	1,650円 88頁	1,650円 86頁	1,320円 48頁	1,650円 80頁	1,430円 54頁		
立命館宇治高	1,430円 62頁	1,430円 60頁	1,430円 58頁	1,430円 58頁	1,430円 56頁	1,430円 54頁	1,430円 54頁	1,320円 52頁	1,320円 52頁	1,430円 54頁	1,430円 56頁	1,320円 52頁					
国立高専	1,650円 78頁	1,540円 74頁	1,540円 66頁	1,430円 64頁	1,430円 62頁	1,430円 62頁	1,430円 62頁	1,540円 68頁	1,540円 70頁	1,430円 64頁	1,430円 62頁	1,430円 62頁	1,430円 60頁	1,430円 58頁	1,430円 60頁	1,430円 56頁	1,430円 60頁

公立高校 バックナンバー

※価格はすべて税込表示

府県名・学校名	2019年実施問題	2018年実施問題	2017年実施問題	2016年実施問題	2015年実施問題	2014年実施問題	2013年実施問題	2012年実施問題	2011年実施問題	2010年実施問題	2009年実施問題	2008年実施問題	2007年実施問題	2006年実施問題	2005年実施問題	2004年実施問題	2003年実施問題
岐阜県公立高	990円 64頁	990円 60頁	990円 60頁	990円 60頁	990円 58頁	990円 56頁	990円 58頁	990円 52頁	990円 54頁	990円 52頁	990円 52頁	990円 48頁	990円 50頁	990円 52頁			
静岡県公立高	990円 62頁	990円 58頁	990円 58頁	990円 60頁	990円 60頁	990円 56頁	990円 58頁	990円 58頁	990円 56頁	990円 54頁	990円 52頁	990円 54頁	990円 52頁	990円 52頁			
愛知県公立高	990円 126頁	990円 120頁	990円 114頁	990円 114頁	990円 114頁	990円 110頁	990円 112頁	990円 108頁	990円 108頁	990円 110頁	990円 102頁	990円 102頁	990円 102頁	990円 100頁	990円 100頁	990円 96頁	990円 96頁
三重県公立高	990円 72頁	990円 66頁	990円 66頁	990円 64頁	990円 66頁	990円 64頁	990円 66頁	990円 64頁	990円 62頁	990円 62頁	990円 58頁	990円 58頁	990円 52頁	990円 54頁			
滋賀県公立高	990円 66頁	990円 62頁	990円 60頁	990円 62頁	990円 62頁	990円 46頁	990円 48頁	990円 46頁	990円 48頁	990円 44頁	990円 44頁	990円 44頁	990円 46頁	990円 44頁	990円 44頁	990円 40頁	990円 42頁
京都府公立高(中期)	990円 60頁	990円 56頁	990円 54頁	990円 54頁	990円 56頁	990円 54頁	990円 56頁	990円 54頁	990円 56頁	990円 54頁	990円 52頁	990円 50頁	990円 50頁	990円 50頁	990円 46頁	990円 46頁	990円 48頁
京都府公立高(前期)	990円 40頁	990円 38頁	990円 40頁	990円 38頁	990円 38頁	990円 36頁											
京都市立堀川高 探究学科群	1,430円 64頁	1,540円 68頁	1,430円 60頁	1,430円 62頁	1,430円 64頁	1,430円 60頁	1,430円 60頁	1,430円 58頁	1,430円 58頁	1,430円 64頁	1,430円 54頁	1,320円 48頁	1,210円 42頁	1,210円 38頁	1,210円 36頁	1,210円 40頁	
京都市立西京高 エンタープライジング科	1,650円 82頁	1,540円 76頁	1,650円 80頁	1,540円 72頁	1,540円 72頁	1,540円 70頁	1,320円 46頁	1,320円 50頁	1,320円 46頁	1,320円 44頁	1,210円 42頁	1,210円 42頁	1,210円 38頁	1,210円 38頁	1,210円 40頁	1,210円 34頁	
京都府立嵯峨野高 京都こすもす科	1,540円 68頁	1,540円 66頁	1,540円 68頁	1,430円 64頁	1,430円 64頁	1,430円 62頁	1,210円 42頁	1,210円 42頁	1,320円 46頁	1,320円 44頁	1,210円 42頁	1,210円 40頁	1,210円 40頁	1,210円 36頁	1,210円 36頁	1,210円 34頁	
京都府立桃山高 自然科学科	1,320円 46頁	1,320円 46頁	1,210円 42頁	1,320円 44頁	1,320円 46頁	1,320円 44頁	1,210円 42頁	1,210円 38頁	1,210円 42頁	1,210円 40頁	1,210円 40頁	1,210円 38頁	1,210円 34頁	1,210円 34頁			

※価格はすべて税込表示

府県名・学校名	2019年 実施問題	2018年 実施問題	2017年 実施問題	2016年 実施問題	2015年 実施問題	2014年 実施問題	2013年 実施問題	2012年 実施問題	2011年 実施問題	2010年 実施問題	2009年 実施問題	2008年 実施問題	2007年 実施問題	2006年 実施問題	2005年 実施問題	2004年 実施問題	2003年 実施問題
大阪府公立高(一般)	990円 148頁	990円 140頁	990円 140頁	990円 122頁													
大阪府公立高(特別)	990円 78頁	990円 78頁	990円 74頁	990円 72頁													
大阪府公立高(前期)					990円 70頁	990円 68頁	990円 66頁	990円 72頁	990円 70頁	990円 60頁	990円 58頁	990円 56頁	990円 56頁	990円 54頁	990円 52頁	990円 52頁	990円 48頁
大阪府公立高(後期)					990円 82頁	990円 76頁	990円 72頁	990円 64頁	990円 64頁	990円 64頁	990円 62頁	990円 62頁	990円 62頁	990円 58頁	990円 56頁	990円 58頁	990円 56頁
兵庫県公立高	990円 74頁	990円 78頁	990円 74頁	990円 74頁	990円 74頁	990円 68頁	990円 66頁	990円 64頁	990円 60頁	990円 56頁	990円 58頁	990円 56頁	990円 58頁	990円 56頁	990円 56頁	990円 54頁	990円 52頁
奈良県公立高(一般)	990円 62頁	990円 50頁	990円 50頁	990円 52頁	990円 50頁	990円 52頁	990円 50頁	990円 48頁	990円 48頁	990円 48頁	990円 48頁	990円 48頁	×	990円 44頁	990円 46頁	990円 42頁	990円 44頁
奈良県公立高(特色)	990円 30頁	990円 38頁	990円 44頁	990円 46頁	990円 46頁	990円 44頁	990円 40頁	990円 40頁	990円 32頁	990円 32頁	990円 32頁	990円 32頁	990円 28頁	990円 28頁			
和歌山県公立高	990円 76頁	990円 70頁	990円 68頁	990円 64頁	990円 66頁	990円 64頁	990円 64頁	990円 62頁	990円 66頁	990円 62頁	990円 60頁	990円 60頁	990円 58頁	990円 56頁	990円 56頁	990円 56頁	990円 52頁
岡山県公立高(一般)	990円 66頁	990円 60頁	990円 58頁	990円 56頁	990円 58頁	990円 56頁	990円 58頁	990円 60頁	990円 56頁	990円 56頁	990円 52頁	990円 52頁	990円 50頁				
岡山県公立高(特別)	990円 38頁	990円 36頁	990円 34頁	990円 34頁	990円 34頁	990円 32頁											
広島県公立高	990円 68頁	990円 70頁	990円 74頁	990円 68頁	990円 60頁	990円 58頁	990円 54頁	990円 46頁	990円 48頁	990円 46頁	990円 46頁	990円 46頁	990円 44頁	990円 46頁	990円 44頁	990円 44頁	990円 44頁
山口県公立高	990円 86頁	990円 80頁	990円 82頁	990円 84頁	990円 76頁	990円 78頁	990円 76頁	990円 64頁	990円 62頁	990円 58頁	990円 58頁	990円 60頁	990円 56頁				
徳島県公立高	990円 88頁	990円 78頁	990円 86頁	990円 74頁	990円 76頁	990円 80頁	990円 64頁	990円 62頁	990円 60頁	990円 58頁	990円 60頁	990円 54頁	990円 52頁				
香川県公立高	990円 76頁	990円 74頁	990円 72頁	990円 74頁	990円 72頁	990円 68頁	990円 68頁	990円 66頁	990円 66頁	990円 62頁	990円 62頁	990円 60頁	990円 62頁				
愛媛県公立高	990円 72頁	990円 68頁	990円 66頁	990円 64頁	990円 68頁	990円 64頁	990円 62頁	990円 60頁	990円 62頁	990円 56頁	990円 58頁	990円 56頁	990円 54頁				
福岡県公立高	990円 66頁	990円 68頁	990円 68頁	990円 66頁	990円 60頁	990円 56頁	990円 56頁	990円 54頁	990円 56頁	990円 58頁	990円 52頁	990円 54頁	990円 52頁	990円 48頁			
長崎県公立高	990円 90頁	990円 86頁	990円 84頁	990円 84頁	990円 82頁	990円 80頁	990円 80頁	990円 82頁	990円 80頁	990円 80頁	990円 80頁	990円 78頁	990円 76頁				
熊本県公立高	990円 98頁	990円 92頁	990円 92頁	990円 92頁	990円 94頁	990円 74頁	990円 72頁	990円 70頁	990円 70頁	990円 68頁	990円 68頁	990円 64頁	990円 68頁				
大分県公立高	990円 84頁	990円 78頁	990円 80頁	990円 76頁	990円 80頁	990円 66頁	990円 62頁	990円 62頁	990円 62頁	990円 58頁	990円 58頁	990円 56頁	990円 58頁				
鹿児島県公立高	990円 66頁	990円 62頁	990円 60頁	990円 60頁	990円 60頁	990円 60頁	990円 60頁	990円 60頁	990円 60頁	990円 58頁	990円 58頁	990円 54頁	990円 58頁				

英語リスニング音声データのご案内

英語リスニング問題の音声データについて

赤本収録年度の音声データ　弊社発行の**「高校別入試対策シリーズ（赤本）」に収録している年度**の音声データは，以下の一覧の学校分を提供しています。希望の音声データをダウンロードし，赤本に掲載されている問題に取り組んでください。

赤本収録年度より古い年度の音声データ　**「高校別入試対策シリーズ（赤本）」に収録している年度よりも古い年度**の音声データは，6ページの国私立高と公立高を提供しています。赤本バックナンバー（1～3ページに掲載）と音声データの両方をご購入いただき，問題に取り組んでください。

ご購入の流れ

① 英俊社のウェブサイト https://book.eisyun.jp/ にアクセス
② トップページの「高校受験」 リスニング音声データ をクリック
③ ご希望の学校・年度をクリックすると，オーディオブック（audiobook.jp）のウェブサイトの該当ページにジャンプ
④ オーディオブック（audiobook.jp）のウェブサイトでご購入。※初回のみ会員登録（無料）が必要です。

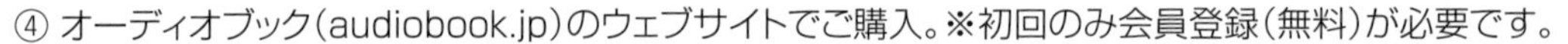

⚠ ダウンロード方法やお支払い等，購入に関するお問い合わせは，オーディオブック（audiobook.jp）のウェブサイトにてご確認ください。

音声データを入手できる学校と年度

赤本収録年度の音声データ

ご希望の年度を1年分ずつ，もしくは赤本に収録している年度をすべてまとめてセットでご購入いただくことができます。セットでご購入いただくと，1年分の単価がお得になります。

⚠ ×印の年度は音声データをご提供しておりません。あしからずご了承ください。

国私立高（アイウエオ順）

※価格は税込表示

学校名	税込価格				
	2020年	2021年	2022年	2023年	2024年
アサンプション国際高	¥550	¥550	¥550	¥550	¥550
5か年セット	¥2,200				
育英西高	¥550	¥550	¥550	¥550	¥550
5か年セット	¥2,200				
大阪教育大附高池田校	¥550	¥550	¥550	¥550	¥550
5か年セット	¥2,200				
大阪薫英女学院高	¥550	¥550	¥550	¥550	×
4か年セット	¥1,760				
大阪国際高	¥550	¥550	¥550	¥550	¥550
5か年セット	¥2,200				
大阪信愛学院高	¥550	¥550	¥550	¥550	¥550
5か年セット	¥2,200				
大阪星光学院高	¥550	¥550	¥550	¥550	¥550
5か年セット	¥2,200				
大阪桐蔭高	¥550	¥550	¥550	¥550	¥550
5か年セット	¥2,200				
大谷高	×	×	×	¥550	¥550
2か年セット	¥880				
関西創価高	¥550	¥550	¥550	¥550	¥550
5か年セット	¥2,200				
京都先端科学大附高（特進・進学）	¥550	¥550	¥550	¥550	¥550
5か年セット	¥2,200				

※価格は税込表示

学校名	税込価格				
	2020年	2021年	2022年	2023年	2024年
京都先端科学大附高（国際）	¥550	¥550	¥550	¥550	¥550
5か年セット	¥2,200				
京都橘高	¥550	×	¥550	¥550	¥550
4か年セット	¥1,760				
京都両洋高	¥550	¥550	¥550	¥550	¥550
5か年セット	¥2,200				
久留米大附設高	×	¥550	¥550	¥550	¥550
4か年セット	¥1,760				
神戸星城高	¥550	¥550	¥550	¥550	¥550
5か年セット	¥2,200				
神戸山手グローバル高	×	×	×	¥550	¥550
2か年セット	¥880				
神戸龍谷高	¥550	¥550	¥550	¥550	¥550
5か年セット	¥2,200				
香里ヌヴェール学院高	¥550	¥550	¥550	¥550	¥550
5か年セット	¥2,200				
三田学園高	¥550	¥550	¥550	¥550	¥550
5か年セット	¥2,200				
滋賀学園高	¥550	¥550	¥550	¥550	¥550
5か年セット	¥2,200				
滋賀短期大学附高	¥550	¥550	¥550	¥550	¥550
5か年セット	¥2,200				

国私立高（アイウエオ順）

※価格は税込表示

学校名	税込価格				
	2020年	2021年	2022年	2023年	2024年
樟蔭高	¥550	¥550	¥550	¥550	¥550
5か年セット			¥2,200		
常翔学園高	¥550	¥550	¥550	¥550	¥550
5か年セット			¥2,200		
清教学園高	¥550	¥550	¥550	¥550	¥550
5か年セット			¥2,200		
西南学院高(専願)	¥550	¥550	¥550	¥550	¥550
5か年セット			¥2,200		
西南学院高(前期)	¥550	¥550	¥550	¥550	¥550
5か年セット			¥2,200		
園田学園高	¥550	¥550	¥550	¥550	¥550
5か年セット			¥2,200		
筑陽学園高(専願)	¥550	¥550	¥550	¥550	¥550
5か年セット			¥2,200		
筑陽学園高(前期)	¥550	¥550	¥550	¥550	¥550
5か年セット			¥2,200		
智辯学園高	¥550	¥550	¥550	¥550	¥550
5か年セット			¥2,200		
帝塚山高	¥550	¥550	¥550	¥550	¥550
5か年セット			¥2,200		
東海大付大阪仰星高	¥550	¥550	¥550	¥550	¥550
5か年セット			¥2,200		
同志社高	¥550	¥550	¥550	¥550	¥550
5か年セット			¥2,200		
中村学園女子高(前期)	×	¥550	¥550	¥550	¥550
4か年セット			¥1,760		
灘高	¥550	¥550	¥550	¥550	¥550
5か年セット			¥2,200		
奈良育英高	¥550	¥550	¥550	¥550	¥550
5か年セット			¥2,200		
奈良学園高	¥550	¥550	¥550	¥550	¥550
5か年セット			¥2,200		
奈良大附高	¥550	¥550	¥550	¥550	¥550
5か年セット			¥2,200		

※価格は税込表示

学校名	税込価格				
	2020年	2021年	2022年	2023年	2024年
西大和学園高	¥550	¥550	¥550	¥550	¥550
5か年セット			¥2,200		
梅花高	¥550	¥550	¥550	¥550	¥550
5か年セット			¥2,200		
白陵高	¥550	¥550	¥550	¥550	¥550
5か年セット			¥2,200		
初芝立命館高	×	×	×	×	¥550
東大谷高	×	×	¥550	¥550	¥550
3か年セット			¥1,320		
東山高	×	×	×	×	¥550
雲雀丘学園高	¥550	¥550	¥550	¥550	¥550
5か年セット			¥2,200		
福岡大附大濠高(専願)	¥550	¥550	¥550	¥550	¥550
5か年セット			¥2,200		
福岡大附大濠高(前期)	¥550	¥550	¥550	¥550	¥550
5か年セット			¥2,200		
福岡大附大濠高(後期)	¥550	¥550	¥550	¥550	¥550
5か年セット			¥2,200		
武庫川女子大附高	×	×	¥550	¥550	¥550
3か年セット			¥1,320		
明星高	¥550	¥550	¥550	¥550	¥550
5か年セット			¥2,200		
和歌山信愛高	¥550	¥550	¥550	¥550	¥550
5か年セット			¥2,200		

公立高

※価格は税込表示

学校名	税込価格				
	2020年	2021年	2022年	2023年	2024年
京都市立西京高（エンタープライジング科）	¥550	¥550	¥550	¥550	¥550
5か年セット			¥2,200		
京都市立堀川高（探究学科群）	¥550	¥550	¥550	¥550	¥550
5か年セット			¥2,200		
京都府立嵯峨野高（京都こすもす科）	¥550	¥550	¥550	¥550	¥550
5か年セット			¥2,200		

赤本収録年度より古い年度の音声データ

以下の音声データは,赤本に収録以前の年度ですので,赤本バックナンバー(P.1～3に掲載)と合わせてご購入ください。
赤本バックナンバーは1年分が1冊の本になっていますので,音声データも1年分ずつの販売となります。

※価格は税込表示

国私立高(アイウエオ順)

学　校　名	税込価格																
	2003年	2004年	2005年	2006年	2007年	2008年	2009年	2010年	2011年	2012年	2013年	2014年	2015年	2016年	2017年	2018年	2019年
大阪教育大附高池田校		¥550	¥550	¥550	¥550	¥550	¥550	¥550	¥550	¥550	¥550	¥550	¥550	¥550	¥550	¥550	¥550
大阪星光学院高(1次)	¥550	¥550	¥550	¥550	¥550	¥550	¥550	¥550	¥550	¥550	×	¥550	×	¥550	¥550	¥550	¥550
大阪星光学院高(1.5次)			¥550	¥550	¥550	¥550	¥550	¥550	×	×	×	×	×	×	×	×	×
大阪桐蔭高						¥550	¥550	¥550	¥550	¥550	¥550	¥550	¥550	¥550	¥550	¥550	¥550
久留米大附設高				¥550	¥550	×	¥550	¥550	¥550	¥550	¥550	¥550	¥550	¥550	¥550	¥550	¥550
清教学園高														¥550	¥550	¥550	¥550
同志社高						¥550	¥550	¥550	¥550	¥550	¥550	¥550	¥550	¥550	¥550	¥550	¥550
灘高																¥550	¥550
西大和学園高				¥550	¥550	¥550	¥550	¥550	¥550	¥550	¥550	¥550	¥550	¥550	¥550	¥550	¥550
福岡大附大濠高(専願)											¥550	¥550	¥550	¥550	¥550	¥550	¥550
福岡大附大濠高(前期)				¥550	¥550	¥550	¥550	¥550	¥550	¥550	¥550	¥550	¥550	¥550	¥550	¥550	¥550
福岡大附大濠高(後期)				¥550	¥550	¥550	¥550	¥550	¥550	¥550	¥550	¥550	¥550	¥550	¥550	¥550	¥550
明星高															¥550	¥550	¥550
立命館高(前期)						¥550	¥550	¥550	¥550	¥550	¥550	¥550	¥550	×	×	×	×
立命館高(後期)						¥550	¥550	¥550	¥550	¥550	¥550	¥550	¥550	×	×	×	×
立命館宇治高										¥550	¥550	¥550	¥550	¥550	¥550	¥550	×

※価格は税込表示

公立高(府県順)

府県名・学校名	税込価格																
	2003年	2004年	2005年	2006年	2007年	2008年	2009年	2010年	2011年	2012年	2013年	2014年	2015年	2016年	2017年	2018年	2019年
岐阜県公立高				¥550	¥550	¥550	¥550	¥550	¥550	¥550	¥550	¥550	¥550	¥550	¥550	¥550	¥550
静岡県公立高				¥550	¥550	¥550	¥550	¥550	¥550	¥550	¥550	¥550	¥550	¥550	¥550	¥550	¥550
愛知県公立高(Aグループ)	¥550	¥550	¥550	¥550	¥550	¥550	¥550	¥550	¥550	¥550	¥550	¥550	¥550	¥550	¥550	¥550	¥550
愛知県公立高(Bグループ)	¥550	¥550	¥550	¥550	¥550	¥550	¥550	¥550	¥550	¥550	¥550	¥550	¥550	¥550	¥550	¥550	¥550
三重県公立高				¥550	¥550	¥550	¥550	¥550	¥550	¥550	¥550	¥550	¥550	¥550	¥550	¥550	¥550
滋賀県公立高	¥550	¥550	¥550	¥550	¥550	¥550	¥550	¥550	¥550	¥550	¥550	¥550	¥550	¥550	¥550	¥550	¥550
京都府公立高(中期選抜)	¥550	¥550	¥550	¥550	¥550	¥550	¥550	¥550	¥550	¥550	¥550	¥550	¥550	¥550	¥550	¥550	¥550
京都府公立高(前期選抜 共通学力検査)												¥550	¥550	¥550	¥550	¥550	¥550
京都市立西京高(エンタープライジング科)		¥550	¥550	¥550	¥550	¥550	¥550	¥550	¥550	¥550	¥550	¥550	¥550	¥550	¥550	¥550	¥550
京都市立堀川高(探究学科群)												¥550	¥550	¥550	¥550	¥550	¥550
京都府立嵯峨野高(京都こすもす科)		¥550	¥550	¥550	¥550	¥550	¥550	¥550	¥550	¥550	¥550	¥550	¥550	¥550	¥550	¥550	¥550
大阪府公立高(一般選抜)														¥550	¥550	¥550	¥550
大阪府公立高(特別選抜)														¥550	¥550	¥550	¥550
大阪府公立高(後期選抜)	¥550	¥550	¥550	¥550	¥550	¥550	¥550	¥550	¥550	¥550	¥550	¥550	¥550	×	×	×	×
大阪府公立高(前期選抜)	¥550	¥550	¥550	¥550	¥550	¥550	¥550	¥550	¥550	¥550	¥550	¥550	¥550	×	×	×	×
兵庫県公立高	¥550	¥550	¥550	¥550	¥550	¥550	¥550	¥550	¥550	¥550	¥550	¥550	¥550	¥550	¥550	¥550	¥550
奈良県公立高(一般選抜)	¥550	¥550	¥550	¥550	×	¥550	¥550	¥550	¥550	¥550	¥550	¥550	¥550	¥550	¥550	¥550	¥550
奈良県公立高(特色選抜)				¥550	¥550	¥550	¥550	¥550	¥550	¥550	¥550	¥550	¥550	¥550	¥550	¥550	¥550
和歌山県公立高	¥550	¥550	¥550	¥550	¥550	¥550	¥550	¥550	¥550	¥550	¥550	¥550	¥550	¥550	¥550	¥550	¥550
岡山県公立高(一般選抜)					¥550	¥550	¥550	¥550	¥550	¥550	¥550	¥550	¥550	¥550	¥550	¥550	¥550
岡山県公立高(特別選抜)												¥550	¥550	¥550	¥550	¥550	¥550
広島県公立高	¥550	¥550	¥550	¥550	¥550	¥550	¥550	¥550	¥550	¥550	¥550	¥550	¥550	¥550	¥550	¥550	¥550
山口県公立高					¥550	¥550	¥550	¥550	¥550	¥550	¥550	¥550	¥550	¥550	¥550	¥550	¥550
香川県公立高					¥550	¥550	¥550	¥550	¥550	¥550	¥550	¥550	¥550	¥550	¥550	¥550	¥550
愛媛県公立高					¥550	¥550	¥550	¥550	¥550	¥550	¥550	¥550	¥550	¥550	¥550	¥550	¥550
福岡県公立高				¥550	¥550	¥550	¥550	¥550	¥550	¥550	¥550	¥550	¥550	¥550	¥550	¥550	¥550
長崎県公立高					¥550	¥550	¥550	¥550	¥550	¥550	¥550	¥550	¥550	¥550	¥550	¥550	¥550
熊本県公立高(選択問題A)													¥550	¥550	¥550	¥550	¥550
熊本県公立高(選択問題B)													¥550	¥550	¥550	¥550	¥550
熊本県公立高(共通)					¥550	¥550	¥550	¥550	¥550	¥550	¥550	¥550	×	×	×	×	×
大分県公立高					¥550	¥550	¥550	¥550	¥550	¥550	¥550	¥550	¥550	¥550	¥550	¥550	¥550
鹿児島県公立高					¥550	¥550	¥550	¥550	¥550	¥550	¥550	¥550	¥550	¥550	¥550	¥550	¥550

受験生のみなさんへ

英俊社の高校入試対策問題集

各書籍のくわしい内容はこちら→

近畿の高校入試シリーズ

最新の近畿の入試問題から良問を精選。
私立・公立どちらにも対応できる定評ある問題集です。

近畿の高校入試シリーズ

中1・2の復習

近畿の入試問題から１・２年生までの範囲で解ける良問を精選。
高校入試の基礎固めに最適な問題集です。

最難関高校シリーズ

最難関高校を志望する受験生諸君におすすめのハイレベル問題集。
灘、洛南、西大和学園、久留米大学附設、ラ・サールの最新７か年入試問題を単元別に分類して収録しています。

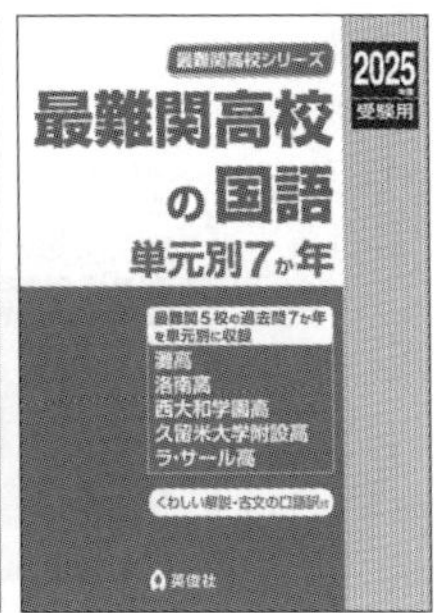

ニューウイングシリーズ　出題率

入試での出題率を徹底分析。出題率の高い単元、問題に集中して効率よく学習できます。

近道問題シリーズ

重要ポイントに絞ったコンパクトな問題集。苦手分野の集中トレーニングに最適です!

数学5分冊

01 式と計算
02 方程式·確率·資料の活用
03 関数とグラフ
04 図形〈1·2年分野〉
05 図形〈3年分野〉

英語6分冊

06 単語·連語·会話表現
07 英文法
08 文の書きかえ·英作文
09 長文基礎
10 長文実践
11 リスニング

理科6分冊

12 物理
13 化学
14 生物·地学
15 理科計算
16 理科記述
17 理科知識

社会4分冊

18 地理
19 歴史
20 公民
21 社会の応用問題 ―資料読解·記述―

国語5分冊

22 漢字·ことばの知識
23 文法
24 長文読解 ―攻略法の基本―
25 長文読解 ―攻略法の実践―
26 古典

学校·塾の指導者の先生方へ

赤本収録の**入試問題データベース**を利用して、**オリジナルプリント教材**を作成していただけるサービスが登場!! 生徒**ひとりひとりに合わせた**教材作りが可能です。

くわしくは KAWASEMI Lite 検索 で検索!
まずは無料体験版をぜひお試しください。

※指導者の先生方向けの専用サービスです。受験生など個人の方はご利用いただけませんので、ご注意ください。

公立高校入試対策シリーズ 3035

❖もくじ

●公立入試はこうだ！

●過去５か年の公立高入試問題

（注）著作権の都合により，実際に使用された写真と異なる場合があります。（編集部）

2020～2024年度のリスニング音声（書籍収録分すべて）は
英俊社ウェブサイト「**リスもん**」から再生できます。
https://book.eisyun.jp/products/listening/index/

再生の際に必要な入力コード→ **49725836**
（コードの使用期限：2025年７月末日）

スマホはこちら ――→

※音声は英俊社で作成したものです。

❖全日制公立高校の入学者選抜について（前年度参考）

本書の編集時点では，2025年度募集要項が未発表のため，前年度（2024年度）の入学者選抜の情報を参考として掲載しています。受検に際しては，2025年度募集要項を必ず確認してください。

1．第一次募集

⑴ 日　　程　志願登録の期間：2月9日(金)～2月15日(木) 午前10時まで
出願の期間　：2月20日(火)～2月26日(月) 午前10時まで
学力検査　：3月6日(水)
選抜結果の発表：3月14日(木) 午前10時

⑵ 志願登録　第一次募集に出願しようとする志願者は，第一志願の課程・学科について，在学または卒業中学校の校長を経由して，志願先高等学校の校長宛てに入学志願の登録をする。

⑶ 出　　願　志願者は，2以上の学校に出願することはできない。ただし，同一の学校については，他の学科または本・分校を第二志願として出願することができる。

⑷ 学力検査　ア）実施教科　国語，社会，数学，理科及び英語（リスニングテストを含む）
イ）配点　各教科とも50点とする。
高等学校長は，学校指定方式及び生徒指定方式のいずれかの方法により傾斜配点を実施することができる。傾斜配点を実施する学校，学科は別表「2024年度 各高校の入学者選抜実施方法」（4～6ページ）のとおり。
ウ）検査時間割

時限	教科	検査時間
1	国語	9：00 ～ 9：50 (50分)
2	数学	10：10 ～ 11：00 (50分)
3	英語	11：20 ～ 12：10 (50分)
4	社会	13：00 ～ 13：50 (50分)
5	理科	14：10 ～ 15：00 (50分)

⑸ 面接・小論文・実技検査
ア）面接は，学力検査の前日・当日・翌日のうち，小論文・実技検査は，学力検査の当日及び翌日のうち，高等学校長が定める日時に実施する。
イ）面接・小論文・実技検査を実施する学校・学科は，別表「2024年度 各高校の入学者選抜実施方法」（4～6ページ）のとおり。

⑹ 選　　抜　選抜は，中学校長から送付された調査書その他必要な書類，選抜のための学力検査の成績及び面接，小論文，実技検査の結果等を資料として，各高等学校，学科の教育を受けるに足る能力・適性等を判定し，高等学校長が行う。
ア）高等学校長は，選抜にあたっては，調査書を重視する。その際，調査書の「学習の記録」と学力検査の成績は同等に取り扱うとともに，調査書の「学習の記録」以外の記載事項及び面接，小論文，実技検査の結果等も十分考慮す

る。なお，帰国生徒等については，海外経験等を十分考慮する。

イ）選抜にあたっては，初めに，第一志願者を対象として前段選抜を行い，募集人員のうちの一定の人数を合格内定者とする。次に，第一志願者のうち前段選抜で合格内定とならなかった者に第二志願者を加えて，後段選抜を行う。

ウ）高等学校長は，入学定員の一部について，学力検査の成績が一定以上であれば，学校，学科・コースの特色に応じ，調査書及び面接，小論文，実技検査の結果等によって選抜（以下「**調査書等による選抜**」という。）を行うことができる。

なお，調査書等による選抜により合格内定とすることができる人数は，入学定員の20％に相当する人数以内とし，この範囲内で高等学校長が定める。

エ）調査書等による選抜は，上記ア，イの選抜で合格内定とならなかった者を対象として行う。なお，調査書等による選抜を実施する学校，学科は，別表「**2024年度 各高校の入学者選抜実施方法**」（4～6ページ）のとおり。

2．推薦入学

⑴ 実施学校・学科及び募集人員

ア）推薦入学は，全日制課程において実施する。

イ）推薦入学を実施する学校，学科等は，別表「**2024年度 各高校の入学者選抜実施方法**」（4～6ページ）のとおり。

⑵ 日　　程

出願の期間　　：1月26日(金)～1月31日(水) 午前10時まで

面接等の実施日：2月7日(水)（ただし，1日で実施できない高等学校にあっては，2月8日(木)にも行うことができる）

選抜結果の通知：2月15日(木) 午前10時以降に中学校長及び本人に通知

⑶ 応募資格

2024年3月中学校卒業見込みの者で，次のア，イの各項に該当し，合格内定となった場合には，当該高等学校への入学を確約できる者のうち，在籍中学校長が推薦する者が応募できる。

ア）当該学校，学科・コースに対する適性及び興味・関心を有し，志願の動機，理由が明白，適切であるとともに，当該学校，学科・コースの教育課程を修了するに足る能力を有すること。

イ）高等学校長が定める推薦要件を満たしていること。

⑷ 面接・小論文・実技検査

推薦入学において，面接を実施する。また，小論文・実技検査を実施できる。

面接において，自己表現を実施できる。

小論文・実技検査及び面接における自己表現を実施する学校，学科は，別表「**2024年度 各高校の入学者選抜実施方法**」（4～6ページ）のとおり。

⑸ 選　　抜

選抜は，中学校長から送付された推薦書，調査書，志願理由書及び面接，小論文，実技検査の結果等を資料として，高等学校長が行う。

(別表) 2024 年度 各高校の入学者選抜実施方法

- **調査書等による選抜欄**…学力検査の成績が一定以上ある人について，学校，学科等の特色に応じ，調査書等によって選抜を行うが，その際の入学定員に対する割合を示している。
- 表中の◎については，その具体的な内容または方法を備考欄に示している。自己表現については，面接の中で実施する。

学校名	学科名	第一次募集								推薦入学				
		傾斜配点				面接	小論文	実技検査	調査書等による選抜(%)	募集人員(%)	面接	小論文	実技検査	備考
		学校指定		生徒指定										
		教科名	倍率	教科数	倍率									
周防大島	普通科					○			10	20	○	○		
	地域創生科					○			20	30	○	○		
岩　国	普通科								5	20	○			
	理数科									30	○	○		
岩国・坂上分校	普通科					○				20	○	○		
岩国総合	総合学科								10	45	○			
高　森	普通科					○			5	30	○			
岩国商業	総合ビジネス科					○			20	50	○			
	国際情報科					○			20	50	○			
岩国工業	機械科					○			20	45	○			
	電気科					○			20	45	○			
	都市工学科					○			20	45	○			
	システム化学科					○			20	45	○			
柳　井	普通科								10	20	○			
柳井商工	ビジネス情報科					○			20	35	○			
	機械科					○			20	35	○			
	建築・電子科					○			20	35	○			
熊毛南	普通科								10	25	○			
田布施農工	生物生産科					○			20	35	○			
	食品科学科					○			20	35	○			
	都市緑地科					○			20	35	○			
	機械制御科					○			20	30	○			
光	普通科								10	25	○			
	総合学科								10	30	○			
下　松	普通科								5	15	○			
華　陵	普通科								10	25	○			
	英語科								10	30	◎			面接は，日本語及び簡単な英語で行う。
下松工業	システム機械科					○			10	30	○			
	電子機械科					○			10	30	○			
	情報電子科					○			10	30	○			
	化学工業科					○			10	30	○			
熊毛北	普通科					○			20	20	○			
	ライフデザイン科					○			20	30	○			
徳　山	普通科								5					
	理数科									20	○	○		
新南陽	普通科								15	30	○			

学校名	学科名	第一次募集								推薦入学				
		傾斜配点				面接	小論文	実技検査	調査書等による選抜（%）	募集人員（%）	面接	小論文	実技検査	備考
		学校指定		生徒指定										
		教科名	倍率	教科数	倍率									
徳山商工	総合ビジネス科								10	45	○			
	情報ビジネス科								10	45	○			
	機械科					○			10	45	○			
	電子情報技術科					○			10	45	○			
	環境システム科					○			10	45	○			
南陽工業	機械システム科					○			10	45	○			
	電気科					○			10	40	○			
	応用化学科					○			10	40	○			
防　府	普通科								5					
	衛生看護科								10	25	○	○		
防府西	総合学科								10	40	○			
防府商工	商業科								10	40	○			
	情報処理科								10	40	○			
	機械科								10	35	○			
山　口	普通科								5					
	理数科	数 理	1.5 1.5							30	○	○		
山口中央	普通科								10	10	○			
西　京	普通科								10	20	○			
	体育コース					○			20	75	○		◎	基本的な運動能力に関する実技検査
	総合ビジネス科								20	20	○			
	情報処理科								20	20	○			
山口農業	生物生産科					○			10	45	○			
	食品工学科					○			10	45	○			
	生活科学科					○			10	45	○			
	環境科学科					○			10	45	○			
山口農業・西市分校	総合学科					○			10	30	○			
宇　部	普通科								10					
	探究科 人文社会科学 自然科学								10	30	○	○		※くくり募集
宇部中央	普通科								15	35	○			
宇部商業	商業科					○			10	35	○			
	総合情報科					○			10	35	○			
宇部工業	機械科					○			20	40	○		◎	工業（機械）に関する簡単な実技検査
	電子機械科					○			20	30	○		◎	工業（電子機械）に関する簡単な実技検査
	電気科					○			20	30	○		◎	工業（電気）に関する簡単な実技検査
	化学工業科					○			20	30	○		◎	工業（化学工業）に関する簡単な実技検査

学校名	学科名	第一次募集								推薦入学				
		傾斜配点				面接	小論文	実技検査	調査書等による選抜（%）	募集人員（%）	面接	小論文	実技検査	備考
		学校指定		生徒指定										
		教科名	倍率	教科数	倍率									
小野田	普通科								10	30	○			
厚狭	普通科								10	30	○			
	総合家庭科								10	30	○			
小野田工業	機械科					○			10	30	○		◎	工業（機械）に関する簡単な実技検査
	電子情報科					○			10	30	○		◎	工業（電子情報）に関する簡単な実技検査
	化学工業科					○			10	30	○		◎	工業（化学）に関する簡単な実技検査
美祢青嶺	普通科								10	30	○			
	機械科					○			20	30	○			
	電気科					○			20	30	○			
田部	普通科					○			10	30	◎			自己表現
	総合生活科					○			10	30	◎			自己表現
豊浦	普通科								10	30	○	○		
長府	総合学科								5	40	○	○		
下関西	普通科													
	探究科 人文社会科学									30	◎	○		※くくり募集 面接は，日本語及び簡単な英語で行う。
	探究科 自然科学													
下関南	普通科								10	30	○	○		
下関北	普通科					○			10	30	○	○		
下関工科	機械工学科					○			20	30	○			
	電気工学科					○			20	30	○			
	建設工学科					○			20	35	○			
	応用化学工学科					○			20	30	○			
大津緑洋	普通科								10	15	○			
	生物生産科					○			10	30	○			
	生活科学科					○			10	30	○			
	海洋技術科					○			10	30	○			
	海洋科学科					○			10	30	○			
萩	普通科								5	15	○			
	探究科 人文社会科学									35	○	○		※くくり募集
	探究科 自然科学													
萩・奈古分校	総合学科					○			20	20	○			
萩商工	総合ビジネス科					○			20	45	○			
	情報デザイン科					○			20	45	○			
	機械・土木科					○			20	35	○			
	電気・建築科					○			20	45	○			
下関商業	商業科								10	40	○			※くくり募集
	情報処理科													

❖2024年度第一次募集　募集人員と志願状況

（注）第一次募集の定員は，入学定員から推薦入学合格内定者数を除いた数。また，第一志願者数は，推薦入学合格内定者数を除いた数。

学校名	学科名	入学定員	第一次募集の定員	第一志願者数	2024年度志願倍率	昨年度志願倍率
周防大島	普通	60	31	27	0.9	0.8
	地域創生	30	22	13	0.6	0.3
岩国	普通	200	160	169	1.1	1.0
	理数	40	28	47	1.7	1.2
坂上分校	普通	30	28	13	0.5	0.6
岩国総合	総合学科	105	61	76	1.2	0.9
高森	普通	90	39	23	0.6	0.7
岩国商業	総合ビジネス	60	30	29	1.0	1.0
	国際情報	30	15	12	0.8	1.1
岩国工業	機械	40	22	35	1.6	1.1
	電気	40	36	27	0.8	1.2
	都市工学	40	25	41	1.6	1.2
	システム化学	40	26	35	1.3	0.7
柳井	普通	130	104	123	1.2	1.2
柳井商工	ビジネス情報	60	43	28	0.7	0.8
	機械	30	29	18	0.6	0.8
	建築・電子	30	24	23	1.0	0.9
熊毛南	普通	80	60	26	0.4	1.1
田布施農工	生物生産	30	19	24	1.3	2.3
	食品科学	30	19	33	1.7	1.6
	都市緑地	30	29	29	1.0	1.1
	機械制御	30	26	22	0.8	1.2
光	普通	140	112	85	0.8	0.8
	総合学科	80	63	87	1.4	1.3
下松	普通	180	155	151	1.0	1.1
華陵	普通	80	67	58	0.9	1.1
	英語	40	28	17	0.6	0.8
下松工業	システム機械	35	28	31	1.1	0.6
	電子機械	35	32	32	1.0	0.8
	情報電子	40	37	52	1.4	1.2
	化学工業	40	32	43	1.3	0.9
熊毛北	普通	30	25	10	0.4	0.5
	ライフデザイン	30	23	21	0.9	0.9
徳山	普通	260	260	294	1.1	1.1
	理数	40	32	40	1.3	1.6
新南陽	普通	150	109	102	0.9	1.3
徳山商工	総合ビジネス	40	22	35	1.6	1.1
	情報ビジネス	40	22	31	1.4	1.3
	機械	35	21	29	1.4	0.7
	電子情報技術	35	21	36	1.7	1.1
	環境システム	35	23	30	1.3	1.3

学校名	学科名	入学定員	第一次募集の定員	第一志願者数	2024年度志願倍率	昨年度志願倍率
南陽工業	機械システム	40	22	35	1.6	1.5
	電気	40	28	27	1.0	1.5
	応用化学	40	24	23	1.0	1.2
防府	普通	240	240	248	1.0	1.1
	衛生看護	40	30	32	1.1	1.3
防府西	総合学科	150	98	131	1.3	1.1
防府商工	商業	120	72	110	1.5	1.1
	情報処理	40	24	53	2.2	1.7
	機械	80	56	68	1.2	1.2
山口	普通	260	260	282	1.1	1.2
	理数	40	28	31	1.1	1.2
山口中央	普通	200	180	205	1.1	1.1
西京	普通	120	96	126	1.3	1.6
	体育コース	40	10	9	0.9	2.0
	総合ビジネス	40	32	36	1.1	1.3
	情報処理	40	32	45	1.4	1.3
山口農業	生物生産	40	28	35	1.3	1.6
	食品工学	40	24	24	1.0	1.7
	生活科学	40	31	36	1.2	1.3
	環境科学	40	29	39	1.3	1.2
西市分校	総合学科	30	27	22	0.8	0.3
宇部	普通	160	160	207	1.3	1.2
	探究 人文社会科学	35 (計70)	49	48	1.0	1.3
	探究 自然科学	35				
宇部中央	普通	160	104	120	1.2	1.2
宇部商業	商業	105	77	54	0.7	1.1
	総合情報	35	29	20	0.7	1.1
宇部工業	機械	40	29	30	1.0	0.9
	電子機械	40	33	33	1.0	0.9
	電気	35	27	36	1.3	1.0
	化学工業	35	30	21	0.7	0.7
小野田	普通	160	123	92	0.7	1.5
厚狭	普通	80	67	64	1.0	0.7
	総合家庭	35	25	31	1.2	1.2
小野田工業	機械	30	21	25	1.2	1.2
	電子情報	30	25	29	1.2	1.3
	化学工業	30	27	38	1.4	1.0
美祢青嶺	普通	50	45	26	0.6	0.6
	機械	25	23	16	0.7	0.8
	電気	25	23	16	0.7	0.6

学校名	学科名		入学定員	第一次募集の定員	第一志願者数	2024年度志願倍率	昨年度志願倍率
田　部	普　通		30	28	19	0.7	0.4
	総合生活		30	26	16	0.6	0.4
豊　浦	普　通		200	140	150	1.1	1.1
長　府	総合学科		135	100	121	1.2	1.2
下関西	普　通		160	160	156	1.0	1.0
	探究	人文社会科学	35 }70	49	57	1.2	0.8
		自然科学	35				
下関南	普　通		160	115	109	0.9	1.1
下関北	普　通		80	60	17	0.3	0.3
下関工科	機械工学		70	58	67	1.2	1.1
	電気工学		60	52	50	1.0	0.9
	建設工学		35	22	28	1.3	1.2
	応用化学工学		35	31	33	1.1	0.8
大津緑洋	普　通		90	76	75	1.0	0.9
	生物生産		25	19	12	0.6	0.5
	生活科学		25	21	4	0.2	0.6
	海洋技術		25	17	18	1.1	1.4
	海洋科学		25	21	12	0.6	0.2
萩	普　通		100	85	83	1.0	1.1
	探究	人文社会科学	20 }40	30	20	0.7	0.8
		自然科学	20				
奈古分校	総合学科		30	27	14	0.5	0.5
萩商工	総合ビジネス		30	16	16	1.0	0.5
	情報デザイン		30	17	19	1.1	1.4
	機械・土木		30	23	16	0.7	0.5
	電気・建築		30	19	21	1.1	1.0
下関商業	商　業		130 }160	96	98	1.0	1.6
	情報処理		30				
全日制	計		7,190	5,584	5,811	1.04	1.07

❖学力検査の得点状況

■過去５年間の 学力検査 得点状況

年度		国語	社会	数学	理科	英語	合計
2020	平均点	29.4	33.1	21.3	23.3	29.3	136.4
	最高点	50	50	48	50	50	237
	受検者数	6,475					
2021	平均点	28.9	33.2	25.7	31.0	27.4	146.3
	最高点	48	50	50	50	50	241
	受検者数	5,972					
2022	平均点	23.6	25.8	24.5	24.4	28.5	126.7
	最高点	47	49	50	50	50	233
	受検者数	6,073					
2023	平均点	27.1	27.1	21.6	24.5	25.6	125.8
	最高点	46	49	49	50	50	232
	受検者数	6,025					
2024	平均点	31.5	24.5	23.1	26.8	26.6	132.4
	最高点	48	50	50	50	49	234
	受検者数	5,790					

（注１）全教科を受検した者について集計したものである。
（注２）各教科とも 50 点満点。

❖傾向と対策〈数学〉

出題傾向

	数と式							方程式						関数					図形								資料の活用	
	数の計算	数の性質	平方根の計算	平方根の性質	文字式の利用	式の計算	式の展開・因数分解	一次方程式の計算	一次方程式の応用	連立方程式の計算	連立方程式の応用	二次方程式の計算	二次方程式の応用	比例・反比例	一次関数	関数 $y=ax^2$	いろいろな事象と関数	関数と図形	図形の性質	平面図形の計量	空間図形の計量	図形の証明	作図	中3単元 相似	中3単元 三平方の定理	中3単元 円周角の定理	場合の数・確率	資料の分析と活用・標本調査
2024年度	○		○			○					○	○		○		○			○	○		○	○	○	○	○	○	○
2023年度	○		○		○	○					○	○				○		○	○	○		○	○	○	○	○	○	○
2022年度	○			○	○	○	○				○					○		○	○	○	○	○	○	○	○		○	○
2021年度	○	○		○		○						○	○	○	○	○				○	○	○	○	○		○	○	○
2020年度	○			○	○	○					○			○		○	○	○		○	○	○	○	○	○	○	○	○

出題分析

★数と式…………正負の数や平方根の計算，単項式や多項式の計算，式の値などが出題されている。また，文字式を利用した問題の出題も多い。

★方程式…………方程式を利用する文章題がよく出題されていて，他の分野と関連させた問題もみられる。

★関　数…………放物線と直線を主題にしたものや，比例・反比例についての問題が出題されている。また，様々な事象を関数としてとらえる問題も出題される場合がある。

★図　形…………円の性質，三平方の定理，合同，相似など多方面にわたっている。毎年ではないが，空間図形も出題されている。また，作図の問題と証明問題が毎年出されているので注意したい。

★資料の活用……さいころ，球，カードなどを題材とした場合の数や確率の問題が毎年出題されている。また，ヒストグラムや度数分布表などを題材にした資料の分析の問題も出題されることが多い。

来年度の対策

①基本事項をマスターすること！

出題は広範囲にわたっているので，まずは全範囲の復習をし，基本をマスターすることが大切である。入試で出題頻度の高い問題を集めた「**ニューウイング 出題率 数学**」（英俊社）を使って，効率良く全体の総仕上げをしよう。

②計算力をつけること！

計算問題だけでなく，他の分野でも計算ミスをすることのないよう，素早く正確な計算力を身につけておきたい。**数学の近道問題シリーズ「式と計算」「方程式・確率・資料の活用」**（ともに英俊社）は，薄手ながら内容豊富な問題集なので，学力アップに最適だ。ぜひ活用してほしい。

③図形に強くなること！

作図や証明などは，様々な図形の性質をきちんと理解していないと，思わぬ時間をとられてしまうこともあるだろう。また，図形の問題では難易度の高い問題が含まれることも多いので，合同，相似，三平方の定理，円の性質などの基本をきちんと身につけた上で，それらをうまく応用できるように演習を多くこなしておこう。

英俊社のホームページにて，中学入試算数・高校入試数学の解法に関する補足事項を掲載しております。必要に応じてご参照ください。

URL → https://book.eisyun.jp/

スマホはこちら ――→

❖傾向と対策〈英語〉

出題傾向

	放送問題	語い	音声			英文法					英作文			読解		長文問題										
																			設問の内容							
			語の発音	語のアクセント	文の区切り・強勢	語形変化	英文完成	同意文完成	指示による書きかえ	正誤判断	整序作文	和文英訳	その他の英作文	問答・応答	絵や表を見て答える問題	会話文	長文読解	長文総合	音声・語い	文法事項	英文和訳	英作文	内容把握	文の整序・挿入	英問英答	要約
2024年度	○												○			○	○	○	○	○			○	○	○	○
2023年度	○												○			○	○	○	○	○		○	○	○	○	○
2022年度	○												○			○	○			○		○	○	○	○	○
2021年度	○												○			○		○		○		○	○	○	○	○
2020年度	○											○	○			○		○		○			○	○	○	○

出題分析

★長文問題は標準的な分量のものが複数出題されている。図や表の読み取りもあり，文挿入・英問英答・要約など様々な種類の問題が出題されている。

★リスニングテストでは，長めの文章を聞いて自分の考えを書く作文問題も出題されている。

来年度の対策

①長文を数多く読んでおくこと！

長文中の単語・連語は中学校で習ったものがほとんどである。複数出題されており分量は若干多いので，長文をたくさん読み，十分な読解スピードを身につけておこう。会話文形式の長文も出題されているので，会話の内容と流れをしっかりとおさえて読んでいく練習もしよう。**英語の近道問題シリーズ**の「**長文基礎**」（英俊社）を利用するとよい。

②リスニングに慣れておくこと！

リスニングは標準的な難易度だが，記述問題もあるので正確に聞き取る力が求められる。日頃からネイティブスピーカーの話す英語に慣れるように練習しておこう。

③作文力をきたえておくこと！

条件作文が出題されている。主語・動詞を含む，完全な英文を書く練習を日頃からしておきたい。上記シリーズの「**文の書きかえ・英作文**」（英俊社）を利用して，まずは基礎力を身につけよう。

❖傾向と対策〈社会〉

出題傾向

	地理							歴史							公民										融合問題
	世界地理			日本地理			世界地理・日本地理総合	日本史					世界史	日本史・世界史総合	政治				経済				国際社会	公民総合	
	全域	地域別	地図・時差（単独）	全域	地域別	地形図（単独）		原始・古代	中世	近世	近代・現代	複数の時代			人権・憲法	国会・内閣・裁判所	選挙・地方自治	総合・その他	しくみ・企業	財政・金融	社会保障・労働・人口	総合・その他			
2024年度	○			○							○	○												○	○
2023年度	○			○										○										○	○
2022年度	○				○									○										○	○
2021年度		○			○						○	○						○				○			○
2020年度							○					○		○										○	○

出題分析

★出題数と時間　過去5年間，大問数は6〜7，小問数は38〜44。（なお，2021年度は選択問題が導入され，大問4つのうちから3つを選ぶ形式が出された。）50分の試験時間としては小問数は少なめに思えるが，資料が多く，その読解に時間がかかるため，時間配分には気をつけないといけない。

★出題形式　選択式と記述式の問題があり，記述式には作図問題や短文による説明を求められる問題も含まれている。

★出題内容　①地理的内容について

世界地理ではさまざまな地図が提示された上で，位置・地形・産業などについて問われることが多い。日本地理では日本全図が提示されることもあるが，特定の都道府県・地方や地形図を題材にした問題もあり，内容はバラエティに富んでいる。地形・自然・産業などが幅広く出題されている。

②歴史的内容について

日本史を中心とした出題になっており，古代〜近世，近・現代と分けて出題されていることが多い。世界史の内容や他分野との融合問題も出題されることがある。写真・地図・グラフなどを多くとり入れた形式で，年代順に関する問いも含まれているので対策が必要。

③公民的内容について

政治のしくみ，経済のしくみ（特に財政）についてよく問われている。統計表や模式図などが多用されており，単に公民用語を問う問題だけでなく読解力・思考力が試される問題が含まれている。また，環境問題についての出題も見られる。

★難 易 度　全体的に標準的なレベルだが，統計の読み取りや地図・地形図の見方など，日ごろから練習を積んでおかないと得点できない問題もあり，油断は禁物。

来年度の対策

①地図・グラフ・統計などを使って学習しておくこと！

地理分野では教科書だけでなく，地図帳・資料集等をうまく活用し，広く丁寧な学習を心がけること。

②人物や代表的な事件について年代とともにまとめておくこと！

年代順や時代判断，時代背景を問う問題がよく出されている。自分で年表を作成し，重要事項や関連人物などを整理する学習が効果的となる。また，教科書・参考書などの写真や史料にも注意しておきたい。

③時事問題に関心を持とう！

公民分野では現代社会が抱える課題（環境問題など）が出題のテーマになることもある。関連するグラフや資料の読解力が求められているので，新聞の解説やニュース番組・インターネットの情報などにも注意し，理解度を高めておこう。

④標準的な問題に対する不注意からくるミスをなくすことが重要！

教科書を中心に基礎的な事項を整理し，問題集を利用して身についた知識の確認をしておこう。そのためにも，「**社会の近道問題シリーズ**（全４冊）」（英俊社）を使って苦手な部分を集中的に学習しておこう。

❖傾向と対策〈理科〉

出題傾向

	物理					化学					生物					地学					環境問題
	光	音	力	電流の性質とその利用	運動とエネルギー	物質の性質	物質どうしの化学変化	酸素が関わる化学変化	いろいろな化学変化	酸・アルカリ	植物	動物	ヒトのからだのつくり	細胞・生殖・遺伝	生物のつながり	火山	地震	地層	天気とその変化	地球と宇宙	
2024年度	○			○		○			○	○	○			○		○				○	
2023年度			○	○	○				○	○			○		○				○	○	
2022年度		○	○			○				○	○	○					○		○		
2021年度	○			○		○		○	○		○			○		○		○		○	
2020年度				○	○	○				○			○	○				○	○		

出題分析

★物　理…………力・運動，電流・磁界，光・音などから2～3問出題される。基礎的な内容が問われており，計算問題も標準的。

★化　学…………化学変化や気体・水溶液の性質，状態変化などについて出題されている。化学変化についての出題は毎年見られる。

★生　物…………植物や動物のつくりとはたらき，ヒトの体のしくみ，細胞・生殖・遺伝，食物連鎖など，様々な単元について出題されている。

★地　学…………天体，天気，地震，火山・岩石・地層など幅広く出題され，基礎的な内容が問われている。

全体的にみると……各分野から2～3題ずつ出題されている。1つの単元をあまり深く掘り下げるのではなく，幅広い知識が要求される。

来年度の対策

①短文説明に備えよう！

短文説明の出題率はかなり高く，すべての分野で出題されている。問われている内容は基本的なものなので，教科書で公式や原理などを確認しておきたい。公式や原理などは暗記するだけではなく，自分の言葉で説明できるように，十分に理解しておこう。対策には，**理科の近道問題シリーズ**の「**理科記述**」（英俊社）がおすすめだ。

②問題を素早く理解しよう！

大問数が多いため，必然的に問題文を読む量も多くなる。場合によっては，問題を考える時間よりも，問題文を読む時間の方が多くなるかもしれない。したがって，時間を有効に使うためにも，素早く問題の意図を読みとれるように，いろいろな問題で練習しておこう。

③重要事項の復習をしよう！

大問数の多さに圧倒されるかもしれないが，各小問で問われている内容は標準的で，教科書に載っている重要事項を理解していれば解けるだろう。「**ニューウイング 出題率 理科**」（英俊社）は，そういった重要事項の復習に最適な問題集だ。入試でよく出される問題ばかりを集めているので，これを活用して試験に備えてほしい。

❖傾向と対策〈国語〉

出題傾向

	現代文の読解									国語の知識									作文		古文・漢文								
	内容把握	原因・理由	接続語	適語挿入	脱文挿入	段落の働き・論の展開	要旨・主題	心情把握・人物把握	表現把握	漢字の読み書き	漢字・熟語の知識	ことばの知識	慣用句・ことわざ・四字熟語	文法	敬語	文学史	韻文の知識	表現技法	課題作文・条件作文	短文作成・表現力	読解問題	主語・動作主把握	会話文・心中文	要旨・主題	古語の意味・口語訳	仮名遣い	文法・係り結び	返り点・書き下し文	古文・漢文・漢詩の知識
2024 年度	○	○		○		○		○	○	○	○		○	○					○		○				○	○		○	○
2023 年度	○	○		○					○	○	○	○	○	○					○		○				○	○		○	
2022 年度	○	○				○		○	○	○	○		○	○	○				○		○				○	○		○	
2021 年度	○	○	○	○		○			○	○	○		○	○	○			○	○		○				○	○		○	
2020 年度	○	○						○		○	○			○					○		○				○	○		○	

【出典】

2024年度　1文学的文章　眞島めいり「バスを降りたら」
2論理的文章　源河　亨「『美味しい』とは何か」　3古文　「古事談」
5漢詩(書き下し文)　「王右丞文集」

2023年度　1文学的文章　佐藤まどか「スネークダンス」
2論理的文章　工藤尚悟「私たちのサステイナビリティーまもり、つくり、次世代につなげる」
3漢文(書き下し文)　「唐宋八大家文読本」　5国語の知識　「金葉和歌集」

2022年度 1文学的文章 東 直子「階段にパレット」
2論理的文章 河野哲也「問う方法・考える方法 『探究型の学習』のために」
3古文 「仮名世説」 5国語の知識 「韓非子」
2021年度 1文学的文章 森島いずみ「ずっと見つめていた」
2論理的文章 阿辻哲次「日本人のための漢字入門」
3古文 「わらんべ草」 4古文 「東関紀行」 5漢文(書き下し文) 「十八史略」
2020年度 1文学的文章 黒川裕子「天を掃け」
2論理的文章 細川英雄「対話をデザインする――伝わるとはどういうことか」
3古文 「玉勝間」 4漢文(書き下し文) 「淮南子」
2020年度 (学校指定教科検査)
1論理的文章 鈴木宏子「『古今和歌集』の創造力」

出題分析

★現代文…………文学的文章と論理的文章が各1題出されている。内容把握，理由説明，指示語の具体的内容，適語挿入などの読解問題に加えて，文法や国語の知識に関する問題も出題されている。

★古文・漢文……2024年度は古文と漢詩，2023年度は漢文書き下し文のみ，2022年度は古文のみ，2021年度は選択問題であったが，それまでは古文と漢文の書き下し文が1題ずつの出題となっていた。古文は，現代かなづかいや口語訳，内容把握などが問われている。漢文の書き下し文・漢詩は，返り点，適語挿入，内容把握，漢詩の形式などの問題が出されている。どちらも細かい口語訳よりも，全体の話の内容をつかんで答える問題が中心。

★国語の知識……国語の知識の大問，または長文問題の中で出題されている。漢字の読み書きの他，漢字の画数や筆順，部首，ことわざ，四字熟語についての知識も出題されている。

★文　法…………長文問題の中で，品詞の識別や助詞・助動詞の識別，動詞の活用，文節の関係，単語分けを問う問題が出されている。

★作　文…………20字×8～12行の作文が出題されている。会話文やグラフ，資料の読み取りとともに出題されるのが特徴である。

来年度の対策

大問の構成に変化があり，2022年度以降は，それぞれ大問で出題されていた古文・漢文がどちらか一方になり，複数の資料から読み取る大問が新しく出題されている。2021年度は，古文2題，漢文の書き下し文1題，言葉の知識の総合問題1題の合計4題のうち，3題を選択して答えることが求められた。長文問題で，本文中のことばを使ってまとめる記述式の問題が出されるので，問題集にあたって練習をしておきたい。文法も，品詞や動詞の活用，助詞など，基本的なところをしっかりおさえておく必要がある。作文で時間がとられることが予想されるので，手早く問題にあたれるようにしておくことが重要。古文や漢文の問題でも，全体の話の流れをつかむ読解力をつけておきたい。作文は，

200 字程度で自分の考えをまとめる練習をするとよい。

長文の読解力，漢字の読み書きやことばの知識，文法，古文・漢文の読解力など中学校で学習する内容が総合的に問われているので，「**国語の近道問題シリーズ**」（英俊社）のような単元別の問題集で苦手分野をなくしておこう。そのうえで，入試で出題率の高い問題を集めた「**ニューウイング 出題率 国語**」（英俊社）をやっておけば安心である。

【写真協力】 Ecoemi・海津発電所・via Wikimedia・CC BY-SA ／ Lear 21・Thefalloftheberlinwall1989・via Wikimedia・CC BY-SA ／ Wiiii・Nijo-jo Ninomaru-goten 2009・via Wikimedia・CC BY-SA ／ Yuriy Somov・File: RIAN archive 667881 US president George Bush and General Secretary of the Communist Party of the Soviet Union, Chairman of the Supreme Soviet of the USSR Mikhail Gorbachev・via Wikimedia・CC BY-SA ／ ピクスタ株式会社 ／ 株式会社フォトライブラリー ／ 宮内庁正倉院事務所
【地形図】 本書に掲載した地形図は，国土地理院発行の地形図・地勢図を使用したものです。

~MEMO~

~MEMO~

~MEMO~

山口県公立高等学校

2024年度
入学試験問題

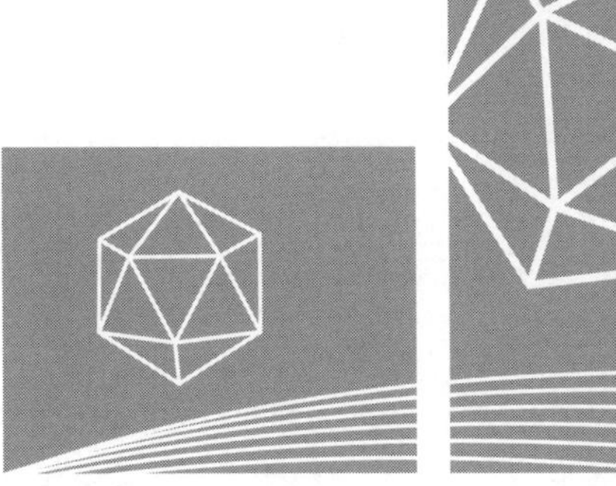

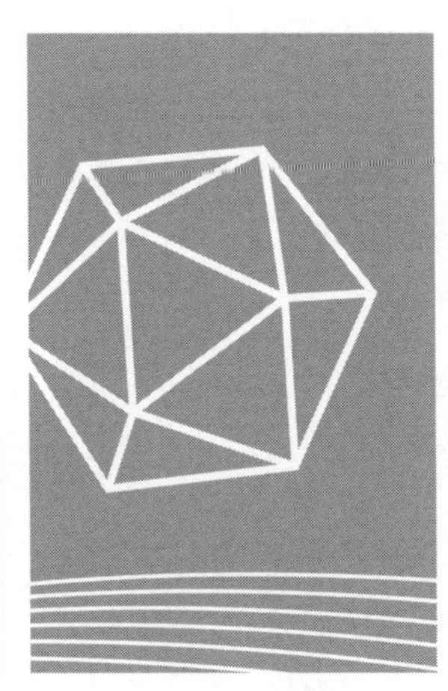

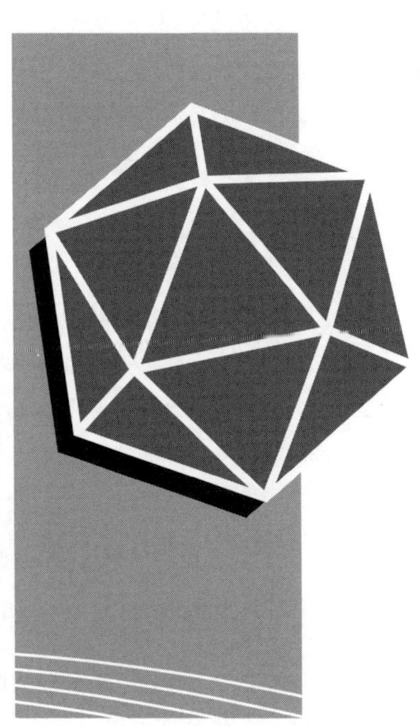

数学

時間　50分　　　　満点　50点

1　次の(1)〜(5)に答えなさい。

(1)　$(-2)\times 4$ を計算しなさい。(　　　)

(2)　$(-3)^2+8$ を計算しなさい。(　　　)

(3)　$7x-(6x-1)$ を計算しなさい。(　　　)

(4)　$\dfrac{9a^3}{5b}\div\dfrac{3a^2}{2b^2}$ を計算しなさい。(　　　)

(5)　$\sqrt{12}-\sqrt{27}$ を計算しなさい。(　　　)

2　次の(1)〜(4)に答えなさい。

(1)　y が x に反比例し，$x=2$ のとき $y=6$ である。$x=4$ のときの y の値を求めなさい。(　　　)

(2)　右の図で，$\ell /\!/ m$ のとき，$\angle x$ の大きさを求めなさい。(　　　)

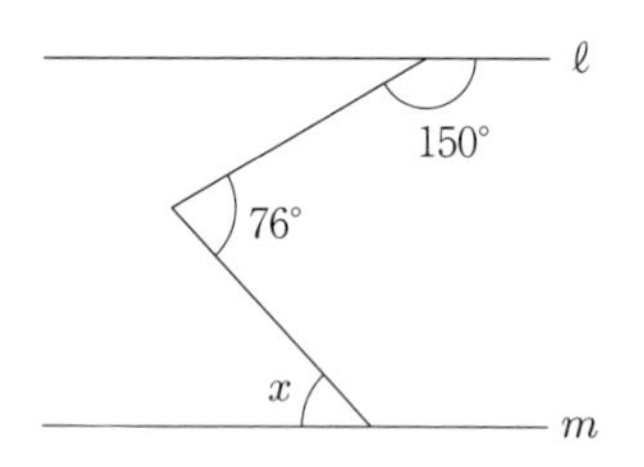

(3)　二次方程式 $2x^2+3x-1=0$ を解きなさい。(　　　)

(4)　ある池で50匹の魚をつかまえ，その全部に印をつけて池に戻した。数日後，同じ池で40匹の魚をつかまえたところ，印のついた魚が11匹いた。この数日の間に，この池にいる魚の数と，印のついた魚の数に変化がないとするとき，この池にいる魚はおよそ何匹と推定されるか。一の位を四捨五入した概数で答えなさい。(およそ　　　匹)

3　平面図形に関連して，次の(1)，(2)に答えなさい。

(1)　図1の長方形ABCDにおいて，図形ア〜クは合同な直角三角形である。アを，点Oを中心として平面上で回転移動させたとき，アと重ねあわせることができる図形が図1中に1つある。その図形をイ〜クから選び，記号で答えなさい。(　　　)

図1

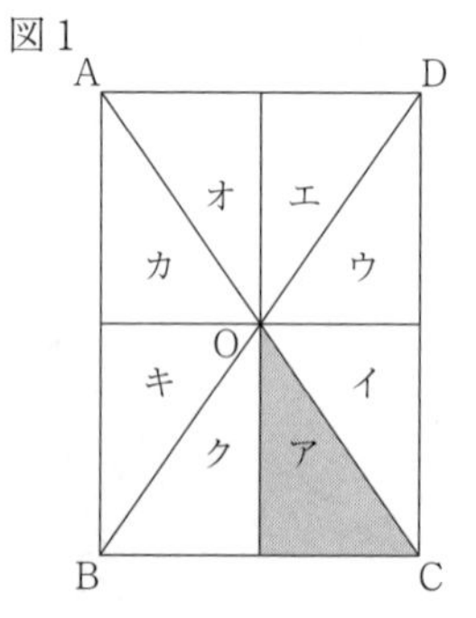

(2)　図2のように，半直線AB，ACがある。半直線AB，ACのどちらにも接する円のうち，半直線ABと点Bで接する円の中心Oを作図しなさい。ただし，作図に用いた線は消さないこと。

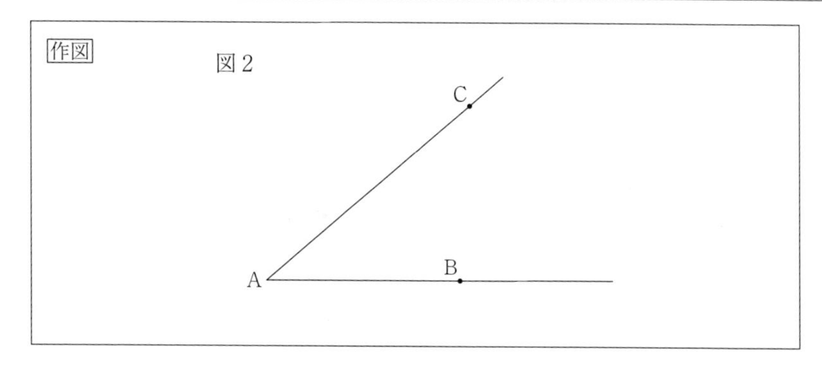

4　関数 $y = 3x^2$ に関連して，次の(1)，(2)に答えなさい。

(1)　図１は，関数 $y = 3x^2$ のグラフである。下のア～エは，図１と同じ座標軸を使って，$y = ax^2$ の形で表される関数のグラフをそれぞれ図１にかき加えた図であり，そのうちの１つが関数 $y = -\dfrac{1}{3}x^2$ のグラフをかき加えたものである。

関数 $y = -\dfrac{1}{3}x^2$ のグラフをかき加えた図として最も適切なものを，ア～エから選び，記号で答えなさい。(　　　)

図１

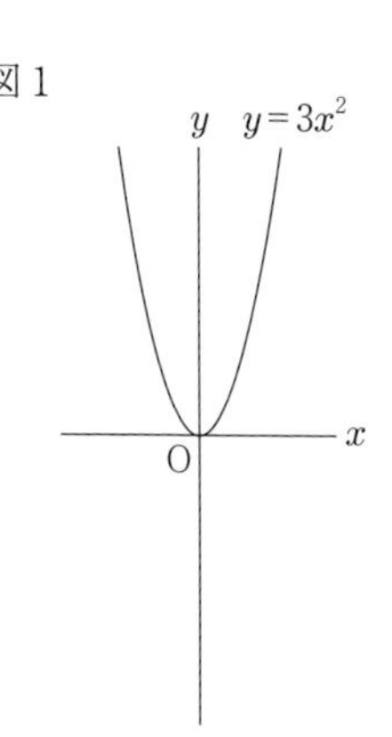

ア

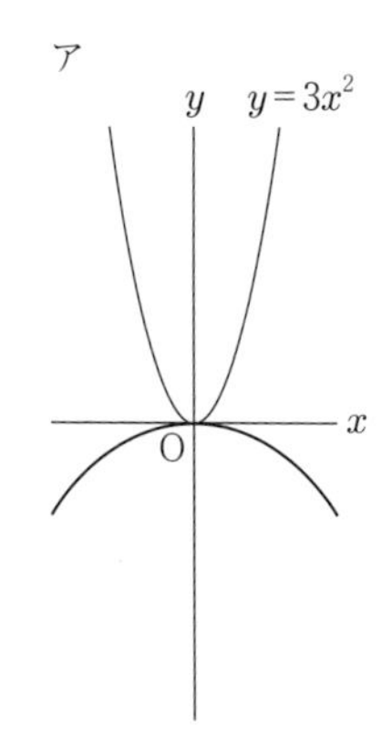

イ

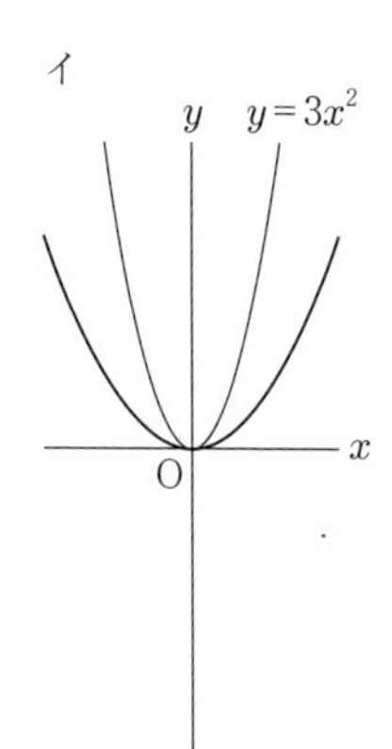

ウ

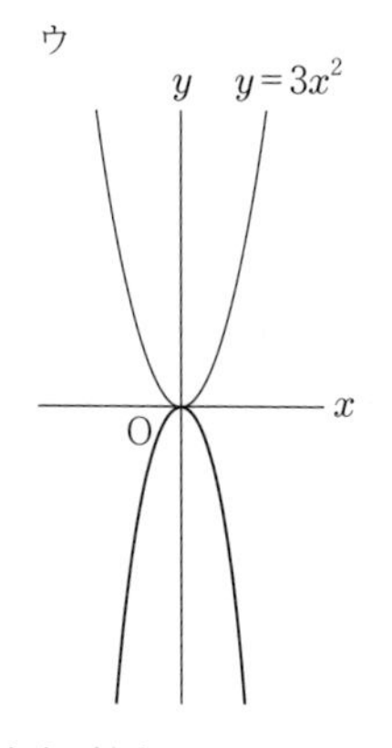

エ

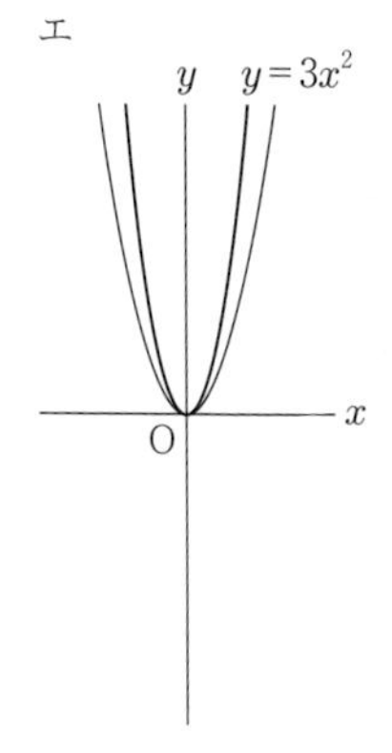

(2)　図２のような斜面で，点Oの位置からボールを転がす。ボールが転がり始めてから x 秒間に転がる距離を y m とするとき，x と y の間には，$y = 3x^2$ の関係がある。

このとき，次の文章が正しくなるように［ア］，［イ］にあてはまる数を求めなさい。ア(　　　)　イ(　　　)

ボールがこの斜面を転がり始めて２秒後から４秒後までの平均の速さは，毎秒［ア］m である。また，ボールが転がり始めてから t 秒後までの平均の速さが毎秒［ア］m であるとき，$t =$［イ］である。

図２

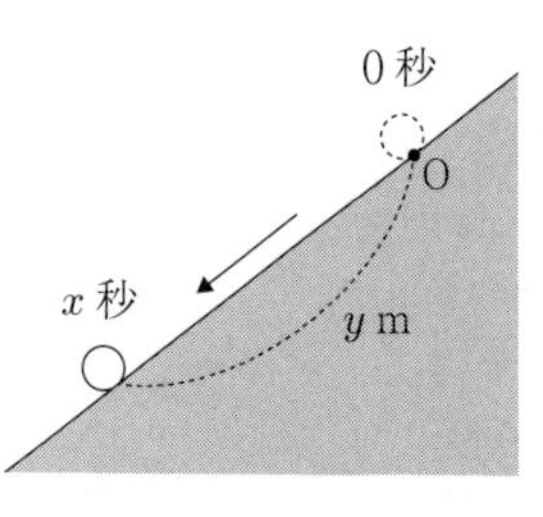

5　Rさんは，図1の展開図を組み立ててできる特殊なさいころを2個つくり，できたさいころを図2のように，それぞれさいころA，さいころBとした。

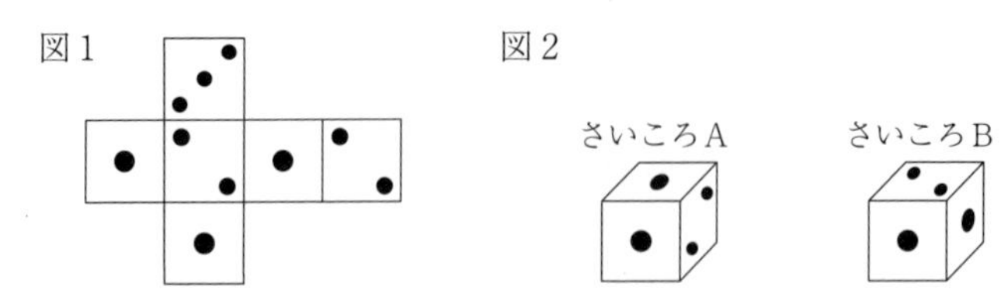

次の(1)，(2)に答えなさい。ただし，さいころA，さいころBはどの面が出ることも同様に確からしいものとする。

(1)　さいころAを1回投げるとき，1の目が出る確率を求めなさい。(　　　)

(2)　さいころAとさいころBを同時に1回投げるとき，出る目の数の和について，Rさんは次のように予想した。

Rさんの予想

出る目の数の和は，2になる確率が最も高い。

Rさんの予想は正しいか，正しくないか。確率を求めるまでの過程を明らかにして説明しなさい。

(　　　　　　　　　　　　　　　　　　　　　　　　　　　　　　)

6 Sさんは授業でフェアトレードについて学習した。フェアトレードとは，発展途上国で生産された農作物や製品を適正な価格で購入することで，その国の人々の生活改善と自立をめざす貿易の仕組みである。

次の(1)，(2)に答えなさい。

(1) コーヒー1杯の販売価格400円に対して，コーヒー豆の生産者の収入をa円とする。このとき，このコーヒー1杯の販売価格に対する生産者の収入の割合は何％になるか。aを使った式で表しなさい。(　　　％)

(2) Sさんたちは，地域の祭りでフェアトレードについての紹介をし，フェアトレード製品である図1のようなコーヒーのドリップバッグと，図2のような紅茶のティーバッグを売ることにした。

Sさんたちは，ドリップバッグとティーバッグを仕入れて，ドリップバッグ3個を袋に入れた商品と，ティーバッグ4個を袋に入れた商品の2種類の商品をつくる予定である。

図1
ドリップバッグ

図2
ティーバッグ

それぞれの仕入れ価格は，ドリップバッグが1個70円，ティーバッグが1個40円であり，仕入れの予算は19000円である。ただし，袋代は考えないものとする。

仕入れの予算を全額使うものとし，仕入れたドリップバッグとティーバッグをそれぞれ余りなく袋に入れて，2種類の商品を合計100袋つくる。

このとき，ドリップバッグとティーバッグをそれぞれ何個仕入れればよいか。ドリップバッグをx個，ティーバッグをy個仕入れるものとして，連立方程式をつくり，ドリップバッグとティーバッグの個数をそれぞれ求めなさい。

式 $\begin{cases} (\qquad\qquad) \\ (\qquad\qquad) \end{cases}$ ドリップバッグ(　　　個) ティーバッグ(　　　個)

7　図1のような AB ＝ AC である二等辺三角形の紙 ABC がある。この紙 ABC において，図2のように辺 BC 上に，∠ADC ＜ 90° となる点 D をとる。図3のように線分 AD で折り返し，頂点 B が移った点を E，線分 AE と線分 CD の交点を F とする。図4は，図2と図3の点 A，B，C，D，E，F を結んでできた図形である。

次の(1)，(2)に答えなさい。

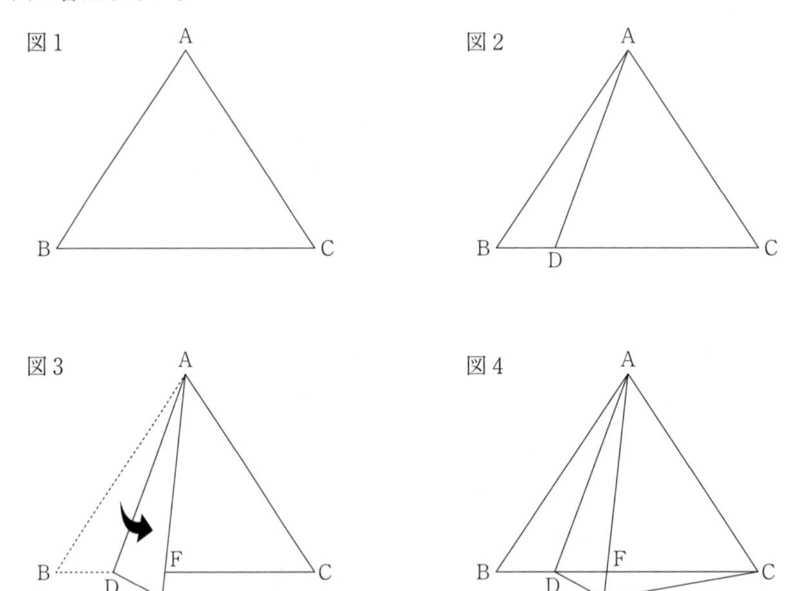

(1)　図4において，△ADF ∽△CEF であることを証明しなさい。

(2)　図4において，AB ＝ 12cm，BD ＝ 3cm，AF ＝ 10cm であるとき，線分 CD の長さを求めなさい。(　　　cm)

8 Tさんは，キャンプに行くことにした。

次の(1)～(3)に答えなさい。

(1) Tさんは，キャンプ場で使用するテントを購入する予定であり，商品とその評価をインターネットで調べた。表は，テントAとテントBのそれぞれの評価を度数分布表にまとめたものであり，評価は，数値が大きいほど高い。

テントAとテントBについて，評価が3以上の相対度数は，どちらが大きいか。評価が3以上の相対度数をそれぞれ明らかにして説明しなさい。ただし，相対度数は，小数第3位を四捨五入し，小数第2位まで求めなさい。

(　　　　　　　　　　　　　　　　　　　　　　　　　)

表

評価	度数	
	テントA	テントB
1	78	96
2	152	254
3	330	345
4	168	213
5	72	92
計	800	1000

(2) Tさんが行こうとしているキャンプ場の標高は350mで山の中腹にある。山頂の標高は800mであり，Tさんはキャンプ場の気温をもとに，山頂の気温を求めることにした。

気温は，標高が高くなるにつれ一定の割合で下がり，その割合は，標高100mあたり0.6℃とする。キャンプ場の気温が20.8℃であるときの山頂の気温を求めなさい。(　　　℃)

(3) Tさんは，キャンプ場で使用する図1のような焚き火台を購入する予定である。Tさんはその中に入れる薪を，図2のように井の字型に積もうと考えている。

焚き火台の底は図3のような正八角形ABCDEFGHの形をしていて，Tさんは，その正八角形の対角線ADの長さを，焚き火台に入れる薪の長さの目安にしようとしている。

正八角形ABCDEFGHの一辺の長さを$a$cmとするとき，対角線ADの長さを，aを使った式で表しなさい。(　　　cm)

図1

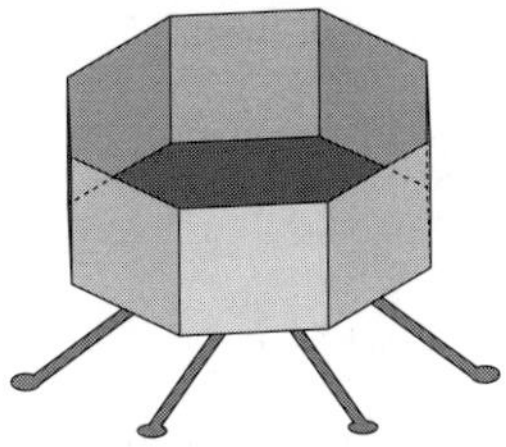

図2

図3

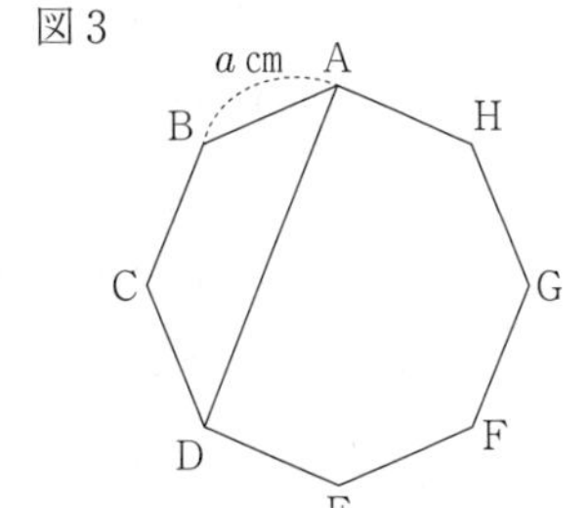

英語

時間 50分　　満点 50点

（編集部注） 放送問題の放送原稿は英語の末尾に掲載しています。
音声の再生についてはもくじをご覧ください。

1 放送によるリスニングテスト

テスト1 4つの対話を聞いて，対話の内容に関するそれぞれの問いの答えとして最も適切なものを，1～4から1つずつ選び，記号で答えなさい。

No.1（　　） No.2（　　） No.3（　　） No.4（　　）

No.1 1 In Room 6. 2 In Room 7. 3 In Room 16. 4 In Room 17.

No.2 1 A large chocolate. 2 A small chocolate. 3 A large cookie.
4 A small cookie.

No.3 1 By listening to Yuko's grandfather. 2 By calling Kevin's grandfather.
3 By reading a history report. 4 By checking websites.

No.4 1 Because it has a picture of Tokyo.
2 Because its color and the word on it are nice.
3 Because James gave it to her.
4 Because James knows what the kanji means.

テスト2 4つの対話を聞いて，それぞれの対話に続く受け答えとして最も適切なものを，1～4から1つずつ選び，記号で答えなさい。

No.1（　　） No.2（　　） No.3（　　） No.4（　　）

No.1 1 If you want to try one, you can read mine.
2 Did you enjoy reading the book about AI?
3 I'm not interested in AI, either.
4 I have never read those books.

No.2 1 What is your question? 2 I don't have homework today.
3 You have already come to my class. 4 May I talk with you after the class?

No.3 1 Great. OK, I will go with you.
2 Yes. I know soccer very well now.
3 Sounds good. I will play soccer on that day.
4 Sorry. I watched that game on TV yesterday.

No.4 1 Thank you. I think it will arrive this afternoon.
2 Right. You can send the present to her later.
3 That's OK. Mom can probably receive it.
4 Don't worry. I think your friend will like the present.

テスト3　右の【メモ】は，留学生の *Atsushi* が，留学先の町にある体育館の利用可能日を確認するために，体育館職員の Ms. Jones と電話で話したときに書いたものの一部である。

今から，そのときの2人の対話を聞いて，下の(1)，(2)に答えなさい。

【メモ】

Monday	A dance ＿(A)＿ uses it. (4 p.m. - 7 p.m.)
Tuesday	The gym is not ＿(B)＿ .
Wednesday	We can use it ＿(C)＿ 5 p.m.

(1)　対話の内容に合うように，下線部(A)，(B)，(C)に，それぞれ対話の中で用いられた英語1語を書きなさい。(A)(　　　)　(B)(　　　)　(C)(　　　)

(2)　次の英文は，Ms. Jones との電話の後に，*Atsushi* が友人の *Mark* とした対話の一部である。Ms. Jones との対話の内容を踏まえて，下線部(D)に，場面にふさわしい3語以上の英語を書きなさい。(　　　　　　　　　　　　　　　　　　　　　　　)?

Atsushi:　Do you remember the plan to play badminton next week? I called the gym and asked when we could use it.

Mark:　Oh, thank you!

Atsushi:　＿＿(D)＿＿?

Mark:　No problem! I'm free on that day.

2　次の英文は，*Yuka* と留学生の *Emily* との通学路での対話の一部である。これを読んで，下の(1)，(2)に答えなさい。

Emily:　The plants are climbing up the windows! What's that?

Yuka:　We call it a green curtain. The strong sunshine comes into a room in summer, but we can stop it with a green curtain.

Emily:　I see. It (A)(m＿＿＿) the room cooler, right?

Yuka:　Yes. In summer, it's so hot that we always use air conditioners. However, we don't need to use ＿(B)＿ too much if we have green curtains.

Emily:　That's a good idea! What ＿(C)＿ are good for green curtains?

Yuka:　Well, the ability to reach the tops of the windows is important. And I like green curtains ＿(D)＿ have beautiful flowers.

【green curtain】

(注)　curtain(s)　カーテン　　sunshine　日光　　cooler　cool (涼しい) の比較級　　ability　能力　　top(s)　最上部

(1)　文脈に合うように，下線部(A)に入る適切な英語1語を書きなさい。ただし，(　　)内に与えられた文字で書き始めなさい。(　　　)

(2)　下線部(B)，(C)，(D)に入る最も適切なものを，それぞれ1～4から1つずつ選び，記号で答えなさい。(B)(　　　)　(C)(　　　)　(D)(　　　)

(B)　1　it　　2　them　　3　you　　4　us

(C)　1　rooms　　2　days　　3　plants　　4　windows

(D)　1　which　　2　how　　3　who　　4　when

3 *Ryota* は，留学生の *Tom* と，【チラシ】を見ながら，四季山（Mt. Shiki）への日帰り旅行の計画を立てている。あとの英文は，そのときの対話の一部である。【チラシ】と対話文を読んで，以下の(1)～(3)に答えなさい。

【チラシ】

Ryota: Tom, I found a good bike rental shop. Let's go to Mt. Shiki by bike. We can also get free drink tickets.

Tom: Great! Oh, look! Let's buy the special tickets to visit three famous places. I (o　　) see the places on TV.

Ryota: OK. I want to go to Mt. Shiki in the morning and visit those places in the afternoon. We can eat lunch at Fuyu Restaurant and use the free drink tickets there.

Tom: Sounds good. But I think we should go to Ume House before lunch. We don't have to cross the bridge again and again.

Ryota: You're right. And we can go to Matsu Garden after lunch.

Tom: Then, Samurai Theater will be the next place, right?

Ryota: Yes. Oh, what a perfect plan!

(注) rental shop レンタルショップ free 無料の cafe 喫茶店 enter ～ ～に入場する TV shows テレビ番組 again and again 何度も

(1) 【チラシ】の内容を踏まえて，対話文中の下線部に入る適切な英語1語を書きなさい。ただし，( )内に与えられた文字で書き始めなさい。( )

(2) 対話の内容によると，*Ryota* と *Tom* は四季山の後にどこをどのような順番で訪れようとしているか。最も適切なものを，次の1～4から選び，記号で答えなさい。( )

1 Fuyu Restaurant → Ume House → Matsu Garden → Samurai Theater
2 Fuyu Restaurant → Ume House → Samurai Theater → Matsu Garden
3 Ume House → Fuyu Restaurant → Matsu Garden → Samurai Theater
4 Ume House → Fuyu Restaurant → Samurai Theater → Matsu Garden

(3) 【チラシ】から読み取れる内容と一致するものを，次の1～6から2つ選び，記号で答えなさい。
( )( )

1 People need more than 1,000 yen to use the shop's bikes for 4 hours.
2 People cannot use the shop's bikes after 4 p.m.
3 If people buy a bike at the shop, they can also get a ticket for lunch.
4 People can use a photo service by buying the special ticket at the shop.
5 Both Aki Cafe and Haru Cafe are in front of the station.
6 There are some restaurants on the road along the river.

4　次の【資料】と【原稿】は，Ayaが英語の授業で発表する際に用いたものである。これらを読んで，あとの(1)～(3)に答えなさい。

【資料】

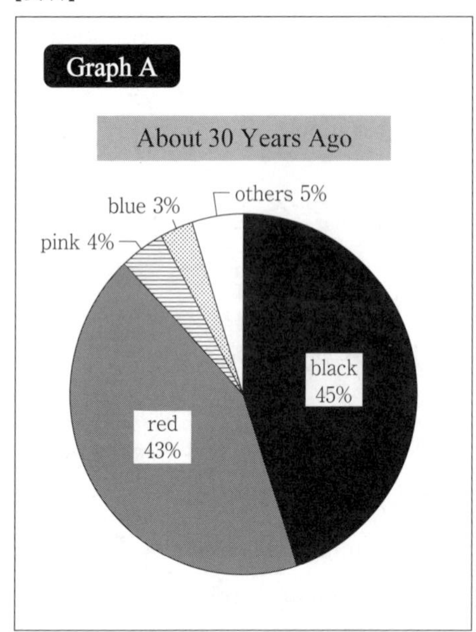

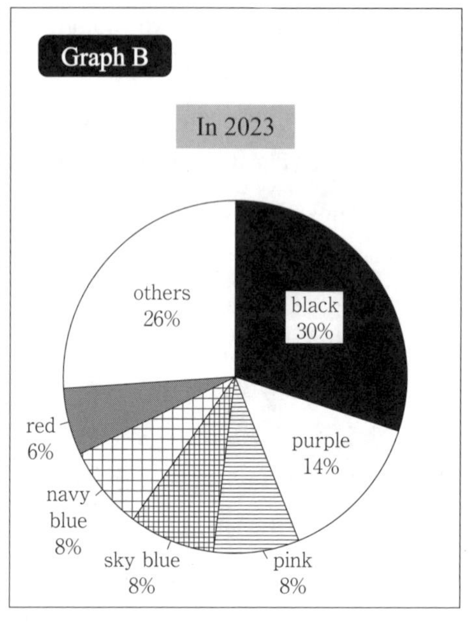

【原稿】

When you were in elementary school, what was the color of your school backpack?

Graph A shows the colors of school backpacks used about 30 years ago. We can see that __(A)__ were the colors that almost 90 percent of the children had.

Next, Graph B shows the colors of school backpacks bought in 2023. Black was still the most common. However, look at red. It occupied 43 percent about 30 years ago, but in 2023, __(B)__. Then, what colors of school backpacks were bought more? Purple, pink, sky blue, and navy blue! Besides, "others" occupied more than a quarter! That's really interesting, right?

From the graphs, we can learn that school backpacks today have a larger variety of colors. That means children today have more options for the colors of their school backpacks! I wonder what colors children will choose in the future!

（注）graph　グラフ　　pink　桃色　　navy blue　紺色　　school backpack(s)　ランドセル
common　一般的な　　occupied ～　～を占めた　　options　選択肢
wonder ～　～だろうかと思う

(1)　【原稿】の文脈に合うように，下線部(A)に入る適切な英語3語を書きなさい。

(　　　　　　　　　　)

(2)　【原稿】の文脈に合うように，下線部(B)に入る最も適切なものを，次の1～4から選び，記号で答えなさい。(　　　)

1 pink, sky blue, and navy blue occupied 24 percent 2 red became only 6 percent
3 purple was as popular as red 4 no one had navy blue school backpacks

(3) Aya が発表を通して最も伝えたいこととして適切なものを，次の 1～4 から 1 つ選び，記号で答えなさい。(　　　)

1 According to Graph A, pink was more popular than blue.
2 About 30 years ago, the most common color of school backpacks was black.
3 Children today can choose their school backpacks from a larger variety of colors.

4 Two graphs show us what colors of school backpacks were bought in those days.

5　次の英文を読んで，あとの(1)～(3)に答えなさい。

Mizuki is a high school student. She loves books, and she has read so many books.

One day, Mizuki did volunteer work at a library because she wanted to help people find books. But a librarian, Mr. Tanaka, brought a book and said, "Please read this book to little children. Many children like this story." She got nervous because she was not good at speaking to the audience. [ア]

The time for reading came. At first, many children were listening to her story. However, in a few minutes, some of the children looked bored and left. When she finished reading it, she was very sad.

Mizuki was worried and she couldn't enjoy her lunch because she had to read a story again in the afternoon. Mr. Tanaka saw her face and said, "Are you OK? What are you worried about?" "I can't read a story to little children well," she said. "I see. I'll tell you some important points. Read it slowly. If you read it fast, children cannot understand the story. Next, turn pages slowly. Then, children can enjoy looking at the pictures in the book," he said. She decided to follow his advice and do her best. [イ]

After lunch, Mizuki told Mr. Tanaka that she wanted to change the book to read. She liked one book when she was a child, and she wanted to read it to the children. [ウ] The book was full of entertainment. He smiled and agreed with her idea.

The time for reading came again. This time, she read the story slowly and turned pages slowly. She watched the children's faces. They listened to the story and laughed a lot. She enjoyed it together with them. When she finished reading it, a girl came to her and said, "I liked this story. See you." Mizuki was happy to hear that. [エ]

Mr. Tanaka came to Mizuki. He smiled and said, "You did a good job! I also enjoyed the story with the children." "Thank you for your help, Mr. Tanaka." She learned a lot from this volunteer work.

(注)　volunteer work　ボランティア活動　　librarian　図書館職員　　slowly　ゆっくり
turn(ed) pages　ページをめくる　　advice　アドバイス　　entertainment　楽しませるもの
laughed　笑った

(1)　次の英文が入る最も適切な箇所を，本文中の [ア] ～ [エ] から選び，記号で答えなさい。
(　　　)

Also, she had no idea how to read a story to little children.

(2)　次の(a)～(c)の質問に対する答えとして，本文の内容に合う最も適切なものを，それぞれ1～4から1つずつ選び，記号で答えなさい。

(a)　Why did Mizuki feel sad after she read the first book to the children? (　　　)

1　Because the story she read was very sad.

2　Because she didn't want to do the volunteer work at the library.

3　Because some of the children didn't enjoy listening to the story.

4 Because she was too nervous to finish reading it.

(b) What was Mizuki's original idea for the second reading time? (　　)

1 To choose her favorite book. 2 To read a story slowly.

3 To follow the children's advice. 4 To show the pictures for a long time.

(c) Which was true about Mizuki's volunteer work? (　　)

1 Mr. Tanaka read the stories to the children with Mizuki.

2 Mizuki helped the children find books.

3 Mizuki read the stories to the children three times.

4 Mr. Tanaka and the children enjoyed the second book Mizuki read.

(3) 次の英文は，ボランティア活動の後に，*Mizuki* が友人の *Kate* とした対話の一部である。本文の内容に合うように，下線部①，②に入る適切な英語を1語ずつ書きなさい。ただし，(　)内に与えられた文字で書き始めなさい。①(　　) ②(　　)

Kate: Wow, you're awesome! That was a good event for you.

Mizuki: Yes. I had a great ①(e　　) at the event. I learned a lot.

Kate: Mr. Tanaka's advice was good, too.

Mizuki: You're right. The words ②(g　　) by him were really helpful.

6　中学生の Ken は，オーストラリアに行き，Meg と Bob の家でホームステイをする予定である。次の英文は，Meg と Bob から Ken に送られてきた電子メール（e-mail）と，それに対する Ken の返信である。あなたが Ken ならば，Meg と Bob に何を伝えるか。電子メールを読んで，［　　］に Meg と Bob に伝えることを書きなさい。ただし，下の【注意】に従って書くこと。

About Your Stay

Date　July 8, 2023

From　Meg and Bob

Hello Ken,

We are very happy to see you soon.
We will stay together for two weeks, so we want to know more about you.
Please tell us about your daily life.

1. Is there any food that you do not eat?
2. What do you like to do in your free time?

We hope we have a good time together.
Meg and Bob

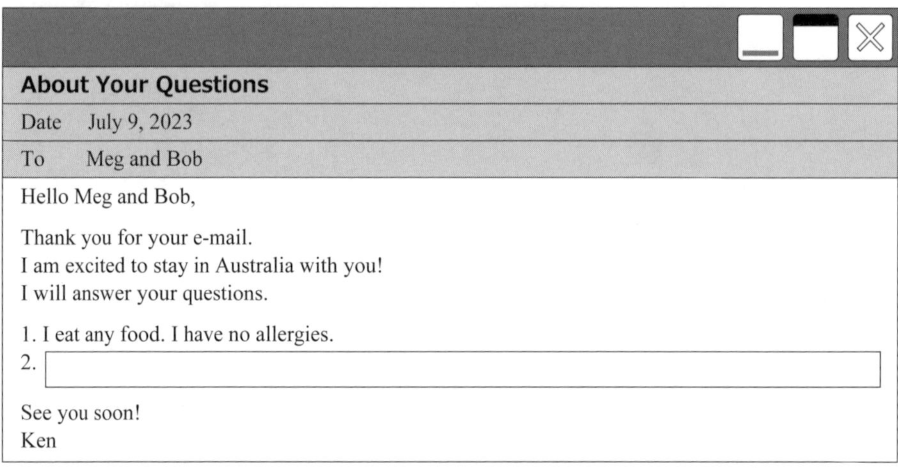

About Your Questions

Date　July 9, 2023

To　Meg and Bob

Hello Meg and Bob,

Thank you for your e-mail.
I am excited to stay in Australia with you!
I will answer your questions.

1. I eat any food. I have no allergies.
2. ［　　　　　　　　　　］

See you soon!
Ken

（注）　daily life　日常生活　　in your free time　自由時間に　　allergies　アレルギー

【注意】

①　電子メールでのやり取りの流れに合うように，20 語以上 30 語以内の英語で書くこと。文の数はいくつでもよい。符号（ .,?! など）は，語数に含めないものとする。

②　内容のまとまりを意識して，具体的に書くこと。

③　解答は，【記入例】に従って書くこと。

【記入例】

Hi , how are you ? I'm
a high school student now .

〈放送原稿〉

ただ今から，2024年度山口県公立高等学校学力検査，英語の放送によるリスニングテストを行います。聞きながらメモをとっても構いません。

では，問題用紙にテスト1，テスト2，テスト3までがあることを確かめなさい。また，解答用紙のそれぞれの解答欄を確かめなさい。

それでは，テスト1から始めます。テスト1の問題を読みなさい。

対話はNo.1からNo.4まで4つあり，それぞれの対話の後に問いが続きます。なお，対話と問いは2回ずつくり返します。では，始めます。

No.1 *A:* Let's go to Room 17 for our English class together.

B: OK, but I think we have the class in Room 16 today.

A: Oh, you're right.

Question: Where do they take the English class today? (対話と問いをくり返す。)

No.2 *A:* Dad, I want to eat something sweet like chocolates or cookies.

B: I have some cookies, Amy. Which do you want, a large one or a small one?

A: I want to eat a small one.

Question: What does Amy choose to eat? (対話と問いをくり返す。)

No.3 *A:* Yuko, have you finished the history report about our town? I can't find enough information on the internet.

B: No, Kevin. But I'm going to ask my grandfather about the history of our town and write the report today. Do you want to listen together?

A: Really? Yes, of course. That will be a great help.

Question: How are Kevin and Yuko going to get information about their town?

(対話と問いをくり返す。)

No.4 *A:* James, look. This is a new T-shirt! My brother went to Tokyo, and he bought it for me. I like the color!

B: The blue color is nice, Emma! The kanji on it is also cool. What does it mean?

A: It means "a dream." I like that point, too.

Question: Why does Emma like the T-shirt? (対話と問いをくり返す。)

次に，テスト2に移ります。テスト2の問題を読みなさい。

対話はNo.1からNo.4まで4つあり，それぞれ2回くり返します。では，始めます。

No.1 *A:* What did you do yesterday?

B: I enjoyed reading a book about AI. I bought it a week ago. And I finished reading it yesterday.

A: Oh, I'm interested in AI, too. But I have never read books about it.

(対話をくり返す。)

No.2 *A:* Did you enjoy the class, everyone? See you next time.

B: Ms. Green, I have a question about today's class. May I ask you now?

A: I wish I could answer it now, but sorry, Akito. I have to go to another class now.

(対話をくり返す。)

No.3 *A:* My classmates and I are going to watch a soccer game at the stadium next Sunday. Do you want to go with us, Nancy?

B: I don't know about soccer very well. Do you think I can enjoy the game, Satoshi?

A: Oh, I'm sure you will love it! I can tell you about some popular players before we go. (対話をくり返す。)

No.4 *A:* Dad, Grandma sent us a present yesterday! Mom told me. Did you know that?

B: Yes. It's going to arrive this afternoon, but I need to go to the dentist then. Can you receive it?

A: I'm going to visit my friend's house to study together this afternoon. Sorry.

(対話をくり返す。)

次に，テスト３に移ります。テスト３の問題と，【メモ】を読みなさい。

今から，*Atsushi* と *Ms. Jones* の対話を２回くり返します。では，始めます。

Atsushi: Hello, I want to use the gym to play badminton with my friend.

Ms. Jones: Thank you. We are open from 9 a.m. to 7 p.m. But we are not open on Tuesdays.

Atsushi: We want to visit the gym next week. We finish school at 4 p.m. from Monday to Friday. So, can we use the gym from 4:30 on Monday?

Ms. Jones: Let me check. A dance group uses it from 4 p.m. to 7 p.m. on Mondays, so you cannot.

Atsushi: OK. Then, how about Wednesday?

Ms. Jones: You can use it until 5 p.m. on that day. From 5 p.m., a volleyball team will practice.

Atsushi: It's too short to play games.

Ms. Jones: Also, next Thursday, a high school will use it from 4 p.m. to 7 p.m. You can use it on Friday, but not on the weekend. There will be a brass band concert on both Saturday and Sunday.

Atsushi: OK. I'll check my friend's plans and call you back later. Thank you.

くり返します。 (対話をくり返す。)

以上で，リスニングテストを終わります。次の問題に移ってください。

社会

時間　50分　　　　満点　50点

1　図Ⅰをみて，あとの(1)～(5)に答えなさい。

図Ⅰ

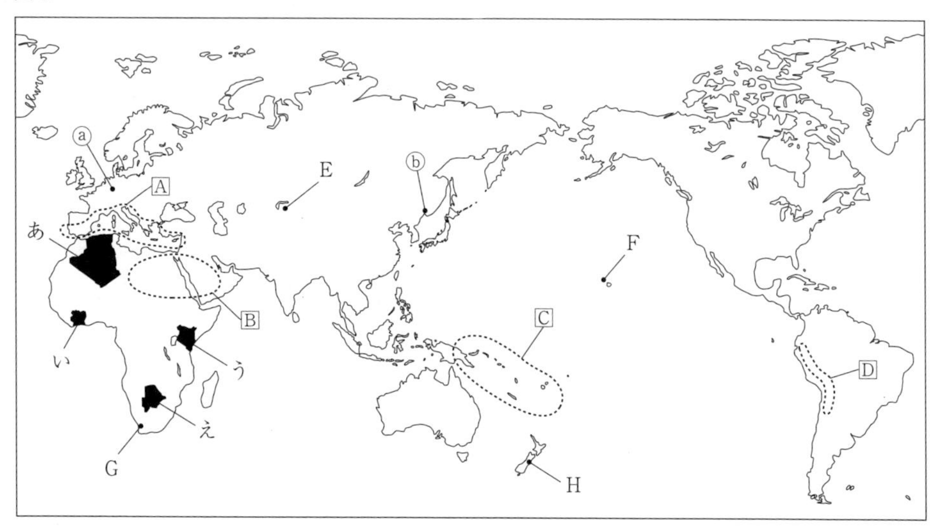

(1)　Yさんは，図Ⅰ中のA～Dの地域でみられる気候を生かした伝統的な食文化について，次の1～4のカードにまとめた。Cの地域について示したカードを，1～4から一つ選び，記号で答えなさい。(　　　)

1　タロいもなどのいも類が主食で，潰して煮たり蒸したりして食べます。

2　じゃがいもやとうもろこしが主食で，蒸したり保存食に加工したりして食べます。

3　小麦などを加工して食べるほか，らくだや羊の肉や乳も大事な食料です。

4　小麦をパンやめん類に加工して食べます。オリーブも食卓には欠かせません。

(2)　Yさんは，留学中のZさんと電話で次の会話をした。これを読んで，Zさんが留学している都市として最も適切なものを，図Ⅰ中のE～Hから選び，記号で答えなさい。(　　　)

Yさん：8月になって，今日も気温が30℃を超えてとても暑かったな。日本は今午後4時だけど，まだ蒸し暑いよ。そちらは今何時かな。

Zさん：こちらは午後7時だよ。今日は最高気温が15℃で昼間は少し暖かかったな。でも，夜になって気温が5℃を下回ったから，ずいぶん寒いね。例年この時期の夜はかなり冷え込むけど，来月からは少しずつ暖かい季節になっていくよ。

Yさん：そうなんだ。暖かくして過ごしてね。

(3)　右の写真は，植民地時代にヨーロッパ人がアフリカに持ち込んだ作物を示したものである。この作物がおもな輸出品となっている国として最も適切なものを，図Ⅰ中の あ～え から選び，記号で答えなさい。(　　　)

(4)　図Ⅱは，図Ⅰ中のⓐとⓑの各都市の月別平均気温を示した図である。図Ⅱをみた Y さんは，ⓐは，ⓑよりも高緯度に位置しているにもかかわらず，ⓑと比べて冬季が温暖な気候となっていることに気づいた。ⓑと比べたとき，ⓐが冬季に温暖な気候となる理由を説明しなさい。

(　　)

図Ⅱ

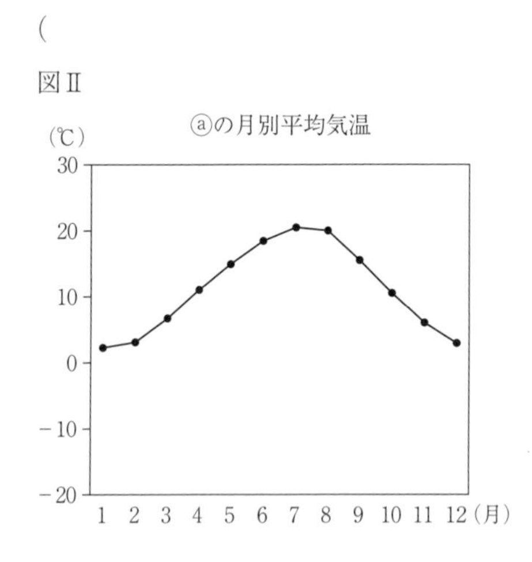

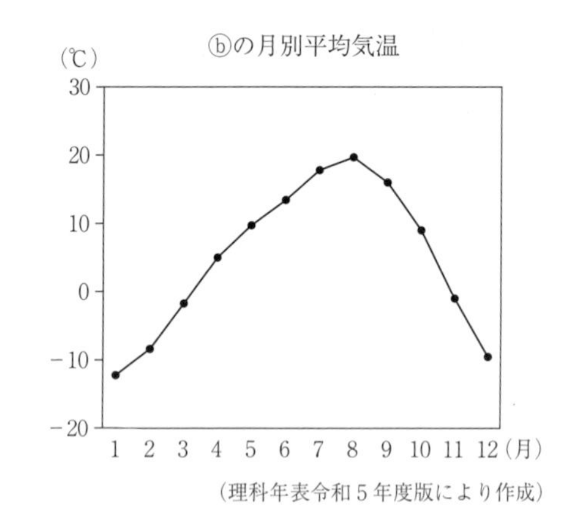

(理科年表令和5年度版により作成)

(5)　Y さんは，アメリカ合衆国と中国が世界の産業や貿易で重要な地位を占めていることに興味をもち，この二か国を中心に産業の発達と移り変わりについて調べた。これについて，次のア～ウに答えなさい。

ア　アメリカ合衆国で，1970 年代以降に先端技術産業や航空宇宙産業などが発達した，北緯 37 度以南の温暖な地域を何というか。答えなさい。(　　　)

イ　次の P，Q は，2000 年代以降にみられるようになった工場の移転について述べたものである。P，Q に共通してみられる，工場が移転した理由を簡潔に答えなさい。

(　　　　　　　　　　　　　　　　　　　　　　　　　　　　　　　　　　　　　　　)

P　東アジアから東南アジアや南アジアに衣類の工場が移転した。

Q　西ヨーロッパから東ヨーロッパに自動車の工場が移転した。

ウ　Y さんは，アメリカ合衆国と中国の輸出入額の変化について調べ，あとの図Ⅲを作成した。図Ⅲ中の S，T はアメリカ合衆国または中国のいずれかを，○，●は 1990 年または 2020 年のいずれかを示している。S と●が示すものの組み合わせとして正しいものを，次の 1～4 から一つ選び，記号で答えなさい。(　　　)

1　S―アメリカ合衆国　●―1990 年　　2　S―アメリカ合衆国　●―2020 年

3　S―中国　●―1990 年　　4　S―中国　●―2020 年

図Ⅲ　1990年と2020年における世界の輸出入額に占めるアメリカ合衆国と中国の割合

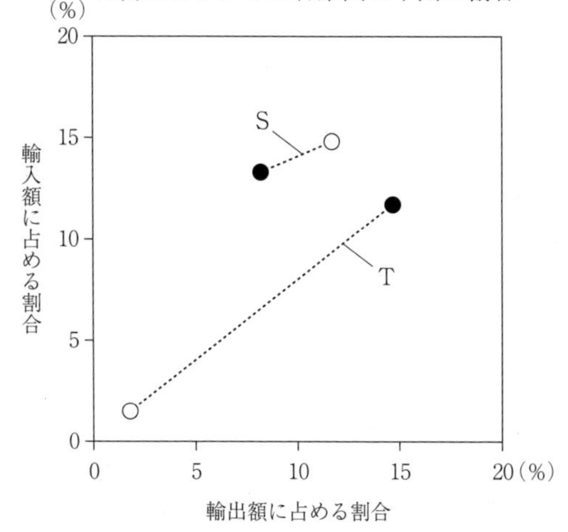

(注)　図Ⅲ中の………は，S，Tそれぞれの1990年と2020年の値をつなぐものである。

(データブック　オブ・ザ・ワールド2023年版により作成)

2　Tさんは，社会科の授業で，「日本の産業の移り変わり」をテーマにポスターを作成した。次は，そのポスターの一部である。これについて，あとの(1)～(5)に答えなさい。

日本の産業の移り変わり

①農業生産について

農業総産出額は，1984年をピークに減少していたが，近年は回復傾向にある。

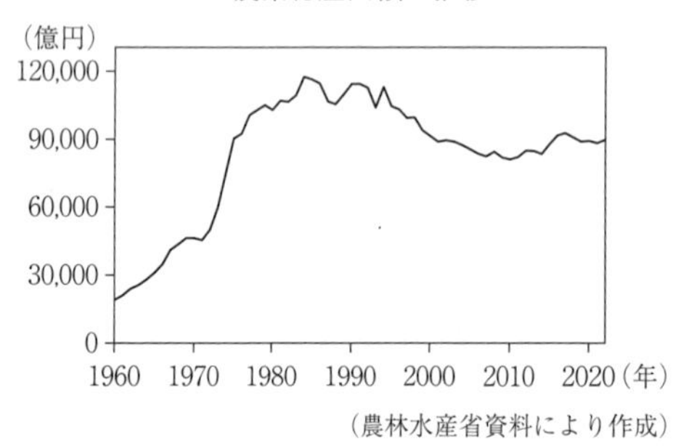

(農林水産省資料により作成)

自動車産業について

1980年代から自動車の海外生産が始まり，現在では，②国内生産台数よりも，海外生産台数の方が多い。

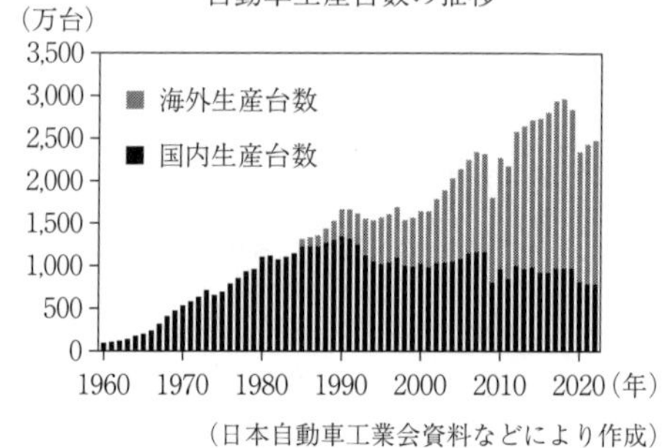

(日本自動車工業会資料などにより作成)

発電量について

産業の発達にともない，電力の需用が大幅に増え，2022年の③発電量は，1960年に比べて約9倍となった。

情報通信技術の発達について

インターネットなどの情報通信技術は，さまざまな産業で活用されている。その技術は，④国土地理院の地図の作成など，測量にも応用されており，これによって，領域や⑤排他的経済水域の変化も，より正確に把握できるようになった。

(1)　下線部①について，表Ⅰは，いくつかの道県の農業産出額と，農業産出額に占める米，野菜，果実，畜産の割合および1農家当たり耕地面積を示したものであり，表Ⅰ中の1～5は，北海道，千葉県，富山県，和歌山県，鹿児島県のいずれかである。千葉県と鹿児島県にあたるものを，1～5からそれぞれ一つずつ選び，記号で答えなさい。千葉県(　　　)　鹿児島県(　　　)

表Ⅰ　(2021年)

道県	農業産出額(億円)	米(%)	野菜(%)	果実(%)	畜産(%)	1農家当たり耕地面積(ha)
1	12,667	9.5	16.9	0.5	57.9	30.40
2	4,772	4.4	11.8	2.1	65.4	2.37
3	3,853	16.6	35.9	2.9	31.0	2.43
4	1,104	7.1	12.8	68.8	3.2	1.26
5	629	69.0	8.6	3.7	12.4	3.36

(データブック　オブ・ザ・ワールド2023年版により作成)

(2)　下線部②に関連して，企業が海外での生産を増やすことで，国内の産業が衰退していく現象を何というか。答えなさい。(　　　)

(3) 下線部③に関連して，図Ⅰ中のあ，いは，おもな水力発電所と火力発電所の所在地のいずれかを示している。あ，いから，火力発電所の所在地を示すものを選び，さらに，次のA～Cから，火力発電所の立地の特徴として最も適切なものを選んだ場合，二つの組み合わせとして正しいものを，下の1～6から一つ選び，記号で答えなさい。(　　　)

A　大都市の近郊　　B　山の斜面

C　火山活動の活発な地域

	1	2	3	4	5	6
火力発電所の所在地	あ	あ	あ	い	い	い
火力発電所の立地の特徴	A	B	C	A	B	C

図Ⅰ

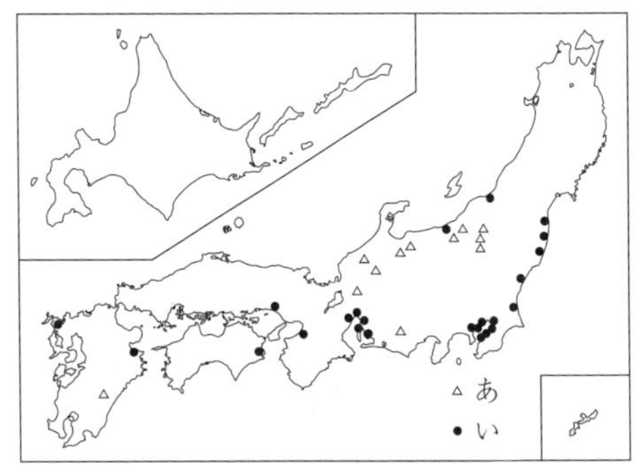

(注)　水力発電所は，最大出力が15万kW以上，火力発電所は，最大出力が200万kW以上のものを示している。2022年3月末現在。

(日本国勢図会 2023／24により作成)

(4) 下線部④に関連して，図Ⅱ，図Ⅲは，ある地域の同じ範囲を示した地形図（2万5000分の1）であり，図Ⅱは1952年，図Ⅲは2023年に発行されたものである。これについて，あとのア，イに答えなさい。

図Ⅱ

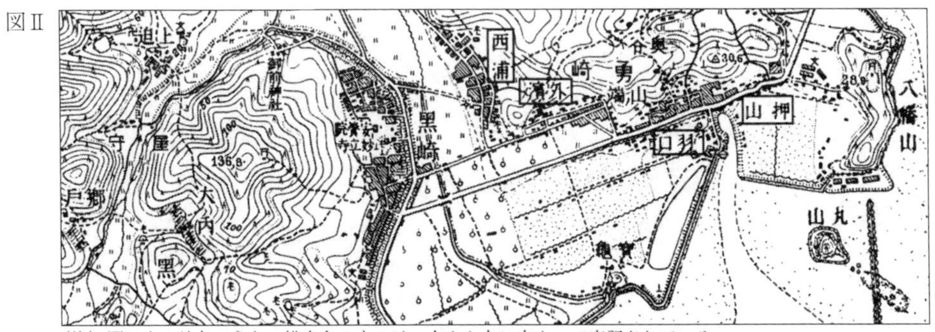

(注) 図Ⅱ中の地名のうち，横書きのものは，右から左に向かって表記されている。

図Ⅲ

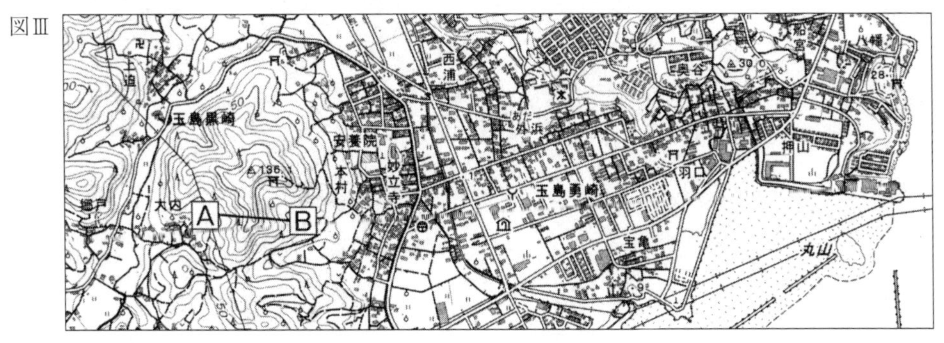

ア　図Ⅱと図Ⅲを比較し，変化のようすを正しく読み取ったものを，次の1～4から一つ選び，記号で答えなさい。(　　　)

1 「押山」の一帯は，開発が進んで新たに学校ができた。

2 「羽口（羽口）」の東側は，埋め立てられて新しい道路ができた。

3 「外濱（外浜）」付近の山は，切り開かれて警察署ができた。

4 「西浦」の集落の南側では，果樹園の一部がなくなって病院ができた。

イ　図Ⅲ中のA─Bで示された部分における断面図を，解答欄のA，Bのそれぞれの両端から記入している例にならって完成させなさい。ただし，作成に用いた線は消さないこと。なお，解答欄の図は，拡大したものである。

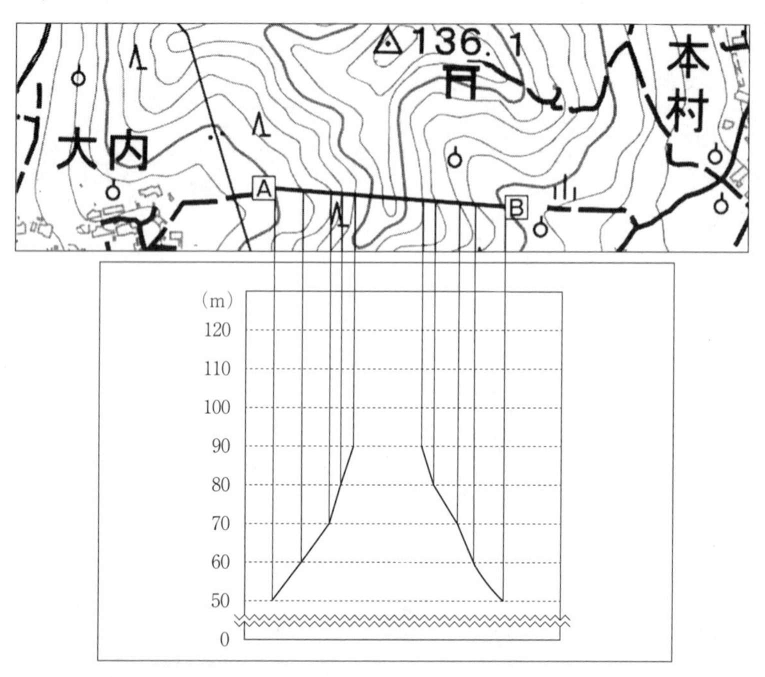

(5)　下線部⑤について，排他的経済水域では，沿岸国に水産資源や鉱産資源などを利用する権利が認められている。排他的経済水域が認められる範囲について，「領海」と「海岸線」という二つの語を用いて説明しなさい。

(　　)

3　Hさんのクラスでは，山口県の歴史について調べ，発表することになった。次は，授業後のHさんと先生との会話の一部である。これを読んで，あとの(1)～(6)に答えなさい。

Hさん：授業を受けて，古代までの人々の交流の広さに驚きました。特に，九州北部と共通性のある①鉄器が，山口県から出土したことや，現在の山口県にあたる地域を支配していた有力者たちが，②近畿地方に成立した政権と関係をもっていたことが印象に残っています。また，古代の税のしくみにも興味をもちました。

先生　：③古代の税のしくみは時期によって変化がみられます。こうした社会のしくみの変化についてまとめてみるとよいですね。

Hさん：はい。他にも，中世の人々と支配者の関係性について深く学んでみたいと思いました。

先生　：④鎌倉時代には，周防国・長門国でも武士の支配が本格化します。また，室町時代には，⑤神社を中心に結びつきを深め，独自のおきてを定めるような自治的な村も誕生しました。

Hさん：そうなんですね。⑥近世の人々の生活についても，調べてみたいと思います。

（注）周防国・長門国は，現在の山口県にあたる地域をさす。

(1)　下線部①に関連して，大陸から九州北部に鉄器が伝わった頃の日本列島でみられたようすを述べた文として最も適切なものを，次の1～4から選び，記号で答えなさい。(　　　)

1　大陸と陸続きであり，大型動物が移動してきた。
2　庶民の衣服として，麻にかわって木綿が広く普及した。
3　農業の技術が発達し，同じ田畑で米と麦などをつくる二毛作が普及した。
4　稲作が広まり，水田の近くにはムラがつくられた。

(2)　Hさんは，下線部②について調べ，資料Ⅰ，資料Ⅱを作成した。資料Ⅰ，資料Ⅱ中の（ あ ），［ い ］にあてはまる語句の組み合わせとして適切なものを，下の1～4から一つ選び，記号で答えなさい。(　　　)

資料Ⅰ

左の銅鏡は，4世紀末から5世紀につくられた山口県の古墳から出土した。（ あ ）は，九州や大陸までの航路の要所である瀬戸内海を支配する有力者にこのような銅鏡を与え，影響下に置こうとしたと考えられている。

（画像は柳井市ウェブサイトから引用）

資料Ⅱ

5世紀初めから約1世紀の間，（ あ ）は，国内での政治的な立場を優位にすることや鉄資源を確保することをめざして，［ い ］を行った。

1　あ―大和政権（ヤマト王権）　い―中国の南朝への朝貢
2　あ―大和政権（ヤマト王権）　い―隋への使者の派遣
3　あ―邪馬台国　い―中国の南朝への朝貢
4　あ―邪馬台国　い―隋への使者の派遣

(3)　下線部③について，古代の税のしくみは，人々を戸籍に登録して税を課すことが次第に困難となったため，10世紀には，土地に税を課すしくみへと変更された。人々を戸籍に登録して税を課すことが困難となった理由について，資料Ⅲ，資料Ⅳから読み取れることをもとに説明しなさい。

(　　　　　　　　　　　　　　　　　　　　)

資料Ⅲ　周防国のある地域の戸籍（908年）に関するまとめ

	男性	女性
66歳以上	16人	99人
17歳～65歳	66人	136人
16歳以下	4人	0人

この戸籍の記載をみると，男性よりも女性の方が，人数が極端に多く，実態を反映していないといえる。

（山口県史により作成）

資料Ⅳ　租・調・庸の負担について

租については，男性・女性ともに負担した。調・庸については，男性のみが負担した。

(4)　下線部④に関連して，Hさんは鎌倉時代についての学びを深めるため，次の【学習課題】を考えた。山口県の歴史について記した【資料】のうち，【学習課題】を解決するために最も適切なものを，下の1～4から選び，記号で答えなさい。（　　　）

【学習課題】

鎌倉時代の地頭の支配はどのようなものだろうか。

【資料】

1　周防国の荘園において，税を取り立てる権利が幕府に申請されたことを記した資料

2　豊臣秀吉が政治の実権を握る中，周防国・長門国で検地が実施されたことを記した資料

3　平氏一族が，長門国の支配権を握ったことを記した資料

4　長門国の港に，日明貿易に携わる役人が置かれたことを記した資料

(5)　下線部⑤に関連して，室町時代に，おもに近畿地方の村でみられるようになった，有力な農民によって運営される自治的な組織を何というか。次の1～4から一つ選び，記号で答えなさい。

（　　　）

1　座　　2　問　　3　惣　　4　五人組

(6)　下線部⑥について，Hさんは，江戸時代の長州藩に住む人々と各地域との交流について調べるために，図Iおよび資料Ⅴ，資料Ⅵを準備した。これについて，あとのア，イに答えなさい。

図I

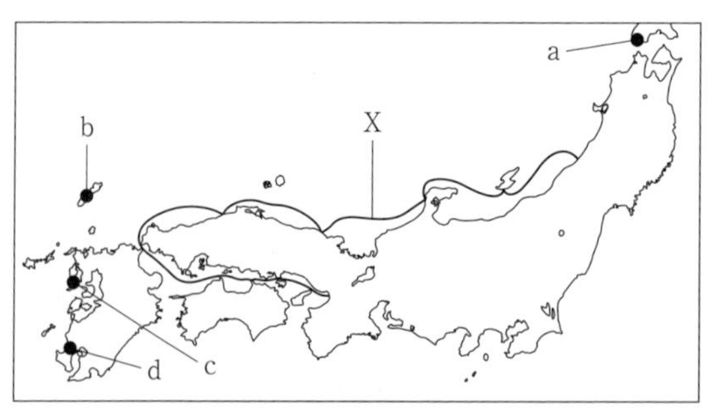

ア　図I中のa～dは，江戸幕府が交易を認めた四つの窓口を示している。資料Ⅴの交易が行われた窓口として最も適切なものを，図I中のa～dから選び，記号で答えなさい。（　　　）

資料Ⅴ　長州藩の商人，三保虎五郎（みほとらごろう）の交易のようす

三保虎五郎は，上方（かみがた）からアイヌ民族に米・酒・糸・衣類などの物資を船で運送し，かわりに鮭（さけ）・ニシン・昆布などの海産物を入手した。

（山口県史により作成）

イ　資料Ⅵから，下関に全国からさまざまな商品が集まっていたことを知ったHさんは，図Ⅰ中のXの航路に着目してその理由をまとめた。Xの航路の名称を明らかにして，Hさんのまとめの［う］に適切な語句をおぎない，文を完成させなさい。

（　　　　　　　　　　　　　　　　　　　　）

資料Ⅵ　下関で取引されたおもな商品（1862年）

地域	商品
九州	砂糖・魚類・焼物類
瀬戸内海	塩・綿・しょう油
上方	綿・布・酢
北国（ほっこく）	海産物・酒・たばこ
山陰	鉄類・紙・魚類

（注）　北国は現在の北陸地方周辺をさす。

（山口県史により作成）

Hさんのまとめ

下関は，江戸時代の初め，九州・瀬戸内海・上方をつなぐ航路の寄港地であったが，1672年に新たに［う］ことで，より多くの地域の廻船（かいせん）が入港するようになり，さまざまな商品が集まるようになった。

4　Aさんは，今年，新しく紙幣が発行されることを知り，紙幣の肖像に採用された人物に関するレポートを作成した。次は，その一部である。これについて，あとの(1)～(6)に答えなさい。

過去に発行された紙幣

①夏目漱石は東京帝国大学の講師を務め，『吾輩は猫である』などの作品を発表した。

現在発行されている紙幣

樋口一葉は②1872年生まれで，代表作に『たけくらべ』や『にごりえ』などがある。

新しく発行される紙幣

津田梅子は，幼少期に③岩倉使節団に参加し，留学から帰国後は女子高等教育に尽力した。

渋沢栄一は，④帝国議会の議員を務めたことがある。また，⑤製糸業や紡績業などの多くの会社に関わり，近代化に貢献した。

（画像は国立印刷局ウェブサイトから引用）

(1)　下線部①に関連して，Aさんは1909年の日本を舞台とした夏目漱石の小説『それから』を読んで，発表原稿を作成した。資料Iをみて，Aさんの発表原稿の（ あ ），［ い ］にあてはまる語句の組み合わせとして最も適切なものを，下の1～4から選び，記号で答えなさい。（　　）

資料I　『それから』の主人公の発言（一部抜粋）

> 日本は西洋から借金でもしなければ，到底立ち行かない国だ。それでゐて，一等国を以て任じてゐる。さうして，無理にも一等国の仲間入をしやうとする。（中略）牛と競争する蛙と同じ事で，もう君，腹が裂けるよ。其影響はみんな我々個人の上に反射してゐるから見給へ。

（注）　借金とは，戦費調達のための借金のこと。一等国は列強の意味。牛と競争する蛙は，西洋の童話「蛙と牛」（牛をまねて，自分の体を大きくみせようとする蛙の話）が題材となっている。

発表原稿の一部

> 小説の中の蛙は日本を，牛は（ あ ）などの列強を表しています。また小説の舞台となった当時の日本は，［ い ］ことが主人公の発言からも読み取れます。

1　あ―イギリス
　　い―近代化を推し進める一方で，国民の負担は増大していた

2　あ―イギリス
　　い―列強の仲間入りを果たし，国民の苦労がすべて報われた

3　あ―清
　　い―近代化を推し進める一方で，国民の負担は増大していた

4　あ―清
　　い―列強の仲間入りを果たし，国民の苦労がすべて報われた

(2)　下線部②に関連して，同じ年に公布された小学校教育の普及をめざした法令を何というか。答えなさい。（　　）

(3)　下線部③に関連して，岩倉使節団の派遣と最も近い時期に世界で起きたできごとを表す資料として正しいものを，次の1～4から一つ選び，記号で答えなさい。（　　）

1

ローマ教皇による免罪符の販売

2

パリ講和会議でベルサイユ条約に調印

3

プロイセンを中心にドイツ帝国が誕生

4

マルタ会談で冷戦の終結を宣言

(4) 下線部④に関連して，大日本帝国憲法による国のしくみを表す模式図として最も適切なものを，次の1～4から選び，記号で答えなさい。(　　　)

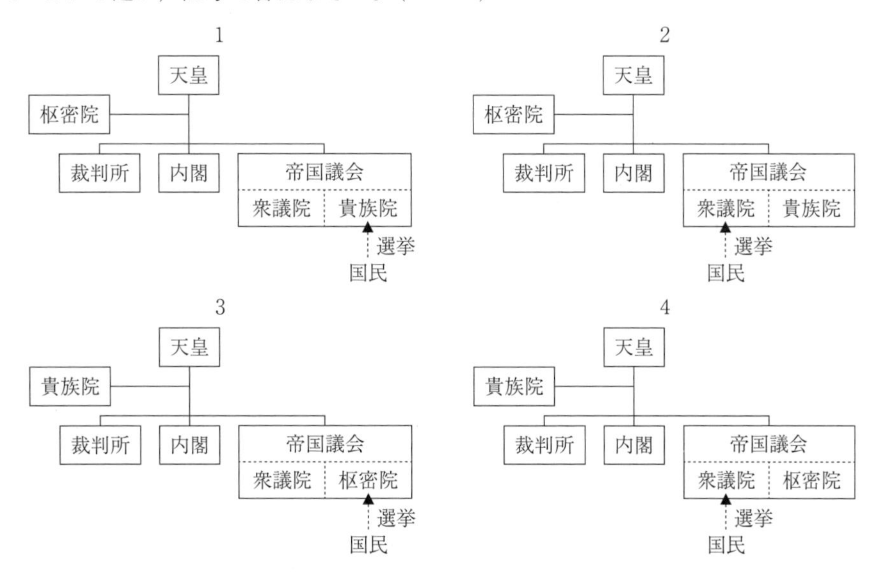

(5) 下線部⑤に関連して，Aさんは日本の製糸業について調べ，図Ⅰを作成した。図Ⅰから読み取れる日本の生糸輸出総額の大きな変化について，この期間に世界で起きたできごとと関連付けながら，説明しなさい。(　　　)

図Ⅰ　日本の生糸輸出総額と，生糸輸出総額に占めるアメリカ合衆国への輸出額の割合の推移

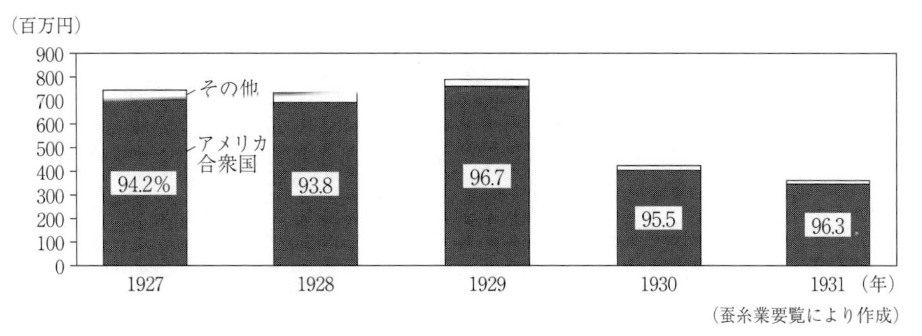

(蚕糸業要覧により作成)

(6) Aさんは，紙幣に関係する人物についてさらに調べた。これに関連して，次のア，イに答えなさい。

ア　次の1～3は，紙幣の肖像に採用された人物に関連するできごとである。1～3のできごとを，年代の古い順に並べ，記号で答えなさい。(　　→　　→　　)

1　新渡戸稲造は，国際連盟が設立されると事務次長に選ばれた。

2　板垣退助は，国会開設に備えて自由党を結成した。

3　野口英世が中国での医療活動を取りやめるきっかけとなった，義和団事件が起きた。

イ　A さんは，今後の紙幣の肖像に採用されそうな人物を予想する中で，日本のノーベル賞受賞者について調べ，次のメモを作成した。メモの内容が示す人物を答えなさい。(　　　)

メモ

代表作に『雪国』などの小説があり，1968 年にノーベル文学賞を受賞した。

5 Kさんのクラスでは，公民的分野の学習の中で，班ごとにテーマを設定して探究活動を行った。次は，各班のテーマをまとめた表の一部である。これについて，あとの(1)～(5)に答えなさい。

1班	2班	3班	4班	5班
人権保障のための取組	日本の財政のしくみ	日本の内閣のしくみ	効率と公正の実現	経済のグローバル化

(1) 1班のテーマに関連して，次のア，イに答えなさい。

ア 次の文は，国際的な人権保障の実現に向けて，1948年に国際連合が採択した文書の一部である。この文書の名称を答えなさい。(　　　)

> 第1条 すべての人間は，生(うま)れながらにして自由であり，かつ，尊厳と権利とについて平等である。人間は，理性と良心とを授けられており，互いに同胞の精神をもって行動しなければならない。

イ 現在の国際社会では，一人ひとりの人間の生命や人権を大切にし，貧困，飢餓，病気，人権侵害，紛争，環境破壊などの脅威から人々を守るという概念が広まっている。このような概念を何というか。次の1～4から一つ選び，記号で答えなさい。(　　　)

1 人間の安全保障　　2 集団安全保障　　3 平和維持活動　　4 政府開発援助

(2) 2班のテーマについて，次のA～Cは，1980年度，2000年度，2023年度のいずれかの，日本の一般会計予算における歳入と歳出の大まかな内訳の割合を示したものである。A～Cを，年代の古い順に並べ，記号で答えなさい。(　　→　　→　　)

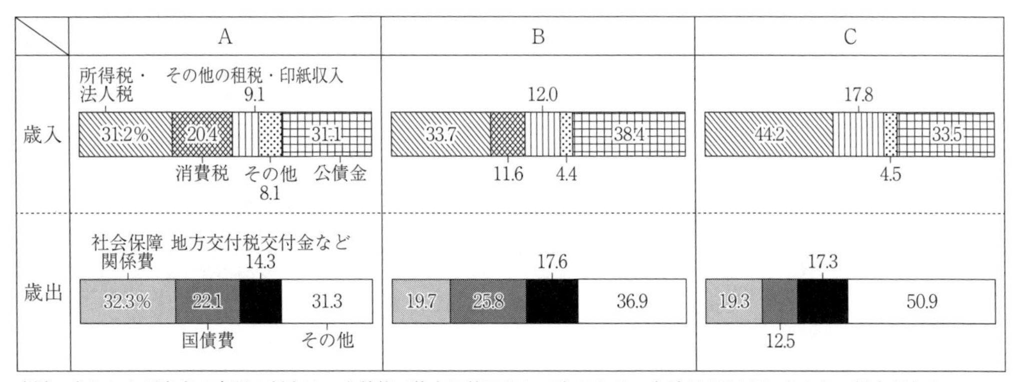

(注) 歳入および歳出の内訳の割合は，小数第二位を四捨五入してあるため，合計が100.0%にならない場合がある。

(財務省資料により作成)

(3) 3班のテーマについて，次のア，イに答えなさい。

ア 内閣の仕事にあたるものを，次の1～4から一つ選び，記号で答えなさい。(　　　)

1 弾劾裁判所の設置　　2 違憲審査権の行使　　3 政令の制定

4 国政調査権の行使

イ 図Iは，地方公共団体の地方議会の議員と首長の選出方法を模式的に表したものである。地方公共団体の首長は，有権者による選挙によって選ばれるのに対し，内閣総理大臣はどのようにして選ばれるか。「有権者」と「指名」という二つの語を用いて説明しなさい。

図I

地方公共団体	
地方議会	首長
↑選挙	↑選挙
有権者	

(　　　　　　　　　　　　　　　　)

(4)　4班は，効率と公正という考え方について，自分たちの中学校で3年生を対象に開催される合唱大会を例にあげて説明するために，表Ⅰと説明原稿を作成した。説明原稿の［あ］に適切な内容をおぎない，文を完成させなさい。

(　　　　　　　　　　　　　　　　　　　　　　　　　　　　　　　　　　)

表Ⅰ　3年生全クラスの合唱の練習場所の割り当て表（放課後の1時間）

	月曜日	火曜日	水曜日	木曜日	金曜日
体育館	1組	2組	3組	4組	合唱大会当日
音楽室	3組	4組	1組	2組	

説明原稿

表Ⅰは，合唱大会が行われる週における，月曜日から木曜日までの各クラスの練習場所の割り当てを示したものです。ここでは，空いた日をつくらずに体育館と音楽室を無駄なく利用しているという点で，効率的であるといえます。また，［あ］という点で，公正であるといえます。

(5)　5班のテーマに関連して，次のア，イに答えなさい。

ア　Kさんは，さまざまな国が経済関係を強化するための取組を進めていることを知り，次のメモを作成した。（ い ）にあてはまる協定の名称として適切なものを，下の1～4から一つ選び，記号で答えなさい。(　　　)

メモ

日本を含む，アジア・太平洋地域の国々は，貿易の自由化を進め，経済関係を強化するために，2018年に（ い ）に調印した。

1　ASEAN　　2　USMCA　　3　MERCOSUR　　4　TPP11

イ　Kさんは，図Ⅱを用いて2000年代のある時期の為替レートの推移について考察し，次のようにまとめた。Kさんが考察の対象とした時期と，Kさんのまとめの（ う ）にあてはまる語の組み合わせとして正しいものを，右の1～4から一つ選び，記号で答えなさい。

	1	2	3	4
時期	X	X	Y	Y
う	円安	円高	円安	円高

(　　　)

図Ⅱ　ドルに対する円の為替レートの推移

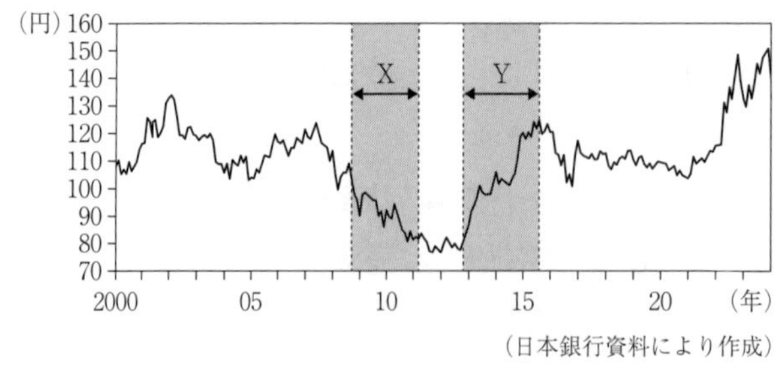

(日本銀行資料により作成)

Kさんのまとめ

この時期には，ドルを円に交換する動きが強まり，（ う ）の傾向が進んだ。

6 Sさんは，今年，パリでオリンピック・パラリンピックが開催されることを知り，夏季大会に関するレポートを作成した。次は，その一部である。これについて，あとの(1)～(3)に答えなさい。

> オリンピック・パラリンピックの夏季大会について
>
> 2016年　開催地　リオデジャネイロ（ブラジル）
>
> ○　リオデジャネイロ大会は，（ あ ）大陸で初めて開催された大会となった。
>
> 2021年　開催地　東京（日本）
>
> ○　日本では，大会前の①2017年に，案内用図記号（ピクトグラム）が国際規格に合わせて変更された。
>
> 2024年　開催地　パリ（②フランス）
>
> ○　パリは，「近代オリンピックの父」と呼ばれるクーベルタンの出身地である。

(1) レポート中の（ あ ）にあてはまる適切な語を，次の1～4から一つ選び，記号で答えなさい。

（　　）

1　アフリカ　　2　オーストラリア　　3　ユーラシア　　4　南アメリカ

(2) 下線部①について，図Ⅰのように案内用図記号を国際規格に合わせて変更した目的を，図Ⅱ，図Ⅲから読み取れることと関連付けながら，説明しなさい。

（　　　　　　　　　　　　　　　　　　　　　　　　）

図Ⅰ　変更前後の駐車場の案内用図記号

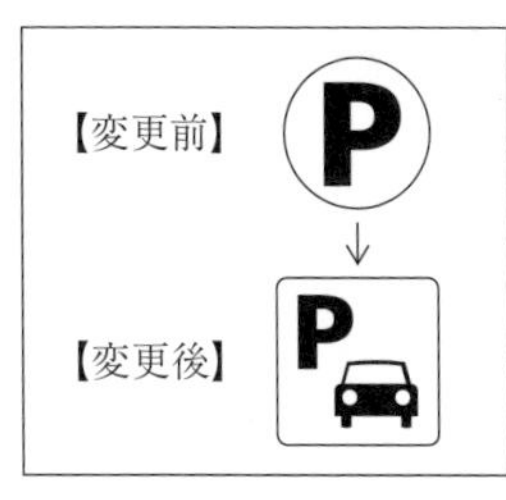

（経済産業省資料により作成）

図Ⅱ　訪日外国人数の推移

（万人）
3,000
2,500
2,000
1,500
1,000
500
0
2000　2005　2010　2015（年）

（日本政府観光局資料により作成）

図Ⅲ　訪日外国人の地域別の割合（2016年）

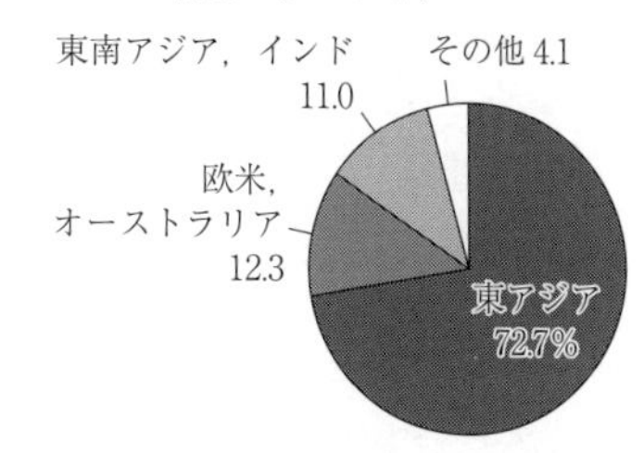

（注）　割合は，小数第二位を四捨五入してあるため，合計が100.0%にならない。

（日本政府観光局資料により作成）

(3) 下線部②に関連して，次のア～ウに答えなさい。

ア　フランスで活躍した思想家で，『社会契約論』で人民主権を唱えた人物は誰か。答えなさい。

（　　）

イ　図Ⅳは，フランスにある航空機メーカーでの航空機生産のようすを模式的に示したものである。図Ⅳのように，それぞれの国が得意な物を専門的に生産する方法を何というか。答えなさい。（　　）

図Ⅳ

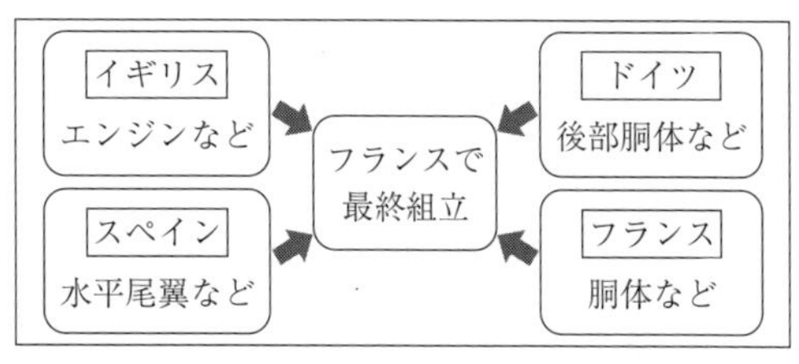

（注）　国名は，おもな部品の製造国を示す。

ウ　パリ近郊で1975年に第1回先進国首脳会議（サミット）が開催され，世界の経済問題が議論された。この会議が開催された背景を，図Ⅴから読み取れることをもとに説明しなさい。

（　　　　　　　　　　　　　　　　　　　　　　　　　　　　　　　　　　　　）

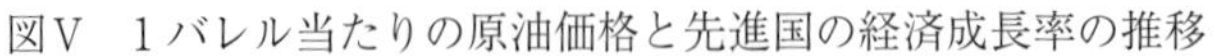

図Ⅴ　1バレル当たりの原油価格と先進国の経済成長率の推移

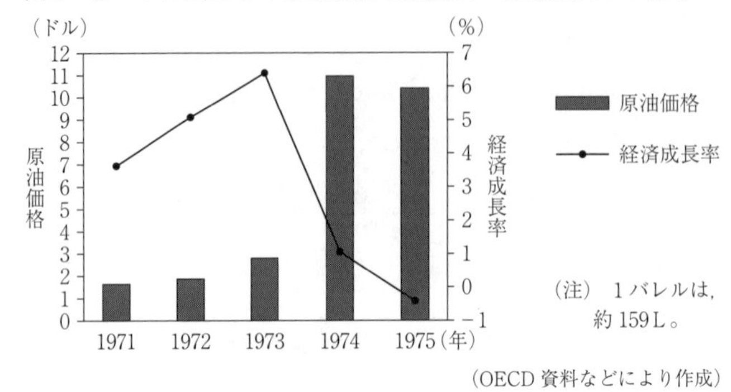

（OECD資料などにより作成）

理科

時間　50分　　　　満点　50点

1　図1のように，天体望遠鏡に太陽投影板と日よけ板をとりつけ，太陽の表面の観察を行った。太陽投影板には，図2のように太陽の像が映し出され，しみのように暗く見えるAが観察された。天体望遠鏡の向きを変えずに，引き続き観察したところ，太陽の像は，太陽投影板上を移動し，1分後には，図3のように映し出された。下の(1)，(2)に答えなさい。

図1

図2
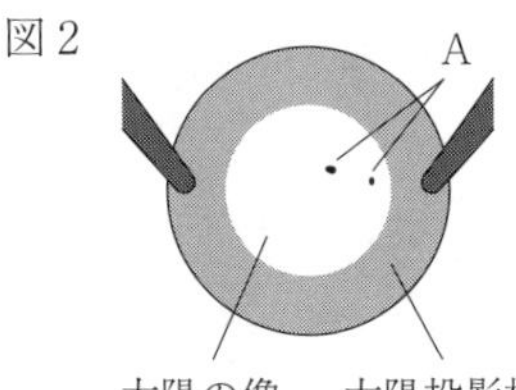

図3
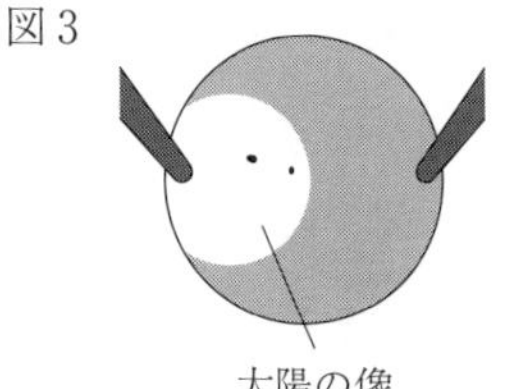

(1)　図2のAのように観察される，太陽表面に存在し，周囲よりも温度が低い部分を何というか。書きなさい。(　　　)

(2)　太陽投影板に映った太陽の像が，図2から図3のように移動する理由と同じ理由で起こる現象として適切なものを，次の1～4から2つ選び，記号で答えなさい。(　　　)

1　月の見かけの形が，三日月から半月，満月へと変化する。

2　北半球において，北の空の星が，北極星付近を中心にして，回転して見える。

3　太陽の光が建物に当たってできる影の向きが，朝とその日の夕方で異なる。

4　太陽の南中高度が，季節によって異なる。

2　植物の光合成と呼吸について調べるため，次の実験を行った。下の(1)，(2)に答えなさい。

［実験］

① 4本の試験管A～Dを用意し，試験管A，Bには同じ大きさのオオカナダモを入れ，試験管C，Dには何も入れなかった。

② BTB溶液を水の入ったビーカーに加えた後，ストローで息を吹き込み緑色に調整した。

③ ②の緑色のBTB溶液で試験管A～Dを満たし，すぐにゴム栓で密閉した。

図1

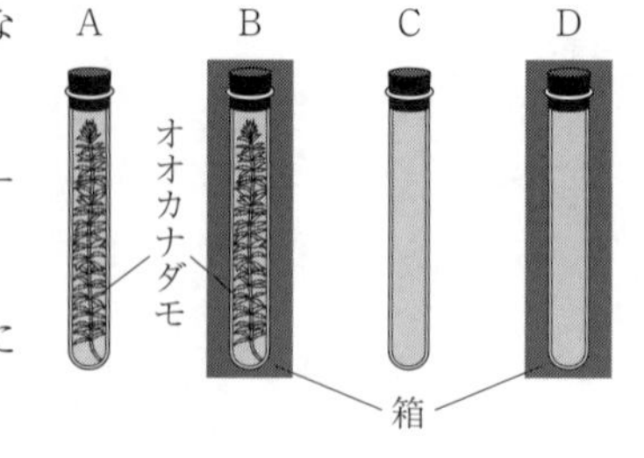

④ 図1のように，試験管A，Cには，十分に光が当たるようにし，試験管B，Dは，箱に入れて光が当たらないようにした。

⑤ 3時間後，試験管A～D内のBTB溶液の色を観察し，実験の結果を表1にまとめた。

表1

試験管	A	B	C	D
BTB溶液の色	青色	黄色	緑色	緑色

(1) 次の文が，試験管A内のBTB溶液の色が変化した理由について説明したものとなるように，（　）の中のa～dの語句について，正しい組み合わせを，下の1～4から1つ選び，記号で答えなさい。(　　)

試験管A内のオオカナダモによる光合成で（a　放出する酸素　　b　吸収する二酸化炭素）の量が，呼吸で（c　放出する二酸化炭素　　d　吸収する酸素）の量より多かったから。

1　aとc　　2　aとd　　3　bとc　　4　bとd

(2) ［実験］において，試験管A～Dを用意し実験を行ったのは，対照実験を行うためである。対照実験とは，実験条件をどのようにして行う実験か。書きなさい。

(　　　　　　　　　　　　　　　　)

3　Sさんは，図1のような花びんを置いた棚の上に，水を入れた水そうを置くことにした。水そうを置いた後，Sさんが水面の高さから水そうを通して花びんを見たところ，花びんの見え方が水そうを置く前と異なって見えることに気づいた。次の(1)，(2)に答えなさい。ただし，水そうのガラスの厚さは無視できるものとする。

図1

棚　花びん

(1)　光が異なる物質の境界で折れ曲がり，光の進む向きが変わる現象を何というか。書きなさい。(　　　)

(2)　図2は，棚の上に置いた花びんと水そうを真上から見たときの，Sさんとの位置関係を表した模式図である。Sさんの位置●から矢印⇨の向きに水そうを通して花びんを見たときの見え方として，最も適切なものを，次の1～4から選び，記号で答えなさい。(　　　)

図2

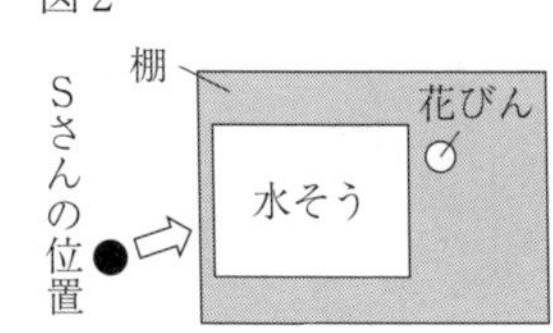

1
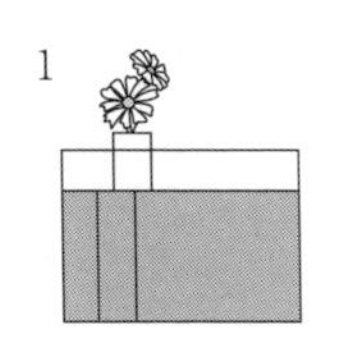

2
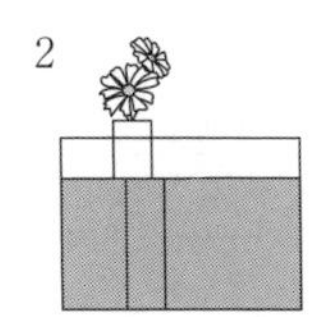

3
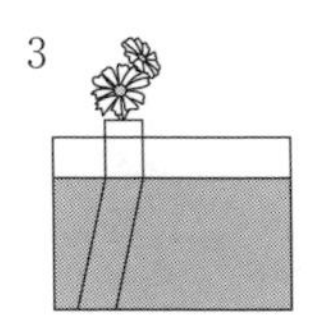

4
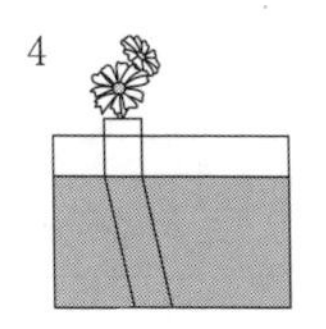

4　物質の状態変化について，次の(1)，(2)に答えなさい。

(1)　表1は，物質の融点と沸点を調べ，まとめたものである。表1の物質のうち，1気圧において，0℃で固体であり，200℃で液体であるものを，次の1～4から1つ選び，記号で答えなさい。(　　　)

1　酸素　　2　水銀　　3　酢酸　　4　メントール

表1

物質	融点〔℃〕	沸点〔℃〕
酸素	－219	－183
水銀	－39	357
酢酸	17	118
メントール	43	217

〔融点と沸点は1気圧における値である。〕

(2)　図1のように，液体のエタノールをポリエチレンの袋に入れ，空気が入らないよう袋の口を固くしばった。この袋に熱湯をかけると，エタノールが気体に変化し，図2のように袋がふくらんだ。次の文が，袋がふくらんだことについて説明したものとなるように，(　　)の中のa～eの語句について，正しい組み合わせを，下の1～6から1つ選び，記号で答えなさい。(　　　)

図1

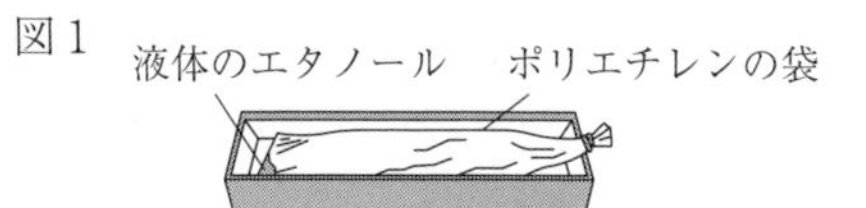

図2

気体のエタノール　ポリエチレンの袋　注いだ熱湯

気体のエタノールは，液体のエタノールと比べると，粒子の運動が（a　おだやかで　　b　激しく），粒子どうしの距離が（c　小さい　　d　変わらない　　e　大きい）ため，袋がふくらんだ。

1　aとc　　2　aとd　　3　aとe　　4　bとc　　5　bとd　　6　bとe

5 Sさんは，抵抗器の数と消費電力の関係を調べるために，次の実験を行った。あとの(1)～(3)に答えなさい。

［実験］

① 6.0 Ωの抵抗器3個，電源装置，導線，電圧計，電流計を用意した。

② 図1のような回路を組み，スイッチ1を入れ，電圧計と電流計の値を記録した。

③ スイッチ1を入れたまま，スイッチ2を入れ，電圧計と電流計の値を記録した。

④ スイッチ1，2を入れたまま，スイッチ3を入れ，電圧計と電流計の値を記録した。

⑤ ②～④で記録した値をもとに，回路全体の消費電力を計算し，結果を表1にまとめた。

図1

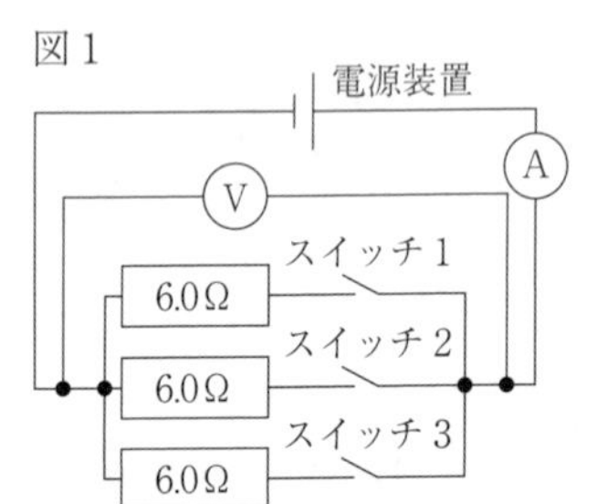

表1

	電圧［V］	電流［A］	消費電力［W］
スイッチ1を入れたとき	3.0	0.50	1.5
スイッチ1と2を入れたとき	3.0	1.00	3.0
スイッチ1～3を入れたとき	3.0	1.50	4.5

(1) 抵抗器を流れる電流の大きさは，抵抗器に加わる電圧に比例する。この法則を何というか。書きなさい。(　　　)

(2) Sさんは，実験後，T先生と次の会話をした。あとのア～ウに答えなさい。

Sさん：この［実験］では，電源装置に接続される抵抗器の数が増えても，回路全体に加わる電圧は変わらず，流れる電流の大きさは［あ］ため，抵抗は［い］ということがわかりました。

T先生：そうですね。回路全体の抵抗が変化することで，回路全体の消費電力が変化していることもわかりましたね。

Sさん：はい。［実験］では，スイッチを用いることで，回路全体の抵抗が3通りに変わります。その結果，消費電力がそれぞれ1.5W，3.0W，4.5Wとなりました。もしかして，家庭で利用されている(ア)電気ストーブも，スイッチを用いて回路全体の抵抗を変えることで，消費電力を変化させ，発生する熱量を変化させる仕組みではないですか。

T先生：よい気づきですね。この［実験］では，抵抗器を3つ使用していますが，(イ)抵抗器2つとスイッチを用いて回路全体の抵抗を変えることで，［実験］と同様に消費電力を1.5W，3.0W，4.5Wと変化させる回路をつくることもできますよ。

ア Sさんの発言が，実験の結果と合うように，［あ］，［い］に入る語句について，正しい組み合わせを，右の1～4から1つ選び，記号で答えなさい。(　　　)

	あ	い
1	小さくなる	大きくなる
2	小さくなる	小さくなる
3	大きくなる	大きくなる
4	大きくなる	小さくなる

イ　下線(ア)について，熱を発生させるために消費する電力が800Wの電気ストーブを，1分間使用するとき，発生する熱量は何Jか。求めなさい。(　　　J)

ウ　下線(イ)を表した回路図として，最も適切なものを，次の1～4から選び，記号で答えなさい。(　　)

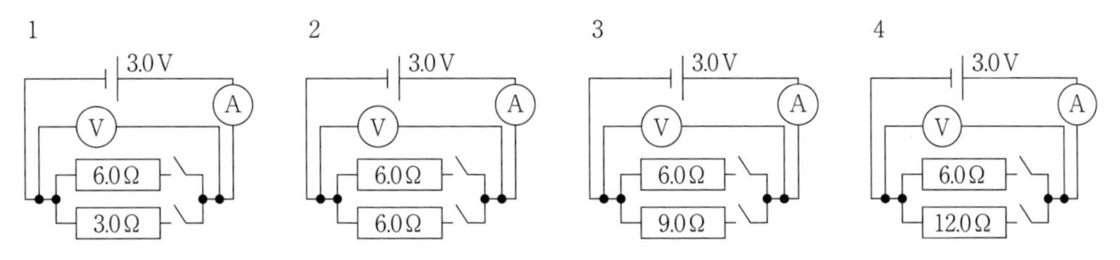

(3)　表2は，Sさんが家庭で使用している電気器具の消費電力を調べ，まとめたものである。図2のように，コンセントに接続した延長コードに，表2の電気器具のうち，ミキサーを含む2つの電気器具を接続し，同時に100Vで使用する。あとのア，イに答えなさい。

表2

電気器具	消費電力〔W〕
ミキサー	300
コーヒーメーカー	550
炊飯器	700
電気湯沸かし器	1250
オーブンレンジ	1375

(消費電力は，電気器具を100Vで使用したときの，電気器具に流れる電流の大きさをもとに，計算された値である。)

図2

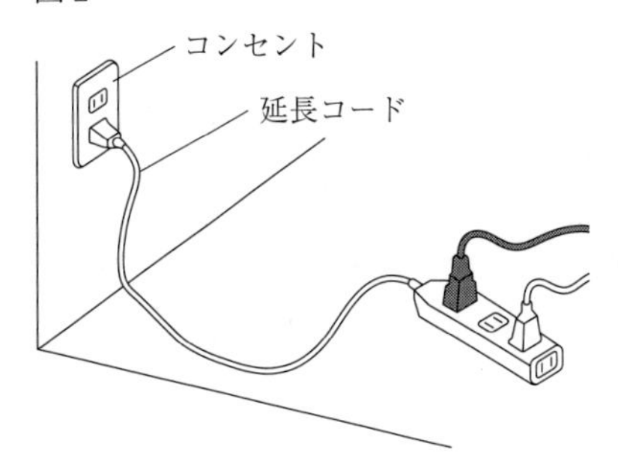

ア　家庭のコンセントから流れる電流は，向きが周期的に変化している。このように，向きが周期的に変化する電流を何というか。書きなさい。(　　　)

イ　安全のため，延長コードに流れる電流の大きさが15Aを超えないように使用するものとする。このとき，ミキサーと同時に使用する電気器具のうち，延長コードに流れる電流の大きさが最も大きくなるものを，次の1～4から1つ選び，記号で答えなさい。ただし，電気器具に流れる電流の大きさは，表2をもとに求められるものとする。(　　　)

1　コーヒーメーカー　　2　炊飯器　　3　電気湯沸かし器　　4　オーブンレンジ

6　うすい塩酸に炭酸水素ナトリウムを加えると，気体が発生する。この反応について，次の実験を行った。あとの(1)～(4)に答えなさい。

［実験］

①　炭酸水素ナトリウム0.4gを薬包紙にはかりとり，図1のように，うすい塩酸10.0gを入れたビーカーとあわせた質量を，電子てんびんで測定した。

②　①の炭酸水素ナトリウムを薬包紙から，うすい塩酸10.0gが入ったビーカーにすべて加えて気体を発生させ，気体が発生しなくなった後も，しばらく放置した。

③　②の操作をした後の薬包紙とビーカーをあわせた質量を，図2のように，電子てんびんで測定した。

④　測定した質量をもとに，発生した気体の質量を求めた。

⑤　①ではかりとる炭酸水素ナトリウムの質量を，0.8g, 1.2g, 1.6g, 2.0g, 2.4gと変えて，①～④の操作を行った。

⑥　実験の結果を表1にまとめ，炭酸水素ナトリウムの質量と発生した気体の質量の関係を，図3にまとめた。

図1

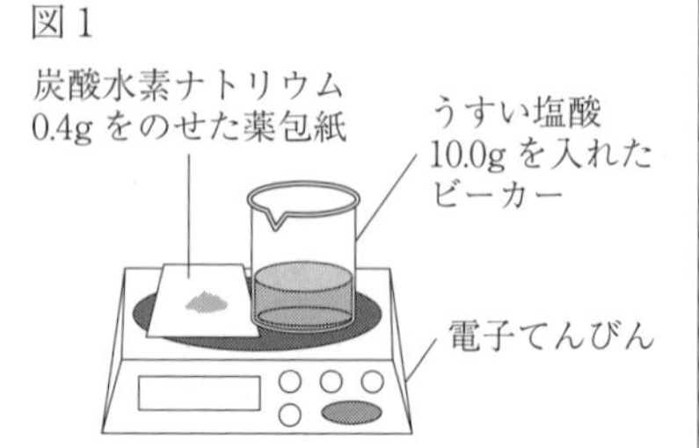

図2

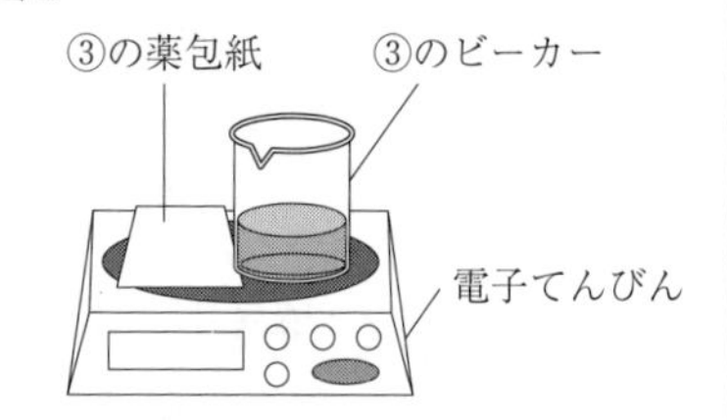

表1

炭酸水素ナトリウムの質量〔g〕	①で測定した質量〔g〕	③で測定した質量〔g〕	発生した気体の質量〔g〕
0.4	46.5	46.3	0.2
0.8	46.9	46.5	0.4
1.2	47.3	46.7	0.6
1.6	47.7	46.9	0.8
2.0	48.1	47.1	1.0
2.4	48.5	47.5	1.0

図3

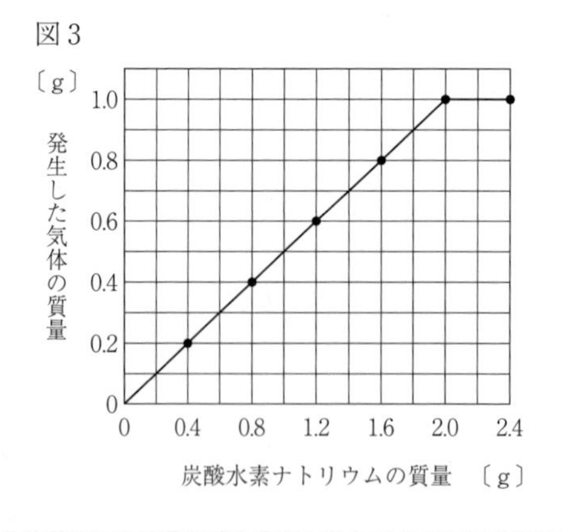

(1)［実験］の④で，発生した気体の質量を求めることができるのは，化学変化の前後で，反応に関係している物質全体の質量は変化しないという法則が成り立つからである。この法則を何というか。書きなさい。(　　　)

(2)［実験］の②で起こる反応を表している次の化学反応式を完成させなさい。

$NaHCO_3 + HCl \rightarrow$ (　　　　　　)

(3)［実験］で用いたうすい塩酸の質量を5.0gに変えて，［実験］と同様の操作を行った。このときの，「炭酸水素ナトリウムの質量」と「発生した気体の質量」の関係を表した図として，最も適切なものを，次の1～4から選び，記号で答えなさい。(　　　)

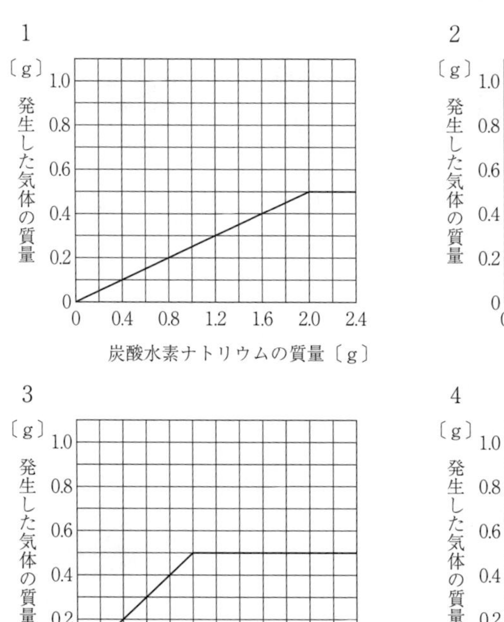

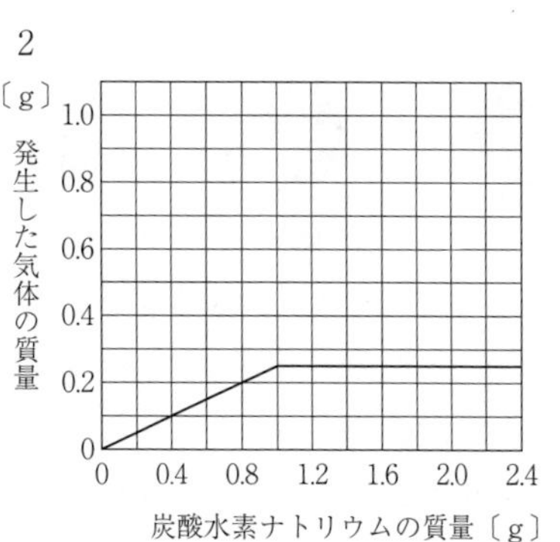

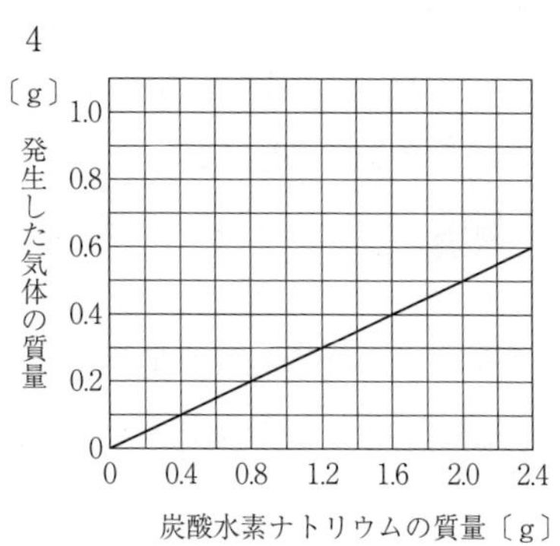

(4)［実験］で用いたうすい塩酸10.0gに，30％の炭酸水素ナトリウムが含まれているベーキングパウダー2.0gを加え，気体を発生させた。このとき，発生する気体の質量として，最も適切なものを，［実験］をもとに，次の1～5から選び，記号で答えなさい。

ただし，ベーキングパウダー中の炭酸水素ナトリウムはすべて反応したものとし，発生した気体はすべて，うすい塩酸とベーキングパウダー中の炭酸水素ナトリウムの反応で生じたものとする。

(　　　)

1　0.1g　　2　0.3g　　3　0.5g　　4　0.7g　　5　0.9g

7　Sさんの中学校では，被子植物であるマツバボタンを栽培している。次の(1)～(4)に答えなさい。

(1)　マツバボタンは，花や茎といった器官をもつ。器官はいくつかの組織が組み合わさって構成されたものである。この組織とはどのようなものか。書きなさい。

(　　　　　　　　　　　　　　　　　　　　　　　　　　　　　　　　　　　　)

(2)　図1はマツバボタンなどの植物の体をつくっている細胞の模式図である。図1の細胞膜の内側において，細胞質である部分を ■ で塗りつぶした図として，最も適切なものを，次の1～6から選び，記号で答えなさい。(　　　)

図1

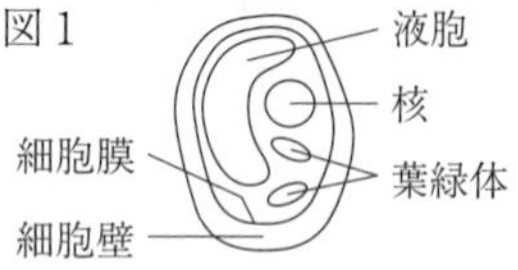

液胞　核　細胞膜　葉緑体　細胞壁

1

2
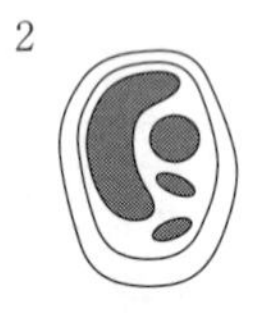
3

4
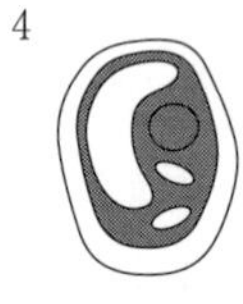
5
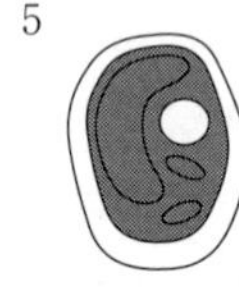
6
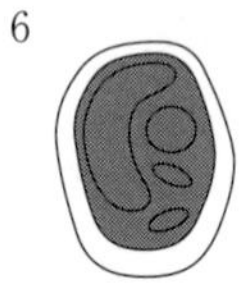

(3)　マツバボタンについて，次の文が，花粉が柱頭についたあとに起こる現象を説明したものとなるように，(　　)の中のa～dの語句について，正しい組み合わせを，下の1～4から1つ選び，記号で答えなさい。(　　　)

花粉が柱頭につくと，花粉管の中を（a　胞子　　b　精細胞）の核が移動し，めしべにある卵細胞の核と合体する（c　受精　　d　受粉）が起こる。

1　aとc　　2　aとd　　3　bとc　　4　bとd

(4)　Sさんの中学校で栽培しているマツバボタンは，赤色の花を咲かせる個体（赤花）と白色の花を咲かせる個体（白花）のみである。

図2のように，①の純系の赤花と②の純系の白花をかけ合わせると，その子である③はすべて赤花となる。次のア，イに答えなさい。

図2

①：純系の赤花　②：純系の白花

③：子の赤花

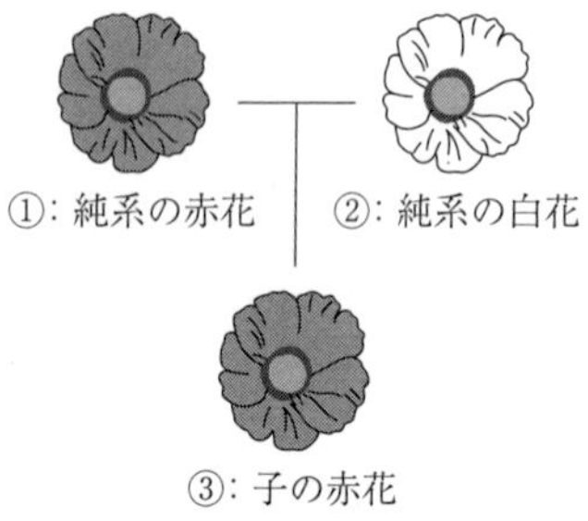

ア　対立形質をもつ純系の個体どうしをかけ合わせたとき，子に現れる形質を何というか。書きなさい。(　　　)

イ　Sさんの中学校で栽培しているマツバボタンの赤花に，図2の①～③をそれぞれかけ合わせると，その子に白花がつくられる場合がある。子の白花の割合が最も大きくなるかけ合わせにおいて，子の白花の割合は，およそ何％になるか。マツバボタンの花の色は，一組の遺伝子の組み合わせで決まり，メンデルが見いだした遺伝の規則性にしたがうものとして，最も適切なものを，次の1～4から選び，記号で答えなさい。(　　　)

1　25％　　2　50％　　3　75％　　4　100％

8 次は，Sさんが火山について学習したときに使用したプリントの一部である。下の(1)~(4)に答えなさい。

火山の形成

火山は，地下にある(ア)マグマが上昇し，地表にふき出して周辺に積み重なることでできる。マグマが冷え固まってできた岩石を(イ)火成岩という。

火山の形の違いはマグマのねばりけの違いによって生じる。マグマのねばりけが弱いと，(ウ)図1のような断面となる傾斜がゆるやかな火山ができ，マグマのねばりけが強いと，図2のような断面となる傾斜が急で盛り上がった火山ができる。

図1 傾斜がゆるやかな火山の断面図

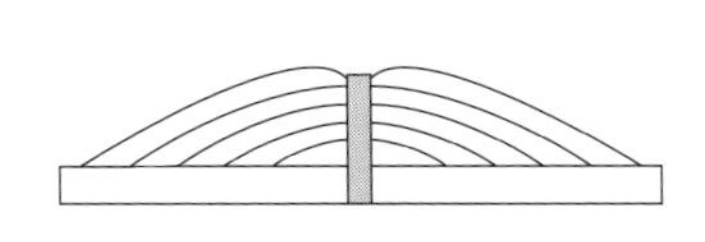

図2 傾斜が急で盛り上がった火山の断面図

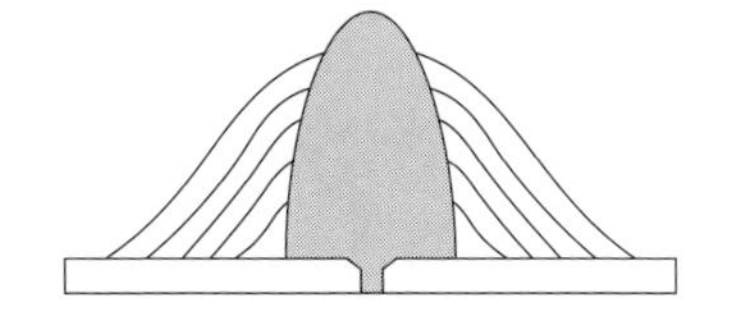

(1) 下線(ア)について，マグマがもとになってできる火山噴出物を，次の1~5からすべて選び，記号で答えなさい。(　　)

1 軽石　2 石灰岩　3 チャート　4 火山灰　5 火山ガス

(2) 下線(イ)について，図3は，火山岩である岩石を顕微鏡で観察したスケッチであり，Aのような比較的大きな鉱物がBのような粒のよく見えない部分に散らばって見える。図3のAとBのでき方を比較したときのAのでき方について，できたときの場所と冷え方に着目して，簡潔に述べなさい。

図3

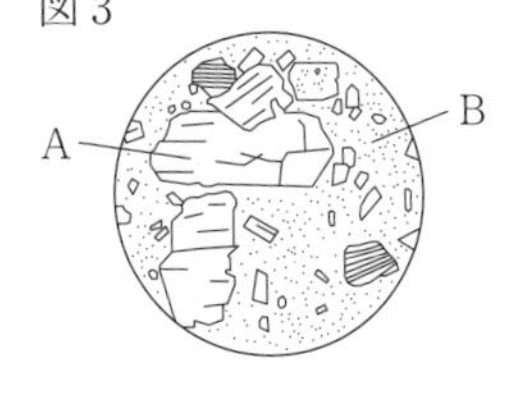

(　　)

(3) 次の文が，下線(ウ)の火山活動のようすを説明したものとなるように，(　　)の中のa~dの語句について，正しい組み合わせを，下の1~4から1つ選び，記号で答えなさい。(　　)

噴火については，(a 爆発的な　b おだやかな) 噴火となることが多く，ふき出したマグマが固まると，(c 白っぽい　d 黒っぽい) 色の岩石になることが多い。

1 aとc　2 aとd　3 bとc　4 bとd

(4) 岩石は，さまざまなはたらきにより形を変えることで，扇状地やV字谷などの特徴的な地形を形成することがある。次の文が，扇状地が形成されるまでの過程について説明したものとなるように，［あ］，［い］にあてはまる適切な語を，それぞれ下の1~5から1つずつ選び，記号で答えなさい。あ(　　) い(　　)

岩石は，風化によってもろくなり，川の流れによって［あ］されながら運搬され，川の流れが緩やかになったところで［い］して扇状地をつくることがある。

1 しゅう曲　2 侵食　3 堆積　4 飽和　5 ろ過

9 洗剤を使うことで汚れが取れることに興味をもったKさんは，Lさんと次の会話をした後，実験を行った。あとの(1)～(5)に答えなさい。

Kさん：洗濯用液体洗剤の表示を見てみると，弱アルカリ性だと書いてあったんだ。

Lさん：私は酸性と表示されている液体洗剤を見たことがあるよ。酸やアルカリと汚れの取れ方が関係しているかもしれないね。赤色の油性マーカーのインクを汚れに見立てて調べてみるのはどうかな。

Kさん：そうだね。T先生にお願いして実験させてもらおうよ。

［実験1］

① 透明なプラスチック板に，図1のように，赤色の油性マーカーを塗った。

② ①のプラスチック板から，面積が同じ正方形のプラスチック板を3枚切りとった。

③ トイレ用液体洗剤，食器用液体洗剤，洗濯用液体洗剤の3つの液を準備した。

④ ③の3つの液を50mLずつメスシリンダーではかりとり，3つのビーカーにそれぞれ入れ，pHメーターを用いて各液のpHを測定し，記録した。

⑤ 温度計を用いて④の3つのビーカーの液の温度を，それぞれ測定し，温度が同じであることを確認した。

⑥ ②で用意したプラスチック板を，図2のように④の3つのビーカーにそれぞれ1枚ずつ入れ，1時間放置した。

図1

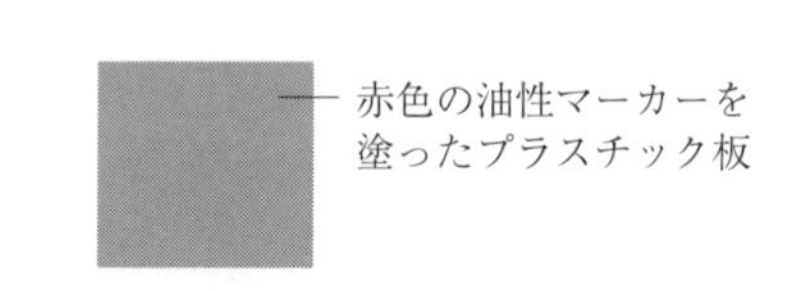

図2

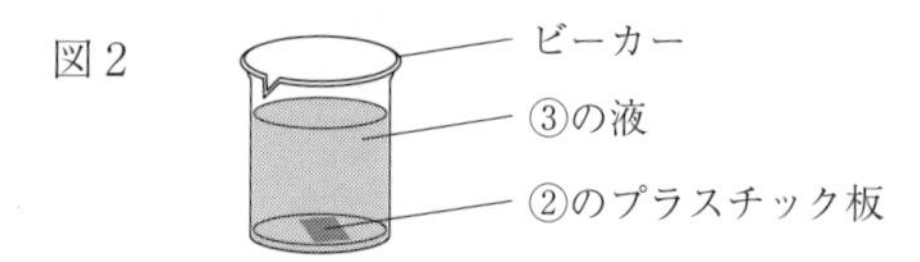

図3

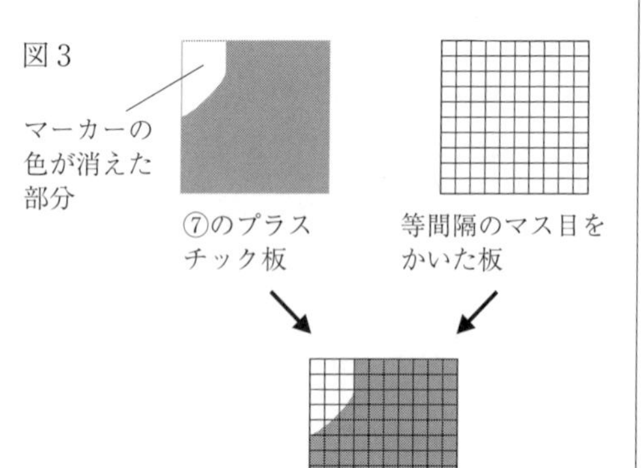

⑦ ⑥のプラスチック板をピンセットでとり出し，それぞれ軽く水洗いした。

⑧ ⑦のプラスチック板に，等間隔のマス目をかいた板を図3のように重ね，赤色の油性マーカーの色が消えた部分のマスの数をそれぞれ数えた。

⑨ 実験の結果を表1にまとめた。

表1

③の液	トイレ用液体洗剤	食器用液体洗剤	洗濯用液体洗剤
液のpH	1.5	7.5	9.5
赤色の油性マーカーの色が消えた部分のマスの数	0	12	100

KさんとLさんは，［実験1］の結果をもとに，新たに仮説を立て，その仮説を適切に検証することができるよう，T先生からアドバイスをもらい，［実験2］を行った。

［実験２］

① pHが7.0の蒸留水と固体の水酸化ナトリウムを準備した。

② ①の蒸留水1000gに①の水酸化ナトリウム4.0gを加え，pHが13.0の液をつくった。

③ ②でつくった液に①の蒸留水を加え，pHが8.0，9.0，10.0，11.0，12.0の液をそれぞれつくった。

④ ①の蒸留水と②，③でつくった各液の中に，［実験１］と同様に赤色の油性マーカーを塗ったプラスチック板を入れ，１時間放置した後，軽く水洗いし，赤色の油性マーカーの色が消えた部分のマスの数を数え，その結果を表２にまとめた。

表２

液のpH	7.0	8.0	9.0	10.0	11.0	12.0	13.0
赤色の油性マーカーの色が消えた部分のマスの数	0	0	0	0	0	0	0

(1) ［実験１］で用いたプラスチック板の原料は石油である。石油は化石燃料の一種で，主に中生代の生物の遺骸(いがい)がもとになってできたと考えられている。中生代のように，見つかる化石の種類などで区分した地球の時代の分け方を何というか。書きなさい。(　　　)

(2) 衣類を洗濯して，干すときに用いる図４のような洗濯ばさみは，金属の針金がもつ弾性力を利用する仕組みとなっている。弾性力とはどのような力であるか，「変形」という語を用いて，簡潔に述べなさい。

(　　　　　　　　　　　　　　　　　　　　　　　　　)

図４

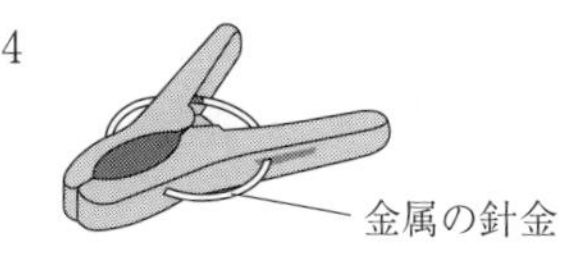

(3) ［実験１］の④の下線部について，図５は，メスシリンダーと液面付近の拡大図である。図５の拡大図のような状態において，液の体積を測定するとき，メスシリンダーの目盛りを読み取る位置として，最も適切なものを拡大図中の１～４から選び，記号で答えなさい。

(　　　)

図５

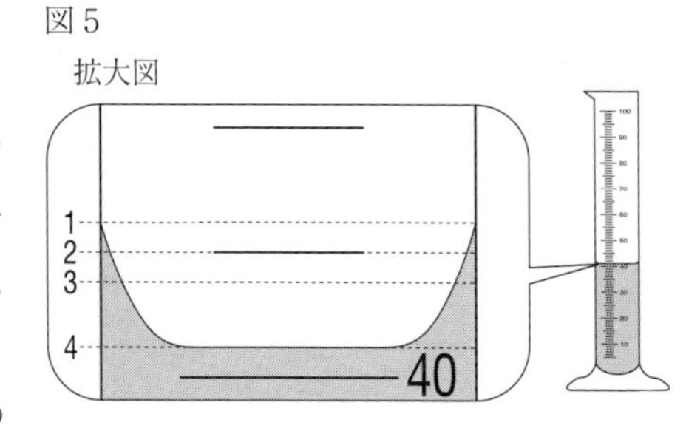

(4) 次の式が，［実験２］の②でつくった，pHが13.0の液の質量パーセント濃度を求める式となるように，［あ］，［い］に入る適切な数値を書きなさい。あ(　　　)　い(　　　)

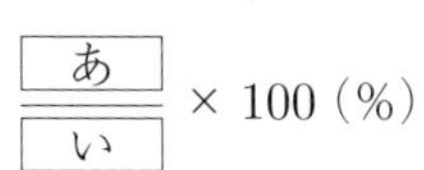

(5) KさんとLさんは，実験後，T先生と次の会話をした。あとのア，イに答えなさい。

Kさん：私たちは，［実験１］からpHが1.5のトイレ用液体洗剤が，油性マーカーの色を消すことができないと分かり，このことから，［う］の液は油性マーカーの色を消すことができないと考えました。

Lさん：また，油性マーカーの色が消えた部分のマスの数は，pHが7.5の食器用液体洗剤よりpH

が9.5の洗濯用液体洗剤の方が多いと分かりました。そこで，洗剤の種類に関わらず，pHと油性マーカーの色の消え方との関係をより詳しく調べたいと思い，［　え　］という仮説を立て，洗剤の代わりに，水酸化ナトリウム水溶液と蒸留水を用いて［実験2］を行いました。

Kさん：ところが，［実験2］の結果は，仮説から予想される結果になりませんでした。どうしてでしょうか。

T先生：実は，洗剤には界面活性剤と呼ばれる汚れを取るのに効果的な成分が含まれるものがあります。そのため，液の性質と汚れの取れ方との間には，必ずしも関係があるとは言えないのです。結果は仮説どおりにいきませんでしたが，日常生活に関わる実験を行い，探究していることは素晴らしいですよ。

ア　Kさんの発言が，［実験1］の結果として正しいものとなるように，［　う　］に入る最も適切な語句を，次の1～6から選び，記号で答えなさい。（　　　）

1　酸性　　2　中性　　3　アルカリ性　　4　酸性と中性　　5　中性とアルカリ性

6　酸性とアルカリ性

イ　Lさんの発言が，［実験2］を行う際に立てた仮説となるように，［　え　］に入る適切な語句を書きなさい。

（　　　　　　　　　　　　　　　　　　　　　　　　　　　　　　　　　）

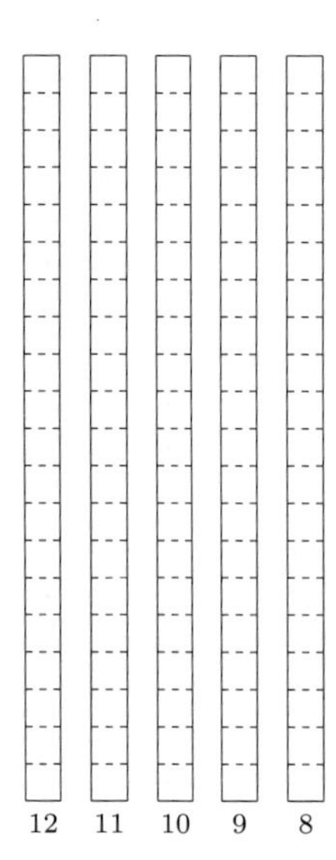
12
11
10
9
8

川原(せんげん)杳(えう)として何ぞ極まらん
日暮(にちぼ)飛鳥(ひてう)還(かへ)り
行人(かうじん)去りて息(やす)まず

現代語訳

臨高台　黎拾遺を送る　王維

君を送るために高台に登る。
川の流れる原野は遠くかすみ、果てしない。
夕暮れに飛ぶ鳥は帰るのに、
君は歩みを止めずに去っていく。

ア　この漢詩の形式として適切なものを、次の1～4から選び、記号で答えなさい。（　　）

1　五言絶句　　2　五言律詩　　3　七言絶句　　4　七言律詩

イ　書き下し文の「相ひ送りて高台に臨む」を参考にして「相送臨高台」に返り点を補いなさい。

相　送　臨　高　台

ウ　この漢詩の内容として最も適切なものを、次の1～4から選び、記号で答えなさい。（　　）

1　澄み渡る川と自分のすがすがしい気持ちを重ねている。
2　巣に帰らず自由に飛ぶ鳥たちの姿に憧れを抱いている。
3　豊かな土地が荒れ果ててしまったことを悲しんでいる。
4　立ち止まらず去っていく友人との別れを惜しんでいる。

6　Aさんは国語の授業で比喩について学んだあとに、次の【課題】に取り組み、グループで意見を出し合った。あなたなら、□にどのような言葉を入れるのがふさわしいと考えるか。その言葉がふさわしいと考えた理由も含めて、あとの条件と注意に従って書きなさい。

【課題】

> □に言葉を入れて文を完成しよう。
> 「学ぶことは、まるで□のようだ。」

〈グループの生徒から出た意見〉　冒険、料理、リレー

条件

① □に入れる言葉は、自分で考えた言葉でも、〈グループの生徒から出た意見〉にある言葉でもよい。
② □に入れる言葉を文章中に明記すること。

注意

○　氏名は書かずに、1行目から本文を書くこと。
○　原稿用紙の使い方に従って、8行以上12行以内で書くこと。
○　段落は、内容にふさわしく適切に設けること。
○　読み返して、いくらか付け加えたり削ったりしてもよい。

1
2
3
4
5
6
7

(二)【話し合いの様子】の□に入る適切な内容を、文脈に即して四十字以内で答えなさい。

(三)【話し合いの様子】において、Bさんのそれぞれの発言は、共通してどのような役割を果たしているか。最も適切なものを、次の1～4から選び、記号で答えなさい。(　)

1 自分の考えを強調して示してから、相手に質問を投げかけることで、話し合いを活発にしている。
2 自分の考えを詳しく説明した後に、気がかりな点を指摘することで、話し合いを円滑にしている。
3 他者の考えを自分の言葉で整理して、一般的な考え方と比較することで、話し合いを広げている。
4 他者の考えを認めたうえで、異なる視点から自分の意見を加えることで、話し合いを深めている。

5 次の(一)、(二)に答えなさい。

(一) 次の1～5について、――部の漢字は読み仮名を書き、片仮名は漢字に改めなさい。

1 卒業式が厳かに行われた。(　か)
2 話し方に緩急をつける。(　)
3 春のヨウコウを浴びる。(　)
4 今週は動物アイゴ週間だ。(　)
5 用件をウケタマワる。(　る)

(二) 次の漢詩と書き下し文、現代語訳を読んで、あとのア～ウに答えなさい。

漢詩

臨高台　送黎※拾遺　　王維

相送臨高台
川原杳何極
日暮飛鳥還
行人去不息

(「王右丞文集(おうゆうじょうぶんしゅう)」より)

(注) ※黎拾遺＝王維の友人。

書き下し文

臨高台(りんかうだい)　黎拾遺(れいしふゐ)を送る　　王維(わうゐ)

相(あ)ひ送りて高台(かうだい)に臨む

データ2　幼稚園の先生への事前アンケート結果

○　幼稚園の先生の意見（自由記述）

・　子どもたちは，歌を歌うことや楽器の演奏が好きなので，日ごろから音楽に親しむ活動をするようにしています。
・　子どもたちは，皆さんが来られるのを，とても楽しみにしています。
・　子どもたちは，体を動かす遊びが好きです。ただし，けががないように十分気をつけることが大事です。
・　お絵かきや工作には，熱中して取り組みます。一緒に何かを作ってみたらよいのではないでしょうか。
・　子どもたちの思い出として残るように，交流活動の記念になるものがあるとよいと思います。きっと喜ぶはずです。

データ3　他のクラスが行う予定にしている交流活動

	2組	3組	4組	5組
交流活動	紙芝居	かけっこ	絵本の読み聞かせ	お絵かき

※幼稚園を訪問するのは，1日1クラスのみ。

【話し合いの様子】

司会者　それでは、【資料】をもとに、交流活動の内容について考えていきましょう。意見がある人はいますか。

Aさん　データ1を見ると、「体を動かす活動」をしたいという意見が最も多いので、私は「おにごっこ」がよいと思います。

Bさん　確かに最も多いですね。でも、データ2も確認する必要があります。幼稚園の先生方は、体を動かす遊びでは、園児がけがをすることを心配されています。安全面を考え、他の活動を検討した方がよいのではないでしょうか。

司会者　Bさんの言うとおりですね。では、データ1だけでなく、データ2も踏まえて考えてみましょう。

Cさん　それでは、二番目の「音楽活動」はどうでしょう。データ2でも、園児が好きな活動として挙げられています。

Bさん　確かにそうですね。ただ、「音楽活動」は、普段から行われているようです。普段行っていない活動にしてみてはどうでしょう。

司会者　そうですね。順番でいくと、次は、「創作活動」か「読み聞かせ」です。データ3を見ると、この分野の活動が多くなっていますね。

Cさん　せっかくなので、園児にいろいろな経験をしてもらうために、他のクラスとは異なる活動にしたいですね。

Aさん　それでは、「お絵かき」を発展させて、言葉遊びもできる「かるたづくり」はどうでしょう。

Bさん　いいアイディアですね。「かるたづくり」なら、交流活動後に、作ったかるたで園児が遊んだり、大判用紙に貼って飾ったりすることもできるので、データ2を踏まえた活動にもなっていますね。

司会者　つまり、「かるたづくり」は、□ということですね。では、「かるたづくり」を1組の案として、さらに具体的に考えていきましょう。

(一)　「データ1だけでなく、データ2も踏まえて考えてみましょう」とあるが、なぜ司会者はそのように提案したのか。次の文がその説明となるよう、□に入る適切な内容を、【話し合いの様子】を踏まえて、十五字以内で答えなさい。

交流活動をよりよいものにするために、自分たちの考えだけではなく、□ことが必要だと考えたから。

に注目して、この古文の内容をまとめたものである。【ノート】が古文の内容に即したものとなるよう、[Ⅰ]には古文中から十三字の表現を書き抜いて答え、[Ⅱ]には適切な内容を三十字以内で答えなさい。

Ⅰ [　　　　　　　　　　　　　]

Ⅱ [　　　　　　　　　　　　　　　　　　　　　　　　　　　　　　]

【ノート】

○維時の行動と人々の反応

〈維時の行動〉	〈人々の反応〉
・先日（前庭に植える草花の名前の一覧を作成） 「[Ⅰ]」 →	「これを嘲ふ」
・後日（前庭に植えた草花の名前の一覧を作成） 「（漢字を用いて）たちまちにこれを書きてたてまつる」 →	「一草の字をも知らず」

○「かくのごときが故に、先日は仮名字を用ゐる」から分かること

・先日、維時が仮名を用いて草花の名前の一覧を作成したのは、[Ⅱ]からだということ。

---

4 ある中学校では、家庭科の授業で近隣の幼稚園を訪問し、ふれ合い体験をすることになった。次は、Aさんのクラス（1組）がふれ合い体験のときに、園児と行う交流活動の内容について話し合う際に用いた【資料】と、そのときの【話し合いの様子】である。これを読んであとの(一)～(三)に答えなさい。

【資料】

データ1　クラスへの事前アンケート結果（対象：1組生徒35人）

○　園児との交流で行いたい活動

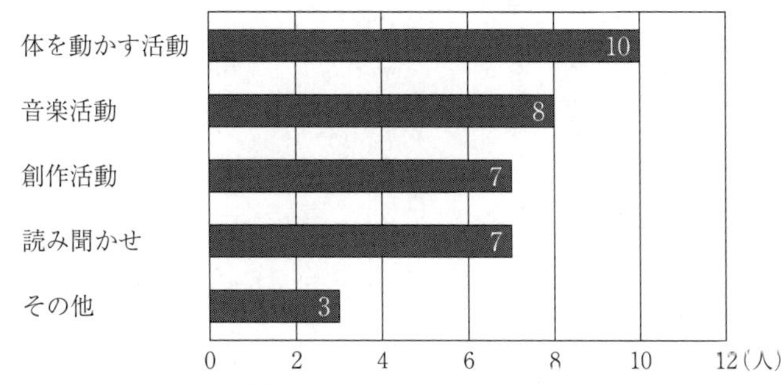

体を動かす活動	… おにごっこ，かけっこなど体を動かす活動
音楽活動	… 歌を歌う，楽器の演奏など音楽に関する活動
創作活動	… お絵かき，おりがみなどものを作る活動
読み聞かせ	… 絵本の読み聞かせや紙芝居
その他	… お店屋さんごっこ，ままごとなどの遊び

私もそのような写真を撮ってみたいと思いました。

2　映画を見に行きました。一緒に見た友人たちは全員面白くなかったと言っていて、私も面白いとは感じませんでした。

3　美術館に絵を見に行きました。広い空間に様々なジャンルの絵が飾られていて、お客さんがたくさん入っていました。

4　テレビでダンスコンテストを見ました。私が最も素晴らしいダンスだと思った出場者は、審査の結果、最下位でした。

(六)　X段落が文章中で果たしている役割の説明として最も適切なものを、次の1～4から選び、記号で答えなさい。（　　）

1　これまでの内容を整理して、「経験の価値」と「対象の価値」の共通点と相違点を解説している。

2　これまでの内容に加えて、「経験の価値」が「対象の価値」に与える影響について考察している。

3　これまでの内容をまとめて、「経験の価値」と「対象の価値」の優劣について明確に述べている。

4　これまでの内容を受けて、「経験の価値」が「対象の価値」に含まれていることを証明している。

3　次の古文を読んで、あとの(一)～(三)に答えなさい。

※維時(これとき)中納言、始めて(初めて)※蔵人(くらうど)に補する時(任命された当時)、※主上前栽(せんざい)を掘らしめむがために(前庭に草花を植えさせるために)、花の名を書かる(下書きなさった)。納言、多く仮名をもつてこれを書く(清書した)時、これを嘲(あざわら)ふ(からかった)。維時、これを聞きていはく、「もし実字(漢字)に書かば、誰人かこれを読まむや(読めるだろうか)」と云々(うんぬん)(言った)。後日、主上、維時を召して(お呼びになって)※花の目録を書かしめて(書かせて)、これをご覧じて、漢字を用ゐるべき由(よし)をおほせらる(用いるようにおっしゃった)。維時たちまちにこれを書きてたてまつる(差し上げた)時、人一草の(どの草花の)字をも知らず。競ひ来たりてこれを問ふ。維時いはく、「かくのごときが故に(このようなことが理由で)、先日は仮名字を用ゐる。何ぞ嘲はれしや(どうしてからかいなさったのか)」と云々。

（「古事談(こじだん)」より）

(注)　※維時中納言＝大江維時。「納言」も同じ。
※蔵人＝文書などを管理する役人。
※主上＝ここでは、醍醐(だいご)天皇のこと。
※花の目録＝前庭に植えた草花の名前の一覧。

(一)　「おほせ」を現代仮名遣いで書き直しなさい。（　　）

(二)　「これをご覧じて」の解釈として最も適切なものを、次の1～4の中から選び、記号で答えなさい。（　　）

1　醍醐天皇は維時が前庭に植えた草花をご覧になって

2　維時は人々が前庭に植えた草花をご覧になって

3　醍醐天皇は維時が書いた草花の名前の一覧をご覧になって

4　維時は人々が書いた草花の名前の一覧をご覧になって

(三)　次の【ノート】は、「かくのごときが故に、先日は仮名字を用ゐる」

段階では、対象の価値はそこまで楽しめない。自分の目の前にあるラーメンや絵画が他と比べてどうすごいのかまでは理解できず、違いを楽しむことはできない。それでも、その対象と関わった自分の経験を楽しむことができる。他と比べてどうかはわからないが、とにかく目の前のものはおいしい、心地よい、とｂ感じることができるのだ。そして、そこで得られたポジティヴな経験をより増やすために、似たようなものを何度も経験し、そのうち知識が増えていく。知識が増えると、以前は気づけなかった対象の価値に気づけるようになり、それが楽しみを増やすことにもなるのだ。

さらに、二種類の価値の区別を使うと「個人的な楽しみ」「好み」と言われるものも説明できそうだ。たとえば、多くの人が「まずい」という食べ物や「ひどい」という作品を、自分は「おいしい」「素晴らしい」と思っている場面を考えてみよう。そのときに自分が楽しんでいるのは、対象の価値ではなく経験の価値かもしれない。対象となる食べ物や作品は客観的には良くないものだが、その対象によって自分が満足させられたり自分の心がｃ動かされたりしている様子は、自分にとって良いものなのだ。

また、「作品を自由に鑑賞する」という場合に楽しまれているのも経験の価値かもしれない。楽しまれているのは、作品そのものというより、その作品に触発されてアレコレｄ考えている、想像力を働かせている自分の状態なのだ。

（源河亨『「美味しい」とは何か』より。一部省略がある）

（注）※暖簾分け＝店主の許可を得て、従業員が独立し出店すること。

㈠ 文章中の＝＝部ａ～ｄのうち、五段活用の動詞を一つ選び、記号で答えなさい。（　　）

ａ 応じ　ｂ 感じる　ｃ 動かさ　ｄ 考え

㈡ 「多種多様」と似た意味をもつ四字熟語として最も適切なものを、次の１～４から選び、記号で答えなさい。（　　）

１ 適材適所　２ 絶体絶命　３ 十人十色　４ 再三再四

㈢ 「同じことは、絵画、音楽、彫刻、文学、写真、ダンスといった芸術鑑賞にもあてはまる」とあるが、「同じこと」の内容として最も適切なものを、次の１～４から選び、記号で答えなさい。（　　）

１ 知識があることで、対象独自の価値を楽しむことができ、それに気づくことができた経験の価値も楽しめるということ。

２ 知識があることで、すべての芸術作品に共通する価値を見出すことができ、そこから経験の価値も増やせるということ。

３ 知識があることで、他の作品から受けた影響や歴史について考えてしまうため、対象の価値が分からなくなるということ。

４ 知識があることで、様々な価値の違いを乗り越えて、対象の価値を自分で生み出すことができるようになるということ。

㈣ 「知識が少ない段階でも自分の経験の価値を楽しむことはできる」とあるが、どういうことか。次の文がそれを説明したものとなるよう、□に入る適切な内容を、三十五字以内で答えなさい。

ラーメンや芸術の例が示すように、知識が少なくても□ということ。

㈤ 「『個人的な楽しみ』『好み』」について、文章の内容を踏まえた例として最も適切なものを、次の１～４から選び、記号で答えなさい。（　　）

１ 有名な写真家の写真展を見に行きました。どの作品も素晴らしく、

いものとなるよう、［Ⅰ］、［Ⅱ］に入る内容の組み合わせとして適切なものを、あとの1～4から一つ選び、記号で答えなさい。（　　）

「［Ⅰ］」の視点から物語が描かれており、内面が生き生きと表現されている。会話文では、「奈鶴」の言葉遣いを［Ⅱ］に変えることで、「奈鶴」が話に夢中になっていることや「奏」との心の距離が近づいていることが印象づけられている。

1　Ⅰ＝奈鶴　Ⅱ＝常体から敬体
2　Ⅰ＝奈鶴　Ⅱ＝敬体から常体
3　Ⅰ＝奏　Ⅱ＝常体から敬体
4　Ⅰ＝奏　Ⅱ＝敬体から常体

［2］ 次の文章を読んで、あとの㈠～㈥に答えなさい。

ラーメンについて詳しい知識がある人は、この店のラーメンが他の店のラーメンとどう違うか理解することができる。この味の源流はあの店にあるが、暖簾（※のれん）分けしているうちに各店で工夫が施されて多種多様になり、そうした多様な分流のなかでこの店は他とここが違う、といったことが理解できる。それに気づくときには、そのラーメンが他とどう違うか（その対象にどういう独自の価値があるのか）という対象の価値が楽しめ、さらに、それに気づけたという経験の価値も楽しめるだろう。

同じことは、絵画、音楽、彫刻、文学、写真、ダンスといった芸術鑑賞にもあてはまる。この作品はどういうジャンルで、あの作品の影響を受けていて、ここが他の作品と違っていて、といった知識があることで気づける対象の価値がある。そして、それに気づけた経験も楽しめるのだ。知識があるおかげで対象の価値をより正確に把握することができ、それにa応じて経験の価値（対象の価値に決定される経験の価値）も増えてくるのである。

しかし、知識が少ない段階でも自分の経験の価値を楽しむことはできる。自分が食べているラーメンが他のラーメンと比べて何が良いかわからなくても、そのラーメンによって満足感を与えられている自分の状態、自分の経験をポジティヴに評価することができるのだ。

芸術鑑賞にも同じことが言える。芸術に関する知識が少なくても、作品によって心を揺さぶられている自分、ゾクゾクしている自分を楽しむことができる。そこで楽しまれているのは、作品そのものというよりも（もちろん、作品の価値もいくらかは把握されているが）、作品を鑑賞している自分の状態の価値なのではないだろうか。

［X］ こうした経験の価値は、知識を増やすうえで重要だ。知識が少ない

意を突かれたって反応をした。そして「それを答えにするのもありじゃない？」って言った。
「答え、……あ、大きな問い？『どうして英語を勉強するのか』」
「そう、英語にかぎらず。『ことばって、なんか、おもしろそうだから』」
わたしの代わりに答えた奏先生は、あはは、と声を出して笑った。
これまで見たことのない、ついわたしも一緒になってきゃっきゃしちゃうくらいの、まるで友だち同士みたいな笑い方だった。
「自分で見つけたね、奈鶴ちゃん」
「大学院合格おめでとうございます、奏先生」

（眞島（まし ま）めいり「バスを降りたら」より）

（注）※大学院＝大学卒業後、さらに深い研究をするための教育機関。

(一) 次は、「乗」という漢字を楷書（かいしょ）体で書いたものである。黒ぬりのところは何画めになるか。数字で答えなさい。（　　画め）

(二) 「ほとんど」と同じ品詞のものを、次の1～4から一つ選び、記号で答えなさい。（　　）

1 きれいな花を見た。
2 おもしろい話を聞いた。
3 この本は名作だ。
4 ゆっくり山道を歩く。

(三) 「不意を突かれた」とあるが、「不意を突かれる」と似た意味をもつことわざとして最も適切なものを、次の1～4から選び、記号で答えなさい。（　　）

1 泣きっ面に蜂
2 猫に小判
3 寝耳に水
4 渡りに船

(四) 「わたしの胸に広がった気持ち」とあるが、これはどのような気持ちか。次の文がそれを説明したものとなるよう、□に入る適切な内容を四十五字以内で答えなさい。

バスの中で知らない人から英語で話しかけられて戸惑ったが、□気持ち。

(五) 「ことばって、なんか、おもしろいかも」とあるが、それは「奈鶴」がどのようなことに気づいたからか。次の文がそれを説明したものとなるよう、□に入る適切な内容を、文章中から二十五字で抜き出し、初めと終わりの五字で答えなさい。□～□

ことばには□性質があり、それを感じる体験が自分の身近にもあることに気づいたから。

(六) 「大学院合格おめでとうございます、奏先生」とあるが、このときの「奈鶴」の心情を説明したものとして最も適切なものを、次の1～4から選び、記号で答えなさい。（　　）

1 「奏」の留学後の日々を思い浮かべ、「奈鶴」なりに留学することの意味を実感し、「奏」を素直に応援したいと思っている。
2 「奏」と楽しく話をしたことから別れがより辛くなり、懸命に泣くのをこらえながら、その本心を隠そうと振る舞っている。
3 「奏」が「奈鶴」との会話を通じてドイツ語の魅力に気づき、留学へ前向きに臨もうとしていることを感じて励ましている。
4 「奏」がバスで英語が話せなかった「奈鶴」を責めなかったことに安心し、引き続き家庭教師を続けてほしいと思っている。

(七) この文章中における表現の特徴について説明した次の文章が、正し

国語

時間　五〇分
満点　五〇点

1　中学一年生の「奈鶴（なつる）」は、家庭教師の「奏（かな）」に英語を学ぶ理由について相談をしていた。次の文章は、「奏」がドイツの大学院※に留学することが決まり、別れを前に「奈鶴」が「奏」に会いに行った場面である。よく読んで、あとの㈠～㈦に答えなさい。

「ドイツに行っても、忘れないでくれたらうれしいです」
言ったら、ちょっと空気が変わった。ショッピングモールに行った日以来、こっちからは留学の話題に触れずにいたのに、急にぽんと出したからおどろかせたんだろう。
だからこそこのことを報告したかった。
「この前、学校帰りにバスに乗ってたら、知らないひとから英語で話しかけられたんです」
話題があっちこっちしても、奏先生はちっとも嫌な顔をしない。それどころか「へえ！」ってリアクションまでくれる。こういうところが好きだなと思う。
「ほとんど聞き取れなくて、めちゃくちゃ焦（あせ）りました。だけどジェスチャーとかで、降りるドアを聞かれてるんだってやっとわかって。でもどう教えたらいいのかわかんなくて……」
「わあ。それで?」
「結局こっちもジェスチャーと、日本語で乗り切った、のかな？　乗り切れたって言えるか微妙だけど、伝わってはいたと思います。笑ってくれたし、最後に手を振ってくれて、わたしも振り返しました」
「すごい」
「すごくないです。奏先生や学校の先生に、ごめんなさいって気持ちになりました。いっぱい英語教わってるはずなのに、頭からぜんぶ飛んじゃった」
「ああ……。たしかに勉強すればするほど、使える単語や表現は確実に増えるし、めざすゴールを設定するのはとてもいいと思う」
奏先生はそこでことばを切った。じっと何かを想像しているみたいに。
「でも、お互いに伝えたいメッセージがあって、それを伝え合ったわけでしょう。タイムリミットがある中で、奈鶴ちゃんも相手のひともあきらめなかった。偶然同じバスに乗り合わせて、たぶんもう会わないふたりが、手を振り合って別れたんだよ」
そして奏先生はもう一度、「すごいよ」って味わうように言った。
うれしかった。ほめられたからじゃない。バスの中で伝えたいことが伝わったとき、わたしの胸に広がった気持ちを奏先生が想像して、一緒に感じてくれたのがわかったから。
奏先生はドイツで、あんなふうにどきどきする瞬間を数えきれないほど体験するのかもしれない。毎日新しいことばに出会って、そのたびに頭がわーってなって、あらゆる感情に振り回されるのかもしれない。
英語もドイツ語も、日本語も、どこかに大事にしまわれているものじゃなくて、生きているんだろうな。ころころ転がって、いろんな色になって、変わっていく生きもの。しかもそれにばったり出会うどきどきは、はるか遠くの場所にだけ存在するんじゃなくて、わたしの周りにもつねにあるみたい。
「ことばって、なんか、おもしろいかも」
半分は自分に向かって言ったようなものだったんだけど、奏先生が、不

2024年度／解答

数　学

1 【解き方】(1) 与式 $= -(2 \times 4) = -8$

(2) 与式 $= 9 + 8 = 17$

(3) 与式 $= 7x - 6x + 1 = x + 1$

(4) 与式 $= \dfrac{9a^3}{5b} \times \dfrac{2b^2}{3a^2} = \dfrac{6}{5}ab$

(5) 与式 $= 2\sqrt{3} - 3\sqrt{3} = -\sqrt{3}$

【答】(1) -8　(2) 17　(3) $x + 1$　(4) $\dfrac{6}{5}ab$　(5) $-\sqrt{3}$

2 【解き方】(1) 反比例の式を，$y = \dfrac{a}{x}$ とすると，$6 = \dfrac{a}{2}$ より，$a = 12$　よって，$y = \dfrac{12}{x}$ より，$y = \dfrac{12}{4} = 3$

(2) 右図のように，ℓ と m に平行な直線 n をひくと，平行線の錯角より，$\angle x + \angle y = 76°$　よって，$\angle y = 180° - 150° = 30°$ より，$\angle x + 30° = 76°$ なので，$\angle x = 46°$

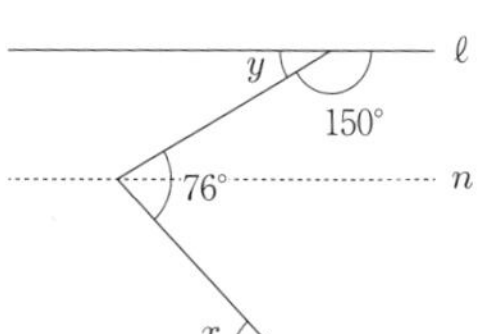

(3) 解の公式より，$x = \dfrac{-3 \pm \sqrt{3^2 - 4 \times 2 \times (-1)}}{2 \times 2} = \dfrac{-3 \pm \sqrt{17}}{4}$

(4) 池にいる魚の数を x 匹とすると，$x : 50 = 40 : 11$ が成り立つ。よって，$x \times 11 = 50 \times 40$ より，$x = 2000 \div 11 = 181.8\cdots$ だから，およそ 180 匹。

【答】(1) 3　(2) 46°　(3) $x = \dfrac{-3 \pm \sqrt{17}}{4}$　(4) (およそ) 180 (匹)

3 【解き方】(2) 点Bを通る半直線ABの垂線と，∠BACの二等分線の交点が，点Oとなる。

【答】(1) オ　(2) (右図)

(例)

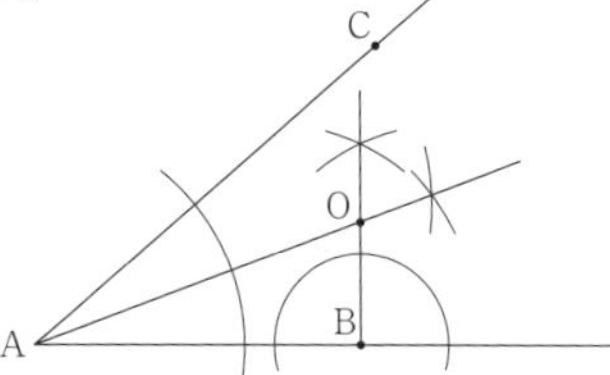

4 【解き方】(1) 関数 $y = -\dfrac{1}{3}x^2$ のグラフは，下に開いた放物線で，$\dfrac{1}{3} < 3$ より，$y = 3x^2$ のグラフより大きく開くので，ア。

(2) $x = 2$ のとき，$y = 3 \times 2^2 = 12$　$x = 4$ のとき，$y = 3 \times 4^2 = 48$　よって，2秒後から4秒後までの平均の速さは毎秒，$\dfrac{48 - 12}{4 - 2} = 18$ (m)　また，$x = t$ のとき，$y = 3t^2$ なので，$\dfrac{3t^2 - 0}{t - 0} = 18$ より，$3t^2 = 18t$　よって，$t^2 = 6t$ より，$t^2 - 6t = 0$ となり，$t(t - 6) = 0$ だから，$t = 0$，6　$t \neq 0$ より，$t = 6$

【答】(1) ア　(2) ア．18　イ．6

5 【解き方】(1) 全体の場合の数は，6通りで，1の目が3通りあるから，求める確率は，$\dfrac{3}{6} = \dfrac{1}{2}$

【答】(1) $\dfrac{1}{2}$

A＼B	1	1	1	2	2	3
1	2	2	2	3	3	4
1	2	2	2	3	3	4
1	2	2	2	3	3	4
2	3	3	3	4	4	5
2	3	3	3	4	4	5
3	4	4	4	5	5	6

(2) 全体の場合の数は，$6 \times 6 = 36$ (通り) で，出る目の数の和は右図のようになる。図より，和が2，3，4，5，6になるのはそれぞれ，9通り，12通り，10通り，4通り，1通り。よって，和が2となる確率は，$\dfrac{9}{36} = \dfrac{1}{4}$，和が3となる確率は，$\dfrac{12}{36} = \dfrac{1}{3}$ で，$\dfrac{1}{4} < \dfrac{1}{3}$ より，和

が３となる確率のほうが大きいから，Ｒさんの予想は正しくない。

6【解き方】(1) $\frac{a}{400} \times 100 = \frac{1}{4}a$ (%)

(2) 仕入れの予算について，$70 \times x + 40 \times y = 19000$ より，$70x + 40y = 19000$……① 袋の数について，$\frac{x}{3} + \frac{y}{4} = 100$……② よって，①÷10 より，$7x + 4y = 1900$……③ ②×12 より，$4x + 3y = 1200$……④ ③×3－④×4 より，$5x = 900$ だから，$x = 180$ したがって，③から，$7 \times 180 + 4y = 1900$ より，$y = 160$

【答】(1) $\frac{1}{4}a$ (%) (2) (式) $\begin{cases} 70x + 40y = 19000 \\ \frac{x}{3} + \frac{y}{4} = 100 \end{cases}$ (ドリップバッグ) 180 (個) (ティーバッグ) 160 (個)

7【解き方】(2) AC = AB = 12cm，DE = DB = 3cm また，AE = AB = 12cm だから，EF = AE － AF = 12 － 10 = 2 (cm) ここで，∠ACF = ∠DEF，∠AFC = ∠DFE だから，△ACF ∽△DEF よって，CF：EF = AC：DE なので，CF：2 = 12：3 = 4：1 だから，CF = 8 (cm) 同様に，AF：DF = AC：DE より，10：DF = 4：1 だから，DF $= 10 \times \frac{1}{4} = \frac{5}{2}$ (cm) したがって，CD $= 8 + \frac{5}{2} = \frac{21}{2}$ (cm)

【答】(1) △ADF と△CEF において，対頂角は等しいので，∠AFD = ∠CFE……① △ABC は二等辺三角形だから，∠ABD = ∠ACD……② 仮定より，∠ABD = ∠AED……③ ②，③から，∠ACD = ∠AED……④ 2 点 C，E が直線 AD について同じ側にあり，④より，円周角の定理の逆から，4 点 A，C，D，E は同じ円周上にある。よって，$\overset{\frown}{AC}$ に対する円周角は等しいから，∠ADF = ∠CEF……⑤ ①，⑤より，2 組の角がそれぞれ等しいから，△ADF ∽△CEF

(2) $\frac{21}{2}$ (cm)

8【解き方】(2) 山頂はキャンプ場より標高が，800 － 350 = 450 (m) 高いので，気温は，450 ÷ 100 × 0.6 = 2.7 (℃) 下がるから，山頂の気温は，20.8 － 2.7 = 18.1 (℃)

(3) 正八角形の内角の和は，$180° \times (8 - 2) = 1080°$ だから，1 つの内角は，$1080° \div 8 = 135°$ よって，右図において，$\angle x = 135° - 90° = 45°$ だから，△ABI は直角二等辺三角形なので，AI $= a \times \frac{1}{\sqrt{2}} = \frac{\sqrt{2}}{2}a$ (cm) 四角形 BCJI は長方形だから，IJ = BC = a (cm)，△ABI ≡△DCJ より，AI = DJ なので，AD = AI + IJ + DJ = $a + \frac{\sqrt{2}}{2}a \times 2 = (1 + \sqrt{2})a$ (cm)

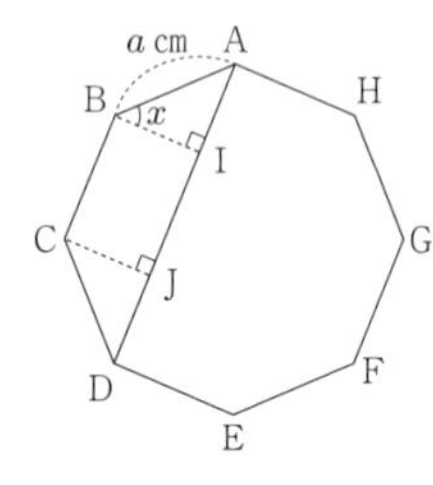

【答】(1) 評価が 3 以上の相対度数は，テント A が，$\frac{330 + 168 + 72}{800} = 0.7125$ より，0.71，テント B が，$\frac{345 + 213 + 92}{1000} = 0.65$ よって，テント A の方が大きい。

(2) 18.1 (℃) (3) $(1 + \sqrt{2})a$ (cm)

英　語

1 【解き方】テスト1. No.1.「でも今日は第16教室でその授業があると思います」というせりふに対して「ああ，あなたの言う通りです」と言っている。No.2. 父親の「クッキーがいくつかあるよ，エイミー。大きいものと小さいもの，どちらが欲しい？」に対して，エイミーが「私は小さいものが食べたい」と答えている。No.3. ユウコの「私は今日，私たちの町の歴史について祖父に聞いてレポートを書くつもりです。あなたもいっしょに聞きたいですか？」に対して，ケビンが「はい，もちろんです」と答えている。No.4. 兄に買ってもらったTシャツについて，エマは「私はその色が気に入っています！」と言っている。また，ジェームズからTシャツの漢字の意味をたずねられ，エマは「それは『夢』という意味です。私はその点も気に入っています」と言っている。

テスト2. No.1. AIに関する本を昨日読み終えたという相手に「私もAIに興味があります。でもそれに関する本を一度も読んだことがありません」と言っている。1の「もしそれを読んでみたければ，私のものを読んでもいいですよ」が適切。No.2. 授業に関する質問をしようとしている生徒に，先生が「私は今から別の授業に行かなければなりません」と言っている。4の「その授業のあとで先生と話してもいいですか？」が適切。No.3. サッカーのことをあまり知らないため試合が楽しめるだろうかと思っている相手に「きっとあなたはそれが大好きになると思いますよ！　行く前に私はあなたに何人かの人気のある選手について教えてあげることができます」と言っている。1の「いいですね。わかりました，あなたたちといっしょに行きます」が適切。No.4. 今日の午後に届くプレゼントを受け取っておいてくれないかと頼まれたが「今日の午後はいっしょに勉強するために友だちの家を訪ねる予定なの」と言っている。3の「大丈夫。たぶんお母さんがそれを受け取ることができるよ」が適切。

テスト3. (1)(A) ジョーンズさんが「月曜日の午後4時から午後7時までダンスグループが利用します」と言っている。「グループ」= group。(B) ジョーンズさんが「火曜日は開いていません」と言っている。「開いている」= be open。(C) アツシの「では水曜日はどうですか？」に対してジョーンズさんが「その日は午後5時までご利用いただけます」と答えている。「～まで」= unti/till ～。(2) 金曜日は体育館が利用できると聞いたアツシが，マークにその日の都合を聞こうとしている場面。「金曜日に行きませんか？」などの表現が入る。「(いっしょに)～しませんか？」= Why don't we ～?（または，Shall we ～?)。

【答】テスト1. No.1. 3　No.2. 4　No.3. 1　No.4. 2　テスト2. No.1. 1　No.2. 4　No.3. 1　No.4. 3
テスト3. (1)(A) group　(B) open　(C) until　(2)(例) Why don't we go on Friday

◀全訳▶　テスト1.

No.1.

A：私たちの英語の授業のために第17教室にいっしょに行きましょう。

B：わかりました，でも今日は第16教室でその授業があると思います。

A：ああ，あなたの言う通りです。

質問：彼らは今日どこで英語の授業を受けますか？

No.2.

A：お父さん，チョコレートかクッキーのような何か甘いものが食べたい。

B：クッキーがいくつかあるよ，エイミー。大きいものと小さいもの，どちらが欲しい？

A：私は小さいものが食べたい。

質問：エイミーは何を食べることを選んでいますか？

No.3.

A：ユウコ，あなたは私たちの町に関する歴史のレポートを終えましたか？　私はインターネットで十分な情報を見つけることができません。

B：いいえ，ケビン。でも私は今日，私たちの町の歴史について祖父に聞いてレポートを書くつもりです。あなたもいっしょに聞きたいですか？

A：本当ですか？　はい，もちろんです。それは大きな助けになるでしょう。

質問：ケビンとユウコは彼らの町に関する情報をどのようにして入手するつもりですか？

No.4.

A：ジェームズ，見てください。これは新しいTシャツです！　兄が東京に行って，彼がそれを私に買ってくれました。私はその色が気に入っています！

B：青色が素敵ですね，エマ！　その漢字もかっこいいです。それは何という意味なのですか？

A：それは「夢」という意味です。私はその点も気に入っています。

質問：エマはなぜそのTシャツが気に入っているのですか？

テスト2.

No.1.

A：昨日あなたは何をしましたか？

B：私はAIに関する本を読んで楽しみました。私は1週間前にそれを買いました。そして昨日それを読み終えました。

A：ああ，私もAIに興味があります。でもそれに関する本を一度も読んだことがありません。

No.2.

A：みなさん，あなたたちは授業を楽しみましたか？　次回会いましょう。

B：グリーン先生，今日の授業について質問が1つあります。今聞いてもいいですか？

A：今答えることができればよいのですが，ごめんなさい，アキト。私は今から別の授業に行かなければなりません。

No.3.

A：私のクラスメートたちと私は次の日曜日にスタジアムでサッカーの試合を見る予定です。あなたは私たちといっしょに行きたいですか，ナンシー？

B：私はサッカーについてあまりよく知りません。私はその試合を楽しむことができると思いますか，サトシ？

A：ああ，きっとあなたはそれが大好きになると思いますよ！　行く前に私はあなたに何人かの人気のある選手について教えてあげることができます。

No.4.

A：お父さん，昨日おばあちゃんが私たちにプレゼントを送ってくれたよ！　お母さんが私に教えてくれたわ。そのことを知っていたの？

B：うん。それは今日の午後に届く予定だけれど，そのとき私は歯医者に行く必要があるんだ。それを受け取ってくれるかい？

A：今日の午後はいっしょに勉強するために友だちの家を訪ねる予定なの。ごめんなさい。

テスト3.

アツシ　　　　：もしもし，私は友人とバドミントンをするために体育館を利用したいです。

ジョーンズさん：ありがとうございます。当館は午前9時から午後7時まで開いています。しかし火曜日は開いていません。

アツシ　　　　：私たちは来週体育館を訪れたいと思っています。私たちは月曜日から金曜日まで午後4時に学校が終わります。ですから，月曜日の4時30分から体育館を利用することはできますか？

ジョーンズさん：調べてみます。月曜日の午後4時から午後7時までダンスグループが利用しますので，ご利用いただけません。

アツシ　　　　：わかりました。それでは，水曜日はどうですか？

ジョーンズさん：その日は午後5時までご利用いただけます。午後5時から，バレーボールチームが練習する予定です。

アツシ：試合をするには短すぎますね。

ジョーンズさん：それから，次の木曜日は，午後4時から午後7時まで高校が利用する予定です。金曜日はご利用いただけますが，週末はご利用いただけません。吹奏楽団のコンサートが土曜日と日曜日の両方にあります。

アツシ：わかりました。友だちの予定を調べて，あとで電話をかけ直します。ありがとうございます。

2 **【解き方】**(1)「それは部屋をより涼しくする」という文。「AをBにする」= make A B。主語が三人称単数形であることに注意。

(2) (B) 前文のair conditionersを指す代名詞が入る。複数形なのでthemになる。(C)「どんな植物が緑のカーテンにいいのですか？」という文。「植物」= plants。(D) 直後に動詞haveがあるので主格の関係代名詞が入る。先行詞curtainsはものなのでwhichが適切。

【答】(1) makes (2) (B) 2 (C) 3 (D) 1

◀全訳▶

エミリー：その植物は窓に巻きついています！ あれは何ですか？

ユカ：私たちはそれを緑のカーテンとよんでいます。強い日光が夏には部屋の中に入りますが，私たちは緑のカーテンでそれを止めることができます。

エミリー：なるほど。それは部屋をより涼しくするのですね？

ユカ：そうです。夏はとても暑いので私たちはいつもエアコンを使います。しかし，緑のカーテンがあれば，それらをあまり使う必要がありません。

エミリー：それはいいアイデアです！ どんな植物が緑のカーテンによいのですか？

ユカ：ええと，窓の最上部まで届く能力が重要です。そして私はきれいな花のある緑のカーテンが好きです。

3 **【解き方】**(1) チラシの「特別チケット」の部分に「いくつかのテレビ番組がこれらの場所を何度も紹介しました！」と書かれていることに着目する。「僕はテレビでよくそれらの場所を見ます」という文になる。「しばしば，よく」= often。

(2) 午前中に四季山に行ったあとお食事処 冬に行こうと提案したリョウタに対して，トムが昼食前に梅屋敷に行くべきだと言ったため，「梅屋敷」→「お食事処 冬」の順になった。また，食事のあとは「松庭園」→「サムライ劇場」の順に訪れると言っている。

(3) 1.「その店の自転車を4時間利用するためには1,000円以上必要だ」。「値段（Price）」を見る。1時間あたり300円なので，4時間借りると1,200円になる。内容と一致する。2.「値段」の下に「午後6時までに店に戻ってきてください」と書かれている。3.「その店で自転車を買えば，昼食のチケットも手に入れることができる」という記述はない。4.「その店で特別チケットを買うことで，フォトサービスを利用することができる」。「特別チケット（Special Ticket）」に「サムライ劇場でフォトサービスを利用することができます」と書かれている。内容と一致する。5.「地図（Map）」を見る。秋茶屋は駅の前にあるが，喫茶 春は駅から離れている。6.「地図」を見る。川沿いの道にレストランはない。

【答】(1) often (2) 3 (3) 1・4

◀全訳▶

リョウタ：トム，よい自転車レンタルショップを見つけました。自転車で四季山に行きましょう。僕たちは無料のドリンクチケットを手に入れることもできます。

トム：すごい！ ああ，見てください！ 3つの有名な場所を訪れるための特別チケットを買いましょう。僕はテレビでよくそれらの場所を見ます。

リョウタ：わかりました。僕は午前中に四季山に行き，午後にそれらの場所を訪れたいです。僕たちはお食事

処 冬で昼食を食べ，そこで無料のドリンクチケットを使うことができます。

トム　　：いいですね。でも僕たちは昼食前に梅屋敷に行くべきだと思います。僕たちは何度も橋を渡る必要がありません。

リョウタ：君の言う通りです。そして僕たちは昼食後に松庭園に行くことができます。

トム　　：それから，サムライ劇場が次の場所になるのですね？

リョウタ：はい。ああ，なんて完璧な計画なのでしょう！

4 **【解き方】**(1) グラフＡを見る。ほぼ 90 パーセントの子どもたちが持っていたランドセルの色は「黒色と赤色」だった。

(2) 2つのグラフを見る。約 30 年前には 43 パーセントを占めていた赤色が，2023 年にはたった 6 パーセントになっている。

(3) 最終段落の２文目に「今日の子どもたちにはランドセルの色の選択肢がより多くある」と述べられている。3は「今日の子どもたちは，よりさまざまな色からランドセルを選ぶことができる」という意味。

【答】(1) black and red　(2) 2　(3) 3

◀全訳▶　あなたが小学校にいたとき，あなたのランドセルは何色でしたか？

グラフＡは約 30 年前に使われていたランドセルの色を示しています。黒色と赤色は子どもたちのほぼ 90 パーセントが持っていた色であることがわかります。

次に，グラフＢは 2023 年に購入されたランドセルの色を示しています。黒色は今でも最も一般的でした。しかし，赤色を見てください。それは約 30 年前には 43 パーセントを占めていましたが，2023 年に，赤色はたった 6 パーセントになりました。では，何色のランドセルがより多く買われたのでしょうか？　紫色，桃色，空色，そして紺色です！　さらに，「その他」が 4 分の 1 以上を占めていました！　それは本当に興味深いですよね？

グラフから，私たちは今日のランドセルにはよりさまざまな色があることを知ることができます。それは，今日の子どもたちにはランドセルの色の選択肢がより多くあるということを意味します！　将来，子どもたちはどんな色を選ぶのだろうかと思います！

5 **【解き方】**(1)「それに，彼女は小さな子どもたちに物語を読んであげる方法を全く知りませんでした」という文。子どもたちに本を読んであげることになってミズキが緊張している場面のアに入る。

(2) (a) 質問は「最初の本を子どもたちに読んであげたあとで，ミズキはなぜ悲しく感じたのですか？」。第３段落の３文目を見る。「子どもたちの何人かが退屈そうになって去ってしまった」とある。ミズキが悲しく感じたのは「子どもたちの何人かが物語を聞くのを楽しまなかったから」である。(b) 質問は「2 回目の読書の時間に対するミズキ独自の考えは何でしたか？」。第５段落の１・２文目を見る。ミズキは自分の好きな本を子どもたちに読んであげたいとタナカさんに言った。(c) 質問は「ミズキのボランティア活動についてどれが正しかったですか？」。第６段落の子どもたちの様子と，最終段落のタナカさんの言葉を見る。4の「タナカさんと子どもたちはミズキが読んだ２冊目の本を楽しんだ」が正しい。

(3) ①「そのイベントで私は素晴らしい『経験』をしました」。「経験」= experience。②「彼によって『与えられた』言葉は本当に役に立ちました」。過去分詞の後置修飾。given by him が後ろから the words を修飾する。

【答】(1) ア　(2) (a) 3　(b) 1　(c) 4　(3) ① experience　② given

◀全訳▶　ミズキは高校生です。彼女は本が大好きで，とても多くの本を読んできました。

ある日，ミズキは人々が本を見つけるのを手伝いたいと思ったので，図書館でボランティア活動をしました。しかし，図書館職員のタナカさんは本を持ってきて，「この本を小さな子どもたちに読んであげてください。多くの子どもたちはこの物語が好きです」と言いました。聴衆に向かって話すのが得意ではなかったので，彼女は緊張しました。それに，彼女は小さな子どもたちに物語を読んであげる方法を全く知りませんでした。

読書の時間がやって来ました。最初，多くの子どもたちが彼女の話を聞いていました。しかし，数分後，子どもたちの何人かが退屈そうになり去っていきました。それを読み終えたとき，彼女はとても悲しい気持ちでした。

午後にもう一度物語を読まなければならなかったため，ミズキは心配で昼食を楽しむことができませんでした。タナカさんが彼女の顔を見て「大丈夫ですか？　何について心配しているのですか？」と言いました。「私は小さな子どもたちにうまく物語を読んであげることができません」と彼女は言いました。「なるほど。大切なポイントをいくつかあなたに教えてあげましょう。それをゆっくり読んでください。それを速く読むと，子どもたちは物語が理解できません。次に，ゆっくりとページをめくってください。そうすれば，子どもたちは本の中の絵を見て楽しむことができます」と彼は言いました。彼女は彼のアドバイスに従い，最善を尽くそうと決心しました。

昼食後，ミズキは読む本を変えたいとタナカさんに言いました。子どものとき彼女はある本が好きで，それを子どもたちに読んであげたいと思いました。その本は楽しませるものでいっぱいでした。彼はほほ笑んで彼女の考えに賛成しました。

読書の時間が再びやって来ました。今回，彼女はゆっくりと物語を読み，ゆっくりとページをめくりました。彼女は子どもたちの顔を見ました。彼らはその物語を聞いて，よく笑いました。彼女は彼らといっしょにそれを楽しみました。彼女がそれを読み終えたとき，1人の女の子が彼女のところに来て「私はこの物語が好きだったわ。またね」と言いました。ミズキはそれを聞いてうれしい気持ちでした。

タナカさんがミズキのところにやって来ました。彼はほほ笑んで「よく頑張りましたね！　私も子どもたちといっしょにその物語を楽しみました」と言いました。「助けてくれてありがとうございました，タナカさん」彼女はこのボランティア活動から多くのことを学びました。

6 **【解き方】**「あなたは自由時間に何をするのが好きですか？」という質問に対する返答を考える。解答例は「私はギターを弾くのが好きです。3年前に母が弾き方を教えてくれて以来，私はずっとそれを練習しています。私は毎日夕食前にそれを弾いて楽しんでいます」という意味。

【答】（例）I like to play the guitar. I have been practicing it since my mother taught me how to play three years ago. I enjoy playing it before dinner every day.（30語）

社　会

1 【解き方】(1) 2はD，3はB，4はA。じゃがいもの原産地はアンデス山脈。らくだは乾燥帯に生息する動物。オリーブは地中海式農業でよく生産される。

(2) 日本より3時間進んでいる国なので，日本より経度にして約45度東にあり，かつ日本とは季節が逆であるため，南半球に位置する都市となる。

(3) 写真は熱帯地域で多く生産されるカカオ。ギニア湾岸の国で多く生産されている。

(4) ⓐは温帯の西岸海洋性気候に，ⓑは冷帯に属している。

(5) ア．人口も多く，労働力が得やすい地域。イ．一般的に，東南アジアや南アジアよりも東アジアの方が，また，東ヨーロッパよりも西ヨーロッパの方が，経済が発展している国が多いことに注目。ウ．中国は，過去30年で著しい経済成長を遂げた国。

【答】(1) 1　(2) H　(3) い　(4) 暖流の北大西洋海流と，その上空を吹く偏西風の影響を受けるため。(同意可)

(5) ア．サンベルト　イ．賃金が安いため。(同意可)　ウ．2

2 【解き方】(1) 千葉県は野菜の生産，鹿児島県は畜産業がさかん。1は1農家当たり耕地面積が広いことから北海道。4はみかんの生産がさかんな和歌山県。5は米の割合が高いことから富山県。

(2) 海外の方が土地代や人件費が安くすむため，企業の海外進出が進んだ。

(3) 発電に必要な天然ガス，石炭，石油などの燃料は，海外からタンカーなどで運ばれてくることがポイント。

(4) ア．1.「押山」付近に学校はできていない。3.「外濱」付近では住宅地が造成された。4.「西浦」の南には消防署や老人ホームができている。イ．2万5000分の1の地形図では，主曲線は10mごと，計曲線は50mごとに引かれている。

(5) 領海は，海岸線（正確には，引き潮のときの海岸線）から12海里以内の範囲。

【答】(1)（千葉県）3　（鹿児島県）2　(2) 産業の空洞化　(3) 4　(4) ア．2　イ．(次図)

(5) 領海の外側で，海岸線から200海里以内の範囲。(同意可)

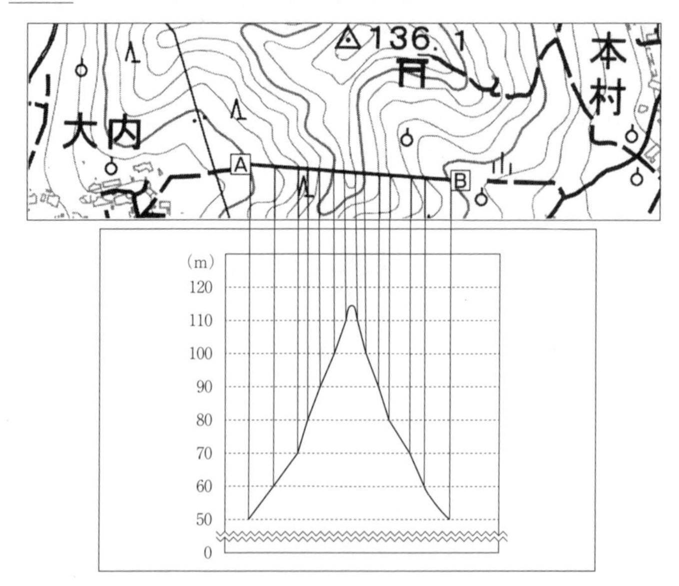

3 【解き方】(1) 鉄器が伝わったのは弥生時代。

(2)「邪馬台国」がつくられたのは3世紀ごろ。「隋」は6世紀の終わりから7世紀にあった中国の王朝。

(3) 男性よりも女性の方が税の負担が軽かったため，戸籍を偽り，女性として登録された者が多かったことがわかる。

(4) 2は安土桃山時代，3は平安時代，4は室町時代に関する資料。

(5) 1は商工業者による同業者組合，2は運送・倉庫業者。4は江戸幕府が百姓などを統制するためにつくられた。

(6) ア．アイヌとの交易の窓口を担ったのは松前藩。bの対馬は朝鮮，cの長崎はオランダと中国，dの薩摩は琉球との交易の窓口となった。イ．Xは西廻り航路。東北と大阪をつなぐ航路で，日本海側から瀬戸内海を経由した。

【答】 (1) 4 (2) 1 (3) 税の負担から逃れるために，戸籍がいつわられるようになったから。(同意可) (4) 1
(5) 3 (6) ア．a イ．西廻り航路の寄港地となった（同意可）

4 **【解き方】** (1)「牛」は一等国に例えられているのでイギリスとなる。日露戦争の戦費をまかなうため，日本国民は増税にたえるなどしていた。

(2) 6歳以上の男女すべてが学校教育を受けられるようにする目的があった。

(3) 岩倉使節団の派遣は1871年～。1は16世紀，2は20世紀前半，3は19世紀，4は20世紀末のできごと。

(4) 帝国議会は衆議院と貴族院から成り，衆議院は選挙で選ばれた議員，貴族院は華族や皇族，天皇から任命された議員などで構成された。

(5)「世界で起きたできごと」とは，1929年の世界恐慌のこと。

(6) ア．国際連盟の設立は1920年，自由党の結成は1881年，義和団事件は1899年から。

【答】 (1) 1 (2) 学制 (3) 3 (4) 2 (5) 世界恐慌が起きたため，日本の生糸輸出総額が大幅に減少した。(同意可)
(6) ア．2→3→1 イ．川端康成

5 **【解き方】** (1) ア．世界のすべての国家・国民が達成すべきものとされたが，法的拘束力はない。

(2) 少子高齢化にともない，社会保障関係費が年々増加している。また，消費税は1989年に初めて導入された。

(3) ア．1と4は国会，2は裁判所の仕事。イ．地方公共団体の議員と首長，国会議員は住民の直接選挙で選ばれるが，内閣総理大臣は国民が直接選ぶことはできない。

(4)「効率」とは無駄を省くこと，「公正」とは，誰に対しても公平であること。

(5) ア．「環太平洋パートナーシップに関する包括的及び先進的な協定」の略称を選択。1は東南アジア諸国連合，2は米国・メキシコ・カナダ協定，3は南米南部共同市場（メルコスール）の略称。イ．円に対して外国通貨の価値が上がることを円安，下がることを円高という。その通貨に対する需要が増えれば，価値は上がる。

【答】 (1) ア．世界人権宣言 イ．1 (2) C→B→A
(3) ア．3 イ．内閣総理大臣は，有権者が選んだ国会議員からなる国会の議決によって指名される。(同意可)
(4) すべてのクラスが，体育館と音楽室を1回ずつ利用することができる（同意可） (5) ア．4 イ．2

6 **【解き方】** (1) 1では大会が開催されたことはない。

(2) 図Ⅱから15年間で訪日外国人数が約5倍となったことがわかる。

(3) イ．それぞれの国で効率的に生産できる製品を輸出し，自国で生産しない製品を輸入すること。経済規模が同等の国同士で行うこともあれば，先進国と開発途上国との間で行われることもある。ウ．1973年に始まった第四次中東戦争をきっかけに，アラブ地域の産油国が原油の輸出を停止するなどしたことで，第一次石油危機が起こった。

【答】 (1) 4
(2) 訪日外国人が急増したことから，言語の違いに関わらず，誰もが案内用図記号を理解できるようにすること。(同意可)
(3) ア．ルソー イ．国際分業 ウ．原油価格の上昇により，先進国の経済成長率が低下したこと。(同意可)

理　科

1 【解き方】(2) 地球の自転によって，太陽の像がずれ動いていく。1 は月が地球のまわりを公転すること，4 は地球が地軸を傾けたまま太陽のまわりを公転することから起こる現象。

【答】(1) 黒点　(2) 2・3

2 【答】(1) 3　(2) 調べようとすることがら以外の条件を同じにして行う実験。(同意可)

3 【解き方】(2) 光が空気から水へ進むときは，屈折角は入射角より小さくなり，水から空気へ進むときは，屈折角は入射角より大きくなる。花びんの水そうを通して見える部分は，水そうの水で屈折した光の先に見えるので，左にずれて見える。

【答】(1) 屈折　(2) 1

4 【解き方】(1) 融点が 0 ℃より高く，沸点が 200 ℃より高い物質を選ぶ。

【答】(1) 4　(2) 6

5 【解き方】(2) ア．表 1 より，接続される抵抗器の数が増えると，流れる電流の大きさが大きくなる。また，電圧は変わらないので，オームの法則より，電流の大きさが大きくなると抵抗は小さくなる。イ．消費電力が 800W の電気ストーブを，1 分間使用するときに発生する熱量は，1 分 = 60 秒より，800 (W) × 60 (s) = 48000 (J)　ウ．表 1 より，電源電圧が 3.0V のとき，消費電力が 1.5W になる抵抗の大きさは，$\frac{3.0\,(\mathrm{V})}{0.50\,(\mathrm{A})}$ = 6.0 (Ω)　同様に，消費電力が 3.0W になる抵抗の大きさは，$\frac{3.0\,(\mathrm{V})}{1.00\,(\mathrm{A})}$ = 3.0 (Ω)　消費電力が 4.5W になる抵抗の大きさは，$\frac{3.0\,(\mathrm{V})}{1.50\,(\mathrm{A})}$ = 2.0 (Ω)　6.0 Ωと 3.0 Ωを並列につないだときの合成抵抗を R Ωとすると，$\frac{1}{R\,(\Omega)} = \frac{1}{6.0\,(\Omega)} + \frac{1}{3.0\,(\Omega)}$ より，R = 2.0 (Ω)　よって，適切な抵抗器の組み合わせは，6.0 Ωと 3.0 Ω。

(3) イ．表 2 より，ミキサーを使用中に流れる電流の大きさは，$\frac{300\,(\mathrm{W})}{100\,(\mathrm{V})}$ = 3 (A)　ミキサーと同時に使用したとき，延長コードに流れる電流の大きさが 15A を超えないようにするので，流れる電流の大きさが，15 (A) − 3 (A) = 12 (A) までの電気器具が使用できる。よって，100 (V) × 12 (A) = 1200 (W) より消費電力が小さい電気器具のうち，もっとも消費電力が大きいものを選ぶ。

【答】(1) オームの法則　(2) ア．4　イ．48000 (J)　ウ．1　(3) ア．交流　イ．2

6 【解き方】(2) 炭酸水素ナトリウムとうすい塩酸を反応させると，塩化ナトリウム，水，二酸化炭素が生成する。

(3) 図 3 より，うすい塩酸 10.0g に炭酸水素ナトリウム 2.0g を加えたとき，過不足なく反応し，発生した気体の質量は 1.0g で最大になる。うすい塩酸 5.0g を用いたとき，質量が，$\frac{5.0\,(\mathrm{g})}{10.0\,(\mathrm{g})} = \frac{1}{2}$ になるので，過不足なく反応する炭酸水素ナトリウムの質量と発生した気体の質量もそれぞれ $\frac{1}{2}$ になる。よって，過不足なく反応する炭酸水素ナトリウムの質量は，2.0 (g) × $\frac{1}{2}$ = 1.0 (g)　また，そのとき発生した気体の質量は，1.0 (g) × $\frac{1}{2}$ = 0.5 (g)

(4) 2.0g のベーキングパウダーに含まれている炭酸水素ナトリウムの質量は，2.0 (g) × $\frac{30}{100}$ = 0.6 (g)　図 3 より，炭酸水素ナトリウム 0.6g が反応したとき，発生した気体の質量は 0.3g。

【答】(1) 質量保存の法則　(2) ($NaHCO_3 + HCl \rightarrow$) $NaCl + CO_2 + H_2O$　(3) 3　(4) 2

7【解き方】(2) 細胞膜で囲まれた部分のうち，核以外の部分が細胞質。

(4) イ．マツバボタンの花の色を赤花にする遺伝子を A，白花にする遺伝子を a とする。赤花の子に白花がつくられる場合，赤花は純系ではないので，遺伝子の組み合わせは Aa。遺伝子の組み合わせが Aa の赤花に，図 2 の①（AA）をかけ合わせると，子はすべて赤花になる。遺伝子の組み合わせが Aa の赤花に，②（aa）をかけ合わせると，子の遺伝子の組み合わせは，Aa と aa が 1：1 の割合ででき，赤花と白花は 1：1 の割合で生じる。遺伝子の組み合わせが Aa の赤花に，③（Aa）をかけ合わせると，子の遺伝子の組み合わせは，AA，Aa，aa が 1：2：1 の割合ででき，赤花と白花は 3：1 の割合で生じる。よって，子の白花の割合が最も大きくなるのは②をかけ合わせた場合で，子の白花の割合は，$\frac{1}{1+1} \times 100 = 50$ (%)

【答】(1) 形やはたらきが同じ細胞が集まったもの。(同意可)　(2) 5　(3) 3　(4) ア．顕性形質　イ．2

8【解き方】(1) 2・3 は，生物の遺骸や水に溶けていた成分が堆積したもの。

【答】(1) 1・4・5　(2) 地下深くでゆっくり冷えてできた。(同意可)　(3) 4　(4) あ．2　い．3

9【解き方】(4) 質量パーセント濃度は，$\frac{溶質の質量(g)}{溶液の質量(g)} \times 100$ で求められる。溶質の水酸化ナトリウムの質量は 4.0g。また，蒸留水 1000g に水酸化ナトリウム 4.0g を加えたので，溶液の質量は，1000 (g) + 4.0 (g) = 1004 (g)

【答】(1) 地質年代　(2) 変形した物体が，もとに戻ろうとして生じる力（同意可）　(3) 4　(4) あ．4　い．1004

(5) ア．1　イ．pH の大きなアルカリ性の液ほどマーカーの色を消すことができる（同意可）

国　語

1【解き方】(二) 活用のない自立語で，用言を修飾する副詞。1 は，活用のある自立語で，言い切りの形が「～だ」となる形容動詞。2 は，活用のある自立語で，言い切りの形が「～い」となる形容詞。3 は，活用のない自立語で，体言を修飾する連体詞。

(三) 予想をしていなかったことが起きた，の意味。

(四) 奈鶴は英語で話しかけられた時に「ほとんど聞き取れなくて」という状況だったが，「ジェスチャー」と「日本語」で乗り切ったことを報告した。それに対して奏先生が，「お互いに伝えたいメッセージがあって，それを伝え合ったわけでしょう」「すごいよ」と理解してくれたので，奈鶴は「うれしかった」「奏先生が想像して，一緒に感じてくれたのがわかった」と感じている。

(五) 奈鶴は「英語もドイツ語も，日本語も…変わっていく生きもの」「それにばったり出会うどきどきは…わたしの周りにもつねにあるみたい」と感じて，「ことばって，なんか，おもしろいかも」と言っている。

(六) 奈鶴はバスでの出来事を通して「奏先生はドイツで，あんなふうに…あらゆる感情に振り回されるのかもしれない」と想像し，「どうして英語を勉強するのか」という疑問に対する答えも「自分で見つけた」ことで，奏先生と「友だち同士みたい」に笑い合っていることに着目する。

(七) 物語は「わたし」の視点から描かれており，これは学校帰りのバスで「知らないひと」から英語で話しかけられたのと同じ人物である。また，「わたし」は奏先生に対して，最初は「忘れないでいてくれたらうれしいです」「英語で話しかけられたんです」と丁寧な言葉使いをしているが，話が進むにつれて「頭からぜんぶ飛んじゃった」「おもしろいかも」のように，くだけた話し方がまざるように変化している。

【答】(一) 6（画め）　(二) 4　(三) 3

(四) あきらめずに工夫しながら，互いに伝えたいメッセージを伝え合うことができ，うれしく思う（42 字）（同意可）

(五) ころころ転～わっていく　(六) 1　(七) 2

2【解き方】(一) 五段活用は，「ない」をつけると，直前の音が「ア段」の音になる。a と b は，「ない」をつけると，直前の音が「イ段」の音になる上一段活用。d は，「ない」をつけると，直前の音が「エ段」の音になる下一段活用。

㈡ 多くの種類や様相があること，の意味。

㈢ ラーメンを例にして，まず「詳しい知識がある人は，この店のラーメンが他の店のラーメンとどう違うか理解することができる」とし，さらに「それに気づくときには，そのラーメンが他とどう違うか…という対象の価値が楽しめ，さらに，それに気づけたという経験の価値も楽しめるだろう」と説明していることに着目する。

㈣ 最初に述べた「ラーメンについて詳しい知識がある人は…どう違うか理解することができる」ということを前提として，その知識が少ない場合であっても，「自分が食べているラーメンが他のラーメンと比べて何が良いかわからなくても…自分の経験をポジティヴに評価することができる」と述べている。さらに「芸術鑑賞」に関しても，「知識が少なくても…ゾクゾクしている自分を楽しむことができる」と述べている。これより，「自分の経験の価値」というのが，「満足感を与えられている」「心を揺さぶられている」という状態であることをおさえ，「できる」ことをまとめる。

㈤「個人的な楽しみ」「好み」の具体例として，「多くの人が『まずい』という食べ物や『ひどい』という作品を，自分は『おいしい』『素晴らしい』と思っている場面」を挙げて，「客観的には良くないもの」でも「自分にとって良いもの」として楽しめることだと説明している。「私が最も素晴らしい」と思ったダンスが，「審査の結果，最下位」という状況はこれに相当する。

㈥ この段落の前で，「知識が少ない段階」であっても楽しめる「経験の価値」があることについて説明したうえで，この段落では，「こうした経験の価値は，知識を増やすうえで重要だ」「似たようなものを何度も経験し，そのうち知識が増えていく…それが楽しみを増やすことにもなるのだ」というように，「知識」が「経験の価値」と「対象の価値」をつなぐことを述べている。

【答】 ㈠ c　㈡ 3　㈢ 1

㈣ 対象によって満足感や感動を与えられている自分の状態を楽しむことはできる（35 字）（同意可）　㈤ 4

㈥ 2

3 **【解き方】** ㈠ 語頭以外の「は・ひ・ふ・へ・ほ」は「わ・い・う・え・お」にする。

㈡「主上，維時を召して花の目録を書かしめて」に続いているので，「主上」がご覧になったのは「維時」を呼んで書くように命じた「花の目録」である。

㈢ Ⅰ.「これを嘲ふ」という反応を得ているので，その前にある「納言」の行動をおさえる。Ⅱ. 維時中納言が最初に「花の名」を「多く仮名をもつて」清書し，そのことについて周囲の人々が「嘲ふ」という反応をした時，維時中納言は「もし実字に書かば，誰人かこれを読まむや」と言っている。また後日，維時中納言が「主上」から「漢字を用ゐるべき」と言われてそれに従った結果，「人一草の字をも知らず」「競ひ来たりてこれを問ふ」という結果になっている。

【答】 ㈠ おおせ　㈡ 3

㈢ Ⅰ. 多く仮名をもつてこれを書く　Ⅱ. 草花の名前を漢字で書くと，人々が読めないだろうと予想していた（30 字）（同意可）

◀口語訳▶ 維時中納言が，初めて蔵人に任命された当時，醍醐天皇が前庭に草花を植えさせるために，花の名前を下書きなさった。維時中納言が，多くの仮名を用いてこれを清書した時，（人々は）これをからかった。維時中納言は，これを聞いて，「もし漢字で書いたなら，誰がこれを読めるだろうか」と言った。後日，醍醐天皇は，維時中納言をお呼びになって，前庭に植えた草花の名前の一覧を書かせて，これをご覧になって，漢字を用いるようにおっしゃった。維時中納言がすぐにこれを書いて差し上げた時，人々はどの草花の漢字も知らなかった。（人々は維時中納言のところへ）競い合うように来てこの字を尋ねた。維時中納言が言ったことには，「このようなことが理由で，先日は仮名を用いたのです。どうしてからかいなさったのか」ということだった。

4 **【解き方】** ㈠ データ 1 は「クラスへの事前アンケート結果」である一方，データ 2 は「幼稚園の先生への事前アンケート結果」である点に着目する。

(二) Cさんの「他のクラスとは異なる活動にしたい」という発言を受けて，Aさんが「かるたづくり」を提案している。その提案に対しBさんは「『かるたづくり』なら，交流活動後に，作ったかるたで園児が遊んだり，大判用紙に貼って飾ったりすることもできる」という理由を述べながら賛成している。このやりとりを，司会者が「つまり…ということですね」とまとめた部分であることをおさえる。

(三) 最初にAさんがデータ1を踏まえて「おにごっこ」を提案した時，Bさんはそれが「確かに最も多い」意見であると前置きしたうえで，「でも，データ2も確認する必要があります」「他の活動を検討した方がよいのではないでしょうか」とAさんが気づいていない問題点を挙げている。また，その後でCさんが「音楽活動」を「園児が好きな活動」だとして提案した時には，Bさんは「確かにそうですね」と言いつつも，「普段行っていない活動にしてみてはどうでしょう」と促している。

【答】 (一) 幼稚園の先生の意見を反映させる（15字）（同意可）

(二) 他のクラスが行っていない創作活動であるうえに，交流活動の記念になるものを残せる（39字）（同意可）

(三) 4

5 **【解き方】** (二) ア．四句で構成され，それぞれの句が五字で書かれている詩。イ．一字戻って読む場合には「レ点」を，二字以上戻って読む場合には「一・二点」を用いる。ウ．最初の行で「君を送るために高台に登る」と，筆者の状況が説明されている。そのうえで，後半は「夕暮れに飛ぶ鳥は帰るのに」「君は歩みを止めずに去っていく」と，帰ってくる鳥と去っていく「君」を対比させる形で，寂しい気持ちを強調している点に着目する。

相送臨$_{二}$高台$_{一}$

【答】 (一) 1．おごそ(か)　2．かんきゅう　3．陽光　4．愛護　5．承(る)

(二) ア．1　イ．(右図)　ウ．4

6 **【答】**（例）

私は，冒険という言葉がふさわしいと考えます。冒険には，未知の世界に飛びこみ，新たなものにふれる楽しさがあります。それと学ぶことの，新たな知識や考え方に出会う楽しさが似ていると思ったからです。

例えば，国語であれば，新しい言葉に出会うことによって，世界が広がります。また，その言葉に関連する疑問が新たにわいてきて，それを知るためにまた学びたくなります。

このように，私は，学ぶことは新たなものと出会い，わくわくする冒険のようだと思ったので，この言葉を入れました。(12行)

~MEMO~

~MEMO~

~MEMO~

山口県公立高等学校

2023年度
入学試験問題

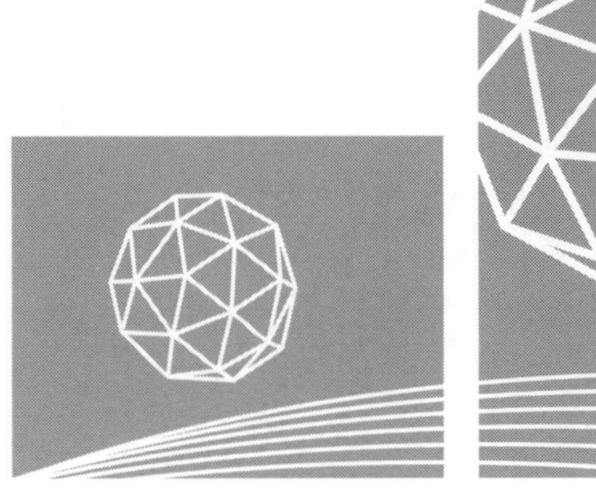

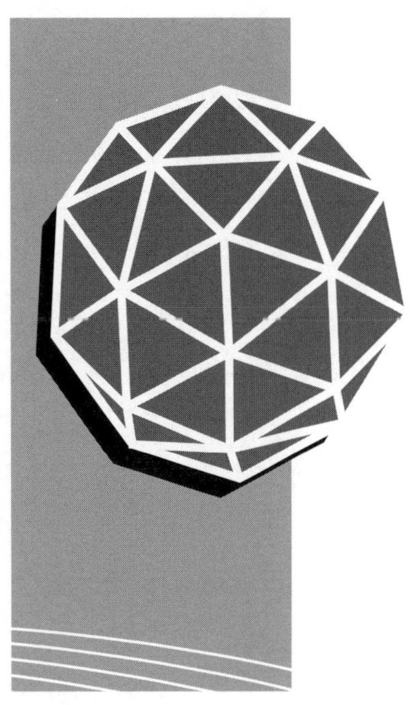

数学

時間　50分　　　　満点　50点

1　次の(1)〜(5)に答えなさい。

(1)　$(-8) \div 4$ を計算しなさい。(　　　)

(2)　$\frac{5}{2} + \left(-\frac{7}{3}\right)$ を計算しなさい。(　　　)

(3)　$4(8x-7)$ を計算しなさい。(　　　)

(4)　$a=-2$，$b=9$ のとき，$3a+b$ の値を求めなさい。(　　　)

(5)　$(\sqrt{6}-1)(\sqrt{6}+5)$ を計算しなさい。(　　　)

2　次の(1)〜(4)に答えなさい。

(1)　二次方程式 $(x-2)^2-4=0$ を解きなさい。(　　　)

(2)　右の図の円Oで，$\angle x$ の大きさを求めなさい。(　　　)

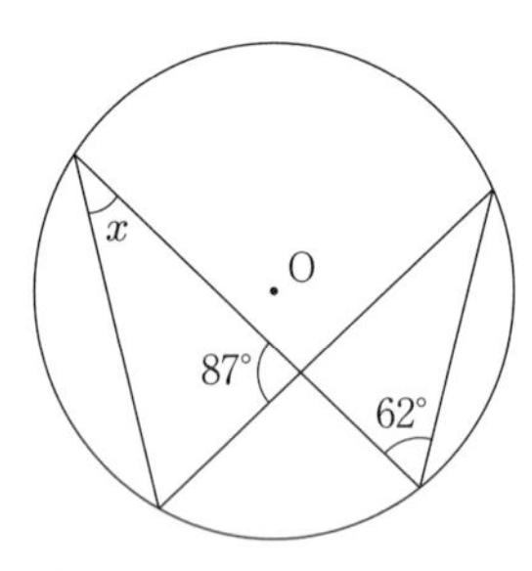

(3)　関数 $y=-2x^2$ について，次の ア ， イ にあてはまる数を求めなさい。

ア(　　　)　イ(　　　)

x の変域が $-2 \leqq x \leqq 1$ のとき，y の変域は ア $\leqq y \leqq$ イ となる。

(4)　右の表は，ある中学校のウェブページについて，1日の閲覧数を30日間記録し，度数分布表にまとめたものである。

この度数分布表から1日の閲覧数の最頻値を答えなさい。(　　　回)

閲覧数（回）	度数（日）
以上　未満	
0 〜 20	1
20 〜 40	6
40 〜 60	9
60 〜 80	10
80 〜 100	3
100 〜 120	0
120 〜 140	1
計	30

3　数と式に関連して，次の(1)，(2)に答えなさい。

(1)「1個あたりのエネルギーが20kcalのスナック菓子a個と，1個あたりのエネルギーが51kcalのチョコレート菓子b個のエネルギーの総和は180kcalより小さい」という数量の関係を，不等式で表しなさい。(　　　)

(2) チョコレートにはカカオが含まれている。チョコレート全体の重さに対するカカオの重さの割合をカカオ含有率とし，次の式で表す。

$$\text{カカオ含有率}(\%) = \frac{\text{カカオの重さ}}{\text{チョコレート全体の重さ}} \times 100$$

カカオ含有率30％のチョコレートと，カカオ含有率70％のチョコレートを混ぜて，カカオ含有率40％のチョコレートを200g作る。

このとき，カカオ含有率30％のチョコレートの重さをxg，カカオ含有率70％のチョコレートの重さをygとして連立方程式をつくり，カカオ含有率30％のチョコレートの重さと，カカオ含有率70％のチョコレートの重さをそれぞれ求めなさい。

式(　　　　)

カカオ含有率30％のチョコレートの重さ(　　　g)

カカオ含有率70％のチョコレートの重さ(　　　g)

4　図形の計量について，次の(1)，(2)に答えなさい。

(1)　図のように，半径6 cmで中心角60°であるおうぎ形をA，半径6 cmで弧の長さが6 cmであるおうぎ形をB，一辺の長さが6 cmの正三角形をCとする。

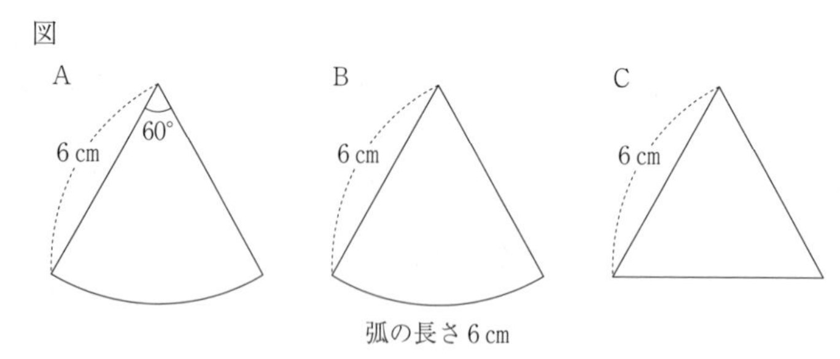

A，B，Cの面積について，次の［a］，［b］にあてはまる語句の組み合わせとして正しいものを，下のア～エから1つ選び，記号で答えなさい。(　　　)

・Aの面積よりもBの面積の方が［a］。

・Aの面積よりもCの面積の方が［b］。

ア	a：大きい	b：大きい	イ	a：大きい	b：小さい
ウ	a：小さい	b：大きい	エ	a：小さい	b：小さい

(2)　ある店では，1個400円のMサイズのカステラと1個1600円のLサイズのカステラを販売している。この店で販売しているカステラを直方体とみなしたとき，Lサイズのカステラは，Mサイズのカステラの縦の長さ，横の長さ，高さをすべて$\frac{5}{3}$倍したものになっている。

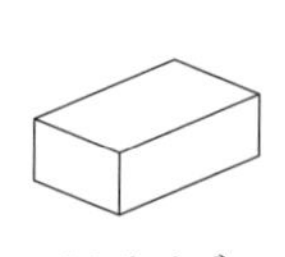
Mサイズ
400円

Lサイズ
1600円

1600円でMサイズのカステラを4個買うのと，1600円でLサイズのカステラを1個買うのとでは，どちらが割安といえるか。説明しなさい。

ただし，同じ金額で買えるカステラの体積が大きい方が割安であるとする。

(　　　　　　　　　　　　)

5 Tさんが通う中学校では，毎年10月に各生徒の1週間の総運動時間(授業等を除く)を調査している。図は，その調査のうち，Tさんが所属する学年の生徒50人について，令和2年，令和3年，令和4年の各データを箱ひげ図に表したものである。

図

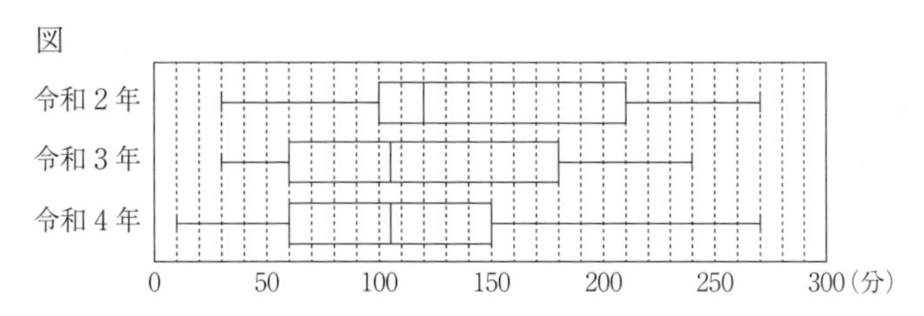

次の(1)，(2)に答えなさい。

(1) 図から読み取れることとして正しいものを，次のア～エから1つ選び，記号で答えなさい。

( )

ア すべての年で，1週間の総運動時間の最小値は30分となっている。

イ 1週間の総運動時間の四分位範囲は年々小さくなっている。

ウ すべての年で，1週間の総運動時間が100分以上の人は25人以上いる。

エ 令和4年の1週間の総運動時間が150分以上の人数は，令和2年の1週間の総運動時間が210分以上の人数の2倍である。

(2) Tさんは，図を見て，運動時間を増やしたいと考え，週に1回運動をする企画を立てた。そこで，種目を決めるためにアンケートを行い，その結果から人気のあった5種目をあげると，表のようになった。ただし，表の●は球技を表すものとする。

表の5種目の中から2種目を選ぶため，①，②，③，④，⑤の番号が1つずつかかれた5枚のくじを用意し，次の選び方Aと選び方Bを考えた。

表

場所	種目	球技
グラウンド	①サッカー	●
	②ソフトボール	●
	③長縄跳び	
体育館	④ドッジボール	●
	⑤ダンス	

選び方A

・1つの箱を用意し，5枚のくじを入れる。

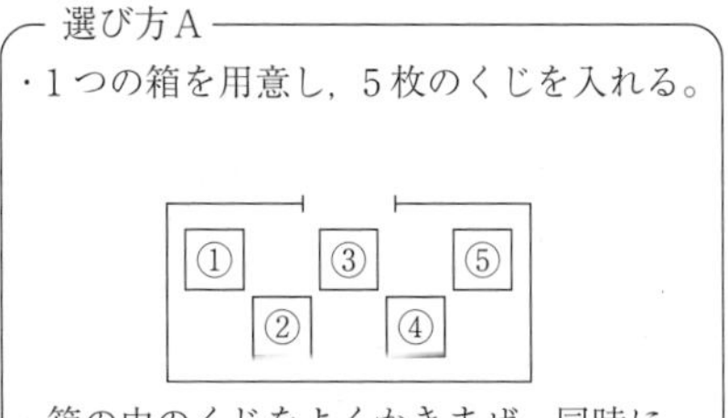

・箱の中のくじをよくかきまぜ，同時に2枚のくじを引く。

選び方B

・2つの箱を用意し，くじをグラウンドの種目と体育館の種目に分け，それぞれの箱に入れる。

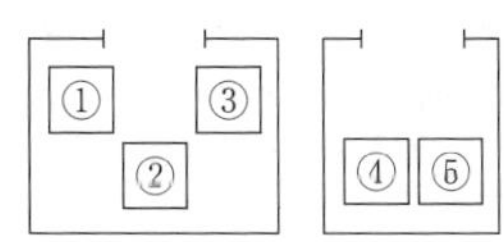

・箱の中のくじをよくかきまぜ，それぞれの箱から1枚ずつくじを引く。

選んだくじが2枚とも球技である確率は，選び方Aと選び方Bではどちらが高いか。それぞれの選び方での確率を求めるまでの過程を明らかにして説明しなさい。

( )

6　Tさんは道路を走る車のナンバープレートを見て，自然数について考えた。次の⑴，⑵に答えなさい。

⑴　Tさんは図1のようなナンバープレートを見て，「2けたの数71から2けたの数17をひいた式」と読み，「$71 - 17 = 54$」になると考えた。また，17が71の十の位の数と一の位の数を入れかえた数であることに気づき，次のような問題をつくった。

図1

問題

> 2けたの自然数には，その数から，その数の十の位の数と一の位の数を入れかえた数をひくと54となるものがいくつかある。このような2けたの自然数のうち，最大の自然数を答えなさい。

問題の答えとなる自然数を求めなさい。(　　　)

⑵　後日，Tさんは図2のようなナンバープレートを見て，連続する4つの偶数について，次のように考えた。

図2

> 連続する4つの偶数のうち，小さい方から3番目と4番目の偶数の積から1番目と2番目の偶数の積をひく。例えば，連続する4つの偶数が，
> 2，4，6，8のとき，$6 \times 8 - 2 \times 4 = 48 - 8 = 40 = 8 \times 5$，
> 4，6，8，10のとき，$8 \times 10 - 4 \times 6 = 80 - 24 = 56 = 8 \times 7$，
> 6，8，10，12のとき，$10 \times 12 - 6 \times 8 = 120 - 48 = 72 = 8 \times 9$となる。

Tさんはこの結果から，次のように予想した。

予想

> 連続する4つの偶数のうち，小さい方から3番目と4番目の偶数の積から1番目と2番目の偶数の積をひいた数は，8の倍数である。

Tさんは，この予想がいつでも成り立つことを次のように説明した。下の[　　　]に式や言葉を適切に補い，Tさんの説明を完成させなさい。

説明

> nを自然数とすると，連続する4つの偶数は$2n$，$2n + 2$，$2n + 4$，$2n + 6$と表される。これらの偶数のうち，小さい方から3番目と4番目の偶数の積から1番目と2番目の偶数の積をひいた数は，

$(2n + 4)(2n + 6) - 2n(2n + 2) =$

したがって，連続する4つの偶数のうち，小さい方から3番目と4番目の偶数の積から1番目と2番目の偶数の積をひいた数は，8の倍数である。

7 直角二等辺三角形について，次の(1)，(2)に答えなさい。

(1) 図1のように，AC = BCの直角二等辺三角形ABCがあり，辺BCのCの方に延長した半直線BCをひく。AC = 2としたとき，半直線BC上にあり，BP = $1 + \sqrt{5}$ となる点Pを定規とコンパスを使って作図しなさい。ただし，作図に用いた線は消さないこと。

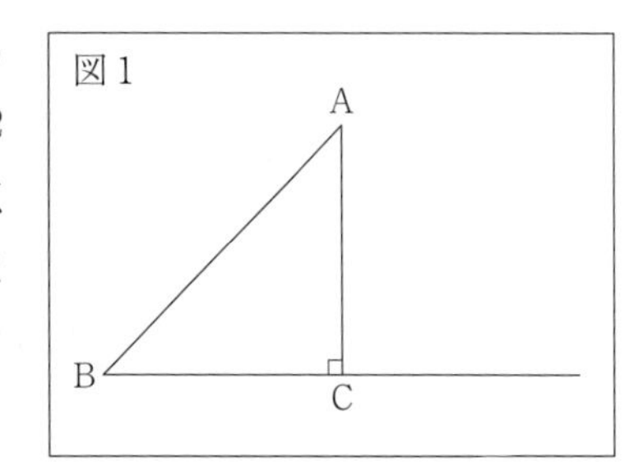

(2) 図2のように，AC = BCの直角二等辺三角形ABCがあり，辺ACの延長上に，線分CDの長さが辺ACの長さより短くなる点Dをとる。また，点Aから線分BDに垂線AEをひき，線分AEと辺BCの交点をFとする。このとき，AF = BDを証明しなさい。

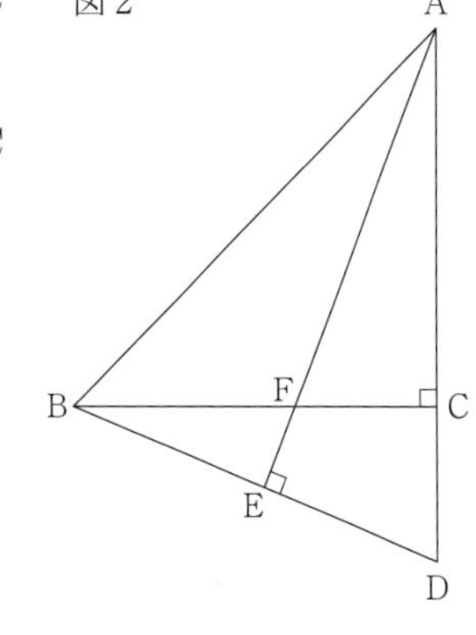

8　関数のグラフについて，次の(1)，(2)に答えなさい。

(1)　図1において，直線 ℓ は，$a<0$ である関数 $y=ax-1$ のグラフである。直線 ℓ と同じ座標軸を使って，関数 $y=bx-1$ のグラフである直線 m をかく。$a<b$ のとき，図1に直線 m をかき加えた図として適切なものを，下のア〜エから1つ選び，記号で答えなさい。(　　　)

図1

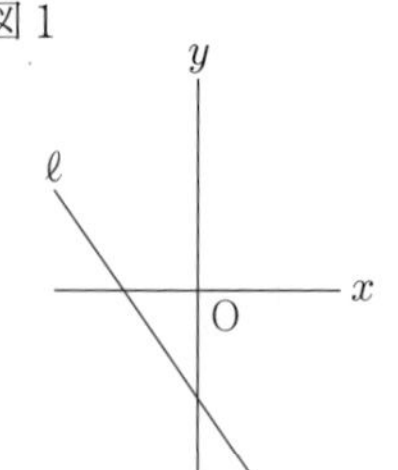

ア

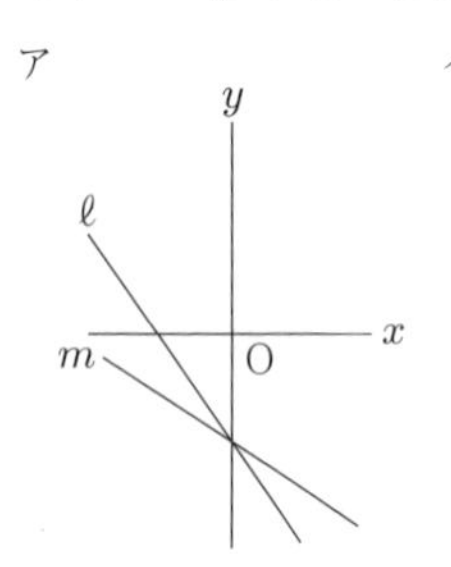

イ

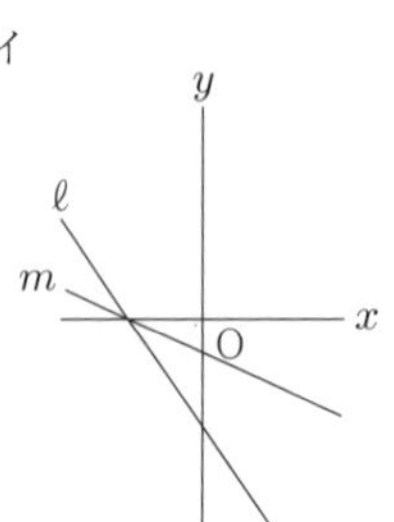

ウ

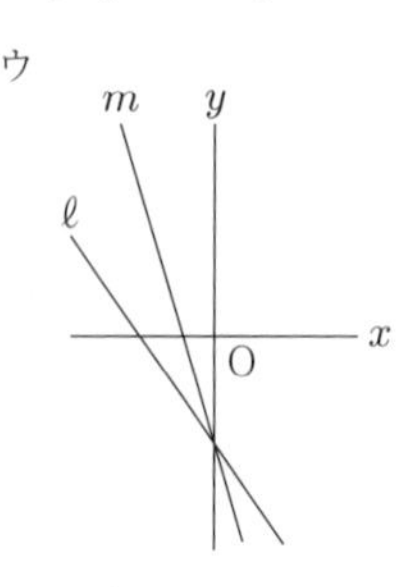

エ

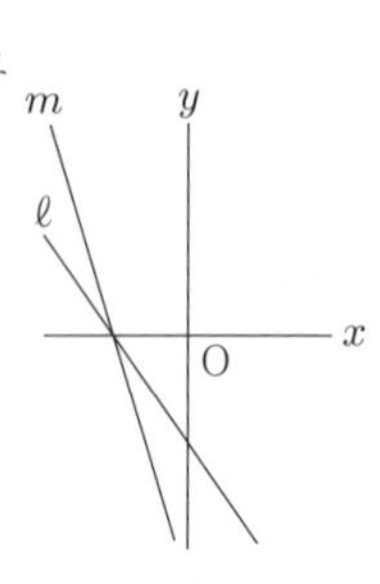

(2)　図2のように，関数 $y=x^2$ のグラフ上に2点A，Bがあり，それぞれの x 座標が -3，1である。また，四角形ACBDは，線分ABを対角線とし，辺ADと x 軸が平行であり，辺ACと y 軸が平行である長方形である。このとき，長方形ACBDの面積を2等分し，傾きが $\frac{1}{2}$ である直線の式を求めなさい。(　　　)

図2

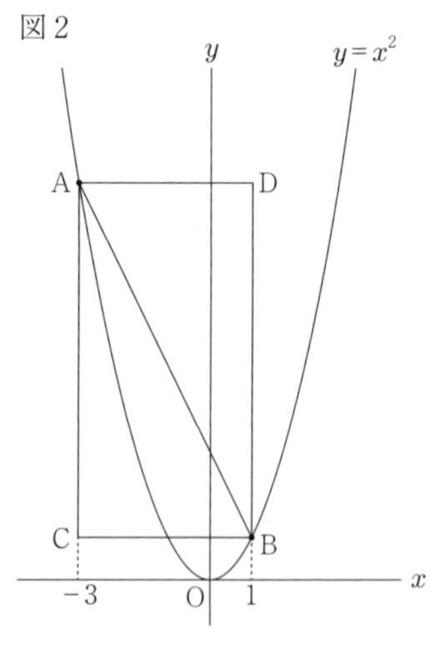

9 Tさんの住んでいる町に公園がある。

次の(1), (2)に答えなさい。

(1) Tさんが自宅から公園まで，毎時4kmの速さで歩くと，到着するまでにかかった時間は30分であった。Tさんが自宅から公園まで同じ道を，自転車に乗って毎時$a$kmの速さで移動するとき，到着するまでにかかる時間は何分か。aを使った式で表しなさい。ただし，Tさんが歩く速さと，自転車に乗って移動する速さはそれぞれ一定であるとする。(　　　分)

(2) この公園の地面は平らで，図1のような四角形ABCDの形をしている。四角形ABCDは，AD = CD, AB = 10m, BC = 20m, ∠ABC = 90°であり，面積は$\frac{800}{3}$m^{2}である。

図1
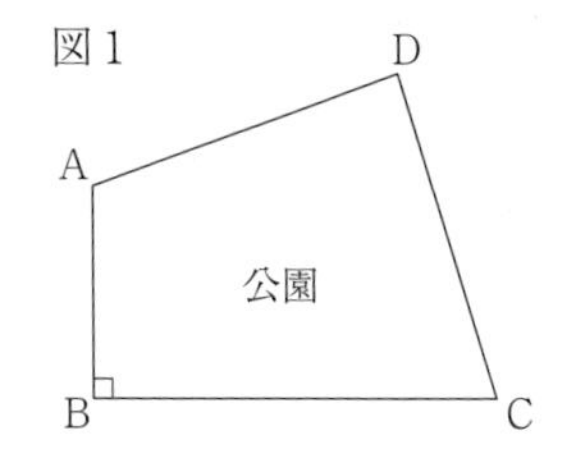

この公園に街灯が設置されていなかったので，Tさんは街灯を設置したいと思い，次のように仮定して考えることにした。

仮定

・図2のように，街灯は四角形ABCDの対角線ACの中点Mに1本だけ設置し，公園の地面全体を照らすようにする。

図2
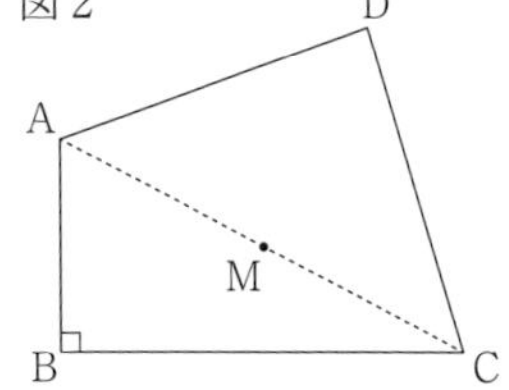

・街灯は地面に対して垂直に立て，街灯の先端に光源があるものとする。
・街灯の高さは光源から地面までの距離とし，自由に変えられるものとする。
・街灯が照らすことのできる地面の範囲は，街灯の根元をOとしたとき，Oを中心とする円の周上及び内部とし，その円の半径は街灯の高さに比例することとする。
・図3のように，街灯の高さが2mのとき，Oを中心とする半径10mの円の周上及び内部を照らすことができるものとする。

図3
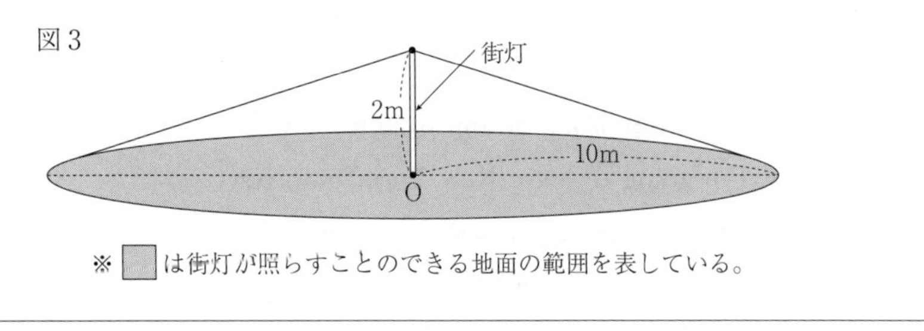

※ ▢ は街灯が照らすことのできる地面の範囲を表している。

この仮定に基づいて，街灯を設置するとき，その高さは最低何m必要か。求めなさい。

(　　　m)

英語

時間　50分　　　　満点　50点

（編集部注）放送問題の放送原稿は英語の末尾に掲載しています。
音声の再生についてはもくじをご覧ください。

1　放送によるリスニングテスト

テスト1　4つの対話を聞いて，対話の内容に関するそれぞれの問いの答えとして最も適切なものを，1～4から1つずつ選び，記号で答えなさい。

No.1（　　）　No.2（　　）　No.3（　　）　No.4（　　）

No.1　1　Today.　2　Tomorrow.　3　This Sunday.　4　Next Saturday.

No.2　1　To get some vegetables and pizza.
2　To buy two tomatoes and an onion.
3　To make pizza with tomatoes.
4　To finish his homework.

No.3　1　Yuko.　2　Yuko's brother.　3　Yuko's sister.　4　Mr. Smith.

No.4　1　Because the restaurant isn't open.
2　Because it's too early to have lunch.
3　Because there are a lot of people in the restaurant.
4　Because Lucy doesn't know where the restaurant is.

テスト2　4つの対話を聞いて，それぞれの対話に続く受け答えとして最も適切なものを，1～4から1つずつ選び，記号で答えなさい。

No.1（　　）　No.2（　　）　No.3（　　）　No.4（　　）

No.1　1　Yes, I can.　2　Thank you, please.　3　Well, I like your desk.
4　Sure, here you are.

No.2　1　Yes, I will watch his drama tonight.
2　Yes, I'm going to leave New York tomorrow.
3　Yes, I hope your dream will come true.
4　Yes, I want to be popular around the world someday.

No.3　1　He likes this picture better than that one.
2　He will study drawing pictures for a year.
3　He is the boy wearing a yellow T-shirt beside me.
4　He really enjoyed taking pictures in Italy.

No.4　1　I'm sorry, but I don't like baseball games.
2　You're right. We should go there by bus.
3　OK. We can go there by my mother's car.
4　I see. Your idea sounds better than mine.

テスト３　次の【ワークシート】は，Mizukiが，英語の授業でクラスメイトのShotaとディスカッションをするために書いたものである。

今から，２人のディスカッションを聞いて，その内容に合うように，下線部(A)，(B)，(C)に，それぞれ対話の中で用いられた英語１語を書きなさい。

また，あなたがMizukiならば，Shotaの最後の質問に対して何と答えるか。下線部(D)に４語以上の英語で書きなさい。

(A)(　　　　)　(B)(　　　　)　(C)(　　　　)

(D) I (　　　　　　　　　　　　　　　　　　　　　　　　　　　　　　　).

【ワークシート】

Let's Talk!

If some foreign students come to our school, what can we do for them?

〈My Idea〉

★ Make an English ＿(A)＿

① ＿(B)＿ them our favorite places
　→ shops
　　restaurants...

② Put some photos on it

→ It can be a good ＿(C)＿ when we talk with them.

【Shotaの最後の質問に対する答え】

I ＿(D)＿.

[2] 次は，ニュージーランド（New Zealand）で留学を始める *Kenji* と，留学先の学校の *Lee* 先生との対話の一部である。これを読んで，下の(1)，(2)に答えなさい。

Ms. Lee:　Hello, Kenji. Welcome to our school! You arrived ＿(A)＿ the airport this morning, right? How are you?

Kenji:　I'm fine. But it's really hot here.

Ms. Lee:　Oh, I know what you mean. It's winter in Japan now, right?

Kenji:　Yes. Last week, I enjoyed skiing with my friends.

Ms. Lee:　Really? I love skiing. I wish I (B) (be) in Japan now.

Kenji:　＿(C)＿, I saw a lot of unique street names on the way here.

Ms. Lee:　Oh, they come from the ＿(D)＿ that Maori people speak. Maori people are indigenous to our country. We respect their culture.

Kenji:　I see. Now I want to know more about New Zealand!

（注） skiing　スキー　　Maori　マオリ（ニュージーランドの先住民）の
indigenous to ～　～に先住している

(1) 下線部(A)，(C)，(D)に入る最も適切なものを，それぞれ1～4から1つずつ選び，記号で答えなさい。(A)(　　　) (C)(　　　) (D)(　　　)

(A)　1　at　　2　for　　3　of　　4　to

(C)　1　Every year　　2　As a result　　3　By the way　　4　For example

(D)　1　art　　2　language　　3　school　　4　nature

(2) 下線部(B)の（　）の中の語を，適切な形にして書きなさい。(　　　)

③　*Yuki* は，英語の授業で，【発表スライド】を作成しながら，留学生の *Ann* と話をしている。次は，そのときの *Yuki* と *Ann* の対話の一部である。対話文と【発表スライド】を読んで，あとの(1)～(3)に答えなさい。

Yuki:　In my presentation, I'm going to introduce my favorite food, *kamaboko*. I've made two slides about its history and recipe, but I need one more.

Ann:　I can see three pictures on the first slide. Are they all *kamaboko*? The (s　　) are not the same. This one is on a wooden board, and another one is like crab meat.

Yuki:　They look different, but they are all *kamaboko*. In fact, there are many kinds of local *kamaboko* all over Japan now. I've eaten famous local *kamaboko* before. It was like a bamboo leaf.

Ann:　Really? That's interesting. Then, how about introducing local *kamaboko* in the presentation?

Yuki:　Oh, that's a good idea! I'll make one more slide and introduce some examples.

【発表スライド】

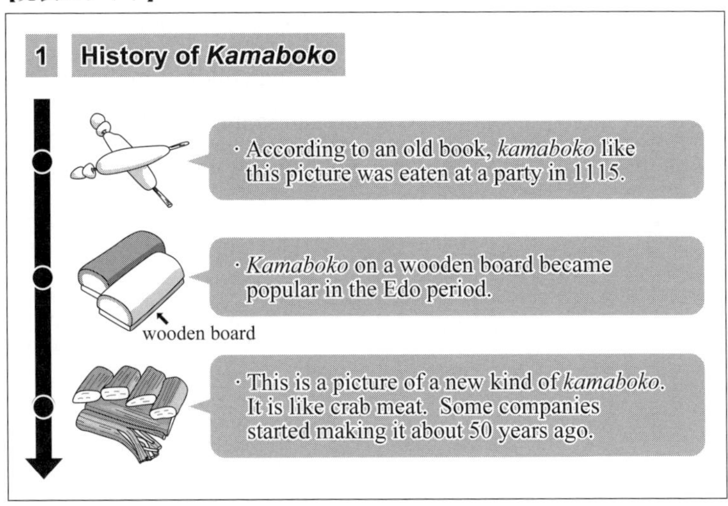

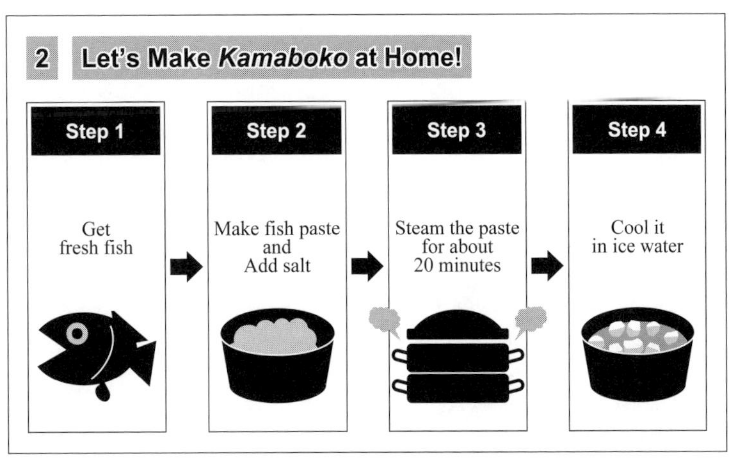

(注)　slide(s)　スライド　　recipe　レシピ　　wooden board　木の板　　crab meat　かにの身

bamboo leaf　笹（ささ）の葉　　party　宴会　　Edo period　江戸時代　　paste　すり身

steam ～　～を蒸す　　cool ～　～を冷やす　　ice water　氷水

(1) 対話文中の下線部に入る適切な英語1語を書きなさい。ただし，(　　)内に与えられた文字で書き始めなさい。(　　　)

(2) 対話の内容に合うように，*Yuki* が *Ann* の提案を受けて作るスライドの見出しとして最も適切なものを，次の1～4から選び，記号で答えなさい。(　　　)

1　A Variety of Local *Kamaboko*

2　*Kamaboko* and Our Health

3　The History of *Kamaboko* Companies

4　How to Make *Kamaboko*

(3) 【発表スライド】から読み取れる内容と一致するものを，次の1～6から2つ選び，記号で答えなさい。(　　　)(　　　)

1　At the party in 1115, *kamaboko* which was like crab meat was eaten.

2　An old book says *kamaboko* came from a foreign country in 1165.

3　A new kind of *kamaboko* was invented about 50 years ago.

4　*Kamaboko* on a wooden board is popular among children in Japan.

5　People need salt in the second step of making *kamaboko* at home.

6　When people make *kamaboko* at home, only twenty minutes are necessary.

④ 次は，Satsukiが英語の授業で発表する際に用いた【グラフ】(graph) と【原稿】である。これらを読んで，次の(1)～(3)に答えなさい。

【グラフ】

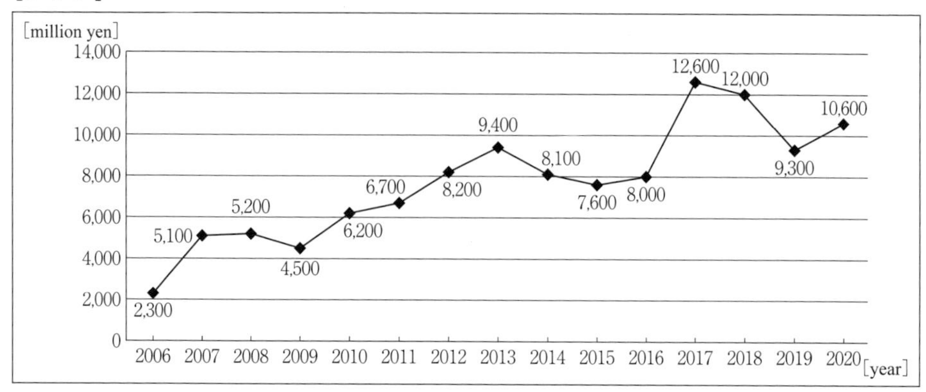

(財務省資料により作成)

【原稿】

Today, I'd like to tell you about bonsai. Do you know it's popular around the world now? The word "bonsai" is in English dictionaries. I was surprised to learn about that.

Look at the graph. You can see the export value of bonsai including garden trees from 2006 to 2020. In 2006, the export value was 2,300 million yen. Then, according to the graph, the export value ＿(A)＿. What happened then? I think one reason is a big international bonsai event held in Japan in 2017.

From the graph, we can see Japanese bonsai is becoming more popular in the world. However, now, foreign people don't just enjoy ＿(B)＿ bonsai. They also enjoy their new original bonsai. Some people make bonsai by using tropical trees! We can say that they are creating a new bonsai culture from the traditional one. In the future, not only traditional bonsai but also new original bonsai will be loved by more people all over the world.

(注) bonsai 盆栽　dictionaries 辞書　export value 輸出額
including ～ ～を含めた　garden trees 庭木
international 国際的な　tropical 熱帯の

(1) 【原稿】の文脈に合うように，下線部(A)に入る最も適切なものを，次の1～4から選び，記号で答えなさい。(　　　)

1 became 4,500 million yen in 2009
2 stopped increasing in 2016
3 increased greatly especially from 2016 to 2017
4 became more than 12,000 million yen in 2017 again

(2) 下線部(B)に入る最も適切なものを，次の1～4から選び，記号で答えなさい。(　　　)

1　another original　　2　their unique　　3　other new　　4　traditional Japanese

(3)　Satsuki の発表全体のテーマとして，最も適切なものを，次の 1～4 から選び，記号で答えなさい。(　　　)

1　It is interesting that we can find the word "bonsai" in foreign dictionaries.

2　Bonsai is developed around the world and will become more popular.

3　Keeping traditional Japanese culture is difficult but it's important.

4　Japan should sell traditional bonsai to the foreign countries more.

5 次の英文を読んで，あとの(1)～(3)に答えなさい。

Last summer, Masaru did a homestay in London, the U.K. He stayed with a family with a boy called David. Both Masaru and David were train fans, so they soon became good friends. [ア]

One day, David's mother came home with a happy face. "Look, boys." She had something in her hand. David and Masaru soon understood that they were train tickets. [イ] David asked, "Can we travel by train?" She answered, "Yes! Let's go to York by train this weekend!" David continued, "York has a railway museum. You bought me a book about the museum last year. I've wanted to go there for a long time!" The mother said, "Of course, we can visit the museum!" The two boys became very excited and said, "Thank you! We can't wait!"

On Saturday, they took a train from London to York. On the train, the boys enjoyed seeing cities, mountains and rivers through the windows. Two hours later, they finally got to York and went into the museum just beside the station. The museum was very large, and they were surprised to know that there were about three hundred trains there. Many of them were very old, and they learned many things about the British railway. Surprisingly, they found a Japanese *Shinkansen*, too. They walked around the museum for almost two hours. [ウ]

At three, they returned to the station to go home. Then, David suddenly became very excited and said, "Wow, look at that red train!" Masaru asked him, "What's that?" David answered, "It's a train made by a Japanese company. The company designed it with Japanese technology, and it can run very fast. It's so cool!" He continued, "We are very lucky because we can't see it often. We should take it now!" His mother and Masaru agreed, and they got on the train. [エ] Masaru learned a lot more about the train from David. Masaru spoke to himself, "The Japanese railway was built 150 years ago with the help of British technology, and now Japanese technology is used to develop the British railway." The strong bond between Japan and the U.K. made him happy.

After his homestay in the U.K., he started to study harder. Now he has a dream of becoming an engineer. He wants to work for a project of the British railway in the future. Japan is now designing a new train that can run the fastest in Europe for the U.K.

(注) homestay ホームステイ　York ヨーク（イギリスの都市名）　railway 鉄道
British イギリスの　design ～ ～を設計する　technology 技術
got on ～ ～に乗り込んだ　bond 絆（きずな）　Europe ヨーロッパ

(1)　次の英文が入る最も適切な箇所を，本文中の ア ～ エ から選び，記号で答えなさい。

(　　)

However, the boys didn't feel tired because it was like a dream for them.

(2)　次の(a)～(c)の質問に対する答えとして，本文の内容に合う最も適切なものを，それぞれ1～4から1つずつ選び，記号で答えなさい。

(a)　What did David's mother do to make David and Masaru happy?（　　）

1　She bought them train tickets to York.

2　She gave them movie tickets for train fans.

3　She bought them a book with pictures of trains.

4　She gave them a book about a railway museum.

(b)　Which was true about the museum Masaru, David and his mother visited?（　　）

1　It took only an hour from London to the museum by train.

2　About three hundred British new trains were seen there.

3　It was the best place to learn about the history of London.

4　During the stay in the museum, they saw a Japanese train.

(c)　Why did Masaru feel happy when he was on the train from York to London?（　　）

1　Because so many Japanese *Shinkansen* were running in the U.K.

2　Because he liked the train which ran the fastest in Europe.

3　Because he learned that Japan worked together with the U.K.

4　Because the train he took was one of the oldest British trains.

(3)　次の(a)，(b)は，本文の内容についての【質問】と，それに対する【答え】である。(a)の下線部には2語の，(b)の下線部には3語の適切な英語を書き，【答え】を完成させなさい。

(a)　【質問】 What was a special point about the train that Masaru took from York to London?

【答え】 The train was ＿＿＿＿＿＿＿＿ a company with Japanese technology.

(b)　【質問】 Why does Masaru study harder now?

【答え】 To ＿＿＿＿＿＿＿＿＿＿＿＿＿＿＿＿ in the future.

6 次は，高校生の *Ayako* と，シンガポールの高校生 *Judy* が，オンラインで交流しているときの対話の一部である。あなたが *Ayako* ならば，*Judy* に何を伝えるか。対話文を読んで，□ に *Judy* に伝えることを書きなさい。ただし，下の【注意】に従って書くこと。

--- --- --- --- --- --- --- --- --- --- --- --- ---

--- --- --- --- --- --- --- --- --- --- --- --- ---

--- --- --- ---

Ayako: When will you come to Japan, Judy?

Judy: I'm going to start studying in Japan next September. Oh, I only have five months to improve my Japanese!

Ayako: How long have you been studying Japanese?

Judy: For three years. I love reading Japanese, but speaking Japanese is still difficult for me. I want to speak Japanese better. What should I do? Give me your advice.

Ayako: OK. □

Judy: That's a great idea! I'll try it. Thank you, Ayako.

（注） advice 助言

【注意】

① 対話の流れに合うように，20 語以上 30 語以内の英語で書くこと。文の数はいくつでもよい。符号（.,?! など）は，語数に含めないものとする。

② 内容のまとまりを意識して，具体的に書くこと。

③ 解答は，【記入例】に従って書くこと。

【記入例】

Hi , how are you ? I'm

a high school student now .

〈放送原稿〉

ただ今から，2023年度山口県公立高等学校学力検査，英語の放送によるリスニングテストを行います。聞きながらメモをとっても構いません。

では，問題用紙にテスト1，テスト2，テスト3までがあることを確かめなさい。また，解答用紙のそれぞれの解答欄を確かめなさい。

それでは，テスト1から始めます。テスト1の問題を読みなさい。

対話はNo.1からNo.4まで4つあり，それぞれの対話の後に問いが続きます。なお，対話と問いは2回ずつくり返します。では，始めます。

No.1　*A:*　Let's go to the zoo tomorrow. I want to see rabbits.

B:　Sounds good. But it will rain tomorrow. How about this weekend? The weather will be good.

A:　This weekend? OK. Let's go on Sunday.

Question:　When are they going to visit the zoo?　(対話と問いをくり返す。)

No.2　*A:*　Alex, can you go to the supermarket and buy some tomatoes now?

B:　OK, Mom. I've just finished my homework. How many tomatoes do you need?

A:　I need two for making pizza. Oh, I also need an onion! Please get one.

Question:　What does Mom want Alex to do now?　(対話と問いをくり返す。)

No.3　*A:*　How is your brother, Yuko? I hear he lives in Tokyo.

B:　Oh, that's my sister, Mr. Smith. My brother left our home last April and lives in Sapporo now.

A:　Really? I lived in Sapporo when I was young. I want to visit there again.

Question:　Who is the person living in Sapporo now?　(対話と問いをくり返す。)

No.4　*A:*　Mike, let's have lunch at this restaurant. It's new and popular.

B:　Sounds great, Lucy. But no one is in the restaurant. Is it open now?

A:　Oh, look! The restaurant will open at 5:00 p.m. today! Let's find another one.

Question:　Why do Mike and Lucy decide to find another restaurant?

(対話と問いをくり返す。)

次に，テスト2に移ります。テスト2の問題を読みなさい。

対話はNo.1からNo.4まで4つあり，それぞれ2回くり返します。では，始めます。

No.1　*A:*　Lisa, it's time to go to school!

B:　I'm looking for my notebook, father. I think I put it on my desk last night, but I can't find it.

A:　You only have five minutes. Can I help you?　(対話をくり返す。)

No.2　*A:*　Kenta, what will you try this year?

B:　I'll study English hard, Ms. Green. My dream is to go to New York to study drama someday.

A:　Oh, I remember that your dream is to be an actor!　(対話をくり返す。)

No.3　*A:*　Kaori, you look happy in this picture! Everyone's smiling. Are they your friends?

B:　Yes. One boy in this picture, Satoshi, will leave Japan to study in Italy next week, so we took a picture together.

A:　I see. Which one is Satoshi in the picture?　（対話をくり返す。）

No.4　*A:*　When we go to see the baseball game tomorrow, we should go to the stadium by bike.

B:　Why? We can take a bus. The stop is just in front of the stadium, right?

A:　Yes. But, actually, we need a lot of time because the streets around the stadium are always full of cars.　（対話をくり返す。）

次に，テスト３に移ります。テスト３の問題と，問題の次にある【ワークシート】を読みなさい。

今から，*Shota* と *Mizuki* の対話を２回くり返します。では，始めます。

Shota:　Do you have any idea, Mizuki?

Mizuki:　Yes. I think we can make an English map of our town and give it to the foreign students. On the map, we can show them our favorite places, such as shops and restaurants. I want to put some photos on it, too.

Shota:　Good. English information will be very helpful for them.

Mizuki:　Yes. Also, I believe the map can be a good topic when we talk with the students. Now, tell me your idea, Shota.

Shota:　OK. I think we and the foreign students should have time to know each other first. So, my idea is to have a festival at school. I have two ideas. The first one is a music festival. We can enjoy our brass band's performance and singing songs together. The second one is a sports festival. We can play sports such as volleyball and badminton. We can communicate through sports.

Mizuki:　Each festival has good points. I believe we can enjoy the festivals together.

Shota:　Thank you. But if you choose one, which festival do you like better?

くり返します。　（対話をくり返す。）

以上で，リスニングテストを終わります。次の問題に移ってください。

社会

時間　50分　　　　満点　50点

1　図Ⅰをみて，あとの(1)～(7)に答えなさい。

図Ⅰ

(注) 図Ⅰ中の○は■で示されたそれぞれの国の首都の位置を表している。

(1)　図Ⅰ中のロンドンを通る，経度0度の経線を何というか。答えなさい。(　　　)

(2)　図Ⅰ中の■で示した5か国について述べた文として正しいものを，次の1～4から一つ選び，記号で答えなさい。(　　　)

1　5か国のうち，南半球に位置する国は二つである。

2　5か国のうち，ユーラシア大陸に位置する国は二つである。

3　5か国のうち，首都の経度が西経で表示される国は三つである。

4　5か国のうち，最も早く1月1日を迎える国はアメリカ合衆国である。

(3)　アルゼンチンの首都周辺には，図Ⅱにみられるような草原が広がり，小麦の栽培や牧畜が行われている。この草原を何というか。答えなさい。(　　　)

図Ⅱ

(4)　表Ⅰは，図Ⅰ中の■で示した5か国に関するデータをまとめたものである。ナイジェリアにあてはまるものを，表Ⅰ中の1～5から一つ選び，記号で答えなさい。(　　　)

表Ⅰ (2020年)

国名	人口（千人）	1人あたりのGNI（ドル）	輸出総額（百万ドル）	輸出額1位の品目と，その額が総額に占める割合(%)
1	208,327	1,946	34,900	原油 (75.4)
2	1,396,387	1,910	275,489	機械類 (11.8)
3	25,670	54,251	245,046	鉄鉱石 (32.7)
4	335,942	64,310	1,430,254	機械類 (24.6)
5	45,036	8,138	54,884	植物性油かす (13.8)

(世界国勢図会 2022／23 により作成)

(5) 次の文は，インドに関するものである。文中の（ あ ）に入る，適切な語を答えなさい。（　　　）

インドで最も多くの人々が信仰している（ あ ）教は，インドの社会や人々の暮らしに大きな影響を与えている。図Ⅲは，（ あ ）教を信仰する人々が，沐浴という儀式を行っているようすである。

図Ⅲ

(6) アメリカ合衆国は，世界有数の農業国である。表Ⅱは，とうもろこしと小麦の生産量と輸出量について，世界全体に占める国別の割合をまとめたものである。表Ⅱ中の（ い ），（ う ）にはとうもろこしと小麦のいずれかが，【 X 】，【 Y 】には生産量と輸出量のいずれかがあてはまる。（ い ）と【 X 】にあてはまるものの組み合わせとして正しいものを，あとの1～4から一つ選び，記号で答えなさい。（　　　）

表Ⅱ (2020年)

（ い ）		（ う ）	
【 X 】の国別の割合	【 Y 】の国別の割合	【 X 】の国別の割合	【 Y 】の国別の割合
アメリカ合衆国 26.9％	アメリカ合衆国 31.0％	ロシア 18.8％	中国 17.6％
アルゼンチン 19.1％	中国 22.4％	アメリカ合衆国 13.2％	インド 14.1％
ブラジル 17.9％	ブラジル 8.9％	カナダ 13.2％	ロシア 11.3％
その他 36.1％	その他 37.7％	その他 54.8％	その他 57.0％

(世界国勢図会 2022／23 により作成)

1　い—小麦　X—生産量　　2　い—とうもろこし　X—生産量

3　い—小麦　X—輸出量　　4　い—とうもろこし　X—輸出量

(7) オーストラリアについて，図Ⅳは1966年と2021年のオーストラリアに暮らす移民の出身州の傾向を示したものである。図Ⅳから読み取れることを，「白豪主義」という語を用いて説明しなさい。

（　　　　　　　　　　　　　　　　　　　　　　　）

図Ⅳ

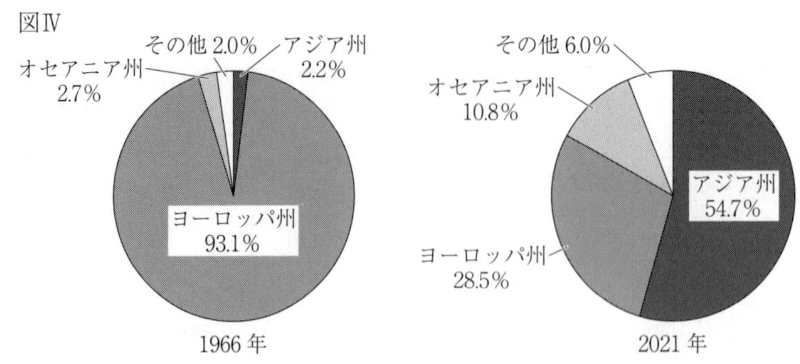

(注)　グラフは，各年のオーストラリアに暮らす移民の出身地について，多い方から順に20の国と地域を抽出して作成している。

(オーストラリア政府統計により作成)

2 次の(1)～(5)に答えなさい。

(1) 日本列島の近海には，海岸線に沿うように，深さおよそ200mまでの平たんな海底がみられる。このような海底を何というか。答えなさい。(　　　)

(2) 表Ⅰは，東京向けのじゃがいもとキャベツの出荷量上位五つの都道府県について，全国に占める各都道府県の割合をまとめたものである。表Ⅰを用いて，東京向けのキャベツの出荷量上位5県のうち，関東地方の県が全国に占める割合を，【例】にならって，右のグラフにかきなさい。ただし，数値は小数第1位を四捨五入して取り扱うこと。

表Ⅰ　(2021年)

じゃがいも		キャベツ	
都道府県名	割合	都道府県名	割合
北海道	56.2 %	群馬県	25.9 %
鹿児島県	16.2 %	愛知県	23.7 %
長崎県	15.9 %	千葉県	21.4 %
静岡県	3.7 %	神奈川県	11.1 %
茨城県	3.4 %	茨城県	8.0 %

(東京都中央卸売市場資料により作成)

【例】 東京向けのじゃがいもの出荷量上位5道県のうち，九州地方の県が全国に占める割合(%)

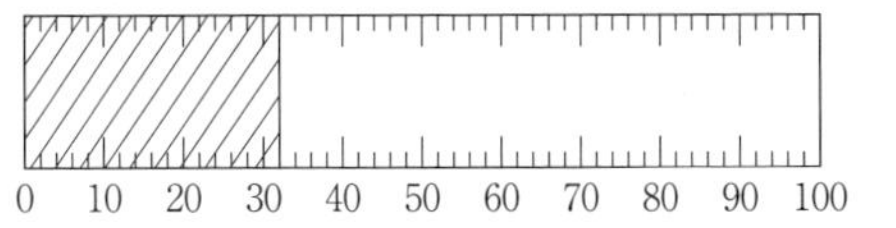

東京向けのキャベツの出荷量上位5県のうち，関東地方の県が全国に占める割合(%)

0 10 20 30 40 50 60 70 80 90 100

(3) 図Ⅰのあ，いは，情報通信業の売上高(2018年)と電子部品・デバイス・電子回路の製造品出荷額等(2019年)のいずれかについて，全国1位から15位までの都道府県を示したものである。あ，いから情報通信業の売上高(2018年)を示す図を選び，さらに，下のA～Cの指標のうち，上位を占める都道府県が情報通信業の売上高(2018年)と同じような傾向を示すものを選んだ場合，二つの組み合わせとして正しいものを，あとの1～6から一つ選び，記号で答えなさい。

(　　　)

図Ⅰ

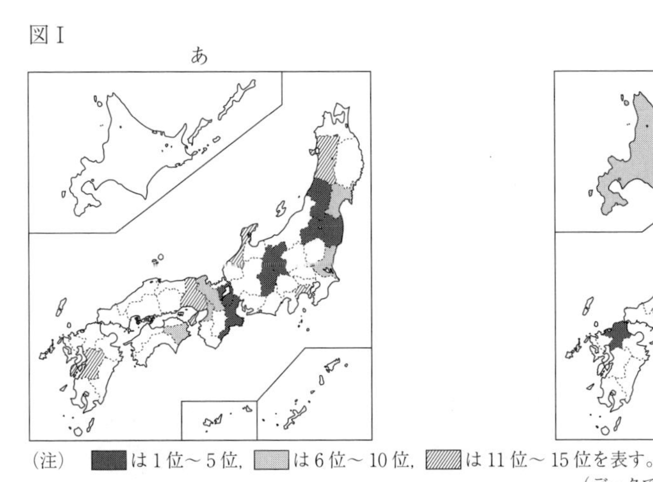

(注) ■は1位～5位，▨は6位～10位，▨は11位～15位を表す。

(データでみる県勢2022年版により作成)

A 鉄道による旅客輸送量(2019年)

B 一人あたり医療費(2018年)

C 水力発電による発電量(2020年)

	1	2	3	4	5	6
情報通信業の売上高 同じような傾向を示す指標	あ A	あ B	あ C	い A	い B	い C

(4)　図Ⅱは，日本のおもな港の貿易額を示したものであり，図Ⅱ中の（ う ），（ え ）には，東京国際空港と成田国際空港のいずれかが，D，Eには輸入額と輸出額のいずれかがあてはまる。（ う ）とEにあてはまるものの組み合わせとして正しいものを，次の1～4から一つ選び，記号で答えなさい。(　　　)

1　う―東京国際空港　　E―輸入額
2　う―東京国際空港　　E―輸出額
3　う―成田国際空港　　E―輸入額
4　う―成田国際空港　　E―輸出額

図Ⅱ
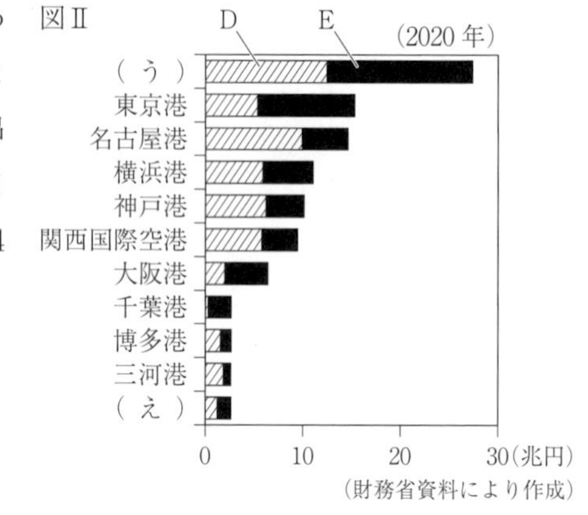

(5)　社会科の授業で都市について学習したGさんは，人口が集中する大都市での人々の暮らしに興味をもち，調べ学習を行った。これについて，次のア，イに答えなさい。

ア　Gさんは，郊外と都心部との間で移動する人が多いことを，データを示しながら発表した。次は，Gさんが使用した発表原稿の一部である。文中の［ お ］にあてはまるデータとして最も適切なものを，あとの1～4から選び，記号で答えなさい。(　　　)

大都市では，郊外と都心部との間で通勤・通学などにより移動する人が多くいます。郊外と都心部の［ お ］を調べると，郊外では通勤・通学などで流入する人よりも流出する人のほうが多く，都心部ではその逆の傾向を示すことがわかります。

1　人口密度　　2　昼間人口と夜間人口のちがい　　3　産業別人口の割合
4　65歳以上人口の割合

イ　Gさんは，東京都内を歩いているときに，図Ⅲのように地下鉄駅の入り口が階段を数段上った後に下る構造になっているものを見つけた。そこで，隅田川下流域周辺の地形図（2万5000分の1）を用いて資料Ⅰを作成し，地理院地図を用いて資料Ⅱを作成して，図Ⅲのような構造になっている理由を考察した。資料Ⅰ，資料Ⅱを参考にして，図Ⅲのような構造になっている理由を説明しなさい。

(　　　　　　　　　　　　　　　　　　　　　　　　　　　　　　　　　　　　)

図Ⅲ

「門前仲町駅」の入り口

「木場駅」の入り口

「東陽町駅」の入り口

資料Ⅰ　地下鉄「門前仲町駅」から「東陽町駅」までGさんが歩いた経路

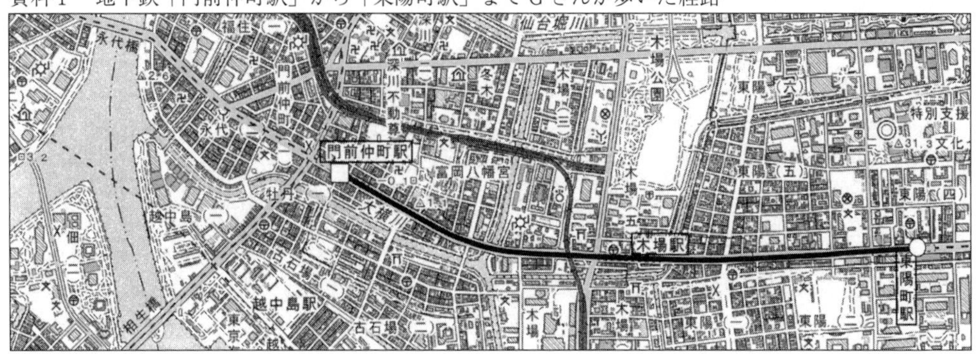

資料Ⅱ　資料Ⅰの経路に沿った断面

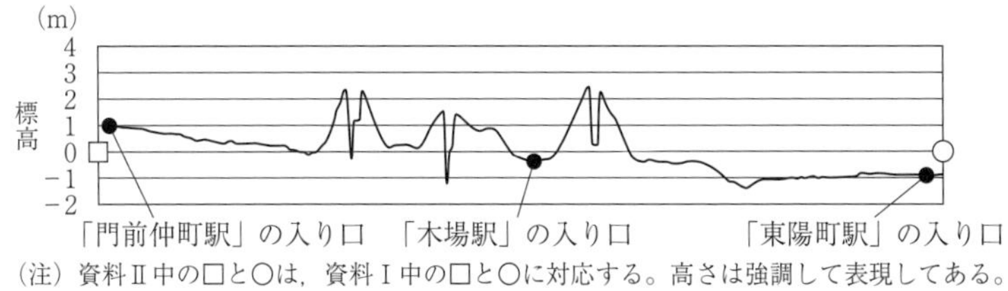

(注) 資料Ⅱ中の□と○は，資料Ⅰ中の□と○に対応する。高さは強調して表現してある。

(地理院地図により作成)

3 Hさんは，茶の歴史について調べ，次の発表原稿A～Dを作成した。これについて，あとの(1)～(4)に答えなさい。

発表原稿A

①最澄は，中国にわたり仏教の新しい教えを日本に伝えるとともに，中国から茶の種子を持ち帰り，比叡山のふもとで茶の栽培をはじめました。

発表原稿B

栄西は，②12世紀後半，中国から茶を飲む習慣を日本に伝えました。また，③鎌倉幕府3代将軍の源実朝が病気のときには，茶を献上しました。

発表原稿C

茶の湯が④大名や大商人たちの交流の場として流行しました。豊臣秀吉に仕えた［　　］は，質素なわび茶の作法を完成させました。

発表原稿D

イギリスで茶が流行すると，中国から多くの茶が輸入されました。やがて，⑤両国の間に貿易上の問題が発生し，アヘン戦争が起こりました。

(1) 発表原稿Aについて，下線部①の人物がひらいた宗派として正しいものを，次の1～4から一つ選び，記号で答えなさい。(　　　)

1 真言宗　2 浄土真宗　3 時宗　4 天台宗

(2) 発表原稿Bについて，次のア，イに答えなさい。

ア 下線部②について，12世紀後半の日本と中国との関係に関するできごととして最も適切なものを，次の1～4から選び，記号で答えなさい。(　　　)

1 足利義満は，中国から与えられた証明書を貿易船に持たせ，勘合貿易を行った。
2 菅原道真は，中国で不安定な政治が続いたため，使者の派遣の停止を訴えた。
3 平清盛は，中国との貿易の利益に目をつけ，兵庫の港を整備した。
4 小野妹子は，中国の進んだ制度や文化を取り入れるために，中国に派遣された。

イ 下線部③に関連して，資料Ⅰは鎌倉幕府の執権であった北条泰時が制定した御成敗式目の一部である。Hさんは，資料Ⅰを参考にして，御成敗式目の特徴についてまとめた。Hさんのまとめが正しいものとなるように，(あ)にあてはまる語と，［ い ］にあてはまる語句の組み合わせとして正しいものを，あとの1～4から一つ選び，記号で答えなさい。(　　　)

資料Ⅰ

有力者を知るものは得をし，そうでないものは損をするという不公平な裁判は問注所そのものが信頼を失ってしまうので禁止する。それぞれの言い分は裁判中に述べること。

Hさんのまとめ

鎌倉幕府の権力の拡大とともに，地頭の勢力もしだいに強まり，荘園領主との間で争いが起こった。特に，(あ)後は，西日本にも東日本の武士が地頭として進出したため，現地の支配権をめぐって争いが拡大した。こうした状況に対応するため，幕府は御成敗式目を制定し，[い]裁定を下すように努めた。

1　あ―承久の乱　　い―公平な
2　あ―承久の乱　　い―御家人に有利な
3　あ―壬申の乱　　い―公平な
4　あ―壬申の乱　　い―御家人に有利な

(3)　発表原稿Cについて，次のア，イに答えなさい。

ア　下線部④に関連して，戦国大名の中には，領国を治めるために独自の法を制定する者もいた。このような法を何というか。答えなさい。(　　　)

イ　[　　　]にあてはまる人物は誰か。答えなさい。(　　　)

(4)　発表原稿Dについて，次のア，イに答えなさい。

ア　下線部⑤に関連して，Hさんは，資料Ⅱ，資料Ⅲを用いてアヘン戦争が起こった原因について考察した。あとのHさんの考察が正しいものとなるように，[う]に適切な内容をおぎない，文を完成させなさい。

(　　　　　　　　　　　　　　　　　　　　　　　　　　　　　　　　　　　)

資料Ⅱ　イギリス・中国・インドの三角貿易（19世紀）

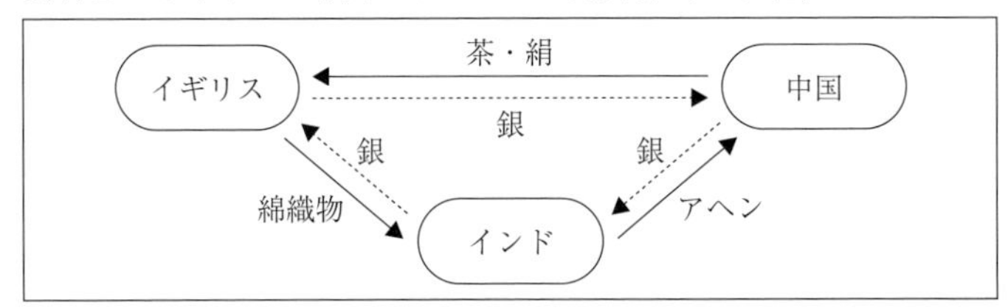

資料Ⅲ　広州における中国のアヘン密輸入額と中国からの銀流出額

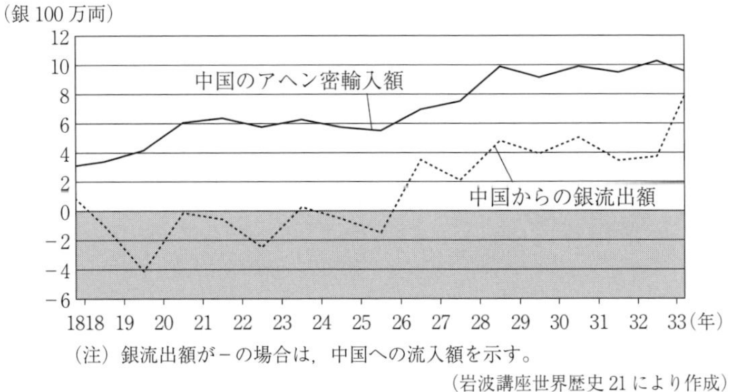

（注）銀流出額が－の場合は，中国への流入額を示す。

（岩波講座世界歴史21により作成）

Hさんの考察

三角貿易により，[う]。そのため，中国がアヘンをきびしく取りしまると，イギリスが中国を攻撃し，アヘン戦争が起こった。

イ　H さんは，アヘン戦争が日本に与えた影響について調べ，次のようにまとめた。H さんのまとめが正しいものとなるように，（ え ）にあてはまる法令の名称を答えなさい。(　　　)

H さんのまとめ

アヘン戦争で中国が敗れたことを知った江戸幕府は，日本に接近してくる外国船に対する方針を定めた（ え ）を継続すると，外国との紛争をまねくおそれがあると判断し，この方針を転換した。

4　次は，Ｙさんが作成した山口県の産業に関するレポートである。これについて，あとの(1)～(5)に答えなさい。

〈幕末〉
・①開国後，西洋の進んだ技術や文化を学ぶために，長州藩の若い藩士が留学した。
〈明治時代〉
・繊維業の育成振興がはかられ，技術を学ぶために，②山口県の若者が官営模範工場に派遣された。
・工業化の進展により石炭鉱業がさかんになった。
→③無煙炭の炭鉱会社が設立され，1904年には海軍省によって買いあげられた。
〈大正時代・昭和初期〉
・④第一次世界大戦の影響を受けて大戦景気をむかえ，山口県の産業も繁栄した。
・工業地帯の形成が本格化し，セメント産業や化学工業，石炭鉱業などが発展した。
〈第二次世界大戦後〉
・戦後，工場の誘致が行われ工業化が進んだ。
・⑤世界的なエネルギー革命の影響を受けて，山口県でも，産業構造の転換がはかられた。

(1)　下線部①について，Ｙさんは，ペリー艦隊が日本に開国を要求した理由について，資料Ⅰ，資料Ⅱを用いて考察した。Ｙさんの考察の［あ］，［い］にあてはまる語句の組み合わせとして最も適切なものを，あとの1～4から選び，記号で答えなさい。(　　　)

資料Ⅰ　アメリカから日本へ向かう航路の比較

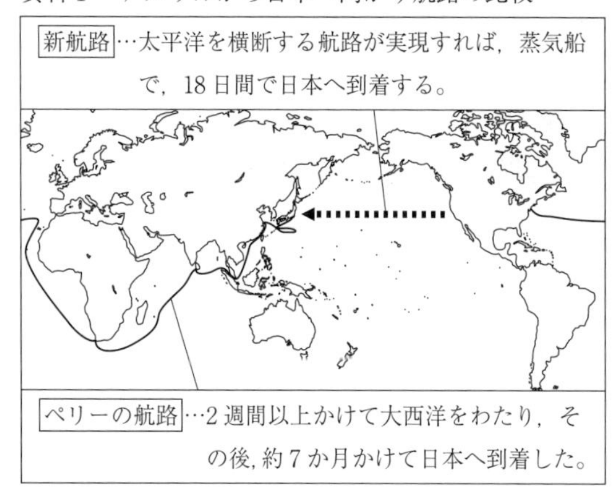

資料Ⅱ　Ｙさんがまとめた，1851年のアメリカ国務長官の主張

・大統領の考えは，カリフォルニアから中国へ太平洋を横断する蒸気船の航路を早期に確立することである。
・その航路をアジア貿易に関心のあるわが国の商人たちに提供するための計画を進めなければならない。
・この計画を進めるためには，わが国の蒸気船が往復の航海で必要とする石炭を，日本の国民から購入できる許可を得ることが望ましい。

Ｙさんの考察

アメリカが日本へ開国を迫ったのは，日本開国後に，［あ］ことを望み，日本をその航路の中継地や［い］にしたいと考えたからではないか。

1　あ―キリスト教を広め，アジアの香辛料を直接手に入れる　　い―燃料用石炭の補給地
2　あ―キリスト教を広め，アジアの香辛料を直接手に入れる　　い―燃料用石炭の輸出先

3　あ―ヨーロッパ諸国よりも有利にアジア貿易を行う　　い―燃料用石炭の補給地

4　あ―ヨーロッパ諸国よりも有利にアジア貿易を行う　　い―燃料用石炭の輸出先

(2)　下線部②について，図Ⅰは山口県の若者も派遣された官営模範工場で，1872年に群馬県に設立されたものである。この官営模範工場を何というか。答えなさい。(　　　)

図Ⅰ

(3)　下線部③について，Yさんは，この炭鉱会社が海軍省によって買いあげられた背景に日露戦争の影響があることを知り，日露戦争が国内外に与えた影響について調べ，メモを作成した。(う)にあてはまる人物と，(え)にあてはまる条約の名前をそれぞれ答えなさい。う(　　　)　え(　　　)

メモ

> 日露戦争の勝利は，のちに三民主義を発表し，中華民国を建国した（ う ）などに影響を与えた。一方，国内では，（ え ）で賠償金を得られなかったことから国民の不満が爆発し，日比谷焼き打ち事件などの暴動が起こった。

(4)　下線部④に関連して，次のア，イに答えなさい。

ア　次の1～3は，第一次世界大戦以降のできごとである。1～3のできごとを，年代の古い順に並べ，記号で答えなさい。(　　→　　→　　)

1　アジア・太平洋地域の国際体制について話し合うため，ワシントン会議が開かれた。

2　ドイツで，ファシズムをかかげる政党が民衆の支持を得て，初めて第一党となった。

3　世界恐慌のきっかけとなる株価の大暴落が，アメリカで起こった。

イ　大戦景気中の1917年に，山口県の生産物の総額は大幅な伸びを示したが，そうした好況下においても労働争議は発生した。そのことに疑問をもったYさんは，表Ⅰ，表Ⅱを見つけた。表Ⅰ，表Ⅱを参考にして，好況下の山口県で労働争議が発生した理由を説明しなさい。

(　　　　　　　　　　　　　　　　　　　　　　　　　　　　　　　　　　)

表Ⅰ　山口県の品目別物価上昇率(1917年)

品目	米	牛肉	野菜	塩
前年比上昇率	47％	77％	57％	35％

(山口県史により作成)

表Ⅱ　山口県のある地域における工場労働者の賃金上昇率（1917年）

	工場労働者の賃金
前年比上昇率	7％

(山口県史により作成)

(5)　下線部⑤に関連して，日本では，おもに高度経済成長期に石炭から石油へのエネルギー源の転換が進んだ。高度経済成長期の日本で起こったできごととして正しいものを，次の1～4から一つ選び，記号で答えなさい。(　　　)

1　日本初の女性国会議員の誕生　　2　サンフランシスコ平和条約の締結

3　環境庁の設置　　4　55年体制の崩壊

5 次は，Kさんが日本政府のおもな役割について調べたことをまとめたノートの一部である。これについて，あとの(1)～(7)に答えなさい。

Kさんのノートの一部

《日本政府のおもな役割》

政治的な役割	経済的な役割	国際社会における役割
・国民を尊重し，①人権保障の実現をめざす。 ・三権（立法，行政，②司法）のうち，行政を担当する。	・③景気の安定をはかる。 ・市場経済の公正さを保つ。（例：④労働者の保護など） ・⑤社会保障制度を整備する。	・⑥国際社会の課題の解決をめざし，⑦国際連合などの国際機関と協力して活動する。

(1) 下線部①に関連して，次のア，イに答えなさい。

ア 図Ⅰで表される，人権保障の実現のために欠かせないしくみを，「人の支配」に対して何というか。答えなさい。(　　　)

図Ⅰ

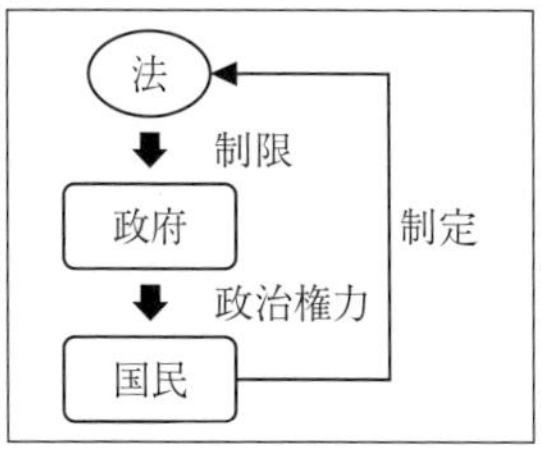

イ 日本国憲法で保障されている社会権に含まれる権利を，次の1～4から一つ選び，記号で答えなさい。(　　　)

1 請願権　2 裁判を受ける権利　3 財産権　4 勤労の権利

(2) 下線部②に関連して，次のX，Yは，裁判員制度のしくみに関して述べたものである。X，Yについて，その正誤の組み合わせとして正しいものを，あとの1～4から一つ選び，記号で答えなさい。(　　　)

X 制度の対象となるのは，重大な犯罪についての刑事裁判の第一審である。

Y 有罪の場合，どのような刑罰を科すかという判断に，裁判員は加わらない。

1 X―正　Y―正　2 X―正　Y―誤　3 X―誤　Y―正　4 X―誤　Y―誤

(3) 下線部③に関連して，政府は日本銀行と協調して景気の安定をはかっている。次の文は，不景気のときに日本銀行が行う金融政策について説明したものである。文中の［ あ ］に適切な内容をおぎない，説明文を完成させなさい。(　　　)

景気が悪くなると，日本銀行は，一般の金融機関から［ あ ］ことによって，世の中に出回るお金の量を増やそうとする。

(4) 下線部④に関連して，次の文は，労働基準法第32条の一部である。文中の（ い ），（ う ）にあてはまる数字をそれぞれ答えなさい。い(　　　)　う(　　　)

第32条① 使用者は，労働者に，休憩時間を除き1週間について（ い ）時間を超えて，労働させてはならない。

② 使用者は，1週間の各日については，労働者に，休憩時間を除き1日について（ う ）時間を超えて，労働させてはならない。

(5) 下線部⑤に関連して，Kさんは，社会保障制度について詳しく調べるために，関係する本を書店で購入した。これについて，次のア，イに答えなさい。

ア　図Ⅱは，書店でのKさんの行動を順に示したものである。図Ⅱにおいて，本の売買契約が成立したのはどの段階か。図Ⅱ中の1～4から一つ選び，記号で答えなさい。(　　　)

図Ⅱ

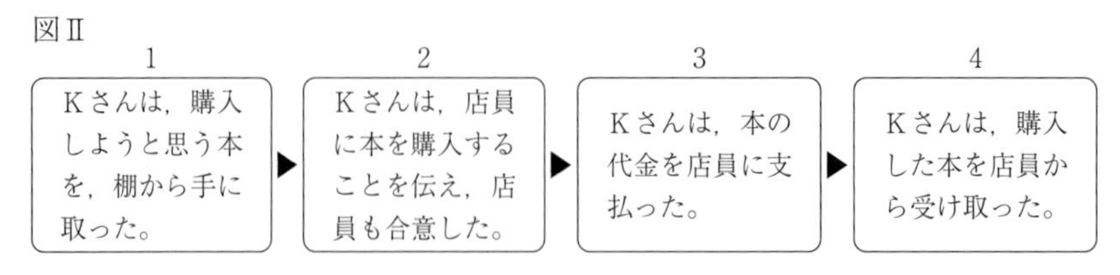

イ　Kさんは，購入した本に掲載されていた図Ⅲ，図Ⅳをみながら，Lさんとあとのような会話をした。会話文の内容が，図Ⅲ，図Ⅳから読み取れる内容をふまえたものとなるように，［え］，［お］に適切な語句をそれぞれおぎない，文を完成させなさい。

え(　　　)　お(　　　　　　　　　　　　　　　　　　　　　　　　)

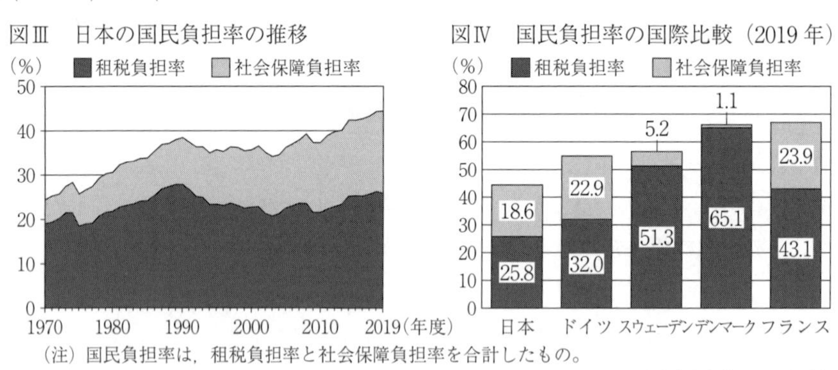

(注) 国民負担率は，租税負担率と社会保障負担率を合計したもの。

(財務省資料により作成)

Kさん：2019年度の日本の国民負担率は，1970年度に比べると［え］ことがわかるね。

Lさん：そうだね。国民負担率の内訳をみると，スウェーデンやデンマークは他の国に比べて，［お］ことがわかるよ。

(6)　下線部⑥に関連して，発展途上国などにおいて，所得の低い人々が事業を始める際，金融機関が少額のお金を貸し出すしくみを何というか。答えなさい。(　　　)

(7)　下線部⑦に関連して，安全保障理事会において，ある重要な決議案への投票結果が表Ⅰのようになった場合，賛成多数でも決議案が否決される。それはなぜか。簡潔に述べなさい。

(　　　　　　　　　　　　　　　　　　　　　　　　　　　　　　)

表Ⅰ

賛成	常任理事国	4か国
	非常任理事国	9か国
反対	常任理事国	1か国
	非常任理事国	1か国

6 次は，防災についてのＳさんと先生との会話である。これを読んで，あとの(1)～(4)に答えなさい。

Ｓさん：今日は，①江戸時代に起こった災害について学習しましたが，災害への備えとして，どのようなことを心がける必要があるのでしょうか。

先　生：災害時には，国や地方自治体による（ あ ）にたよるだけでなく，自分で自分の身を守る（ い ）や，住民同士で助け合う（ う ）が重要です。また，ふだんから身近な地域で起こりやすい災害を知っておくことも必要です。山口県では，県や市町のウェブサイトで，②災害による被害の可能性や，災害発生時の避難場所などを示した地図を公開していますよ。

Ｓさん：③インターネットを活用して，防災情報を発信しているのですね。

(1) 文中の（ あ ）～（ う ）に入る語の組み合わせとして正しいものを，次の1～6から一つ選び，記号で答えなさい。(　　)

1 あ―共助　い―自助　う―公助　2 あ―共助　い―公助　う―自助
3 あ―自助　い―共助　う―公助　4 あ―自助　い―公助　う―共助
5 あ―公助　い―共助　う―自助　6 あ―公助　い―自助　う―共助

(2) 下線部①について，1783年の浅間山の噴火などを原因として，「天明のききん」が起こった。図Ⅰは，この頃の百姓一揆と打ちこわしの発生件数を示している。このことに関連して，あとのア，イに答えなさい。

図Ⅰ

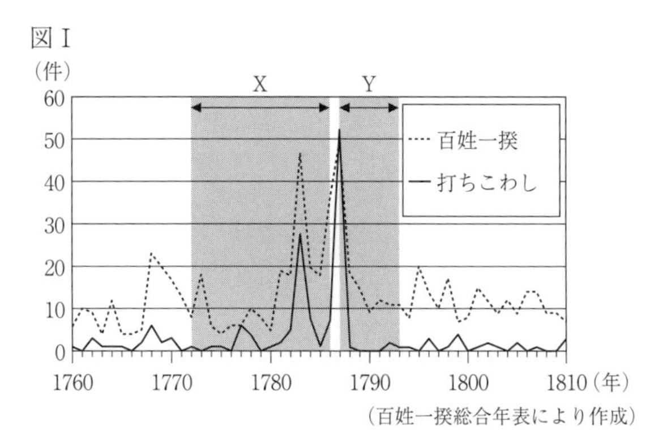

(百姓一揆総合年表により作成)

ア 図Ⅰ中のＸの期間に，老中として江戸幕府の政治を主導した人物は誰か。答えなさい。

(　　)

イ 図Ⅰ中のＹの期間に行われた寛政の改革では，各地に図Ⅱのような倉が設置された。次の文が，その目的を説明したものとなるように，図Ⅰから読み取れる内容をふまえ，［ え ］，［ お ］に適切な語句をそれぞれおぎない，文を完成させなさい。

図Ⅱ

え(　　)
お(　　)

1780年代には，「天明のききん」の発生により，［ え ］。そのため，寛政の改革では，各地に倉を設置し，［ お ］ことでききんに備えた。

(3) 下線部②について，各自治体が作成している，このような地図を何というか。答えなさい。

(　　)

(4)　下線部③に関連して，次のア，イに答えなさい。

ア　家電製品や自動車など，さまざまなものがインターネットでつながることを何というか。次の1～4から一つ選び，記号で答えなさい。(　　　)

1　AI　　2　IoT　　3　SNS　　4　VR

イ　すべての年代に防災情報が行き届くようにするために，自治体などが情報を発信する際に，どのようなことに注意する必要があるか。図Ⅲから読み取れることをふまえて，説明しなさい。

(　　　　　　　　　　　　　　　　　　　　　　　　　　　　　　)

図Ⅲ　年代別インターネット利用率(2021年)

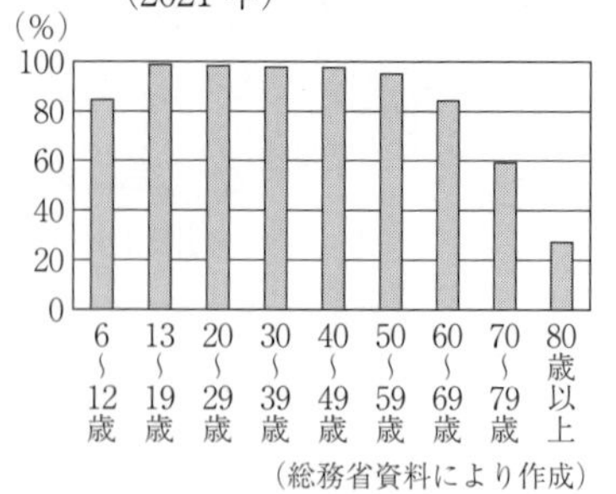

(総務省資料により作成)

理科

時間　50分　　　　満点　50点

1　おもりを糸でつるし，図1のように，位置Aからおもりを静かにはなすと，おもりは位置Bを通過する。おもりが再び位置Aまで戻ってきたときに，図2のように糸を切ると，おもりは自由落下し，水平面からの高さが，位置Bと同じ位置Cを通過する。摩擦や空気の抵抗はないものとして，次の(1)，(2)に答えなさい。

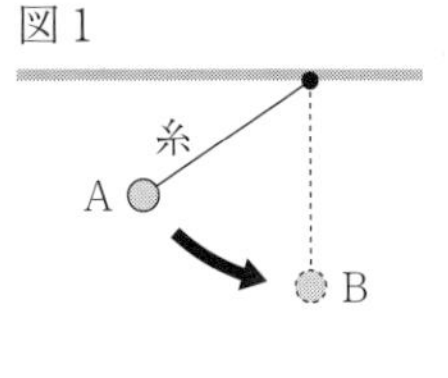

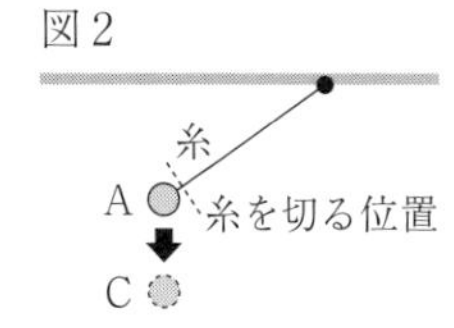

(1)　図2でおもりが自由落下するのは，おもりが地球の中心に向かって引かれているからである。このように，地球上の物体が地球の中心に向かって引かれる力を何というか。書きなさい。

(　　　)

(2)　図1でおもりが位置Bを通過するときの速さと，図2でおもりが位置Cを通過するときの速さは等しくなる。速さが等しくなる理由を，「減少」という語を用いて述べなさい。

(　　　　　　　　　　　　　　　　　　　　　　　　　　　　)

2　陸上で生活する哺乳類には，カンジキウサギのように植物を食べ物とする草食動物や，オオヤマネコのように他の動物を食べ物とする肉食動物がいる。次の(1)，(2)に答えなさい。

(1)　次の文章が，草食動物の体のつくりを説明したものとなるように，(　　)の中のa～eの語句について，正しい組み合わせを，下の1～6から1つ選び，記号で答えなさい。(　　　)

草食動物の(a　門歯や臼歯　　b　門歯や犬歯　　c　臼歯や犬歯)は，草を切ったり，細かくすりつぶしたりすることに役立っている。また，草食動物の消化管は，体長が同程度の肉食動物の消化管に比べて(d　長く　　e　短く)，草を消化することに適している。

1　aとd　　2　aとe　　3　bとd　　4　bとe　　5　cとd　　6　cとe

(2)　図1は，ある地域における，食物連鎖でつながっているオオヤマネコとカンジキウサギについて，1919年から1931年までの2年ごとの個体数を示したものであり，○は，1919年の個体数を，●は，1921年から1931年までのいずれかの個体数を表している。

○と●を，古い年から順に矢印でつなぐと，オオヤマネコがカンジキウサギを主に食べ，カンジキウサギがオオヤマネコに主に食べられるという関係によって，個体数が変化していることが読み取れる。

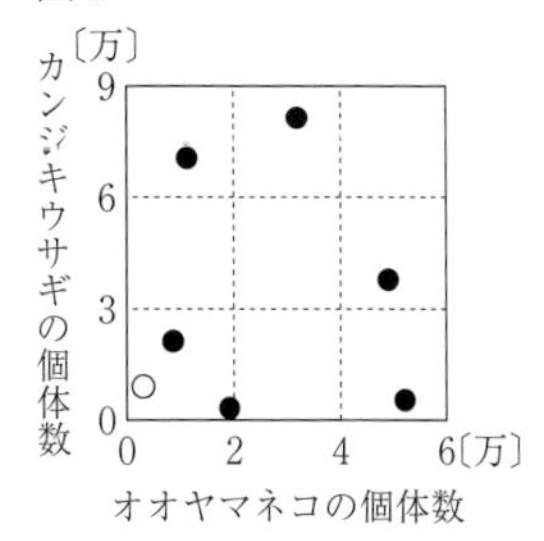

○と●を，古い年から順に矢印でつないだ図として，最も適切なものを，次の1～4から選び，記号で答えなさい。

なお，この地域では，1919年から1931年までの間，人間の活動や自然災害などによって生物の数量的な関係が大きくくずれることはなかった。(　　　)

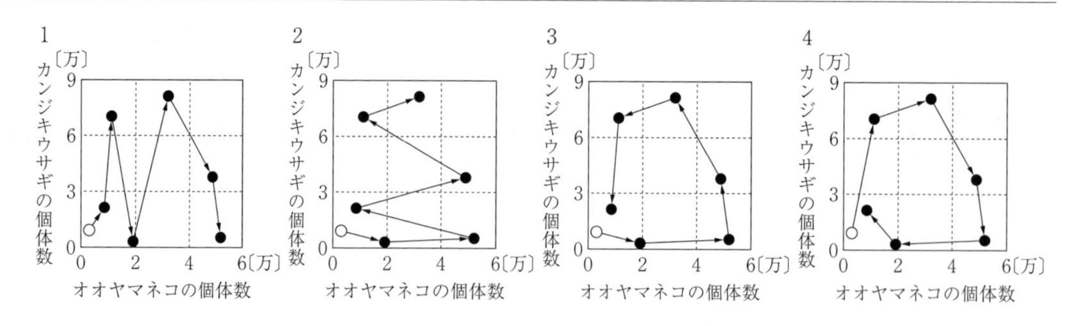

③　ある白色の粉末1.0gを乾いた試験管に入れ，ゴム栓，ガラス管，ゴム管，三角フラスコ，BTB溶液を入れた水を用いて，図1のような装置を組み立てた。白色の粉末の入った試験管をガスバーナーで加熱したところ，次のような［結果］になった。下の(1)，(2)に答えなさい。

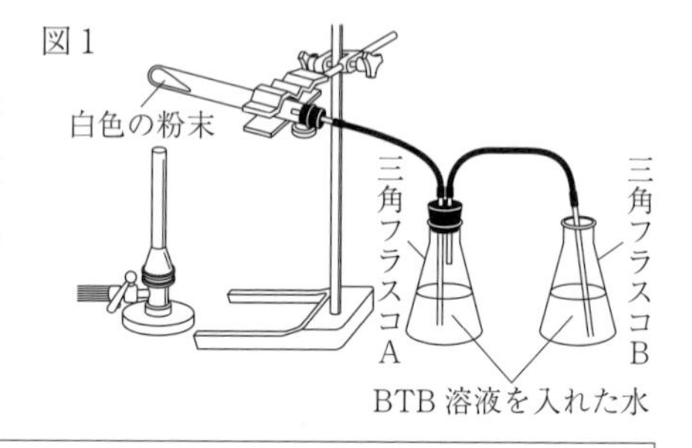

［結果］

①　加熱を始めると気体が発生し，三角フラスコA内の液体の色は青色に変化したが，三角フラスコB内の液体の色は変化しなかった。また，試験管の口付近に透明の液体がたまり始めた。

②　①の後も加熱を続けると，気体が発生し続け，三角フラスコA内の液体の色は青色のままで，三角フラスコB内の液体の色が黄色に変化した。

③　②の後もさらに加熱を続けると，試験管内の白色の粉末はすべてなくなった。

(1)　下線部の液体は，青色の塩化コバルト紙を赤色に変化させることがわかった。試験管の口付近にたまった透明の液体は何か。化学式で書きなさい。(　　　)

(2)　次の文が，［結果］からわかることを説明したものとなるように，(　　)の中のa～dの語句について，正しい組み合わせを，下の1～4から1つ選び，記号で答えなさい。(　　　)

　加熱したことにより，水に少し溶けて（a　酸性　　b　アルカリ性）を示す気体と，水に非常によく溶けて（c　酸性　　d　アルカリ性）を示す気体が発生した。

1　aとc　　2　aとd　　3　bとc　　4　bとd

4 図1のA，B，Cは，6時間ごとの天気図であり，■は，山口県内のある地点を示している。下の(1)，(2)に答えなさい。

図1

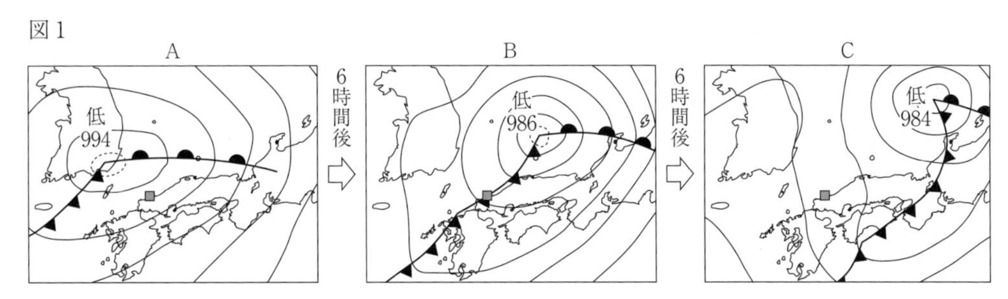

(1) 図1のように，温帯低気圧が西から東へ移動することが多いのは，上空を西よりの風がふいているからである。このように，中緯度帯に一年中ふく西よりの風を何というか。書きなさい。

( )

(2) 表1は，地点■の1時間ごとの気象データをまとめたものであり，天気図がBになるときの時刻における気象データが含まれている。

天気図がBになるときの時刻として最も適切なものを，次の1～4から選び，記号で答えなさい。

( )

1 17時　2 19時　3 21時　4 23時

表1

時刻〔時〕	気温〔℃〕	気圧〔hPa〕	風向
13	19.0	1000.9	南南東
14	19.2	998.4	南東
15	19.4	996.5	南南東
16	19.1	996.8	南
17	18.8	994.9	南南東
18	19.0	994.6	南南東
19	19.4	994.2	南南東
20	19.5	993.9	南
21	15.3	995.8	北西
22	14.6	997.8	北西
23	14.0	998.5	北北西
24	13.8	999.0	北北西

5 Kさんと L さんは，だ液に含まれるアミラーゼや胃液に含まれるペプシンのはたらきを確認するため，片栗粉を溶かしたデンプン溶液と，うすく切ったニワトリの肉（主成分はタンパク質）を用いて，次の実験を行った。あとの(1)～(3)に答えなさい。

［実験1］

① アミラーゼとペプシンをそれぞれ蒸留水に溶かした水溶液を用意し，どちらの水溶液も中性であることを確認した。

② 試験管 A，B に，①のアミラーゼの水溶液 4mL を入れ，試験管 C，D に，①のペプシンの水溶液 4mL を入れた。

③ 試験管 A，C に少量のデンプン溶液を，試験管 B，D に少量のニワトリの肉を入れた。

④ 試験管 A～D を，約 38 ℃の湯の中で 15 分間放置した。

⑤ 試験管 A，C にヨウ素液を加え，試験管内の液の色の変化を観察した。

⑥ 試験管 B，D に入れたニワトリの肉のようすを観察した。

⑦ 実験の結果を表1にまとめた。

表1

	試験管 A	試験管 B	試験管 C	試験管 D
②で入れた水溶液	アミラーゼの水溶液	アミラーゼの水溶液	ペプシンの水溶液	ペプシンの水溶液
③で入れたもの	デンプン溶液	ニワトリの肉	デンプン溶液	ニワトリの肉
⑤または⑥の結果	変化がみられなかった。	変化がみられなかった。	青紫色に変化した。	変化がみられなかった。

［実験1］を終えた K さんと L さんは，タンパク質を分解するはずのペプシンが，ニワトリの肉を分解しなかったことに疑問をもった。そこで，T 先生のアドバイスを受け，消化酵素を溶かす液体を蒸留水からうすい塩酸に変えて，次の［実験2］を行った。

［実験2］

① アミラーゼとペプシンをそれぞれうすい塩酸に溶かした溶液を用意し，どちらの溶液も酸性であることを確認した。

② 試験管 E，F に，①のアミラーゼをうすい塩酸に溶かした溶液 4mL を入れ，試験管 G，H に，①のペプシンをうすい塩酸に溶かした溶液 4mL を入れた。

③ 試験管 E，G に少量のデンプン溶液を，試験管 F，H に少量のニワトリの肉を入れた。

④ 試験管 E～H を，約 38 ℃の湯の中で 15 分間放置した。

⑤ 試験管 E，G にヨウ素液を加え，試験管内の液の色の変化を観察した。

⑥ 試験管 F，H に入れたニワトリの肉のようすを観察した。

⑦ 実験の結果を表2にまとめた。

表2

	試験管E	試験管F	試験管G	試験管H
②で入れた溶液	アミラーゼをうすい塩酸に溶かした溶液	アミラーゼをうすい塩酸に溶かした溶液	ペプシンをうすい塩酸に溶かした溶液	ペプシンをうすい塩酸に溶かした溶液
③で入れたもの	デンプン溶液	ニワトリの肉	デンプン溶液	ニワトリの肉
⑤または⑥の結果	青紫色に変化した。	変化がみられなかった。	青紫色に変化した。	ニワトリの肉が小さくなった。

(1) 表1の試験管Aの結果から，ヨウ素液によって，デンプンが分解されて別の物質に変化したことを確認することができる。デンプンがアミラーゼによって分解されると，ブドウ糖が数個つながったものになる。ブドウ糖が数個つながったものを確認する薬品として適切なものを，次の1～4から1つ選び，記号で答えなさい。（　　　）

1　フェノールフタレイン液　　2　ベネジクト液　　3　酢酸カーミン液　　4　石灰水

(2) 実験を終えたKさんとLさんは，T先生と次の会話をした。KさんとLさんの発言が，実験の結果をもとにしたものとなるように，［あ］，［い］，［う］に入る試験管の記号として正しいものを，それぞれA～Hから1つずつ選び，記号で答えなさい。

なお，実験で使用した蒸留水や塩酸は，デンプンやニワトリの肉を分解しないことがわかっている。あ（　　　）い（　　　）う（　　　）

T先生：表1と表2から，どのようなことがわかりましたか。

Kさん：試験管［あ］と試験管Hの比較から，酸性の液体に溶かすことで，ペプシンがはたらくことがわかりました。［実験2］で消化酵素をうすい塩酸に溶かしたのは，ペプシンがはたらく胃の中の環境に近い条件にするためだったのですね。

T先生：そのとおりです。消化酵素がはたらく場所は体内であるため，消化酵素のはたらきを確認するには，体内の環境に近い条件を設定することが大切です。

Lさん：なるほど。試験管［い］と試験管［う］の比較から，だ液に含まれるアミラーゼについても同じことがいえますね。

(3) 次の文章が，ヒトの体内でデンプンやタンパク質が分解・吸収される過程や，吸収された栄養分の利用について説明したものとなるように，［え］，［お］，［か］に入る適切な語を書きなさい。え（　　　）お（　　　）か（　　　）

デンプンは，アミラーゼや小腸の壁にある消化酵素のはたらきで，最終的にブドウ糖に分解される。また，タンパク質は，ペプシンやトリプシン，小腸の壁にある消化酵素のはたらきで，最終的に［え］に分解される。ブドウ糖や［え］は，小腸の壁にある柔毛内部の［お］に入り，肝臓を通って全身に運ばれる。

肝臓に運ばれたブドウ糖の一部は，［か］という物質に変えられて貯蔵される。また，体の各部に運ばれた［え］は，体をつくるタンパク質の材料に用いられる。

6 Kさんと L さんは，教科書で紹介されている陰極線に関する 2 つの実験を，それぞれまとめ，発表した。次は，K さんと L さんが発表で使用したスライドである。下の(1)〜(3)に答えなさい。

［Kさんのスライド］

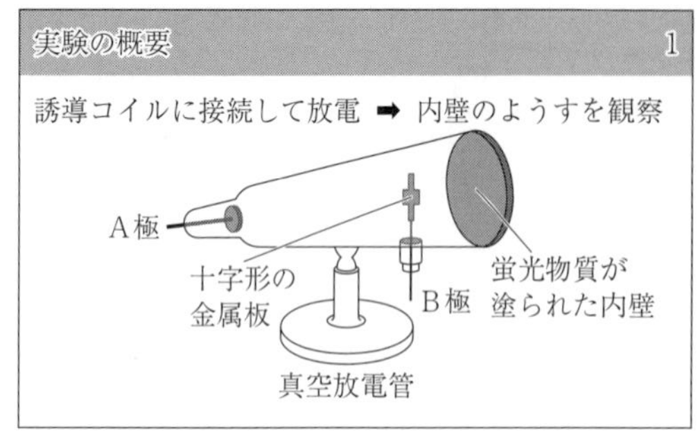

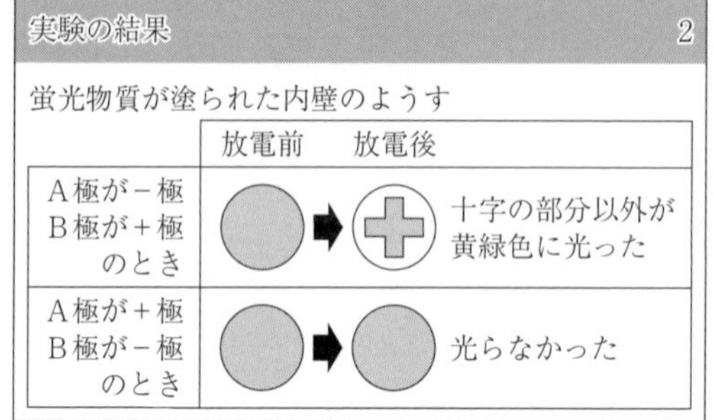

［Lさんのスライド］

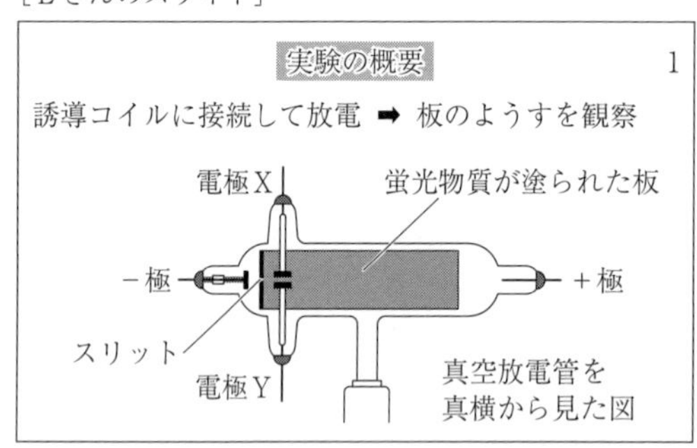

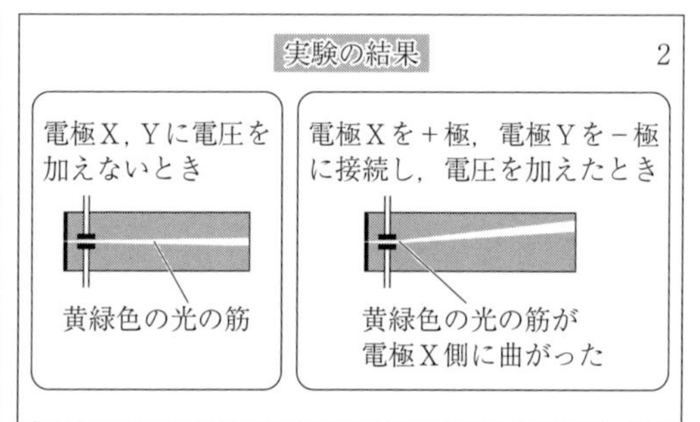

(1) 実験で用いられる誘導コイルは，電磁誘導を利用した装置である。電磁誘導とはどのような現象か。「電圧」という語を用いて述べなさい。(　　　　　　　　　　　　　　　　　　　　　　)

(2) 2 人の発表を聞いた T 先生は，陰極線の性質について，次の説明をした。下のア，イに答えなさい。

2 人がまとめたどちらの実験からも，陰極線が直進することや，蛍光物質を光らせることがわかりますね。

他にも，K さんがまとめた実験において，A 極が－極，B 極が＋極のときのみ内壁が光ったことから，陰極線が［ あ ］という性質をもつことや，金属板にさえぎられることがわかります。また，L さんがまとめた実験からは，電極 X と電極 Y の間に電圧を加えたときに<u>黄緑色の光の筋が曲がった</u>ことから，陰極線が－の電気をもつこともわかりますね。

ア ［ あ ］に入る適切な語句を書きなさい。(　　　　　　　　　　　)

イ 下線部について，黄緑色の光の筋が曲がったしくみと同じしくみによって起こる現象として最も適切なものを，次の 1〜4 から選び，記号で答えなさい。(　　　)

1 息をふき入れた風船がふくらんだ。

2 プラスチック板を布でこすると紙がくっついた。

3 磁石を近づけると方位磁針の針が動いた。

4 虫めがねのレンズに入った光が曲がった。

(3) 現在では，陰極線は小さな粒子の流れであることがわかっている。この小さな粒子は何か。書きなさい。(　　　)

7 Sさんは，2022年6月に，日本のある地点で惑星を観察した。下の(1)～(3)に答えなさい。

［観察］

① 見晴らしのよい場所で，方位磁針を使って東西南北を確認した。

② 観察する方位を定め，水星，金星，天王星，火星，木星，土星を観察し，それらの位置を地上の景色とともにスケッチをした。

③ 海王星については，天体シミュレーションソフトを用いて位置を確認し，図1のようにスケッチにかき入れた。

図1

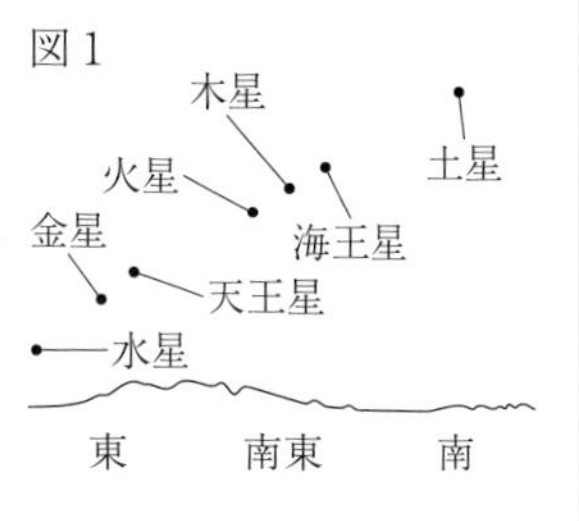

(1) 惑星が自ら光を出していないのに光って見える理由を述べなさい。

(　　　　　　　　　　　　　　　　　　　　　　　　)

(2) 観察した惑星が，ほぼ一直線に並んでいると気づいたSさんは，図2のように図1のスケッチに直線をかき入れた。次の文が，惑星がほぼ一直線に並んで見える理由を説明したものとなるように，［あ］に入る適切な語句を，下の1～4から1つ選び，記号で答えなさい。

(　　)

図2

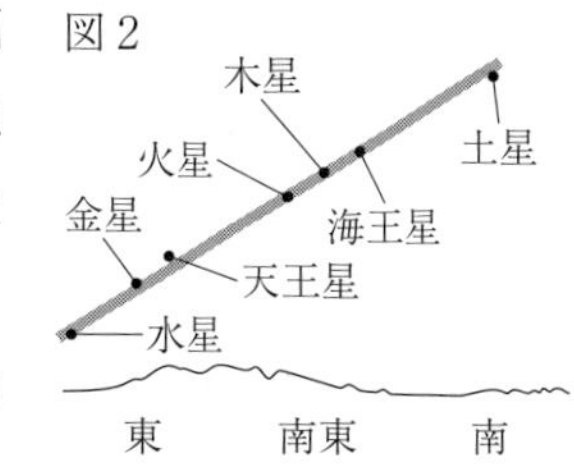

水星，金星，天王星，火星，木星，海王星，土星，地球のそれぞれの［あ］がほぼ同じだから。

1 自転する速さ　　2 自転軸の向き　　3 公転周期　　4 公転する面

(3) 図1について，次のア，イに答えなさい。

ア 惑星が図1のように観察された時刻として，最も適切なものを，次の1～4から選び，記号で答えなさい。(　　)

1 午前0時　　2 午前5時　　3 午後7時　　4 午後10時

イ 地球の北極側から見たとき，この日の惑星の配置を表した模式図として，最も適切なものを，次の1～4から選び，記号で答えなさい。

ただし，●は太陽の位置，●は太陽系の8つの惑星のうち，木星型惑星の位置を示しており，●を通る円はそれぞれの惑星の公転軌道を示している。(　　)

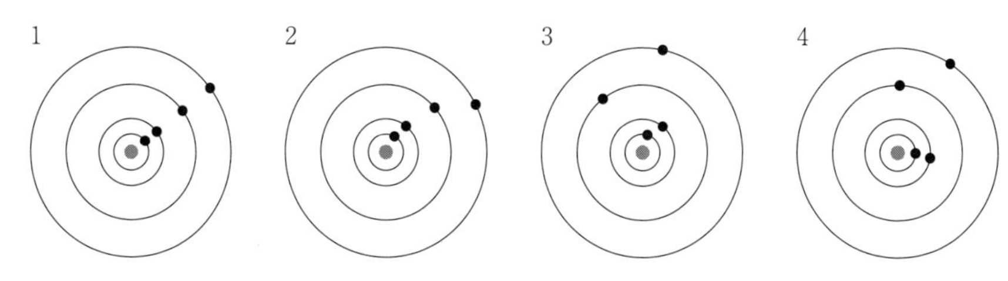

8　塩酸に溶ける金属と溶けない金属があることに疑問をもったSさんは，T先生と次の会話をし，実験を行った。あとの(1)～(3)に答えなさい。

Sさん：亜鉛と銅では，なぜ，亜鉛は塩酸に溶け，銅は塩酸に溶けないのでしょうか。

T先生：すばらしい問いですね。亜鉛が塩酸に溶けるとき，亜鉛Znは［あ］の反応により亜鉛イオンZn^{2+}に変化しています。一方，亜鉛の表面では，塩酸の電離によって生じている水素イオンH^+が，$2H^+ + 2e^- \rightarrow H_2$の反応により水素$H_2$に変化しています。

Sさん：亜鉛は，原子の状態からイオンに変化し，水素は，イオンの状態から分子に変化していますね。亜鉛が水素よりもイオンになりやすいということでしょうか。

T先生：よくわかりましたね。逆に，銅が塩酸に溶けないということは，銅が水素よりもイオンになりにくいということなのです。

Sさん：亜鉛が水素よりイオンになりやすく，銅が水素よりイオンになりにくいということは，亜鉛が銅よりもイオンになりやすいということですね。

T先生：そのとおりです。ただ，複数の金属について，水溶液中でのイオンへのなりやすさを比較したいのであれば，別の方法でも調べることができます。亜鉛と銅だけでなく，他の金属も含めて実験してみましょう。

［実験］

① 4種類の金属板（鉄板，銅板，亜鉛板，マグネシウム板）と，4種類の5％水溶液（硫酸鉄水溶液，硫酸銅水溶液，硫酸亜鉛水溶液，硫酸マグネシウム水溶液）を用意した。

② 図1のように，マイクロプレートの縦の列に同じ種類の金属板を入れ，マイクロプレートの横の列に同じ種類の水溶液を入れた。

③ それぞれの金属板が水溶液に溶けるかを観察した。

④ 金属板が溶けたことを「○」，溶けなかったことを「×」として，実験の結果を表1にまとめた。

図1

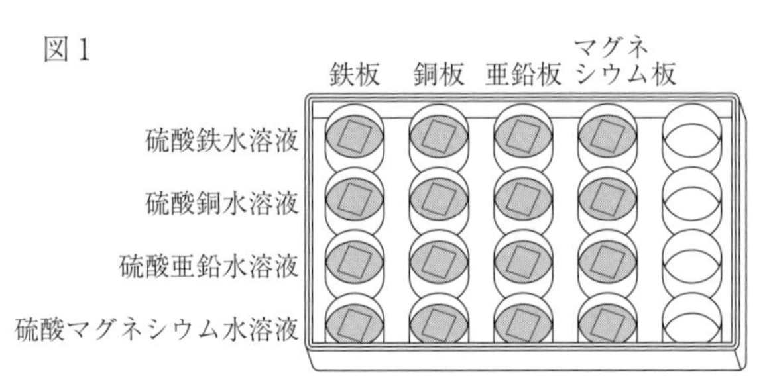

表1

	鉄板	銅板	亜鉛板	マグネシウム板
硫酸鉄水溶液	×	×	○	○
硫酸銅水溶液	○	×	○	○
硫酸亜鉛水溶液	×	×	×	○
硫酸マグネシウム水溶液	×	×	×	×

(1) [あ] に入る，亜鉛Znが亜鉛イオンZn^{2+}になる変化を，e^-を含む化学反応式で書きなさい。
(　　　　　　　　　　)

(2) マイクロプレートを用いた実験のように，少量の薬品と小さな器具を用いて行う実験のことを，マイクロスケール実験という。マイクロスケール実験の長所として適切なものを，次の1～4から2つ選び，記号で答えなさい。(　　　)(　　　)

1 薬品の使用量を減らせるため，費用を安くすることができる。

2 目的の物質を，より効率よく多く得ることができる。

3 実験結果の誤差を小さくすることができる。

4 実験後に出る廃液の量を少なくすることができる。

(3) 水溶液中での金属や水素のイオンへのなりやすさについて，次のア，イに答えなさい。

ア 表1をもとに，鉄，銅，マグネシウムを，イオンになりやすいものから順に並べたものとして，適切なものを，次の1～6から1つ選び，記号で答えなさい。(　　　)

1 鉄，銅，マグネシウム　　2 鉄，マグネシウム，銅　　3 銅，鉄，マグネシウム

4 銅，マグネシウム，鉄　　5 マグネシウム，鉄，銅　　6 マグネシウム，銅，鉄

イ Sさんは，T先生との会話と実験の結果をもとに，鉄，銅，亜鉛，マグネシウム，水素を，イオンになりやすいものから順に並べようとしたが，実験が不足しており，順番がわからない部分があった。次の文章が，追加で行うべき実験について述べたものとなるように，[い]，[う]，[え] に入る適切な語を書きなさい。い(　　　) う(　　　) え(　　　)

鉄，銅，亜鉛，マグネシウム，水素のうち，「[い] と [う] のどちらがイオンになりやすいか」がわかっていない。そのため，「[い] と [え] が反応するかどうか」を調べると，鉄，銅，亜鉛，マグネシウム，水素を，イオンになりやすいものから順に並べることができる。

9 Kさんは，みそ汁を作っているときに，なべの底に沈んでいた豆腐が，煮込むことによって浮いてきたことに疑問をもち，Lさんと次の会話をし，実験を行った。あとの(1)～(3)に答えなさい。ただし，100gの物体の重さを1Nとする。

Kさん：豆腐は水に沈むと思っていたけれど，煮込んだら浮いてきて，火を消したあとも浮いたままだったんだ。水の対流が原因ではなさそうだけれど，なぜだろう。

Lさん：水に浮いてきたということは，煮込む前と後で浮力が変化したのではないかな。

Kさん：そうだね。浮力の変化の原因には，質量の変化や体積の変化が考えられるよね。

Lさん：2種類の粘土を使って，これらのことを調べてみようよ。

［実験1］

① 2種類の粘土A，Bを，それぞれ100mLはかりとった後，図1のように糸を取り付けて形を整えた。

図1

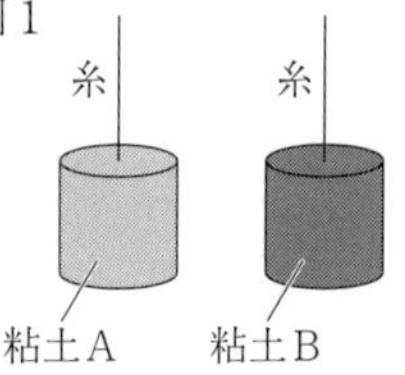

② 1Lメスシリンダーに500mLの水を入れた。

③ ①の粘土Aをばねばかりにつるし，空気中でのばねばかりの値を記録した。

④ 粘土Aを②のメスシリンダーの水の中にすべて入れ，ばねばかりの値とメスシリンダーの目盛りの値を記録した。

⑤ 粘土Aを粘土Bに変え，②～④を行った。

⑥ 実験の結果を表1にまとめた。

表1

	空気中		水の中	
	ばねばかりの値	メスシリンダーの目盛りの値	ばねばかりの値	メスシリンダーの目盛りの値
粘土A	1.6N	500mL	0.6N	600mL
粘土B	2.0N	500mL	1.0N	600mL

［実験2］

① 2種類の粘土A，Bを，それぞれ160gはかりとった後，図2のように糸を取り付けて形を整えた。

図2

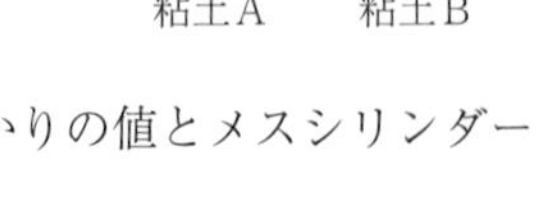

② 1Lメスシリンダーに500mLの水を入れた。

③ ①の粘土Aをばねばかりにつるし，空気中でのばねばかりの値を記録した。

④ 粘土Aを②のメスシリンダーの水の中にすべて入れ，ばねばかりの値とメスシリンダーの目盛りの値を記録した。

⑤ 粘土Aを粘土Bに変え，②～④を行った。

⑥ 実験の結果を表2にまとめた。

表 2

	空気中		水の中	
	ばねばかりの値	メスシリンダーの目盛りの値	ばねばかりの値	メスシリンダーの目盛りの値
粘土 A	1.6N	500mL	0.6N	600mL
粘土 B	1.6N	500mL	0.8N	580mL

(1) 豆腐の原材料であるダイズは，子葉が 2 枚の植物である。被子植物のうち，ダイズのように，子葉が 2 枚の植物のなかまを何というか。書きなさい。(　　　)

(2) 図 3 は，豆腐の種類の 1 つである木綿豆腐をつくる主な工程を表した模式図である。次のア，イに答えなさい。

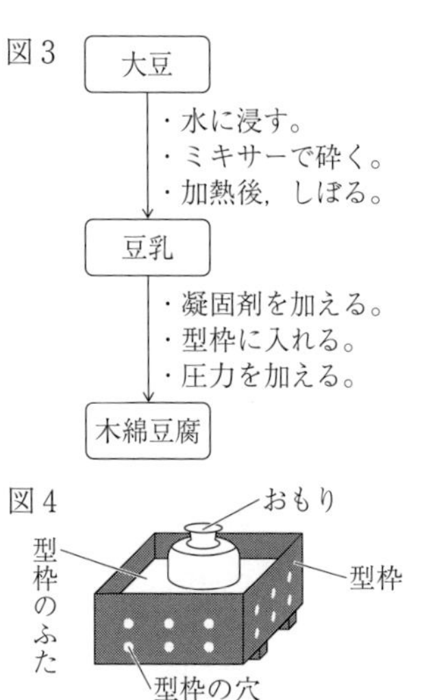

ア　豆乳に凝固剤を加えると，豆乳が固まる。凝固剤の 1 つである硫酸カルシウム $CaSO_4$ に含まれる，カルシウムイオンと硫酸イオンの数の比として適切なものを，次の 1～5 から 1 つ選び，記号で答えなさい。(　　　)

1　4：1　　2　2：1　　3　1：1　　4　1：2　　5　1：4

イ　木綿豆腐は，凝固剤で固まった豆乳をくずして型枠に入れ，図 4 のように，上から圧力を加えて型枠の穴から水を抜いてつくる。

図 4 において，型枠のふたは 1 辺 10cm の正方形，型枠のふたとおもりは合わせて 200g とするとき，木綿豆腐の上面に加わる圧力は何 Pa か。求めなさい。(　　　Pa)

(3) K さんと L さんは，実験後，T 先生と次の会話をした。あとのア，イに答えなさい。

L さん：T 先生，実験の結果は，表 1，表 2 のようになりました。このことから，浮力は，水の中に入れた物体の体積と関係があることがわかりました。

T 先生：結論をどのように導きましたか。

L さん：表 1 から，［実験 1］では [　あ　] ということがわかりました。また，表 2 から，［実験 2］では [　い　] ということがわかりました。これらのことから，浮力の大きさは，質量ではなく，体積と関係があると考えました。

T 先生：よく考えましたね。アルキメデスの原理によると，「物体にはたらく浮力の大きさは，その物体が押しのけた液体の重さに等しい。」とされています。つまり，「物体の重さ」と「その物体と同じ体積の水の重さ」を比較して，「物体の重さ」の方が小さいと，物体は水に浮くことになります。

K さん：そうなのですね。これらの実験の結果をふまえると，なべの底に沈んでいた豆腐が浮いてきたのは，煮込むことによって，豆腐の [　う　] ので，「豆腐の重さ」より「豆腐が押しのけた水の重さ」が大きくなったからというわけですね。

T 先生：そのとおりです。実験の結果をもとに正しく考察できましたね。

ア　L さんの発言が，それぞれの実験の結果と合うように，[　あ　]，[　い　] に入る適切な語句を，次の1～3からそれぞれ1つずつ選び，記号で答えなさい。ただし，同じ記号を選んでもよい。

あ(　　　) い(　　　)

1 粘土Aにはたらく浮力の大きさは，粘土Bにはたらく浮力の大きさより大きい

2 粘土Aにはたらく浮力の大きさは，粘土Bにはたらく浮力の大きさより小さい

3 粘土Aにはたらく浮力の大きさと，粘土Bにはたらく浮力の大きさは等しい

イ Kさんの発言が，実験の結果をもとにした考察となるように，［う］に入る適切な語句を書きなさい。(　　　　　　　　　　)

6 ある中学校で、体育祭のスローガンを決めることになった。スローガンの候補は、次の案Aと案Bである。あなたは、どちらのスローガンがよいと考えるか。あなたの考えを、次の二つの条件とあとの注意に従って書きなさい。

条件
① 案A、案Bのどちらか一つを選ぶこと。
② ①で選んだものについて、よいと考えた理由を書くこと。

案A　みんなの力を合わせよう！

案B　一人ひとりが輝こう！

注意
○ 氏名は書かずに、1行目から本文を書くこと。
○ 原稿用紙の使い方に従って、8行以上12行以内で書くこと。
○ 段落は、内容にふさわしく適切に設けること。
○ 読み返して、いくらか付け加えたり削ったりしてもよい。

1
2
3
4
5
6
7
8
9
10
11
12

内容を、二十五字以内で答えなさい。

（　　　　　　　　　　　　　　　　　　　　　　　　　）

【指摘】

> 「納得できます」とありますが、その根拠が示されていないために、話を聞いている人の中には、なぜそのように言うのか、分からない人もいるのではないでしょうか。

【推敲文】

> この結果については、データ3をみると、［　　］ことが分かるので、納得できます。

(三)　【発表原稿の一部】の［　　］に入る適切な内容を、「信頼度」という言葉を用いて答えなさい。

（　　　　　　　　　　　　　　　　　　　　　　　　　）

5　次の(一)～(三)に答えなさい。

(一)　次の1～5について、――部の漢字は読み仮名を書き、片仮名は漢字に改めなさい。

1　彼が研究チームを率いるリーダーだ。（　　いる）
2　あの神社の境内には大きな木がある。（　　）
3　テッキョウまで川沿いを散歩する。（　　）
4　地図をシュクショウして印刷する。（　　）
5　ケワしい山道を登って頂上をめざす。（　　しい）

(二)　次の1～4の四字熟語について、═部の片仮名を漢字に改めたとき、他と異なる漢字になるものを一つ選び、記号で答えなさい。（　　）

1　タイ器晩成　　2　タイ願成就
3　タイ義名分　　4　タイ然自若

(三)　次の和歌を読んで、あとのア、イに答えなさい。

こずゑには吹くとも見えで（見えないで）桜花かほるぞ風のしるしなりける（風が吹いている証拠なのだなあ）

源（みなもとの）俊頼（としより）

（「金葉和歌集（きんようわかしゅう）」より）

ア　「こずゑ」を現代仮名遣いで書き直しなさい。（　　）

イ　「風のしるしなりける」とあるが、何が「風のしるし」なのか。現代語で答えなさい。

（　　　　　　　　　　　　　　　　　　　　　　　　　）

データ3　各メディアの信頼度※　(数字は％)

	インターネット	テレビ	新聞
10代	31.2	70.2	66.0
20代	25.6	46.0	49.3
30代	25.5	55.9	51.4
40代	30.9	55.2	60.8
50代	31.6	66.3	69.4
60代	24.3	69.9	77.2

※　各メディアの信頼度
それぞれのメディアについて「どの程度信頼できる情報があると考えているか」という質問に対し，「全部信頼できる」，「大部分信頼できる」と回答した割合のこと。

【発表原稿の一部】

みなさんは世の中のできごとや動きを知りたいと思ったとき、どのようにして情報を得ていますか。そのときに、信頼できる情報を得るためにどのようなことを心がけていますか。私たちはメディアの利用の仕方について、信頼度に注目して調べてみました。

データ1からは、いち早く世の中のできごとや動きを知るとき、四十代以下の世代では、インターネットを利用する割合が過半数に達していることが分かります。しかし、データ2を見ると、世の中のできごとや動きについて信頼できる情報を得るときには、すべての世代でインターネットを利用する割合が低くなっています。この結果については、データ3を見ると納得できます。インターネットは出所が定かではない情報も混在しており、そのことが信頼度に影響していると、私たちは考えています。

データ2とデータ3との比較からは、他にも気になることがあります。それは、各メディアに対する信頼度と実際に利用する割合との関係です。データ2を見ると、信頼できる情報を得るときにテレビを利用する割合は、すべての世代で、インターネットを利用する割合よりも高くなっているのに対し、新聞を利用する割合は、六十代を除き、インターネットを利用する割合よりも低くなっています。つまり、[　　]ことが分かります。このことから、私たちは、信頼できる情報を得るために適切にメディアを利用できているのか、振り返る必要があるのではないかと考えました。

(一)　【発表原稿の一部】の〰〰部の効果について説明したものとして最も適切なものを、次の1～4から選び、記号で答えなさい。（　　）

1　聞き手に考えさせることで発表内容に関心を持たせる効果。
2　一般的だとされる行動が誤りであることを検証する効果。
3　聞き手が発表内容を理解しているかどうかを確認する効果。
4　聞き手の視点を変えて調査方法への興味を持たせる効果。

(二)　Aさんのグループでは、発表原稿の内容の確認を行った。その際、Bさんが【発表原稿の一部】の――部について次のような【指摘】を行い、推敲を行うこととした。あとの【推敲文】の[　　]に入る適切な

Bさん　そうですね。それに対し、筆者は「論者」の考えを批判した上で、「性」は「喜怒哀楽好悪欲」が心の中にある状態、「情」は「喜怒哀楽好悪欲」が［Ⅰ］状態だと説明しています。

Aさん　そのことについてですが、筆者が「性」と「情」を区別して説明しているので、私は、筆者も「論者」と同様に、「性」と「情」を別のものとして考えているような気がしました。それなのに、「性情は一なり」と述べているのは、どうしてでしょうか。

Bさん　たしかに、筆者は「性」と「情」を区別して説明をしていますね。しかし、「［Ⅱ］」と述べているので、「性」と「情」を切り離すことができない一体のものとして捉えていることが分かります。「性情は一なり」という言葉は、そのことを強調しているものだと考えられます。

4　次は、「メディアの利用の仕方」をテーマとして調べ学習を行ったAさんのグループが、発表をする際に用いる【資料】と【発表原稿の一部】である。よく読んで、あとの㈠～㈢に答えなさい。

【資料】

メディアの利用の仕方について考えよう

令和３年度「情報通信メディアの利用時間と情報行動に関する調査」（総務省）から作成

データ１「いち早く世の中のできごとや動きを知る」ときに利用するメディア

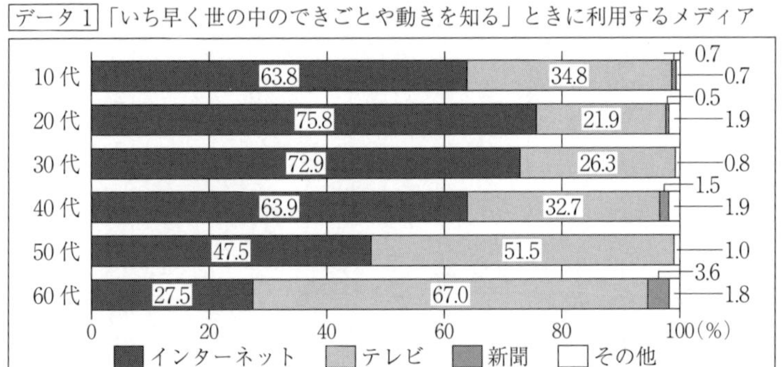

データ２「世の中のできごとや動きについて信頼できる情報を得る」ときに利用するメディア

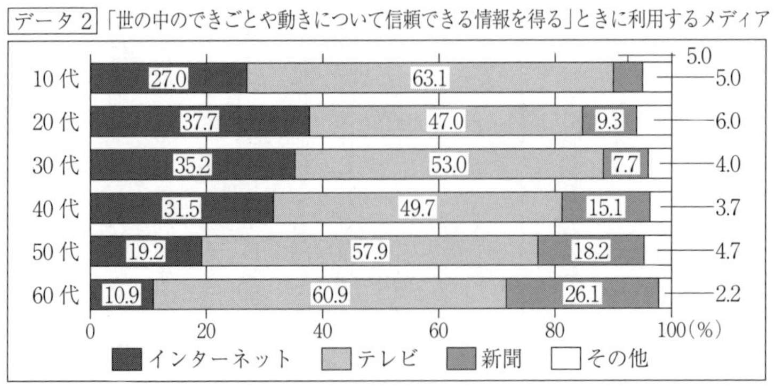

ら二十字以上二十五字以内の表現を書き抜いて答え、Ⅱ には適切な内容を四十字以内で答えなさい。

Ⅰ ［　　　　　　　　　　　　　　　　　　　　　　　　］

Ⅱ ［　　　　　　　　　　　　　　　　　　　　　　　　］

サステイナビリティの和訳を「まもる・つくる・つなげる」としたのは、この和訳が、Ⅰ を着実に踏まえた表現である上に、Ⅱ ことが期待できるためである。

3　次の漢文の書き下し文を読んで、あとの㈠～㈢に答えなさい。

性情（せいじやう）は一（いつ）なり。世に論者〔弁論家〕有りて曰（いは）く、「性は善にして、情は悪なり。」と。是（こ）れ徒（た）だに〔これはただ〕性情の名を識（し）るのみにして、性情の実〔実質〕を知らざるなり。喜怒哀楽好悪欲（きどあいらくかうをよく）の、未（いま）だ外に発せずして、心に存するは性なり。喜怒哀楽好悪欲の、外に発して行ひ〔行動〕に見（あらは）るるは情なり。性は情の本（もと）〔本体〕、情は性の用〔働きである〕なり。故に吾（われ）曰く、「性情は一なり。」と。（「唐宋八大家文読本（とうそうはちたいかぶんとくほん）」より）

㈠　「世に論者有りて曰く」は、「世有論者曰」を書き下し文に改めたものである。書き下し文を参考にして「世ニ有リテ論者曰ク」に返り点を補いなさい。

世ニ　有リテ　論　者　曰ク

㈡　「名を識るのみにして」のここでの内容として最も適切なものを、次の1～4から選び、記号で答えなさい。（　　）

1　名声を知っているだけで　2　うわべを分かっているだけで

3　評判を聞いているだけで　4　呼び名を示しているだけで

㈢　次の会話は、右の漢文を学習した際の、AさんとBさんのやりとりである。Ⅰ、Ⅱ に入る適切な内容を答えなさい。なお、Ⅰ には十字以内の現代語で答え、Ⅱ には書き下し文中から十五字以内で書き抜いて答えなさい。

Ⅰ ［　　　　　　］　Ⅱ ［　　　　　　　　　　　］

Aさん　「論者」は、「性」は「善」、「情」は「悪」と言っています。「性」と「情」は全く別のものだと考えているようですね。

会への転換を図るために必要な環境技術の開発や、我々の社会に生まれる全ての子どもたちが毎日栄養のある食事を取ることができ、質のe高い教育を受けることができるようにするための仕組みというようなものも含まれます。

そして「つなげる」は、「繋げる」であり「継承（継いで承る）」です。人々がつながって「私たち」という共同的な主語を持つことであり、世代を超えたつながりを意味します。ここでのつなげるは、これまで私たちが社会としてまもってきたこと、これからの世の中をよりf良くするために新しくつくったことを、将来世代へと手渡していくことです。

こうしてサステイナビリティを「まもる・つくる・つなげる」ととらえると、いずれもが日常会話のなかでも頻繁に使う動詞ですから、より社会に広く浸透しやすくなるでしょう。また、これまで「持続可能な開発」と言われてきたものについても「まもり、つくり、次世代につなげる開発」と表現してみてもよさそうです。表現としてやや長いのがネックかもしれませんが、その場合には、「持続可能性とは、まもり、つくり、つなげることだよ」というように、難しい言葉をその意味を噛み砕いて子どもに教えるときのように、持続可能性の副題として使ってみるとよいと思います。

（工藤尚悟「私たちのサステイナビリティ―まもり、つくり、次世代につなげる」より）

（注）※民俗芸能＝民間の習慣や信仰などに根ざして伝承されてきた芸能。
※伝統知＝地域において受け継がれてきた伝統的な知識や知恵。

㈠「細かな」と同じ品詞であるものを、文章中の＝＝部a～fから二つ選び、記号で答えなさい。（　）（　）

㈡「私なりに」は、どの言葉を修飾しているか。最も適切なものを、次の1～4から選び、記号で答えなさい。（　）

1 含んでいる　2 意味合いを
3 含んだ表現を　4 考えてみました

㈢「噛み砕いて」のここでの意味として最も適切なものを、次の1～4から選び、記号で答えなさい。（　）

1 分かりやすくして　2 何度も考察して
3 細かく分析して　4 関係を踏まえて

㈣「まもる・つくる・つなげる」とあるが、それぞれの言葉について、筆者はどのような説明の仕方をしているか。最も適切なものを、次の1～4から選び、記号で答えなさい。（　）

1 「まもる」と「つくる」は、その対象を有形のものに限定して実践事例を中心に説明し、「つなげる」は、その対象を無形のものに限定して抽象的なイメージを中心に説明している。

2 「まもる」と「つくる」は、それぞれ具体的な事例を二つの観点で整理して説明し、「つなげる」は、定義を明確にした上で、今後の課題を二つの観点で整理して説明している。

3 「まもる」と「つくる」は、それぞれ二通りの漢字表記をもとに内容を説明し、「つなげる」は、熟語を一つ加えることにより、その内容に広がりをもたせながら説明している。

4 「まもる」と「つくる」は、今後の社会に必要なことを個人的な見解に基づいて説明し、「つなげる」は、社会集団の形成過程について、歴史的な見解に基づいて説明している。

㈤ 次の文が、筆者がサステイナビリティの和訳を「まもる・つくる・つなげる」とした理由をまとめたものとなるよう、[I]には文章中か

1　「圭人」と「師匠」の会話を中心に場面を描写することで、対立する二人の緊張感が表現されている。
2　「師匠」や「圭人」が回想した内容を詳しく描写することで、場面の情景が重なり合って表現されている。
3　会話以外の部分で「圭人」の内面を描写することで、「圭人」の心情の変化が生き生きと表現されている。
4　「師匠」の笑っている様子を繰り返し描写することで、「師匠」の宮大工としての威厳が表現されている。

[2]　次の文章は、サステイナビリティの和訳について述べたものである。これを読んで、あとの㈠～㈤に答えなさい。

和訳を考える際には、まずは訳そうとしている概念の意味するところや細かなニュアンスを、誰にとってもわかりやすい言葉で説明できる必要があります。サステイナビリティがもともと含んでいる意味合いを取りこぼさないようにしながら日本語で説明するとしたら、どのような表現があるでしょうか。私なりに、サステイナビリティと持続可能な開発の概念が含んでいる「ある物や事を下から支え続けながら、次世代に手渡していく」という意味合いを含んだ表現を考えてみました。a 色々な表現を検討しながらも、本章を書いている今日のところまでいちばん納得感があるのが、次の表現です。

サステイナビリティとは、今日まで私たちの社会のなかで大事にされてきたことをまもりながら、これから新しく私たちの社会のなかで b 大切にされてほしいことを c きちんと大切にできるような仕組みをつくり、さらにそのような考え方を次世代につなげる、という考え方のこと。

サステイナビリティをこのようにとらえ直し、再定義した上で、ではその新しい和訳を考えてみると、それは「まもる・つくる・つなげる」がよいのではないかと考えています。

ここでの「まもる」は、「守る」であり「護る」です。これまで私たちの社会のなかで大切にされてきた物事や価値観を守り保全しながら、外から害を受けないようにかばい保護することです。これには自然環境や遺産など有形のものも、それぞれの地域の風土に根ざした民俗芸能や信仰、伝統知の d ような無形のものも含まれます。

「つくる」は、「作る」であり「創る」です。物理的なものや仕組みを作ることであり、アイデアや価値を創ることです。これには、低炭素社

「それなら、ぼくにも可能性はありますか?」
「あるかもしれません。もしあなたの志が一時的なものでなく本物であれば、可能性は十分にあります」
「そうですか！　あの、師匠が宮大工になったきっかけはどういうものだったんですか?　もしかして、代々法隆寺の宮大工さんのお家なんですか?」
師匠は少し間をおいて、ほほえみながら首をふった。
「実は、わたしは関東の出身です。高校生のときに、修学旅行先の奈良の法隆寺を見て一目ぼれし、それからしつこく弟子入りを申しこみましたがことわられ、高校卒業後は他の宮大工のもとで修業してから、再度法隆寺の宮大工の棟梁に頼みこんで、弟子入りさせていただいたんですよ」
ああ、この師匠もそうだったのか！
「それじゃ、あの、師匠もたったの数時間で人生を決めちゃったんですね?」
うっかり本音が出てしまった。
師匠はクスクス笑ってうなずいた。
「そうですね。人生にはそういうこともあるわけです。天命、といいますか」
それから圭人と師匠は、三十分ぐらいしゃべった。歩は圭人のとなりで、ただだまって聞いていた。

（佐藤まどか「スネークダンス」より）

（注）※宮大工＝神社・仏閣に携わる大工。
※クリエイティビティ＝創造性。
※法隆寺＝奈良にある木造建築の寺。
※棟梁＝大工を束ねる親方。

(一) 「度」を楷書で書いたときの総画数は何画か。数字で答えなさい。（　画）

(二) 「写真」と同じ構成（組み立て）の熟語を、次の1～4から一つ選び、記号で答えなさい。（　）
1　花束　2　保温　3　救助　4　日没

(三) 「見せ」の終止形を答えなさい。（　）

(四) 文章中の［　］に入る表現として最も適切なものを、次の1～4から選び、記号で答えなさい。（　）
1　もやもやと　2　しげしげと
3　こそこそと　4　すらすらと

(五) 「それなら、ぼくにも可能性はありますか?」とあるが、なぜ「圭人」はそのような質問をしたのか。次の文がその説明となるよう、［　］に入る適切な内容を、「スケッチ」という言葉を用いて五十字以内で答えなさい。

「師匠」の講演を聞いて、宮大工になりたいと思った「圭人」は、［　］ことに気づき、自分にも宮大工になるために必要なものが備わっているのではないかと感じ、「師匠」にそれを確かめたいと考えたから。

(六) 「人生にはそういうこともあるわけです」とあるが、「そういうこと」の指す内容は何か。二十字以内で答えなさい。

(七) この文章中に見られる表現の特徴として最も適切なものを、次の1～4から選び、記号で答えなさい。（　）

国語

時間　五〇分
満点　五〇点

1　イタリアのローマで生まれ育った「圭人（けいと）」は、古い町並みに魅力を感じ、それをスケッチすることを日常としていた。東京に移り住んでからもスケッチを続けていた「圭人」は、ある日、友人の「歩（あゆむ）」に誘われて宮大工※の「師匠（ししょう）」の講演会に参加した。次の文章は、講演後に「師匠」に話しかけた「圭人」が、自分のスケッチを見てもらっている場面である。よく読んで、あとの㈠～㈦に答えなさい。

「きみは、ローマに住んでいたのですね？」
びっくりした。
「え、どうしてわかるんですか？　写真を見て描いたとか、旅行で行ったとかじゃなくて、どうして住んでいたとわかるんですか？」
ふふっと、師匠がほほえんだ。
「なんというか、きみのスケッチには、執念のようなものがあるからね。いい意味でね」
「え、そうですか？」
「旅先でさらっとスケッチしたり、ネットで拾った写真を見て描いたりしても、こんな風には描けないでしょう。また、自らのクリエイティビティ※を出そうと思って描こうとしても、こうはならないでしょう。これらのスケッチには、描く対象に対するあなたの多大なる敬意が表れている。それは、見ればわかりますよ」
返事ができなかった。
伝わっている。ぼくがなぜスケッチしていたか、この人には、ぼくの想いが伝わっているんだ。
師匠がページをめくっていき、歩の家の一角のスケッチを見ている。圭人は、今にも泣きだしそうなのを、やっとこらえている。
師匠は大きくうなずいてから、スケッチブックを閉じて、返してくれた。
「ありがとう。いいものを見せてもらいました」
圭人は深々と頭を下げた。
「師匠、あの……」
「なんでしょう」
「ぼくは今日、とても感動して……もしかすると、ぼくのやりたいものはこういうことだったんじゃないかって思ったんです」
「と、言いますと？」
「あの、宮大工になって、歴史的建造物を守っていくということです」
［　　］そんな言葉が口から出て、自分でもびっくりした。
「おい、そんなにいきなりか？」と、歩がひそひそ声でささやいた。
師匠はしばらくだまって、圭人を見つめていた。
「わたしの講演を聴いて、急に宮大工になりたいと思ったのですか？」
「はい。そういうのって、いけないのでしょうか」
師匠はクスッと笑った。
「きみは中学生？　高校生？」
「中学二年生です」
「そうですか。まだお若いですね。たったの一時間半で将来を決めるのは、性急かもしれませんね」
「……はい。でも、あの、宮大工になるには、なにか特別な才能が必要でしょうか？」
「うーん。情熱と執念、そして敬意でしょうか」

2023年度／解答

数　学

1 【解き方】(1) 与式 $= -(8 \div 4) = -2$

(2) 与式 $= \frac{15}{6} - \frac{14}{6} = \frac{1}{6}$

(3) 与式 $= 4 \times 8x - 4 \times 7 = 32x - 28$

(4) 与式 $= 3 \times (-2) + 9 = -6 + 9 = 3$

(5) 与式 $= (\sqrt{6})^2 + (-1 + 5) \times \sqrt{6} + (-1) \times 5 = 6 + 4\sqrt{6} - 5 = 1 + 4\sqrt{6}$

【答】(1) -2　(2) $\frac{1}{6}$　(3) $32x - 28$　(4) 3　(5) $1 + 4\sqrt{6}$

2 【解き方】(1) $(x - 2)^2 = 4$ より，両辺の平方根を考えて，$x - 2 = \pm 2$　よって，$x - 2 = 2$ より，$x = 4$，$x - 2 = -2$ より，$x = 0$

(2) 右図で円周角の定理より，$\angle y = 62°$ だから，$\angle x = 180° - (62° + 87°) = 31°$

(3) $-2 \leqq x \leqq 1$ において，y の変域の最大値は，$x = 0$ のとき，$y = 0$　最小値は，$x = -2$ のとき，$y = -2 \times (-2)^2 = -8$　よって，$-8 \leqq y \leqq 0$

(4) 最頻値は，60 回以上 80 回未満の階級値だから，$(60 + 80) \div 2 = 70$（回）

【答】(1) $x = 0, 4$　(2) 31°　(3) ア．-8　イ．0　(4) 70（回）

3 【解き方】(1) 20kcal の菓子 a 個と 51kcal の菓子 b 個のエネルギーの和は，$(20 \times a + 51 \times b)$ kcal　これが 180kcal より小さいのだから，$20a + 51b < 180$

(2) チョコレートの重さより，$x + y = 200$……①　チョコレートに含まれるカカオの含有量より，$x \times \frac{30}{100} + y \times \frac{70}{100} = 200 \times \frac{40}{100}$ だから，$0.3x + 0.7y = 80$……②　①× 7 －②× 10 より，$4x = 600$ なので，$x = 150$　これを①に代入して，$150 + y = 200$ より，$y = 50$

【答】(1) $20a + 51b < 180$

(2)（式）$\begin{cases} x + y = 200 \\ 0.3x + 0.7y = 80 \end{cases}$　（カカオ含有率 30 %のチョコレートの重さ）150（g）（カカオ含有率 70 %のチョコレートの重さ）50（g）

4 【解き方】(1) A の面積は，$\pi \times 6^2 \times \frac{60}{360} = 6\pi$ (cm²)　B の面積は，$\frac{1}{2} \times$（半径）×（弧の長さ）$= \frac{1}{2} \times 6 \times 6 = 18$ (cm²)　C の高さは，$6 \times \frac{\sqrt{3}}{2} = 3\sqrt{3}$ (cm) だから，面積は，$\frac{1}{2} \times 6 \times 3\sqrt{3} = 9\sqrt{3}$ (cm²)　$18 = \sqrt{324}$，$9\sqrt{3} = \sqrt{243}$ より，$B > C$　$\pi = 3.14\cdots$ より，$6\pi = 6 \times 3.14 = 18.84\cdots$，なので，$A > B > C$　よって，A の面積よりも B の面積の方が小さく，A の面積よりも C の面積の方が小さい。

【答】(1) エ

(2) M サイズ 1 個と L サイズ 1 個の相似比は，$1 : \frac{5}{3} = 3 : 5$ なので，体積比は，$3^3 : 5^3 = 27 : 125$　よって，M サイズが 4 個と L サイズが 1 個の体積比は，$(27 \times 4) : 125 = 108 : 125$　したがって，同じ金額で買えるカステラの体積が大きいのは L サイズのカステラ 1 個の方だから，L サイズのカステラを 1 個買う方が割安である。

5 【解き方】(1) 最小値は，令和 2 年，3 年は 30 分だが，令和 4 年は 10 分なので，アは誤り。四分位範囲は，令和2年が，210 − 100 = 110(分)，令和3年が，180 − 60 = 120(分)，令和4年が，150 − 60 = 90(分)なので，イは誤り。中央値は小さい方からデータを並べたとき，(50 + 1) ÷ 2 = 25.5より，25番目と26番目の平均であり，すべての年で中央値は100分以上だから，ウは正しい。令和2年の210分以上の人数は最も少なくみても第3四分位数の38番目から50番目までの13人で，令和4年の150分以上の人数は最も多くみても26番目から50番目までの25人だから，2倍になることはなくエは誤り。

【答】(1) ウ

(2) Aのとき，くじの引き方は，(①，②)，(①，③)，(①，④)，(①，⑤)，(②，③)，(②，④)，(②，⑤)，(③，④)，(③，⑤)，(④，⑤)の10通りあり，2種目とも球技となるのは，(①，②)，(①，④)，(②，④)の3通りだから，確率は，$\dfrac{3}{10}$となる。Bのとき，くじの引き方は，3 × 2 = 6(通り)あり，2種目とも球技となるのは，(①，④)，(②，④)の2通りだから，確率は，$\dfrac{2}{6} = \dfrac{1}{3}$　よって，2つの確率を比べると，$\dfrac{3}{10} < \dfrac{1}{3}$だから，確率はBの方が高い。

6 【解き方】(1) 求める自然数の十の位の数をA，一の位の数をBとすると，10A + B −(10B + A) = 54が成り立つから，9(A − B) = 54より，A − B = 6　よって，(A，B)の組は，(9，3)，(8，2)，(7，1)となり，(9，3)のとき，自然数は最大となるので，求める自然数は93。

【答】(1) 93

(2) $((2n + 4)(2n + 6) - 2n(2n + 2) =)\ 4n^2 + 20n + 24 - 4n^2 - 4n = 16n + 24 = 8(2n + 3)$　nは自然数だから，$2n + 3$も自然数である。よって，$8(2n + 3)$は，8の倍数である。

7 【解き方】(1) BCの中点をOとすると，OC = OB = $2 \times \dfrac{1}{2} = 1$　△AOCで三平方の定理より，OA = $\sqrt{1^2 + 2^2} = \sqrt{5}$　よって，点Oを中心とする半径OAの円を作図して，半直線BCとの交点をPとすれば，BP = BO + OP = $1 + \sqrt{5}$となる。

(例)

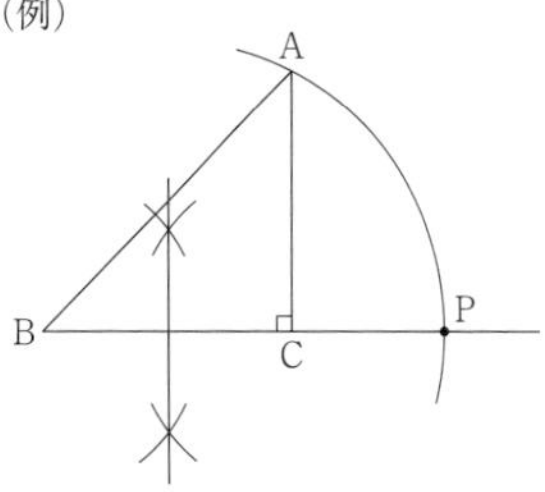

【答】(1) (右図)

(2) △ACFと△BCDで，仮定から，AC = BC……①　∠ACF = ∠BCD = 90°……②　△AEDは直角三角形だから，∠CAF + ∠ADB = 90°……③　△BCDは直角三角形だから，∠CBD + ∠ADB = 90°……④　③，④から，∠CAF = ∠CBD……⑤　①，②，⑤から，1組の辺とその両端の角がそれぞれ等しいので，△ACF ≡ △BCD　合同な図形の対応する辺の長さは等しいので，AF = BD

8 【解き方】(1) $y = ax - 1$と$y = bx - 1$の切片は等しいから，y軸と同じ点で交わる。よって，イ，エは異なる。$a < b$より，直線ℓの傾きが直線mの傾きよりも小さくなるので，求める答えは，ア。

(2) 点Aのy座標は，$y = (-3)^2 = 9$なので，A(− 3，9)　点Bのy座標は，$y = 1^2 = 1$なので，B(1，1)　長方形ACBDの面積を2等分する直線は，対角線の交点，つまり，対角線ABの中点を通る。この中点をMとすると，Mのx座標は，$\dfrac{-3 + 1}{2} = -1$，y座標は，$\dfrac{9 + 1}{2} = 5$だから，M(− 1，5)　求める直線を$y = \dfrac{1}{2}x + b$とおくと，点Mを通ることから，$5 = \dfrac{1}{2} \times (-1) + b$より，$b = \dfrac{11}{2}$　よって，求める直線の式は，$y = \dfrac{1}{2}x + \dfrac{11}{2}$

【答】(1) ア　(2) $y = \dfrac{1}{2}x + \dfrac{11}{2}$

9 【解き方】(1) 自宅から公園までの道のりは，$4 \times \dfrac{30}{60} = 2$(km)なので，求める時間は，$2 \div a \times 60 = \dfrac{120}{a}$(分)

(2) ∠ABC = 90°より，図2の点Mを中心とする直径ACの円は，点Bを通るから，MA = MB = MCとなる。直角三角形ABCにおいて，三平方の定理より，AC $= \sqrt{10^2 + 20^2} = 10\sqrt{5}$ (m)だから，MA $=$ MB $=$ MC $= 10\sqrt{5} \times \frac{1}{2} = 5\sqrt{5}$ (m)　$\triangle$ACD $= \frac{800}{3} - \frac{1}{2} \times 10 \times 20 = \frac{800}{3} - 100 = \frac{500}{3}$ (m^2)　$\triangle$ACDは二等辺三角形で，MがACの中点なので，$\angle$DMA $= 90°$　DM $= t$とおくと，$\frac{1}{2} \times 10\sqrt{5} \times t = \frac{500}{3}$より，$t = \frac{20\sqrt{5}}{3}$　よって，$5\sqrt{5} < \frac{20\sqrt{5}}{3}$より，中心Mから一番遠い頂点はDとなるから，点Mに街灯を立てたときに街灯が照らす地面の範囲は，最低でも半径が$\frac{20\sqrt{5}}{3}$mの円となる。したがって，このとき必要な街灯の高さは，$\frac{20\sqrt{5}}{3} \times \frac{2}{10} = \frac{4\sqrt{5}}{3}$ (m)

【答】 (1) $\frac{120}{a}$ (分)　(2) $\frac{4\sqrt{5}}{3}$ (m)

英　語

1 【解き方】(テスト 1) No.1. 動物園に今週末行くことをBが提案し，Aが「日曜日に行きましょう」と答えている。No.2. 母親はアレックスに，買い物へ行って，2個のトマトと1個のタマネギを買ってきてくれるよう頼んでいる。No.3. ユウコは「私の兄はこの前の4月に私たちの家を出て，今は札幌に住んでいます」と話している。No.4. マイクとルーシーが行こうとしたレストランはまだ開店していなかった。

(テスト 2) No.1. 父親がノートを探すのを手伝おうかと言ったので，「ありがとう，お願い」が適切。No.2. グリーン先生が「あなたの夢が俳優になることだと思い出しました」と言ったので，「はい，私はいつか世界中で人気者になりたいです」が適切。No.3. 写真の中にいるサトシの特徴を描写している文を選ぶ。「彼は私の横で黄色いTシャツを着ている男の子です」が適切。No.4. バスに乗ることを提案したBに対してAは，球場の周りは車で混雑するため，バスだと時間がかかると答えている。「なるほど。あなたの考えが私のよりもよいと思います」が適切。

(テスト 3) (A) ミズキは外国人の生徒たちのために，自分たちの町の「英語の『地図』を作る」ことを提案している。「地図」= map。(B) ミズキは地図上に「店やレストランのような私たちのお気に入りの場所を『示す』」ことを提案している。「AにBを示す」= show A B。(C) ミズキは「私たちが生徒たちと話すとき，その地図はよい『話題』になると思う」と話している。「話題」= topic。(D) ショウタの最後の質問は「音楽フェスティバルとスポーツフェスティバルのどちらがより好きか」。「私は音楽フェスティバルのほうが好きです」などの文が考えられる。

【答】(テスト 1) No.1. 3　No.2. 2　No.3. 2　No.4. 1

(テスト 2) No.1. 2　No.2. 4　No.3. 3　No.4. 4

(テスト 3) (A) map　(B) Show　(C) topic　(D) (例) like a music festival better

◀全訳▶　(テスト 1)

No.1.

A：明日動物園へ行きましょう。私はウサギが見たいです。

B：いいですね。でも明日は雨が降るようです。今週末はいかがですか？　天気はよいでしょう。

A：今週末ですか？　いいですよ。日曜日に行きましょう。

質問：彼らはいつ動物園を訪れるつもりですか？

No.2.

A：アレックス，今からスーパーマーケットへ行ってトマトをいくつか買ってきてくれない？

B：いいよ，ママ。今ちょうど宿題を終えたところだ。トマトは何個必要なの？

A：ピザを作るために2個必要よ。ああ，タマネギも必要よ！　1個買ってきてちょうだい。

質問：母親は今アレックスに何をしてもらいたいのですか？

No.3.

A：あなたのお兄さんは元気ですか，ユウコ？　私は彼が東京に住んでいると聞いています。

B：ああ，それは私の姉です，スミス先生。私の兄はこの前の4月に私たちの家を出て，今は札幌に住んでいます。

A：本当ですか？　私は若いころ札幌に住んでいました。私はまたそこを訪れたいと思っています。

質問：今札幌に住んでいる人は誰ですか？

No.4.

A：マイク，このレストランで昼食を食べましょう。そこは新しくて人気があるの。

B：いいね，ルーシー。でもレストランの中に誰もいないよ。今開いているのかな？

A：ああ，見て！　レストランは今日，午後5時に開店するみたい！　他のレストランを探しましょう。

質問：マイクとルーシーはなぜ他のレストランを見つけることにしましたか？

（テスト 2）

No.1.

A：リサ，学校へ行く時間だよ！

B：私はノートを探しているの，お父さん。昨夜それを机の上に置いたと思うけれど，見つけられないの。

A：もう 5 分しかないよ。手伝おうか？

No.2.

A：ケンタ，あなたは今年何に挑戦するつもりですか？

B：僕は英語を一生懸命勉強するつもりです，グリーン先生。僕の夢は演劇を勉強するために，いつかニューヨークへ行くことです。

A：ああ，あなたの夢が俳優になることだと思い出しました！

No.3.

A：カオリ，君はこの写真の中で楽しそうだね！　みんながほほえんでいる。彼らは君の友だちかい？

B：そうよ。この写真の中にいる男の子のサトシは，イタリアで勉強するために来週日本を出発するので，私たちは一緒に写真を撮ったの。

A：なるほど。この写真の中のどの男の子がサトシなの？

No.4.

A：明日，野球の試合を見に行くとき，私たちは自転車で球場へ行くべきです。

B：どうしてですか？　私たちはバスに乗ることができます。停留所は球場のちょうど前ですよね？

A：はい。でも，実は球場の周りはいつも車でいっぱいなので，私たちは多くの時間が必要です。

（テスト 3）

ショウタ：何かアイデアはある，ミズキ？

ミズキ　：ええ。私たちは私たちの町の英語の地図を作り，それを外国人の生徒たちにあげることができると思う。その地図上で，私たちは彼らに，店やレストランのような私たちのお気に入りの場所を示すことができるよ。私はそこにいくつかの写真も載せたいの。

ショウタ：いいね。英語の情報は彼らにとても役立つだろうね。

ミズキ　：ええ。それに，私たちが生徒たちと話すとき，その地図はきっといい話題になると思う。じゃあ，あなたのアイデアを話して，ショウタ。

ショウタ：いいよ。僕たちと外国の生徒たちはまず，お互いを知るための時間をとるべきだと思っている。だから，僕のアイデアは学校でお祭りを開くことだ。僕には 2 つのアイデアがある。1 つ目のアイデアは音楽フェスティバルだ。僕たちは，僕たちの吹奏楽の演奏や，一緒に歌を歌うことを楽しむことができる。2 つ目のアイデアはスポーツフェスティバルだ。僕たちはバレーボールやバドミントンのようなスポーツをすることができる。僕たちはスポーツを通じて，コミュニケーションをとることができるよ。

ミズキ　：それぞれのお祭りには長所があるね。私たちはきっと一緒にお祭りを楽しむことができると思う。

ショウタ：ありがとう。でももし君が 1 つを選ぶとしたら，どちらのお祭りのほうがより好きかな？

2 **【解き方】** (1) (A)「～に着く」= arrive at ～。(C) 空所のあとの文でケンジは話題を変えている。「ところで」= by the way。(D)「それらはマオリの人々が話す『言語』から来ています」という意味になる。目的格の関係代名詞を使った文。that 以下が language を修飾している。

(2)「今，私が日本にいればなあ」という意味になる。「私が～ならなあ」= I wish I were ～.。仮定法の文では be 動詞は were が好まれる。

【答】 (1) (A) 1　(C) 3　(D) 2　(2) were

◀全訳▶

リー先生：こんにちは，ケンジ。私たちの学校へようこそ！　あなたは今朝空港に着きましたね？　元気ですか？

ケンジ　：元気です。でもここは本当に暑いですね。

リー先生：ああ，あなたの言っている意味がわかります。今，日本は冬なんですよね？

ケンジ　：はい。先週，僕は友だちとスキーをして楽しみました。

リー先生：本当ですか？　私はスキーが大好きです。今，私が日本にいればなあと思います。

ケンジ　：ところで，私はここへ来る途中でたくさんの珍しい通りの名前を見ました。

リー先生：ああ，それらはマオリの人々が話す言語から来ています。マオリの人々は私たちの国に先住しています。私たちは彼らの文化に敬意を払っています。

ケンジ　：そういうことなんですね。私は今からニュージーランドについてもっと知りたいです！

3 **【解き方】** (1) 直後の文で，異なるかまぼこの形状について述べられていることに注目。「形は同じではない」という意味になる。「形」＝ shape。

(2) 会話の終盤でアンは「発表で地方のかまぼこを紹介してはどう？」と提案し，ユキはその提案を受け入れた。1の「さまざまな種類の地方のかまぼこ」が適切。

(3) 1. 1115年に会合で食べられたかまぼこは，かにの身のような形はしていない。2.「かまぼこが外国から来た」という記述はない。3.「新しい種類のかまぼこが約50年前に発明された」。スライド1を見る。かにの身のようなかまぼこについて「いくつかの会社が約50年前にそれを作り始めた」と説明されている。内容と一致する。4.「日本では木の板の上にあるかまぼこが子どもたちに人気がある」という記述はない。5.「家でかまぼこを作る2つ目のステップで，人々は塩が必要である」。スライド2を見る。「魚のすり身を作り，塩を加える」と書かれている。内容と一致する。6. スライド2のステップ3を見ると，約20分間蒸すように書かれている。12分間では家でかまぼこを作ることはできない。

【答】 (1) shapes　(2) 1　(3) 3・5

◀全訳▶

ユキ：私の発表で，私は大好きな食べ物のかまぼこを紹介するつもりよ。私はその歴史とレシピについて，2つのスライドを作ったけれど，もう1つ必要なの。

アン：最初のスライドに3つの絵を見ることができるね。それらは全部かまぼこなの？　形が同じでないね。このかまぼこは木の板の上にあるけれど，もう1つのものはかにの身のようね。

ユキ：それらは違ってみえるけれど，全部かまぼこよ。実は，今では日本中にたくさんの種類の地方のかまぼこがあるの。私は以前，有名な地方のかまぼこを食べたことがあるよ。それは笹の葉みたいだった。

アン：本当に？　それはおもしろいね。それじゃあ，発表で地方のかまぼこを紹介してはどうかしら？

ユキ：ああ，それはいい考えね！　私はもう1つのスライドを作り，いくつかの例を紹介するつもりよ。

【発表スライド】

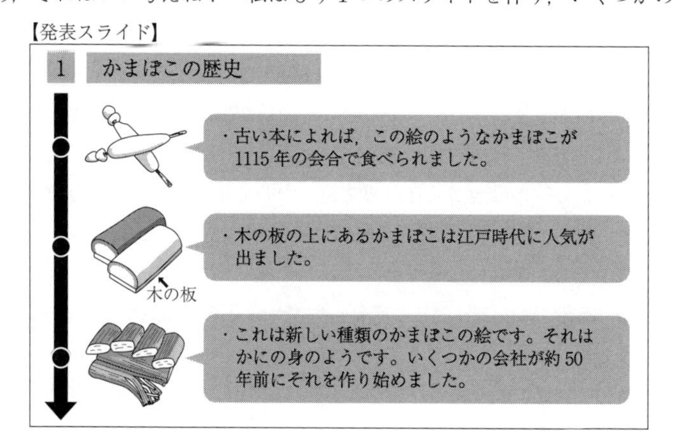

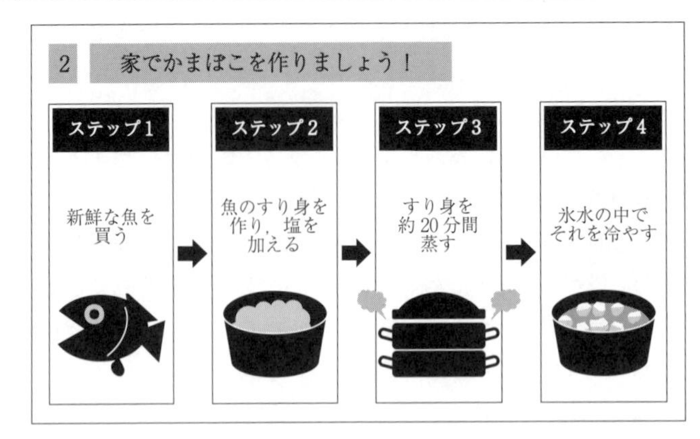

4 【解き方】(1) 輸出額についての文。2つあとの文で「1つの理由は2017年に日本で開催された大規模な国際的な盆栽のイベントだと思う」と述べられていることに注目。3の「2016年から2017年にかけて特に大幅に増加した」が適切。

(2) 直後の文中にある「新しく独創的な盆栽」と対比関係にあるものを選ぶ。「外国の人々は『伝統的な日本の』盆栽だけを楽しんではいない」という意味になる。

(3) 盆栽の輸出額が増えていること，世界中で盆栽の人気が高まっていること，新しい盆栽の文化が生み出されていることが中心の話題となっている。2の「盆栽は世界中で発展されていて，より人気が高まるだろう」が適切。

【答】(1) 3　(2) 4　(3) 2

◀全訳▶　今日，私はみなさんに盆栽について話したいと思います。みなさんはそれが今世界中で人気があることを知っていますか？　「bonsai」という言葉が英語の辞書にあります。私はそのことを知って驚きました。

グラフを見てください。2006年から2020年までの庭木を含めた盆栽の輸出額を見ることができます。2006年に，輸出額は23億円でした。その後，グラフによると，輸出額は2016年から2017年にかけて特に大幅に増加しました。そのとき何が起こったのでしょうか？　私は，1つの理由は2017年に日本で開催された大規模な国際的な盆栽のイベントだと思います。

グラフから，私たちは日本の盆栽が世界でより人気が出てきていることがわかります。しかしながら，今，外国の人々は伝統的な日本の盆栽を楽しんでいるだけではありません。彼らはまた彼らの新しく独創的な盆栽も楽しんでいます。熱帯の木々を使うことによって，盆栽を作る人たちもいます！　彼らは伝統的なものから新しい盆栽の文化を生み出しているのだと言うことができます。将来，伝統的な盆栽だけではなく，新しく独創的な盆栽もまた，世界中のより多くの人々によって愛されるでしょう。

5 【解き方】(1)「しかしながら，男の子たちにとってそれは夢のようなことだったので，彼らは疲れを感じなかった」という意味。逆接の表現 However に注目。直前の文との対比関係が成立する箇所を選ぶ。「彼らは2時間近くその博物館を歩き回った」という文に続くウに入れるのが適切。

(2) (a) 質問は「デイビッドとマサルを喜ばせるために，デイビッドの母親は何をしましたか？」。第2段落の前半を見る。デイビッドの母親は手に電車の切符を持っていて，2人に電車でヨークへ行くことを伝えた。(b) 質問は「マサル，デイビッド，そして彼の母親が訪れた博物館について正しいことはどれですか？」。第3段落の最後から2番目の文を見る。「驚いたことに，彼らは日本の新幹線も見つけた」とある。(c) 質問は「ヨークからロンドンへ行く電車に乗っていたとき，なぜマサルは幸せを感じましたか？」。第4段落の最後の文を見る。「日本とイギリスの固い絆は彼を幸せにした」とある。お互いの国の鉄道の発展に，日本とイギリスが協力し合っていることがマサルを喜ばせた。

(3) (a) 質問は「マサルがヨークからロンドンまで乗った電車について特別だった点は何ですか？」。第4段落でデイビッドがヨークからの電車について,「ある日本の会社によってつくられた」説明している。「〜される」は受動態〈be 動詞＋過去分詞〉で表される。「〜によって」= by 〜。(b) 質問は「なぜマサルは今より熱心に勉強しているのですか？」。第5段落の2・3文目に理由が述べられている。

【答】(1) ウ (2) (a) 1 (b) 4 (c) 3 (3) (例) (a) made by (b) become an engineer

◀全訳▶ この前の夏, マサルはイギリスのロンドンでホームステイをしました。彼はデイビッドという男の子がいる家族のところに滞在しました。マサルとデイビッドの2人とも電車のファンだったため, 彼らはすぐに仲のよい友だちになりました。

ある日, デイビッドの母親がうれしそうな顔をして帰宅しました。「見て, 子どもたち」 彼女は手に何かを持っていました。デイビッドとマサルは, それらが電車の切符であることがすぐにわかりました。デイビッドは「僕たちは電車で旅行をできるの？」と尋ねました。彼女は「そうよ！ この週末に電車でヨークへ行きましょう！」と答えました。デイビッドは「ヨークには鉄道博物館がある。去年, お母さんはその博物館についての本を買ってくれたね。僕は長い間そこへ行きたいと思っていたんだ」と続けました。母親は「もちろん, 私たちはその博物館を訪れることができるよ！」と言いました。2人の男の子はとても興奮して,「ありがとう！ 待ち切れないよ！」と言いました。

土曜日に, 彼らはロンドンからヨークまで電車に乗りました。電車の中で, 男の子たちは窓越しに街や山, 川を見て楽しみました。2時間後に, 彼らはとうとうヨークに到着し, 駅のすぐそばにある博物館へ入って行きました。その博物館はとても大きく, そこには約300両の電車があることを知って, 彼らは驚きました。それらの多くはとても古くて, 彼らはイギリスの鉄道について多くのことを学びました。驚いたことに, 彼らは日本の新幹線も見つけました。彼らは2時間近くその博物館を歩き回りました。しかしながら, 男の子たちにとってそれは夢のようなことだったので, 彼らは疲れを感じませんでした。

3時に, 彼らは家へ帰るために駅に戻ってきました。そのとき, デイビッドは突然とても興奮して,「わあ, あの赤い電車を見て！」と言いました。マサルは彼に「あれは何？」と尋ねました。デイビッドは「それはある日本の会社によってつくられた電車だ。その会社は日本の技術を使ってそれを設計したんだ, そして, それはとても速く走ることができるんだ。とても格好いいよ！」と答えました。「それは頻繁に見ることができないので, 僕たちはとても幸運だ。僕たちは今, それに乗るべきだよ！」と彼は続けました。彼の母親とマサルは賛成して, 彼らはその電車に乗り込みました。マサルはデイビッドからその電車についてもっと多くのことを学びました。マサルは「日本の鉄道はイギリスの技術の助けを借りて150年前に建設され, 今は日本の技術がイギリスの鉄道を発展させるために使われている」と独り言を言いました。日本とイギリスの固い絆は彼を幸せにしました。

イギリスでのホームステイのあと, 彼はより熱心に勉強し始めました。今, 彼には技術者になるという夢があります。彼は将来, イギリスの鉄道のプロジェクトのために働きたいと思っています。日本は今イギリスのために, ヨーロッパで最も速く走ることができる新しい電車を設計しています。

6 【解き方】日本語を上手に話せるようになりたいと思っているジュディに, そのためにどのようなことをすればよいかアドバイスをする。「日本映画を見る」,「日本の音楽を聞く」などの助言が考えられる。

【答】(例) You should watch Japanese movies. You can learn various Japanese words used in our daily lives. If you practice using these words with your friends, you can speak Japanese better. (30語)

◀全訳▶

アヤコ ：あなたはいつ日本へ来るのですか, ジュディ？

ジュディ：私は次の9月に日本で勉強を始めるつもりです。ああ, 私には私の日本語を上達させるのに5か月しかありません！

アヤコ ：あなたはどれくらい日本語を勉強していますか？

ジュディ：3年間です。私は日本語を読むのは大好きですが, 日本語を話すことは私にはまだ難しいです。私は日本語をもっと上手に話したいです。私は何をするべきですか？　私にあなたのアドバイスをください。

アヤコ　：いいですよ。(あなたは日本の映画を見るべきです。あなたは私たちの日常生活で使われているさまざまな日本の言葉を学ぶことができます。もしあなたの友だちとこれらの言葉を使う練習をしたら，あなたはより上手に日本語を話すことができるでしょう。)

ジュディ：それはすばらしいアイデアです！　私はそれを試してみます。ありがとう，アヤコ。

社 会

1 **【解き方】**(1) アフリカ大陸西部なども通る経線。

(2) 2. インドのみが位置する。3. アメリカ合衆国・アルゼンチンの2国。4. オーストラリアが正しい。

(3) ラプラタ川の流域に広がっている。

(4) ナイジェリアはOPEC（石油輸出国機構）の加盟国であることがヒント。2は人口の多さからインド。3は鉄鉱石の輸出額が多いことからオーストラリア。4は1人あたりのGNIが高いことからアメリカ合衆国。5はアルゼンチン。

(5) 図Ⅲの川はガンジス川。ヒンドゥー教徒にとって「聖なる川」とされている。

(6) とうもろこしは高温で雨が多い地域，小麦は冷涼で乾燥した地域での栽培に適した作物。また，人口の多い国は，生産量は多くても国内での消費量も多いので，輸出量は少ない傾向にある。

(7)「白豪主義」とは，かつてオーストラリアが行っていた白人優先の政策。現在のオーストラリアは多文化主義をとっており，特にアジアの国々との結びつきが強い。

【答】(1) 本初子午線 (2) 1 (3) パンパ (4) 1 (5) ヒンドゥー (6) 4

(7) 白豪主義が実施されていた1966年は，ヨーロッパ州からの移民の割合が大きかったが，白豪主義が廃止された後の2021年は，アジア州などからの移民の割合が大きくなっている。(同意可)

2 **【解き方】**(1) プランクトンが豊富でよい漁場となっている。

(2) 関東地方に含まれるのは群馬県・千葉県・神奈川県・茨城県なので約66％。

(3) 情報通信業には，携帯電話業や放送業，インターネット関連サービスを提供する事業，情報サービス業などが含まれる。人口の多い都市部で営まれていることが多い産業。

(4)「東京国際空港」とは羽田空港のこと。成田国際空港と異なり，国内線が主要路線の空港。また，中京工業地帯の中心地にある名古屋港からは，自動車や自動車部品の輸出が多いことから，Dが輸出額と判断できる。

(5) ア. 都心部には官公庁や企業・学校などが多く，郊外に住んでいる人々が，昼間は通勤や通学で郊外から都心部にやってきて，夜になると自宅のある郊外に戻る傾向にある。イ. 標高0mは東京湾の平均海面と同じ高さ。したがって標高がこれより低い地域では，大雨や洪水が発生すると，水が流れ込んでしまう危険性がある。

【答】(1) 大陸棚 (2) (右図) (3) 4 (4) 3

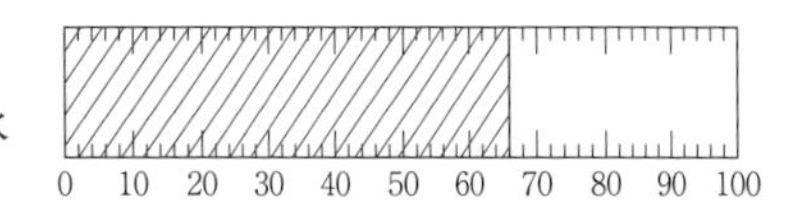

(5) ア. 2 イ. この区間は標高が低く，大雨や洪水が発生した際に，水が地下鉄駅内に流れ込むのを防ぐため。(同意可)

3 **【解き方】**(1) 同じころ，空海は高野山で真言宗を開いた。2は親鸞，3は一遍が鎌倉時代にひらいた宗派。

(2) ア. 1は15世紀，2は9世紀，4は7世紀のできごと。イ.「壬申の乱」は，672年に大海人皇子（のちの天武天皇）と大友皇子（天智天皇の息子）の間で起こった争い。

(3) ア. 今川氏の「今川仮名目録」，武田氏の「甲州法度(はっと)之次第」などが代表例。イ. 織田信長，豊臣秀吉に仕えたが，のちに秀吉の怒りにふれ，切腹させられた。

(4) ア. アヘンは麻薬であり，中毒患者が増えたこともあって，中国はきびしく輸入を取りしまるようになった。イ. 1825年に出された法令。アヘン戦争後，江戸幕府は天保の薪水(しんすい)給与令を出し，日本に来航した外国船が食料や燃料を補給することを許可した。

【答】(1) 4 (2) ア. 3 イ. 1 (3) ア. 分国法 イ. 千利休

(4) ア. 中国のアヘン密輸入額が増加し，中国からの銀流出額が増加した(同意可) イ. 異国船打払令

4 **【解き方】**(1) 実際の貿易は，1858年の日米修好通商条約締結以降に行われた。

(2) 世界文化遺産にも登録されている。フランス人技師の指導のもと，設立された。

(3) う. 1911年に辛亥革命を成功させ，翌年に中華民国を建国した人物。え. 日露戦争の講和条約。アメリカ

のポーツマスで開かれた会議で調印された。

⑷ ア．1は1921年～1922年，2は1932年，3は1929年のできごと。イ．好況にともなうインフレーションが起こっていたことが読みとれる。

⑸「高度経済成長期」とは，日本が大きく経済成長をした1950年代半ばごろから1973年までの期間。1は1946年，2は1951年，3は1971年，4は1993年のできごと。

【答】 ⑴ 3　⑵ 富岡製糸場　⑶ う．孫文　え．ポーツマス条約

⑷ ア．1→3→2　イ．物価の上昇に賃金の上昇が追いついていないため。(同意可)　⑸ 3

5 **【解き方】** ⑴ ア．「人の支配」とは，国王が法を制定し，その法に国民が従うしくみ。イ．「社会権」には，そのほか生存権や教育を受ける権利がある。1は参政権，2は請求権，3は自由権に分類される。

⑵ Y．裁判員は，被告人にどのような刑罰を科すかについても，裁判官とともに決定する。

⑶ これを買いオペレーションという。日本銀行の公開市場操作のひとつ。

⑸ ア．「合意」に注目。イ．え．約25％から40％をこえる水準になっている。お．スウェーデンやデンマークは，高負担高福祉の国として知られている。

⑹ 返済の義務をつけることで，借りた人々の自立を促している。

⑺ 拒否権について説明する。なお，「常任理事国」は，アメリカ合衆国・イギリス・フランス・中国・ロシアの5か国。

【答】 ⑴ ア．法の支配　イ．4　⑵ 2　⑶ 国債を買い取る（同意可）　⑷ い．40　う．8

⑸ ア．2　イ．え．増えている　お．租税負担率が高い（それぞれ同意可）　⑹ マイクロクレジット

⑺ 常任理事国が1か国でも反対すると可決できないため。(同意可)

6 **【解き方】** ⑵ ア．寛政の改革の前に政治改革を行った人物。商工業を活性化させるために株仲間をつくることや長崎貿易を奨励し，新田開発にも力を入れた。イ．え．寛政の改革が始まる直前に百姓一揆や打ちこわしが多く起きていることがグラフからわかる。お．この制度を「囲米の制」という。

⑶「ハザード」とは，危険や危険物という意味を持つ語。

⑷ ア．Internet of Thingsの略称を選択。1は人工知能，3はソーシャルネットワーキングサービス，4は仮想現実（バーチャルリアリティ）のこと。イ．インターネットで発信した防災情報が届きにくい年代はないか，図Ⅲで確認するとよい。

【答】 ⑴ 6

⑵ ア．田沼意次　イ．え．百姓一揆や打ちこわしが増加した　お．米をたくわえさせる（それぞれ同意可）

⑶ ハザードマップ

⑷ ア．2　イ．インターネットの利用率が低い高齢者などにも，十分に情報が行き届くように注意する必要がある。(同意可)

理　科

1 【解き方】(2) 位置エネルギーの大きさは高さに比例し，位置エネルギーの減少した分，運動エネルギーが増加する。位置Bと位置Cは同じ高さなので，おもりが位置Bと位置Cでもつ運動エネルギーの大きさは等しい。

【答】(1) 重力　(2) おもりの位置エネルギーの減少する量が，位置Aから位置Bまで移動するときと，位置Aから位置Cまで移動するときで等しいから。(同意可)

2 【解き方】(1) 犬歯は肉食動物で特に発達している。草は栄養分が少ないので大量に食べなくてはならず，消化もされにくいので，草食動物の消化管は肉食動物に比べて長い。

(2) 1. 肉食動物はえさになる草食動物が少なくなると減少し，草食動物が多くなると増加する。1919年から1931年まで，カンジキウサギの個体数が増減をくり返しているのに，オオヤマネコの個体数が増え続けるとは考えにくい。2・3. 1919年から1921年，1923年にかけて，カンジキウサギの個体数が少ないままなのに，オオヤマネコの個体数が増え続けるとは考えにくい。

【答】(1) 1　(2) 4

3 【解き方】(2) まず，三角フラスコA内のBTB溶液の色が青色に変化したので，水に非常によく溶けてアルカリ性を示す気体が三角フラスコA内に導かれたと考えられる。そのあと，水に少し溶けて酸性を示す気体が三角フラスコB内に導かれたと考えられる。

【答】(1) H_2O　(2) 2

4 【解き方】(2) 天気図Bでは，寒冷前線がちょうど通過している。寒冷前線通過後は寒気の中に入るので，気温が急に下がった時刻に注目する。風向は，寒冷前線に向かって高緯度から風がふくので，南寄りから北寄りに変化する。また，等圧線は1000hPaを基準として4hPaごとに引かれているが，天気図Bを見ると，996hPaの等圧線が付近を通っている。

【答】(1) 偏西風　(2) 3

5 【解き方】(2) ペプシンを溶かした溶液にニワトリの肉を入れることは共通で，塩酸の有無が異なる2つの試験管を比較すると，実験結果のちがいが塩酸の有無によることがわかる。同様に，アミラーゼを溶かした溶液にデンプン溶液を入れた2つの試験管の塩酸の有無から，アミラーゼは酸性の環境でははたらかないことがわかる。

【答】(1) 2　(2) あ. D　い. A　う. E　(3) え. アミノ酸　お. 毛細血管　か. グリコーゲン

6 【解き方】(2) ア. A極が－極，B極が＋極のときに，十字形の金属板のうしろ側の内壁に十字形の影ができたことから，直進してきた陰極線が十字形の金属板にさえぎられて，さえぎられた部分の内壁には陰極線が当たらなかったことがわかる。よって，陰極線は－極から出て直進してきたといえる。イ. 陰極線は－の電気をもつので，電極Xと電極Yのうち＋極の電極X側に曲がる。静電気は2種類の物質を摩擦することによって発生する。電子の移動によって，一方が＋，他方が－の電気を帯び，同じ種類の電気どうしは反発し，ちがう種類の電気どうしは引き合う。

【答】(1) コイル内部の磁界が変化することで，コイルに電圧が生じる現象。(同意可)

(2) ア. －極から出る (同意可)　イ. 2　(3) 電子

7 【解き方】(3) ア. 金星は太陽より早く東からのぼるので，日の出前，東の空に見える (明けの明星)。図1より，金星は東の空にあるので時刻は明け方。イ. 木星型惑星の公転軌道は，内側から，木星，土星，天王星，海王星の順。図1より，南中している土星から東へ海王星，木星，天王星と並ぶ。

【答】(1) 恒星からの光を反射しているから。(同意可)　(2) 4　(3) ア. 2　イ. 3

8 【解き方】(3) ア. 表より，硫酸銅水溶液に鉄板を入れると鉄板が溶けたので，鉄は銅よりイオンになりやすい。硫酸鉄水溶液に亜鉛板を入れると亜鉛板が溶けたので，亜鉛は鉄よりイオンになりやすい。硫酸亜鉛水溶液にマグネシウム板を入れるとマグネシウム板が溶けたので，マグネシウムは亜鉛よりイオンになりやすい。

よって，イオンになりやすい順に，マグネシウム，亜鉛，鉄，銅。イ．T先生との会話にあるように，銅は塩酸に溶けないので，水素は銅よりイオンになりやすい。銅の次にイオンになりにくいのは鉄なので，鉄と水素のどちらがイオンになりやすいかを調べる。

【答】 (1) $Zn \rightarrow Zn^{2+} + 2e^{-}$　(2) 1・4　(3) ア．5　イ．い．鉄　う．水素　え．塩酸

9 **【解き方】** (2) ア．硫酸カルシウムの電離の式は，$CaSO_4 \rightarrow Ca^{2+} + SO_4{}^{2-}$　よって，Ca^{2+}の数と$SO_4{}^{2-}$の数は同じ。イ．100gの物体の重さが1Nなので，200gの物体の重さは2N。ふたの面積は，10 (cm) × 10 (cm) = 100 (cm^2)より，0.01m^2。圧力は，$\dfrac{2\ (\mathrm{N})}{0.01\ (\mathrm{m^2})} = 200\ (\mathrm{Pa})$

(3) ア．表1より，粘土Aの浮力の大きさは，1.6 (N) − 0.6 (N) = 1.0 (N)　粘土Bの浮力の大きさは，2.0 (N) − 1.0 (N) = 1.0 (N)　表2より，粘土Aの浮力の大きさは，1.6 (N) − 0.6 (N) = 1.0 (N)　粘土Bの浮力の大きさは，1.6 (N) − 0.8 (N) = 0.8 (N)　イ．表2より，粘土Aの体積は，600 (mL) − 500 (mL) = 100 (mL)　粘土Bの体積は，580 (mL) − 500 (mL) = 80 (mL)　粘土A，Bの質量は同じなので，体積が大きい方が浮力の大きさも大きくなっている。

【答】 (1) 双子葉類　(2) ア．3　イ．200 (Pa)　(3) ア．あ．3　い．1　イ．体積が大きくなった（同意可）

国　語

1 【解き方】㈡ 上の漢字が動作，下の漢字がその対象を表している。1は，上の漢字が下の漢字を修飾している。3は，同意の漢字の組み合わせ。4は，上下の漢字が主述の関係になっている。

㈢「て」に続くときに「エ段」の音になっているので，下一段活用の動詞。動詞の終止形は「ウ段」の音で終わる。

㈣「そんな言葉」は，「宮大工になって…守っていく」を指す。歩や師匠が「いきなり」「急に」と表現するような想定外の言葉が，ごく当たり前のように出てきている様子。

㈤「それ」とは，宮大工になるために必要なのは「情熱と執念，そして敬意」と師匠が言ったこと。「あるかもしれません…可能性は十分にあります」という答えが返ってきているので，師匠に「きみのスケッチには，執念のようなものがある」「これらのスケッチには…敬意が表れている」と言われたことに着目する。

㈥「そうですね」とあるので，直前の「たったの数時間で人生を決めっちゃった」という圭人の言葉を肯定している。

㈦ 本文は圭人と師匠の会話を中心に進むが，その間に「想いが伝わっているんだ」「今にも泣きだしそうなのを，やっとこらえている」「この師匠もそうだったのか！」などの表現があり，宮大工になるという夢を見いだしていく圭人の心情が書かれている。

【答】㈠ 9 (画)　㈡ 2　㈢ 見せる　㈣ 4

㈤ 宮大工に必要な情熱，執念，敬意のうちの執念と敬意を，「師匠」が自分のスケッチから感じ取っていた（47字）（同意可）

㈥ たったの数時間で人生を決めてしまうこと。(20字)（同意可）　㈦ 3

2 【解き方】㈠ 活用のある自立語で，言い切りの形が「～だ」となるので形容動詞。cは副詞，dは助動詞，e・fは形容詞。

㈡「私なりに」と主体を表しているので，「どうする」にあたる語を修飾する。

㈣「まもる」は「守る」「護る」，「つくる」は「作る」「創る」という二通りの表記に基づき，それぞれについて「これまで私たちの社会のなかで…保護すること」「物理的なものや…価値を創ること」と説明している。「つなげる」は「継承」という熟語を紹介し，「世代を超えたつながり」と説明している。

㈤ Ⅰ. サステイナビリティの和訳にあたって筆者が目指していることについて，本文のはじめで，「訳そうとしている概念の意味するところや…説明できる」ことや，「もともと含んでいる意味合いを取りこぼさないようにしながら日本語で説明する」ことを挙げている。Ⅱ.「まもる・つくる・つなげる」という和訳に，「期待できる」ことをさがす。サステイナビリティを「『まもる・つくる・つなげる』こととととらえる」ことによって起こるであろうことを，「いずれもが…より社会に広く浸透しやすくなるでしょう」と推測している。

【答】㈠ a・b　㈡ 4　㈢ 1　㈣ 3

㈤ Ⅰ. サステイナビリティがもともと含んでいる意味合い（23字）　Ⅱ. 日常会話のなかでよく使う動詞を用いて表現することで，社会に広く浸透しやすくなる（39字）（同意可）

3 【解き方】㈠「論者」の後に「有」に戻って読んでいる。このように二字以上戻って読む場合には「一・二点」を用いる。

㈡ 直後の「実を知らざる」と，対になっていることから考える。

㈢ Ⅰ. 筆者は，「情」について「外に発して行ひに見るるは情なり」と述べている。Ⅱ.「故に吾曰く」とあるので，その前で，「性情は一なり」と同様に，性と情を「切り離すことができない一体のもの」として述べていることをおさえる。

【答】 ㈠ (右図) ㈡ 2 ㈢ Ⅰ. 行動に現れている (同意可) Ⅱ. 性は情の本, 情は性の用なり (13字)

世ニ有リテ二論者一曰ク

◀口語訳▶ 性 (性質) と情 (感情) は一つである。世間に弁論家がいて言うには, 「性は善であって, 情は悪である」と。これはただ性と情のうわべを分かっているだけで, 性と情の実質を知らないのである。喜怒哀楽好悪欲が, まだ外に出ておらず, 心の中にある状態が性である。喜怒哀楽好悪欲が, 外に出て行動に現れている状態が情である。性は情の本体, 情は性の働きである。だから私は言う, 「性と情は一つである」と。

4 **【解き方】** ㈠「どのようにして情報を得ていますか」と, 聞き手を主体とした疑問を投げかけていることに着目する。

㈡「この結果」は, 直前の「信頼できる情報を得るときには…インターネットを利用する割合が低く」なっていることを指す。この根拠を データ3 に求めると, 「インターネット」は, 他のメディアより「信頼度」が低くなっている。

㈢「各メディアに対する信頼度と実際に利用する割合との関係」について, データ2 と データ3 から考える。「つまり」とあるので, 前で述べているように, 「テレビ」と「新聞」は, ともに「インターネット」より「信頼度」が高いにもかかわらず, 「実際に利用する割合」には大きな差が出ていることをおさえる。

【答】 ㈠ 1 ㈡ インターネットの信頼度が他のメディアに比べて低い (24字) (同意可)

㈢ 信頼度が高いメディアと認識していても, 必ずしも利用する割合が高いわけではない (同意可)

5 **【解き方】** ㈡ 4のみ「泰」と書く。他は「大」。1は, 才能のある人は, 年をとってから大成すること。2は, 大きな願いが叶うこと。3は, 人としての本来の道義, または行動の理由となる道理や根拠。4は, 落ち着いていて動揺しないさま。

㈢ ア. 「ゑ」は「え」にする。イ. 「風のしるしなりける」と係り結びになっているので, 「桜花かほるぞ」に注目。和歌は, こずえに風が吹いたとは見えないのに, 桜の花の香りがする, それこそが風が吹いている証拠なのだなあという意味。

【答】 ㈠ 1. ひき(いる) 2. けいだい 3. 鉄橋 4. 縮小 5. 険(しい) ㈡ 4

㈢ ア. こずえ イ. 桜の花の香りがすること。(同意可)

6 **【答】** (例)

私は, 体育祭で大切なのは力を合わせることだと思うので, 案Aがよいと考えます。

体育祭では, 入場行進, 応援合戦, 各学年で行う団体競技など, 全員で動きを合わせたり, チームとして協力したりしなければならない場面が数多くあります。リーダーや運動が得意な人だけががんばってもうまくいきません。また, 当日だけでなく, 準備や練習のときにもみんなで意見を出し合ったり, 協力して作業をしたりすることで, 体育祭がより充実したものになると思います。だから, 私は案Aがよいと考えます。(12行)

山口県公立高等学校

2022年度
入学試験問題

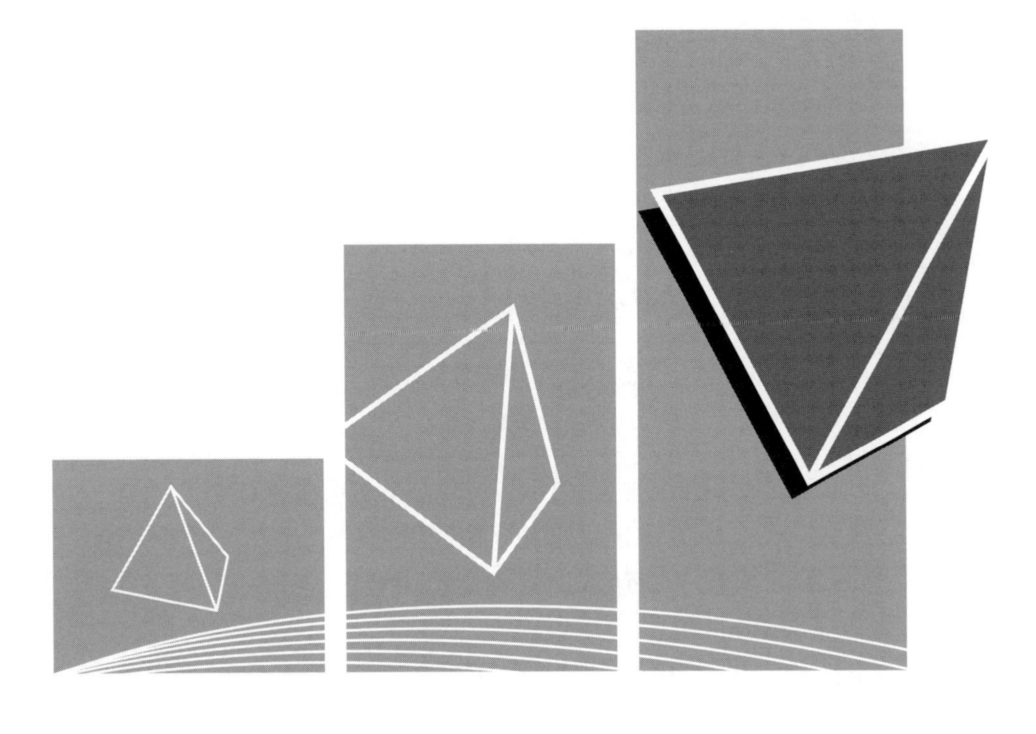

数学

時間　50分　　　　満点　50点

1　次の(1)～(5)に答えなさい。

(1)　$8-(-5)$ を計算しなさい。(　　　)

(2)　$\frac{2}{5} \div \left(-\frac{1}{10}\right)$ を計算しなさい。(　　　)

(3)　$(-4a)^2 \times 3b$ を計算しなさい。(　　　)

(4)　$(6x+y)-(9x+7y)$ を計算しなさい。(　　　)

(5)　$(a+3)(a-3)$ を計算しなさい。(　　　)

2　次の(1)～(4)に答えなさい。

(1)　直方体の形をした水そうがあり，水そうの底から7cmの高さまで水が入っている。この水そうに，毎分3cmずつ水面が上がるように水を入れる。水を入れ始めてから x 分後の水そうの底から水面までの高さを y cmとしたとき，水そうが満水になるまでの x と y の関係について，y を x の式で表しなさい。ただし，x の変域はかかなくてよい。(　　　)

(2)　右の表は，山口県の19市町別の人口密度（$1\,\mathrm{km}^2$ あたりの人数）を度数分布表にまとめたものである。

19市町の中央値が含まれている階級を，次のア～エから1つ選び，記号で答えなさい。(　　　)

ア　100人以上200人未満
イ　200人以上300人未満
ウ　300人以上400人未満
エ　400人以上500人未満

$1\,\mathrm{km}^2$ あたりの人数（人）	度数（市町）
以上　未満 0 ～ 100	5
100 ～ 200	3
200 ～ 300	3
300 ～ 400	2
400 ～ 500	1
500 ～ 600	4
600 ～ 700	1
計	19

（令和3年人口移動統計調査などにより作成）

(3)　次の条件①と条件②の両方を満たす数を答えなさい。(　　　)

> 条件①　4より大きく5より小さい無理数である
> 条件②　2乗すると18より小さい整数となる

(4)　右の図のような平行四辺形ABCDで，辺CD上にあり，頂点C，Dと重ならない点をE，線分ACと線分BEの交点をFとする。

このとき，△ABCと面積が等しい三角形を，次のア～エから1つ選び，記号で答えなさい。(　　　)

ア　△ACE　　イ　△BCE　　ウ　△ABE　　エ　△BCF

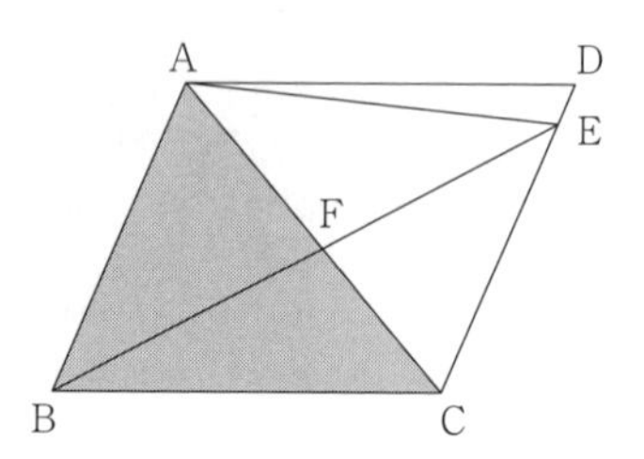

3　Sさんと T さんは，インターネットを利用する機会が増えたので，データ量や通信量に興味をもった。

次の(1)，(2)に答えなさい。

(1)　Sさんのタブレット端末には，1枚3MB（メガバイト）の静止画が a 枚，1本80MBの動画が b 本保存されており，それらのデータ量の合計は500MBよりも小さかった。この数量の関係を不等式で表しなさい。なお，MBとは，情報の量を表す単位である。(　　　)

(2)　Sさんと T さんはそれぞれ，アプリケーションソフトウェア（以下，「アプリ」という。）PとQを使用したときの，インターネットの通信量を調べた。下の表はその結果である。アプリ P，Qはどちらも，使用時間と通信量が比例することがわかっている。

このとき，アプリPの1分間あたりの通信量を x MB，アプリQの1分間あたりの通信量を y MBとして連立方程式をつくり，アプリ P，Qの1分間あたりの通信量をそれぞれ求めなさい。なお，MBとは，情報の量を表す単位である。

式(　　　　)　アプリP(　　　MB)　アプリQ(　　　MB)

	アプリPの使用時間	アプリQの使用時間	アプリPとアプリQの通信量の合計
Sさんの結果	20分	10分	198MB
Tさんの結果	5分	30分	66MB

4　空間図形について，次の(1)，(2)に答えなさい。

(1)　図1のような直径ABが6cmの半円がある。線分ABを軸としてこの半円を1回転してできる立体の体積を求めなさい。ただし，円周率は π とする。

(　　　cm^3)

図1

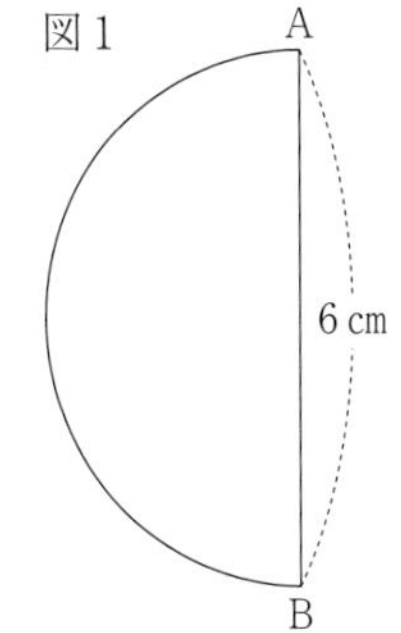

(2)　図2は1辺の長さが1mである立方体である。この立方体を，ある3つの頂点を通る平面で切り取ると，立体Xと立体Yができる。図3は立体Xの投影図である。

立体Xの体積をV，立体Yの体積をV′としたとき，体積の比V：V′を，次のア～エから1つ選び，記号で答えなさい。(　　　)

ア　V：V′＝1：1　　イ　V：V′＝3：1　　ウ　V：V′＝5：1
エ　V：V′＝7：1

図2

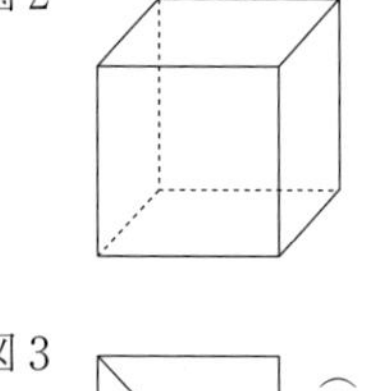

図3

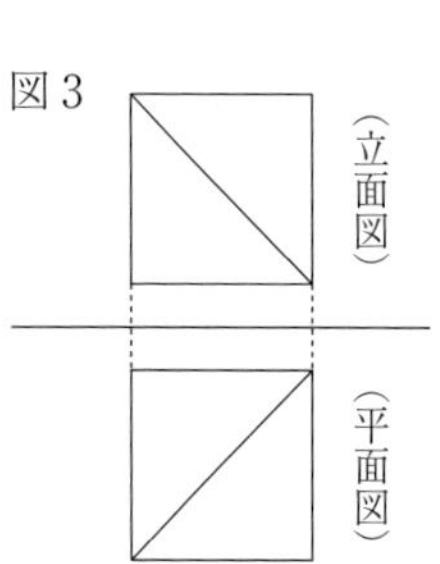

5　A さんと B さんは花壇に花の苗を植える計画を立てた。

次の(1), (2)に答えなさい。

(1)　買ってきた花の苗を 5 人で植えると，1 人あたり 70 個植えることになる。

買ってきた花の苗を a 人で植えると，1 人あたり何個植えることになるか。a を使った式で表しなさい。(　　　個)

(2)　A さんと B さんは，買ってきた花の苗の一部を使って図 1 のように，花の苗を三角形の辺上に同じ数ずつ植えることにした。例えば，花の苗を三角形の辺上に 4 個ずつ植えると，図 2 のようになる。ただし，●は花の苗を表す。

A さんは，三角形の辺上に n 個ずつ植えるときの，苗の合計を次のように考えた。

A さんの考え

右の図のように，三角形の底辺にある n 個の苗をすべて数えると，左の辺は $(n-1)$ 個数えることになる。さらに右の辺は $(n-2)$ 個数えることになるから，苗の合計は，

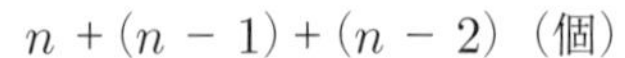

$n+(n-1)+(n-2)$ (個)

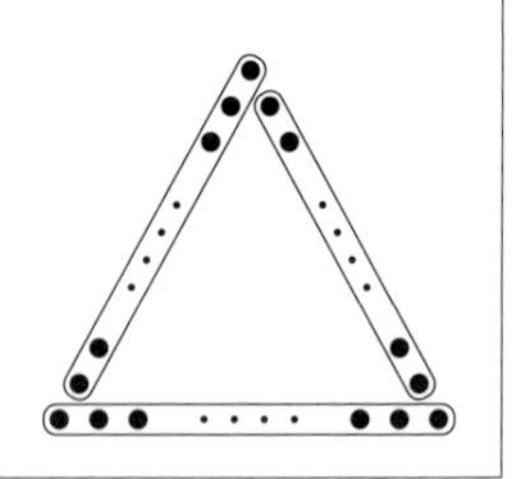

一方で，B さんは別の考え方で，$\{3(n-2)+3\}$ 個と考えた。

B さんの考え方について，A さんの考えのかき方にならって，解答らんの●を囲んだうえで説明しなさい。

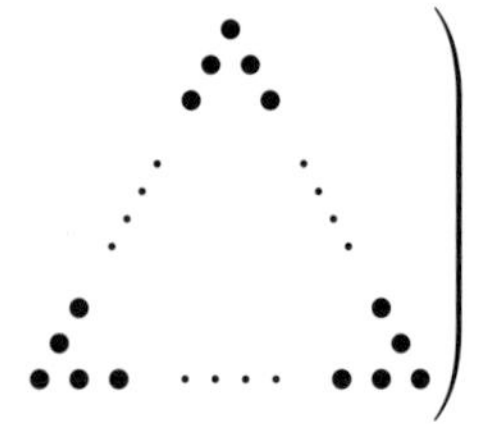

6　大小２個のさいころについて，次の操作を行うとき，次の(1)，(2)に答えなさい。ただし，この大小２個のさいころは，どの目が出ることも同様に確からしいものとする。

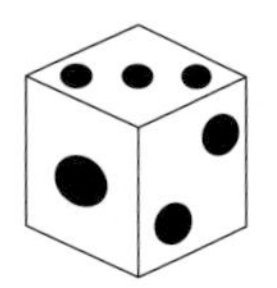

操作

大小２個のさいころを同時に１回投げて，出た目の数の和を記録する。

(1)　下の表は，操作を10回くり返したときの記録Aと50回くり返したときの記録Bを整理したものである。また，説明は，表をもとに記録Aと記録Bの散らばりの度合いについてまとめたものである。

目の数の和	2	3	4	5	6	7	8	9	10	11	12
10回くり返したときの記録A	0	0	1	1	3	1	1	2	0	1	0
50回くり返したときの記録B	3	4	6	6	6	8	4	4	7	1	1

説明

記録Aの四分位範囲は［ア］，記録Bの四分位範囲は5である。記録Aと記録Bの四分位範囲を比較すると，記録［イ］の方が散らばりの度合いが大きい。

説明が正しいものとなるように，［ア］には，あてはまる数を求め，［イ］には，A，Bのうち適切な記号を答えなさい。ア(　　　)　イ(　　　)

(2)　操作を多数回くり返していくと，目の数の和が6，7，8になる回数が他よりも多くなっていくことがわかっている。

大小２個のさいころを同時に１回投げたとき，目の数の和が6以上8以下になる確率を求めなさい。ただし，答えを求めるまでの過程もかきなさい。

(　　　　　　　　　　　　　　　　　　　　　　　　　　　　　　　)　答え(　　　)

7　関数 $y = ax^2$ について，次の(1)，(2)に答えなさい。

(1)　関数 $y = x^2$ について，x の値が1から2まで増加したときの変化の割合は3である。x の値が－3から－1まで増加したときの変化の割合を求めなさい。(　　　)

(2)　図のように，関数 $y = x^2$ のグラフ上に x 座標が2となる点Aをとる。また，$a > 0$ である関数 $y = ax^2$ のグラフ上に x 座標が－3となる点Bをとる。

△OABの面積が8となるとき，a の値を求めなさい。(　　　)

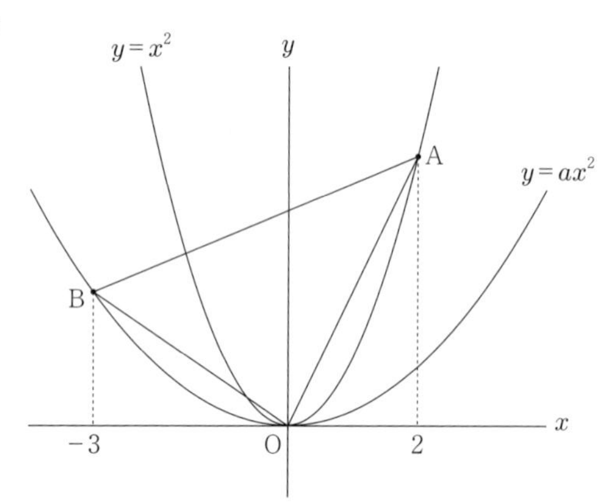

8　三角形に関連して，次の(1)，(2)に答えなさい。

(1)　図1のように，∠ABC = 70°，∠ACB = 30°である△ABCがある。辺AC上に点D，辺BC上に点Eをとり，∠BDE = 55°，∠BED = 90°であるような直角三角形BEDをつくりたい。このとき，点Eを定規とコンパスを使って作図しなさい。ただし，作図に用いた線は消さないこと。

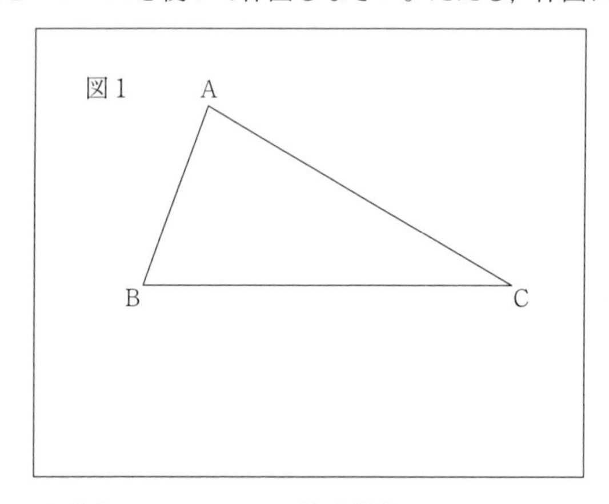

(2)　図2のような△ABCがあり，∠ABCの二等分線と辺ACの交点をPとする。また，線分BPの延長上にあり，CP = CQとなる点Qをとる。

このとき，BA : BC = AP : CPであることを証明しなさい。

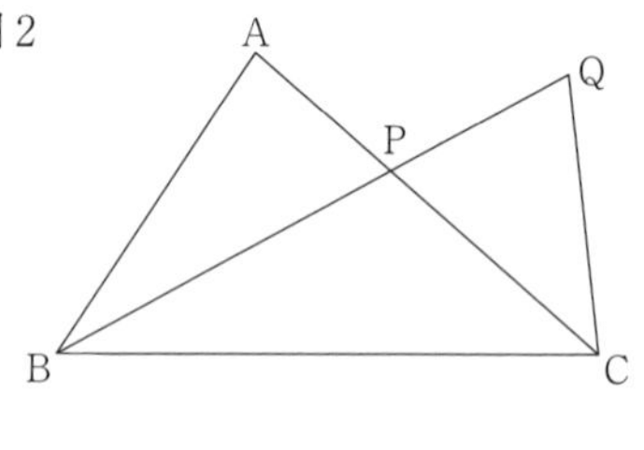

9 ある中学校では，体育祭の準備を行っている。

次の(1)～(3)に答えなさい。

(1) Sさんは，倉庫にある玉入れ用の玉の中に，使える玉が何個あるか確認することにした。そこで，無作為に抽出した20個の玉を調べると，そのうち15個が使える玉であった。

玉が全部で413個あることが分かっているとき，使える玉はおよそ何個と推定されるか。小数第1位を四捨五入した概数で答えなさい。(およそ　　　個)

(2) Tさんのクラスでは，ダンスの隊形について話し合っている。ダンスは運動場に用意された縦18m，横22mの長方形の形をした区域の中で踊ることになっている。

図1は，Tさんが考えた隊形を示しており，長方形の対角線の交点を中心とした半径7mの円Oと，4つの同じ大きさの円A，B，C，Dを表したものである。円A，B，C，Dは，円Oより小さく，長方形のとなり合う2辺と円Oに接している。

円A，B，C，Dの半径をxmとしたとき，xの値を求めなさい。(　　　)

図1

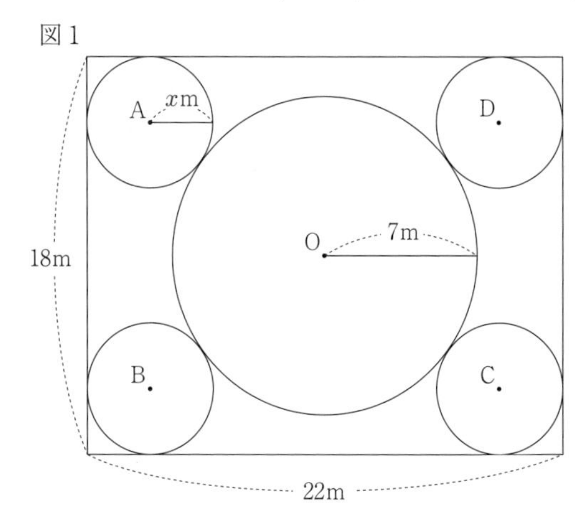

(3) Uさんは，運動場に200m走のトラック（走路）をつくることになった。そこで，陸上競技用のトラックのつくり方について調べ，以下のようにつくることにした。

トラックのつくり方

① 半径がrmの2つの半円と，縦の長さが$2r$m，横の長さがbmの長方形を組み合わせる。

② ①の図形の外側に，幅が1mの4つのレーンをつくり，内側から第1レーン，第2レーン，第3レーン，第4レーンとする。

③ 各レーンのゴール位置は同じライン上とし，トラックを走る距離を各レーンすべて200mにする。そのため，第1レーンのスタート位置に対し，第2レーン，第3レーン，第4レーンのスタート位置をそれぞれ前方にずらす。

図2はトラックのつくり方をもとにつくったイメージ図である。第1レーン，第4レーンのスタート位置の最も内側の点を，それぞれA，Bとする。①の2つの半円のうち，ゴール位置のある方の半円の中心を点Cとする。

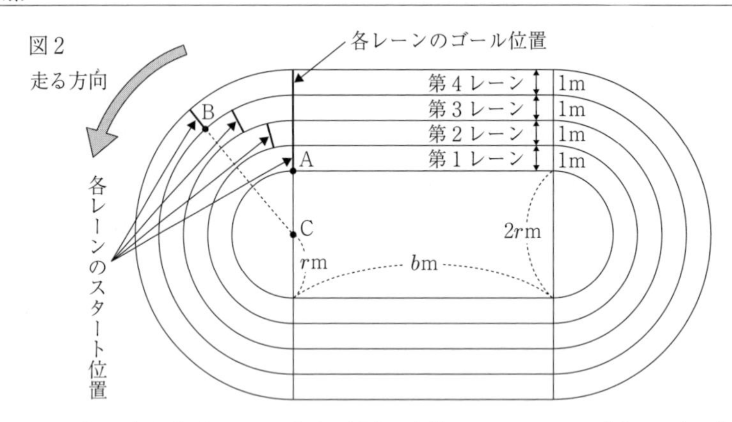

実際にトラックをつくるために，U さんは図 2 を使ってクラスメイトに下のように説明した。この説明が正しいものとなるように，［ア］，［イ］にあてはまる数を求めなさい。また，［ア］については，答えを求めるまでの過程もかきなさい。ただし，円周率は π とする。

> 各レーンで走る距離は，各レーンの内側にある線の長さを測るものとする。
> 第 4 レーンのスタート位置は，第 1 レーンのスタート位置より［ア］m だけ前方にずらす必要がある。$r = 21$ としてつくると，$\angle$ACB の大きさは［イ］度となる。

ア（　　　　　　　　　　　　　　　　　　　　　　　　　　）答え（　　　）
イ（　　　）

英語

時間　50分　　　　満点　50点

（編集部注）　放送問題の放送原稿は英語の末尾に掲載しています。
音声の再生についてはもくじをご覧ください。

1　放送によるリスニングテスト

テスト1　4つの対話を聞いて，対話の内容に関するそれぞれの問いの答えとして最も適切なものを，1～4から1つずつ選び，記号で答えなさい。

No.1（　　）　No.2（　　）　No.3（　　）　No.4（　　）

No.1　1　Two hot dogs.　2　Two hot dogs and an apple juice.　3　Three hot dogs.
4　Three hot dogs and an apple juice.

No.2　1　In a gym.　2　In a plane.　3　In a library.　4　In a supermarket.

No.3　1　Because he needs to get to school by nine.
2　Because he'll have a game tomorrow.
3　Because he needs to practice soccer.
4　Because he'll play a video game.

No.4　1　To clean the students' desks.　2　To take a desk to her classroom.
3　To clean the windows right now.　4　To take a box to the English room.

テスト2　4つの対話を聞いて，それぞれの対話に続く受け答えとして最も適切なものを，1～4から1つずつ選び，記号で答えなさい。

No.1（　　）　No.2（　　）　No.3（　　）　No.4（　　）

No.1　1　Yes, you should make *sushi*.　2　Yes, you can walk to the restaurant.
3　No, you should not eat it.　4　No, you can't make it at home.

No.2　1　Oh, thank you for your help.　2　Now, I have a high fever.
3　OK. Show me your computer.　4　Great. It was too easy for you.

No.3　1　Sorry. I must do my homework.　2　No. I watched it last month.
3　I see. You can join us.　4　Sure. I've seen it twice.

No.4　1　You can give her the same flowers.
2　She doesn't like flowers, right?
3　How about a cup with a picture of flowers?
4　I am looking for flowers for my grandmother.

テスト3　あなたは，3日間の「イングリッシュ・デイ」（英語に親しむイベント）に参加している。
今から，そのイベント初日における先生の話を聞いて，その内容に合うように，【ワークシート】の下線部(A)，(B)，(C)に，それぞれ話の中で用いられた英語1語を書きなさい。
また，下線部(D)には，先生の質問に対するあなたの返答を，4語以上の英語で書きなさい。

(A)(　　)　(B)(　　)　(C)(　　)

(D) I (　　　　　　　　　　　　　　　　　　　　　　　　　　　　　　　　　　　　　).

【ワークシート】

English Day

● **Activities**

Day 1	English __(A)__ activity and presentation
Day 2	Going to a __(B)__
Day 3	Making our __(C)__ short movie in English

● **Q&A**

No. 1　I __(D)__ .

2　次は，*Taro* と留学生の *Ann* との対話の一部である。これを読んで，下の(1)，(2)に答えなさい。

Ann:　How do you usually spend New Year's Day?

Taro:　Well, I go to my grandmother's house with my family __(A)__ we have special food such as *ozoni*. Have you ever (B) __(eat)__ *ozoni*?

Ann:　No. What's that?

Taro:　It's a Japanese traditional soup dish for New Year's Day. We __(C)__ it *ozoni*.

Ann:　A special dish for New Year's Day? That sounds interesting.

Taro:　On New Year's Day this year, my aunt came to see us with her son. He was too little to eat *ozoni* well, so I helped him. I like to __(D)__ little children. We enjoyed *ozoni* together.

(注)　spend ～　～を過ごす

(1)　下線部(A)，(C)，(D)に入る最も適切なものを，それぞれ1～4から選び，記号で答えなさい。

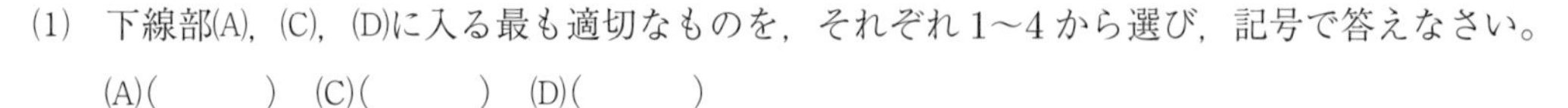

(A)(　　　)　(C)(　　　)　(D)(　　　)

(A)　1　that　　2　while　　3　which　　4　and

(C)　1　give　　2　call　　3　try　　4　show

(D)　1　come from　　2　arrive at　　3　take care of　　4　be famous for

(2)　下線部(B)の (　　) の中の語を，適切な形にして書きなさい。(　　　)

③ 次は，アメリカに留学中の *Nami* と，友人の *Chris* との対話の一部である。対話文と【ウェブサイト】を読んで，あとの(1)～(3)に答えなさい。

【ウェブサイト】

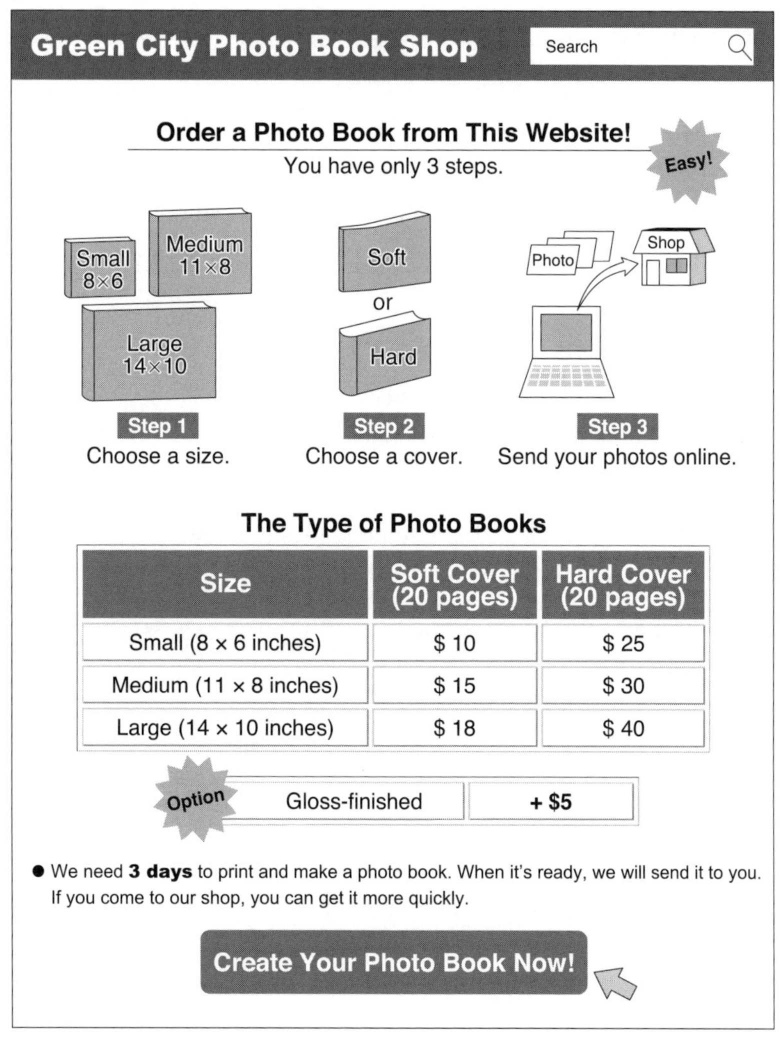

Chris: Nami, what are you looking at?

Nami: This is a website about a photo book. I'll make a photo book with the pictures I took in this city.

Chris: That's a good idea. What kind of photo book will you make?

Nami: Well, I think I'll order a medium photo book.

Chris: How about a cover?

Nami: I know soft covers of all sizes are (c　　) than hard covers. But I'll choose a hard cover photo book. And I'll make it gloss-finished.

Chris: Sounds good. I'm sure it'll be nice.

(注) online　オンラインで　　inch(es)　インチ（長さの単位，1インチはおよそ2.5センチメートル）
　　option　オプション（追加メニュー）

photo book(s)　フォトブック（写真を各ページに印刷し製本したもの）

order ～　～を注文する　　cover(s)　表紙　　hard　硬い，厚手の

gloss-finished　つや出し加工の

(1) 【ウェブサイト】の内容に合うように，対話文中の下線部に入る適切な英語１語を書きなさい。ただし，（　）内に与えられた文字で書き始めなさい。（　　）

(2) 対話と【ウェブサイト】の内容によると，*Nami* が購入しようとしているフォトブックの値段はいくらになるか。次の1～4から１つ選び，記号で答えなさい。（　　）

1　20 dollars　　2　30 dollars　　3　35 dollars　　4　40 dollars

(3) 【ウェブサイト】から読み取れる内容と一致するものを，次の1～6から２つ選び，記号で答えなさい。（　　）（　　）

1　People can order a photo book through the Internet.

2　Sending pictures is the first step to make a photo book.

3　There are four different sizes of photo books.

4　All the photo books people can order have thirty pages.

5　The shop needs a week to finish making a photo book.

6　People can receive a photo book at the shop.

4 次の英文を読んで，あとの(1)～(3)に答えなさい。

Masato and Tom are junior high school students. They have been friends for a year and Tom has learned how to speak Japanese well during his stay in Japan.

Tom is interested in Japanese culture, especially *manga*. Masato also likes it and they often enjoy talking about the stories. Tom is also interested in *kendo*. He often practices it with Masato. They have had a great time together. But Tom is going to leave Japan and go back to London this July.

On Saturday in June, Masato and Tom went to school to practice *kendo*. After they finished practicing *kendo*, they talked about their homework. It was still difficult for Tom to do homework for Japanese classes alone, so they often did it together and Masato helped Tom. The homework for the weekend was to make *tanka*. They learned about *tanka* in a Japanese class. Tom said, "I don't know how to make *tanka* well. Show me your *tanka* first, please!" Masato said, "[ア] I wish I could show you a good one, but making *tanka* is also not easy for me."

Then, Ms. Oka, the teacher of *kendo*, came to them and said, "[イ] Are you talking about *tanka*?" Masato remembered that Ms. Oka loved making *tanka*. Masato sometimes saw her good *tanka* in the school newspaper. Masato said, "Yes. We're trying to make *tanka*, but we have no idea. Could you tell us how to make it? It's our homework!" Ms. Oka smiled and said, "OK. [ウ] You can make *tanka* freely." "Freely? But *tanka* has a rule about rhythm," Masato said. She said, "Of course it has some rules. [エ] But I think the most important thing is to make *tanka* freely with the words born from your heart. Talk with your heart. Then, you can make good *tanka*."

Masato repeated Ms. Oka's words in his heart and remembered the days with Tom. He thought, "We have enjoyed many things. Saying good-bye to Tom will be sad. But we have to grow in each place for our future. It may be hard but I believe we can." Masato decided to make *tanka* about this feeling and send it to Tom. He thought it would be a good present.

When Masato and Tom left school, Masato looked up at the sky. It was so blue. They stopped and looked at it for a while together. Then, Masato started making his first *tanka* for Tom.

(注) rhythm リズム（ここでは短歌の5-7-5-7-7のリズムのこと） heart 心
good-bye さようなら present 贈り物 for a while しばらくの間

(1) 次の英文が入る最も適切な箇所を，本文中の[ア]～[エ]から選び，記号で答えなさい。
( )

Making *tanka* is not so difficult.

(2) 次の(a)～(d)の質問に対する答えとして，本文の内容に合う最も適切なものを，それぞれ1～4から選び，記号で答えなさい。

(a) What do Masato and Tom usually enjoy together? ( )

1　Creating a story about *kendo*.　　2　Studying English.　　3　Talking about *manga*.

4　Listening to *tanka*.

(b)　Why did Masato and Tom often do homework for Japanese classes together?（　　　）

1　Because Tom needed Masato's help to do it.

2　Because Masato was interested in teaching.

3　Because Tom liked Japanese classes very much.

4　Because making *tanka* was easy for Masato.

(c)　How did Masato know that Ms. Oka made good *tanka*?（　　　）

1　By buying Ms. Oka's book.　　2　By learning about it in a Japanese class.

3　By talking with Tom.　　4　By reading the school newspaper.

(d)　What did Masato decide to make *tanka* about?（　　　）

1　About a good present from Masato to Tom.

2　About the memories with Tom and their future.

3　About the beautiful blue sky in July.

4　About Ms. Oka's words to Masato.

(3)　次は，本文の内容についての【質問】である。この【質問】に対する適切な答えとなるように，【答え】の下線部に適切な英語４語を書きなさい。

【質問】

According to Ms. Oka, what should Masato do to make good *tanka*?

【答え】

He should ＿＿＿＿＿＿＿＿＿＿＿＿＿＿＿＿＿＿＿＿ and make *tanka* freely.

5　次は，Saoriが英語の授業で発表する際に用いた【グラフ】(graph) と【原稿】である。これらを読んで，下の(1)～(3)に答えなさい。

【グラフ】

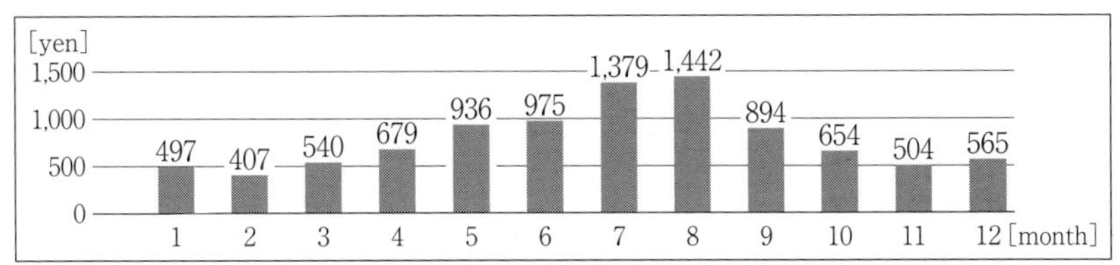

※2017年～2019年の平均値である。

【原稿】

Do you often eat ice cream? The graph shows how much money a family used for ice cream in a month on average in Japan. According to the graph, (A) . It's hot in summer especially in these months, so I'm sure many people like to eat cold food. Then, the spending on ice cream decreases from August to November.

However, the spending increases in December and decreases again in January. That's interesting. That means (B) is not the only reason to eat ice cream. Then, why do people buy ice cream in cold December? I'll look for more information and find out the reason.

(注) show(s) ～　～を示す　on average　平均して　spending (on ～)　(～についての) 支出
decrease(s)　減る　find out ～　～を見つけ出す

(1) 【原稿】の文脈に合うように，下線部(A)に入る最も適切なものを，次の1～4から選び，記号で答えなさい。(　　)

1　ice cream sold in June is as popular as ice cream sold in October
2　a family used more than one thousand yen for ice cream in July and August
3　more than eight hundred kinds of ice cream are sold in summer
4　in May, a family used about nine hundred yen for ice cream

(2) 下線部(B)に入る最も適切なものを，次の1～4から選び，記号で答えなさい。(　　)

1　hot weather　2　variety of ice cream　3　cold season　4　changes in life

(3) Saoriの発表全体のテーマとして，最も適切なものを，次の1～4から選び，記号で答えなさい。(　　)

1　The easy way to make delicious ice cream at home
2　The important information to save money
3　The funny reason to buy ice cream in cold winter
4　The interesting change of the spending on ice cream

6　次は，*Kenta* と ALT の *Smith* 先生との授業中の対話の一部である。あなたが *Kenta* ならば，来日したばかりの *Smith* 先生に何を伝えるか。対話文を読んで，[　　　]に *Smith* 先生に伝えることを書きなさい。ただし，下の【注意】に従って書くこと。

------- ------- ------- ------- ------- ------- ------- ------- ------- ------- ------- ------- -------

------- ------- ------- ------- ------- ------- -------20 ------- ------- ------- ------- ------- -------

------- ------- ------- -------30

Ms. Smith:　It's very hot in Japan now, but I know Japan has other seasons, too. Can anyone tell me about the seasons in Japan?

Kenta:　Yes. I'll tell you about the next season. It's autumn. It's a good season for going out.

Ms. Smith:　OK. What can I enjoy when I go out in autumn?

Kenta:　[　　　　　　]

Ms. Smith:　Thank you. I'm looking forward to going out in autumn in Japan!

（注）autumn　秋　　go (ing) out　外出する　　look (ing) forward to ～　～を楽しみにする

【注意】

① 対話の流れに合うように，20 語以上 30 語以内の英語で書くこと。文の数はいくつでもよい。符号（. , ? ! など）は，語数に含めないものとする。

② 内容的なまとまりを意識して，具体的に書くこと。

③ 解答は，【記入例】に従って書くこと。

【記入例】

Hi , how are you ? I'm

a high school student now .

〈放送原稿〉

ただ今から，2022 年度山口県公立高等学校学力検査，英語の放送によるリスニングテストを行います。聞きながらメモをとっても構いません。

では，問題用紙にテスト 1，テスト 2，テスト 3 までがあることを確かめなさい。また，解答用紙のそれぞれの解答欄を確かめなさい。

それでは，テスト 1 から始めます。テスト 1 の問題を読みなさい。

対話は No.1 から No.4 まで 4 つあり，それぞれの対話の後に問いが続きます。なお，対話と問いは 2 回ずつくり返します。

では，始めます。

No.1 *A:* Hi, two hot dogs, please.

B: Sure. It'll be three dollars. Do you want something to drink?

A: No, thank you.

Question: What does the customer want? （対話と問いをくり返す。）

No.2 *A:* Excuse me, how long can I keep these books?

B: For two weeks. You can borrow ten books here.

A: I see. Thank you.

Question: Where are they talking? （対話と問いをくり返す。）

No.3 *A:* Mom, I'll get up at six tomorrow.

B: Why will you get up early, John? Do you have anything to do?

A: Usually, we start practicing table tennis at nine, but tomorrow, we'll have a game and I need to get to school by eight.

Question: Why will John get up early tomorrow? （対話と問いをくり返す。）

No.4 *A:* I finished cleaning the desks, Mr. Brown. Should I clean the windows, too?

B: Thank you, Yuko. But before that, can you carry this box to the English room?

A: OK. I'll do it now.

Question: What does Mr. Brown ask Yuko to do? （対話と問いをくり返す。）

次に，テスト 2 に移ります。テスト 2 の問題を読みなさい。

対話は No.1 から No.4 まで 4 つあり，それぞれ 2 回くり返します。では，始めます。

No.1 *A:* Where can we eat delicious *sushi* in this city?

B: I know a very good restaurant.

A: Really? Is it near here? （対話をくり返す。）

No.2 *A:* Ichiro, can you help me now?

B: Sure. What's the matter?

A: My computer doesn't start today. What should I do? （対話をくり返す。）

No.3 *A:* Have you seen this movie?

B: No, I haven't. But my friends say it's interesting.

A: I'm going to see it with my brother this weekend. Why don't you come with us?

（対話をくり返す。）

No.4 *A:* Excuse me, I'm looking for something good for my grandmother's birthday.

B: OK. Well, what is her favorite thing?

A: She likes flowers, and I gave her flowers last year. This year, I want to give her something different.

（対話をくり返す。）

次に，テスト３に移ります。テスト３の問題と，問題の次にある【ワークシート】を読みなさい。

今から，先生の話を２回くり返します。では，始めます。

Good morning, everyone. Now, I'll tell you about what we're going to do during our English Day. Today, we'll have an English writing activity in the morning. In the afternoon, you'll have a presentation. Tomorrow, we'll go to a river. I'll show you how to catch big fish! On the last day, we'll make a short movie. You'll write your original story and make the movie in English. Let's have a good time together, and make your English better!

OK then, let's start the writing activity now. Enjoy writing and sharing your ideas in a group. First, I'll ask you some questions, so write your ideas on the paper. Question number one. What country do you want to visit? Write your answer now.

くり返します。

（話をくり返す。）

以上で，リスニングテストを終わります。次の問題に移ってください。

社会

時間 50分　　満点 50点

1　Kさんは，中部地方の自然環境と生活・文化について興味をもち，調べ学習を行った。図Ⅰは，Kさんが使用した地図である。これについて，あとの(1)～(6)に答えなさい。

図Ⅰ

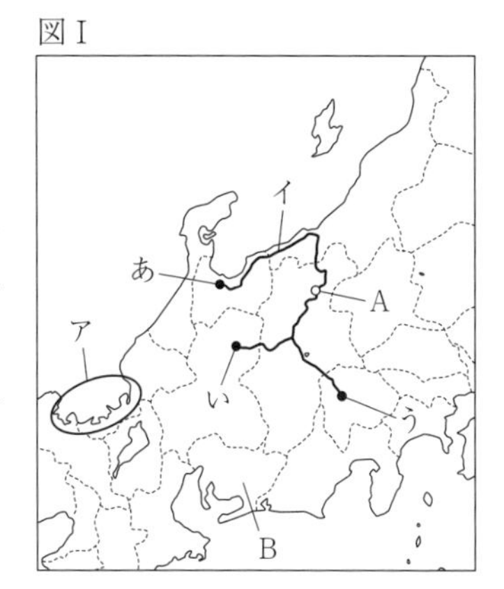

(1) 図Ⅰ中のアには，もともと山地の谷であった部分に海水が入り込んでできた，小さな岬と湾が連続する入り組んだ海岸がみられる。このような海岸を何というか。答えなさい。(　　　)

(2) 中部地方の太平洋側では，温室やビニールハウスを用いて野菜や花などを栽培する農業がさかんである。このような農業を何というか。答えなさい。(　　　)

(3) Kさんは，中部地方と関東地方の工業の違いに着目し，図Ⅱを用いて工業のようすを比較した。図Ⅱ中のa～cは，中京工業地帯，北関東工業地域，京葉工業地域のそれぞれについて，製造品出荷額等の品目別の割合を示したものである。a～cが示す工業地帯または工業地域の名称の組み合わせとして正しいものを，下の1～6から一つ選び，記号で答えなさい。(　　　)

図Ⅱ

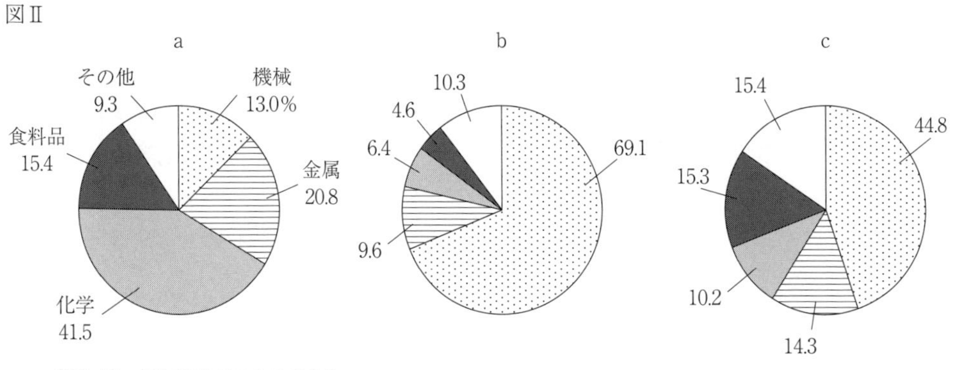

(注) データは2018年のものである。

(日本国勢図会 2021/'22により作成)

1　a－中京工業地帯　b－北関東工業地域　c－京葉工業地域
2　a－中京工業地帯　b－京葉工業地域　c－北関東工業地域
3　a－北関東工業地域　b－中京工業地帯　c－京葉工業地域
4　a－北関東工業地域　b－京葉工業地域　c－中京工業地帯
5　a－京葉工業地域　b－中京工業地帯　c－北関東工業地域
6　a－京葉工業地域　b－北関東工業地域　c－中京工業地帯

(4) 図Ⅰ中のイは，図Ⅰ中のＡの都市と あ～う の三つの都市を結ぶ経路の例を示したものである。右の表Ⅰは，Ｋさんがそれぞれの経路について，インターネットで調べた自動車での最短の所要時間と総走行距離を示したものであり，下の図Ⅲは，それぞれの経路の高低差を示したものである。Ａから い までの経路について示したものを，表Ⅰ中のＸ～Ｚおよび図Ⅲ中のｄ～ｆからそれぞれ一つ選び，記号で答えなさい。表Ⅰ(　　　)　図Ⅲ(　　　)

表Ⅰ

	所要時間	総走行距離
X	131分	153.0km
Y	217分	147.3km
Z	177分	213.9km

(注) 各都市の市役所を基準として算出している。

図Ⅲ

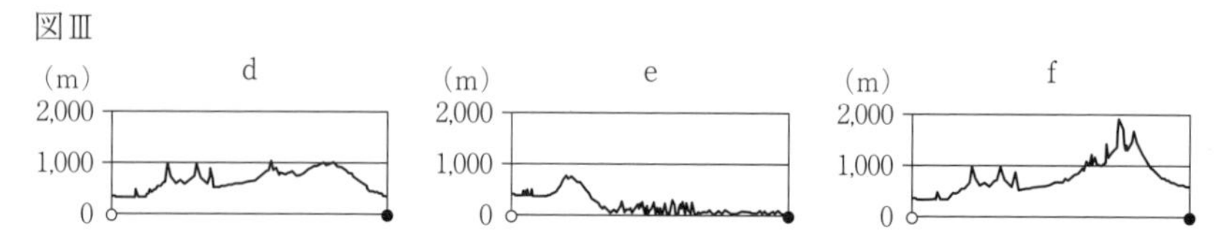

(注) 図Ⅲ中の○と●は，図Ⅰ中の○と●と対応する。また，ｄ～ｆそれぞれの○と●の間の実際の距離はすべて異なる。高さは強調して表現してある。

(地理院地図により作成)

(5) 高度経済成長期に人口分布の変化が起こったことを学習したＫさんは，中部地方をＢ県とＢ県以外の八つの県に分け，それぞれについて人口の社会増減数の推移を調べ，図Ⅳ，図Ⅴを作成した。

図Ⅳ，図Ⅴを参考にして，日本における高度経済成長期の人の移動の特徴を説明しなさい。

(　　　　　　　　　　　　　　　　　　　　　　　　　　　　　　　　　　)

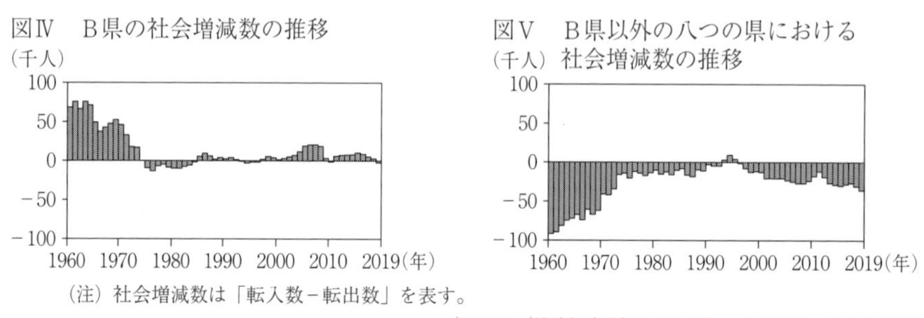

(注) 社会増減数は「転入数－転出数」を表す。

(RESAS (地域経済分析システム) ―人口増減―により作成)

(6) 図Ⅵは，静岡県牧之原市の地形図（2万5千分の1）の一部である。図Ⅵの範囲から読み取れることとして最も適切なものを，次の1～4から選び，記号で答えなさい。(　　　)

図Ⅵ

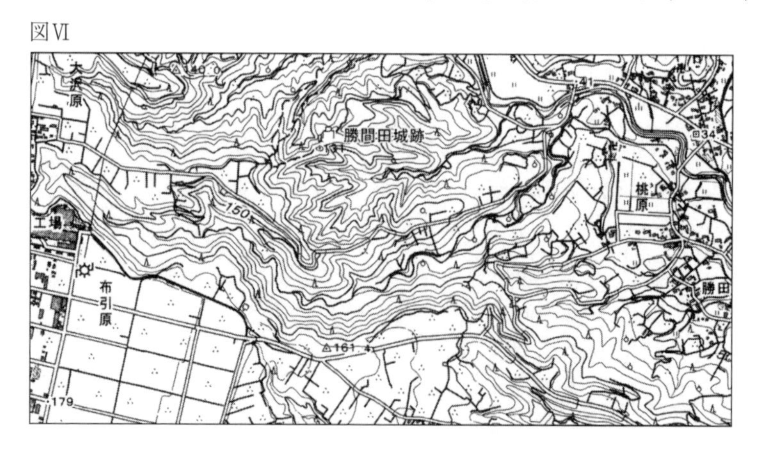

1 「勝間田城跡」から見下ろすと,「布引原」付近の茶畑がよくみえる。

2 「勝間田城跡」周辺の森林は,針葉樹林よりも広葉樹林が多くみられる。

3 二つの三角点の地図上の直線距離は約 4 cm なので,実際の距離は約 2 km である。

4 「桃原」の西側には,谷に位置する果樹園がいくつかみられる。

[2] A さんのクラスでは,生徒が興味のある国を一つずつ選び,それぞれ調べることにした。次の図Ⅰ中の①～⑳は,生徒が選んだ国の位置を示している。これについて,あとの(1)～(4)に答えなさい。

図Ⅰ

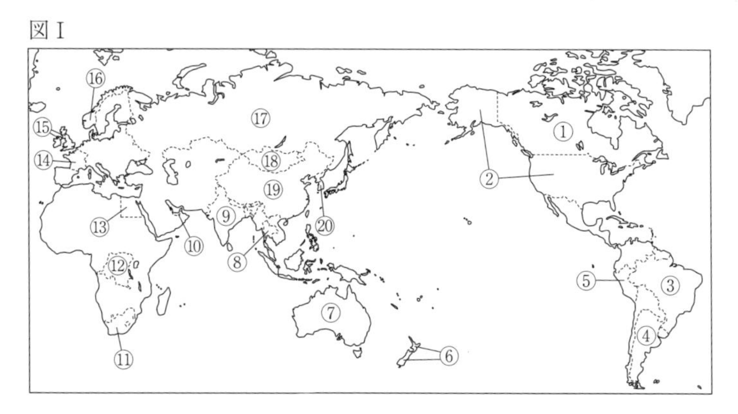

(1) 図Ⅰ中の①～⑳の国について述べた文として正しいものを,次の 1～4 から一つ選び,記号で答えなさい。(　　　)

1 北半球に位置する国より,南半球に位置する国の方が多い。

2 世界を六つの州に分けた場合,アフリカ州に属する国が最も多い。

3 世界で最も人口が多い国と世界で最も面積が大きい国が含まれている。

4 領土内を,本初子午線が通っている国は含まれていない。

(2) 次の二つの写真は,A さんが調べている国に関するものである。A さんが調べている国を,図Ⅰ中の⑤,⑧,⑬,⑭から一つ選び,記号で答えなさい。(　　　)

この国にある世界遺産

この国で伝統的に放牧されている家畜

(3) B さんは,図Ⅰ中の②の国が,世界有数の農産物の輸出国であることを,資料Ⅰともう一つの資料を組み合わせて説明しようとしている。B さんが使用する資料として最も適切なものを,次の 1～4 から選び,記号で答えなさい。(　　　)

資料Ⅰ　世界の穀物類の生産量に占める⑲,②,⑨の国の割合（2017 年）

⑲	②	⑨	その他
20.7%	14.8	10.5	54.0

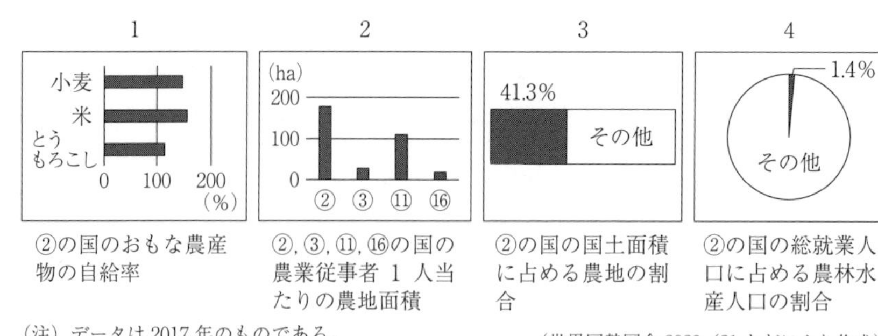

②の国のおもな農産物の自給率

②,③,⑪,⑯の国の農業従事者 1 人当たりの農地面積

②の国の国土面積に占める農地の割合

②の国の総就業人口に占める農林水産人口の割合

(注) データは 2017 年のものである。

(世界国勢図会 2020/21 などにより作成)

(4) C さんは，図Ⅰ中の⑩の国に興味をもち調べた。次は，C さんが作成したレポートの一部である。これについて，あとのア〜エに答えなさい。

1 調査のテーマ

アラブ首長国連邦の経済は，どのように発展してきたのか。

アラブ首長国連邦にある世界で最も高いビル

2 仮説（テーマに対する予想）

サウジアラビアなどと同じように，石油を輸出して得た利益をもとに，経済が発展してきたのではないか。

3 調査方法

教科書や地図帳，インターネットを利用して，産業や貿易の特徴，ⓐアラブ首長国連邦の人々の生活や文化，ⓑ世界の石油産業の状況について調べる。

4 調査結果と考察

アラブ首長国連邦は，原油を輸出して得た利益をもとに，経済発展をとげてきた。しかし，表Ⅰから分かるように，石油などの資源は，［ あ ］ため，表Ⅱから分かるように，近年は，ⓒ原油の輸出のみに頼る経済からの脱却を進めている。

表Ⅰ エネルギー資源の採掘が可能な年数（2017 年）

資源	年数
石油	50 年
天然ガス	53 年
石炭	134 年

表Ⅱ アラブ首長国連邦の輸出品上位 4 品目が輸出総額に占める割合（%）

1990 年		2017 年	
原油	74.7	機械類	21.1
機械類	3.3	原油	12.4
繊維品	2.6	石油製品	9.5
アルミニウム	1.9	貴金属装身具	7.4

(データブック オブ・ザ・ワールド 2021 年版などにより作成)

ア 下線部ⓐについて，アラブ首長国連邦をはじめとする西アジアの国々で，最も多くの人々に信仰されている宗教は何か。答えなさい。(　　　)

イ 下線部ⓑについて，表Ⅲは西アジアのおもな産油国の原油産出量を示しており，図Ⅱは，各国の値の 100 万の位を四捨五入した上で，主題図にまとめたものである。アラブ首長国連邦に該当する部分を，他の国の例にならって図Ⅱに作成しなさい。

表Ⅲ (2019年)

国名	原油産出量（万 kL）
サウジアラビア	56,898
イラク	27,271
アラブ首長国連邦	18,095

（世界国勢図会 2020／21 により作成）

図Ⅱ

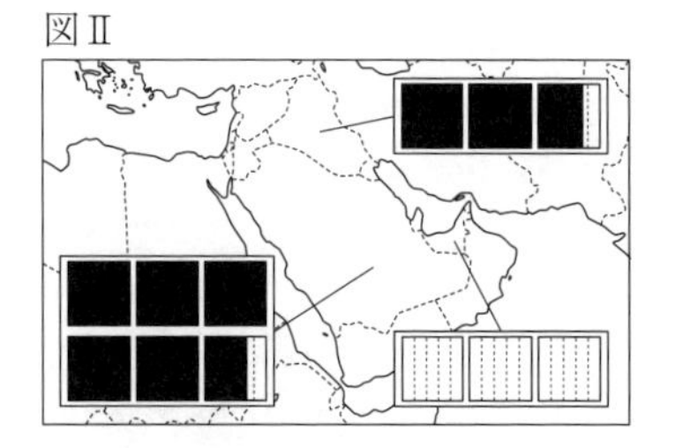

ウ　レポート中の［あ］に適切な語句をおぎない，文を完成させなさい。

（　　　　　　　　　　　　　　　　　　　　　　　　　　　　　　）

エ　下線部ⓒのように，特定の資源や作物の輸出によって成り立つ経済を何というか。答えなさい。（　　　　）

③　Hさんは，江戸時代までの道の歴史と人々との関わりを調べ，発表の準備のために次のスライドA～Dを作成した。これについて，あとの(1)～(5)に答えなさい。

スライドA

戦国大名は，物資の輸送，敵からの防御，家臣との連絡などのため，道づくりに力を入れた。

①織田信長

スライドB

②五街道をはじめ全国各地の道が整備され，③参勤交代や旅行などに利用された。

五街道の起点 日本橋

スライドC

源頼朝が鎌倉幕府を開いたあと，幕府によって新たな道の整備が進められた。

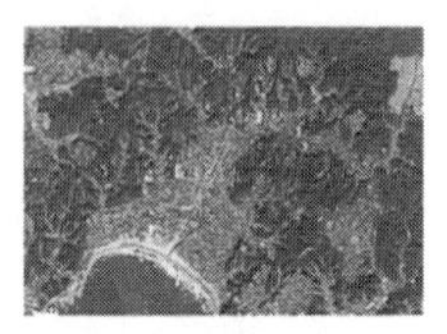

現在の鎌倉の写真

スライドD

④平城京の中央に幅約70メートルの道が南北にしかれ，碁盤目状に土地が区画された。

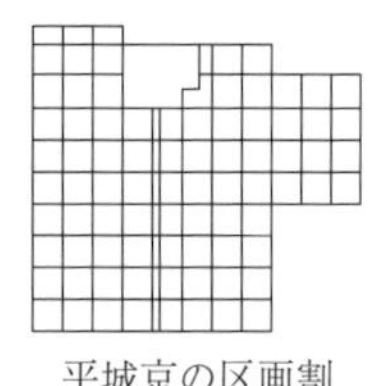

平城京の区画割

(1)　スライドAに関連して，下線部①が行った政策について述べた文として正しいものを，次の1～4から一つ選び，記号で答えなさい。(　　　)

1　欧米の文化を取り入れ，道路沿いにガス灯やれんが造りの建物を建設した。

2　各地の特産物や布を納める調・庸を，人々が自分で都まで運ぶことを定めた。

3　米などを運ぶため，西廻り航路や東廻り航路などの海上交通網を整備した。

4　流通のさまたげになっていた各地の関所を廃止し，交通の便をはかった。

(2)　スライドBに関連して，次のア，イに答えなさい。

ア　次の文は，下線部②に関連する書物についてHさんが説明したものである。文中の（ あ ）にあてはまる人物は誰か。答えなさい。(　　　)

（ あ ）が書いた『東海道中膝栗毛』は，人々の旅行への興味をかきたてた。

イ　Hさんは，下線部③について調べ，発表原稿と図Ⅰにまとめた。発表原稿を参考にして，（ い ）にあてはまる都市名を答えなさい。(　　　)

発表原稿

参勤交代とは，武家諸法度で定められた制度で，これによって将軍と大名の主従関係が明確になりました。

また，図Ⅰから分かるように，長州藩は，藩内だけでなく，（ い ）でも多くの経費を使っており，参勤交代が経済的な負担になっていたと考えられます。

図Ⅰ　長州藩の経費のうち銀で支出されたものの内訳（1754年）

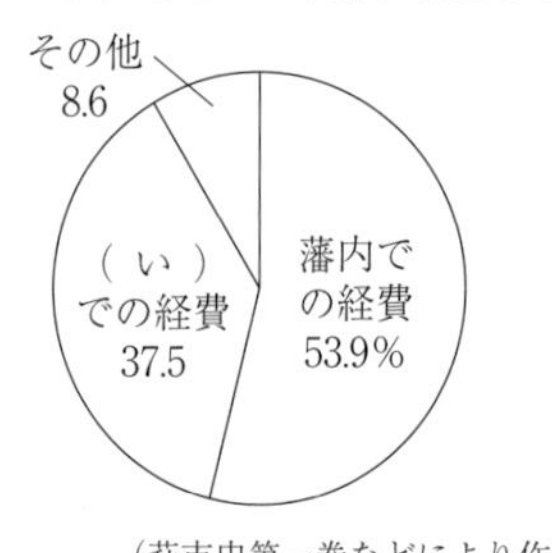

（萩市史第一巻などにより作成）

(3)　スライドCに関連して，次のア，イに答えなさい。

ア　Hさんは，スライドCについて詳しく説明するため，資料Ⅰを作成した。スライドCを参考にして，資料Ⅰ中の［ う ］にあてはまる語句と（ え ）にあてはまる語の組み合わせとして正しいものを，次の1～4から一つ選び，記号で答えなさい。(　　　)

資料Ⅰ

> 源頼朝が幕府を開いた鎌倉は，［ う ］であった。また，鎌倉に入るまでの道には，右の写真のような（ え ）が設けられた。

1　う―広大な盆地に位置し，陸上交通の要　え―切通し
2　う―広大な盆地に位置し，陸上交通の要　え―水城
3　う―三方を山に囲まれ，南は海に面している地　え―切通し
4　う―三方を山に囲まれ，南は海に面している地　え―水城

イ　Hさんは，スライドCと同時期の世界の歴史について調べる中で，十字軍の遠征路に興味をもち，図Ⅱを作成した。次のX，Yは，図Ⅱおよび十字軍に関して述べたものである。X，Yについて，その正誤の組み合わせとして正しいものを，あとの1～4から一つ選び，記号で答えなさい。(　　　)

図Ⅱ　1202年に出発した十字軍の遠征路

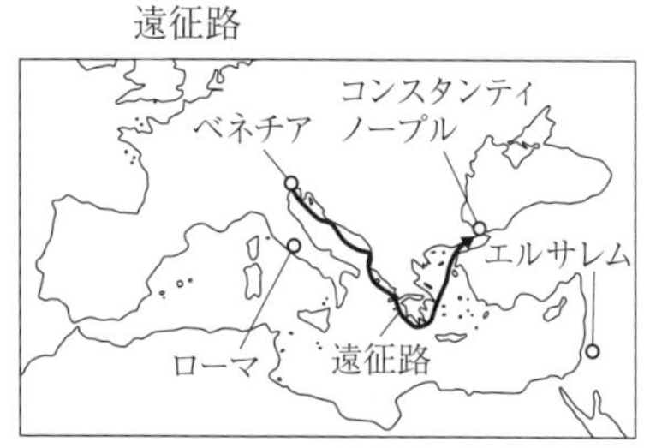

(注) ➞は，遠征路の出発地から到着地までの道のりを示している。

X　十字軍の遠征の影響により，東西の人やものの交流がさかんになった。
Y　この遠征で，十字軍の当初の目的である，聖地の奪回に成功した。

1　X―正　Y―正　2　X―正　Y―誤　3　X―誤　Y―正
4　X―誤　Y―誤

(4)　スライドDに関連して，下線部④が当時の中国の都にならってつくられたことに着目したHさんは，同時期の日本と他国とのつながりについて調べ，図Ⅲ，資料Ⅱを作成した。

資料Ⅱ中のペルシャ産のガラス細工は，日本にどのようにしてもたらされたのか。図Ⅲ，資料Ⅱを参考にして説明しなさい。

(　　　　　　　　　　　　　　　　　　　　　　　　　)

図Ⅲ

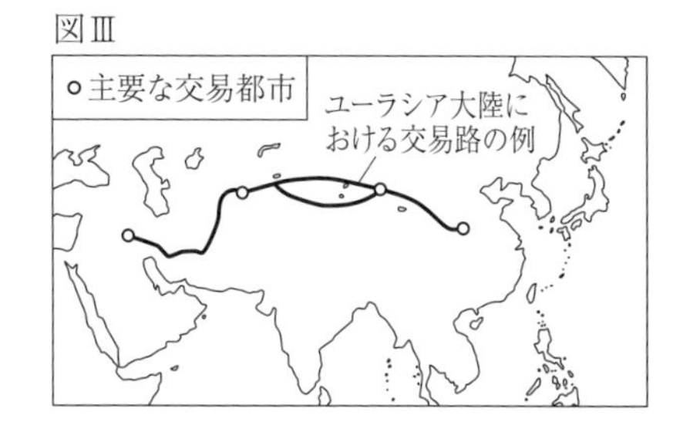

資料Ⅱ

> 下の宝物は，日本に伝えられ，東大寺の正倉院におさめられている，西アジアのペルシャ産のガラス細工である。
> この時期に，日本は大陸の進んだ文化や制度を取り入れようと，遣唐使を派遣した。遣唐使は，菅原道真の意見で中止が決定されるまで，十数回にわたり派遣された。

(5)　スライドA～Dを，内容の年代が古い順に並べ，記号で答えなさい。(　→　→　→　)

4　Sさんと Y さんは，社会科の授業で学習したことについて，それぞれ興味があることを，美術館や文書館などのウェブサイトで調べた。次はその一部である。これについて，あとの(1)～(6)に答えなさい。

Sさんのレポート：美術館の絵からみえる世界の歴史

ボッティチェリ作「春」

この絵は，ギリシャ神話の花の女神や美の三女神などが描かれ，春の喜びを表している。①古代ギリシャ・ローマの文化をもとにした芸術の特徴がよく表れている。

ダヴィド作「ナポレオンの戴冠式」

この絵は，ナポレオンが国民投票を経て皇帝になったときのようすを描いている。ナポレオンはヨーロッパの大半を支配した。その結果，②自由と平等など，この国で起きた革命の成果が広まった。

Yさんのレポート：山口県文書館の資料からわかる日本の歴史

資料Ⅰ

資料Ⅰは，鹿児島県令から山口県令へ送られた電報である。政府軍が③鹿児島の城山を攻撃し，西郷隆盛その他を打ち取ったり降伏させたりしたという内容が書かれている。

資料Ⅱ

資料Ⅱは，山口県の養蚕の歴史をまとめた『山口県之蚕糸業』という冊子である。山口県には，明治時代末期から大正時代にかけて，岩国，萩などに④製糸工場があった。

資料Ⅲ

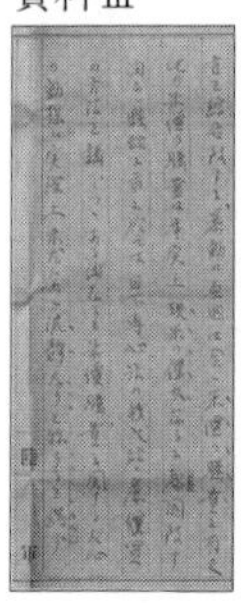

資料Ⅲは，陸軍参謀次長に，名古屋の状況を伝えた書簡である。暴動の原因はすべて米価の高騰であること，シベリア出兵に動員する兵士のための食料調達が，一層の米不足を招いていることなど，⑤この年に起きた暴動のようすが書かれている。

資料Ⅳ

資料Ⅳは，⑥1970 年に大阪で日本万国博覧会が開催されたときに配布された広告である。「万国博がやってくる」「規模も内容もケタはずれ」といったキャッチフレーズや，明るいデザインに，当時の雰囲気がよく表れている。

(1)　下線部①について，このような芸術作品を生んだ，14 世紀頃から西ヨーロッパ各地に広がった芸術，学問などの新しい風潮を何というか。答えなさい。(　　　)

(2)　下線部②に関連して，次のア，イに答えなさい。

ア　この革命で，自由と平等，人民主権，言論の自由，私有財産の不可侵などを唱えて発表され

たものを，次の1～4から一つ選び，記号で答えなさい。(　　　)

1　権利の章典　　2　人権宣言　　3　独立宣言　　4　大西洋憲章

イ　自由と平等の精神は，日本にも明治時代に欧米の近代化の背景となる思想として紹介された。明治時代に欧米のようすや思想を日本に紹介した人物のうち，『学問のすゝめ』の中で「天は人の上に人をつくらず」という言葉を残した人物は誰か。答えなさい。(　　　)

(3)　下線部③について，この戦いが起こった時期を，右の年表の1～4から一つ選び，記号で答えなさい。(　　　)

年	できごと	時期
1868	戊辰戦争の開始	
		1
1871	廃藩置県	
		2
1873	徴兵令	
		3
1876	帯刀の禁止	
		4
1881	自由党の結成	

(4)　下線部④に関連して，Yさんは，生糸が日本の主要な輸出品であったことに興味をもち，図Ⅰ，図Ⅱを用いて，明治時代初期と大正時代初期の日本の貿易のようすを比較したところ，生糸以外の品目にも大きな変化がみられることに気づいた。図Ⅱにおいて，図Ⅰよりも綿花の輸入が大幅に増加している理由を，図Ⅱの輸出品目に着目し，解答欄の書き出しに続けて説明しなさい。

(産業革命によって　　　　　　　　　　　　　　　　　　　　　　　　　　　　　　　　　　)

図Ⅰ　明治時代初期の日本の貿易（1868年）

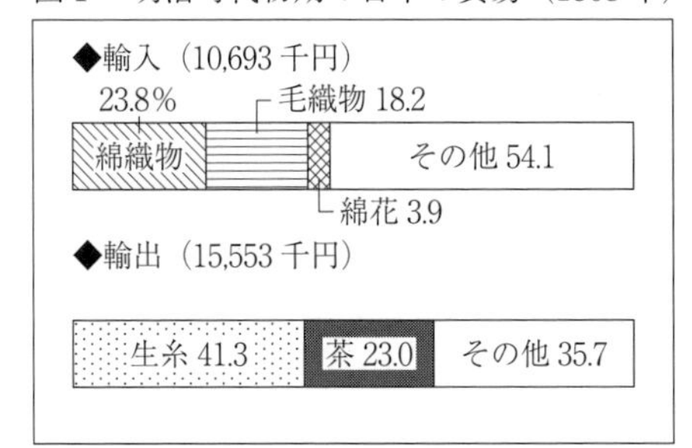

図Ⅱ　大正時代初期の日本の貿易（1915年）

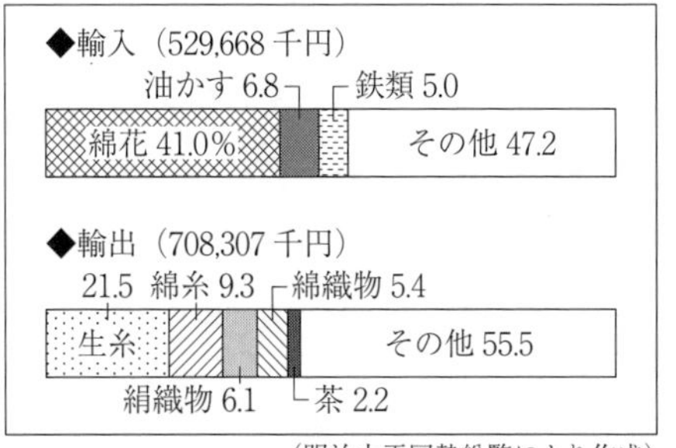

（明治大正国勢総覧により作成）

(5)　下線部⑤に関連して，この年に起こったできごとを，次の1～4から一つ選び，記号で答えなさい。(　　　)

1　立憲政友会の原敬が首相となり，本格的な政党内閣が組織された。

2　藩閥政治を批判する護憲運動により，桂太郎内閣が退陣した。

3　10年後に国会を開くことを約束する，国会開設の勅諭が出された。

4　第1回衆議院議員選挙が行われ，自由民権派の政党の議員が多数をしめた。

(6)　下線部⑥に関連して，次の1～4は，第二次世界大戦後から日本万国博覧会の開催までの日本の経済に関するできごとである。1～4を年代の古い順に並べ，記号で答えなさい。

(　　→　　→　　→　　)

1　池田勇人内閣によって，国民所得倍増計画が発表された。

2　GHQの指示で，日本の産業や経済を支配してきた財閥の解体が始まった。

3　国民総生産が，資本主義国の中でアメリカに次ぐ第2位となった。

4　朝鮮戦争の軍需物資の生産を引き受け，特需景気が起こった。

5　次は，生徒と先生の会話の一部である。これを読んで，あとの(1)～(7)に答えなさい。

生徒：今年の4月から，成年年齢が引き下げられるそうですね。どのような経緯で，成年年齢が20歳から18歳へと引き下げられることになったのですか。

先生：日本における成年年齢は，明治9年以来，20歳とされていました。ところが近年，①公職選挙法の選挙権年齢や，②日本国憲法の改正手続きにおける国民投票の投票権年齢が満18歳以上と定められるなど，18歳，19歳の若者にも国政上の重要な事項の判断に参加してもらうための政策が進められてきました。こうした流れをふまえて，市民生活に関する基本法である民法においても，18歳以上の人を成年として取り扱うのが適当ではないかという議論がされるようになりました。また，③国際社会においても，成年年齢を18歳とするのが主流です。このようなことから，④国会での審議を経て，成年年齢が18歳に引き下げられることになりました。

生徒：成年年齢に達すると，市民生活を送るうえで，未成年のときと比べてどのような違いがあるのですか。

先生：例えば，保護者の同意を得なくても，⑤自動車など高額な商品を購入することができます。ただ，現在でも，成年年齢を迎えた直後の若者が，⑥消費者トラブルにあう事例が多くみられるので注意が必要です。

生徒：成年年齢を迎えると大人の仲間入りだから，個人の判断でさまざまなことができるということですね。以前，授業で学んだ「権利・⑦義務・責任」についての内容を思い出しました。

(1)　下線部①について，次のア，イに答えなさい。

ア　日本の選挙の原則のうち，財産や性別などに関係なく，満18歳以上のすべての国民に選挙権を保障する原則を，次の1～4から一つ選び，記号で答えなさい。(　　　)

1　直接選挙　　2　平等選挙　　3　秘密選挙　　4　普通選挙

イ　表Ⅰは，公職選挙法が改正され，選挙権年齢が満18歳以上に引き下げられてから行われた国政選挙の実施年月について示したものである。表Ⅰ中の（ あ ）にあてはまる年を答えなさい。また，そのように判断した理由を，日本国憲法の規定にもとづいて，簡潔に述べなさい。

あ(　　　)　理由(　　　　　　　　　　　　　　　　　　　　　　　　　　　　)

表Ⅰ

実施年月	国政選挙
2016年7月	第24回参議院議員通常選挙
2017年10月	第48回衆議院議員総選挙
(あ)年7月	第25回参議院議員通常選挙
2021年10月	第49回衆議院議員総選挙

(注)　再選挙，増員選挙，補欠選挙は含まない。

(2)　下線部②について，日本国憲法を改正するためにはどのような手続きが必要か。「各議院」と「過半数」という二つの語を用いて説明しなさい。

(　　　　　　　　　　　　　　　　　　　　　　　　　　　　　　　　　　　　)

(3)　下線部③に関連して，次のア，イに答えなさい。

ア　国際社会では，さまざまな地域で国際協力の体制がみられる。図Ⅰ中の■で示された国と

地域からなる政府間協力の枠組みを，あとの1～4から一つ選び，記号で答えなさい。(　　　)

図Ⅰ

1　APEC　　2　AU　　3　ASEAN　　4　EU

イ　国際社会における課題として，南南問題がある。南南問題とは，どのような問題か。「格差」という語を用いて，簡潔に説明しなさい。(　　　　　　　　　　　　　　　　　　)

(4)　下線部④について，表Ⅱは，日本の国会の種類について，大まかにまとめたものである。表Ⅱ中の(a)～(c)にあてはまる語の組み合わせとして正しいものを，あとの1～6から一つ選び，記号で答えなさい。(　　　)

表Ⅱ

(a)	会期は150日間で，毎年1回，1月に召集される。
(b)	内閣または，いずれかの議院の総議員の4分の1以上の要求があった場合に召集される。
(c)	衆議院解散後の総選挙の日から30日以内に召集される。

1　a－臨時会　b－常会　c－特別会　　2　a－臨時会　b－特別会　c－常会
3　a－常会　b－臨時会　c－特別会　　4　a－常会　b－特別会　c－臨時会
5　a－特別会　b－臨時会　c－常会　　6　a－特別会　b－常会　c－臨時会

(5)　下線部⑤に関連して，図Ⅱは，ものやサービスが自由に売買される市場における自動車の需要量，供給量，価格の関係を示したものであり，図Ⅱ中のxとyは，需要曲線または供給曲線である。技術の進歩によって自動車の生産効率が上がった場合，一般的にxまたはyのどちらがどのように移動するか。移動のようすを示したものとして最も適切なものを，次の1～4から選び，記号で答えなさい。(　　　)

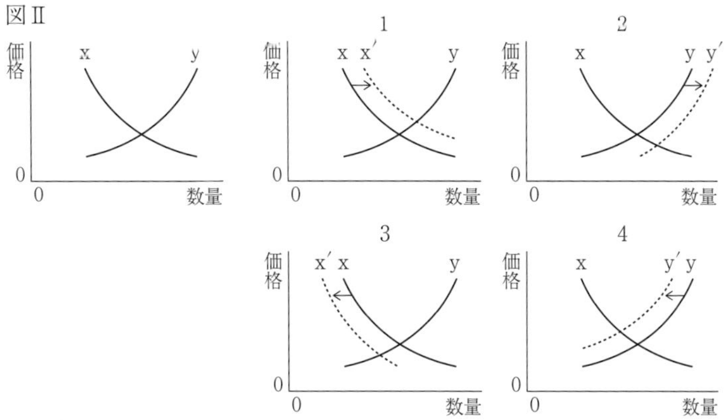

(注) x′はxの移動後の，y′はyの移動後の曲線をそれぞれ示している。

(6)　下線部⑥に関連して，消費者を保護する制度として，日本で1994年に制定された，欠陥商品により消費者が被害を受けた際に，その損害賠償を企業に義務づけた法律を何というか。答えなさい。(　　　)

(7)　下線部⑦に関連して，国民の義務の一つに納税の義務がある。国民はさまざまな税金を負担する一方で，納めた税金は社会保障などに支出される。表Ⅲは，日本の社会保障制度について，大まかにまとめたものである。表Ⅲ中の（ い ）にあてはまる語を答えなさい。(　　　)

表Ⅲ

種類	内容
社会保険	医療保険，介護保険，雇用保険，年金保険など
社会福祉	高齢者福祉，児童福祉，障がい者福祉，母子福祉など
（ い ）	感染症予防，公害対策，下水道整備，廃棄物処理など
公的扶助	生活保護（生活，住宅，教育，医療などの扶助）など

6　Nさんのクラスでは，地球規模の課題の中から関心のあるテーマを一つ選んで，レポートを作成することにした。次は，Nさんが作成したレポートの一部である。これについて，あとの(1)～(6)に答えなさい。

地球温暖化についてのレポート

【地球温暖化とは】

・地球温暖化とは，大気中に二酸化炭素などの温室効果ガスが増えることで，地球の気温が高くなっていく現象である。

・地球温暖化の進行は，干ばつ，洪水，①海面の上昇などを引き起こし，自然環境や私たちの生活に大きな影響を及ぼすため，②地球環境問題の一つとして世界各国で対策が進められている。

【地球温暖化への対策】

・日本をはじめとする世界各国で，温室効果ガスの増加をおさえるための取り組みとして，③再生可能エネルギーを利用した発電の普及が進められている。

太陽光を利用した発電施設

【国際社会における取り組み】

1992年：国連環境開発会議（地球サミット）

当時の④国際連合加盟国のほぼすべてに相当する172か国が参加して，気候変動枠組条約が調印された。

1997年：気候変動枠組条約第3回締約国会議（COP3）

二酸化炭素などの温室効果ガスの排出量について，1990年を基準年として削減目標を定める⑤京都議定書が採択された。

2015年：気候変動枠組条約第21回締約国会議（COP21）

温室効果ガス排出量の削減目標について，京都議定書にかわる新たな枠組みとして，⑥産業革命前からの気温上昇を2℃未満におさえることなどを定めた協定が採択された。

(1)　下線部①に関連して，今から約1万年前に地球が温かくなって海面が上昇し，現在の日本列島の姿ができあがった。このころの日本列島で暮らす人々のようすを述べた文として最も適切なものを，次の1～4から選び，記号で答えなさい。(　　　)

1　たて穴住居に住み，狩猟や採集，漁を中心に生活した。

2　太陽の動きをもとに，1年を365日とする太陽暦を発明した。

3　王や豪族の墓として，各地に前方後円墳などの古墳をつくった。

4　稲作をさかんにおこない，収穫した米を高床倉庫にたくわえた。

(2)　下線部②に関連して，環境問題に関する日本の法律について，次の1～3を，制定された年の古い順に並べ，記号で答えなさい。(　　→　　→　　)

1　環境基本法　　2　公害対策基本法　　3　循環型社会形成推進基本法

(3)　下線部③について，Nさんは，ある再生可能エネルギーの普及を進めているブラジルの取り組みについて興味をもち，図Ⅰ～Ⅲを作成した。図Ⅰ，図Ⅱ中の（ あ ）にあてはまる再生可能エネルギーは何か。図Ⅲを参考にして，答えなさい。(　　　)

図Ⅰ　ブラジルの発電量の内訳（2019年）

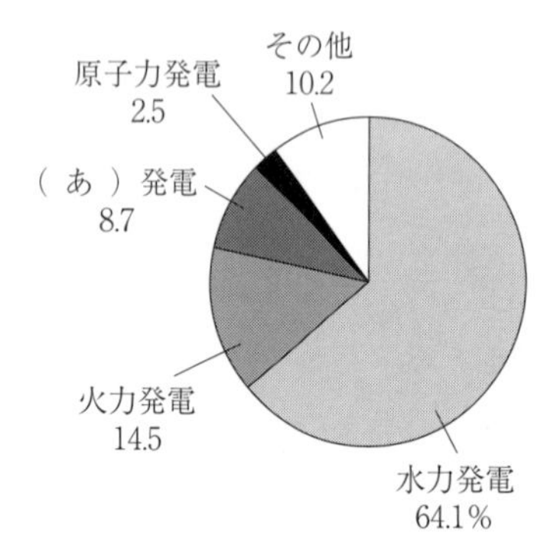

（アメリカ合衆国エネルギー省資料により作成）

図Ⅱ　ブラジルの（ あ ）による発電量の推移

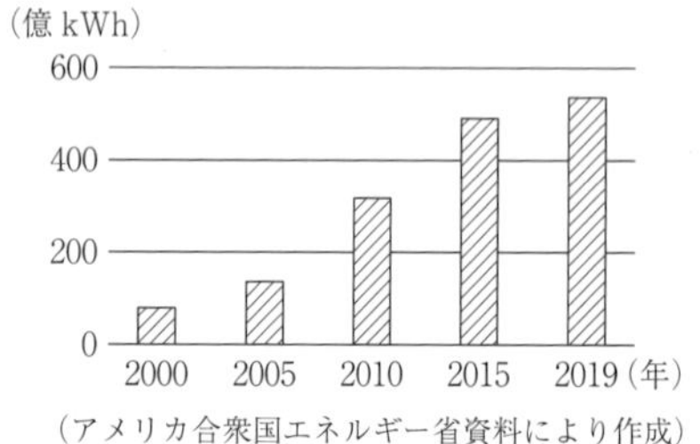

（アメリカ合衆国エネルギー省資料により作成）

図Ⅲ　ブラジルのさとうきびの生産量と砂糖の生産量の推移

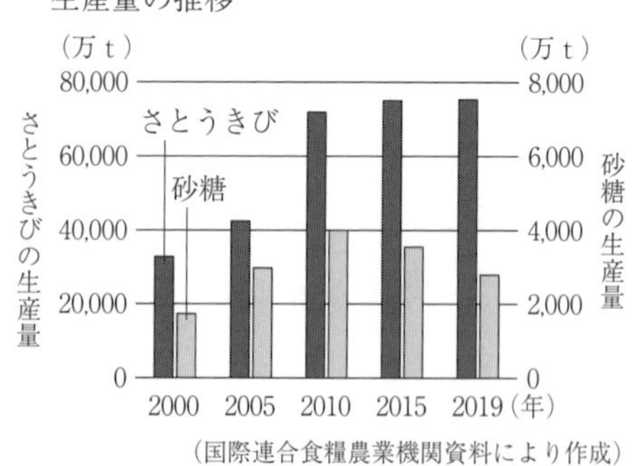

（国際連合食糧農業機関資料により作成）

(4)　下線部④について，図Ⅳは1985年から1995年までの国際連合の加盟国総数の推移を示したものである。図Ⅳ中のXの期間において加盟国総数が大幅に増加している理由について，Nさんは，社会科の授業で学習した図Ⅴのできごとを参考にして考察した。あとのNさんの考察が正しいものとなるように，（ い ）に適切な語を，[う] に適切な語句をそれぞれおぎない，文を完成させなさい。い(　　　　)　う(　　　　)

図Ⅳ　国際連合の加盟国総数の推移

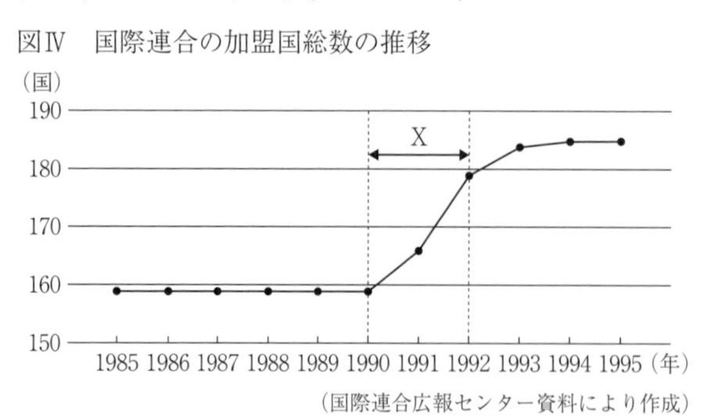

（国際連合広報センター資料により作成）

図Ⅴ

ベルリンの壁崩壊（1989年）

Nさんの考察

> 図Ⅴのできごとを踏まえると，図Ⅳ中のXの期間に国際連合の加盟国総数が大幅に増加しているおもな理由は，1989年に（ い ）が終結し，Xの期間に［ う ］ことによって，多くの国々が独立を果たして国際連合に加盟したからではないか。

(5) 下線部⑤に関連して，図Ⅵから，2018年の世界全体の二酸化炭素排出量は，京都議定書の基準年と比較して増加したことが読み取れる。図Ⅶ，表Ⅰ，表Ⅱから読み取れることを関連付けながら，2018年の世界全体の二酸化炭素排出量が増加した理由として考えられることを，説明しなさい。

（　　　　　　　　　　　　　　　　　　　　　　　　　　）

図Ⅵ　世界全体の二酸化炭素排出量

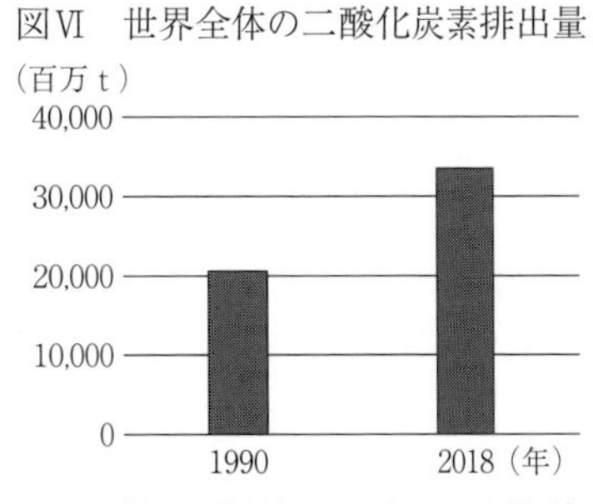

(世界国勢図会 2021／22 により作成)

図Ⅶ　おもな京都議定書締約国の人口1人当たりのGDP

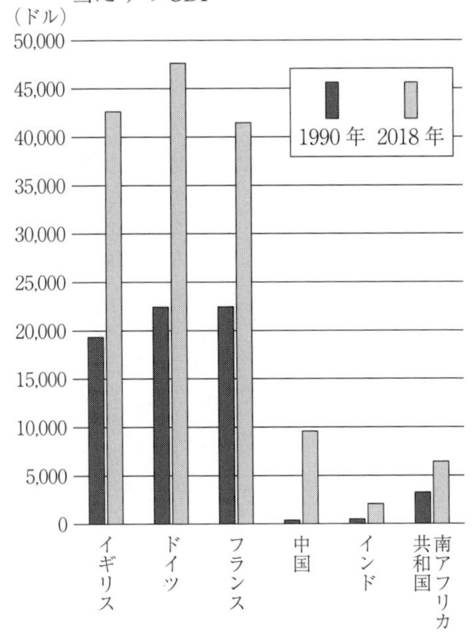

(世界国勢図会 2021／22 などにより作成)

表Ⅰ　おもな京都議定書締約国の1990年を基準年とした二酸化炭素排出量の増減率(2018年)

国名	増減率（%）
イギリス	－35.9
ドイツ	－26.0
フランス	－12.4
中国	＋356.1
インド	＋335.5
南アフリカ共和国	＋75.4

(世界国勢図会 2021／22 により作成)

表Ⅱ　おもな京都議定書締約国の1990年を基準年とした温室効果ガス排出量の削減目標値(%)

国名	2008年から2012年まで	2013年から2020年まで
イギリス	－8	－20
ドイツ	－8	－20
フランス	－8	－20
中国	目標値なし	
インド	目標値なし	
南アフリカ共和国	目標値なし	

(6) 下線部⑥の協定の名称は何か。答えなさい。(　　　)

理科

時間　50分　　　　満点　50点

1　図1の1～5のカードは，原子またはイオンの構造を模式的に表したものである。下の(1)，(2)に答えなさい。ただし，電子を●，陽子を◎，中性子を○とする。

図1

1
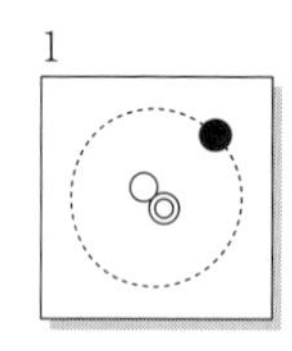
2
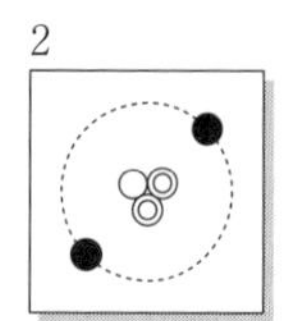
3
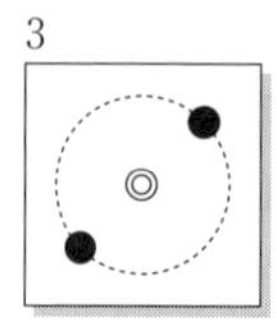
4
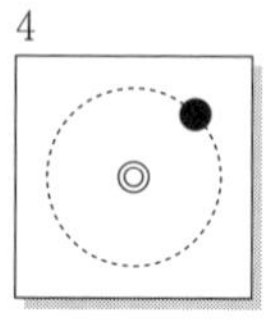
5
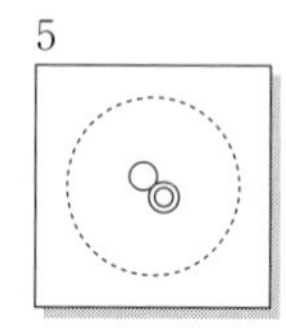

(1)　イオンを表しているものを，図1の1～5からすべて選び，記号で答えなさい。(　　　)

(2)　図1の1で表したものと同位体の関係にあるものを，図1の2～5から1つ選び，記号で答えなさい。(　　　)

2　カーリングでは，氷の上で目標に向けて，図1のようにストーンを滑らせる。ストーンは，選手が手をはなした後も長い距離を進み続けるが，徐々に減速して止まったり，別のストーンに接触して速さや向きを変えたりする。次の(1)，(2)に答えなさい。

図1

(1)　氷の上を動いているストーンが徐々に減速するのは，動いている向きと反対の向きの力がストーンの底面にはたらくからである。このように，物体どうしがふれ合う面ではたらき，物体の動きを止める向きにはたらく力を何というか。書きなさい。(　　　)

(2)　図2は，静止しているストーンBと，ストーンBに向かって動いているストーンAの位置を真上から見たものであり，⇧は，ストーンAの動いている向きを表している。

また，図3は，ストーンBにストーンAが接触したときの位置を真上から見たものであり，⟶は，2つのストーンが接触したときに，ストーンBがストーンAから受けた力を表している。

2つのストーンが接触したとき，ストーンAがストーンBから受けた力を，図3に矢印でかきなさい。なお，作用点を「•」で示すこと。

図2
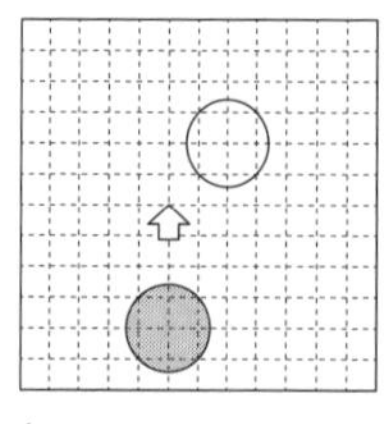

図3
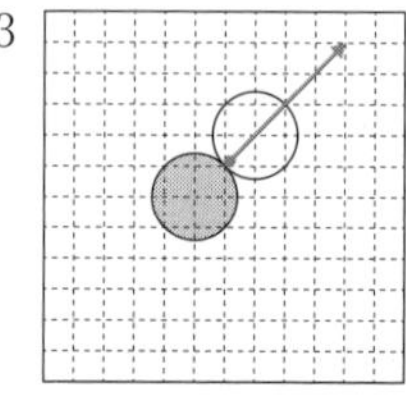

（●はストーンAを，○はストーンBを表している。）

③ Kさんは，正月飾りにウラジロやイネといった植物が使われていることに興味をもち，植物の体のつくりにおける共通点や相違点を調べ，図1のように分類した。次の(1)，(2)に答えなさい。

図1

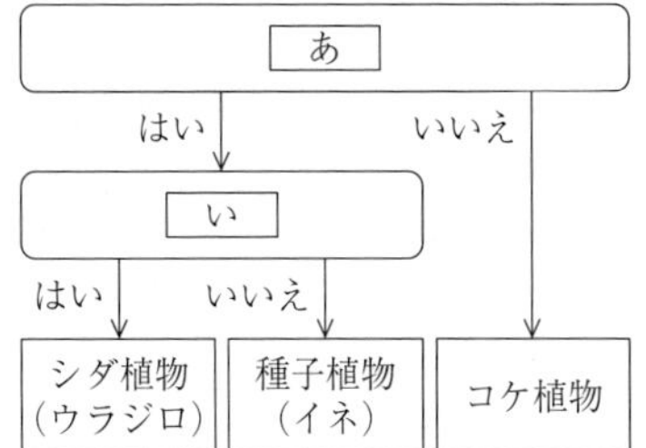

(1) [あ]，[い] にあてはまる文を，次の1～4からそれぞれ1つずつ選び，記号で答えなさい。あ(　　) い(　　)

1　種子をつくる。　　2　胞子をつくる。

3　維管束がある。　　4　子房の中に胚珠がある。

(2) Kさんは，種子植物であるイネについてさらに調べを進め，イネが単子葉類に分類されることを知った。次の文が，イネの体のつくりを説明したものとなるように，(　　)の中のa～dの語句について，正しい組み合わせを，下の1～4から1つ選び，記号で答えなさい。(　　)

葉脈が（a　網状脈　　b　平行脈）で，（c　主根と側根からなる根　　d　ひげ根）をもつ。

1　aとc　　2　aとd　　3　bとc　　4　bとd

④ ある中学校では，図1のような緊急地震速報を受信したという想定で避難訓練を実施した。次の(1)，(2)に答えなさい。

図1

緊急速報（訓練）
緊急地震速報 ●●で地震発生。強いゆれに備えてください。

(1) 地震の規模の大小を表す値を何というか。書きなさい。(　　)

(2) 次の文が，緊急地震速報について説明したものとなるように，(　　)の中のa～dの語句について，正しい組み合わせを，下の1～4から1つ選び，記号で答えなさい。(　　)

地震発生後，地震計で感知した（a　P波　　b　S波）を直ちに解析することで，各地の（c　初期微動　　d　主要動）の到達時刻やゆれの大きさなどを予測し，伝えるしくみである。

1　aとc　　2　aとd　　3　bとc　　4　bとd

5　Lさんは，図1のような，長さの異なる水筒に飲み物を入れるとき，水筒によって，音の高さの変化のしかたが異なることに気づいた。この音の高さの変化について調べるため，太さが同じ試験管を用いて，Mさんと次の実験を行った。あとの(1)～(3)に答えなさい。ただし，実験における息の吹きかけ方は同じとする。

図1
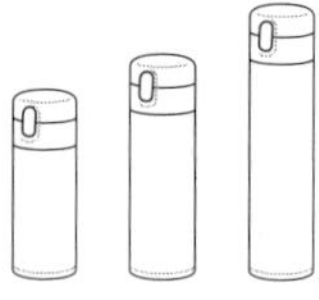

［実験］

① 図2のような太さが同じで，長さが14cmの試験管A，16cmの試験管B，18cmの試験管Cを用意した。

② ①の試験管Aに，底から水面までの高さが2cmになるように水を入れた。

③ 図3のように，②の試験管の上端に息を吹きかけ，発生した音を，タブレット端末のアプリケーションで解析し，音の振動数を求めた。

④ ②の試験管に水をさらに加え，底から水面までの高さを，4cm，6cm，8cm，10cmに変えて，③の操作を行った。

⑤ 試験管Aを，試験管B，試験管Cに変えて，②～④の操作を行った。

⑥ 実験の結果を表1にまとめた。

図2
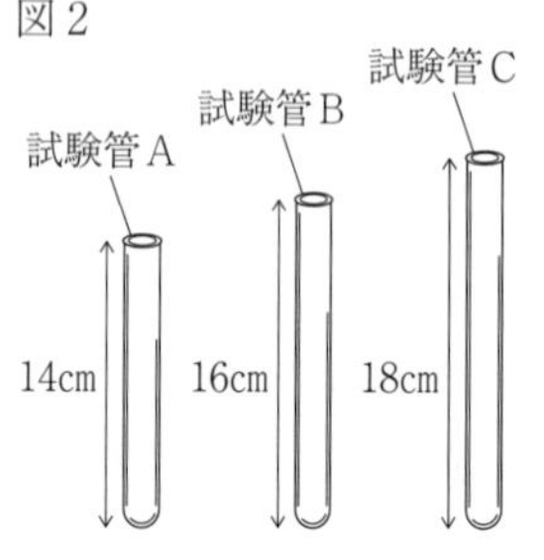

図3

表1

底から水面までの高さ〔cm〕	2	4	6	8	10
試験管Aの音の振動数〔Hz〕	708	850	1063	1417	2125
試験管Bの音の振動数〔Hz〕	607	708	850	1063	1417
試験管Cの音の振動数〔Hz〕	531	607	708	850	1063

(1) 実験において，音をタブレット端末に伝えたものは何か。書きなさい。(　　　)

(2) 図4は，531Hzのおんさを鳴らした後にオシロスコープの画面に表示された波形の1つである。また，次の1～4の中には，1063Hzのおんさを鳴らした後にオシロスコープの画面に表示された波形が2つある。

図4
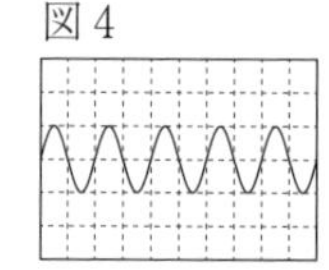

図4をもとにして，1063Hzのおんさを鳴らした後にオシロスコープの画面に表示された波形を，次の1～4から2つ選び，記号で答えなさい。ただし，オシロスコープが示す1目盛りの大きさはすべて等しいものとする。(　　　)

1
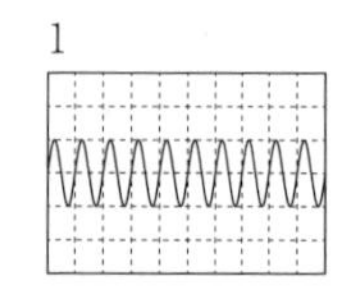
2
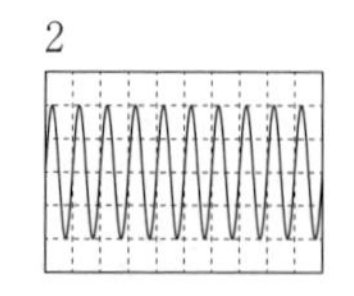
3
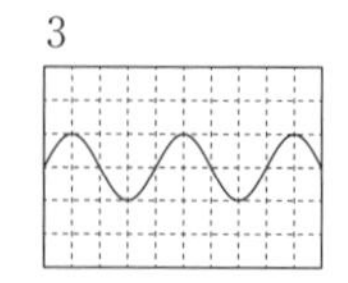
4
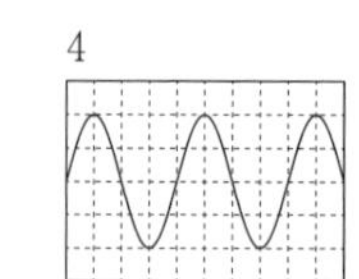

(3) LさんとMさんは，次のような会話をした。LさんとMさんの発言が，実験の結果をもとにしたものとなるように，あとのア，イに答えなさい。

Ｌさん：表１から，音の振動数は，[あ]の長さによって決まることがわかるね。

Ｍさん：水筒に飲み物を入れるとき，音の高さの変化のしかたが異なるというＬさんの気づきも，表１をもとに科学的に説明できそうだね。

Ｌさん：太さが同じで長さの異なる水筒に飲み物を入れるとき，入れ始めの音の高さは，長い水筒ほど[い]ということだよね。

Ｍさん：他にも，表１からは，太さが同じで長さの異なる水筒に同じ量の飲み物を入れるとすると，[う]水筒ほど，入れ始めから入れ終わりまでの音の振動数が大きく変化することもわかるよ。

ア [あ]に入る適切な語句を，「試験管」という語を用いて答えなさい。

( )

イ [い]，[う]に入る語句について，正しい組み合わせを，右の１～４から１つ選び，記号で答えなさい。( )

	い	う
1	低い	短い
2	低い	長い
3	高い	短い
4	高い	長い

6 学校で飼育しているヒメダカを用いて，次の観察を行った。下の(1)～(4)に答えなさい。

［観察］

① 図１のように，水を入れたチャック付きのポリエチレン袋にヒメダカを入れ，チャックを閉めた。

図１

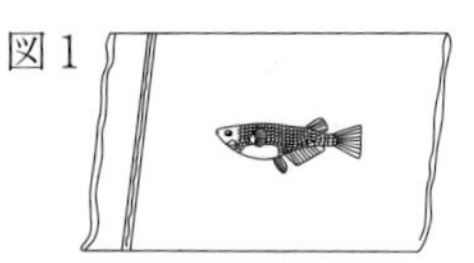

② ①のヒメダカの尾びれの血管を，顕微鏡で観察し，タブレット端末で動画を撮影した。

③ 撮影した動画をもとに，図２のように，スケッチをかき，気づきをまとめた。

図２

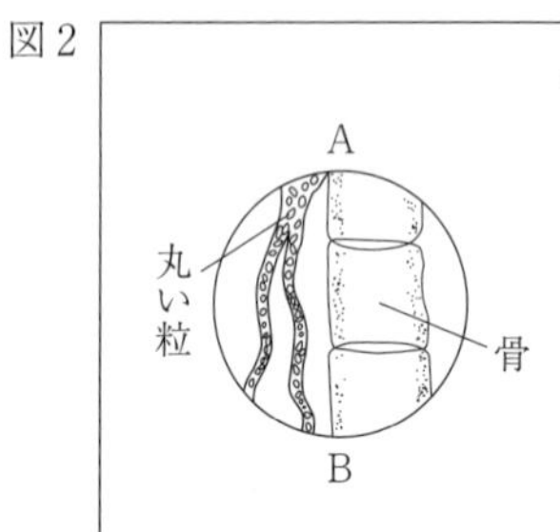

〈気づき〉
- 骨に沿って血管が見られた。骨は，血管より太かった。
- 血管内に，たくさんの(ア)丸い粒が見えた。(イ)丸い粒は，B側からA側に流れていた。
- (ウ)血管がA側からB側へ枝分かれしていた。枝分かれした血管は，元の血管より細くなっていた。

(1) 飼育を続けていると，ヒメダカが産卵し子が卵からかえるようすを確認することができた。このように，親が卵を産んで，卵から子がかえるふやし方を何というか。書きなさい。(　　　)

(2) 図２の下線(ア)は赤血球であり，体のすみずみに酸素を運ぶはたらきがある。次のア，イに答えなさい。

ア 血液は，赤血球などの固形成分と液体成分からなる。血液中の液体成分を何というか。書きなさい。(　　　)

イ 赤血球が酸素を体のすみずみに運ぶことができるのは，赤血球にふくまれるヘモグロビンがどのような性質をもっているからか。簡潔に述べなさい。

(　　　)

(3) 図２のスケッチにおいて，ヒメダカの頭部は，A，Bのどちらの方向にあるか。書きなさい。また，そのように判断した根拠となる〈気づき〉を，図２の下線(イ)，(ウ)から１つ選び，記号で答えなさい。方向(　　　) 根拠(　　　)

(4) 図３は，ヒトの心臓のつくりと血液の流れを模式的に表しており，➡は，心臓に出入りする血液が流れる方向を示している。

ヒメダカが，ヒトと同じセキツイ動物であることをふまえ，図３を参考にして，ヒメダカの血液の流れを表した模式図として正しいものを，次の１～４から１つ選び，記号で答えなさい。(　　　)

図３

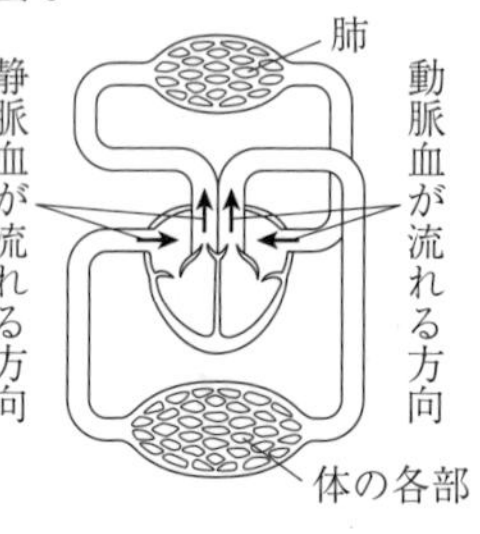

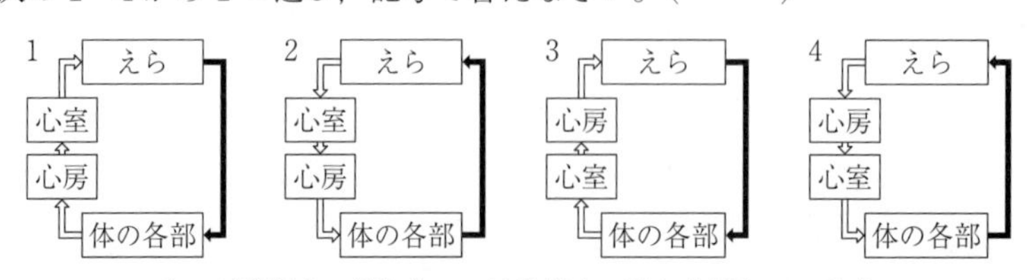

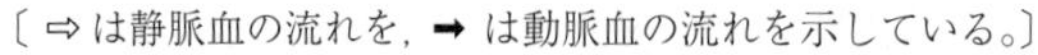
〔⇨は静脈血の流れを，➡は動脈血の流れを示している。〕

7　ペットボトルを利用して，次の実験を行った。下の(1)～(3)に答えなさい。

［実験］
① 炭酸飲料用のペットボトルに水を少量入れた。
② ①のペットボトルに，線香の煙を少量入れた。
③ ②のペットボトルを氷水で冷やすと，白いくもりが発生した。
④ ③のペットボトルを氷水から取り出し，図1のように，ポンプ付きのふたをして閉めた。
⑤ ポンプを20回押して空気を入れると，白いくもりが消えた。
⑥ 栓を外してペットボトル内の空気を勢いよく出すと，再び白いくもりが発生した。

図1
ポンプ付きのふた
栓
白いくもり
水

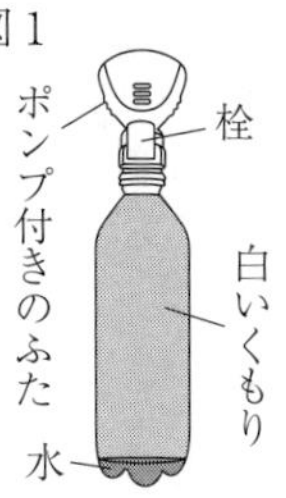

(1) 各地の天気は，降水を伴わない場合，空全体を雲が占める割合で決められている。くもりの天気記号として正しいものを，次の1～4から1つ選び，記号で答えなさい。(　　　)

(2) ［実験］の②において，ペットボトルに線香の煙を入れたのは，白いくもりが発生しやすくするためである。線香の煙を入れることで白いくもりが発生しやすくなるのはなぜか。その理由を簡潔に述べなさい。

(　　　　　　　　　　　　　　　　　　　　　　　　　　　　　　　　)

(3) 自然界では，空気が上昇気流によって運ばれることで雲が発生する。また，［実験］の③の白いくもり，［実験］の⑥の白いくもりのいずれかは，自然界における雲と同じしくみで発生したものである。次のア，イに答えなさい。

ア　次の文が，自然界で上昇気流が生じる原因について述べたものとなるように，(　　)の中のa～dの語句について，正しい組み合わせを，下の1～4から1つ選び，記号で答えなさい。

(　　　)

寒気と暖気がぶつかり（a　暖気が寒気を　　b　寒気が暖気を）おし上げたり，地表の一部が強く（c　熱せられ　　d　冷やされ）たりすることで生じる。

1　aとc　　2　aとd　　3　bとc　　4　bとd

イ　次の文章が，実験の考察となるように，［あ］，［い］に入る適切な語を書きなさい。また，［う］に入る適切なものを，［実験］の③，⑥から1つ選び，③，⑥の記号で答えなさい。

あ(　　　)　い(　　　)　う(　　　)

自然界では，上空に行くほど大気の［あ］が下がる。上昇気流によって空気が上空に運ばれると，［あ］が下がり，［い］が下がることで雲が発生する。

［実験］の③と⑥の白いくもりのうち，［実験］の［う］の白いくもりは，ペットボトル内の空気の［あ］が下がり，［い］が下がることで発生した。もう一方の白いくもりは，ペットボトル内の空気の［い］のみが下がることで発生した。

このことから，自然界における雲と同じしくみで発生したものは，［実験］の［う］の白いくもりである。

8　水溶液によって電流の流れやすさが異なることを学んだSさんは，次の［仮説1］を立て，［実験1］を行った。あとの(1)～(3)に答えなさい。

［仮説1］

電流が流れる水溶液どうしを混ぜると，混ぜる前の水溶液と比べて電流がもっと流れるようになる。

［実験1］

① 2％の塩酸と2％の水酸化ナトリウム水溶液を用意した。

② ①の塩酸を4mLずつ4個のビーカーにはかりとり，それぞれ液A_1～液A_4とした。

③ ①の水酸化ナトリウム水溶液を4mLずつ4個のビーカーにはかりとり，それぞれ液B_1～液B_4とした。

④ 図1のように2つの液を混ぜ，8mLの液C～液Eをつくった。

⑤ 図2のように，ビーカーに入った液A_1に，十分に洗浄した炭素電極を入れ，電源装置，電流計を直列につないだ。

⑥ 電源装置のスイッチを入れ，3Vの電圧を加えた。

⑦ 10秒後に電流計の値〔mA〕を読みとり，電源装置のスイッチを切った。

⑧ ⑤の液A_1を，液B_1，液C，液D，液Eに変えて，⑤～⑦の操作を行った。

⑨ 実験の結果を，表1にまとめた。

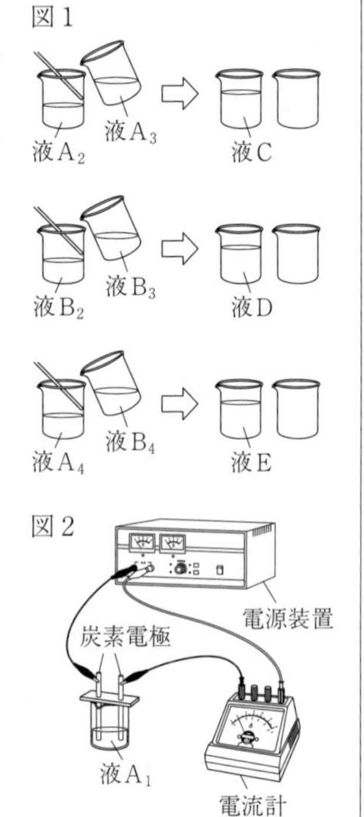

表1

	液A_1	液B_1	液C	液D	液E
液の体積〔mL〕	4	4	8	8	8
電流計の値〔mA〕	22	12	22	12	5

(1) 水に溶けると水溶液に電流が流れる物質を何というか。書きなさい。(　　　)

(2) ［実験1］の⑥では，液A_1で塩化水素HClの電気分解が起こった。塩化水素の電気分解を，化学反応式で書きなさい。(　　　　　　　　　　)

(3) ［実験1］を終えたSさんは，T先生と，次のような会話をした。あとのア，イに答えなさい。

Sさん：混合後の液の電流計の値が，混合前の液の電流計の値よりも大きくなることはありませんでした。

T先生：同じ液どうしを混ぜた場合も，異なる液どうしを混ぜた場合も，［仮説1］が誤っていることがわかったのですね。

実験の結果をもとに，さらに調べてみたいことはありますか。

Sさん：はい。表1のように，液Eの電流計の値が，液A_1や液B_1の電流計の値と比べて小さくなったことに興味があります。いつも小さくなるのでしょうか。

T先生：それでは，新しい仮説を立てて，実験を行ってみましょう。

ア　下線部のように，液Eの電流計の値が小さくなったのは，液中のイオンの量が減少したことが関係している。液中のイオンの量が減少したのはなぜか。その理由を簡潔に述べなさい。

(　　　　　　　　　　　　　　　　　　　　　　　　　　　　　　　　　　　　)

イ　Sさんは，この会話の後，T先生のアドバイスをもとに，下の［仮説2］を立て，［仮説2］を適切に検証することができるよう［実験2］を計画した。［あ］に入る語句として最も適切なものを，次の1～4から選び，記号で答えなさい。(　　　)

1　混合後の液の体積　　2　混合前の塩酸の体積　　3　混ぜる順序　　4　混ぜる割合

［仮説2］

2％の塩酸と2％の水酸化ナトリウム水溶液の混合において，「［あ］」と「混合後の液の電流の流れにくさ」には関係がある。

［実験2］

① 2％の塩酸と2％の水酸化ナトリウム水溶液を，表2のように混ぜた液F～液Jをつくる。

表2

	液F	液G	液H	液I	液J
2％の塩酸の体積〔mL〕	2	3	4	5	6
2％の水酸化ナトリウム水溶液の体積〔mL〕	6	5	4	3	2

② ［実験1］の図2のように，ビーカーに入れた液Fに，十分に洗浄した炭素電極を入れ，電源装置，電流計を直列につなぐ。

③ 電源装置のスイッチを入れ，3Vの電圧を加える。

④ 10秒後に電流計の値〔mA〕を読みとり，電源装置のスイッチを切る。

⑤ ②の液Fを，液G～液Jに変えて，②～④の操作を行う。

⑥ 実験の結果をまとめる。

9　Yさんは，素材となる金属の違いによって調理器具の特徴が異なることを知り，Zさんと次のような会話をし，実験を行った。あとの(1)～(5)に答えなさい。

Yさん：プロの料理人は，使う食材や調理方法によって，銅やアルミニウム，鉄など，素材の違うフライパンを使い分けているらしいよ。

Zさん：そういえば，理科の実験でカルメ焼きをつくったとき，銅のお玉を使っていたけれど，銅の性質が関係しているのかもしれないね。

Yさん：金属には，熱が伝わりやすい性質や，温まりやすく冷めやすい性質があると学習したけれど，それらの性質は，金属の種類によって異なるのかな。

Zさん：おもしろそうだね。実験で確かめてみようよ。

［実験１］

① 図１のように，縦20cm，横20cm，厚さ0.5mmの銅板に油性ペンで対角線を引き，頂点Aから4cm，8cm，12cmの対角線上に，点B，点C，点Dをとった。

図１

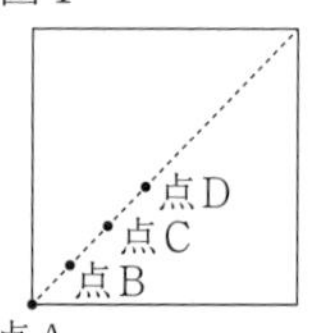

② ①の銅板の表面全体に，ろうを薄くぬった。

③ 図２のように，②の銅板をスタンドに固定し，銅板の点Aの部分をガスバーナーで加熱した。

図２

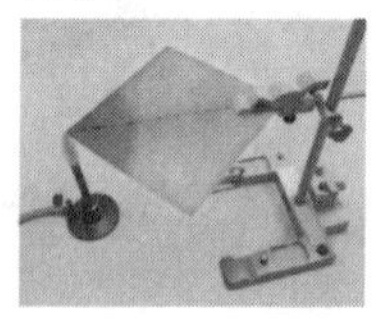

④ 加熱すると同時にストップウォッチのスタートボタンを押した。

⑤ 点B，点C，点D上のろうがとけた時間を測定し記録した。

⑥ 銅板の加熱を止め，室温になるまで放置した。

⑦ ②～⑥を２回繰り返した。

⑧ ①の銅板を，アルミニウム板，鉄板に変えて，①～⑦の操作を行った。

⑨ 記録した時間を平均したものを，表１にまとめた。

［実験２］

① ビーカーに水を入れ，ガスバーナーで加熱し，水を沸とうさせた。

② ①の水に，一辺が2cmの立方体の銅を入れ，１分間放置した。

③ ②の銅をすばやく取り出し，室温の水30gの中に入れた。

④ ③の水の温度を，デジタル温度計を用いて測定し，記録した。

⑤ ②の銅を，アルミニウム，鉄に変えて，②～④の操作を行った。

⑥ 記録した時間と水の温度を，図３にまとめた。

表１

	銅	アルミニウム	鉄
点B〔秒〕	5	6	13
点C〔秒〕	28	33	88
点D〔秒〕	62	87	415

図３

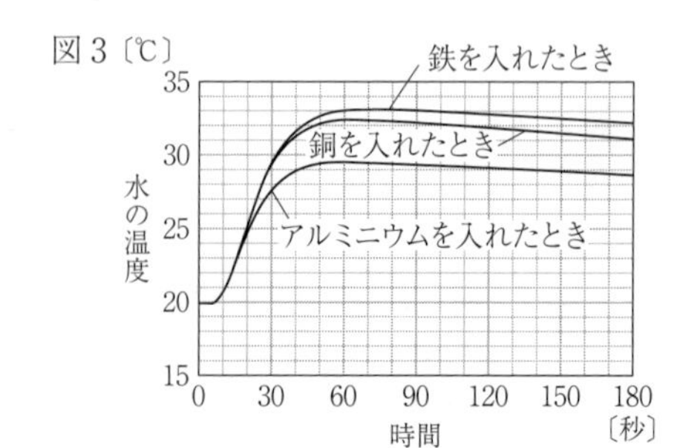

(1) 調理する際，手を近づけることで，フライパンが温まっていることを確認することができる。これは，熱が赤外線などの光として放出されているからである。このように，物体の熱が光として放出される現象を何というか。書きなさい。(　　　)

(2) 下線部に関連して，金属より冷めにくい性質をもつ岩石は，調理器具の素材に用いられることがある。火成岩のうち，花こう岩などのように，マグマが地下でゆっくり冷えて固まった岩石を何というか。書きなさい。(　　　)

(3) 図4は，[実験1] において，ある金属板を加熱したときのようすである。

次の文が，表1をもとに図4を説明したものとなるように，(　　) の中のa～eの語句について，正しい組み合わせを，下の1～6から1つ選び，記号で答えなさい。(　　　)

図4

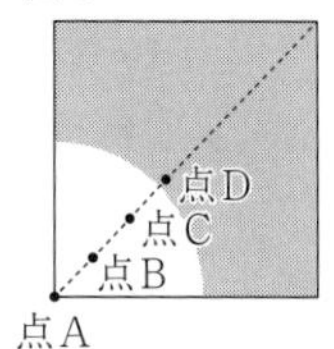

図4は，加熱し始めてから (a　20秒後　　b　80秒後) の (c　銅　　d　アルミニウム　　e　鉄) 板のようすである。

1　aとc　　2　aとd　　3　aとe　　4　bとc　　5　bとd　　6　bとe

(4) [実験2] において，水の温度が最高温度に達した後も測定を続けたのは，水から空気への熱の移動による，1秒間あたりの温度変化を見積もるためであり，見積もった値を用いて，空気への熱の移動を考慮した最高温度を推定することができる。

次の文が，最高温度に達した後の1秒間あたりの温度変化の求め方について説明したものとなるように，[あ] に入る適切な語句を，[X] に入る適切な数値を，それぞれ書きなさい。

あ(　　　)　X(　　　)

図3から，最高温度に達した後の水の温度の下がり方が一定なので，例えば，アルミニウムを入れたときの，60秒と180秒の [あ] を [X] で割ると，1秒間あたりの温度変化を見積もることができる。

(5) YさんとZさんは，次のような会話をした。YさんとZさんの発言が，実験の結果と合うように，[い]，[う] に入る適切な語句を，下の1～4から1つ選び，それぞれ記号で書きなさい。

い(　　　)　う(　　　)

Zさん：実験前にYさんが考えていたとおり，金属の性質は，金属の種類によって異なっているといえるね。

Yさん：そうだね。[実験1] の結果から，同じ面積で同じ厚さの3種類の金属のうち，銅は，[い] ことがわかったよ。

Zさん：[実験2] の結果からは，同じ体積で同じ温度の3種類の金属のうち，鉄は，[う] こともわかったね。

Yさん：それぞれの金属の性質を知っていると，料理するとき役に立ちそうだね。

1　金属全体に熱が最も伝わりにくい　　2　金属全体に熱が最も伝わりやすい

3　金属全体の温度が最も冷めにくい　　4　金属全体の温度が最も冷めやすい

イ　この漢文の内容を踏まえると、日常生活で心がけるとよいことはどのようなことか。最も適切なものを、次の1～4から選び、記号で答えなさい。(　　)

1　計画を最優先して物事を進めること。
2　不器用でも実直に行動すること。
3　言葉でうまく人を得意にさせること。
4　変化に柔軟に対応していくこと。

6　次に示す二人の先人の言葉を読んで、あなたの考えをあとの注意に従って書きなさい。なお、作文は二段落構成とし、一段落目には二つの言葉から感じ取ったことをまとめて書き、二段落目には「あなたの未来」についての考えを書きなさい。

・あなたが今まく種はやがて、あなたの未来となって現れる。
（夏目漱石）

・未来とは、あなたが予知しようとするものではなく、自分で可能にするものだ。
（サン＝テグジュペリ）

注意
○　氏名は書かずに、1行目から本文を書くこと。
○　原稿用紙の使い方に従って、8行以上12行以内で書くこと。
○　読み返して、いくらか付け加えたり削ったりしてもよい。

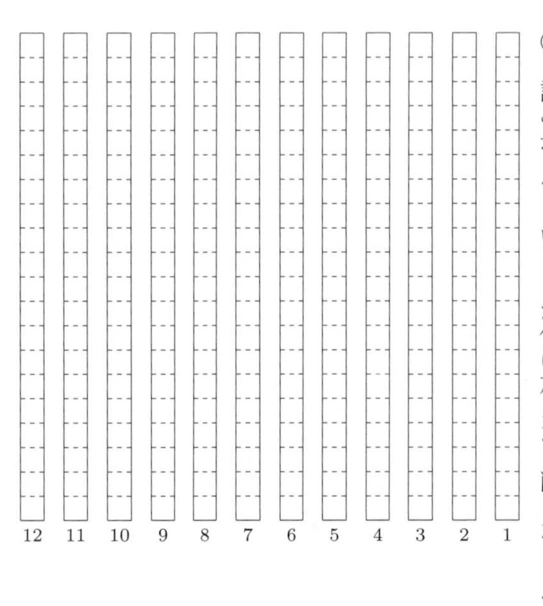

（　　　　　　　　）

(三) Aさんのグループでは、発表原稿の内容の確認を行った。その際、Bさんが【発表原稿の一部】の～～～部の内容について次のような指摘を行い、グループでもう一度調べ直すことにした。[　　] に入る適切な内容を、「全体の傾向」という言葉を用いて二十五字以内で答えなさい。

[　　　　　　　　　　　　　　　　　　　　　　　　　]

確かに、慣用句を異なる意味で認識して本来の意味に気づいていない人が多いことは、この項目の数値が低いことの原因の一つであるようにも思いますが、[　　] ことは、適切ではないと思います。慣用句の捉え方に関する事例をもっと調べてみませんか。

5 次の(一)～(三)に答えなさい。

(一) 次の1～5について、――部の漢字は読み仮名を書き、片仮名は漢字に改めなさい。

1 海の方から快い潮風が吹いてきた。（　　い）

2 お金の出納を記録する。（　　）

3 父のキョウリは鹿児島県だ。（　　）

4 時間になればスミやかに移動しなさい。（　　やかに）

5 涼しい場所に野菜をチョゾウする。（　　）

(二) 次のA、Bの文中の[　　]に共通して入る四字熟語を答えなさい。ただし、漢数字の「千」を含むものとする。[　　　　]

A グローバル化に対する人々の意識は[　　]であるため、議論が必要だ。

B 器の形は、それを作る職人によって[　　]であり、それぞれに味わいがある。

(三) 次の漢文と書き下し文、現代語訳を読んで、あとのア、イに答えなさい。

漢文	故ニ曰ク、「巧詐ハ不ト如カ拙誠ニ。」　（「韓非子（かんぴし）」より）
書き下し文	故（ゆゑ）に曰（いは）く、「巧詐（かうさ）は拙誠（せつせい）に如（し）かず。」と。
現代語訳	だから、「巧みに表面をとりつくろうようなやり方は、つたなくても心のこもったやり方には及ばない」と言われている。

ア 書き下し文を参考にして、「巧詐ハ不ト如カ拙誠ニ。」に返り点を補いなさい。

巧詐ハ不ト如カ拙誠ニ。

データ2　(①，②について) 乱れていると答えた人の割合 (年齢層別)

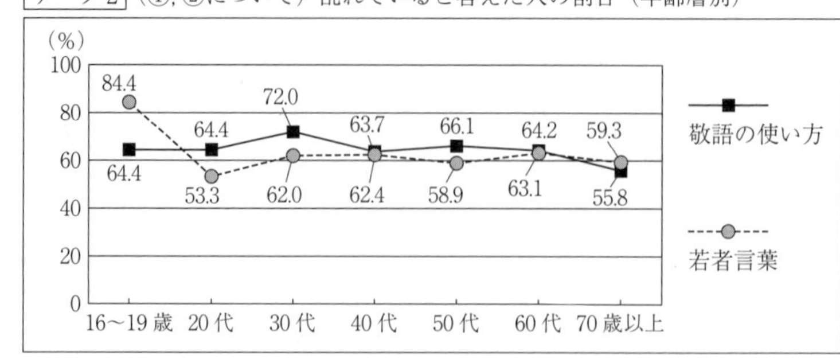

データ3　(⑧について) 慣用句「浮足立つ」の意味とは

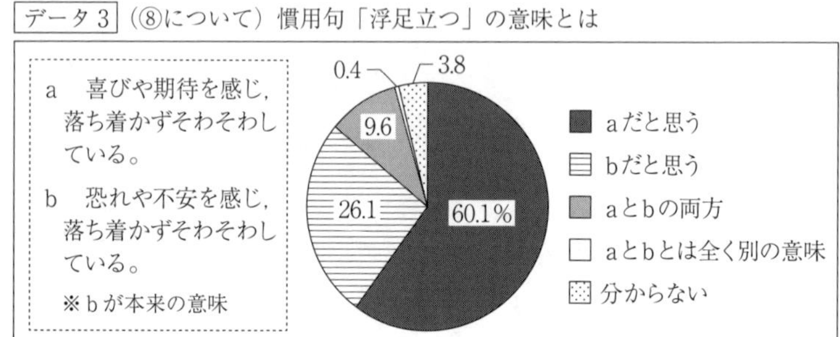

【発表原稿の一部】

私たちは、国語に対する認識について調べてみました。まず、《基本調査》の結果からは、①の「敬語の使い方」と②の「若者言葉」に乱れを感じている人の割合がともに六割を超えていることが分かります。そのうち「敬語の使い方」については、データ1に気になる表現を挙げています。この中で私たちが注目したのは、「言い方」の中にある［Ⅰ］の表現のように、尊敬語と謙譲語の使い分けができていないことです。この二つの使い分けを、よく理解していきたいと思いました。

データ2からは、「十六～十九歳」と「二十代」の認識には共通点と相違点があるということが分かります。隣接する年齢層ではあるものの、調査対象の全年齢層の中で比較すると、相違点として［Ⅱ］ということが挙げられ、そのことがこのグラフから読み取れる大きな特徴となっています。なぜこのような結果になったのか、大変興味があります。

そして、《基本調査》の⑧の「語句や慣用句・ことわざの使い方」にも注目しました。この項目については、乱れを感じている人の割合はそれほど高くありません。しかし、データ3を見ると、慣用句「浮足立つ」については、本来とは異なる意味で認識している人の方が多くなっていました。ここから考えると、《基本調査》においてこの項目の数値がそれほど高くない原因は、人々が慣用句を本来とは異なる意味で認識していることに気づいていないためである、ということが分かります。言葉の意味が時代とともに変化することは自然なことではありますが、本来の意味を理解することも大切だと思いました。

(一)　【発表原稿の一部】の［Ⅰ］に入る内容として最も適切なものを、次の1～6から選び、記号で答えなさい。(　　)

1　アとイ　　2　アとオ　　3　イとエ
4　ウとオ　　5　ウとエ　　6　エとオ

(二)　【発表原稿の一部】の［Ⅱ］に入る適切な内容を、文脈に即して答えなさい。

Aさん　このお話の中で、力士として勝負にこだわる谷風は、「まける」という言葉に対して敏感に反応し、早とちりをしてしまいましたね。

Bさん　そうですね。「これは谷風のまくるにあらず、魚うるをのこの方をまけさする事なれば」とあるように、ここで「まける」のは谷風ではなく、魚を売っている男の方ですよね。「まける」という動作の主体が変わっています。

Aさん　そのとおりです。そのように考えると、魚を売っている男は、結果的に「まける」という言葉がもつ二つの意味をうまく使ったと言えますね。

Bさん　ところで、このお話が収められている「仮名世説」は、筆者が聞いたうわさ話や実際に経験したことを書きとめたものであるようです。このお話は、筆者が目にしたことについて感想を述べる形式になっています。

Aさん　すると、「□」までが、筆者が見た内容ですね。この後から、筆者の感想や説明が始まっています。短い話ですが、構成がまとまっていますね。

ア　「魚を売っている男は、結果的に『まける』という言葉がもつ二つの意味をうまく使った」とあるが、それは「魚を売っている男」が、「まける」という言葉をどのような意味で使ったということか。「まける」という言葉がもつ二つの意味を明らかにしながら説明しなさい。

（　　　　）

イ　□に入る表現として最も適切なものを、古文中の＝＝部a～dから選び、記号で答えなさい。（　　）

4　次は、「国語に対する認識」をテーマとして調べ学習を行ったAさんのグループが、発表をする際に用いる【資料】と【発表原稿の一部】である。よく読んで、あとの(一)～(三)に答えなさい。

【資料】

国語に対する認識　～令和元年度「国語に関する世論調査」（文化庁）より～

《基本調査》国語で乱れを感じているところ（複数回答可）

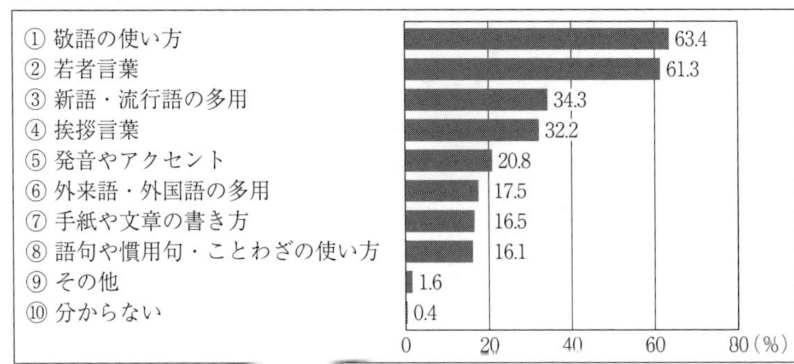

データ1　(①について) 気になる表現　（数字は%）

	言い方 ※下線部が気になる表現	気になる	気にならない	その他
ア	規則でそうなってございます。	81.5	15.8	2.7
イ	こちらで待たれてください。	81.3	17.2	1.5
ウ	お歩きやすい靴を御用意ください。	78.0	20.0	2.0
エ	お客様が参られています。	77.4	20.7	1.9
オ	昼食はもう頂かれましたか。	67.5	29.8	2.7

も適切なものを、次の1～4から選び、記号で答えなさい。（　　）

1　1段落の説明とは反する内容を2段落で主張し、3段落では異なる話題を挙げて問題提起をしている。
2　1段落で定義した内容を4段落で再定義し、9段落では具体的な方策を挙げてさらに論を進めている。
3　5段落では3段落で否定した内容を再度否定し、8段落でその具体例を挙げて主張の根拠としている。
4　5段落では4段落で述べた主張と対立する意見を示し、6段落ではさらに具体的な課題を挙げている。

3　次の古文を読んで、あとの㈠～㈢に答えなさい。

※関取(せきとり)※谷風梶之助(たにかぜかぢのすけ)、小角力(こずまう)（弟子を供として連れて）を供につれ※日本橋本船町(ほんふなちやう)を通りける時、鰹(かつを)をかはんとしけるに価(あたひ)いと高かりければ、供のものにいひつけて、「まけよ」といはせて a 行過(ゆきすぎ)しを、魚うるをのこよびとどめて、「関取のまけるといふはいむ（さける）べき事なり」といひければ、谷風立(たち)かへり「買へ買へ」といひて b かはせたるもをかしかりき。これは谷風のまくる（まける）にあらず、魚うるをのこの方をまけさする事なれば、さのみ（それほど）忌(い)むべきことには c あらざるを、「かへかへ」といひしは d ちとせきこみし（少しあせって早とちりをした）と見えたり。是(これ)は予（私）が若かりし時まのあたり見たる事なりき。

（「仮名世説(かなせせつ)」より）

（注）※関取＝すもうにおける上位の力士のこと。
※谷風梶之助＝江戸時代に活躍した力士。
※日本橋本船町＝近世の江戸の地名。

㈠　「かはん」を現代仮名遣いで書き直しなさい。（　　）

㈡　「魚うるをのこよびとどめて」の解釈として最も適切なものを、次の1～4から選び、記号で答えなさい。（　　）
1　魚を売っている男が、谷風に声をかけて
2　魚を売っている男が、谷風に魚を売って
3　魚を売っている男に、谷風が声をかけて
4　魚を売っている男に、谷風が魚を売って

㈢　次の会話は、前の古文を学習した際の、AさんとBさんのやりとりである。よく読んで、あとのア、イに答えなさい。

ことはすべて、当然とされていることを一旦疑ってみる態度から生まれてくるのです。そしてこうした態度は、科学や芸術の分野だけではなく、日常生活にも当てはめてみるべきなのです。

6 しかしながら、自分の思い込みや古い常識に、自分だけで気がつくことはなかなか難しいものです。自分の周りの人たちも一緒に信じてしまっている思い込みならなおさらです。

7 それに気がつかせてくれるのが、自分とは異なる他者との対話です。その他者は、できれば自分と違えば違うほどいいでしょう。

8 生徒同士で対話する場合では、年齢はほとんど同じで、社会的立場はまさしく学校の生徒です。その意味で、かなり似た部分の多い他者なのですが、それでもあなたの友人は、あなたには話していない意外なことを考え、普段は見せない意外な側面を持っているものです。

9 また、自分がこれまでに出会った人たちのことを思い出してみましょう。ニュース番組や書籍を通じて知った人のこと、あるいは、多様な人がいるはずです。異なった人生を歩んでいればいるほど、異なった考え方をするでしょう。異なった考えの人と対話することが、深く考えるきっかけになります。異なった人の意見が貴重であることに気がつけば、異なった人に興味や関心をもてるようになります。

(河野哲也(こうのてつや)「問う方法・考える方法 『探究型の学習』のために」より。一部省略がある)

(注) ※先ほどの＝この文章以前の箇所で、筆者は「地方創生」について触れている。

(一) 「身につけて」とあるが、「つけ」と同じ活用形であるものを、文章中の＝＝＝部a～dから一つ選び、記号で答えなさい。(　　)

(二) 「意見」の「見」と同じ意味で用いられている「見」を含む熟語を、次の1～4から一つ選び、記号で答えなさい。(　　)

1 見聞　2 会見　3 発見　4 見解

(三) 「勝手に思い込んでいた」とあるが、それはどのような思い込みか。次の文がその説明となるよう、□に入る適切な内容を、文章中から三十字以内で抜き出し、初めと終わりの五字で答えなさい。

町おこしとは□ことという思い込み。

□□□□□～□□□□□

(四) 「自分が立っている足元を見直してみる」とあるが、この比喩表現と同じ内容を述べているものとして最も適切なものを、次の1～4から選び、記号で答えなさい。(　　)

1 自明だとされている通説について、自分なりにその内容を新たに分析すること。
2 ある問題を解決しようとするとき、科学的なデータを根拠として検討すること。
3 他者との対話をすすめるにあたって、それぞれの社会的な立場を考慮すること。
4 芸術作品を創作する際に、習得した表現技法を組み合わせながら制作すること。

(五) 「その他者は、できれば自分と違えば違うほどいいでしょう」とあるが、筆者がこのように述べているのはなぜか。文章の内容に即して、八十字以内で説明しなさい。

(六) この文章における段落と段落の関係について説明したものとして最

1　絵の内容を色彩感覚豊かに記述することで、描かれた人物と周囲との関係を具体的に読者に伝えている。
2　特定の登場人物の視点から説明することで、その場面の切迫した状況を冷静に詳しく読者に伝えている。
3　端的な言葉で複数の会話を叙述することで、生き生きとした人物像を臨場感をもって読者に伝えている。
4　擬人法を用いながら情景を描写することで、幻想的な雰囲気の中で絵の価値について読者に伝えている。

［2］　次の文章を読んで、あとの㈠～㈥に答えなさい。なお、［1］～［9］は、それぞれの段落を示す番号である。

［1］　「深く考える」とは、どういうことでしょうか。それは、自分が普段から、知らず知らずのうちに身につけてしまっている考え方や、「当たり前」と一方的に思い込んでいる自分の常識を、あらためて検討してみるということです。

［2］　たとえば、先ほど※の「地方創生」というテーマでaいえば、「町おこし」と言うときに、何を〝おこす〟のか」という問いが出てきました。町おこしというと、町が賑（にぎ）やかになり、お店にはたくさん人が来て、経済的に潤う光景を頭に浮かべないでしょうか。それが町おこしの目的だと頭から信じて、勝手に思い込んでいたのです。

［3］　しかしそもそも、私たちは自分の町をどうしたいのでしょうか。私たちにとって「住みやすい町」とはどういう町でしょうか。その町で、私たちは、どのような生活や人生を送ろうとしているのでしょうか。自分たちの思い込みを排除して、はじめから考え直そうとしているときに、テーマを深くb考えられるようになっているのです。

［4］　当然視されていること、常識と思われていること、昔から信じ込まれていること、これらをもう一度掘り起こして、考え直してみることが「深く考える」ことの意味です。それは自分が立っている足元を見直してみる態度だといえるでしょう。そうして考え直してみた結果、「もとのままでもよい」という結論がc出るときもありますし、「部分的に改善していくほうがよい」という結論が出るときもありますし、「大きくd変えたほうがよい」「全面的に新しいものにしたほうがよい」という結論が出るときもあるでしょう。

［5］　科学の発見も、芸術の新しい表現も、斬新なイベントも、創造的な

あって思うけど……」

「まゆちゃんの絵も、みんなが一緒に見たいなあって思ってるよ」

実弥子がそう言ったとき、ルイがその言葉にかぶせるように「見せてよ」と言った。

まゆちゃんは、少し照れたような表情を浮かべて、ルイにちらりと視線を送ってからD背筋を伸ばした。

「わかった。モデルのルイくんが見たいって言うなら、見せないわけにはいかないよね」

（東(ひがし)　直子(なおこ)「階段にパレット」より）

（注）※希一＝実弥子の夫。

(一)　次の1～4の行書のうち、点画の省略がみられるものはどれか。一つ選び、記号で答えなさい。（　　）

1　描　2　作　3　情　4　視

(二)　文章中の═部a、bの文節と文節の関係は、次の1～4のどれにあたるか。一つ選び、記号で答えなさい。（　　）

1　主語・述語の関係　2　修飾・被修飾の関係

3　並立（対等）の関係　4　補助の関係

(三)　次の文の□には「慎重」の対義語が入る。その対義語を二字の熟語で答えなさい。□

よく考えて、□に判断しないように気をつけよう。

(四)　「実弥子ははっとする」とあるが、「実弥子」はどのようなことに気づいたのか。次の文がそれを説明したものとなるよう、□に入る適切な内容を、「ルイ」の絵に関する記述を踏まえて五十字以内で答えなさい。

「ルイ」の絵に関する「まゆ」のつぶやきから、絵は□ということに気づいた。

(五)　次は、文章中の〰〰部A～Dにみられる「まゆ」の様子の変化について【ノート】にまとめたものである。【ノート】が文章の内容に即したものとなるよう、Ⅰ、Ⅱに入る語として最も適切なものを、あとの1～6からそれぞれ選び、記号で答えなさい。また、Ⅲに入る適切な内容を、文章中から六字で書き抜きなさい。

Ⅰ（　　）　Ⅱ（　　）　Ⅲ□

【ノート】

○　まゆの様子		○　変化のきっかけとなった言葉の内容（発言した人物）
A　自分の絵を隠すように、覆いかぶさった	― Ⅰ	・まゆより年下の三年生である（ルイ）
↓		
B　数度まばたきをした	― 不安	・Ⅲが新しく生まれる（実弥子）
↓		
C　長い睫毛を伏せてしばらく考えた	― 思案	・絵は描いた人だけのものではない（実弥子）
↓		
D　背筋を伸ばした	― Ⅱ	・まゆの描いた絵を見たい（実弥子とルイ）

1　失望　2　自慢　3　鼓舞

4　嫌悪　5　羞恥　6　嫉妬

(六)　文章中にみられる表現の特徴として最も適切なものを、次の1～4から選び、記号で答えなさい。（　　）

国語

時間　五〇分
満点　五〇点

1　次の文章は、「実弥子（みやこ）」の絵画教室に通っている小学生の「ルイ」、「まゆ」、「ゆず」たちがお互いを描き、その絵を見せ合っている場面である。「実弥子」は、「なんのために絵を描くのか」と以前尋ねられ、うまく答えることができなかったことを気にしていた。よく読んで、あとの㈠～㈥に答えなさい。

ルイが描いたまゆちゃんは、今にも絵の中から飛び出してきそうだった。a細密に　b描かれた鉛筆の下書きの上に、慎重に絵の具が塗り重ねられていた。筆先を使って髪の毛や眉や睫毛（まつげ）が一本一本描かれ、瞳には淡い光がともっていた。まゆちゃんの顔によく似ていると同時に、その心の奥にある芯の強さを感じさせる。頰や指先、膝がしらには淡い桃色がかすかな青を滲（にじ）ませながら置かれていた。生き生きと血の通う、エネルギーの充（み）ちた子どもの身体なのだということを、実物以上に伝えているようだった。

「ルイくん、すばらしいね……」

実弥子は、ルイの絵のすばらしさを伝えるための言葉を探そうとしてうまく見つからず、口ごもった。

「わあ、すごい……。これが私……？」

「まゆちゃんに、にてる」

ゆずちゃんが、感心して言った。

「なんだろう、これ……。こんなふうに描いてもらうと、自分が今、ちゃんと生きてここにいるんだって、気がついた気がする……」

まゆちゃんがつぶやいた。実弥子ははっとする。ルイが、まゆちゃんをモデルに絵を描いた。ただそれだけの、シンプルなこと。でも、描かれた絵の中には、今まで見えていなかったその人が見えてくる。言葉では言えない、不思議な存在感を放つ姿が。ルイと希一（※きいち）、それぞれの母親がふと口にした「なんのために絵を描くのか」という問いの答えが、もしかするとこうした絵の中にあるのではないかと、実弥子は思った。

「ねえ、ルイくんって、何年生？」まゆちゃんが訊（き）いた。

「三年」

「うわあ、私より二コも下なんだあ。やだなあ、こっちは、見せるのはずかしすぎる」

まゆちゃんがA自分の絵を隠すように、覆いかぶさった。

「まゆちゃん、絵はね、描き上がったときに、描いた人を離れるんだよ」

実弥子がやさしく言った。

「え？　離れる……？　どういうことですか？」

まゆちゃんが、絵の上に手をのせたまま顔を上げた。

「でき上がった絵は、ひとつの作品だから、でき上がった瞬間に、作者の手から離れて、まわりに自分を見てもらいたいな、という意志が生まれるのよ。それは作品自体の心。描いた人の心とは別に、新しく生まれるの」

「……ほんとに？」

まゆちゃんの眉が少し下がり、不安そうにB数度まばたきをした。

「そうよ。たとえば、今ルイくんの描いたこの絵は、ルイくんだけのものだって思う？　ルイくんだけが見て、満足すれば、それでいいと思う？」

実弥子の質問に、まゆちゃんはC長い睫毛を伏せてしばらく考えた。

「そりゃあ、ルイくんの絵は、上手だから……みんなで一緒に見たいな

2022年度／解答

数　学

1 【解き方】(1) 与式 $= 8 + 5 = 13$

(2) 与式 $= \dfrac{2}{5} \times (-10) = -4$

(3) 与式 $= 16a^2 \times 3b = 48a^2b$

(4) 与式 $= 6x + y - 9x - 7y = -3x - 6y$

(5) 与式 $= a^2 - 3^2 = a^2 - 9$

【答】(1) 13　(2) -4　(3) $48a^2b$　(4) $-3x - 6y$　(5) $a^2 - 9$

2 【解き方】(1) x 分で水面は，$3 \times x = 3x$ (cm) 上がるので，$y = 3x + 7$

(2) 中央値は小さい方から 10 番目で，$5 + 3 = 8$，$8 + 3 = 11$ より，200 人以上 300 人未満の階級に含まれるので，イ。

(3) 求める数を t とすると，条件①から，$4 < t < 5$ より，$16 < t^2 < 25$，条件②から，$t^2 < 18$ だから，$16 < t^2 < 18$　よって，$t^2 = 17$ で，$t > 0$ より，$t = \sqrt{17}$

(4) △ACE と△ABC は，底辺をそれぞれ CE，AB とすると高さが等しいが，底辺の長さが異なる。△BCE と△ABC は，底辺をもとに BC とすると，高さが異なる。△ABE と△ABC は，底辺をともに AB とすると，高さも等しい。△BCF と△ABC は，底辺をともに BC とすると，高さが異なる。よって，求める答えはウ。

【答】(1) $y = 3x + 7$　(2) イ　(3) $\sqrt{17}$　(4) ウ

3 【解き方】(1) データ量の合計は，$3 \times a + 80 \times b = 3a + 80b$ (MB)　これが 500MB よりも小さいので，$3a + 80b < 500$

(2) S さんの結果より，$20x + 10y = 198$……①　T さんの結果より，$5x + 30y = 66$……②　よって，①×3－②より，$55x = 528$ から，$x = 9.6$　①に代入して，$20 \times 9.6 + 10y = 198$ より，$y = 0.6$

【答】(1) $3a + 80b < 500$　(2) (式) $\begin{cases} 20x + 10y = 198 \\ 5x + 30y = 66 \end{cases}$　(アプリ P) 9.6 (MB)　(アプリ Q) 0.6 (MB)

4 【解き方】(1) 半径が，$6 \div 2 = 3$ (cm) の球となるので，$\dfrac{4}{3}\pi \times 3^3 = 36\pi$ (cm^3)

(2) 右図のように切断したときで，点 A を含む方が立体 X で，含まない方が立体 Y となる。立方体の体積は，$1 \times 1 \times 1 = 1$ (cm^3) で，立体 Y の体積は，$\dfrac{1}{3} \times \left(\dfrac{1}{2} \times 1 \times 1\right) \times 1 = \dfrac{1}{6}$ (cm^3)　よって，求める体積比は，$\left(1 - \dfrac{1}{6}\right) : \dfrac{1}{6} = 5 : 1$ なので，ウ。

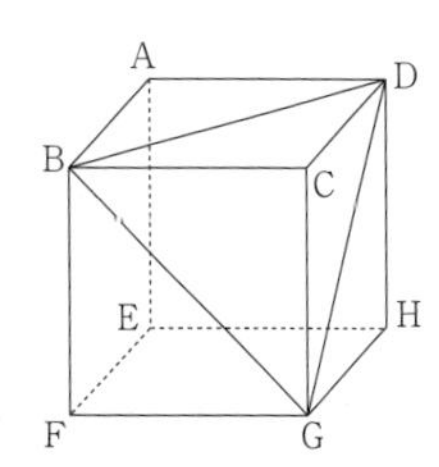

【答】(1) 36π (cm^3)　(2) ウ

5 【解き方】(1) 苗は全部で，$70 \times 5 = 350$ (個) あるので，$350 \div a = \dfrac{350}{a}$ (個)

【答】(1) $\dfrac{350}{a}$ (個)

(2) 右図のように，三角形の各辺上に植えてある苗のうち，両端を除くと $(n - 2)$ 個ずつ数えることになるから，苗は，$3 \times (n - 2) = 3(n - 2)$ (個) となる。除いた苗は 3 個あるから，苗の合計は，$3(n - 2) + 3$ (個)

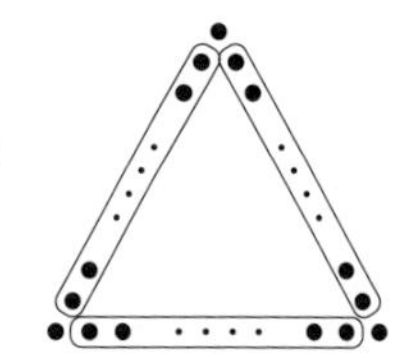

6 【解き方】(1) 記録Aのデータは，4，5，6，6，6，7，8，9，9，11となる。第一四分位数は6，第三四分位数は9だから，四分位範囲は，$9-6=3$　よって，記録Aと記録Bの四分位範囲を比較すると，散らばりの度合いが大きいのは，記録B。

(2) 2個のさいころの目の出方は全部で，$6\times6=36$（通り）　目の数の和が6以上8以下になる場合は，(大，小)＝(1，5)，(1，6)，(2，4)，(2，5)，(2，6)，(3，3)，(3，4)，(3，5)，(4，2)，(4，3)，(4，4)，(5，1)，(5，2)，(5，3)，(6，1)，(6，2)の16通りある。よって，求める確率は，$\dfrac{16}{36}=\dfrac{4}{9}$

【答】(1) ア．3　イ．B　(2) $\dfrac{4}{9}$

7 【解き方】(1) $x=-3$のとき，$y=(-3)^2=9$，$x=-1$のとき，$y=(-1)^2=1$なので，変化の割合は，$\dfrac{1-9}{-1-(-3)}=-4$

(2) 点Aのy座標は，$y=2^2=4$より，A(2，4)で，点Bのy座標は，$y=a\times(-3)^2=9a$より，B(－3，$9a$)　点A，点Bからx軸に下した垂線とx軸との交点をH，Iとすると，△OAB＝(台形ABIH)－△OAH－△OBIより，$8=\dfrac{1}{2}\times(9a+4)\times(2+3)-\dfrac{1}{2}\times2\times4-\dfrac{1}{2}\times3\times9a$　式を整理すると，$9a=2$だから，$a=\dfrac{2}{9}$

【答】(1) －4　(2) $\dfrac{2}{9}$

8 【解き方】(1) ∠DBE＝180°－(55°＋90°)＝35°なので，∠ABCの二等分線と辺ACとの交点をDとし，点Dから辺BCへ下ろした垂線と辺BCとの交点をEとすればよい。

【答】(1) 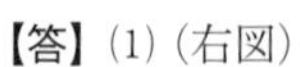(右図)

(例)

(2) △BAPと△BCQにおいて，線分BQは∠ABCの二等分線だから，∠ABP＝∠CBQ……①　対頂角は等しいので，∠APB＝∠QPC……②　仮定から，△CPQはCP＝CQの二等辺三角形だから，∠QPC＝∠PQC……③　②，③から，∠APB＝∠PQC　よって，∠APB＝∠CQB……④　①，④より，2組の角がそれぞれ等しいので，△BAP∽△BCQ　相似な図形で対応する辺の比は等しいので，BA：BC＝AP：CQ　CP＝CQだから，BA：BC＝AP：CP

9 【解き方】(1) $413\times\dfrac{15}{20}=309.75$より，およそ310個。

(2) 右図において，EI＝22÷2＝11(m)，EH＝18÷2＝9(m)より，AF＝$11-x$(m)，OF＝$9-x$(m)　△OAFは直角三角形だから，三平方の定理より，$(7+x)^2=(11-x)^2+(9-x)^2$　整理して，$x^2-54x+153=0$より，$(x-51)(x-3)=0$　よって，$x=51$，3　$x<7$より，$x=3$

(3) ア．第1レーンの1周の長さは，$2\pi\times r+2\times b=2\pi r+2b$(m)，第4レーンの1周の長さは，$2\pi\times(r+3)+2\times b=2\pi(r+3)+2b$(m)より，求める長さは，$2\pi(r+3)+2b-(2\pi r+2b)=6\pi$(m)　イ．$r=21$のとき，CB＝21＋3＝24(m)で，∠ACB＝$a$°とすると，$2\pi\times24\times\dfrac{a}{360}=6\pi$が成り立つ。これを解いて，$a=45$

【答】(1) (およそ)310(個)　(2) 3　(3) ア．6π　イ．45

英　語

1 【解き方】(テスト1) No.1. 客はホットドッグを2つ注文し，飲み物は注文しなかった。No.2. 2人は本の貸出について話している。No.3. ジョンは「明日，試合があって，8時までに学校に着く必要がある」と話している。No.4. ブラウン先生はヨウコに「この箱をイングリッシュルームに持っていってくれませんか？」と頼んでいる。

(テスト2) No.1. レストランが近くにあるかたずねられたので，「はい，歩いてそのレストランへ行くことができます」と答えた。No.2. コンピュータが立ち上がらないのでどうすればよいかとたずねられたので，「わかりました。あなたのコンピュータを私に見せてください」と答えた。No.3. 映画に一緒に行かないかと誘われたが，「すみません，私は宿題をしなければなりません」と断った。No.4. 花以外のものを贈りたいと言われたので，「花の絵のついたカップはいかがですか？」と勧めた。

(テスト3) (A) 1日目の午前中に「英語を書く活動」をする。(B) 2日目には「川」へ行く。(C) 最終日には，「オリジナルの物語を書いて，英語でその動画を作る」。(D) 自分の行きたい国について書く。「私は～へ行きたい」= I want to visit ～(I want to go to ～)。

【答】(テスト1) No.1. 1　No.2. 3　No.3. 2　No.4. 4

(テスト2) No.1. 2　No.2. 3　No.3. 1　No.4. 3

(テスト3) (A) writing　(B) river　(C) original　(D) (例) want to visit Australia

◀全訳▶ (テスト1)

No.1.

A：こんにちは，ホットドッグを2つお願いします。

B：わかりました。3ドルになります。何かお飲み物はいかがですか？

A：いいえ，結構です。

質問：客は何をほしいのですか。

No.2.

A：すみません，これらの本をどれくらい借りておくことができますか？

B：2週間です。ここでは10冊の本を借りることができます。

A：わかりました。ありがとうございます。

質問：彼らはどこで話していますか。

No.3.

A：お母さん，ぼくは明日6時に起きるつもりだよ。

B：どうして早く起きるの，ジョン？　何かやらなければならないことがあるの？

A：いつもは，ぼくたちは9時に卓球の練習を始めるけれど，明日試合があって，8時までに学校に着く必要があるんだ。

質問：なぜジョンは明日の朝早く起きるのですか。

No.4.

A：私は机の掃除が終わりました，ブラウン先生。私は窓も掃除するべきですか？

B：ありがとう，ヨウコ。でもその前に，この箱をイングリッシュルームに持っていってくれないかい？

A：わかりました。今からそれをします。

質問：ブラウン先生はヨウコに何をするように頼んでいますか。

(テスト2)

No.1.

A：この町ではどこでおいしい寿司を食べることができますか？

B：私はとてもいいレストランを知っています。

A：本当ですか？　それはこの近くにありますか？

No.2.

A：イチロー，今，手伝ってくれない？

B：いいよ。どうしたの？

A：今日，私のコンピュータが立ち上がらないの。どうしたらいいかしら？

No.3.

A：あなたはこの映画を見たことがある？

B：いいえ，ないわ。でも，私の友人たちがそれはおもしろいと言っているわ。

A：今週末に，ぼくは弟とそれを見に行くつもりだよ。ぼくたちと一緒に行かない？

No.4.

A：すみません，私は祖母の誕生日に何かいいものを探しています。

B：わかりました。それで，彼女のお好きなものは何ですか？

A：彼女は花が好きです，だから私は去年彼女に花をあげました。今年は彼女に何か違うものをあげたいと思っています。

（テスト3）おはようございます，みなさん。今から，私はみなさんに私たちの「イングリッシュ・デイ」に私たちが何をするのかについてお話しします。今日，私たちは午前中に英語を書く活動をします。午後には，発表があります。明日，私たちは川へ行く予定です。私はみなさんに大きな魚のつかまえ方を教えてあげましょう！　最終日に，私たちは短い動画を作ります。オリジナルの物語を書いて，英語で動画を作ります。一緒に楽しく過ごして，みなさんの英語をよりよくしましょう！

さあそれでは，今から英語を書く活動を始めましょう。グループで，英語を書いて，みなさんの考えを共有することを楽しんでください。最初に，私はみなさんにいくつかの質問をするので，みなさんの考えを紙に書いてください。質問1です。あなたはどんな国を訪れたいですか？　さあ回答を書いてください。

2 **【解き方】** (1) (A)「ぼくは家族と一緒に祖母の家へ行き，『そして』お雑煮などの特別な食べ物を食べる」となる。(C) call A B =「A を B と呼ぶ」。(D) take care of ～ =「～の世話をする」

(2) 現在完了の疑問文。「あなたは今までに～したことがありますか？」=〈Have you ever ＋過去分詞～？〉

【答】 (1) (A) 4　(C) 2　(D) 3　(2) eaten

◀全訳▶

アン　：あなたはどのようにして新年を過ごしますか？

タロウ：ええと，ぼくは家族と一緒に祖母の家へ行って，お雑煮などの特別な食べ物を食べます。あなたは今までにお雑煮を食べたことがありますか？

アン　：いいえ。それは何ですか？

タロウ：それは新年のための伝統的な汁料理です。ぼくたちはそれをお雑煮と呼びます。

アン　：新年のための特別な料理ですか？　それはおもしろそうですね。

タロウ：今年の新年には，おばが彼女の息子と一緒にぼくたちに会いに来ました。彼はとても幼くてお雑煮を上手に食べられなかったので，ぼくは彼を手伝ってあげました。ぼくは幼い子どもたちの世話をするのが好きです。ぼくたちは一緒にお雑煮を楽しみました。

3 **【解き方】** (1) 直後に than があるので比較級が入る。ウェブサイトを見ると，「すべてのサイズのソフトカバーはハードカバー『より安い』」ことがわかる。

(2) M サイズのハードカバーは 30 ドル。つや出し加工が 5 ドルなので合計で 35 ドルになる。

(3) 1.「人々はインターネットを通してフォトブックを注文することができる」。このウェブサイトからフォトブックを注文してくださいと書いてある。正しい。2. 最初の段階（ステップ1）は「サイズを選ぶ」ことである。3. フォトブックのサイズはS, M, Lの3種類である。4. フォトブックのページ数はソフトカバーもハードカバーも20ページである。5. フォトブックを作り終えるのには3日必要である。6.「人々は店でフォトブックを受け取ることができる」。もし店へ来られるなら，より早くそれを受け取ることができますと書かれてある。正しい。

【答】(1) cheaper　(2) 3　(3) 1・6

◀全訳▶

【ウェブサイト】

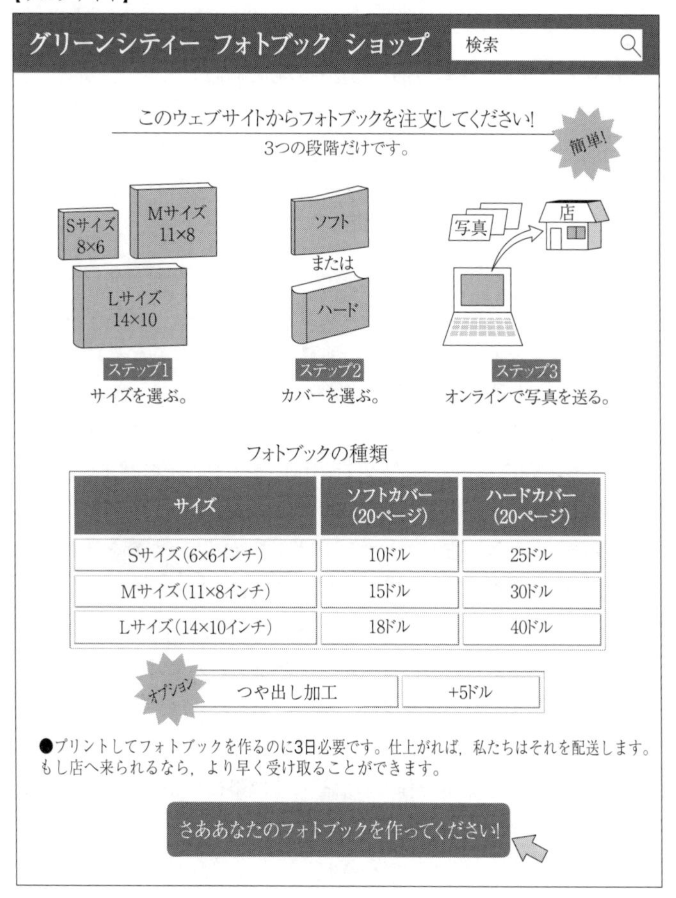

サイズ	ソフトカバー(20ページ)	ハードカバー(20ページ)
Sサイズ(6×6インチ)	10ドル	25ドル
Mサイズ(11×8インチ)	15ドル	30ドル
Lサイズ(14×10インチ)	18ドル	40ドル

クリス：ナミ，何を見ているの？

ナミ　：これはフォトブックについてのウェブサイトよ。私はこの町で撮った写真でフォトブックを作るつもりなの。

クリス：それはいい考えだね。きみはどんな種類のフォトブックを作るつもりなんだい？

ナミ　：ええと，私はMサイズのフォトブックを作るつもりよ。

クリス：カバーはどうするの？

ナミ　：すべてのサイズのソフトカバーはハードカバーより安いことは知っているわ。でも私はハードカバーを選ぶつもりなの。そしてそれをつや出し加工にするつもりよ。

クリス：よさそうだね。きっとそれは素敵なものになるよ。

4 【解き方】(1) 挿入文は「短歌を作ることはそれほど難しくはない」。オカ先生が直後に「あなたたちはそれを自由に作ることができる」と話しているウに入れる。

(2) (a)「マサトとトムはたいてい一緒に何を楽しんでいるか？」。第2段落の1・2文目を見る。「マサトもマンガが好きなので，彼らはよくストーリーについて話すことを楽しむ」とある。(b)「マサトとトムはなぜよく一緒に国語の宿題をするか？」。第3段落の3文目を見る。「トムにとって1人で国語の宿題をすることはまだ難しかったので，彼らはよくそれを一緒にして，マサトはトムを手伝った」とある。(c)「マサトはどのようにしてオカ先生が上手な短歌を作ることを知ったか？」。第4段落の前半を見る。「マサトはときどき，彼女のすぐれた短歌を学校新聞で見た」とある，(d)「マサトは何についての短歌を作ることを決めたか？」。第5段落を見る。マサトはトムとの日々を思い出し，2人の未来について考え，その気持ちについて短歌を作ることを決めた。

(3)【質問】は「オカ先生によると，よい短歌を作るためにマサトは何をするべきか？」という意味。第4段落の後ろから2・3文目を見る。オカ先生は「あなたたちの心と話して，自由に短歌を作りなさい」とアドバイスしている。

【答】(1) ウ　(2) (a) 3　(b) 1　(c) 4　(d) 2　(3) (例) talk with his heart

◀全訳▶　マサトとトムは中学生です。彼らは1年間友だちで，トムは日本での滞在中に日本語の上手な話し方を習っています。

トムは日本文化，特にマンガに興味があります。マサトもマンガが好きなので，彼らはよくストーリーについて話すことを楽しみます。トムは剣道にも興味があります。彼はよくマサトとそれを練習します。彼らは一緒に素晴らしい時間を過ごしています。しかし，トムはこの7月に日本を離れ，ロンドンへ帰る予定です。

6月の土曜日に，マサトとトムは剣道を練習するために学校へ行きました。剣道の練習を終えたあと，彼らは自分たちの宿題について話しました。トムにとって1人で国語の授業の宿題をすることはまだ難しかったので，彼らはよくそれを一緒にして，マサトはトムを手伝いました。その週末の宿題は短歌を作ることでした。彼らは国語の授業で短歌について学びました。トムは「ぼくは短歌を上手に作る方法がわからない。最初にきみの短歌を見せて，お願い！」と言いました。マサトは「きみにいいものを見せられたらいいと思うけど，短歌を作ることは，ぼくにとっても簡単じゃないんだ」と言いました。

そのとき，剣道の先生であるオカ先生が彼らのところへ来て，「あなたたちは短歌について話しているの？」と言いました。マサトはオカ先生が短歌を作るのが大好きなことを思い出しました。マサトはときどき学校新聞で，彼女のすぐれた短歌を見ました。マサトは「はい。ぼくたちは短歌を作ろうとしているのですが，わからないのです。それの作り方を教えてもらえませんか？　それはぼくたちの宿題なんです！」と言いました。オカ先生はほほえんで，「いいわよ。短歌を作るのはそんなに難しくないわ。自由に作ればいいのよ」と言いました。「自由に作るのですか？　でも，短歌にはリズムについてのルールがあります」とマサトは言いました。彼女は「もちろん，それにはいくつかルールがあるわ。でも，最も大切なことは，あなたたちの心から生まれた言葉で自由に短歌を作ることだと私は思う。自分の心と話してみなさい。そうすれば，いい短歌を作ることができるわよ」

マサトは自分の心の中で，オカ先生の言葉を繰り返し，トムとの日々を思い出しました。彼は「ぼくたちはたくさんのことを楽しんできた。トムにさよならを言うことは悲しいだろう。でもぼくたちは自分たちの未来のために，それぞれの場所で成長しなければならない。それは難しいかもしれないけれど，ぼくたちはできると信じている」と思いました。マサトはこの気持ちについての短歌を作り，それをトムに送ることを決めました。彼はそれがいい贈り物になるだろうと思いました。

マサトとトムが学校を出たとき，マサトは空を見上げました。空は真っ青でした。彼らは立ち止まって，しばらくの間，一緒に空を見ました。それから，マサトはトムのために彼の初めての短歌を作り始めました。

5【解き方】(1) 直前に「グラフによれば」とあるので，グラフの情報と一致するものを選ぶ。2は「一家族は7月と8月にアイスクリームに1,000円以上を使った」という意味であり，グラフと一致する。

(2) (B)を含む文のthatは「支出は12月に増えて，1月にまた減る」ということを示しており，寒い冬の12月でもアイスクリームへの支出は増えている。「それは『暑い天候』だけがアイスクリームを食べる唯一の理由ではないことを意味している」という意味になると考える。

(3) サオリはグラフを見ながら，アイスクリームの売り上げが月ごとにどのように変化しているのかを説明している。4は「アイスクリームの支出における興味深い変化」という意味。

【答】 (1) 2　(2) 1　(3) 4

◀全訳▶ あなたはよくアイスクリームを食べますか？　そのグラフは，日本で一家族が一か月に平均してどれくらいのお金をアイスクリームに使ったのを示しています。グラフによれば，一家族は7月と8月にアイスクリームに1,000円以上を使いました。夏，特にこれらの月は暑いので，きっと多くの人が冷たい食べ物を食べることが好きだと私は思います。その後，アイスクリームへの支出は，8月から11月にかけて減っています。

しかしながら，支出は12月に増えて，1月にまた減ります。そのことは興味深いです。それは暑い天候だけがアイスクリームを食べる唯一の理由ではないことを意味しています。それでは，人々はなぜ寒い12月にアイスクリームを買うのでしょうか？　私はより多くの情報を探し，その理由を見つけ出そうと思います。

6 **【解き方】** 日本で秋に出かけるとき，どんなことを楽しむことができるのかを英作する。「山で写真を撮る」，「山歩きをする」，「おいしいものを食べに行く」などの内容が考えられる。

【答】 (例) You can enjoy taking pictures on a mountain. In autumn, many trees on a mountain become colorful. Yellow and red trees are very beautiful, so you can take good pictures. (30語)

◀全訳▶

スミス先生：今，日本はとても暑いけれど，私は日本には他の季節があることを知っています。だれか，日本の季節について私に話してもらえませんか？

ケンタ　　：はい。ぼくが次の季節について話します。それは秋です。それは外出するのによい季節です。

スミス先生：わかりました。秋に出かけると何を楽しむことができますか？

ケンタ　　：山で写真を撮ることを楽しめます。秋には，山のたくさんの木々が色鮮やかになります。黄色と赤色の木々はとてもきれいなので，いい写真を撮ることができます。

スミス先生：ありがとう。私は日本で秋に出かけることを楽しみにしています。

社　会

1 **【解き方】**(1) アは若狭湾を指している。

(2) 露地栽培などとは収穫の時期をずらし，おもに都市へ出荷することで収益を上げている。

(3) 中京工業地帯は機械工業の割合が高く，京葉工業地域は化学工業の割合が高いことが特徴。

(4)（表Ⅰ）あ・うのルートでは，高速道路を利用できるが，いのルートは高速道路ではない国道を通るため，「総走行距離」は短くても「所要時間」が長くなる。（図Ⅲ）いのルートでは，飛騨山脈の南部を通過するため，経路後半の標高が高く，高低差も大きくなっている。

(5) 1950年代後半から1970年代前半にかけての高度経済成長期には，第二次・第三次産業が発達したため，地方の農村から三大都市圏などへ，若者が就職のために移動した。そのため，中部地方では，大都市のある愛知県（B県）の人口が大きく増加し，それ以外の県では大きく減少した。

(6) 1.「勝間田城跡」は，標高が120mから130mの地点にあり，「布引原」の標高は170m以上あるため，布引原の方が標高が高い。2. 針葉樹林の地図記号の数の方が広葉樹林よりも多い。3. 地形図の縮尺が2万5千分の1のため，25000 × 4より，地図上の約4cmは実際には約100000cmとなり，「約1km」にあたる。

【答】(1) リアス海岸　(2) 施設園芸農業　(3) 5　(4)（表Ⅰ）Y　（図Ⅲ）f

(5) 地方から大都市へ多くの人が移住した。(同意可)　(6) 4

2 **【解き方】**(1) 最も人口が多い国は⑲の中国，最も面積が広いのは⑰のロシア。1. 北半球に位置する国の方が多い。2. アジア州には6か国（ロシアは含まず）が属しており，最も多い。4. 本初子午線とは，経度0度の経線。⑭のフランスと⑮のイギリスを通っている。

(2) 世界遺産のマチュ・ピチュはインカ帝国の遺跡で，ペルー南部に位置している。その高原地域ではアルパカが飼育されている。

(3) 資料Ⅰより，②のアメリカは，穀物類の生産量に占める割合が世界で2番目に高いことが読み取れる。また，1は，アメリカの穀物類の自給率が100％を大きく超えており，超えた分は輸出していることを示す資料として使用できる。

(4) ア. イスラム教は，アフリカ北部や中東，中央アジア，インドネシア，マレーシアなどで信仰する人が多い。ウ. 石油は有限資源であり，可採年数には限りがあるとされている。エ. 特定の輸出品のみで経済を成立させていると，価格の激しい変動に応じて国の経済が不安定になってしまう。そのため，近年では多種類の品目を輸出するようにしている国もある。

【答】(1) 3　(2) ⑤　(3) 1

(4) ア. イスラム教　イ.（右図）　ウ. 採掘できる年数が限られている（同意可）　エ. モノカルチャー経済

3 **【解き方】**(1) 1は明治時代，2は律令体制下の時代，3は江戸時代の政策。

(2) イ. 参勤交代とは，大名が一年ごとに江戸と領地を往復する制度。妻子は江戸に住まわせなければならず，江戸に屋敷を維持する費用は，各藩の財政を圧迫した。

(3) ア. う. 山と海に囲まれ，攻撃に対して守りやすい地形であった。え. 切通しとは，山や丘を切り開いてつくられた道路のこと。「水城」は，唐や新羅の侵攻に備え，飛鳥時代に九州北部に築かれたもの。イ. 1202年に始まった第4回十字軍は，エルサレムではなくコンスタンティノープルへ向かい，同地を占領した。

(4) シルクロードは，中央アジアなどを経由してヨーロッパと中国を結んだ古代の交易路。遣唐使は，630年に初めて派遣され，894年に停止されるまでさまざまな文化・制度・物品を日本に伝え，奈良時代に国際色豊かな天平文化が栄える要因となった。

(5) Aは戦国～安土桃山時代，Bは江戸時代，Cは鎌倉時代，Dは奈良時代。

【答】(1) 4　(2) ア. 十返舎一九　イ. 江戸　(3) ア. 3　イ. 2

(4) シルクロードを経て唐に集まり，遣唐使によって，唐から日本にもたらされた。(同意可)

(5) D → C → A → B

4 **【解き方】** (1) 個人の人間性を尊重し，古代ギリシャ・ローマの文化を復興しようとした文化運動。

(2) ア．フランス革命の際に出された人権宣言は，アメリカ独立宣言や啓蒙思想家などの影響を受けており，国民に自由と幅広い権利を認めていた。

(3)「戦い」とは，1877 年に起こった西南戦争のこと。

(4) 図Ⅰと図Ⅱから，明治時代初期には綿織物を輸入していたが，大正時代初期には，綿糸や綿織物を輸出していたことがわかる。明治政府は，お雇い外国人を雇い，官営の模範工場を建てるなどして紡績・製糸業を発展させたため，せんい製品は日本の主要な輸出品となった。

(5) 1918 年に米騒動が起きると，その責任を取って寺内正毅内閣は退陣し，原敬が首相となった。2 は 1913 年，3 は 1881 年，4 は 1890 年のできごと。

(6) 1 は 1960 年，2 は 1945 年，3 は 1968 年，4 の朝鮮戦争は 1950 年から 1953 年のできごと。

【答】 (1) ルネサンス (2) ア．2 イ．福沢諭吉 (3) 4

(4)(産業革命によって)綿糸や綿織物の大量生産が可能となり，輸出が増えたことで，原料の綿花を大量に必要としたから。(同意可)

(5) 1 (6) 2 → 4 → 1 → 3

5 **【解き方】** (1) ア．1 は有権者が直接議員を選ぶこと，2 は一人ひとりが平等に一票を与えられること，3 は誰に投票したか知られないことを示している。イ．参議院議員の任期は 6 年。参議院には解散がないため，選挙は 3 年ごとに半数ずつが改選される。

(2) 日本国憲法第 96 条に規定がある。

(3) ア．アジア太平洋経済協力の略称で，アジア太平洋地域の発展を目的とし，経済協力などを進めている。2 はアフリカ連合，3 は東南アジア諸国連合，4 はヨーロッパ連合の略称。イ．北半球に先進国が多く，南半球に発展途上国が多いことから，先進国と発展途上国の経済格差を「南北問題」という。一方，発展途上国のなかでも経済成長を遂げた国が現れたことで生じた，発展途上国の間の経済格差を「南南問題」という。

(5) x は需要曲線，y は供給曲線。自動車の生産効率が上がった場合，企業はより低いコストで自動車を供給できるようになるため，供給曲線は右に移動し，均衡価格が下がる。

(6) PL 法ともいう。消費者が企業の過失を証明しなくても，商品の欠陥を証明すれば損害賠償を請求できることを定めている。

【答】 (1) ア．4 イ．あ．2019 (理由) 参議院では，3 年ごとに議員の半数を改選するため。(同意可)

(2) 各議院の総議員の 3 分の 2 以上の賛成で国会が発議し，国民投票で過半数の賛成が必要。(同意可)

(3) ア．1 イ．発展途上国の間で格差が広がっている問題。(同意可) (4) 3 (5) 2 (6) 製造物責任法

(7) 公衆衛生

6 **【解き方】** (1) たて穴住居に住み，縄文土器や磨製石器などを用い，狩猟や採集，漁などによって食料を得ていた時代を縄文時代という。2 は古代エジプト，3 は古墳時代，4 は弥生時代のようす。

(2) 1 は 1993 年，2 は 1967 年，3 は 2000 年に制定された。

(3) バイオマスとは，動物や生物などから生まれた資源のこと。図Ⅲが示すように，さとうきびの生産量が増加したにもかかわらず，砂糖の生産量は 2010 年を境に減少していることから，ほかの用途に使用していることが読み取れる。ブラジルでは，さとうきびから生産されるバイオエタノールを自動車の燃料に使用するなど，バイオマスの利用が積極的に進められている。

(4) い．ベルリンの壁崩壊と同年の 1989 年に，マルタ島でアメリカのブッシュ大統領とソ連のゴルバチョフ書記長が会談を行い，冷戦の終結を宣言した。う．ソビエト連邦は，15 の共和国からなる連邦国家であったが，1991 年に解体したため，独立した国々がそれぞれ国際連合に加盟した。

(5) 図Ⅶから，中国をはじめとする発展途上国の経済が成長していることが読み取れる。しかし，表Ⅱのように，発展途上国は，京都議定書では温室効果ガスの削減目標が定められておらず，表Ⅰのように，二酸化炭素の排出量が大きく増加した。そのため，先進国の二酸化炭素排出量が減少したにもかかわらず，世界全体では排出量が増加したと考えられる。

【答】 (1) 1　(2) 2 → 1 → 3　(3) バイオマス　(4) い．冷戦　う．ソ連が解体した（同意可）

(5) 温室効果ガス排出量の削減目標値が定められていない発展途上国において，二酸化炭素排出量が増加している。(同意可)

(6) パリ協定

理　科

1 【解き方】(1) 原子は，電子の数と陽子の数が等しい。イオンは，電子を受け取ったり，失ったりしているので，電子の数と陽子の数が異なっている。

(2) 1と4は，中性子の数だけが異なる。

【答】(1) 3・5　(2) 4

2 【解き方】(2) 作用・反作用の法則より，ストーンAがストーンBに力を加えると，ストーンAはストーンBから，大きさが同じで反対向きの力を受ける。

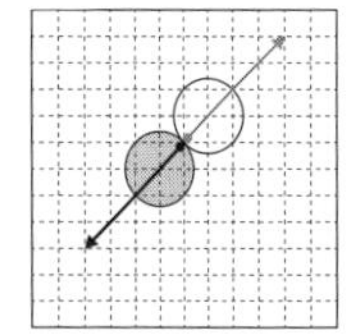

【答】(1) 摩擦力　(2) (右図)

3 【解き方】(1) シダ植物であるウラジロには維管束があり，胞子をつくる。種子植物であるイネには維管束があり，種子をつくる。

【答】(1) あ．3　い．2　(2) 4

4 【解き方】(2) 地震が発生すると同時にP波とS波が震源から伝わるが，P波の方がS波よりも速く伝わるので，P波が先に到達する。

【答】(1) マグニチュード　(2) 2

5 【解き方】(2) $\dfrac{1063\,(\mathrm{Hz})}{531\,(\mathrm{Hz})} \fallingdotseq 2$ (倍)より，図4の波形の2倍の振動数になっているものを選ぶ。

(3) ア．表1で，音の振動数が708Hzのとき，試験管Aの水面から試験管の上端までの長さは，14 (cm) − 2 (cm) = 12 (cm)　試験管Bの水面から試験管の上端までの長さは，16 (cm) − 4 (cm) = 12 (cm)　試験管Cの水面から試験管の上端までの長さは，18 (cm) − 6 (cm) = 12 (cm)　よって，音の振動数は，水面から試験管の上端までの長さによって決まることがわかる。イ．い．入れ始めのとき，長い水筒ほど水面から試験管の上端までの長さが長くなるので，振動数は少なくなり，低い音が出る。う．長さが14cmの試験管Aの底から2cmの位置から10cmの位置まで水を入れたとき，変化した音の振動数は，2125 (Hz) − 708 (Hz) = 1417 (Hz)　長さが18cmの試験管Cの底から2cmの位置から10cmの位置まで水を入れたとき，変化した音の振動数は，1063 (Hz) − 531 (Hz) = 532 (Hz)　よって，太さが同じで長さの異なる水筒に同じ量の飲み物を入れるとき，短い水筒ほど，入れ始めから入れ終わりまでの音の振動数が大きく変化する。

【答】(1) 空気　(2) 1・2　(3) ア．水面から試験管の上端まで（同意可）　イ．1

6 【解き方】(3) メダカの心臓から尾びれに向かって血液が流れていくとき，血管は枝分かれして毛細血管になるので，心臓に近い位置にある頭部はA側，尾びれに近いのはB側。

(4) 心臓では，心房から心室に血液が流れる。全身を通った静脈血は心臓に入り，心臓からえらに送られた後，全身に送られる。

【答】(1) 卵生

(2) ア．血しょう　イ．酸素の多いところでは酸素と結びつき，酸素の少ないところでは酸素をはなす性質。(同意可)

(3) (方向) A　(根拠) (ウ)　(4) 1

7 【解き方】(1) 1は雨，2は霧，3は晴れを表す天気記号。

(3) イ．上昇気流によって空気が上空に運ばれると，上空の気圧は低いので，空気が膨張する。このときに空気の温度が下がるので，雲が発生する。実験の⑥では，ポンプを使って空気をつめこんだペットボトルの栓を外して，ペットボトルから勢いよく出たときに，空気が膨張するので，空気の温度が下がり，白いくもりが発生している。これは，自然界における雲と同じしくみで発生したといえる。

【答】(1) 4

(2) 線香の煙がしんの役割を果たすことで，ペットボトル内の水蒸気が水滴になりやすくなるから。(同意可)

(3) ア．3　イ．あ．圧力　い．温度　う．⑥

8 【解き方】(3) ア．塩酸中の水素イオン H^+ と水酸化ナトリウム水溶液中の水酸化物イオン OH^- が結びついて水分子 H_2O ができるので，液中のイオンの量が減少する。イ．表2より，塩酸と水酸化ナトリウム水溶液の体積の割合を変化させていることがわかる。

【答】(1) 電解質　(2) $2HCl \rightarrow H_2 + Cl_2$

(3) ア．水素イオンと水酸化物イオンが反応し，水になったから。(同意可)　イ．4

9 【解き方】(3) 図4より，点Dの手前までろうがとけている。表1より，点Dのろうがとけるまでの時間は，銅板では62秒，アルミニウム板では87秒，鉄板では415秒なので，図4は，加熱し始めてから80秒後のアルミニウム板のようすだと考えられる。

(4) 水の温度の下がり方が一定だとすると，180 (秒) − 60 (秒) = 120 (秒)で下がった温度を調べ，その値を120で割ることによって，1秒間あたりに下がった温度を見積もることができる。

(5) い．表1より，銅板のとき，ろうがとけるまでの時間が最も短いことから，銅は熱が最も伝わりやすい金属であることがわかる。う．図3より，水の温度が最も高いままであったのは鉄を入れたときなので，鉄は温度が最も冷めにくい金属であることがわかる。

【答】(1) 熱放射　(2) 深成岩　(3) 5　(4) あ．水の温度の差　X．120　(5) い．2　う．3

国　語

1 【解き方】㈠「ネ」の4画目が省略されている。

㈡「描かれ」方について，「細密に」とくわしくしている。

㈣ まゆが，「自分が今，ちゃんと生きてここにいるんだって，気がついた気がする」とつぶやいていることに着目する。ルイが描いたまゆから，実弥子は，「一本一本描かれ」た「髪の毛」「眉」「睫毛」や淡い光がともった「瞳」から，「心の奥にある芯の強さ」を感じている。また，「頬や指先，膝がしら」がかすかな青の滲んだ「淡い桃色」で描かれていることによって，「エネルギーの充ちた子どもの身体」であることを「実物以上に伝えているよう」に見えていることもおさえる。

㈤ Ⅰ．まゆが，「私より二コも下なんだあ…見せるのはずかしすぎる」と言っていることに注目。Ⅱ．「自分の絵」に自信がなかったが，「まゆちゃんの絵も，みんなが一緒に見たいなあって思ってるよ」「見せてよ」と言われて，「わかった…見せないわけにはいかないよね」と心を決めていることに着目する。Ⅲ．「ほんとに？」と確かめているので，その前で実弥子が「でき上がった絵は，ひとつの作品だから…新しく生まれるの」と言ったことをおさえる。

㈥ 実弥子，まゆ，ルイの会話がちりばめられており，その内容は「ルイくん，すばらしいね」「ほんとに？」「見せてよ」など率直なものが多く，登場人物の心情を明確に伝えている。

【答】㈠ 4　㈡ 2　㈢ 軽率

㈣ 描かれた人の心の奥やエネルギーに充ちた姿を実物以上に伝え，その人のもつ存在感を表すことができる(47字)(同意可)

㈤ Ⅰ．5　Ⅱ．3　Ⅲ．作品自体の心　㈥ 3

2 【解き方】㈠「〜ます」などにつながる連用形。a は仮定形，b は未然形，c は連体形。

㈡「考え」という意味で用いられている。

㈢「それが町おこしの目的だと…信じて」とあるので，その前にある「町おこしというと…潤う光景」に注目。

㈣ 直前の「それ」が，「当然視されていること…これらをもう一度掘り起こして，考え直してみること」を指していることから考える。

㈤ 直前にある「それに気がつかせてくれるのが，自分とは異なる他者との対話です」の「それ」は，「自分の思い込みや古い常識」を指している。「他者」は「異なった人生を歩んでいればいるほど，異なった考え方をする」と述べており，そのような「他者」との対話が「深く考えるきっかけ」となることをおさえる。

㈥「深く考える」ことについて，1段落で「自分が普段から，知らず知らずのうちに身につけてしまっている考え方…常識を，あらためて検討してみる」ことだと述べたあと，例をふまえて4段落で改めて「当然視されていること…もう一度掘り起こして，考え直してみること」だと定義している。そして，「深く考えるきっかけ」として，より「異なった考えの人と対話する」ことがよいとくわしく説明している。

【答】㈠ d　㈡ 4　㈢ 町が賑やか〜済的に潤う　㈣ 1

㈤ 対話の相手となる他者が自分と異なった考え方をしているほど，より一層思い込みや古い常識に気づくことができ，それらを排除して根本から深く考えることにつながるから。(79字)(同意可)

㈥ 2

3 【解き方】㈠ 語頭以外の「は・ひ・ふ・へ・ほ」は「わ・い・う・え・お」にする。

㈡「とどめ」は，「とどむ」の連用形で，引き止めるという意味。

㈢ ア．谷風は，鰹が「価いと高かり」と感じて「まけよ」と言っていることに着目する。一方，魚を売っている男は，力士として勝負にこだわる谷風が「まける」と言うのは「いむべき」と言っていることから考える。イ．「筆者が見た内容」にあたる，谷風と魚を売っている男のやりとりをおさえる。「をかしかりき」は感想，「これは谷風のまくるにあらず」以降は説明。

【答】㈠ かわん ㈡ 1

㈢ ア.「まける」という言葉を「値段を下げる」という意味ではなく,「勝負に負ける」という意味で使ったということ。(同意可) イ.b

◀口語訳▶ 関取谷風梶之助は,弟子を供として連れて日本橋本船町を通っていた時,鰹を買おうとしたが値段が高かったので,弟子に頼んで,「(値段を)まけろ」と言わせて通り過ぎると,魚を売っている男が(谷風を)呼びとめて,「関取がまけると言うことはさけるべきことだ」と言ったので,谷風は立ち戻り「買え買え」と言って(弟子に)買わせたのはまあこっけいであった。これは谷風がまけるのではなく,魚を売っている男の方に(値段を)まけさせることになるので,それほど慎むべきことにはならないのに,「買え買え」と言ったのは少しあせって早とちりをしたように見えた。これは私が若かった時に目の前で見たことであった。

4 【解き方】㈠ データ1の「言い方」から,「尊敬語と謙譲語の使い分けができていない」ものをおさえる。エは「いらっしゃっています」,オは「召し上がりましたか」といった尊敬語を使うべきだが,謙譲語が使われている。

㈡ データ2の「調査対象の全年齢層の中」で比較しながら,「十六～十九歳」と「二十代」の相違点をさがす。「若者言葉」が「乱れていると答えた人の割合」は「十六～十九歳」の「84.4％」が全体で最も高く,「二十代」は「53.3％」と最も低い。

㈢「慣用句の捉え方に関する事例をもっと調べて」みるように指摘されていることから,「全体の傾向」を判断するには「事例」が少ない点が問題となっていることをおさえる。

【答】㈠ 6

㈡「若者言葉」に乱れを感じている割合は「十六～十九歳」が最も高いのに対し,「二十代」は最も低い(同意可)

㈢ 一つの事例を見ただけで全体の傾向として断定する(23字)(同意可)

5 【解き方】㈡ 種々様々に違っており,同じではないことを意味する。

㈢ ア.一字戻って読む場合には「レ点」を,二字以上戻って読む場合には「一・二点」を用いる。イ.現代語訳の「巧みに表面をとりつくろうようなやり方は,つたなくても心のこもったやり方には及ばない」に着目する。

【答】㈠ 1. こころよ(い) 2. すいとう 3. 郷里 4. 速(やかに) 5. 貯蔵 ㈡ 千差万別

㈢ ア.(右図) イ.2

巧詐ハ不レト如ニカ拙誠一ニ。

6 【答】(例)

二つの言葉から,私は今努力を重ねることが,未来の自分を創造するのだと感じ取りました。自分から進んで行動することが成長へとつながり,夢は実現するのだと思います。

私は,将来地域を活性化する仕事に就きたいと考えています。その第一歩として,先日地域のお祭りのボランティアガイドとして,来場者にお祭りの由来や地域の魅力について紹介しました。これからも積極的に地域と関わり,多くの人との交流を通して自分を成長させ,私の思い描く理想の未来を実現可能なものにしていきたいと思います。(12行)

山口県公立高等学校

2021年度
入学試験問題

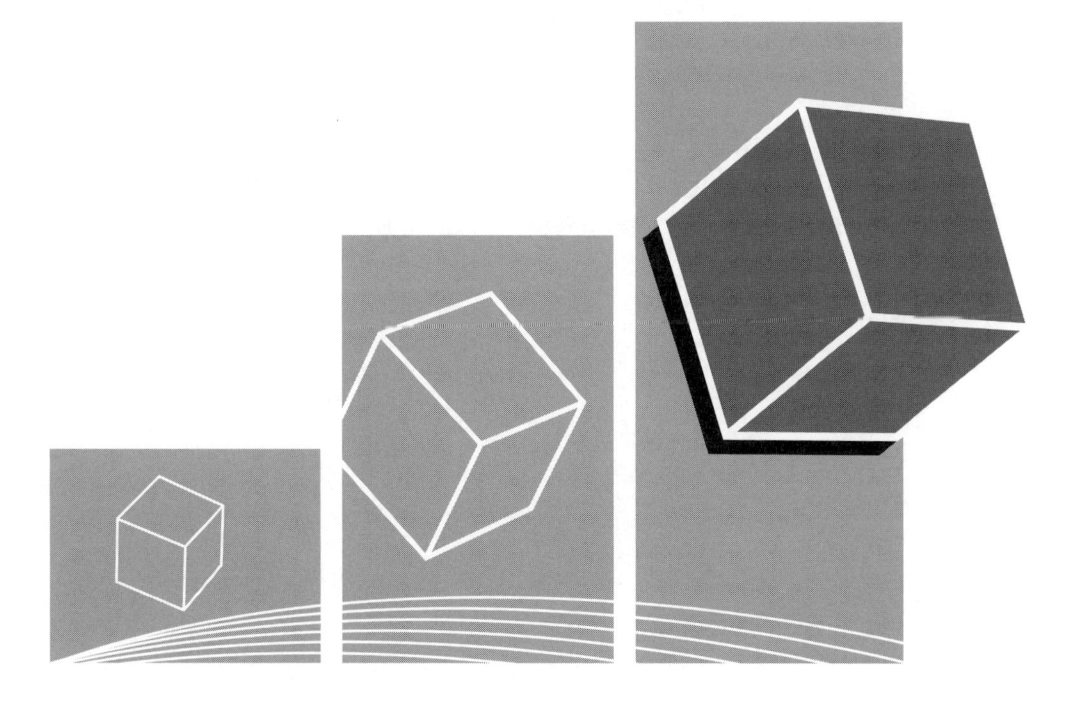

数学

時間　50分　　　　満点　50点

（注）　4から7は選択問題で，この中から3題を選んで解答しなさい。
1から3及び8から10の問題は，すべて解答しなさい。

1～3は，共通問題です。すべての問題に解答しなさい。

1　次の(1)～(5)に答えなさい。

(1)　$-7+9$ を計算しなさい。(　　　)

(2)　$\frac{15}{2}\times\left(-\frac{4}{5}\right)$ を計算しなさい。(　　　)

(3)　$10a-(6a+8)$ を計算しなさい。(　　　)

(4)　$27ab^2\div9ab$ を計算しなさい。(　　　)

(5)　$3(2x-y)+4(x+3y)$ を計算しなさい。(　　　)

2　次の(1)～(4)に答えなさい。

(1)　次の □ にあてはまる不等号を答えなさい。(　　　)

> 小数第1位を四捨五入すると40になる数を x とする。
> このとき，x のとりうる値の範囲は，$39.5\leqq x$ □ 40.5 である。

(2)　2つの整数 m，n について，計算の結果がいつも整数になるとは限らないものを，次のア～エから1つ選び，記号で答えなさい。(　　　)

ア　$m+n$　　イ　$m-n$　　ウ　$m\times n$　　エ　$m\div n$

(3)　y は x に反比例し，$x=3$ のとき $y=2$ である。y を x の式で表しなさい。(　　　)

(4)　底面が1辺6cmの正方形で，体積が96cm^3 である四角すいの高さを求めなさい。(　　　cm)

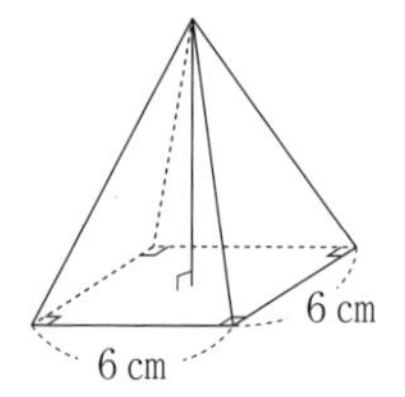

3　表1，表2は，それぞれA中学校の3年生全員25人とB中学校の3年生全員75人が行った長座体前屈の記録を度数分布表にまとめたものである。

次の(1)，(2)に答えなさい。

(1)　表1をもとに，A中学校の3年生全員の記録の最頻値を，階級値で答えなさい。

(　　　cm)

表1　A中学校

階級(cm)	度数(人)
以上　未満 20 ～ 30	1
30 ～ 40	5
40 ～ 50	9
50 ～ 60	6
60 ～ 70	4
計	25

表2　B中学校

階級(cm)	度数(人)
以上　未満 20 ～ 25	2
25 ～ 30	3
30 ～ 35	6
35 ～ 40	8
40 ～ 45	10
45 ～ 50	15
50 ～ 55	12
55 ～ 60	10
60 ～ 65	7
65 ～ 70	2
計	75

(2)　A中学校とB中学校の3年生全員の記録を比較するために，階級の幅をA中学校の10cmにそろえ，表3のように度数分布表を整理した。

記録が60cm以上70cm未満の生徒の割合は，どちらの中学校の方が大きいか。60cm以上70cm未満の階級の相対度数の値を明らかにして説明しなさい。

(　　　　　　　　　　　　　　　　　　)

表3

階級(cm)	度数(人)	
	A中学校	B中学校
以上　未満 20 ～ 30	1	5
30 ～ 40	5	14
40 ～ 50	9	25
50 ～ 60	6	□
60 ～ 70	4	□
計	25	75

4～7は，選択問題です。

4　確率について，次の(1)～(3)に答えなさい。

(1)　あたる確率が $\frac{2}{7}$ であるくじを1回引くとき，あたらない確率を求めなさい。(　　　)

(2)　1枚の硬貨があり，その硬貨を投げたとき，表が出る確率と裏が出る確率はいずれも $\frac{1}{2}$ である。

この硬貨を多数回くり返し投げて，表が出る回数を a 回，裏が出る回数を b 回とするとき，次のア～エの説明のうち，正しいものを2つ選び，記号で答えなさい。(　　　)

ア　投げる回数を増やしていくと，$\frac{a}{b}$ の値は $\frac{1}{2}$ に近づいていく。

イ　投げる回数を増やしていくと，$\frac{a}{a+b}$ の値は $\frac{1}{2}$ に近づいていく。

ウ　投げる回数が何回でも，a の値が投げる回数と等しくなる確率は0ではない。

エ　投げる回数が偶数回のとき，b の値は必ず投げる回数の半分になる。

(3)　右の図のような，数字1，2，3，4，5が1つずつ書かれた5枚のカードが入った袋がある。

袋の中のカードをよく混ぜ，同時に3枚取り出すとき，取り出した3枚のカードに書かれた数の和が3の倍数となる確率を求めなさい。(　　　)

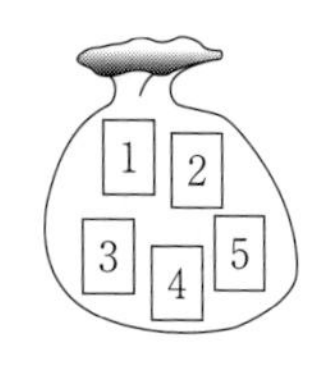

5　平方根や二次方程式について，次の(1)～(3)に答えなさい。

(1)　14 の平方根のうち，正の数であるものを答えなさい。(　　　)

(2)　次の □ にあてはまる数を求めなさい。(　　　)

> 二次方程式 $x^2 - 2x + a = 0$ の解の 1 つが $1 + \sqrt{5}$ であるとき，$a =$ □ である。

(3)　差が 1 である大小 2 つの正の数がある。これらの積が 3 であるとき，2 つの数のうち，大きい方を求めなさい。(　　　)

6　関数 $y = ax^2$ について，次の(1)～(3)に答えなさい。

(1)　次の □ にあてはまる数を答えなさい。(　　　)

> 関数 $y = 5x^2$ のグラフと，x 軸について対称なグラフとなる関数は $y =$ □ x^2 である。

(2)　関数 $y = -\dfrac{3}{4}x^2$ について，次のア～エの説明のうち，正しいものを2つ選び，記号で答えなさい。(　　　)

ア　変化の割合は一定ではない。

イ　x の値がどのように変化しても，y の値が増加することはない。

ウ　x がどのような値でも，y の値は負の数である。

エ　グラフの開き方は，関数 $y = -x^2$ のグラフより大きい。

(3)　右の図のように，2 つの放物線①，②があり，放物線①は関数 $y = -\dfrac{1}{2}x^2$ のグラフである。また，放物線①上にある点 A の x 座標は 4 であり，直線 AO と放物線②の交点 B の x 座標は -3 である。

　このとき，放物線②をグラフとする関数の式を求めなさい。

(　　　)

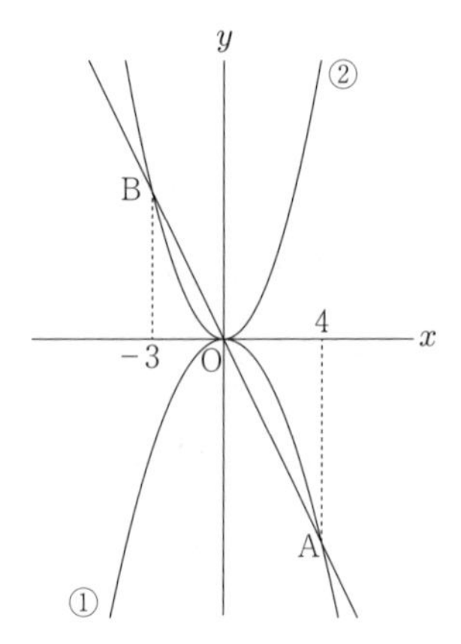

7　図1のような，点Oを中心とする半径4の円Oと，図2のような，点O′を中心とする半径2の円O′がある。

次の(1)～(3)に答えなさい。

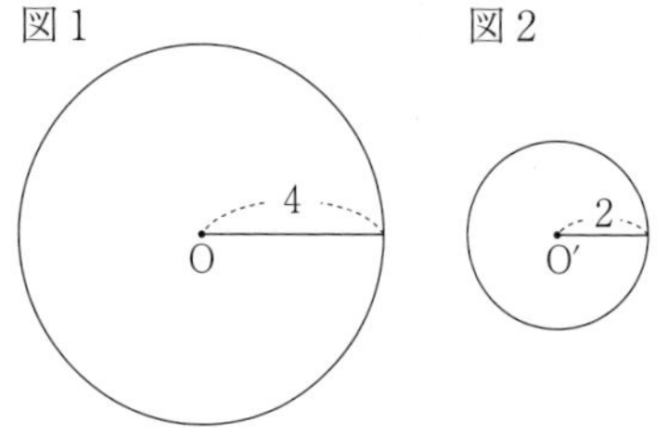

(1)　次の□にあてはまる数を求めなさい。(　　　)

円Oと円O′の面積比は，□：1である。

(2)　図3において，2点O′，Aは円Oの周上にあり，2点B，Cは直線OO′と円O′の交点である。

線分OA上に，AC∥DBとなるような点Dをとったとき，線分ADの長さを求めなさい。(　　　)

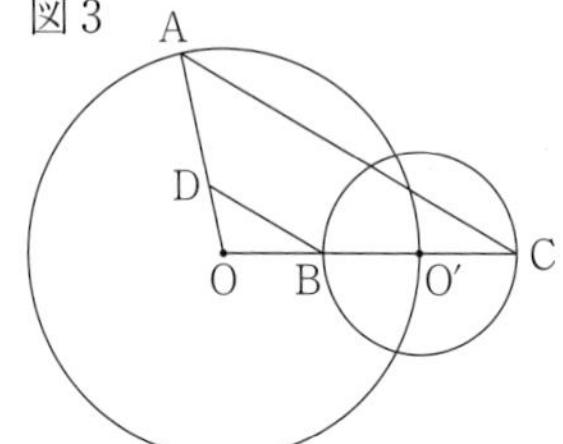

(3)　図4において，点Oと点O′は同じ位置にあり，3点E，F，Gは円Oの周上にある。また，2点H，Iは，それぞれ線分OF，OGと円O′の交点であり，点Jは弧HI上にある。

∠GEF = 55°であるとき，∠HJIの大きさを求めなさい。

(　　　)

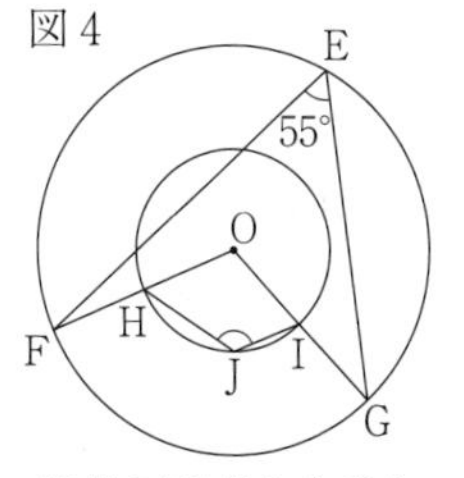

※点O′は点Oと重なっている。

8～10は，共通問題です。すべての問題に解答しなさい。

8　一次関数について，次の(1)，(2)に答えなさい。

(1)　右の表は，yがxの一次関数であり，変化の割合が－3であるときのxとyの値の関係を表したものである。表中の□にあてはまる数を求めなさい。(　　　)

x	…	2	…	5	…
y	…	8	…	□	…

(2)　下の図のように，2つの一次関数$y = -x + a$，$y = 2x + b$のグラフがあり，x軸との交点をそれぞれP，Qとし，y軸との交点をそれぞれR，Sとする。

次の説明は，PQ = 12，RS = 9のときの，aとbの値を求める方法の1つを示したものである。

説明中の□にあてはまる，aとbの関係を表す等式を求めなさい。また，a，bの値をそれぞれ求めなさい。式(　　　)　a =(　　　)　b =(　　　)

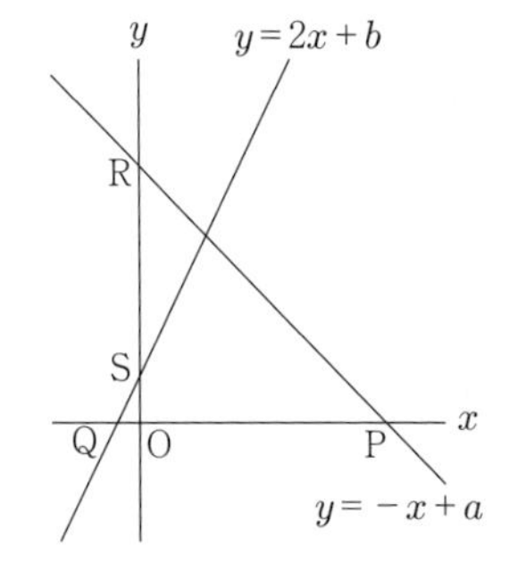

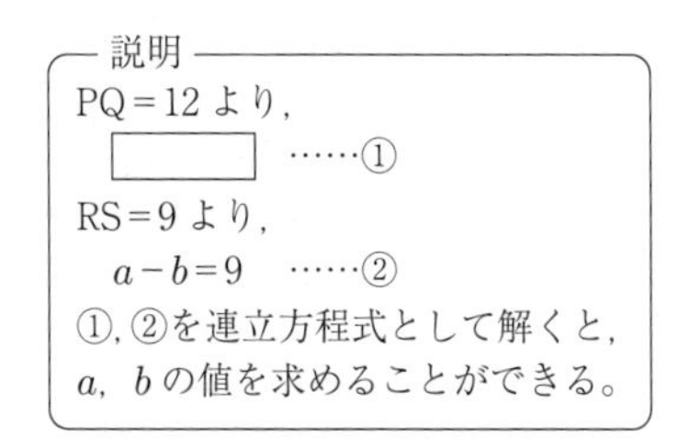
説明
PQ=12より，
□　……①
RS=9より，
$a-b=9$　……②
①，②を連立方程式として解くと，
a，bの値を求めることができる。

9　図形の回転移動について，次の(1)，(2)に答えなさい。

(1)　図１において，点Ｐを頂点にもつ四角形を，点Ｏを回転の中心として，点Ｐが点Ｑの位置に移るように回転移動させる。

点Ｏが直線ℓ上にあるとき，点Ｏを定規とコンパスを使って作図しなさい。ただし，作図に用いた線は消さないこと。

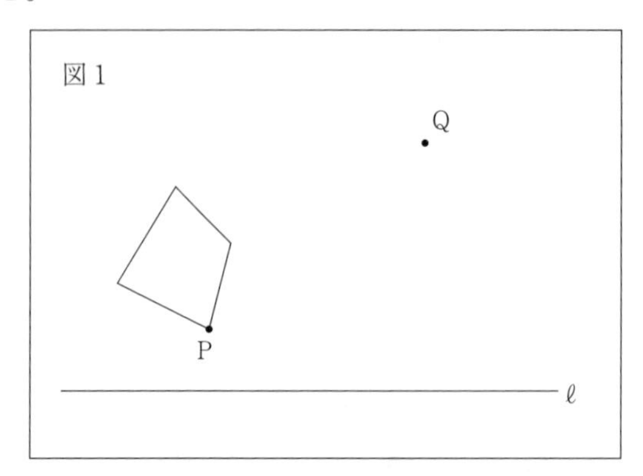

(2)　図２において，△DBEは△ABCを，点Ｂを回転の中心として，DE∥ABとなるように回転移動したものである。

線分ACと線分BDの交点をF，線分ACの延長と線分DEの交点をＧとするとき，△FDA≡△FGBであることを証明しなさい。

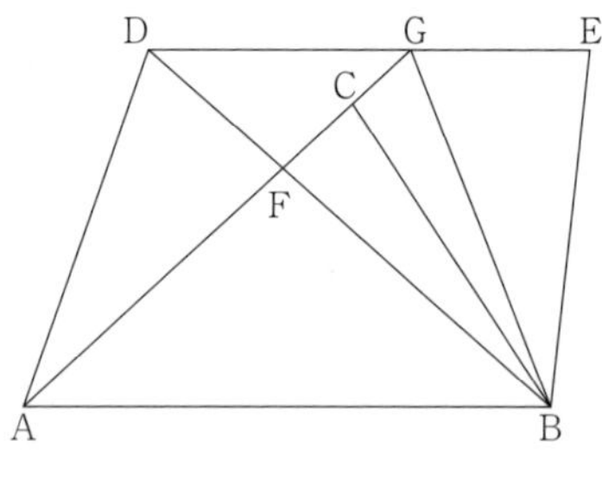

10　Ｙさんのクラスでは文化祭で，集めた空き缶を並べて大きな長方形の絵にする空き缶アートをつくることになった。

Ｙさんは，空き缶アートの大きさや，並べる空き缶の個数を確認するため，図１のように，空き缶を底面が直径6.6cmの円で高さが12.2cmの円柱として考えることにした。また，２個の空き缶を縦に並べると，図２のように0.3cm重なった部分ができた。

この空き缶を図３のように並べて空き缶アートにし，正面から見たものを長方形ABCDと表す。

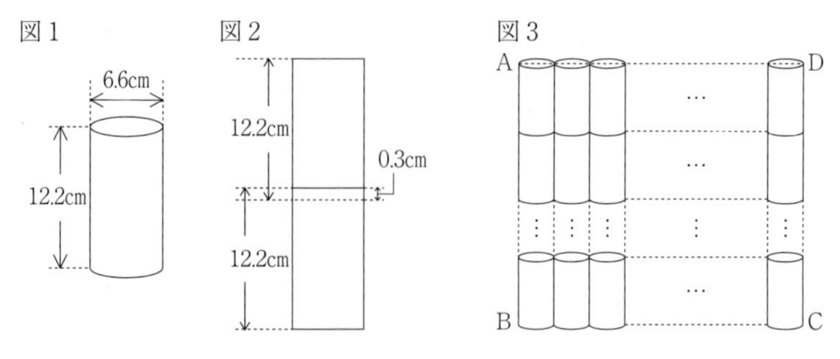

例えば，図4のように，縦に3個，横に8個の空き缶を並べると，並べる空き缶の個数の合計は24個であり，長方形ABCDの縦の長さABは36.0cm，横の長さADは52.8cmとなる。

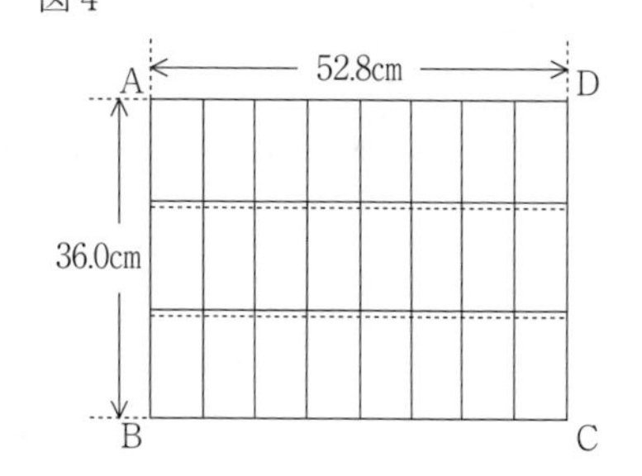

次の(1)～(3)に答えなさい。

(1) 縦に20個の空き缶を並べるとき，横に並べる空き缶の個数に比例しないものを，次のア～エから1つ選び，記号で答えなさい。(　　　)

ア　並べる空き缶の個数の合計　　イ　長方形ABCDの横の長さ

ウ　長方形ABCDの4辺の長さの合計　　エ　長方形ABCDの面積

(2) 横に105個の空き缶を並べ，横の長さADが，縦の長さABより300cm長い空き缶アートをつくる。

このとき，縦に並べる空き缶の個数をx個として一次方程式をつくり，縦に並べる空き缶の個数を求めなさい。ただし，答えを求めるまでの過程も書きなさい。

解(　　　　　　　　　　　　　　　　　　　　　　　　　　　　　) 答え(　　　個)

(3) Yさんは，余った空き缶と，文字を書いた長方形の用紙を使い，案内板をつくることにした。

図5のように，長方形の用紙PQRSを，3個の空き缶が互いに接するように並べて縦に重ねたものに巻きつける。線分PQが空き缶の底面に垂直になるように巻きつけると，用紙の左右の端が2.0cm重なった。図6は，巻きつける様子を真上から見たものである。

このとき，図5の長方形の用紙PQRSの横の長さPSを求めなさい。ただし，円周率はπとする。(　　　cm)

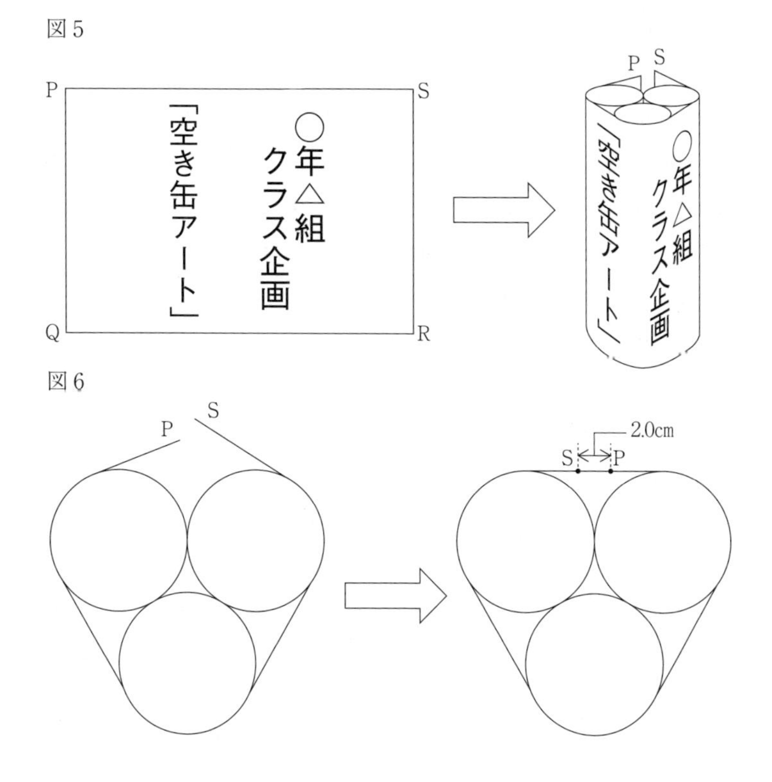

英語

時間 50分　　満点 50点

（編集部注） 放送問題の放送原稿は英語の末尾に掲載しています。
音声の再生についてはもくじをご覧ください。

（注） 2から5は選択問題で，この中から3題を選んで解答しなさい。
1及び6から8の問題は，すべて解答しなさい。

1は，共通問題です。

1 放送によるリスニングテスト

テスト1 4つの対話を聞いて，対話の内容に関するそれぞれの問いの答えとして最も適切なものを，1～4から1つずつ選び，記号で答えなさい。

No.1（　　） No.2（　　） No.3（　　） No.4（　　）

No.1 1 Science. 2 Music. 3 English. 4 Math.

No.2 1 Her dog. 2 Her uncle's dog. 3 Her teacher's dog.
4 Her grandfather's dog.

No.3 1 Two days. 2 Three days. 3 Four days. 4 Five days.

No.4 1 January 1. 2 January 2. 3 December 1. 4 December 2.

テスト2 4つの対話を聞いて，それぞれの対話に続く受け答えとして最も適切なものを，1～4から1つずつ選び，記号で答えなさい。

No.1（　　） No.2（　　） No.3（　　） No.4（　　）

No.1 1 Nice to meet you, too. 2 Thank you very much.
3 Good morning, Kazuo. 4 You're welcome.

No.2 1 Then do you have another color? 2 No. Do you want a large one?
3 That's really good for you and me. 4 Yes. I like shopping very much.

No.3 1 Really? You have a lot of homework.
2 All right. I think I can finish it soon.
3 Sorry. I am eating dinner with my brother now.
4 OK. You want to go to that restaurant with me.

No.4 1 Yes, I did so at the station. 2 No, I'm fine, thank you.
3 Well, you can take a bus there. 4 Then, the train was late again.

テスト3 中学生のKenは，高校で英語の体験授業に参加している。次の【メモ】は，KenがALTのWilson先生の話を聞きながら，授業のはじめに書いたものである。

今から，そのときのWilson先生の話を聞いて，その内容に合うように，下線部(A)，(B)，(C)にはそれぞれ話の中で用いられた英語1語を，下線部(D)には場面にふさわしい4語以上の英語を書きなさい。

(A)（　　） (B)（　　） (C)（　　）

(D) We will (　　　　　　　　　　　　　　　　　　　　　　　　　　　　　　　　　　　　　　).

【メモ】

About today's class

1. We should not be __(A)__ of speaking English.

2. We should talk with students from __(B)__ junior high schools.

We can make new __(C)__.

After the class

We will __(D)__. It's about the events at this school.

2～5は，選択問題です。

2　次は，*Shin* とオーストラリアから来た留学生の *Beth* との対話の一部である。2 人は，紙幣（banknote）について話をしている。これを読んで，下の(1)～(3)に答えなさい。

Beth: Shin, this is a banknote of Australia. It's made of special plastic.

Shin: Special plastic?

Beth: Yes. It's (A) (strong) than paper, so people can use it for a long time.

Shin: That's great.

Beth: I think that (B) (people / the banknotes / in / use) Japan are also special.

Shin: What do you __(C)__?

Beth: They have wonderful pictures. For example, the picture of Mt. Fuji on the banknote is so beautiful.

Shin: Wow, it's interesting to learn about the banknotes __(D)__ in each country.

(1) 下線部(A)の（　　）の中の語を，適切な形にして，英語 1 語で書きなさい。(　　　　)

(2) 下線部(B)の（　　）の中の語句を，本文の内容に合うように並べかえて書きなさい。

(　　　　　　　　　　　　　　　　　　　　　　　　　　　　　　　　　　　　)

(3) 下線部(C)，(D)に入る最も適切なものを，それぞれ 1～4 から選び，記号で答えなさい。

(C)(　　　) (D)(　　　)

(C) 1 support　2 mean　3 cover　4 produce

(D) 1 use　2 uses　3 using　4 used

3　次は，小学校で職場体験をした留学生の *Emily* と，受け入れ先の小学校の担当者である岡先生（*Mr. Oka*）との対話の一部である。2人は，その日の体験について話をしている。これを読んで，下の(1)～(3)に答えなさい。

Mr. Oka:　Emily, you worked very hard today.

Emily:　Thank you. I'm tired because I have (A) (be) busy since this morning.

Mr. Oka:　In the English class, you found (B) (couldn't / who / a boy / speak) English well and you helped him.

Emily:　Yes, it was hard ＿(C)＿ him to talk in English. But he began to enjoy talking in English after I helped him. I was glad because he looked happy.

Mr. Oka:　Good. Did you have a good time today?

Emily:　Yes! I think I did my ＿(D)＿!

(1)　下線部(A)の（　　）の中の語を，適切な形にして，英語1語で書きなさい。（　　　　）

(2)　下線部(B)の（　　）の中の語句を，本文の内容に合うように並べかえて書きなさい。

（　　　　　　　　　　　　　　　　　　　　　　　　　　　　　　　）

(3)　下線部(C)，(D)に入る最も適切なものを，それぞれ1～4から選び，記号で答えなさい。

(C)（　　　）(D)（　　　）

(C)　1　in　　2　by　　3　under　　4　for

(D)　1　best　　2　problem　　3　health　　4　nothing

4　次は，*Naoko* と留学生の *Sindy* との対話の一部である。2人は，古い町並みを散策しながら話をしている。これを読んで，下の(1)～(3)に答えなさい。

Naoko:　Sindy, look at that. It's the (A) (old) house in this city.

Sindy:　I can feel its history. Do you know (B) (built / it / when / was)?

Naoko:　About two hundred years ago.

Sindy:　Wow! Is there anyone ＿(C)＿ in the house now?

Naoko:　No, but Mr. Yamada once lived there.

Sindy:　Who is Mr. Yamada?

Naoko:　He was born in this city, and later, he was known ＿(D)＿ a great doctor. He saved many people.

Sindy:　I see. I want to know more about him.

(1)　下線部(A)の（　　）の中の語を，適切な形にして，英語1語で書きなさい。（　　　　）

(2)　下線部(B)の（　　）の中の語を，本文の内容に合うように並べかえて書きなさい。

（　　　　　　　　　　　　　　　　　　　　　　　　　　　　　　　）

(3)　下線部(C)，(D)に入る最も適切なものを，それぞれ1～4から選び，記号で答えなさい。

(C)（　　　）(D)（　　　）

(C)　1　live　　2　lives　　3　living　　4　to live

(D)　1　as　　2　at　　3　from　　4　on

5 次は，*Tetsu* と留学生の *Paul* との対話の一部である。2人は，*Paul* の歓迎会の後に話をしている。これを読んで，下の(1)～(3)に答えなさい。

Paul: Thank you for (A) (play) the guitar for me, Tetsu. That was great. How (B) (you / long / practiced / have) it?

Tetsu: For ten years. My mother is a guitar teacher.

Paul: You're lucky! I want to play the guitar well like you. Could you teach me (C) to play it?

Tetsu: Sure. Let's practice together! You can come to my house this Saturday. I'll also (D) my mother to join us.

Paul: That's nice! Thank you.

(1) 下線部(A)の（ ）の中の語を，適切な形にして，英語1語で書きなさい。（ ）

(2) 下線部(B)の（ ）の中の語を，本文の内容に合うように並べかえて書きなさい。
（ ）

(3) 下線部(C)，(D)に入る最も適切なものを，それぞれ1～4から選び，記号で答えなさい。
(C)（ ） (D)（ ）

(C) 1 what 2 able 3 want 4 how

(D) 1 listen 2 ask 3 have 4 speak

6～8は，共通問題です。すべての問題に解答しなさい。

6　*Yui* は，アメリカから来た留学生の *Tom* と，いちご狩り（strawberry picking）についての外国人向けの【広告チラシ】を見ながら話をしている。次は，そのときの *Yui* と *Tom* の対話の一部である。英文と【広告チラシ】を読んで，あとの(1)～(4)に答えなさい。

【広告チラシ】

Strawberry Picking
at ＊＊＊＊ Strawberry Farm

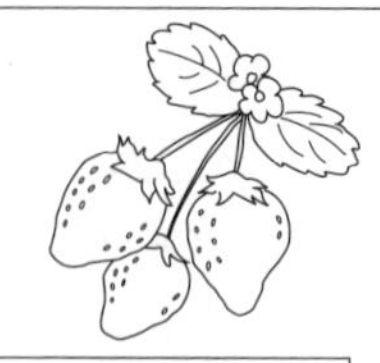

You can pick and eat strawberries for one hour.

We open our farm from 10 a.m. to 5 p.m. between Tuesday and Sunday.

Fee

	December - March	April - May
Adult	1,600 yen	1,300 yen
Child (5-12 years old)	1,300 yen	1,000 yen

We also have

a pack of strawberries	400 yen
a strawberry ice cream	250 yen
experience of making strawberry juice	800 yen
experience of making strawberry jam	1,500 yen

Please make a reservation before you visit our farm.
You need to call : 083-＊＊＊-＊＊＊＊
or send us an e-mail : ＊＊＊＊＊＊＊＊＊@＊＊＊＊.jp

★ If you make a reservation by e-mail, we will give you a ticket for a strawberry ice cream!

（注）strawberry（strawberries）いちご　pick ～ ～を摘む
yen 円（通貨の単位）　pack(s) パック　jam ジャム
make a reservation 予約する　ticket チケット

Yui: Hi, Tom. You wanted to know some places to visit with your family from America, right? I found a good place.

Tom: Really? Where is it? Tell me about it.

Yui: Sure. Look at this. This is about strawberry picking at a farm in this city.

Tom: Interesting! I'm sure we all will enjoy it very much. But is it expensive?

Yui: I don't think so. ＿(A)＿ in your family?

Tom: There are four people, my father, my mother, my sister, and me.

Yui:　How old is your sister? The fee is (B) (d　　) between an adult and a child.

Tom:　Oh, I see. She's nine years old, so she can enjoy it at the child's fee. Well, the fee is also (B) (d　　) depending on the month, right?

Yui:　Yes, it is. When will they come?

Tom:　They will arrive on March 29 and stay here for a week.

Yui:　I see. Then you should wait for a few days for a better fee.

Tom:　(C) That's right. I'll do that.

Yui:　I hope you can enjoy the day!

(注) farm　農園　　fee　料金　　adult　大人　　at the child's fee　子ども料金で
depending on ～　～によって

(1) 下線部(A)に，場面にふさわしい5語以上の英語を書きなさい。
(　　　　　　　　　　　　　　　　　　　　　　) in your family?

(2) 【広告チラシ】の内容に合うように，下線部(B)に共通して入る適切な英語1語を書きなさい。ただし，(　　) 内に与えられた文字で書き始めなさい。(　　　)

(3) 下線部(C)の That が表す内容として最も適切なものを，次の1～4から選び，記号で答えなさい。(　　)

1　Tom's family should visit the farm in April.
2　Tom's family should leave Japan on March 29.
3　Tom's family should wait for Tom until March 29.
4　Tom's family should arrive in America before April.

(4) 【広告チラシ】から読み取れる内容と一致するものを，次の1～6から2つ選び，記号で答えなさい。(　　　)(　　　)

1　You cannot eat strawberries while you are picking them.
2　You can try strawberry picking for eight hours every day.
3　You can enjoy making jam by using strawberries.
4　If you have one thousand yen, you can buy three packs of strawberries.
5　The farm tells people to visit it after they make a reservation.
6　If you call the farm, you can get a pack of strawberries.

7 中学生のMisatoは，Misatoの家にホームステイをしている留学生のNancyとともに，祖母のYasukoの家を訪れた。次の英文は，そのときのことについて書かれたものである。この英文を読んで，あとの(1)～(3)に答えなさい。

One day in summer, Misato visited her grandmother's house with Nancy. Misato said, "Speaking of summer, I like wearing a *yukata*. [ア] Do you know about *yukatas*?" Nancy said, "Yes. *Yukatas* are traditional Japanese summer clothes, right? I've worn a *kimono* before, but I've never worn a *yukata*. I want to wear a *yukata* some day." Misato said, "Now I have a good idea!"

Then Misato's grandmother, Yasuko, brought tea for them. Misato said to her, "Nancy wants to wear a *yukata*. Can you help her? I'll wear a *yukata*, too. And we will enjoy fireworks together. [イ]" Yasuko said, "That's a good idea. Is this your first time to wear a *yukata*, Nancy?" Nancy said, "Yes. I've wanted to wear a *yukata* for a long time."

After they had tea, Yasuko showed them some *yukatas*. There were various colors and patterns, so Nancy was surprised. She said, "I like the red flowers on this *yukata*. It's so cute. [ウ]" Misato said, "Why don't you wear it? It's my *yukata* now, but my mother also wore it when she was young. My grandmother made it." Nancy said, "Wow! You've kept it for many years."

Yasuko helped Nancy when she wore the *yukata*. Nancy looked happy. Yasuko said, "I'm glad you wear this *yukata*. I think a *yukata* is more than just clothes, because people can pass it to the next generation. When they wear it, they can feel the tradition." Nancy said, "I agree. I think I can understand it. [エ] I'm glad I had a chance like this." Yasuko and Misato smiled.

That evening, they all wore *yukatas* and enjoyed small fireworks in the garden. Yasuko said, "I hope this will be a good memory for you." Nancy said, "I learned a lot from you today. It's nice to give something to the next generation. I want to look for it in my country." Misato and Nancy looked at Yasuko and they all smiled. Yasuko looked happy.

(注) speaking of ～ ～と言えば　some day いつか　fireworks 花火　various 様々な
patterns 模様　more than ～ ～を超えた　pass(ed) ～ to ... ～を…に伝える
generation 世代　tradition 伝統

(1) 次の英文が入る最も適切な箇所を，本文中の[ア]～[エ]から選び，記号で答えなさい。
( )

I think it will be a good experience for her.

(2) 次の(a)，(b)の質問に対する答えとして，本文の内容に合う最も適切なものを，それぞれ1～4から選び，記号で答えなさい。

(a) How did Nancy feel when Yasuko showed her some *yukatas*? ( )

1 She was sad because they were too small to wear.

2 She was happy because wearing them was easier than wearing *kimonos*.

3　She was surprised to see various colors and patterns.

4　She was excited to know that Yasuko made them for her.

(b)　Why did Yasuko think a *yukata* was not just clothes?（　　　）

1　Because Nancy wanted it when she was young.

2　Because people could feel the tradition by wearing it.

3　Because she could give it to Nancy as a present.

4　Because it took a lot of time to make an original *yukata*.

(3)　次の英文は，ホームステイを終えて帰国したNancyが，Misatoにあてて書いた手紙の一部である。本文の内容に合うように，次の下線部①～③に入る適切な英語を，1語ずつ書きなさい。ただし，（　）内に与えられた文字で書き始めなさい。①(　　　)　②(　　　)　③(　　　)

> I was happy to have a ① (c　　　) to wear a *yukata*. It was my first time! You and your mother wore the ② (s　　　) *yukata* before, right? I think it's nice to pass something to the next generation.
>
> When I got home, my mother cooked tomato soup for me. It was passed to her from my grandmother! If I have a child in the ③ (f　　　), I'll cook the soup for my child like my mother.

8　Natsumiのクラスでは，英語の授業で，クラスメートに勧めたい場所について英語で発表することになった。次は，Natsumiが発表のために作った日本語の【メモ】と，【メモ】にもとづいて書いた英語の【原稿】である。これらを読んで，下の(1)，(2)に答えなさい。

【メモ】

勧めたい場所　…　市立美術館

ポイント
・美術館の日本庭園は来館者に人気がある。
　　→　売店近くのソファーに座ると，窓越しに見える庭園がとても美しい。
・毎週末の午後に，小さなコンサートが開かれる。
　　→　音楽を聞いて，素敵な時間を過ごせる。

【原稿】

Hello, everyone. I recommend the city art museum.

I like its Japanese garden. It's (A) among visitors. You can see it through the (B) when you sit on a sofa near the museum shop. It's very beautiful.

You can also enjoy a small concert in the afternoon. It's held every (C) . You'll have a good time by listening to music.

I want you to enjoy the pictures, the garden, and music there some day. (D) If you have any questions, please ask me. Thank you.

（注）　recommend ～　～を勧める　　visitors　来館者　　some day　いつか

(1)　【メモ】の内容に合うように，【原稿】の下線部(A)～(C)に入る適切な英語を，1語ずつ書きなさい。(A)(　　　)　(B)(　　　)　(C)(　　　)

(2)　下線部(D)を受けて，あなたが英語で質問をするとしたら，どのような質問をするか。あなたの考える質問を，6語以上の英語で書きなさい。

(　　　　　　　　　　　　　　　　　　　　　　　　　　　　　　　　)?

〈放送原稿〉

ただ今から，2021 年度山口県公立高等学校学力検査，英語の放送によるリスニングテストを行います。聞きながらメモをとっても構いません。

では，問題用紙にテスト 1，テスト 2，テスト 3 までがあることを確かめなさい。また，解答用紙のそれぞれの解答欄を確かめなさい。

それでは，テスト 1 から始めます。テスト 1 の問題を読みなさい。

対話は No.1 から No.4 まで 4 つあり，それぞれの対話のあとに問いが続きます。なお，対話と問いは 2 回ずつくり返します。

それでは，問題に入ります。

No.1 *A:* Alex, what's your favorite subject?

B: I like math very much. How about you, Sakura?

A: I like music. Singing songs is fun.

Question: What is Alex's favorite subject? (対話と問いをくり返す。)

No.2 *A:* Hi, Haruka. You are walking a cute dog.

B: Thanks, Pat. But this dog is not mine. My uncle lives near my house, and sometimes I walk his dog.

A: Oh, I see.

Question: Whose dog is Haruka walking? (対話と問いをくり返す。)

No.3 *A:* Shota, you're a good tennis player! Do you often practice tennis?

B: Yes! I practice it on Monday, Tuesday, Thursday and Saturday every week.

A: Wow, you practice it well.

Question: How many days does Shota practice tennis every week? (対話と問いをくり返す。)

No.4 *A:* When is your birthday, Yumi?

B: It's December 2. Could you tell me your birthday, Mr. Smith?

A: Well, my birthday is the first day of the year! So I can eat a birthday cake on New Year's Day!

Question: When is Mr. Smith's birthday? (対話と問いをくり返す。)

次に，テスト 2 に移ります。テスト 2 の問題を読みなさい。

今から，対話を 2 回ずつくり返します。では，始めます。

No.1 *A:* Kazuo, look at this chocolate cake. I made it yesterday.

B: Oh, it looks nice. Can I try it?

A: Yes. Here you are. (対話をくり返す。)

No.2 *A:* May I help you? Are you looking for a bag?

B: Yes, I like this bag, but do you have a brown one?

A: Sorry. We don't have that color right now. (対話をくり返す。)

No.3 *A:* John, dinner is ready.

B: Can you wait for a few minutes, Mom? I want to finish my homework.

A:　No problem. Please do it first. Then you can enjoy your dinner.（対話をくり返す。）

No.4　*A:*　Excuse me. I'd like to go to the library. Can I go there by train?

B:　Well, you can go there by train. But you have to walk for about 20 minutes from the station.

A:　Oh, really? Are there any good ways to get there?　（対話をくり返す。）

次に，テスト３に移ります。テスト３の問題と，問題の次にある【メモ】を読みなさい。

今から，Wilson 先生の話を２回くり返します。では，始めます。

Hi, everyone. Welcome to our high school. I'm Mike Wilson. Today, you'll join our English class. Now, I'll tell you two important things for the class.

First, don't be afraid of speaking English. You don't have to speak perfect English. The most important thing is to enjoy the communication. Second, try to talk with a lot of students. Today, students around you come from other junior high schools. I know it's not easy to talk to them. But it's a good chance to make new friends.

After the class, I'll show you a short video. It's about the events like the school festival at this school. I hope you'll be interested in them. Now let's start the class!

くり返します。　（話をくり返す。）

以上で，リスニングテストを終わります。あとの問題に移ってください。

社会

時間　50分　　　満点　50点

（注）　1から4は選択問題で，この中から３題を選んで解答しなさい。
　　　　5から8の問題は，すべて解答しなさい。

1～4は，選択問題です。

1　次の(1)～(3)に答えなさい。

(1)　次の文は，高度経済成長期にみられたできごとについて説明したものである。文中の（ ア ）に適切な語をおぎない，文を完成させなさい。（　　　）

経済が発展した一方で，企業の生産活動による大気汚染や水質汚濁などの（ ア ）が発生した。なかでも，イタイイタイ病，水俣病，四日市ぜんそく，新潟水俣病の患者らが起こした裁判は，四大（ ア ）裁判と呼ばれた。

(2)　次の文は，情報化の進展について説明したものである。文中の（ イ ）にあてはまる語として最も適切なものを，あとの1～4から選び，記号で答えなさい。（　　　）

コンピューターやインターネットなどの情報通信技術（ICT）の発達によって，情報化が進んだ。このような社会で生活していくためには，情報を正しく活用する能力である「情報（ イ ）」を身につけることが大切である。

1　リデュース　　2　リテラシー　　3　アセスメント　　4　マニフェスト

(3)　第二次世界大戦後に起こったできごととして正しいものを，次の1～4から一つ選び，記号で答えなさい。（　　　）

1　ワイマール憲法がつくられた。　　2　ポーツマス条約が結ばれた。
3　辛亥革命が起こった。　　4　アジア・アフリカ会議が開かれた。

2　次の(1)～(3)に答えなさい。

(1)　ヨーロッパ連合（EU）が導入している共通の通貨は，多くの加盟国で自国の通貨にかえて使用されている。この共通の通貨を何というか。答えなさい。(　　　)

(2)　国際連合において，子どもの権利条約にもとづき，子どもがすこやかに育つ環境を確保するために活動する機関を何というか。次の1～4から一つ選び，記号で答えなさい。(　　　)

1　UNHCR　　2　UNICEF　　3　WHO　　4　WTO

(3)　図Ⅰは，2019年における，政府開発援助（ODA）の総額に占めるおもな国の割合を示したものであり，図Ⅰ中のA～Dは，アメリカ合衆国，イギリス，ドイツ，日本のいずれかである。Aにあてはまる国を，次の1～4から一つ選び，記号で答えなさい。(　　　)

1　アメリカ合衆国　　2　イギリス　　3　ドイツ
4　日本

図Ⅰ

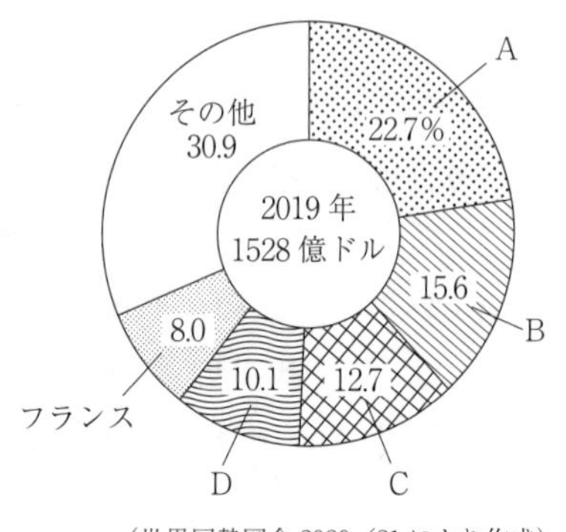

（世界国勢図会 2020／21により作成）

3　次の(1)～(3)に答えなさい。

(1)　政党政治において，政権を担当する政党または政党の連合のことを，野党に対して何というか。答えなさい。(　　　)

(2)　日本国憲法には，さまざまな人権が規定されている。しかし，社会の変化にともなって，日本国憲法に直接的には規定されていない権利が主張されるようになった。このような権利として最も適切なものを，次の1～4から選び，記号で答えなさい。(　　　)

1　裁判を受ける権利　　2　団体行動権　　3　知る権利　　4　財産権

(3)　図Ⅰは，日本の三審制のもとで行われる，裁判の流れの一例を示したものである。図Ⅰ中の（ a ）～（ c ）にあてはまる語の組み合わせとして適切なものを，あとの1～4から一つ選び，記号で答えなさい。(　　　)

図Ⅰ

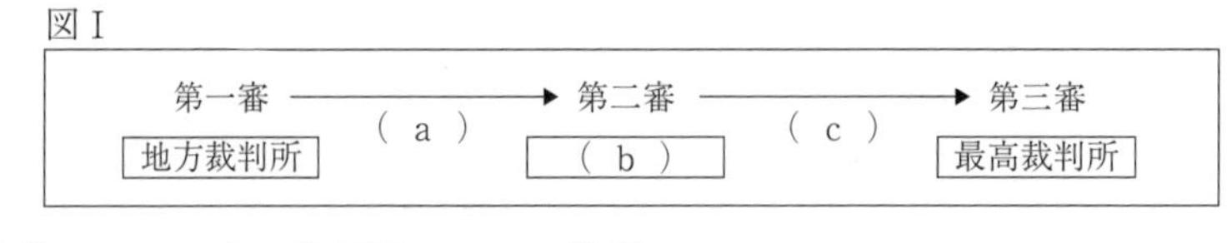

1　a―上告　　b―家庭裁判所　　c―控訴
2　a―控訴　　b―家庭裁判所　　c―上告
3　a―上告　　b―高等裁判所　　c―控訴
4　a―控訴　　b―高等裁判所　　c―上告

4 次の(1)～(3)に答えなさい。

(1) 図Ⅰは，経済の流れを大まかに示したものである。図Ⅰ中の[ア]には，家族や個人として経済活動を営む単位を表す語が入る。その語は何か。答えなさい。

( )

図Ⅰ

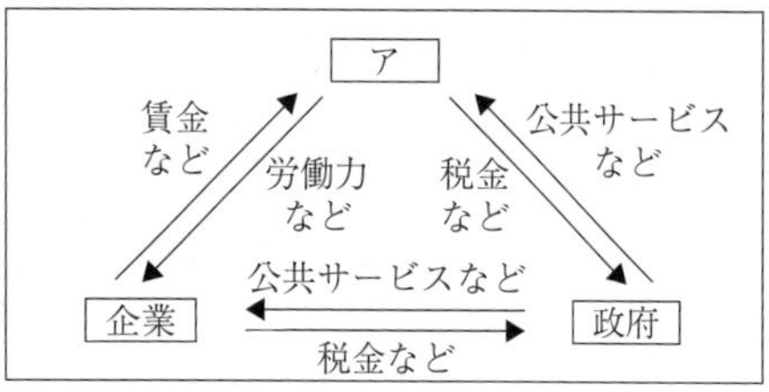

ア
賃金
など
労働力
など
税金
など
公共サービス
など
企業
政府
公共サービスなど
税金など

(2) 日本の税金のうち，直接税にあたるものを，次の1～4から一つ選び，記号で答えなさい。( )

1 消費税　2 関税　3 ゴルフ場利用税　4 所得税

(3) 図ⅡのA～Cのグラフは，日本の製造業における売上高，企業数，従業者総数のいずれかについて，中小企業と大企業の割合を示したものである。A～Cにあたるグラフの組み合わせとして正しいものを，次の1～4から一つ選び，記号で答えなさい。

( )

図Ⅱ

大企業 0.5
A
中小企業 99.5％
B
65.3
34.7
C
37.8
62.2

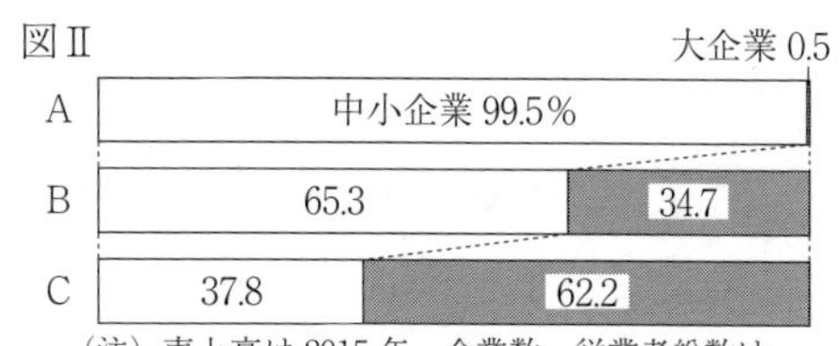

(注) 売上高は2015年，企業数，従業者総数は2016年のものである。

(中小企業白書2020年版により作成)

1 A―従業者総数　B―企業数　C―売上高
2 A―従業者総数　B―売上高　C―企業数
3 A―企業数　B―従業者総数　C―売上高
4 A―企業数　B―売上高　C―従業者総数

5～8は，共通問題です。すべての問題に解答しなさい。

5　社会科の授業でヨーロッパについて学習したＴさんは，イギリスに興味をもち，調べた。図Ⅰは，Ｔさんが使用した地図である。これについて，あとの(1)～(7)に答えなさい。

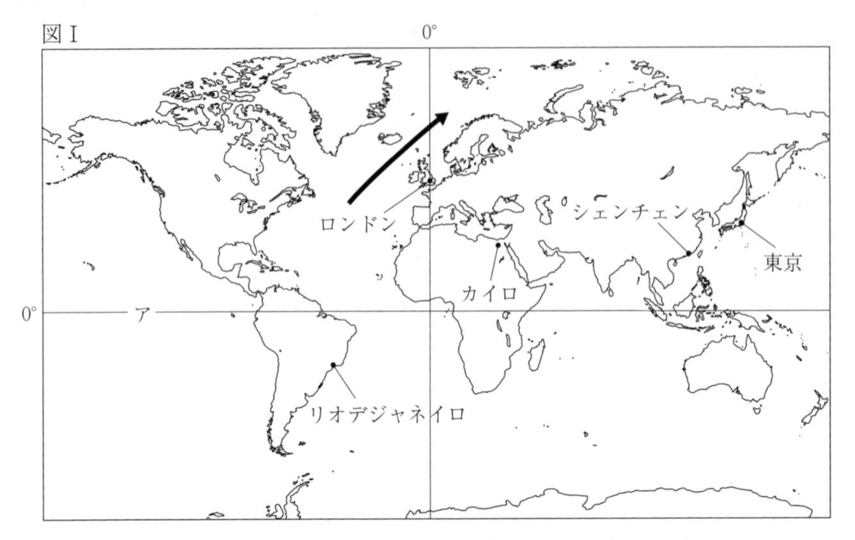

(1)　図Ⅰ中のアで示す緯度0度の線を何というか。答えなさい。(　　　)

(2)　図Ⅰ中に ➡ で大まかに示した海流の名前と種類の組み合わせとして正しいものを，次の1～4から一つ選び，記号で答えなさい。(　　　)

1　北大西洋海流―寒流　　2　北大西洋海流―暖流　　3　リマン海流―寒流

4　リマン海流―暖流

(3)　次の1～4のグラフは，それぞれ図Ⅰ中のリオデジャネイロ，ロンドン，カイロ，東京のいずれかの都市の雨温図である。このうち，ロンドンの雨温図にあてはまるものを一つ選び，記号で答えなさい。(　　　)

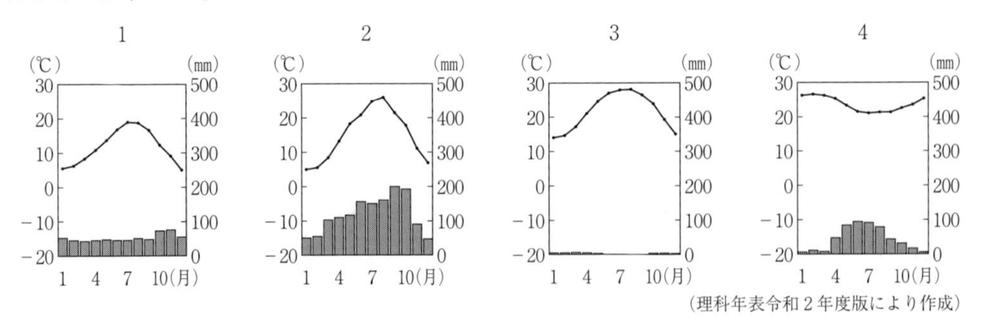

(理科年表令和2年度版により作成)

(4)　図Ⅰ中のリオデジャネイロの標準時の基準となる経線の経度は，西経45度である。リオデジャネイロと東京との時差は何時間か。答えなさい。ただし，サマータイム（夏の一定期間に，時刻を1時間早めること）は考えないものとする。(　　　)

(5)　図Ⅰ中のシェンチェンは，イギリスの植民地であったホンコンに隣接する都市であり，1979年に中国で最初の経済特区が設けられた。中国がシェンチェンなどに経済特区を設けた理由を，「外国企業」という語を用いて説明しなさい。

(　　　　　　　　　　　　　　　　　　　　　　　　　　　　　　　　)

(6) 図Ⅱは，ロンドンを中心とし，中心からの距離と方位が正しい地図である。この地図上で，ロンドンから東の方角に地球上を一周するとして，１番目と２番目に通過する大陸の組み合わせとして正しいものを，次の1～4から一つ選び，記号で答えなさい。(　　　)

	1番目	2番目
1	アフリカ大陸	南極大陸
2	アフリカ大陸	オーストラリア大陸
3	ユーラシア大陸	南極大陸
4	ユーラシア大陸	オーストラリア大陸

図Ⅱ

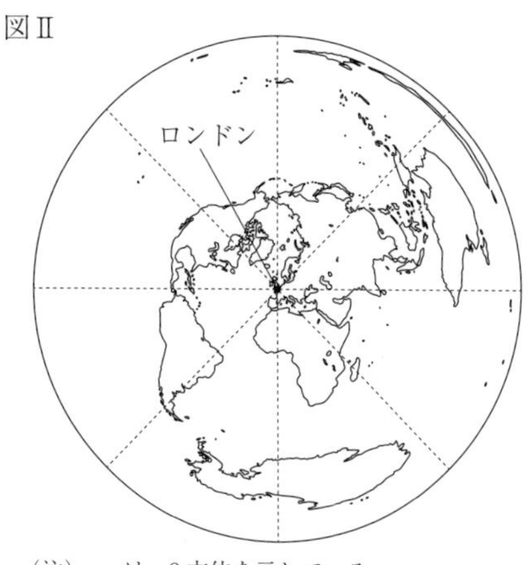

(注)……は，8方位を示している。

(7) Tさんは，図Ⅰ中のリオデジャネイロ，ロンドン，カイロ，シェンチェンの4つの都市の2010年から2030年までの人口と人口予測について調べ，次の表Ⅰを作成した。図Ⅲは，表Ⅰをもとに，4つの都市の2010年の値を100として，2020年と2030年の値をあらわしたグラフである。ロンドンの未完成の部分について，記入されているものにならって作成し，図Ⅲを完成させなさい。

表Ⅰ

都市＼年	2010年(十万人)	2020年(十万人)	2030年(十万人)
リオデジャネイロ	124	135	144
ロンドン	80	93	102
カイロ	169	209	255
シェンチェン	102	124	145

(注) 2010年は推計人口で，2020年と2030年は将来推計人口である。

(世界国勢図会2020／21により作成)

図Ⅲ

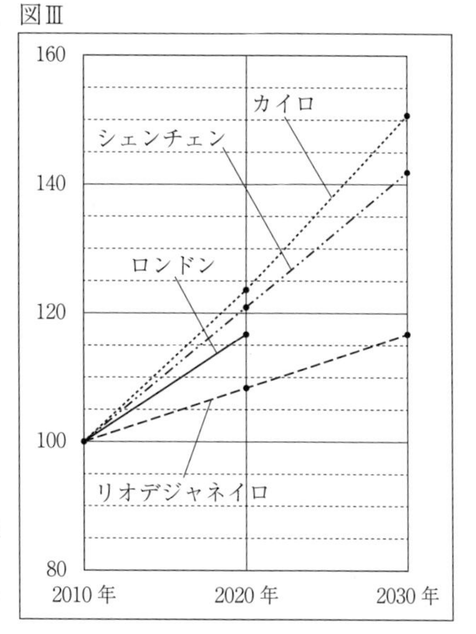

6 Hさんは，16世紀までの日本と外国とのかかわりについて調べ，まとめることにした。次は，その一部である。これについて，あとの(1)～(6)に答えなさい。

～中国とのかかわり～

7~9世紀

日本から遣唐使が派遣され，①唐の制度や文化が取り入れられました。

復元された遣唐使船

12世紀

平清盛は，②宋との貿易に力を入れ，瀬戸内海の航路や港を整備しました。

13世紀

元から二度にわたって元軍が襲来しました。③幕府軍は元軍との戦いに苦戦しながらも，これを退けました。

～ヨーロッパとのかかわり～

13世紀

マルコ・ポーロが，日本を「黄金の国ジパング」としてヨーロッパに紹介しました。

16世紀

○ ④ポルトガル人やスペイン人が日本を訪れ，⑤南蛮貿易がはじまりました。

○イエズス会の宣教師フランシスコ・ザビエルが，⑥キリスト教の布教をはじめました。

日本に来た南蛮船と南蛮人

(1) 下線部①について，次のア，イに答えなさい。

ア 710年，唐の都長安にならって奈良盆地につくられた都を何というか。答えなさい。

( )

イ Hさんは，唐の制度にならって定められた班田収授法と，それにもとづく税制についてまとめた。次は，その一部である。(a)，(b)に入る，適切な語を答えなさい。

a ( ) b ( )

・班田収授法とは，6歳以上のすべての人々に(a)と呼ばれる土地が与えられた制度である。
・この制度により，(a)を与えられた人々は，稲の収穫量の約3％を税として納めた。この税は(b)と呼ばれた。

(2) 下線部②に関連して，表Ⅰは，宋から帰国した僧が開いた禅宗について示したものである。表Ⅰ中の(c)，(d)にあてはまる人物の組み合わせとして正しいものを，次の1～4から一つ選び，記号で答えなさい。( )

表Ⅰ

日本で開いた教え	臨済宗	曹洞宗
開いた僧	(c)	(d)

1 c－栄西 d－親鸞(しんらん)　2 c－栄西 d－道元　3 c－法然 d－親鸞

4 c－法然 d－道元

(3) 下線部③について，資料Ⅰは，元軍と戦う幕府軍の武士が描かれた絵である。この戦いで幕府軍が元軍に苦戦した理由の一つを，資料Ⅰを参考に，それまで日本の武士の戦いではみられなかった武器に着目して，簡潔に説明しなさい。

( )

資料Ⅰ

(4) 下線部④に関連して，図Ⅰは，15世紀末に，インドに到達したバスコ・ダ・ガマの航路を示した地図である。バスコ・ダ・ガマが，海路でインドをめざすことになったのはなぜか。当時のヨーロッパの人々が求めた品物と，陸路の貿易をにぎっていた勢力にふれて，説明しなさい。

( )

図Ⅰ

―バスコ・ダ・ガマの航路

(5) 下線部⑤について，南蛮貿易で，日本から最も多く輸出された品物として適切なものを，次の1～4から一つ選び，記号で答えなさい。( )

1 銀　　2 生糸　　3 米　　4 砂糖

(6) 下線部⑥に関連して，豊臣秀吉が，キリスト教の布教を禁止するために行った政策について述べた文として最も適切なものを，次の1～4から選び，記号で答えなさい。( )

1 平戸のオランダ商館を長崎の出島に移して，外国との交流を制限した。

2 日本人が海外へ渡ることや，海外に渡っていた日本人の帰国を禁止した。

3 長崎がイエズス会に寄進されたことを知り，キリスト教宣教師を国外に追放した。

4 キリスト教徒を発見するため，キリストの像などを踏ませる絵踏を行った。

7　Nさんは，山口県と同規模の人口の県があることを知り，山口県とそれらの県の特色について調べた。図Ⅰ中の▬は，山口県とそれらの県を示したものである。これについて，あとの(1)～(7)に答えなさい。

図Ⅰ

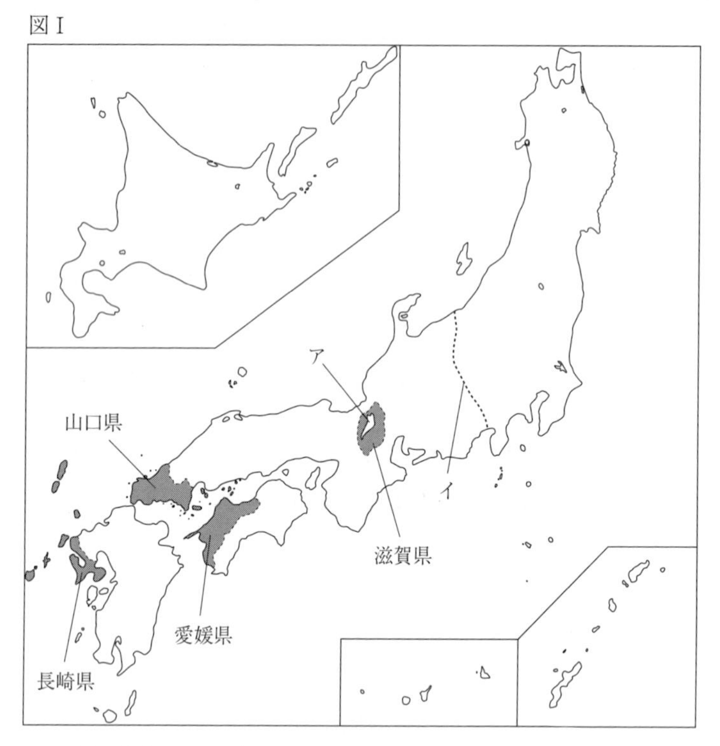

(1)　図Ⅰ中のアは，近畿地方に住む多くの人に水を供給する湖である。アの湖を何というか。答えなさい。(　　　)

(2)　図Ⅰ中のイの線を西端とした，日本列島の地形を東西に分けている帯状の地域を何というか。答えなさい。(　　　)

(3)　九州地方の一部や中国・四国地方の一部では，野菜などの生長を早めて出荷時期をずらす工夫をした栽培方法がよくみられる。このような栽培方法を何というか。答えなさい。(　　　)

(4)　日本を7地方に区分したとき，近畿地方の範囲を示した地図として正しいものを，次の1～4から一つ選び，記号で答えなさい。(　　　)

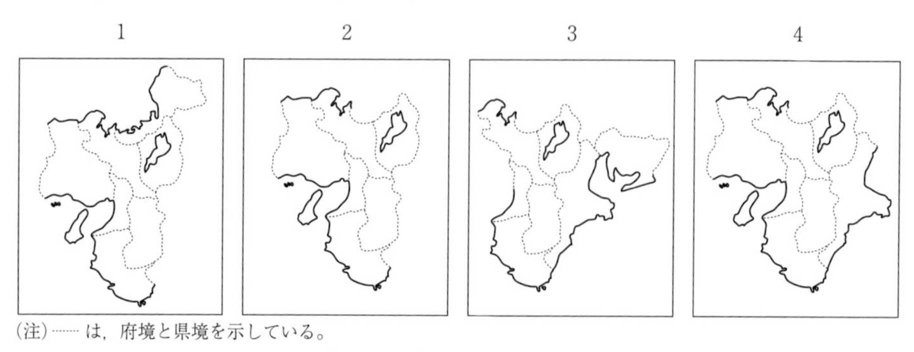

(注)┈┈ は，府境と県境を示している。

(5) 愛媛県などの瀬戸内地域が年間を通して降水量が少ない理由を，図Ⅱを参考にして，簡潔に説明しなさい。
(　　　　　　　　　　　　　　　　　　　　　　　　)

図Ⅱ

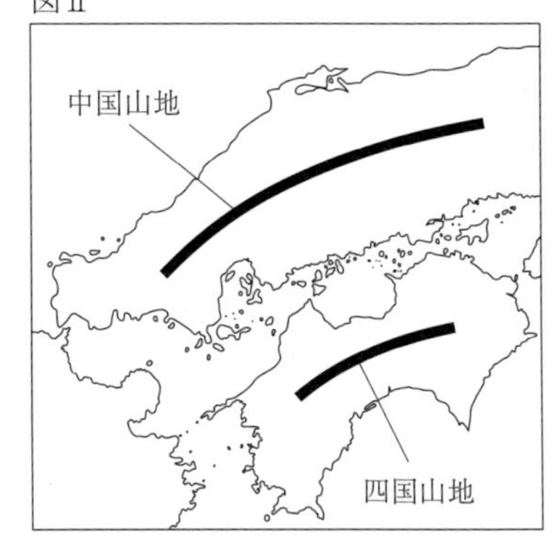

(6) 表Ⅰは，図Ⅰ中の▇で示した4つの県に関するデータをまとめたものである。山口県にあてはまるものを，表Ⅰ中の1～4から一つ選び，記号で答えなさい。(　　　)

表Ⅰ　(漁業生産量は2019年，それ以外は2017年)

県	農業産出額(億円)	おもな産出物		製造品出荷額(億円)	おもな製造品		漁業生産量(t)	海岸線距離(km)
		米	果実		化学	鉄鋼		
1	676	236	48	61,307	18,752	6,319	23,759	1,504
2	1,259	164	537	42,008	3,125	1,185	138,404	1,704
3	1,632	131	156	18,478	126	365	274,405	4,171
4	647	362	8	78,229	10,624	1,125	377	—

(データでみる県勢2020年版などにより作成)

(7) Nさんは，長崎県の稲佐山山頂付近からの景色が観光資源となっていることに興味をもち，図Ⅲを用いて，稲佐山山頂付近の三角点と，長崎ロープウェイの「淵神社駅」付近の標高の差を調べた。図Ⅲ中の稲佐山山頂付近の三角点とA地点の標高の差として最も近いものを，次の1～4から選び，記号で答えなさい。
(　　　)

1　100m　　2　200m　　3　300m　　4　400m

図Ⅲ

(国土地理院25,000分の1地形図による)

8 2021年が，山口県が設置されて150周年であることを知ったRさんとSさんは，江戸時代以降の山口県の歴史について調べ学習を行い，レポートを作成した。次は，その一部である。これについて，あとの(1)～(7)に答えなさい。

山口県の歴史

江戸時代

①幕藩体制のもとで，毛利氏一族が治めていた。

19世紀になると，江戸幕府では②天保の改革が行われる一方，長州藩では財政改革が行われた。

改革に成功した長州藩などにより，江戸幕府は倒された。

明治時代

成立した③新政府は近代化を進め，1871年に廃藩置県を行い，山口県が設置された。

廃藩置県後，長州藩出身の木戸孝允と［ア］は，④岩倉使節団の一員として欧米を視察し，国力を充実させることが必要であると感じた。

帰国後，［ア］は初代の内閣総理大臣となり，大日本帝国憲法の制定に力をつくした。

憲法の発布後，1890年に行われた第1回⑤衆議院議員総選挙では，山口県から7人が当選した。

［ア］の写真

(1) 下線部①について，Rさんは，江戸幕府による大名の区別について，次の資料Ⅰにまとめた。資料Ⅰ中の［a］～［c］にあてはまる語の組み合わせとして正しいものを，あとの1～4から一つ選び，記号で答えなさい。（　　）

資料Ⅰ

大名の区別
・［a］（徳川氏の親戚）
・［b］（関ヶ原の戦い以前から徳川氏に従った）
・［c］（関ヶ原の戦い以後に徳川氏に従った）

1　a－親藩　b－外様　c－譜代
2　a－親藩　b－譜代　c－外様
3　a－譜代　b－外様　c－親藩
4　a－譜代　b－親藩　c－外様

(2) 下線部②で行われた政策について述べた文として正しいものを，次の1～4から一つ選び，記号で答えなさい。（　　）

1　株仲間をつくることを奨励し，干拓工事や，蝦夷地の調査を行った。
2　裁判の基準となる公事方御定書を定め，庶民の意見を聞く目安箱を設置した。
3　株仲間を解散させ，江戸に出ている農民を故郷の村に帰らせる政策を行った。
4　儒学を奨励し，極端な動物愛護を定めた生類憐みの令を出した。

(3) 下線部③に関連して，新政府は近代化を進めるなかで，1週間を7日，1年を365日とする暦を採用した。この暦を何というか。答えなさい。（　　）

(4) レポート中の［ア］にあてはまる人物は誰か。答えなさい。（　　）

(5)　下線部④に関連して，次のア，イに答えなさい。

ア　岩倉使節団が視察した国のうち，プロイセンの首相ビスマルクのもとで統一された国を，次の1～4から一つ選び，記号で答えなさい。(　　　)

1　イギリス　　2　イタリア　　3　フランス　　4　ドイツ

イ　岩倉使節団が欧米に派遣されたおもな目的を，新政府の外交課題に着目して，簡潔に説明しなさい。(　　　　　　　　　　　　　　　　　　)

(6)　下線部⑤に関連して，図Ⅰは，衆議院議員総選挙における日本の有権者数の推移を示したものである。図Ⅰを参考に，選挙権の納税額による制限が廃止された時期を読み取り，その時期の日本の社会のようすを表した文として最も適切なものを，次の1～4から選び，記号で答えなさい。(　　　)

1　文化の大衆化が進み，ラジオ放送がはじまった。

2　官営の八幡製鉄所が建設されるなど，重工業化がはじまった。

3　学制が公布され，全国各地に小学校がつくられた。

4　政府が米や砂糖などを，配給制や切符制にした。

図Ⅰ

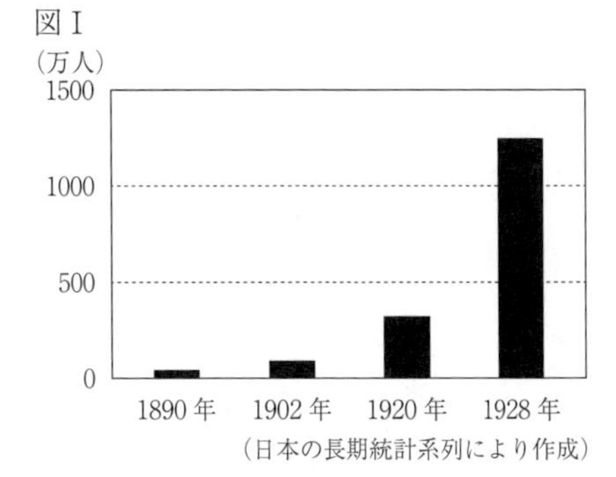

(日本の長期統計系列により作成)

(7)　Sさんは，廃藩置県以降の都道府県の数について，黒板を使ってRさんに説明した。黒板に書かれた内容を参考に，Sさんの説明の［　イ　］に適切な語句をおぎない，文を完成させなさい。

(　　　　　　　　　　　)

黒板に書かれた内容

1871年7月	3府302県
1871年12月	3府72県
1879年	3府36県
1888年	3府43県
1943年	1都2府43県
1946年	1都1道2府42県
1972年	1都1道2府43県

(数字でみる日本の100年により作成)

Sさんの説明

1972年に県の数が43になった理由は，アメリカ合衆国から日本に［　イ　］からです。

理科

時間　50分　　　　満点　50点

（注）　1から4は選択問題で，この中から3題を選んで解答しなさい。
　　　　5から9の問題は，すべて解答しなさい。

1～4は，選択問題です。

1　図1のように，うすい塩酸を入れたビーカーに亜鉛板と銅板を入れ，モーターにつながった導線Aを亜鉛板に，導線Bを銅板に接続したところ，プロペラが矢印の方向に回転した。次の(1)～(3)に答えなさい。

図1

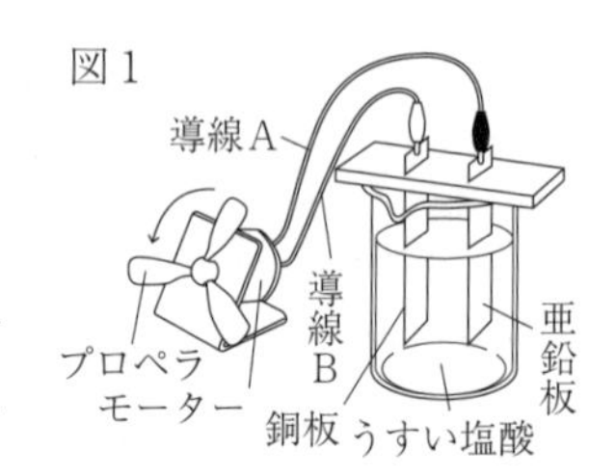

(1)　図1では，物質がもっている化学エネルギーを，電気エネルギーに変えてプロペラを回転させている。このように，化学エネルギーを，電気エネルギーに変換する装置を何というか。書きなさい。

（　　　）

(2)　図1のうすい塩酸と亜鉛板，銅板の代わりに，さまざまな水溶液と金属板を用いて，プロペラが回転するかを調べた。プロペラが回転する水溶液と金属板の組み合わせとして適切なものを，次の1～4から1つ選び，記号で答えなさい。（　　　）

	水溶液	導線Aに接続した金属板	導線Bに接続した金属板
1	うすい水酸化ナトリウム水溶液	アルミニウム板	銅板
2	うすい水酸化ナトリウム水溶液	亜鉛板	亜鉛板
3	エタノール水溶液	アルミニウム板	銅板
4	エタノール水溶液	亜鉛板	亜鉛板

(3)　導線Aを銅板に，導線Bを亜鉛板につなぎ変えると，プロペラが回転した。導線をつなぎ変えた後のプロペラが回転するようすは，つなぎ変える前のプロペラが回転するようすと比較して，どのようになるか。最も適切なものを，次の1～4から選び，記号で答えなさい。（　　　）

1　回転の向きは変わらず速さが大きくなる。

2　回転の向きは変わらず速さが小さくなる。

3　回転の速さは変わらず向きが反対になる。

4　回転の向きも速さも変わらない。

2 図1は，地球が太陽のまわりを公転するようすを，公転面に垂直な方向から見た模式図であり，A～Dは北半球における春分，夏至，秋分，冬至のいずれかの地球の位置を示している。次の(1)～(3)に答えなさい。

図1

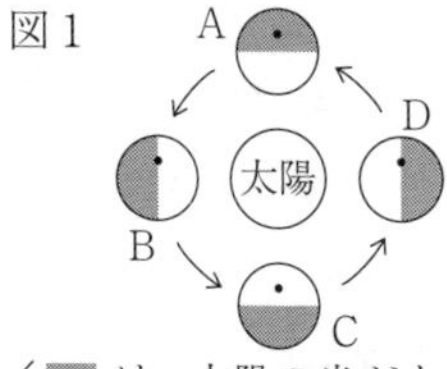

〔■は，太陽の光があたっていない部分を示している。・は，北極の位置を示している。〕

(1) 太陽とそのまわりを公転する天体を，まとめて何というか。書きなさい。(　　　)

(2) 冬至の地球の位置を示すものとして適切なものを，図1のA～Dから1つ選び，記号で答えなさい。(　　　)

(3) 地軸は，公転面に垂直な方向から約23.4°傾いている。地球の位置が図1のCのとき，地軸が公転面に垂直であるとすると，地軸が傾いているときと比較して，日本では，どのような変化が起こるか。適切なものを，次の1～4から1つ選び，記号で答えなさい。(　　　)

1 昼間の長さが長くなる。　　2 太陽の南中高度が低くなる。

3 日の入りの時刻が遅くなる。　　4 日の出の時刻が早くなる。

3 エナメル線を数回巻いたコイルをつくり，図1のような装置を組んだ。コイルに一定の大きさの電圧をかけると，端子Aから端子Bの向きに電流が流れ，コイルが連続して回転した。

図1

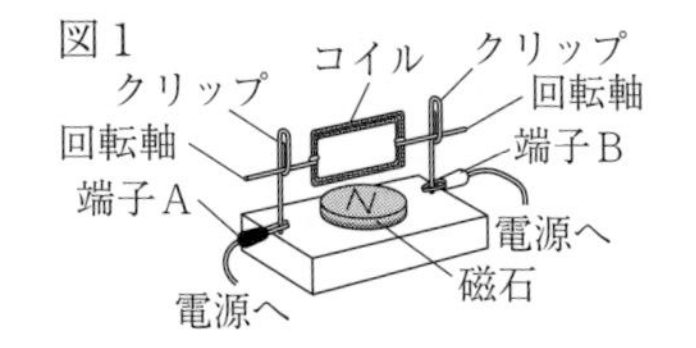

〔コイルを連続して回転させるため，回転軸になる部品の一方は，エナメルを全部はがし，もう一方は，半分だけはがしている。〕

図2は，図1のコイルを，端子A側から見た模式図であり，コイルに，端子Aから端子Bの向きに電流が流れると，矢印の向きに力がはたらくことを示している。次の(1)～(3)に答えなさい。

図2

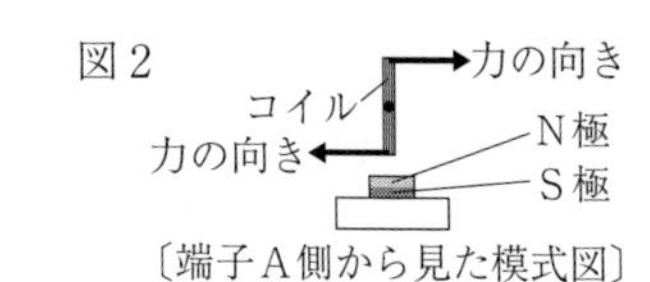

〔端子A側から見た模式図〕

(1) 流れる向きが一定で変わらない電流を何というか。書きなさい。(　　　)

(2) 電流の向きを，端子Bから端子Aの向きに変えると，コイルにはたらく力の向きはどのようになるか。適切なものを，次の1～4から1つ選び，記号で答えなさい。(　　　)

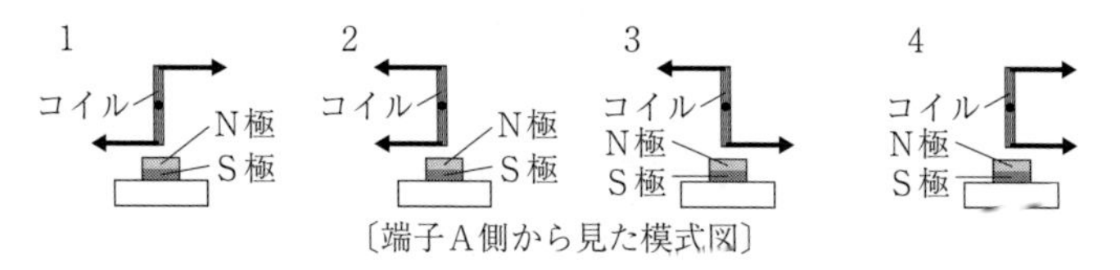

〔端子A側から見た模式図〕

(3) 図1のコイルにはたらく力を大きくする操作として，適切なものを，次の1～4から1つ選び，記号で答えなさい。ただし，コイルにかかる電圧は変わらないものとする。(　　　)

1 電気抵抗の大きいエナメル線でつくったコイルに変える。

2 コイルのエナメル線の巻数を少なくする。

3 磁石を裏返してS極を上に向ける。

4 磁石をより磁力の大きい磁石に変える。

4　染色体を観察するため，ソラマメの根の先端部分を切りとり，スライドガラスにのせて，プレパラートをつくった。次の(1)～(3)に答えなさい。

(1)　染色体に含まれている，遺伝子の本体は何という物質か。書きなさい。(　　　)

(2)　プレパラートをつくるとき，細胞を１つ１つ離れやすくするために用いる薬品として，最も適切なものを，次の1～4から選び，記号で答えなさい。(　　　)

1　うすい食塩水　　2　うすい塩酸　　3　ベネジクト液　　4　酢酸オルセイン液

(3)　次の文が，染色体の特徴を説明したものとなるように，(　　)の中のa～dの語句について，正しい組み合わせを，下の1～4から１つ選び，記号で答えなさい。(　　　)

１つの細胞の中にある染色体の数は，(a　生物の種類によって決まっている　　b　どの生物でも同じである)。また，染色体の形や位置は，細胞分裂の過程で，(c　変化する　　d　変化しない)。

1　aとc　　2　aとd　　3　bとc　　4　bとd

5～9は，共通問題です。すべての問題に解答しなさい。

5　虫めがねによる像のでき方について調べるために，次の実験を行った。あとの(1)～(4)に答えなさい。

［実験］

①　図1のように，Lの文字を切り抜いた黒い画用紙を用意した。

②　図2のように，スタンドの上に光源を設置し，光源の上に①の画用紙を置いた。また，ものさしの0の目盛りを画用紙の位置とし，虫めがねの位置を，0の目盛りの位置から30.0cmになるように固定した。

③　半透明の紙でつくったスクリーンに，はっきりとした像ができるようにスクリーンの位置を調節し，その位置を記録した。

④　②の虫めがねの位置を，25.0cm，20.0cm，15.0cm，10.0cm，5.0cmにかえて，③の操作を行った。

⑤　記録したそれぞれのスクリーンの位置を，表1にまとめた。

図1

図2

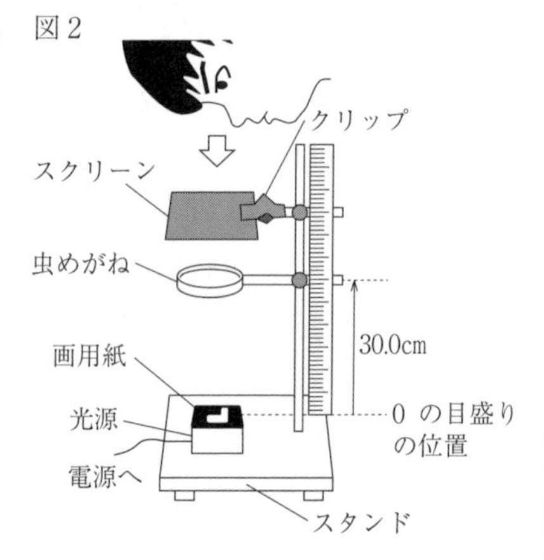

表1

虫めがねの位置〔cm〕	30.0	25.0	20.0	15.0	10.0	5.0
スクリーンの位置〔cm〕	40.9	36.8	33.3	32.1	50.0	―

※「―」は，はっきりとした像ができなかったことを示している。

(1) 虫めがねを通った光のように，光が異なる物質の境界へ進むとき，境界の面で光が屈折する。光の屈折が原因で起こる現象として，最も適切なものを，次の1～4から選び，記号で答えなさい。

( )

1 風のない日に，湖の水面に周りの景色がうつる。

2 底にコインを置いたカップにそっと水を注ぐと，水を注ぐ前には一部しか見えていなかったコインの全体が見える。

3 平面の鏡の前に立つと，鏡に自分の姿がうつる。

4 光が線香のけむりにあたると，光がいろいろな方向に散らばり，光の道すじが見える。

(2) 虫めがねの位置が，0の目盛りの位置から15.0cmのとき，図2の矢印⇩の方向から観察すると，スクリーンにどのような向きの像ができるか。適切なものを，次の1～4から1つ選び，記号で答えなさい。( )

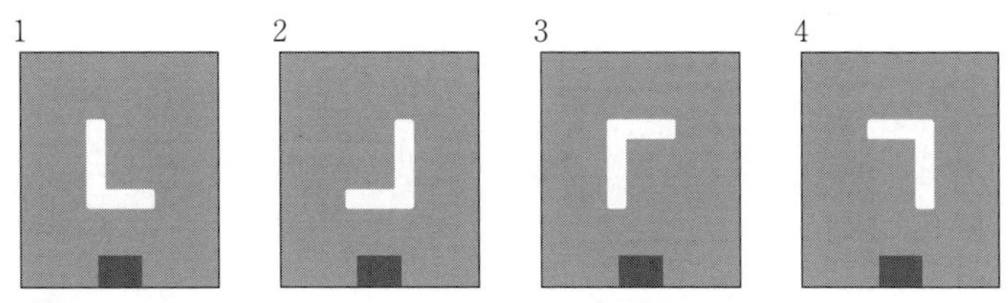

〔■は，スクリーンをクリップではさんでいる位置を示している。〕

(3) ［実験］で調べた中で，スクリーンにできた像が一番大きかったのは，虫めがねの位置が何cmのときか。次の1～5から1つ選び，記号で答えなさい。( )

1 30.0cm　2 25.0cm　3 20.0cm　4 15.0cm　5 10.0cm

(4) ［実験］の④において，虫めがねの位置が5.0cmのとき，スクリーンにはっきりとした像ができなかった理由を，虫めがねとスクリーンとの間の光の道すじに着目し，「焦点距離」という語を用いて述べなさい。

( )

6 Kさんのクラスでは，酸化銅と炭素の反応について調べるため，1班から5班に分かれて，次の実験を行った。あとの(1)～(3)に答えなさい。

［実験］

① 空の試験管Aの質量をはかった。

② 班ごとに，酸化銅6.00gと表1に示した質量の炭素をはかりとり，よく混ぜ合わせた後，空の試験管Aに入れた。

③ 図1のように，試験管Aにゴム栓をし，ゴム管やピンチコック，ガラス管をつけ，ガラス管の先を，石灰水が入った試験管Bに入れた。

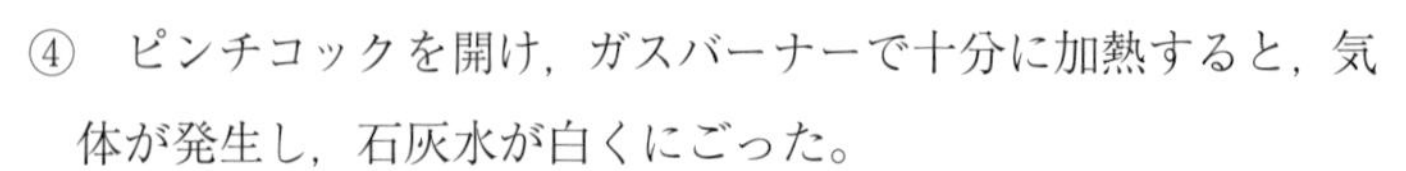

④ ピンチコックを開け，ガスバーナーで十分に加熱すると，気体が発生し，石灰水が白くにごった。

図1

試験管A
ゴム管
ピンチコック
ガラス管
ゴム栓
試験管B
石灰水

⑤ 気体が発生しなくなった後，試験管A内の物質のようすを観察した。

⑥ 石灰水が入った試験管Bからガラス管を取り出し，加熱を止め，ピンチコックを閉めた。

⑦ 試験管A内の物質が冷めたことを確認し，ゴム栓をはずして，物質の入った試験管Aの質量をはかった。

⑧ 「①ではかった質量」と「⑦ではかった質量」の差から，加熱後の試験管A内の物質の質量を計算で求めた。

⑨ 各班の実験結果を，表1にまとめた。

表1

	1班	2班	3班	4班	5班
用いた炭素の質量〔g〕	0.15	0.30	0.45	0.60	0.75
①ではかった質量〔g〕	22.21	22.56	22.52	22.33	22.85
⑦ではかった質量〔g〕	27.81	27.76	27.32	27.28	27.95
⑧で求めた質量〔g〕	5.60	5.20	4.80	4.95	5.10
⑤で観察した物質のようす	赤色物質と黒色物質		赤色物質	赤色物質と黒色物質	

(1) ［実験］の④では，酸化銅から酸素をうばう化学変化が起きた。このように，酸化物から酸素をうばう化学変化を何というか。書きなさい。(　　　)

(2) ［実験］の⑥において，加熱後にピンチコックを閉めなければならないのはなぜか。その理由を簡潔に述べなさい。(　　　)

(3) KさんとLさんは，実験の結果をもとに考察し，「炭素の質量」と「炭素が酸化銅からうばった酸素の質量」の比について，次のような会話をした。あとのア，イに答えなさい。

Kさん：「炭素の質量」と「炭素が酸化銅からうばった酸素の質量」の比を計算してみたら3：8になったけれど，Lさんの考えを教えてくれないかな。

Lさん：私は，3班で用いた炭素の質量と，用いた炭素が酸化銅からうばった酸素の質量を比べて，3：8を導いたよ。

用いた炭素が酸化銅からうばった酸素の質量は，酸化銅の質量から，3班の［　　］を引くと，求めることができたよ。Kさんは，どう考えたの。

Kさん：私は，2班と3班の実験結果に注目して計算したよ。

Lさん：2班では，酸化銅がまだ残っていると思うけれど，どうやって計算したのかな。

Kさん：3班の実験と比べることで，2班の実験では，酸化銅をすべて反応させるために，あと0.15gの炭素が必要だったことがわかるよ。

Lさん：なるほど。2班と3班の実験後の質量の差を考えると，計算ができそうだね。

Kさん：はい。2班と3班の実験後の試験管A内の物質の質量の差である0.40gは，0.15gの炭素がうばうことができる酸素の質量になると思うよ。

Lさん：確かにそうだね。2つの班の実験結果を比較するという，Kさんの考え方はおもしろいね。2班と3班の組み合わせ以外でも，質量の比を計算できる班の組み合わせはあるのかな。

ア ［　　］にあてはまる語句を，次の1～4から1つ選び，記号で答えなさい。(　　)

1　空の試験管Aの質量　　2　加熱後の物質の入った試験管Aの質量

3　加熱前の試験管A内の物質の質量　　4　加熱後の試験管A内の物質の質量

イ　下線部について，実験結果から，「炭素の質量」と「炭素が酸化銅からうばった酸素の質量」の比が3：8であることを計算できる班の組み合わせとして，適切なものを，次の1～4から1つ選び，記号で答えなさい。ただし，計算に用いる数値は，表1の実験結果のみとする。

(　　)

1　1班と2班　　2　1班と5班　　3　2班と4班　　4　4班と5班

7　Mさんは，山口県の各地で見られる岩石について調べてまとめた。下の(1)～(4)に答えなさい。

山口県の岩石

【目的】

山口県の各地で見られる岩石の種類や，その岩石ができた時代を調べる。

【調べた方法】

現地で岩石を観察し(ア)スケッチした。観察した岩石について，博物館の資料やインターネットなどを利用して調べた。

【調べた岩石とその内容】

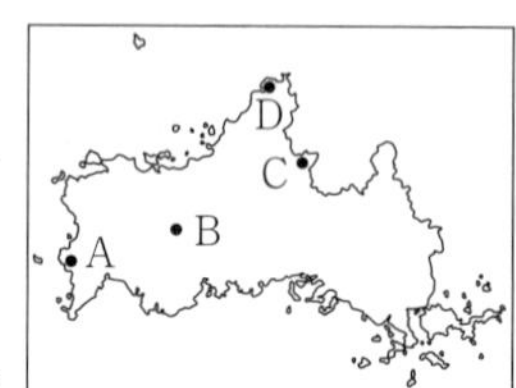

① 下関市（地点A）で観察した岩石

中生代の泥岩であった。この岩石に(イ)シジミの化石が含まれていたことから，湖などで地層ができたと考えられる。

② 美祢市（地点B）で観察した岩石

古生代の石灰岩であった。この岩石に(ウ)サンゴの化石が含まれていたことから，あたたかくて浅い海で地層ができたと考えられる。

③ 山口市（地点C）で観察した岩石

新生代の安山岩であった。この地域では，(エ)マグマが冷えて固まったドーム状の形の火山が多く見られる。

④ 萩市（地点D）で観察した岩石

新生代のれき岩であった。この地域では，(オ)れき岩，砂岩，泥岩などが分布していることがわかった。

(1) 下線(ア)について，スケッチのしかたとして，最も適切なものを，次の1～4から選び，記号で答えなさい。(　　　)

1　観察しにくいところは推測してかく。　　2　細い線で輪かくをはっきりと表す。

3　濃く表すために線を二重にかく。　　4　立体感を出すために影をつける。

(2) 下線(イ)，(ウ)のような化石が地層に含まれていると，地層ができた当時の環境を推定することができる。このように，地層ができた当時の環境を推定することができる化石を何というか。書きなさい。(　　　)

(3) 火山にはいろいろな形がある。傾斜がゆるやかな形の火山があるのに対し，下線(エ)になる理由を，「マグマのねばりけ」という語を用いて，簡潔に述べなさい。

(　　　　　　　　　　　　　　　　　　　　　　　　　　　　　　　　　　　　)

(4) 下線(オ)は，れき，砂，泥が海底や湖底に堆積し，長い間にすき間がつまって固まったものである。

図1は，川から運ばれてきた，れき，砂，泥が，海底で堆積したようすを表した模式図である。

川から運ばれてきた，れきや砂が，河口の近くで堆積しやすいのはなぜか。その理由を，泥との違いに着目して，簡潔に述べなさい。

図1

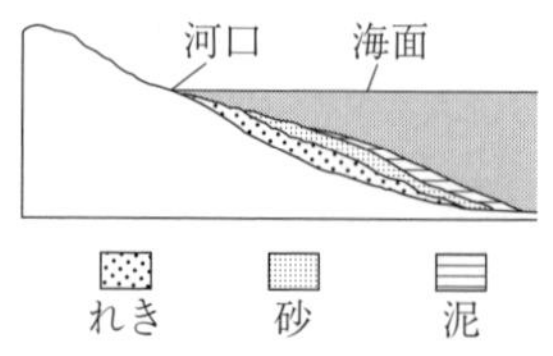

(　　　　　　　　　　　　　　　　　　　　　　　　　　　　　　　　　　　　)

8　Nさんは，校庭に咲く白い花の植物の観察を，継続的に行った。次は，観察記録の一部である。下の(1)～(4)に答えなさい。

8月25日（火）16:15　晴れ　気温32.8℃
花の中央には1本のめしべ，めしべのまわりには，6本のおしべが見られた。おしべの先端には(ア)小さな袋があった。
葉は細長い形で，葉脈は平行脈であることから，この植物は，被子植物の中の(イ)単子葉類に分類されると考えられる。

9月21日（火）16:10　晴れ　気温24.5℃
がく，花弁，おしべが枯れて，植物の先端のめしべが太く成長していた。
植物の先端の色は緑色だった。

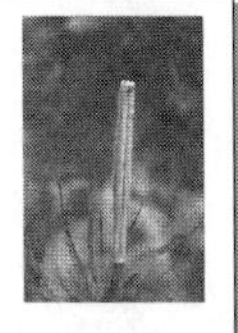

11月26日（木）16:10　曇り　気温16.3℃
さらに太く成長した植物の先端は茶色になり，乾燥して裂け，中には小さな粒がたくさん入っていた。
入っていた小さな粒は，種子であると考えられる。

12月22日（火）16:20　晴れ　気温9.8℃
植物を土から掘り起こして，根の観察を行ったところ，多数の細い根があった。根を持ち帰って，その根の先端を双眼実体顕微鏡で観察すると，(ウ)さらに細い毛のようなものが生えていた。

(1)　下線(ア)の中には，花粉が入っている。この小さな袋を何というか。書きなさい。(　　　)

(2)　下線(イ)について，茎を輪切りにしたときの断面における維管束の並び方は，双子葉類の維管束の並び方と比較して，どのような特徴があるか。述べなさい。

(　　　　　　　　　　　　　　　　　　　　　　　　　　　　　　)

(3)　図1は，被子植物の花の模式図である。図1で，受精した後，種子になる部分はどこか。該当する部分をぬりつぶし，その名称を書きなさい。

図1

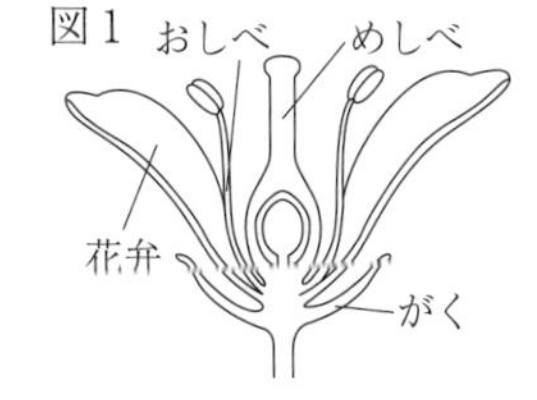

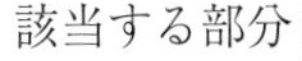
該当する部分

名称(　　　)

(4)　下線(ウ)があることにより，土の中の水や水に溶けた養分を効率よく吸収することができるのはなぜか。その理由を簡潔に述べなさい。

(　　　　　　　　　　　　　　　　　　　　　　　　　　　　　　)

9　Yさんは，調理実習で行った，本みりんを加熱してエタノールを蒸発させる「煮切り」に興味をもち，次の実験を行った。あとの(1)～(3)に答えなさい。

［目的］

本みりんを蒸留して取り出された液体の「密度」を測定することで，エタノールが取り出されるようすを調べる。

［実験］

① $2\,cm^3$ の位置に，油性ペンでしるしをつけた試験管を6本用意した。

② 本みりん $30cm^3$ をはかり，枝付きフラスコに入れた。

③ ガスバーナーの炎を調節し，図1のように，本みりんを加熱した。

④ 液体が，試験管に $2\,cm^3$ たまったら，素早く次の試験管に交換した。

⑤ ④の操作を繰り返した。

⑥ 液体が，6本目の試験管に $2\,cm^3$ たまったところで，ガスバーナーの火を消した。

⑦ 図2のように，メスシリンダーを電子てんびんにのせ，電子てんびんの表示を0にした。

図1

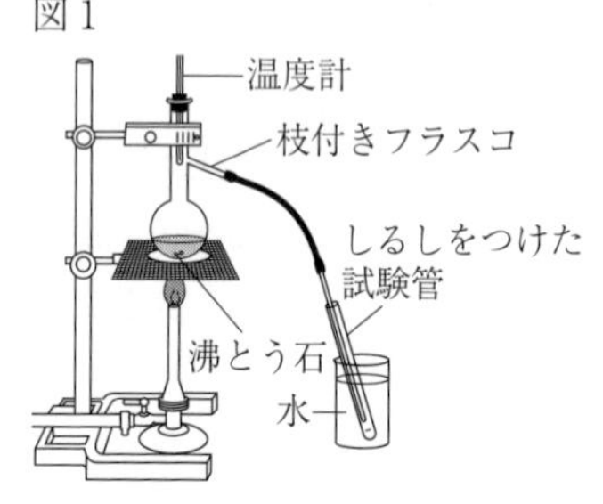

図2

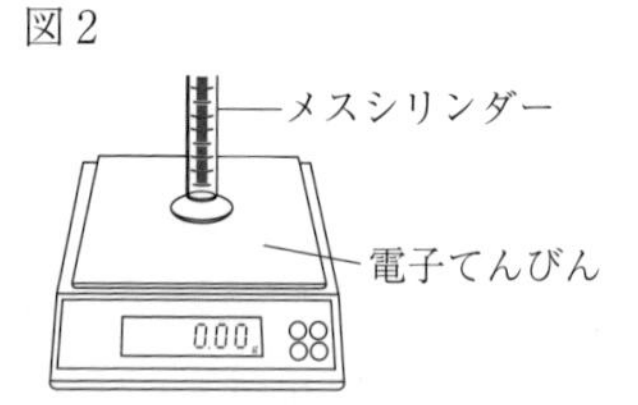

⑧ ⑦のメスシリンダーに，それぞれの試験管に取り出された液体を入れ，質量と体積を測定した。

⑨ ⑧で測定した液体の質量と体積から，それぞれの試験管に取り出された液体の密度を小数第2位まで求めた。

⑩ ⑧で測定した液体の質量と体積および⑨で求めた密度を，表1にまとめた。

表1

	1本目	2本目	3本目	4本目	5本目	6本目
質量〔g〕	1.68	1.74	1.78	1.92	1.99	2.02
体積〔cm^3〕	2.02	2.05	1.98	2.01	2.03	2.02
密度〔g/cm^3〕	0.83	0.85	0.90	0.96	0.98	1.00

(1) 本みりんの特有の甘みは，原料に含まれるデンプンなどが分解されることでつくられている。デンプンを分解する消化酵素を何というか。書きなさい。(　　　)

(2) Yさんは，本みりんの「煮切り」を，電子レンジで行う方法があることも知った。消費電力が1200Wの電子レンジで60秒間加熱する場合，消費する電力量は何Whか。求めなさい。

(　　　Wh)

(3) 図3は，25℃における，エタノール水溶液の質量パーセント濃度と密度との関係を表したものである。Yさんは，表1と図3をもとに考察した。

次のア，イに答えなさい。ただし，本みりんに含まれる物質は，水とエタノールのみとし，水とエタノールの密度は，それぞれ$1.00 g/cm^3$，$0.79 g/cm^3$とする。

図3

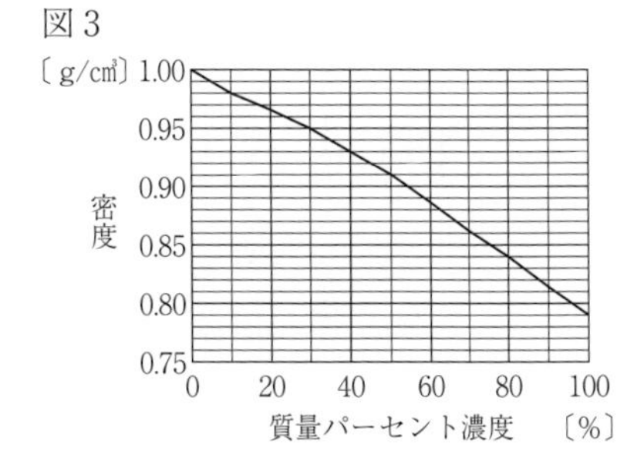

ア 次の文が，表1と図3をもとにした考察となるように，( )の中のa～dの語句について，正しい組み合わせを，下の1～4から選び，記号で答えなさい。( )

1本目に取り出された液体の密度が，$0.79 g/cm^3$より大きいことから，1本目に取り出された液体は，(a 純粋なエタノール b 水とエタノールの混合物) であると考えられる。また，取り出された液体の密度が，本数を重ねるごとに，徐々に大きくなることから，含まれるエタノールの質量パーセント濃度は，徐々に (c 大きく d 小さく) なることがわかる。

1 aとc　2 aとd　3 bとc　4 bとd

イ 実験を終えたYさんは，T先生と，次のような会話をした。Yさんの発言が，実験の結果と合うように，[あ]，[い] に入る適切な数字を書きなさい。あ( ) い( )

Yさん：本みりんからエタノールが取り出されるようすや，取り出された液体の密度と質量パーセント濃度との関係を調べることができました。

T先生：エタノール水溶液の質量パーセント濃度は，火を近づけたときのようすからも調べることができますよ。

例えば，今の実験室の室温で，取り出された液体に火を近づけたとき，液体が燃えたら，含まれているエタノールが50％以上であるといえます。

Yさん：わかりました。では，50％以上であると考えられる，[あ] 本目から [い] 本目が燃えることを確かめてみます。

司会者　「図書だより」の特集の内容について考えるために、インターネットで参考になるものを調べていると、この【資料】を見つけました。これは、中学生にとって何が本を読むきっかけになっているかを調べたものです。

Aさん　普段本を読まない人には、読書のきっかけが必要ですから、この【資料】は役に立ちそうです。

Bさん　私もそう思います。これを見ると、きっかけとして一番高い割合になっている項目は、テレビなどのメディア上や本屋での宣伝や広告ですね。

Cさん　そうですね。また、上から二番目、三番目、四番目の項目を見てみると、共通しているのは□であるといえますね。このことを踏まえて、読書のきっかけになるような特集を考えてみませんか。

Aさん　それなら、「私のおすすめ」という特集を組んで、本を読むことが好きな生徒が、お気に入りの本を紹介するのはどうでしょう。【資料】からも、友達からの本の紹介が、きっかけとして効果的であることが分かります。

司会者　なるほど。では、次の特集テーマは「私のおすすめ」として、生徒による本の紹介文を掲載しましょう。この特集をきっかけに、読書活動を活性化させたいですね。

Bさん　そうですね。より多くの人に読書の楽しさを感じてもらえるといいですね。

(一)　□に入る内容として最も適切なものを、次の1～4から選び、記号で答えなさい。(　　)

1　好きな作家がいること　　2　周囲からの働きかけ

3　読者の自発的な行動　　4　時間が十分にあること

(二)　Bさんの最後の発言を踏まえて、「読書の楽しさ」について、自身の経験を踏まえながら、次の注意に従って文章を書きなさい。

注意

○　氏名は書かずに、1行目から本文を書くこと。

○　原稿用紙の使い方に従って、8行以上12行以内で書くこと。

○　段落は、内容にふさわしく適切に設けること。

○　読み返して、いくらか付け加えたり削ったりしてもよい。

1 2 3 4 5 6 7 8 9 10 11 12

な対応を心がけていきたいと思います。

4　「温故知新」という言葉があるように、これからも歴史から学ぶ姿勢を大切にしていきたいと思います。

㈢　「行きますので見て」について、ここで用いられているすべての動詞を、それぞれ適切な尊敬語または謙譲語に改めて、次の文の［　］に入るよう、五字以上十五字以内で答えなさい。

よろしければ、今度、私たちがまとめたレポートを持って公民館に［　　　］ください。

7は、共通問題です。

7　ある中学校の図書委員会では、読書活動の活性化のために「図書だより」で特集を組むこととした。次の会話は、その内容について話し合いを行ったときのものである。よく読んで、あとの㈠、㈡に答えなさい。

【資料】

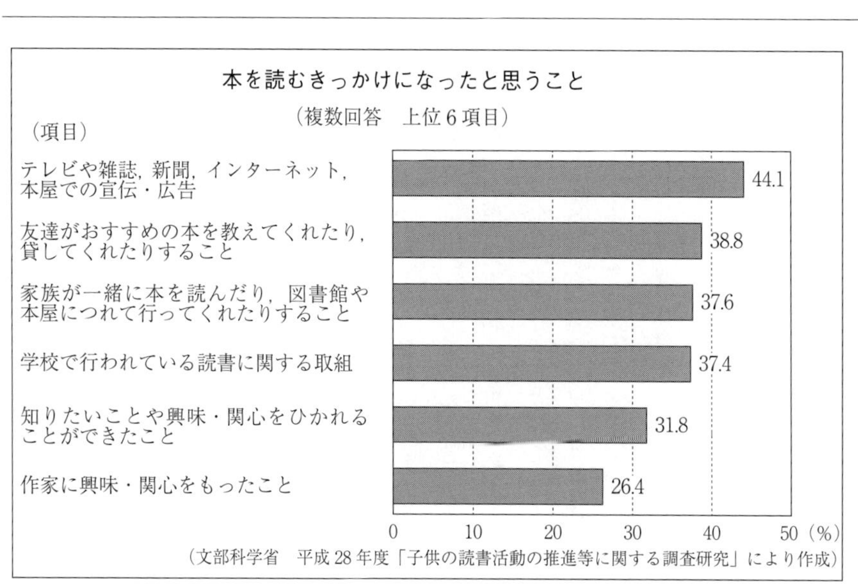

2　田を西伯に差し出したいと申し出るため。
3　田の問題の解決に困る西伯を助けるため。
4　田を周のものとした西伯に反論するため。

㈢「倶に其の田を譲りて取らず」とあるが、虞と芮の領主がそのようにしたのはなぜか。次の文がそれを説明したものとなるよう、□に入る適切な内容を、十五字以内の現代語で答えなさい。

□□□□□□□□□□□□□□□

周の人々が□姿を見て、国の領主である自分たちの行動を反省したから。

6　次の文章は、ある中学校の生徒が公民館の職員に宛(あ)てて書いた、お礼状の下書きの一部である。よく読んで、あとの㈠～㈢に答えなさい。

拝啓　日差しもすっかり和らぎ、1野原の草花にも秋を感じる2季節となりましたが、いかがお過ごしでしょうか。
さて、3先日はお忙しいところ私たちのインタビューを受けていただき、ありがとうございました。4資料を用いて地域の歴史を分かりやすく教えてくださり、たいへん勉強になりました。
その中で特に心に残ったのが、特産品についての説明です。特産品には、地域の風土に合わせた、先人の知恵と技が生かされていることが分かり、感動しました。昔のことを見つめ直すことで、今まで知らなかった考え方や知識を得ることができました。□
よろしければ、今度、私たちがまとめたレポートを持って公民館に行きますので見てください。どうぞよろしくお願いします。

㈠　文章中の～～～部1～4のうち、和語に該当するものを一つ選び、記号で答えなさい。（　　）

㈡　□に、直前の一文の内容を含む四字熟語を用いて表現するとき、最も適切なものを、次の1～4から選び、記号で答えなさい。（　　）

1　いつも未来をしっかり見つめ、自分の目標に向かって「日進月歩」の精神で成長していきたいと思います。
2　「一喜一憂」せずに取り組んだ先人のように、何事にも平常心を保って取り組んでいきたいと思います。
3　状況に応じて適切な行動をとることができるように、「臨機応変」

雁がねと同じように自分も故郷から遠い地にいるため、［　　　］としみじみ感じている。

5　次の漢文の書き下し文は、周の国の「西伯(せいはく)」と呼ばれていた人物が、虞(ぐ)や芮(ぜい)など、まわりの国々をまとめていたときの話である。「西伯」は人望があり、公平な判断ができる人物と言われていた。よく読んで、あとの(一)～(三)に答えなさい。

西伯徳を修め(いつくしみ深い政治を行い)、諸侯※之(これ)に帰(き)す(西伯に従っていた)。虞・芮田を争ひ決すること能(あた)はず(田を取り合って解決することができなかった)。乃(すなは)ち(そこで)周に如(ゆ)く(周の国に入って)。界に入りて耕す者を見るに、皆畔(あぜ)を遜(ゆづ)り(あぜ道を譲り)、民の俗皆長に譲る(人々はみな年長者を敬っていた)。二人※慙(は)ぢ、相(互いに)謂(い)ひて曰く、「吾が争ふ所は、周人(周の人)の恥づる所なり」と。乃ち西伯を見ずして還(かへ)り、倶(とも)に其(そ)の田を譲りて(譲り合って)取らず。

（「十八史略(じゅうはっしりゃく)」より）

（注）　※諸侯＝各国の領主。
　　　※慙＝「恥」と同じ。

(一)　「決すること能はず」は「不能決」を書き下し文に改めたものである。書き下し文を参考にして「不(ず)　能(ハ)　決(スルコト)」に返り点を補うとき、正しいものを次の1～4から一つ選び、記号で答えなさい。（　　）

1　不(ず)レ能(ハ)二決(スルコト)一　　2　不(ず)二能(ハ)二決(スルコト)一

3　不(ず)レ能(ハ)レ決(スルコト)　　4　不(ず)能(ハ)レ決(スルコト)

(二)　「乃ち周に如く」とあるが、田を取り合っていた虞と芮の国の領主が周の国を訪れた理由として最も適切なものを、次の1～4から選び、記号で答えなさい。（　　）

1　田の所有について西伯の考えを聞くため。

るはずがない。

(三)　古文の中で芸の上達のために大切なことは何であると筆者は述べているか。「継続」という言葉を用いて、十五字以内の現代語で説明しなさい。

4　次の古文は、故郷である都を離れ、二か月余り鎌倉に滞在している筆者が、渡り鳥を眺めて和歌を詠んだ場面である。よく読んで、あとの(一)～(三)に答えなさい。

聞なれし虫の音も漸よはり果て、松吹峰の嵐のみぞいとどはげしくなりまされる。懐土の心に催されて、つくづくと都の方をながめやる折しも、一行の雁がね雲にきえ行も哀なり。

（聞なれし＝きき、音＝ね、漸＝やうやう（次第に消え果てていき）、松吹峰の嵐＝ふく（松を吹き下ろす山頂からの強い風だけがますます）、はげしくなりまされる（はげしくなっていく）、懐土の心（故郷を恋しく思う心）、折しも＝その時、一行＝ひとつら（一列に連なる）、雁＝かり、行＝ゆく、哀＝あはれ）

帰るべき春をたのむの雁がねも啼てや旅の空に出でにし

（春には再び故郷に帰ることを頼みにして田の面の雁がねも　啼＝なき　出たのであろうか　出＝い）

（「東関紀行」より）

（注）※雁がね＝雁。渡り鳥の一種。
※啼＝「鳴」と同じ。

(一)　「たのむ」には、「頼む」と、「田の面」のなまった「たのむ」の両方の意味が含まれている。このような和歌の修辞法（表現技法）を何というか。次の1～4から一つ選び、記号で答えなさい。（　　）

1　序詞　　2　枕詞　　3　掛詞　　4　係り結び

(二)　「聞なれし虫の音も漸よはり果て、松吹峰の嵐のみぞいとどはげしくなりまされる」とあるが、この部分で表現されていることとして最も適切なものを、次の1～4から選び、記号で答えなさい。（　　）

1　風が強まる春の始まり　　2　草木が生い茂る初夏
3　虫の音が響く秋の盛り　　4　寒くて厳しい冬の到来

(三)　「雁がね」に、筆者は自分のどのような心情を重ねているか。次の文がそれを説明したものとなるよう、［　　］に入る適切な内容を、十五字以内の現代語で答えなさい。

2　「湖」という字は、「水」を表す「氵」と「コ」という音を表す「胡」から成り「みずうみ」という意味を表す。
3　「雨」という字は、雲から水滴が降ってきている様子を模式的に描いて示すことで「あめ」という意味を表す。
4　「計」という字は、「いう」を表す「言」と数の「十」を組み合わせることで「かぞえる」という意味を表す。

3～6は、選択問題です。

3　次の古文は、日本の伝統芸能である「狂言」を学ぶときの心構えを説いたものである。よく読んで、あとの㈠～㈢に答えなさい。

昔人いふ。器用なる者は頼みて〔(自分の器用さを)あてにして〕必ず油断あり。不器用なる者は我身をかへりみ、〔気にかけ〕遅れじと嗜(たしな)むゆへ〔遅れまいと励むので〕追ひ越す。※学文もかくの如(ごと)く〔このようである〕と言へり。器用なる者は早合点(はやがてん)して〔覚えたつもりになり〕根を深く問はず、なほざりなり〔いい加減である〕。覚えねば問はぬに同じ。心に入(い)りよく覚えたる事も忘るるは常の習ひ、いかに賢く器用なり〔どれほど賢く器用だとして〕と覚えぬことはなるまじ〔も覚えていないことはうまくいくはずがない〕。不器用なる者の、退屈なく精を出(いだ)したるは※藝(げい)になづまず、〔行きなやまず〕後によくなる〔少しずつ上達する〕と言へり。

(「わらんべ草(ぐさ)」より)

(注)　※学文＝学問。
　　　※藝＝修練によって身についた技能。「芸」と同じ。

㈠　「かへりみ」を現代仮名遣いで書き直しなさい。(　　　)

㈡　「覚えねば問はぬに同じ」の解釈として最も適切なものを、次の1～4から選び、記号で答えなさい。(　　)

1　物事を中途半端に覚えていると、信頼を失って質問をしてくる者がいなくなる。
2　物事をしっかりと覚えていないと、学んだことを深く追究することができない。
3　覚えたことはよく忘れてしまうので、たびたび疑問が生じることは仕方がない。
4　覚えた内容が不十分なままだと、それを他人に教えることはでき

確実で、そのことは山をかたどったフォルムで表現することができる。だから「山」というフォルムを見れば、だれでも山という事物を思い浮かべることが可能となる。そしてこの場合、「山」が示しているのは富士山などの特定の山ではなく、どの山でもかまわない。ここに文字が成立する場がある。

X　目に見える実体のある事物を表す文字を作ろうとして、事物のもっとも端的な特徴を抽出し、具体的かつ「絵画的」に描いたものを象形文字という。ただしこれはあくまで「絵画的」に描いたものであって、絵画そのものではない。なぜならばそこに呈示されるフォルムは、指し示す実体に対しての普遍性をもつものでなければならないからである。そして普遍性をあたえられるがゆえに、その描写は必ずしも写実的である必要はない。「山」という漢字で表される山の峰が、必ずしも三つあるとは限らない。

このように具体的な事物の特徴をうまくつかんだ文字を特に多く含んでいるのが、漢字である。

(阿辻哲次(あつじてつじ)「日本人のための漢字入門」より。一部省略がある)

(注)　※フォルム＝形。形状。
　　　※槍ヶ岳＝長野県と岐阜県の境界にある山。

(一)　文章中の～～～部1～4について、片仮名は漢字に改め、漢字は読み仮名を書きなさい。

1　カわれ（　　われ）　2　ノウリ（　　）
3　ナラんで（　　んで）　4　隆起（　　）

(二)　□に入る語として最も適切なものを、次の1～4から選び、記号で答えなさい。（　　）

1　なぜなら　2　しかし　3　まして　4　つまり

(三)　「絵画はそのままでは文字になりえない」とあるが、それは「絵画」がどのようなものであるからだと、筆者は述べているか。次の文がそれを説明したものとなるよう、□に入る適切な内容を、二十五字以内で答えなさい。

絵画は□ものであるから。

(四)　「文字が成立する場」とあるが、それはどのような場合か。五十字以内で説明しなさい。

(五)　X段落が文章中で果たしている役割の説明として最も適切なものを、次の1～4から選び、記号で答えなさい。（　　）

1　これまで述べてきた「文字」について内容を整理する事柄を示し、「絵画」との差異を改めて明確にしている。
2　これまで述べてきた「文字」について異なる視点からの説明を補足し、「絵画」との共通点を強調している。
3　これまで述べてきた「文字」と「絵画」の両方の性質をあわせもつ記号を示し、これまでの論を否定している。
4　これまで述べてきた「文字」と「絵画」について新たな具体例を挙げて対比し、問題提起を繰り返している。

(六)　「具体的な事物の特徴をうまくつかんだ文字」について、文章の内容を踏まえた「象形文字」の例として正しいものを、次の1～4から一つ選び、記号で答えなさい。（　　）

1　「中」という字は、あるものを一線で貫く様子を記号化して示すことで抽象的な「なか」という意味を表す。

られる主人公の決意が印象づけられている。

4 それまでの主人公の視点の語りから客観的な語りに変わることで、朝食の場面への転換が表現されている。

2 次の文章を読んで、あとの㈠～㈥に答えなさい。

文字の起源は絵画であると一般に信じられている。そしてその理解はおおむね正しい。山があれば、それを表す文字として人々は山の絵を描き、水が流れるさまを描いたものを、川を表す文字とした。

文字の萌芽(ほうが)期の段階では、世界の文字は非常によく似た形のものだった。しかし絵画はそのままでは文字になりえない。絵画として描かれる事物は、原則的に世界中でただそれ一つしか存在しない。だからこそ肖像画というジャンルが成立するのであり、ごく普通の絵画でも、たとえば渓流を泳ぐ魚の絵は、水槽に1カわれている金魚や、マーケットに売られている鯛(たい)を描いたものではないし、カゴに盛られたリンゴは画家の目の前(あるいは2ノウリ)にあるリンゴであって、果物屋の店頭に3ナラんでいるそれではない。

それに対して文字では、指し示す実体に対する普遍性が要求される。「魚」という漢字は、正月の膳を飾った鯛というような特定の魚ではなく、世界中のあらゆる魚類を指し示すことができなければならない。［　］文字とは絵画として描かれるフォルム※に普遍性をあたえたものと定義できるだろう。

実際の例をあげる。ある人がこれから山登りに出かけるとする。その人が登ろうとする山は、富士山のように左右均等になだらかに広がった山かもしれないし、※槍ヶ岳(やりがたけ)のように頂上が鋭く尖(とが)っている山かもしれない。標高三千メートルを超える高い山かもしれないし、たかだか五百メートルくらいの、山よりむしろ丘と呼ぶべきものかもしれない。だからその人が登ろうとする山を絵に描くなら、富士山と槍ヶ岳とでは、あるいは高山と丘程度の低い山とでは描き方がちがって当然である。

しかしそれが山である限りは、地表から4隆起した土塊であることは

「今日も暑くなりそうだな」
とうさんが、フキと油揚げのみそ汁をすすりながら、つぶやいた。
朝の食卓は、いつもと変わらない。
カッコウの声が聞こえる。
引っ越してから、朝、テレビを見なくなった。
山から届く音を聞きながら食べる朝ごはん。
つぐみも、早起きしていつもよりおなかがすいたのか、箸の動きが忙しい。
「あのさ、やっぱり、山梨の高校に行くことにした」
ぼくはとうさんとかあさんにむかっていった。
この青い空の下で、家族と生きていく。
開け放した扉のむこうで、アサガオの花が小さくゆれた。

（森島いずみ「ずっと見つめていた」より）

（注）※ピコ＝犬の名前。

㈠　次は、「放」という漢字を楷書体で書いたものである。黒ぬりのところは何画めになるか。数字で答えなさい。（　　画め）

㈡　文章中の～～～部1、2について、漢字は読み仮名を書き、片仮名は漢字に改めなさい。

1　鎮座（　　）　2　スジ（　　）

㈢　「動か」と同じ活用形であるものを、次の1～4から一つ選び、記号で答えなさい。（　　）

1　参考として君の意見を聞きたい。
2　明日はサッカーの練習に行こう。
3　博物館には二十分間歩けば着く。
4　これから彼は友人に会うらしい。

㈣　「ぼくは、そっと、つぐみの横に座りなおした」とあるが、それはなぜか。文章の内容に即して説明しなさい。

（　　　　）

㈤　「空は朱色と紫色のグラデーションに染まり、その色はしだいにあざやかに光をふくんでかがやきだす」とあるが、ここで表現されている色彩は、空以外のものを描いている部分でも表現を変えて用いられている。その空以外のものが描かれている部分を、文章中から六字で書き抜きなさい。

㈥　「そのとき、気づいたんだ」とあるが、「ぼく」はどのようなことに気づいたのか。次の文がそれを説明したものとなるよう、□に入る適切な内容を、四十字以内で答えなさい。

アサガオと同じように、□ということ。

㈦　「今日も暑くなりそうだな」以降の文章における表現の特徴について説明したものとして最も適切なものを、次の1～4から選び、記号で答えなさい。（　　）

1　動植物が擬音語や擬態語を用いて生き生きと表現され、それによって山里の自然の豊かさが強調されている。
2　対句表現や反復法が用いられることで文章にリズム感が生まれ、朝の活気ある忙しい様子が伝わってくる。
3　体言止めや簡潔な表現を用いて日常が描かれ、その中でふいに語

国語

時間　五〇分　満点　五〇点

（注）③から⑥は選択問題で、この中から3題を選んで解答しなさい。

①、②、⑦の問題は、すべて解答しなさい。

①、②は、共通問題です。すべての問題に解答しなさい。

① 主人公の「越」は、両親と妹（「つぐみ」）の四人で、「つぐみ」の療養のために東京から山梨の山里へ移住した。一家は最初、その地になじめず、中学生の「越」も東京の高校に進学しようかと悩んでいた。しかし、次第に人々との交流が始まり、「つぐみ」の健康も回復に向かっていた。次の文章は、夏の夜明け前、「越」が「つぐみ」に話しかける場面である。よく読んで、あとの㈠～㈦に答えなさい。

「何やってんだ？」

つぶやいて、ガラス越しによく見ると、つぐみの前にアサガオの鉢がある。ぼくはガラス戸を静かに引いて、外に出た。つぐみは濡れ縁にじっと座ったまま動かなかった。ピコ※が少しシッポをふったけど、つぐみを気づかうように、すぐに伏せをした。

「おい。何してんだ」

ぼくが、小声でつぐみの耳元にささやきかけると、つぐみはぼくのほうをむかず、アサガオのつぼみをただじっと見つめている。

「アサガオが、咲くの。どんなふうに咲くのか、見てるんだよ」

ぼくは黙りこんだ。つぐみは、息もころしているみたいに、微動だにせず、アサガオのつぼみを見つめている。

ぼくはそのつぐみの横顔を、じっと見つめた。それは、ぼくにとっては長い長い時間だったけど、本当の時間にすれば、たったの三十秒ぐらいかもしれなかった。

そしてそれからもじっと動かずに、つぐみはひたすらアサガオのつぼみを見つめつづけた。

ぼくは、そっと、つぐみの横に座りなおした。

盆地のむこう側に1鎮座する大きな黒い富士山の頂の左側が、きらりと光り、その光がゆっくりと時間をかけて少しずつふくらんだ。

やがて、光はいくつもの2スジに分かれ、山肌を這いながら人間たちの住む町へと下りていった。空は朱色と紫色のグラデーションに染まり、その色はしだいにあざやかに光をふくんでかがやきだす。

「寒くない？」と聞いた。

つぐみは、かすかに首を横にふった。目は何分も、きっと何十分も、アサガオのつぼみにむけられたまま。

飽きないのかな。ぼくは考えた。こんなに長いこと、小さなひとつの花のつぼみを見つめつづけるなんて、ぼくにはきっとできない。

そのとき、気づいたんだ。

つぐみの中で、時間はこんなふうに流れていたんだ、って。

ぼくの、弱くて小さかった妹は、しっかりと自分の時間の流れを持って生きてきたのか。

アサガオは咲いた。一時間以上かけて、人間の目ではとうていわからない速度で、ゆっくりと、そしてしっかりと咲いた。

朝焼け色の花だった。

2021年度／解答

数　学

1 【解き方】(3) 与式 $= 10a - 6a - 8 = 4a - 8$

(4) 与式 $= \dfrac{27ab^2}{9ab} = 3b$

(5) 与式 $= 6x - 3y + 4x + 12y = 10x + 9y$

【答】(1) 2　(2) -6　(3) $4a - 8$　(4) $3b$　(5) $10x + 9y$

2 【解き方】(2) 例えば，$5 \div 3 = \dfrac{5}{3}$ など，エは整数にならない場合がある。

(3) 式を $y = \dfrac{a}{x}$ とおくと，$2 = \dfrac{a}{3}$ より，$a = 6$　よって，$y = \dfrac{6}{x}$

(4) 高さを h cm とすると，体積について，$\dfrac{1}{3} \times (6 \times 6) \times h = 96$ が成り立つ。これを解いて，$h = 8$

【答】(1) $<$　(2) エ　(3) $y = \dfrac{6}{x}$　(4) 8 (cm)

3 【解き方】(1) 最頻値は，40cm 以上 50cm 未満の階級の 9 人なので，階級値は，$(40 + 50) \div 2 = 45$ (cm)

(2) 60cm 以上 70cm 未満の相対度数は，A 中学校が，$\dfrac{4}{25} = 0.16$，B 中学校が，$\dfrac{7 + 2}{75} = 0.12$ となる。

【答】(1) 45 (cm)

(2) 60cm 以上 70cm 未満の階級の相対度数は，A 中学校が 0.16，B 中学校が 0.12 だから，生徒の割合は A 中学校の方が大きい。

4 【解き方】(1) $1 - \dfrac{2}{7} = \dfrac{5}{7}$

(2) $(a + b)$ 回は全体の目の出方となるので，$\dfrac{a}{a + b}$ の値は $\dfrac{1}{2}$ に近づく。また，投げる回数が何回でも，可能性としてはすべて a が出る場合もある。よって，求める答えはイとウ。

(3) 取り出し方は，(1，2，3)，(1，2，4)，(1，2，5)，(1，3，4)，(1，3，5)，(1，4，5)，(2，3，4)，(2，3，5)，(2，4，5)，(3，4，5) の 10 通りで，和が 3 の倍数になるのは，(1，2，3)，(1，3，5)，(2，3，4)，(3，4，5) の 4 通りだから，確率は，$\dfrac{4}{10} = \dfrac{2}{5}$

【答】(1) $\dfrac{5}{7}$　(2) イ，ウ　(3) $\dfrac{2}{5}$

5 【解き方】(1) 14 の平方根は $\pm\sqrt{14}$ だから，正の数は $\sqrt{14}$。

(2) $(1 + \sqrt{5})^2 - 2(1 + \sqrt{5}) + a = 0$ より，$1 + 2\sqrt{5} + 5 - 2 - 2\sqrt{5} + a = 0$ なので，$a = -4$

(3) 2 つの正の数を $t - 1$，t $(t > 1)$ とすると，$t(t - 1) = 3$ より，$t^2 - t - 3 = 0$　解の公式より，

$t = \dfrac{-(-1) \pm \sqrt{(-1)^2 - 4 \times 1 \times (-3)}}{2 \times 1} = \dfrac{1 \pm \sqrt{13}}{2}$　$t > 1$ より，$t = \dfrac{1 + \sqrt{13}}{2}$

【答】(1) $\sqrt{14}$　(2) -4　(3) $\dfrac{1 + \sqrt{13}}{2}$

6 【解き方】(2) 関数 $y = ax^2$ の変化の割合は，関数のグラフ上の 2 点を通る直線の傾きで，これは一定ではない。また，比例定数の絶対値が小さいほどグラフの開き方は大きくなるので，$\dfrac{3}{4} < 1$ より，グラフの開き方

は$y=-\frac{3}{4}x^2$の方が大きくなる。よって，アとエ。

(3) 点Aのy座標は，$y=-\frac{1}{2}\times4^2=-8$だから，A$(4,\ -8)$　直線ABは，傾きが，$\frac{-8}{4}=-2$なので，式は$y=-2x$となる。したがって，点Bのy座標は，$y=-2\times(-3)=6$より，B$(-3,\ 6)$　求める関数を$y=ax^2$とすると，$6=a\times(-3)^2$より，$a=\frac{2}{3}$　よって，$y=\frac{2}{3}x^2$

【答】(1) -5　(2) ア，エ　(3) $y=\frac{2}{3}x^2$

7 【解き方】(1) 円はすべて相似なので，半径の比が，$4:2=2:1$より，面積の比は，$2^2:1^2=4:1$

(2) AC∥DBより，AD：DO＝CB：BO＝$(2+2):(4-2)=2:1$　よって，AD$=4\times\frac{2}{2+1}=\frac{8}{3}$

(3) 円周角の定理より，∠IOH＝2∠GEF＝110°　よって，$\overset{\frown}{\mathrm{HJI}}$に対する中心角は，360°－110°＝250°なので，∠HJI＝$250°\times\frac{1}{2}=125°$

【答】(1) 4　(2) $\frac{8}{3}$　(3) 125°

8 【解き方】(1) xの増加量が，$5-2=3$，変化の割合が-3より，yの増加量は，$-3\times3=-9$　よって，$8-9=-1$

(2) 点Pのx座標は，$0=-x+a$より，$x=a$なので，P$(a,\ 0)$　同様に，点Qのx座標は，$0=2x+b$より，$x=-\frac{b}{2}$なので，Q$\left(-\frac{b}{2},\ 0\right)$　PQ＝12より，$a-\left(-\frac{b}{2}\right)=12$なので，$a+\frac{b}{2}=12$……①
また，R$(0,\ a)$，S$(0,\ b)$，RS＝9より，$a-b=9$……②　よって，①－②より，$\frac{3}{2}b=3$なので，$b=2$
②に代入して，$a-2=9$より，$a=11$

【答】(1) -1　(2) (式) $a+\frac{b}{2}=12$　$(a=)\ 11$　$(b=)\ 2$

9 【解き方】(1) 線分PQの垂直二等分線と直線ℓの交点がOとなる。

【答】(1) (右図)

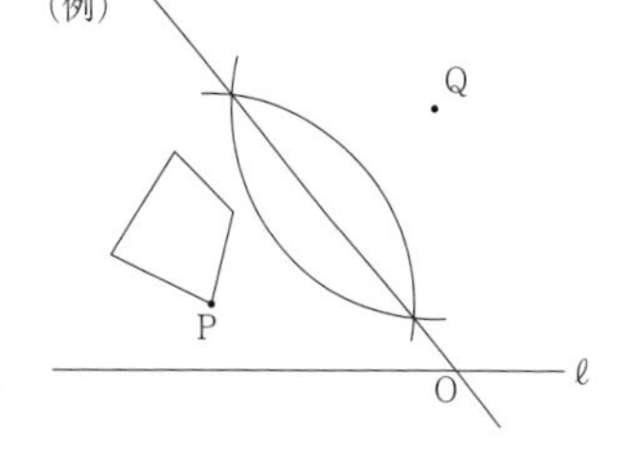

(2) △FDAと△FGBにおいて，対頂角は等しいので，∠AFD＝∠BFG……① △DBEは△ABCを回転移動したものなので，∠CAB＝∠EDB　つまり，∠FAB＝∠FDG……②　DE∥ABより，錯角は等しいので，∠FAB＝∠FGD……③　∠FBA＝∠FDG……④　②，③より，∠FDG＝∠FGD　よって，△FGDは二等辺三角形だから，FD＝FG……⑤　②，④より，∠FAB＝∠FBA　よって，△FABは二等辺三角形だから，FA＝FB……⑥　①，⑤，⑥より，2組の辺とその間の角がそれぞれ等しいので，△FDA≡△FGB

10 【解き方】(1) 例えば，横に並べる空き缶の個数が2倍になっても，長方形ABCDの4辺の長さの合計は2倍にならないので，ウ。

(2) 横の長さADが縦の長さABより300cm長いので，AB＝$6.6\times105-300=393$ (cm)　また，縦の長さABをxを用いて表すと，AB＝$12.2\times x-0.3\times(x-1)=11.9x+0.3$ (cm)　よって，$11.9x+0.3=393$より，$11.9x=392.7$なので，$x=33$

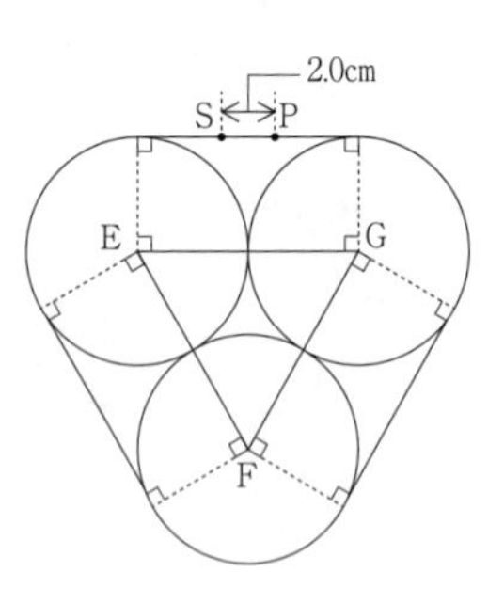

(3) 右図において，△EFG は正三角形であり，EF = (6.6 ÷ 2) × 2 = 6.6 (cm)
よって，紙を巻きつけた，直線部分の長さの合計は，6.6 × 3 = 19.8 (cm)　曲線部分の長さの合計は円周に等しいから，6.6πcm。したがって，横の長さ PS は，
$6.6\pi + 19.8 + 2 = 6.6\pi + 21.8$ (cm)

【答】 (1) ウ　(2) 33 (個)　(3) $6.6\pi + 21.8$ (cm)

英 語

1 【解き方】(テスト1) No.1. アレックスは「数学」が好きだと言っている。No.2. ハルカは「おじの犬」を散歩させていると言っている。No.3. ショウタはテニスを毎週月曜日，火曜日，木曜日，そして土曜日に練習すると言っているので，合わせて「4日」となる。No.4. スミス先生は「私の誕生日は『1年の最初の日』です」と言っている。

(テスト2) No.1. BはAにケーキを食べてもいいかとたずね，Aに「はい，どうぞ」とケーキを出されているので，2の「どうもありがとう」が適切。No.2. ほしかった色のかばんがないと言われたあとなので，1の「それでは他の色はありますか？」が適切。No.3. 母親が先に宿題を終えるようジョンに言っている場面なので，2の「わかった。ぼくはすぐにそれを終えられると思うよ」が適切。No.4. 図書館へ行くのに電車以外の交通手段が何かあるかとたずねられている場面なので，3の「ええ，そこにバスで行くことができますよ」が適切。

(テスト3) (A) ウィルソン先生は「英語を話すことを恐れないでください」と言っている。be afraid of ～ing =「～することを恐れる」。(B) ウィルソン先生は生徒たちに，周りにいる「他の」中学校からの生徒たちと話すよう言っている。(C) ウィルソン先生は「新しい友だちを作るよい機会です」と言っている。make new friends =「新しい友だちを作る」。(D) ウィルソン先生は「授業のあと，私はみなさんに短いビデオを見せますと言っているので，「私たちは『短いビデオを見る』とする。

【答】(テスト1) No.1. 4　No.2. 2　No.3. 3　No.4. 1

(テスト2) No.1. 2　No.2. 1　No.3. 2　No.4. 3

(テスト3) (A) afraid　(B) other　(C) friends　(D) watch a short video

◀全訳▶ (テスト1)

No.1.

A：アレックス，あなたの好きな教科は何？

B：ぼくは数学がとても好きだよ。きみはどう，サクラ？

A：私は音楽が好きよ。歌を歌うことは楽しいわ。

質問：アレックスの好きな教科は何ですか？

No.2.

A：やあ，ハルカ。きみはかわいい犬を散歩させているね。

B：ありがとう，パット。だけどこの犬は私のではないのよ。おじが私の家の近くに住んでいて，私はときどき彼の犬を散歩させているの。

A：ああ，なるほど。

質問：ハルカはだれの犬を散歩させていますか？

No.3.

A：ショウタ，あなたは上手なテニス選手なのね！　よくテニスを練習するの？

B：うん！　ぼくはそれを毎週月曜日，火曜日，木曜日，そして土曜日に練習しているよ。

A：まあ，あなたはそれをよく練習しているのね。

質問：ショウタはテニスを毎週何日練習しますか？

No.4.

A：きみの誕生日はいつ，ユミ？

B：12月2日です。あなたの誕生日も教えていただけますか，スミス先生？

A：うん，ぼくの誕生日は1年の最初の日だよ！　だからぼくは，元日に誕生日のケーキを食べられるんだ。

質問：スミス先生の誕生日はいつですか？

(テスト2)

No.1.

A：カズオ，このチョコレートケーキを見て。私が昨日作ったの。

B：わあ，おいしそうだね。食べてみてもいい？

A：ええ。はい，どうぞ。

No.2.

A：いらっしゃいませ。かばんを探していらっしゃるのですか？

B：はい，私はこのかばんが気に入っていますが，茶色のはありますか？

A：すみません。ただ今その色はございません。

No.3.

A：ジョン，夕食ができたわよ。

B：少し待ってくれる，お母さん？　ぼくは宿題を終えたいんだ。

A：いいわよ。まずそれをやってちょうだい。そうすれば夕食を楽しむことができるわ。

No.4.

A：すみません。私は図書館に行きたいのです。そこへ電車で行くことはできますか？

B：そうですね，電車で行くことはできます。でも駅から20分歩かなければなりませんよ。

A：ああ，本当ですか？　そこに行くのに何かよい方法がありますか？

(テスト3) こんにちは，みなさん。私たちの高校へようこそ。私はマイク・ウィルソンです。今日，みなさんは私たちの英語の授業に参加します。今から私は授業に大切な2つのことをみなさんに話します。

1つ目に，英語を話すことを恐れないでください。みなさんは完璧な英語を話す必要はありません。最も大切なことはコミュニケーションを楽しむことです。2つ目に，多くの生徒と話そうとしてください。今日，みなさんの周りの生徒は他の中学校から来ています。彼らに話しかけることは容易ではないということを私は知っています。しかし新しい友だちを作るよい機会です。

授業のあと，私はみなさんに短いビデオを見せます。それはこの学校の学園祭のような行事に関するものです。私はみなさんがそれらに興味を持ってくれることを期待しています。では授業を始めましょう！

2 **【解き方】**(1) 直後にthanがあるので比較級にする。

(2)「人々が日本で使っている紙幣」という意味の，that節の主語を組み立てる。people use in Japanが，the banknotesを後ろから修飾する。

(3) (C) What do you mean?＝「(あなたの言っていることは)どういう意味ですか？」。(D)「各国で『使われている』紙幣」とする。過去分詞による後置修飾。

【答】(1) stronger　(2) the banknotes people use in　(3) (C) 2　(D) 4

◀全訳▶

ベス：シン，これはオーストラリアの紙幣よ。特別なプラスチックで作られているの。

シン：特別なプラスチック？

ベス：ええ。それは紙より丈夫だから，人々はそれを長い間使えるのよ。

シン：それはすばらしい。

ベス：私は人々が日本で使っている紙幣も特別だと思うわ。

シン：どういう意味？

ベス：それらにはすばらしい絵がついている。例えば，紙幣の富士山の絵はとても美しいわ。

シン：わあ，各国で使われている紙幣について知るのはおもしろいね。

3 **【解き方】**(1) 現在完了〈have/has＋過去分詞〉の文。

(2)「あなたは英語を上手く話すことができない男の子を見つけました」とする。主格の関係代名詞を含む文。

who couldn't speak English well が，a boy を後ろから修飾する。

(3) (C) It is ～ for A to …＝「A にとって…することは～である」。(D) do one's best ＝「最善を尽くす」。

【答】(1) been (2) a boy who couldn't speak (3) (C) 4 (D) 1

◀全訳▶

岡先生 ：エミリー，あなたは今日とても一生懸命に取り組みましたね。

エミリー：ありがとうございます。私は今朝からずっと忙しかったので疲れています。

岡先生 ：英語の授業で，あなたは英語を上手く話せない男の子を見つけて，彼を手伝いましたね。

エミリー：はい，彼にとって英語で話をすることは難しかったのです。でも私が手伝ったあと，彼は英語で話をすることを楽しみ始めました。彼が楽しそうだったので，私はうれしかったです。

岡先生 ：よかったですね。あなたは今日，楽しく過ごしましたか？

エミリー：はい！ 私は最善を尽くしたと思います！

4 【解き方】(1) 直前に the があるので最上級にする。

(2)「あなたは『それがいつ建てられたか』知っていますか？」という意味の間接疑問文。〈疑問詞＋主語＋動詞〉の語順になる。when のあとには受動態〈be 動詞＋過去分詞〉が用いられている。

(3) (C)「今その家に『住んでいる』人（だれか）」とする。現在分詞による後置修飾。(D)「彼は偉大な医者『として』知られた」。as ～＝「～として」。

【答】(1) oldest (2) when it was built (3) (C) 3 (D) 1

◀全訳▶

ナオコ ：シンディー，あれを見て。それはこの市で最も古い家よ。

シンディー：歴史を感じられるわね。あなたはそれがいつ建てられたか知っている？

ナオコ ：約 200 年前よ。

シンディー：わあ！ 今その家に住んでいる人はだれかいるの？

ナオコ ：いいえ，でもヤマダさんがかつてここに住んでいたわ。

シンディー：ヤマダさんとはだれなの？

ナオコ ：彼はこの市に生まれ，そしてのちに偉大な医者として知られたわ。彼は多くの人々を救ったの。

シンディー：なるほど。私は彼についてもっと知りたいわ。

5 【解き方】(1) Thank you for ～ing ＝「～してくれてありがとう」。

(2) 現在完了〈have/has ＋過去分詞〉の疑問文。期間をたずねる疑問詞は how long。

(3) (C) how to ～＝「～の仕方，どうやって～するか」。(D) ask A to ～＝「A に～するよう頼む」。

【答】(1) playing (2) long have you practiced (3) (C) 4 (D) 2

◀全訳▶

ポール：ぼくたちのためにギターを弾いてくれてありがとう，テツ。すばらしかったよ。きみはどれくらいそれを練習しているの？

テツ ：10 年間だよ。母がギターの先生なんだ。

ポール：きみは幸運だね！ きみのように上手にギターを弾きたいよ。それの弾き方をぼくに教えてくれる？

テツ ：もちろんさ。一緒に練習しよう！ 今度の土曜日にぼくの家に来てもいいよ。母にもぼくたちに加わるよう頼んでみるよ。

6 【解き方】(1) 直後のトムの返答より，トムの家族の人数をたずねる疑問文を作る。「～には何人の人がいますか？」＝ How many people are there in ～?。

(2) 広告チラシの料金を見る。料金は「子どもと大人の間」で，そして「(訪問する)月」によって「異なっている」。「異なっている」＝ different。

(3) 下線部は直前のユイの「よりよい料金のためにあなたは数日待つべきだ」という提案を指している。トムの家族が3月29日に到着することから，1の「トムの家族は4月に農園に行くべきだ」が適切。

(4) 1. 広告チラシの冒頭を見る。いちごは摘みながら食べることができる。2. 広告チラシの前半を見る。農園が開いているのは，火曜日から日曜日の午前10時から午後5時までの7時間である。3.「いちごを使ってジャム作りを楽しむことができる」。広告チラシの下の表を見る。正しい。4. 広告チラシの下の表を見る。いちご1パックは400円なので，1,000円で3パックを買うことはできない。5.「農園は予約したあとに訪問するよう人々に言っている」。広告チラシの後半を見る。正しい。6. 広告チラシの最後の文を見る。メールで予約するといちごアイスクリームのチケットがもらえるが，電話予約での特典については書かれていない。

【答】 (1) How many people are there　(2) different　(3) 1　(4) 3・5

◀全訳▶

＊＊＊＊いちご農園での
いちご狩り

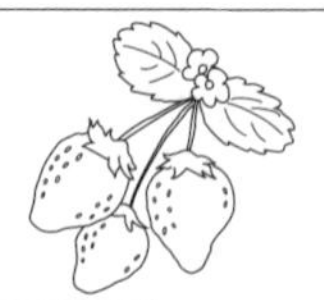

1時間いちごを摘んで食べることができます。

火曜日から日曜日の間，午前10時から午後5時まで開園しています。

料金

	12月～3月	4月～5月
大人	1,600円	1,300円
子ども（5～12歳）	1,300円	1,000円

当園にて提供しています

いちご1パック	400円
いちごアイスクリーム	250円
いちごジュース作り体験	800円
いちごジャム作り体験	1,500円

当農園を訪問される前に予約をしてください。
電話：083-＊＊＊-＊＊＊＊
またはメールにてお願いします。：＊＊＊＊＊＊＊＊＊@＊＊＊＊.jp

★ メールで予約されますと，いちごアイスクリームのチケットを差し上げます！

ユイ：こんにちは，トム。あなたはアメリカから来る家族と一緒に訪れる場所を知りたがっていたわよね？　私はよい場所を見つけたわ。

トム：本当？　それはどこ？　それについてぼくに教えて。

ユイ：もちろんよ。これを見て。これはこの市の農園でのいちご狩りについてよ。

トム：おもしろいな！　きっとぼくたちみんながそれをとても楽しめるね。でもそれは値段が高いの？

ユイ：私はそう思わないわ。あなたの家族は何人いるの？

トム：父，母，妹，そしてぼくの4人だよ。

ユイ：あなたの妹は何歳なの？　料金が大人と子どもの間で異なるのよ。

トム：ああ，なるほど。彼女は9歳だから，子ども料金で楽しめるね。ええと，料金は月によっても異なるんだよね？

ユイ：ええ，そうよ。彼らはいつ来るの？

トム：彼らは3月29日に到着して，1週間ここに滞在するよ。

ユイ：なるほどね。それならよりよい料金のためにあなたは数日待つべきだわ。

トム：その通りだね。そうするよ。

ユイ：あなたたちがその日を楽しめるといいわね！

7 **【解き方】** (1)「私はそれ（ゆかたを着ること）が彼女（ナンシー）にとってよい経験になると思います」という意味の文。ミサトがヤスコにゆかたの話を切り出している場面のイが適切。

(2) (a) 質問は「ヤスコがナンシーに数枚のゆかたを見せたとき，ナンシーはどのように感じましたか？」。第3段落の前半を見る。彼女はさまざまな色と模様を見て驚いた。(b) 質問は「ヤスコはなぜゆかたは単なる衣服ではないと思ったのですか？」。第4段落の中ほどを見る。それを着ると人々は伝統を感じられるからである。

(3) ①「私はゆかたを着る『機会』を持ててうれしかったです」。「機会」= chance。② ミサトが「それは今は私のゆかただけれど，母も若いときにそれを着ていたの」と言っていることから考える。「あなたとお母さんは以前，『同じ』ゆかたを着ていたのですよね？」。「同じ」= same。③「もし私が『将来』子どもを持ったら，母のように子どものためにそのスープを作ってあげます」。「将来」= in the future。

【答】 (1) イ (2) (a) 3 (b) 2 (3) ① chance ② same ③ future

◀全訳▶ ある夏の日，ミサトはナンシーと祖母の家を訪れました。ミサトは「夏と言えば，私はゆかたを着るのが好きなの。あなたはゆかたについて知っている？」と言いました。ナンシーは「ええ。ゆかたは伝統的な日本の夏の衣服よね？ 私は前に着物を着たことがあるけれど，ゆかたは着たことがないわ。私はいつかゆかたを着たいな」と言いました。ミサトは「今私にいいアイデアがあるわ！」と言いました。

そのときミサトの祖母のヤスコが彼女たちにお茶を持ってきました。ミサトは彼女に「ナンシーがゆかたを着たがっているの。彼女を手伝ってくれる？ 私もゆかたを着るわ。そして私たちは一緒に花火を楽しむの。私はそれが彼女にとってよい経験になると思うのよ」と言いました。ヤスコは「それはいい考えね。ゆかたを着るのは今回が初めてなの，ナンシー？」と言いました。ナンシーは「はい。私は長い間ずっとゆかたを着たいと思っていたのです」と言いました。

彼女たちがお茶を飲んだあと，ヤスコは彼女たちに数枚のゆかたを見せました。さまざまな色や模様があったので，ナンシーは驚きました。彼女は「私はこのゆかたの赤い花が気に入ったわ。それはとてもかわいいわね」と言いました。ミサトは「それを着てみたらどう？ それは今は私のゆかただけれど，母も若いときにそれを着ていたのよ。私のおばあちゃんがそれを作ったの」と言いました。ナンシーは「わあ！ あなたたちは何年間もそれを持ち続けているのね」と言いました。

ナンシーがそのゆかたを着るとき，ヤスコは彼女を手伝いました。ナンシーはうれしそうでした。ヤスコは「あなたがこのゆかたを着てくれて私はうれしいわ。私は，ゆかたは単なる衣服ではないと思うの，なぜなら人々はそれを次の世代に伝えることができるんだもの。それを着ると，伝統を感じられるのよ」と言いました。ナンシーは「同感です。私はそれを理解できると思います。私はこのような機会を持ててうれしいです」と言いました。ヤスコとミサトは微笑みました。

その晩，彼女たちはみなゆかたを着て，庭で小さな花火を楽しみました。ヤスコは「これがあなたにとってよい思い出になるといいわ」と言いました。ナンシーは「私は今日あなたから多くを学びました。何かを次の世代に伝えることは素敵なことです。私は自分の国でそれを探したいと思います」と言いました。ミサトとナンシーはヤスコを見て，彼女たちはみな微笑みました。ヤスコはうれしそうでした。

8 **【解き方】** (1) (A)「人気がある」= popular。(B)「窓」= window。(C)「週末」= weekend。

(2) 下線部の意味は「何か質問があれば，私に聞いてください」。市立美術館に関する質問を書く。解答例は「私たちは庭園内を歩くことができますか？」。

【答】 (1) (A) popular (B) window (C) weekend (2)（例）Can we walk in the garden

社　会

1 【解き方】(1) 対処のため，1967年に公害対策基本法が制定され，1993年にはこれに代わって，地球環境問題への対処方針を含む環境基本法が制定された。

(2) 1はゴミなどを減らすこと，2はものごとを適切に理解・分析し，活用できる能力，3は環境などに対する評価や査定，4は政権公約という意味。

(3) 第二次世界大戦の終戦は1945年。1は1919年，2は1905年，3は1911年，4は1955年のできごと。

【答】(1) 公害　(2) 2　(3) 4

2 【解き方】(1) デンマークやスウェーデンなど，EU加盟国であっても共通通貨を導入していない国もある。

(2)「国連児童基金」の略称を選択。1は国連難民高等弁務官事務所，3は世界保健機関，4は世界貿易機関の略称。

(3) Bはドイツ，Cはイギリス，Dは日本。

【答】(1) ユーロ　(2) 2　(3) 1

3 【解き方】(1) 複数の政党により連立与党が組まれる場合も多い。

(2) 1は請求権，2は社会権，4は自由権に分類される。

(3) b. 全国で8カ所（札幌，仙台，東京，名古屋，大阪，広島，高松，福岡）に設置されている。

【答】(1) 与党　(2) 3　(3) 4

4 【解き方】(2)「直接税」とは，税を負担する人と納める人が同じ税。所得税は国に納める国税でもある。

(3) 日本は中小企業が大多数を占めているが，資本の規模や設備投資などの面で大企業に劣る傾向にあるため，1企業当たりの売上高は大企業に比べて小さく，生産性の低さが課題となっている。また，中小企業が大企業の下請けとなっていることも多い。

【答】(1) 家計　(2) 4　(3) 3

5 【解き方】(1) エクアドル，ケニア，インドネシアなどを通る緯線。

(2)「リマン海流」は，シベリアの沿岸部から日本海へと流れこむ寒流。

(3) ロンドンは，高緯度のわりには冬も温暖な西岸海洋性気候に属する。降水量は年間を通して月別の差があまりみられない。

(4) 東経135度を標準時子午線とする東京とリオデジャネイロの経度差は，135 + 45から180度。経度15度の差で1時間の時差が生じるため，180 ÷ 15から時差は12時間となる。

(5) スワトウやアモイ，海南島（ハイナン）などにも設けられ，外国企業は，税金や土地の使用料などで優遇措置を受けられる。

(6) 方位が正しいので中心から右に動くことになる。

(7) 2030年の値は，(2030年の人口) ÷ (2010年の人口) × 100で求められる。

【答】(1) 赤道　(2) 2　(3) 1　(4) 12時間

(5) 外国企業を受け入れて，資本や技術を導入するため。(同意可)

(6) 4　(7) (右図)

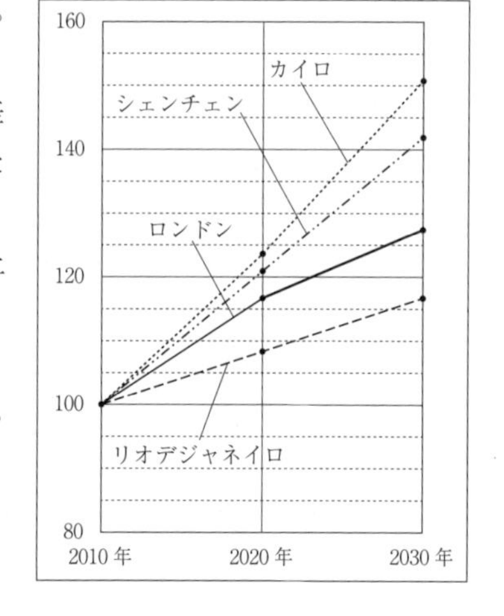

6 【解き方】(1) イ. a. 土地を与えられた人が亡くなると，土地は国に返還された。b. その他にも労役の代わりに布を納める庸や，地方の特産品を納める調などの税があった。

(2)「親鸞」は浄土真宗,「法然」は浄土宗を開いた僧。

(3)「日本の武士の戦いではみられなかった武器」とは，てつはうのこと。鉄や陶器の入れ物に火薬を詰めたもの。

(4)「当時のヨーロッパの人々が求めた品物」とは，アジアで生産されていた香辛料。「陸路の貿易をにぎっていた勢力」であるイスラム商人やイタリア商人との対立が新しい航路の開拓へとつながった。

(5) 石見銀山で産出された銀が多く輸出されていた。

(6) 1587 年にバテレン追放令が出された。1・2・4 は江戸幕府による政策。

【答】(1) ア．平城京　イ．a．口分田　b．租　(2) 2　(3) 元軍が，武器に火薬を使ったから。(同意可)

(4) 香辛料の貿易を，イスラム商人やイタリア商人がにぎっていたから。(同意可)　(5) 1　(6) 3

7 【解き方】(1) 日本でもっとも面積が広い湖。

(2) ラテン語で「大きな溝」という意味。イは糸魚川(いといがわ)—静岡構造線にあたる。

(3) 冬でも温暖な気候をいかした栽培方法。

(4) 近畿地方に属するのは，兵庫県・京都府・大阪府・奈良県・滋賀県・和歌山県・三重県の 2 府 5 県。

(5) 夏は南東から，冬は北西から吹く湿った季節風が，山地の手前で雨（雪）を降らせ，乾いた風となって山地の反対側へ吹き降ろすため，中国山地と四国山地にはさまれた瀬戸内地域では年間を通じて降水量が少ない。

(6) 2 はみかんの栽培がさかんな愛媛県，3 は漁業生産量が多い長崎県，4 は海岸線距離から内陸県の滋賀県と判断できる。

(7)「稲佐山山頂付近の三角点」は 332.9m，A 地点は約 30m。なお，縮尺が 25000 分の 1 の地形図では，等高線は 10m ごとに引かれている。

【答】(1) 琵琶湖　(2) フォッサマグナ　(3) 促成栽培　(4) 4

(5) 湿った季節風が，中国山地や四国山地にさえぎられるため。(同意可)　(6) 1　(7) 3

8 【解き方】(2) 1 は田沼意次，2 は徳川吉宗，4 は徳川綱吉が行った政策。

(3) それまでは月の満ち欠けに基づく太陰暦を採用していた。

(4) 初代韓国統監も務めたが，1909 年に満州のハルビン駅で暗殺された。

(5) ア．ビスマルクは 1871 年にドイツの統一に成功した。イ．1858 年に結ばれた修好通商条約では，外国に領事裁判権を認めた点と，日本に関税自主権がないという点が不平等だった。

(6) 1925 年の普通選挙法制定により，満 25 歳以上のすべての男子に選挙権が与えられた。1 のラジオ放送開始は 1925 年，2 の八幡製鉄所の操業開始は 1901 年，3 の学制の制定は 1872 年，4 の切符制の開始は 1938 年，配給制の開始は 1940 年のこと。

(7) 1945 年の 6 月以降，沖縄はアメリカの占領下にあった。

【答】(1) 2　(2) 3　(3) 太陽暦　(4) 伊藤博文　(5) ア．4　イ．不平等条約を改正すること。(同意可)　(6) 1

(7) 沖縄が返還された（同意可）

理　科

1 【解き方】(2) 電解質の水溶液に2種類の異なる金属を入れると，化学電池となる。エタノールは非電解質。
(3) モーターに流れる電流の大きさは変わらないので，回転の速さは変わらないが，電流の向きは逆になるので，回転の向きも逆となる。

【答】(1) 化学電池　(2) 1　(3) 3

2 【解き方】(2) 図1より，地軸が太陽と反対側に傾いているときが，冬至の地球の位置。Bは春分，Cは夏至，Dは秋分の地球の位置。
(3) 太陽の南中高度は夏至の日が最も高く，春分・秋分の日は夏至の日よりも低い。地軸が公転面に垂直であるとすると，太陽の南中高度は1年中春分・秋分の日と同じになる。

【答】(1) 太陽系　(2) A　(3) 2

3 【解き方】(2) 図2より，電流の向きを逆にすると，力の向きも逆になる。
(3) 1・2はコイルにはたらく力が小さくなる。3はコイルにはたらく力の向きが逆になる。

【答】(1) 直流　(2) 3　(3) 4

4 【解き方】(2) 3は糖の有無を調べる薬品。4は核や染色体を染める薬品。
(3) 細胞分裂のとき，染色体の位置は移動する。

【答】(1) DNA　(2) 2　(3) 1

5 【解き方】(1) 1・3・4は光の反射が原因で起こる現象。
(2) スクリーンにできた像は実像なので，スクリーンの像は上下左右が逆になっている。
(3) スクリーンに像ができたとき，虫めがねの位置が光源に近いほど，スクリーンにできた像は大きくなる。

【答】(1) 2　(2) 4　(3) 5
(4) 画用紙と虫めがねの距離が焦点距離より近いため，虫めがねを通った光は広がり，実像ができないから。(同意可)

6 【解き方】(3) ア．表1より，3班は赤色物質だけが試験管に残ったので，酸化銅と炭素が過不足なく反応して，加熱後の試験管A内の物質はすべて銅になっている。質量保存の法則より，酸化銅の質量とできた銅の質量の差が，酸化銅からうばわれた酸素の質量となる。イ．表1より，4班・5班で試験管Aに残った赤色物質と黒色物質は，化学反応でできた銅と反応で使われなかった炭素である。よって，4班・5班の実験結果からは反応で使われた炭素の質量がわからないので計算できない。

【答】(1) 還元　(2) 試験管A内に空気中の酸素が入るのを防ぐため。(同意可)　(3) ア．4　イ．1

7 【答】(1) 2　(2) 示相化石
(3) 傾斜がゆるやかな形の火山ができるマグマと比べて，マグマのねばりけが大きいから。(同意可)
(4) れきや砂は，泥よりも粒が大きいため，早く沈むから。(同意可)

8 【答】(1) やく
(2) 双子葉類は輪のように並んでいるが，単子葉類は茎全体に散らばっている。(同意可)
(3) (該当する部分)（右図）(名称) 胚珠　(4) 根の表面積が大きくなるから。(同意可)

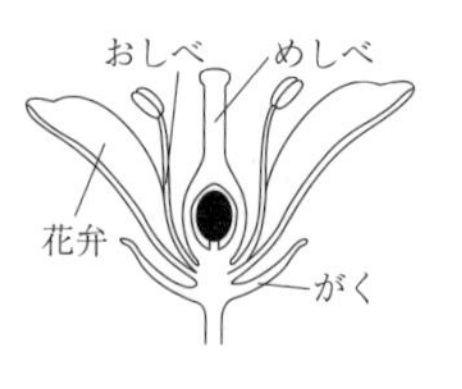

9 【解き方】(2) 60秒 $= \frac{1}{60}$ 時間より，消費する電力量は，1200 (W) $\times \frac{1}{60}$ (h) = 20 (Wh)
(3) ア．図3より，液体の密度が大きくなるほど，エタノール水溶液の質量パーセント濃度は小さくなる。イ．エタノール水溶液の質量パーセント濃度が50％のとき，密度は0.91g/cm^3。表1より，密度が0.91g/cm^{3}より小さい試験管が，含まれているエタノールが50％以上であると考えられる。

【答】(1) アミラーゼ　(2) 20 (Wh)　(3) ア．4　イ．あ．1　い．3

国　語

1 【解き方】㈢ 助動詞の「ない」「う」などにつながる未然形。1は連用形，3は仮定形，4は終止形。

㈣「息もころしているみたいに，微動だにせず」にアサガオを見つめているつぐみにあわせて，つぐみの横に「そっと」座ったことから考える。

㈤ 色彩の表現を使って，空以外に色を描写されているものを探す。

㈥「つぐみの中で．時間は…流れていたんだ」「弱くて小さかった妹は，しっかりと…時間の流れを持って生きてきたのか」と気づいている。また，「アサガオと同じように」とあるので，ふたりで見つめているアサガオが「一時間以上かけて…ゆっくりと，そしてしっかりと咲いた」ことと，つぐみは「自分の時間の流れを持って生きてきたのか」という気づきを重ねて考える。

㈦ 短い文で朝食の様子を描写する中に，「山梨の高校に行くことにした」という主人公の言葉が置かれている。

【答】㈠ 3（画め）　㈡ 1. ちんざ　2. 筋　㈢ 2

㈣ じゃまをしないように，アサガオの花を見ているつぐみに寄りそおうと考えたから。（同意可）

㈤ 朝焼け色の花

㈥ つぐみもしっかりとした自分の時間の流れを持って，ゆっくりと着実に成長している（38字）（同意可）

㈦ 3

2 【解き方】㈡ 絵画が「特定の」事物を表すことに対して，文字は「指し示す実体に対する普遍性が要求される」ことを「魚」という漢字を例に説明し，「文字とは絵画として描かれるフォルムに普遍性をあたえたもの」と要約している。

㈢ 絵画に描かれる事物について，「原則的に…それ一つしか存在しない」と述べている。

㈣「ここに」は，「山」という漢字の例を指している。この「山」の例は，文字は「指し示す実体に対する普遍性が要求される」「絵画として描かれるフォルムに普遍性をあたえたもの」という定義をふまえて挙げているものなので，「山」をかたどったフォルムを見れば「だれでも…事物を思い浮かべることが可能となる」「この場合，『山』が示しているのは…どの山でもかまわない」という具体例を，「文字」全体にあてはめて考える。

㈤ 文字のなかでも「象形文字」を挙げ，それはあくまで「絵画的」に描いたものであって，「絵画そのものではない」「必ずしも写実的である必要はない」「『山』という漢字…三つあるとは限らない」と繰り返していることに着目する。

㈥「象形文字」は，「目に見える実体のある事物を表す」ために「事物のもっとも端的な特徴を抽出し，具体的かつ『絵画的』に描いたもの」であることから考える。

【答】㈠ 1. 飼(われ)　2. 脳裏　3. 並(んで)　4. りゅうき　㈡ 4

㈢ 原則的に世界中でただ一つしか存在しない事物を描く（24字）（同意可）

㈣ 特定の事物をかたどったフォルムに，他の同種の事物を思い浮かべることができるような普遍性がある場合。（49字）（同意可）

㈤ 1　㈥ 3

3 【解き方】㈠ 語頭以外の「は・ひ・ふ・へ・ほ」は「わ・い・う・え・お」にするので，「へ」は「え」にする。

㈡「問はぬ」は，前の「根を深く問はず」を受けている。

㈢ 最後に「退屈なく精を出したるは藝になづまず，後によくなる」と述べている。

【答】㈠ かえりみ　㈡ 2　㈢ 油断せずに努力を継続すること。（15字）（同意可）

◀口語訳▶　昔の人が（次のように）言った。器用な者は（自分の器用さを）あてにして必ず油断する。不器用な者は自分自身を気にかけ，遅れまいと励むので（やがて器用な者を）追い越す。学問もこのようであると言った。器用な者は覚えたつもりになり根本を深く追究せず，いい加減である。物事をしっかりと覚えていないと，学んだことを深く追究することができない。心にしっかりとめて覚えていることでも忘れるのはよくあることなので，どれほど賢く器用だとしても覚えていないことはうまくいくはずがない。不器用な者が，気力を失わずに努力し続けた場合は芸に行きなやまず，少しずつ上達すると言った。

④【解き方】㈠「掛詞」は，同じ音であることを利用して，一つの言葉に二つの意味をこめる表現技法。

㈡「虫の音」は秋の風物で，それが次第に消え果てていくことから，秋から冬への移り変わりを表現している。

㈢ 鳴きながら田を離れる雁と，故郷から離れて鎌倉にいる自分とを重ね合わせて，「帰るべき春をたのむ」気持ちを歌にしていることから考える。

【答】㈠ 3　㈡ 4　㈢ 故郷が恋しくて早く帰りたい（13字）（同意可）

◀口語訳▶　聞き慣れた虫の鳴き声も次第に消え果てていき，松を吹き下ろす山頂からの強い風だけがますますはげしくなっていく。故郷を恋しく思う心にうながされて，しみじみと都の方を眺めているそのとき，一列に連なる雁がねが雲のかなたへ消えるように飛び去って行ったのもなんともしみじみと趣がある。

春には再び故郷に帰ることを頼みにして田の面の雁がねも鳴きながら旅の空に出たのであろうか

⑤【解き方】㈠「決」からすぐ上の「能」に返るので，「能」にレ点が付く。また「能」からすぐ上の「不」に返るので，「不」にレ点が付く。

㈡ 西伯は人望があり公平な判断ができる人物と言われていたことと，虞と芮は「田を争ひ決すること能はず」という状況であったことから考える。

㈢ 周の人が「皆畔を遜り，民の俗皆長に譲る」様子を見て，虞と芮の領主は「吾が争ふ所は，周人の恥づる所なり」と気づいたことに着目する。

【答】㈠ 3　㈡ 1　㈢ あぜ道を譲り，年長者を敬う（13字）（同意可）

◀口語訳▶　西伯はいつくしみ深い政治を行い，諸侯は西伯に従っていた。虞の国と芮の国は田を取り合って解決することができなかった。そこで（両国の領主は）周の国を訪れた。周の国に入って耕作する者を見ると，皆あぜ道を譲り，人々はみな年長者を敬っていた。二人は恥じ，互いに言い合うことには，「われらが争っていたことは，周の人が恥じることである」と。そのまま西伯に会わずに帰り，互いにその田を譲り合って自分のものにしなかった。

⑥【解き方】㈠ 訓読みの熟語が和語にあたる。

㈡「昔のことを見つめ直すことで，今まで知らなかった考え方や知識を得る」ことを表す四字熟語を選ぶ。

㈢ ある中学校の生徒から，公民館の職員へ宛てた手紙であることをおさえる。レポートを持って公民館に行くのは生徒なので，「行きます」は謙譲語にする。また，レポートを見るのは公民館の職員なので，「見て」は尊敬語にする。

【答】㈠ 1　㈡ 4　㈢ うかがいますのでご覧になって（14字）（同意可）

⑦【解き方】㈠ グラフの二番目，三番目，四番目の項目では，読書のきっかけに「友達」「家族」「学校」が関わっていることに着目する。

【答】㈠ 2　㈡（例）

読書の楽しさは，読む人それぞれが自由に想像できることだと思います。

授業で，友達と同じ本の一場面を絵に描いたことがありました。完成した絵を見せ合ったとき，同じ場面について描いたのに，登場人物や背景の描き方が全く違っていて驚きました。同じ本を読んでも，読む人によって思い描く世界がそれぞれに異なるということを実感しました。また，友達と語り合うことで，自分の世界も広がるように感じました。

これからも，読書を通して自由に想像することを楽しんでいきたいです。（12行）

山口県公立高等学校

2020年度
入学試験問題

数学

時間　50分　　　満点　50点

1　次の(1)～(5)に答えなさい。

(1)　$3+(-5)$ を計算しなさい。(　　　)

(2)　$6^2 \div 8$ を計算しなさい。(　　　)

(3)　$-2a+7-(1-5a)$ を計算しなさい。(　　　)

(4)　$(9a-b)\times(-4a)$ を計算しなさい。(　　　)

(5)　$x=-1,\ y=\dfrac{7}{2}$ のとき，x^3+2xy の値を求めなさい。(　　　)

2　次の(1)～(4)に答えなさい。

(1)　y は x に比例し，$x=6$ のとき $y=-9$ である。y を x の式で表しなさい。$y=$(　　　)

(2)　$\sqrt{45n}$ が整数になるような自然数 n のうち，最も小さい数を求めなさい。(　　　)

(3)　家から公園までの 800m の道のりを，毎分 60m で a 分間歩いたとき，残りの道のりが bm であった。残りの道のり b を，a を使った式で表しなさい。$b=$(　　　)

(4)　右の図のような長方形 ABCD がある。辺 CD を軸として，この長方形を 1 回転させてできる立体の体積を求めなさい。ただし，円周率は π とする。

(　　　cm^3)

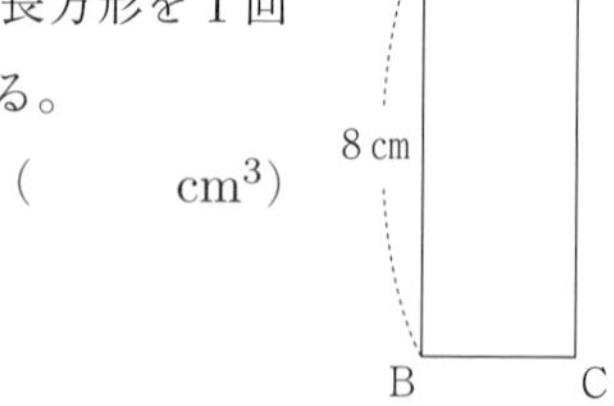

3　ある中学校の生徒 30 人を対象として，「インターネットを学習に利用する時間が平日 1 日あたりにどのくらいあるか」についてアンケート調査を行った。表は，その結果をまとめたものであり，図は表をもとに作成した度数分布多角形（度数折れ線）である。次の(1)，(2)に答えなさい。

表

階級(分)	度数(人)
以上　未満	
0 ～ 20	6
20 ～ 40	10
40 ～ 60	8
60 ～ 80	4
80 ～ 100	0
100 ～ 120	2
計	30

図

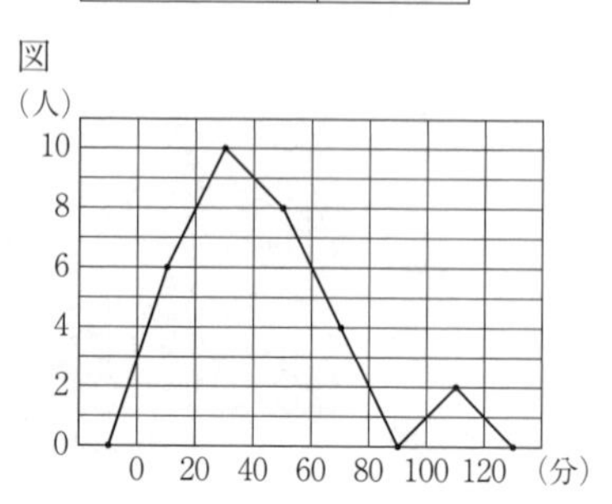

(1)　表や図から読み取れることとして正しいものを，次のア～エから 1 つ選び，記号で答えなさい。(　　　)

ア　階級の幅は 120 分である。

イ　最頻値は 10 人である。

ウ　利用する時間が 40 分以上 120 分未満の生徒は全体の半数以下である。

エ　度数が 2 人以下の階級は 4 つである。

(2)　表や図をもとに，アンケート調査の対象となった生徒 30 人の利用する時間の平均値を，階級値を用いて求めなさい。(　　　分)

4 関数 $y = \frac{1}{4}x^2$ のグラフについて，次の(1)，(2)に答えなさい。

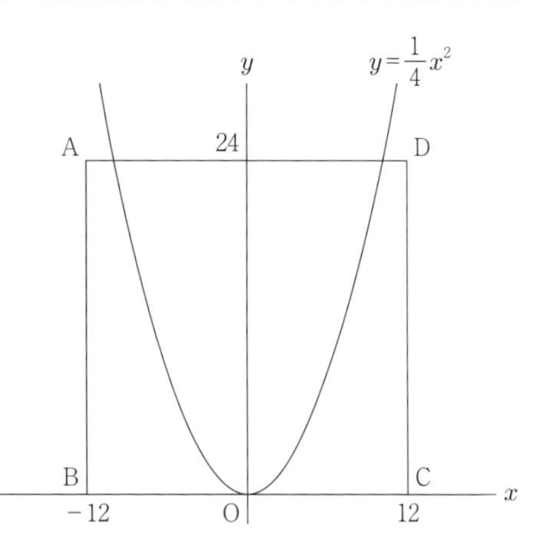

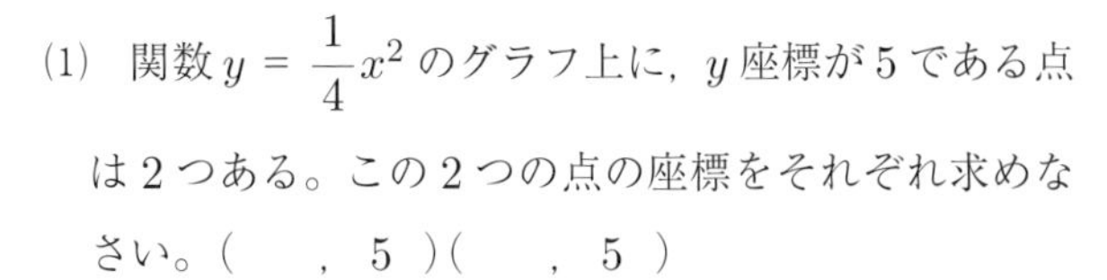

(1) 関数 $y = \frac{1}{4}x^2$ のグラフ上に，y 座標が 5 である点は 2 つある。この 2 つの点の座標をそれぞれ求めなさい。(　　，5)(　　，5)

(2) 右の図のように，関数 $y = \frac{1}{4}x^2$ のグラフと正方形ABCDがある。2 点A，Dの y 座標はいずれも 24 であり，2 点B，Cは x 軸上の点で，x 座標はそれぞれ－12，12 である。

関数 $y = \frac{1}{4}x^2$ のグラフ上にある点のうち，正方形ABCDの内部および辺上にあり，x 座標，y 座標がともに整数である点の個数を求めなさい。(　　　個)

5 自然数 a，b，c，m，n について，2 次式 $x^2 + mx + n$ が $(x + a)(x + b)$ または $(x + c)^2$ の形に因数分解できるかどうかは，m，n の値によって決まる。

例えば，次のように，因数分解できるときと因数分解できないときがある。

・$m = 6$，$n = 8$ のとき，2 次式 $x^2 + 6x + 8$ は $(x + a)(x + b)$ の形に因数分解できる。

・$m = 6$，$n = 9$ のとき，2 次式 $x^2 + 6x + 9$ は $(x + c)^2$ の形に因数分解できる。

・$m = 6$，$n = 10$ のとき，2 次式 $x^2 + 6x + 10$ はどちらの形にも因数分解できない。

次の(1)，(2)に答えなさい。

(1) 2 次式 $x^2 + mx + n$ が $(x + a)(x + b)$ の形に因数分解でき，$a = 2$，$b = 5$ であったとき，m，n の値を求めなさい。m =(　　　) n =(　　　)

(2) 右の図のような，1 から 6 までの目が出るさいころがある。

このさいころを 2 回投げ，1 回目に出た目の数を m，2 回目に出た目の数を n とするとき，2 次式 $x^2 + mx + n$ が $(x + a)(x + b)$ または $(x + c)^2$ の形に因数分解できる確率を求めなさい。ただし，答えを求めるまでの過程もかきなさい。なお，このさいころは，どの目が出ることも同様に確からしいものとする。

解 (　　　　　　　　　　　　　　　　　　　　　　　　) 答え(　　　)

6　右の図のように，円周上に4点A，B，C，Dがあり，$\angle ABC = 80°$，$\angle ACD = 30°$である。線分CD上にあり，$\angle CBP = 25°$となる点Pを，定規とコンパスを使って作図しなさい。ただし，作図に用いた線は消さないこと。

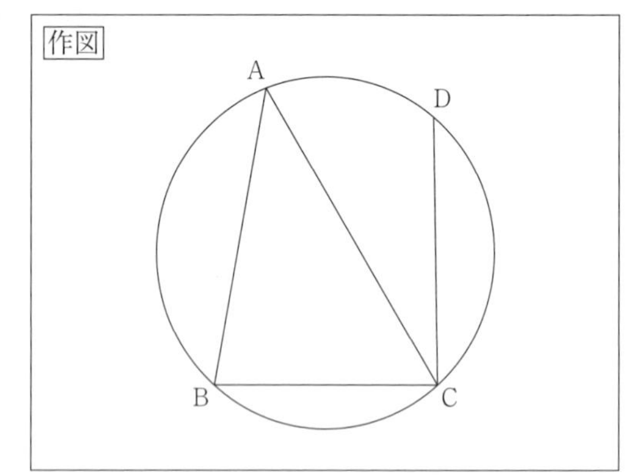

7　AさんとBさんは，ある遊園地のアトラクションに入場するため，開始時刻前にそれぞれ並んで待っている。このアトラクションを開始時刻前から待つ人は，図のように，6人ごとに折り返しながら並び，先頭の人から順に1，2，3，…の番号が書かれた整理券を渡される。並んでいる人の位置を図のように行と列で表すと，例えば，整理券の番号が27の人は，5行目の3列目となる。

次の(1)，(2)に答えなさい。

図

アトラクション

入口

	1列目	2列目	3列目	4列目	5列目	6列目
1行目	①	②	③	④	⑤	⑥
2行目	⑫	⑪	⑩	⑨	⑧	⑦
3行目	⑬	⑭	⑮	⑯	⑰	⑱
4行目	㉔	㉓	㉒	㉑	⑳	⑲
5行目	㉕	㉖	㉗	㉘	㉙	㉚
6行目	㊱	㉟	㉞	㉝	㉜	㉛
⋮	㊲	㊳	・・・・・・・・・			

(1)　Aさんの整理券の番号は75であった。Aさんは，何行目の何列目に並んでいるか。求めなさい。

(　　　行目の　　　列目)

(2)　自然数m，nを用いて偶数行目のある列を$2m$行目のn列目と表すとき，$2m$行目のn列目に並んでいる人の整理券の番号をm，nを使った式で表しなさい。

また，偶数行目の5列目に並んでいるBさんの整理券の番号が，4の倍数であることを，この式を用いて説明しなさい。

式(　　　)　説明(　　　　　　　　　　　　　　　　　　　　　)

8　右の図のように，正方形ABCDと正三角形BCEがあり，線分CEと線分BDの交点をF，線分BAの延長と線分CEの延長の交点をG，線分ADと線分CGの交点をHとする。

このとき，次の説明により$\angle AEG = 45°$であることがわかる。

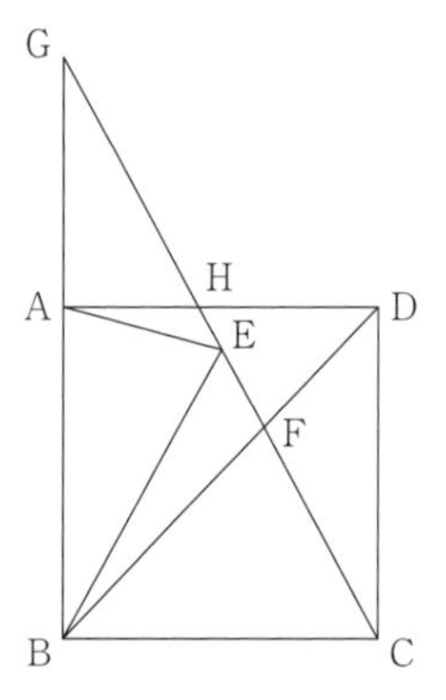

説明

正方形や正三角形の性質より，$\triangle BCG$で，$\angle CBG = 90°$，$\angle BCG = 60°$だから$\angle BGC = 30°$である。また，$\triangle BAE$は$BA = BE$の二等辺三角形であり，$\angle ABE = 30°$だから，$\angle BAE = 75°$である。

△AEGにおいて，三角形の［ a ］は，それととなり合わない2つの［ b ］の和に等しいので，△AEGで，

$30° + ∠AEG = 75°$

となる。よって，$∠AEG = 45°$である。

次の(1)～(3)に答えなさい。

(1) 説明の下線部が表す性質は，どんな三角形においても成り立つ。

［ a ］，［ b ］にあてはまる語句の組み合わせとして正しいものを，次のア～エから1つ選び，記号で答えなさい。(　　)

ア ［ a ］：内角　［ b ］：内角　イ ［ a ］：外角　［ b ］：外角

ウ ［ a ］：内角　［ b ］：外角　エ ［ a ］：外角　［ b ］：内角

(2) △AEG ≡ △FDCを証明しなさい。その際，説明の中にかかれていることを使ってよい。

(　　　　)

(3) BC = 2cmのとき，線分FHの長さを求めなさい。(　　cm)

9 今年開催される東京オリンピック・パラリンピックにT中学校出身の選手が出場することになり，その選手が出場する競技のテレビ中継を，中学校のある地域の人たちとT中学校の体育館を会場として観戦することになった。

そこで，T中学校では，オリンピック・パラリンピックについての調べ学習や，観戦のための準備をすることにした。

次の(1)，(2)に答えなさい。

(1) Aさんのクラスでは，調べ学習を行う時間に，オリンピック・パラリンピックのメダルについて考えることになった。

次の(ア)，(イ)に答えなさい。

(ア) 今回の東京オリンピック・パラリンピックの際に授与されるメダルについて調べたところ，不要となって回収された小型家電から金属を取り出して作られることがわかった。表1は，小型家電のうち，携帯電話とノートパソコンのそれぞれ1台あたりにふくまれる金と銀の平均の重さを示したものである。

表1

	金	銀
携帯電話	0.05g	0.26g
ノートパソコン	0.30g	0.84g

また，T市で回収された携帯電話とノートパソコンから，合計で金190g，銀700gが取り出されたことがわかった。

このとき，T市で回収された携帯電話をx台，ノートパソコンをy台として連立方程式をつくり，携帯電話，ノートパソコンの台数をそれぞれ求めなさい。

式 { (　　　　) (　　　　)　携帯電話(　　台)　ノートパソコン(　　台)

(イ) 過去のオリンピックにおける日本のメダル獲得数を調べたところ，金メダルの獲得数が10個以上であった大会が6回あることがわかった。

表2は，その6回の大会①～⑥における金，銀，銅メダルの獲得数についてまとめたものである。

表2中の $\boxed{a}$，$\boxed{b}$ にあてはまる数を求めなさい。a（　　　）　b（　　　）

表2

	①	②	③	④	⑤	⑥	最大値	中央値	最小値
金メダル	12	16	10	$\boxed{a}$	13	11	16	12.5	10
銀メダル	8	9	8	5	8	7	9	8	5
銅メダル	21	12	14	$\boxed{b}$	8	7	21	10	7
合計	41	37	32	29	29	25			

(2) Aさんのクラスでは，会場づくりについて考えることになった。
次の(ア)，(イ)に答えなさい。

(ア) 体育館に設置する大型スクリーンを白い布で作ることを考えた。

教室にある長方形のスクリーンを調べたところ，横と縦の長さの比が16：9で，横の長さが2mであった。

教室にある長方形のスクリーンと形が相似で，面積が8倍の大型スクリーンを作るとき，縦の長さは何mにすればよいか。求めなさい。（　　　m）

(イ) 体育館で観戦する人に応援用のうちわを配ることを考えた。うちわを販売しているP社，Q社の2つの会社の販売価格を調べたところ，P社は購入枚数にかかわらず1枚あたり125円であり，Q社は購入枚数に応じて価格が5種類設定されており，例えば，80枚購入すれば80枚すべてが200円で購入できる。図は，400枚以下の購入枚数と1枚あたりの価格の関係をグラフに表したものである。

3万円でできるだけ多くのうちわを購入することを考える。図をもとに，より多くのうちわを購入できるのはP社，Q社のどちらか答え，そのときに購入できるうちわの最大枚数を求めなさい。（　　社）　最大（　　　枚）

図

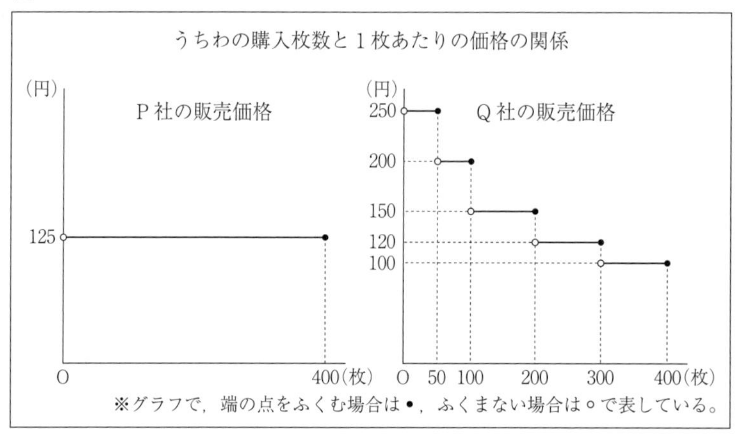

英語

時間 50分　　満点 50点

（編集部注） 放送問題の放送原稿は英語の末尾に掲載しています。
音声の再生についてはもくじをご覧ください。

1　放送によるリスニングテスト

テスト1　4つの対話を聞いて，対話の内容に関するそれぞれの問いの答えとして最も適切なものを，1～4から1つずつ選び，記号で答えなさい。

No.1（　　）　No.2（　　）　No.3（　　）　No.4（　　）

No.1　1　To the lake.　2　To the library.　3　To the zoo.　4　To the stadium.

No.2　1　Because she practiced hard with her friends.
2　Because she won the English speech contest.
3　Because Alex took part in the English speech contest.
4　Because Alex studied Japanese with his teacher.

No.3　1　To do his homework.　2　To play tennis with his friends.
3　To find a good restaurant.　4　To come home by six.

No.4　1　She took her umbrella to Ms. Kelly.
2　She borrowed an umbrella from Ms. Kelly.
3　She looked for a new umbrella for Ms. Kelly.
4　She went home without an umbrella.

テスト2　4つの対話を聞いて，それぞれの対話に続く受け答えとして最も適切なものを，1～4から1つずつ選び，記号で答えなさい。

No.1（　　）　No.2（　　）　No.3（　　）　No.4（　　）

No.1　1　Good. I'm glad she's at home.　2　OK. I'll call again later.
3　I see. Do you want to leave a message?　4　Hello, Natsuki. How are you?

No.2　1　Thanks. Please cut these carrots.
2　All right. I can't help you.
3　Sorry. I haven't washed the potatoes yet.
4　I don't think so. Please help me.

No.3　1　Four days a week.　2　Every Saturday.　3　Ten o'clock in the morning.
4　Only a few minutes.

No.4　1　Yes. You found my name on it.　2　No. I've never sent him a letter.
3　Sure. I'll do it now.　4　Of course. I finished my homework.

テスト3　図書委員をしているKenは，来月の図書だよりで，先生のお勧めの本について紹介することになった。次の【メモ】は，KenがWhite先生に，お勧めの本について質問したときに書いたものである。

今から，そのときの２人の対話を聞いて，その内容に合うように，下線部(A)には場面にふさわしい３語以上の英語を，下線部(B)，(C)，(D)にはそれぞれ対話の中で用いられた英語１語を書きなさい。

(A) It was a present given (　　　　　　　　　　) when she was in elementary school.

(B) (　　　) (C) (　　　) (D) (　　　)

【メモ】

Ms. White's favorite book : *The Adventure of Tony*

- It was a present given __(A)__ when she was in elementary school.
- It's about a young boy, Tony.
- Tony has a lot of __(B)__ in his adventure.
- Tony's __(C)__ finally comes true.
- __(D)__ English is used.

2　次は，*Minami* と留学生の *Beth* との対話の一部である。２人は，和菓子（*wagashi*）の店で話をしている。これを読んで，下の(1)〜(3)に答えなさい。

Beth: I visited this *wagashi* shop for the first __(A)__.

Minami: Really? I (B) __(buy)__ "*sakuramochi*" in this shop last week. It was very good.

Beth: Oh, there are many kinds of *wagashi* here! Which one is "*sakuramochi*"?

Minami: Look. This is "*sakuramochi*". Do you want to __(C)__ it or choose another *wagashi*? Which one do you want to eat?

Beth: Oh, that's a very difficult question for me. Each *wagashi* in this shop is so (D) __(can't / beautiful / that / eat / I)__ it.

Minami: Then, let's take some pictures __(E)__ we eat *wagashi*. Later, we can enjoy looking at the beautiful *wagashi* in the pictures.

Beth: That's a good idea!

(1) 下線部(A)，(C)，(E)に入る最も適切なものを，それぞれ１〜４から選び，記号で答えなさい。

(A) (　　　) (C) (　　　) (E) (　　　)

(A) 1 house　2 food　3 flower　4 time

(C) 1 teach　2 find　3 try　4 build

(E) 1 before　2 but　3 of　4 with

(2) 下線部(B)の（　）の中の語を，適切な形にして書きなさい。(　　　)

(3) 下線部(D)の（　）の中の語を，本文の内容に合うように並べかえなさい。

Each *wagashi* in this shop is so (　　　　　　　　　　　　　　) it.

[3] カナダに留学中の *Yuta* は，ホームステイ先の中学生 *Robin* と，校内に掲示された「クリーンアップ・デー (cleanup day)」の【ポスター】を見ながら話をしている。次は，そのときの *Yuta* と *Robin* の対話の一部である。英文と【ポスター】を読んで，あとの(1)～(5)に答えなさい。

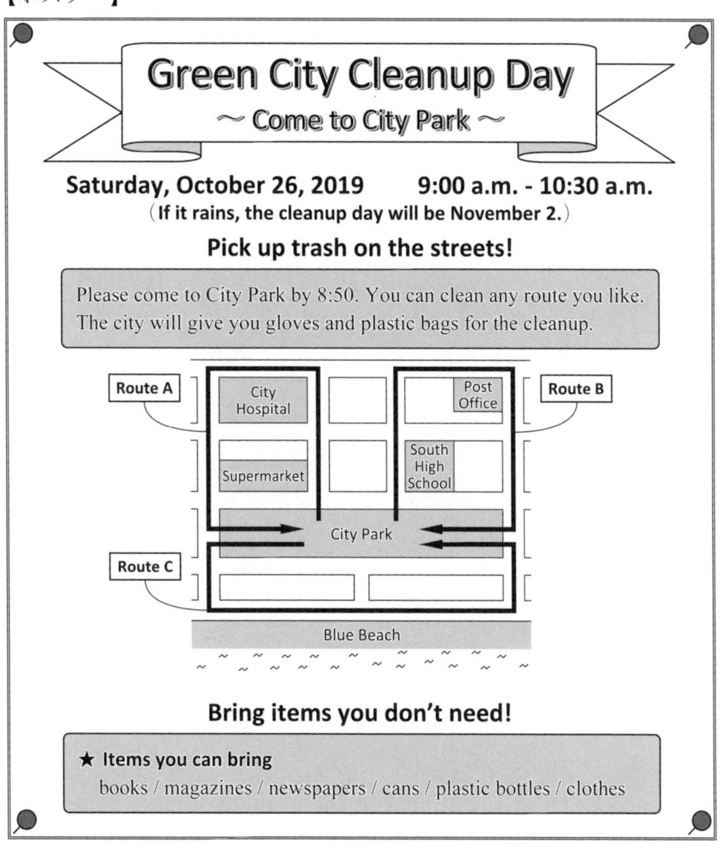

(注) gloves (作業用の)手袋 cans 缶 plastic bottles ペットボトル

Robin: Yuta, I'm going to join this event this weekend. People walk and pick up trash on the streets.

Yuta: That's great. There are three routes, right?

Robin: Yes. I'm going to clean the streets around Blue Beach. __(A)__ with me?

Yuta: Of course, yes.

Robin: The event will (B) (s_____) at 9:00 a.m. We should go to City Park by 8:50.

Yuta: OK. Oh, will the city collect some items we don't need?

Robin: That's right. I'm going to take my magazines to City Park.

Yuta: I can help you if you have many magazines to carry.

Robin: Thanks. Oh, wait. You're studying English, so you can have some of the magazines if you want.

Yuta: Really? I can improve my English by reading them. I think (C) that is one of the ways to reduce waste.

Robin:　You're right.

Yuta:　Now I'm looking forward to the cleanup day very much. But I think I should clean my room first.

Robin:　Wow, every day is cleanup day for you!

（注）cleanup　清掃　　pick up trash　ごみを拾う　　route(s)　ルート
Blue Beach　ブルー・ビーチ　　items　物品　　improve ～　～を上達させる
reduce waste　ごみを減らす　　look(ing) forward to ～　～を楽しみにする

(1)　下線部(A)に，場面にふさわしい3語以上の英語を書きなさい。
(　　　　　　　　　　　　　　　　　　) with me?

(2)　【ポスター】の内容に合うように，下線部(B)に入る適切な英語1語を書きなさい。ただし，(　　) 内に与えられた文字で書き始めなさい。(　　　)

(3)　下線部(C)の that が指す内容として最も適切なものを，次の 1～4 から選び，記号で答えなさい。
(　　)

1　cleaning the streets every year　　2　carrying heavy things together
3　buying magazines to study English　　4　reusing things that others don't need

(4)　次の質問に対する答えとして，本文と【ポスター】の内容に合う最も適切なものを，次の 1～3 から選び，記号で答えなさい。(　　　)

Which route is Robin going to clean?

1　Route A.　　2　Route B.　　3　Route C.

(5)　【ポスター】から読み取れる内容と一致するものを，次の 1～6 から 2 つ選び，記号で答えなさい。(　　　)(　　　)

1　In the event, people clean the streets in the evening.
2　If it rains, the city will have the cleanup day in November.
3　People who clean Route B must come to South High School by 8:50.
4　People can't choose the route they'll clean in the event.
5　People don't have to bring gloves and plastic bags for the cleanup.
6　The city collects only books, magazines and newspapers.

4 次の英文を読んで，あとの(1)～(3)に答えなさい。

One day, Ichiro went to a library with his friends, Akira and Kota. They studied there for two hours in the morning and felt a little tired. Kota said, "I feel hungry. How about going to eat something?" Ichiro said, "Good idea! Let's have lunch now." [ア] It was almost noon. They decided to walk to an *okonomiyaki* restaurant near the library.

When Ichiro, Akira and Kota went into the restaurant, a lot of people were already there. It was lucky for the boys to find a table. Next to their table, there were two women. They were talking in a language the boys didn't know. When the boys were waiting for their *okonomiyaki*, one of the women asked Ichiro's group in English, "Hi, are you high school students?" [イ] The boys looked at each other. "We're from Spain and studying at college near here," she said and smiled. Ichiro expected someone to answer the question. After a little while, Akira answered, "Yes. We're high school students." Ichiro was surprised because Akira didn't speak a lot at school. He respected Akira's courage. The women were friendly and Akira continued to talk with them in English. He looked very happy. Gradually, Ichiro wanted to talk with them, too. [ウ] So, he asked them with courage, "Do you often eat *okonomiyaki*?" One of the women looked at him and said with a smile, "Yes. I often come to this restaurant. I especially like to put cheese on my *okonomiyaki*." "I like cheese, too! It's very good on *okonomiyaki*," Ichiro said. After Ichiro, Kota also talked to the women. Then, the Japanese boys and the women from Spain enjoyed talking in English and eating good *okonomiyaki* together. Ichiro thought that the *okonomiyaki* tasted better than usual.

When the boys were walking along a river to go back to the library, they talked about their experience at the *okonomiyaki* restaurant. Their English was not so good. [エ] Ichiro said, "At first, we were afraid of speaking English. But with a little courage, we were able to enjoy talking with the women from Spain. That's great, right?" Akira and Kota agreed with him. They were all excited because of their new experience at the restaurant. Then Ichiro continued, "I know it's difficult for us to communicate with others, especially in foreign languages. But I think we can do it if we have some courage. I believe courage is the key to communication." Akira and Kota understood Ichiro's idea because they shared the same good time together. *Okonomiyaki* made them full and their courage filled their hearts with joy.

（注） next to ～　～の隣に　college　大学　expected ～ to ...　～が…することを期待した
courage　勇気　continued (to ～)　(～し)続けた　gradually　次第に
with a smile　笑顔で　tasted ～　～な味がした　than usual　いつもより
communicate with ～　～とコミュニケーションを図る　believe ～　～だと信じる
key to ～　～への鍵　full　満腹の
filled their hearts with joy　彼らの心を喜びで満たした

(1)　次の英文が入る最も適切な箇所を，本文中の［ア］～［エ］から選び，記号で答えなさい。
(　　　)

But they were able to have a good time with the women from Spain.

(2)　次の(a)～(c)の質問に対する答えとして，本文の内容に合う最も適切なものを，それぞれ1～4から選び，記号で答えなさい。

(a)　What did the boys decide to do when they felt tired?（　　　）

1　To study for two hours.　　2　To visit an *okonomiyaki* restaurant.

3　To go to another library.　　4　To watch TV at home.

(b)　Why did Ichiro try to talk to the women from Spain?（　　　）

1　Because Akira enjoyed talking with the women.

2　Because he wanted to know about their country.

3　Because Kota stopped talking in English.

4　Because everyone there was quiet and didn't speak English.

(c)　According to Ichiro, what was necessary for communication?（　　　）

(注)　according to ～　～によると

1　Courage to learn a foreign language.　　2　Courage to walk along the river.

3　Courage to talk to others.　　4　Courage to study abroad.

(3)　次の英文は，Ichiroが宿題で書いた作文の一部である。本文の内容に合うように，次の下線部①～③に入る適切な英語を，1語ずつ書きなさい。ただし，(　　)内に与えられた文字で書き始めなさい。①(　　　)　②(　　　)　③(　　　)

I went to an *okonomiyaki* restaurant with my friends and we ①(m　　) two women from Spain there. They talked to us in English. We were afraid of using English at first, but we enjoyed talking with them very much. The *okonomiyaki* tasted so good!

We were ②(e　　) to have a new experience at the restaurant. It's difficult to understand each other, especially when we talk in foreign languages. But I believe we can do it if we have some courage. We learned something important by ③(s　　) the same good time together.

5　Sayaのクラスでは，2学期からSayaのクラスに留学してくるBrianのために，英語の授業で，グループに分かれて学校紹介をすることになった。次は，Sayaのグループが作った日本語の【メモ】と，【メモ】にもとづいて書いた英語の【原稿】である。これらを読んで，下の(1)，(2)に答えなさい。

【メモ】

- 市内で最も歴史の長い中学校の一つである。
- 生徒数は約580名である。
- 大半の生徒が徒歩で通学するが，一部の生徒は自転車で通学する。
- 学校の前に大きな公園がある。

※　最後の部分で，学校のよい点を1つ紹介する。

【原稿】

Hi, Brian. We're going to tell you about our school.

It's one of the junior high schools which have the __(A)__ history in our city. We have about five __(B)__ and eighty students. Most of them walk to school, but some of them come to school by bike. There is a big park in __(C)__ of our school.

Now, we want to tell you about one good point of our school. ____(D)____.

We hope you'll enjoy your new school life with us!

(1)　【メモ】の内容に合うように，【原稿】の下線部(A)～(C)に適切な英語1語を書きなさい。

(A)(　　　　)　(B)(　　　　)　(C)(　　　　)

(2)　【原稿】の下線部(D)には，「学校のよい点」を紹介する英語が入る。「学校のよい点」を自由に想像し，4語以上の英語を書きなさい。

(　　　　　　　　　　　　　　　　　　　　　　　　　　　　　　　　　　).

〈放送原稿〉

ただ今から，2020 年度山口県公立高等学校学力検査，英語の放送によるリスニングテストを行います。聞きながらメモをとっても構いません。

では，問題用紙にテスト 1，テスト 2，テスト 3 までがあることを確かめなさい。また，解答用紙のそれぞれの解答欄を確かめなさい。

それでは，テスト 1 から始めます。テスト 1 の問題を読みなさい。

対話は No.1 から No.4 まで 4 つあり，それぞれの対話の後に問いが続きます。なお，対話と問いは 2 回ずつくり返します。

それでは，問題に入ります。

No.1 *A:* What did you do last Sunday, Ryota?
B: I went to the zoo with my family. How about you, Ms. Smith?
A: I went to the lake with my friends.
Question: Where did Ryota go last Sunday? (対話と問いをくり返す。)

No.2 *A:* Hi, what's up, Yumi? You look so happy.
B: Yes, Alex. I won the English speech contest yesterday. I practiced hard with my teacher.
A: Wow! That's great!
Question: Why does Yumi look so happy? (対話と問いをくり返す。)

No.3 *A:* John, what are you going to do this afternoon?
B: Oh, Mom. First, I'm going to do my homework. Then, I'll play tennis with my friends in the park.
A: All right. Please come home by six. We're going to eat dinner at a restaurant tonight.
Question: What does John's mother ask him to do? (対話と問いをくり返す。)

No.4 *A:* Good morning, Mary. Why do you have an umbrella? It's sunny today.
B: Good morning, Satoshi. I'll take it to Ms. Kelly. I borrowed it from her yesterday because I had no umbrella.
A: You were lucky! It rained a lot after school yesterday.
Question: What did Mary do yesterday? (対話と問いをくり返す。)

次に，テスト 2 に移ります。テスト 2 の問題を読みなさい。

今から，対話を 2 回ずつくり返します。では，始めます。

No.1 *A:* Hello.
B: Hello, this is Mike. May I speak to Natsuki?
A: I'm sorry, Mike. She isn't at home now. (対話をくり返す。)

No.2 *A:* Have you finished cooking?
B: No. I've just washed the potatoes and carrots.
A: OK. Can I help you? (対話をくり返す。)

No.3 *A:* It's so hot today. Let's have something to drink.

B: Sure. I know a good shop. It's famous for fruit juice.

A: Really? How long does it take to get there from here by bike? (対話をくり返す。)

No.4 *A:* Whose notebook is this? There's no name on it.

B: Sorry, Mr. Jackson. It's mine.

A: Oh, Maki. You should write your name on your notebook. (対話をくり返す。)

次に，テスト3に移ります。テスト3の問題と，問題の次にある【メモ】を読みなさい。

今から，Kenと White 先生の対話を2回くり返します。では，始めます。

Ken: Ms. White, could you tell me about your favorite book?

Ms. White: Yes. The name of the book is *The Adventure of Tony.* It's a book for children.

Ken: When did you read it?

Ms. White: When I was an elementary school student, my uncle gave it to me as a present. It was popular among students then.

Ken: Please tell me more about the book.

Ms. White: Sure. Well, the story is about a young boy, Tony. In his adventure, a lot of problems are waiting for him. But he never stops his adventure and his dream finally comes true. You can read it quickly because it's written in easy English. I want Japanese students to read the book and enjoy the story in English.

Ken: I want to read it soon. Thank you very much, Ms. White.

Ms. White: You're welcome.

くり返します。 (対話をくり返す。)

以上で，リスニングテストを終わります。次の問題に移ってください。

社会

時間　50分　　　　満点　50点

1　次の(1)〜(3)に答えなさい。

(1)　資料Ⅰは，弥生時代に使用された青銅器である。この青銅器を何というか。次の1〜4から一つ選び，記号で答えなさい。(　　　)

1　銅鐸　　2　銅鏡　　3　銅剣　　4　銅矛

資料Ⅰ

(2)　資料Ⅱは，16世紀のドイツで宗教改革を始めた人物の肖像画である。この人物は誰か。次の1〜4から一つ選び，記号で答えなさい。(　　　)

1　ワシントン　　2　バスコ・ダ・ガマ　　3　ルター　　4　ナポレオン

資料Ⅱ

(3)　1853年，アメリカ合衆国のペリーが浦賀に来航し，江戸幕府に日本の開国を要求した結果，1854年，幕府はアメリカ合衆国と条約を結び，開国した。この条約を何というか。答えなさい。(　　　)

2　次の(1)〜(3)に答えなさい。

(1)　次の文は，日本国憲法第25条の一部である。この条文で保障されている権利を何というか。下の1〜4から一つ選び，記号で答えなさい。(　　　)

> 第25条①　すべて国民は，健康で文化的な最低限度の生活を営む権利を有する。

1　団結権　　2　勤労の権利　　3　教育を受ける権利　　4　生存権

(2)　次の表Ⅰは，物価の変動について，大まかにまとめたものである。表Ⅰ中の（　　）に入る，適切な語を答えなさい。(　　　)

表Ⅰ

（　　）	好況（好景気）のときに，物価が上がり続ける現象のこと。
デフレーション	不況（不景気）のときに，物価が下がり続ける現象のこと。

(3)　国際連合において，拒否権をもつ5か国の常任理事国と，10か国の非常任理事国とで構成される機関を何というか。次の1〜4から一つ選び，記号で答えなさい。(　　　)

1　総会　　2　安全保障理事会　　3　経済社会理事会　　4　国際司法裁判所

3 次の(1)～(3)に答えなさい。

(1) 資料Ⅰは，川が山間部から平野や盆地に出たところに土砂がたまってできた地形の写真である。このような地形を何というか。答えなさい。(　　　)

資料Ⅰ

(2) 図Ⅰは，日本周辺の海流を ━━▶ で大まかに示したものである。図Ⅰ中のA～Dの海流のうち，寒流の組み合わせとして最も適切なものを，次の1～4から選び，記号で答えなさい。

(　　　)

1　A・B　　2　B・C　　3　A・D　　4　C・D

図Ⅰ

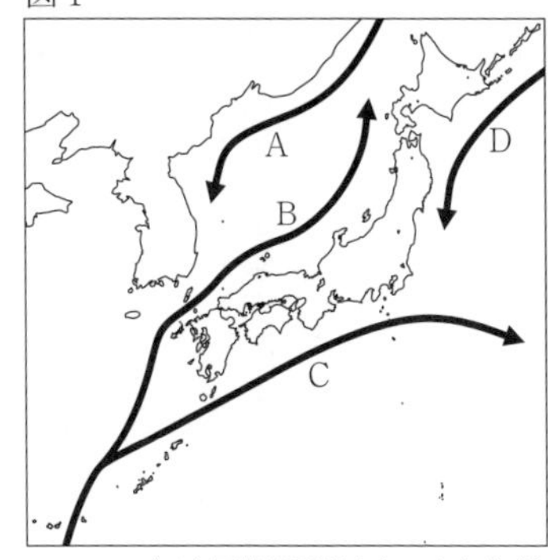

(日本国勢地図帳などにより作成)

(3) 次の説明文にあてはまる国を，下の1～4から一つ選び，記号で答えなさい。(　　　)

この国では，1970年代末から2015年まで，「一人っ子政策」とよばれる人口の増加を抑えるための政策が進められた。

また，経済を発展させるために，1979年以降，沿岸部のシェンチェンなどに外国企業を受け入れる経済特区が設けられた。

1　アメリカ合衆国　　2　中国　　3　タイ　　4　ガーナ

4　Hさんのクラスは，文化祭での展示に向け，税の歴史について調べた。次は，展示の配置と内容を大まかに示したものである。これについて，あとの(1)～(8)に答えなさい。

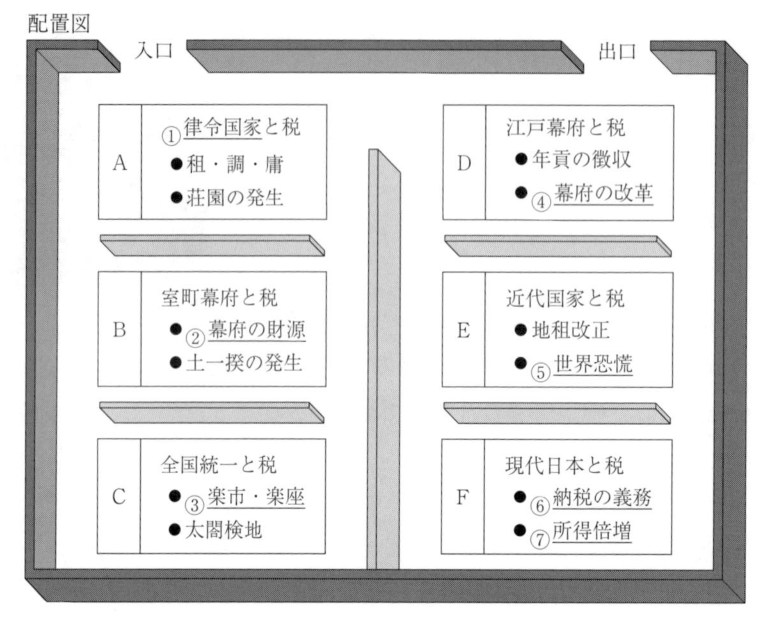

(1)　下線部①について，701年に，唐の制度にならってつくられた律令を何というか。答えなさい。

(　　　)

(2)　下線部②について，室町幕府が税を課した，お金の貸し付けなどを行っていた金融業者を何というか。次の1～4から二つ選び，記号で答えなさい。(　　　)(　　　)

1　土倉　　2　飛脚　　3　惣　　4　酒屋

(3)　下線部③について，織田信長によって楽市令が出されたのは何世紀か。答えなさい。

(　　　世紀)

(4)　下線部④に関連して，江戸幕府の老中であった田沼意次が，幕府の財政を立て直すため，貿易や開発に力を入れたことのほかに，商工業者に対して行った政策の内容を，「税」という語を用いて説明しなさい。

(　　　)

(5)　下線部⑤に対処するため，イギリスなどが実施した，本国と植民地との間で経済圏をつくり，高い税をかけて外国の商品をしめ出す政策を何というか。答えなさい。(　　　)

(6)　下線部⑥に関連して，あとの資料Ⅰは，Hさんが作成した展示資料の一部である。また，a，bの文は，所得税と消費税のいずれかの特徴を述べたものである。資料Ⅰのグラフ中のア，イと，a，bの文のうち，消費税を示しているものの組み合わせとして正しいものを，下の1～4から一つ選び，記号で答えなさい。(　　　)

a　所得に関係なく税率が一定で，低所得者ほど所得にしめる税負担の割合が高い。

b　税の支払い能力に応じた税負担を求めるため，累進課税が適用されている。

1　ア－a　　2　ア－b　　3　イ－a　　4　イ－b

資料Ⅰ

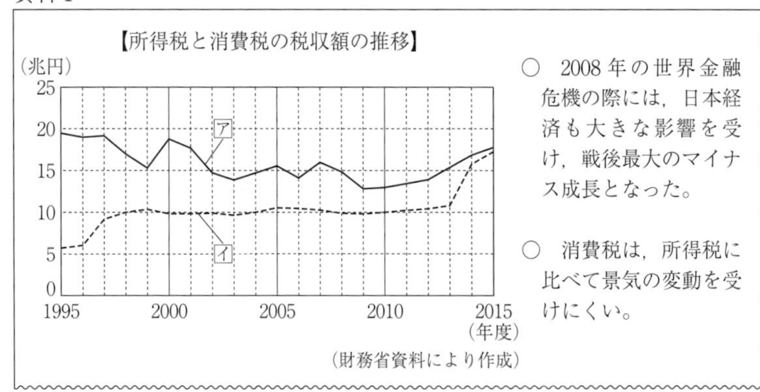

(7) 下線部⑦に関連して，次の1～3は，池田勇人内閣が所得倍増をスローガンにかかげた1960年以降の日本のできごとである。1～3のできごとを，年代の古い順に並べ，記号で答えなさい。

(→ →)

1 中東での戦争の影響を受けて，石油危機が起こり，高度経済成長が終わった。

2 投資によって株価と地価が異常に高くなるバブル経済が崩壊した。

3 各地で起こっていた公害問題に対応するため，公害対策基本法が制定された。

(8) Nさんは，展示資料について説明するための原稿を作成した。次の資料Ⅱは，その一部である。資料Ⅱは，配置図中のA～Fのどの展示について説明したものか。最も適切なものを，A～Fから選び，記号で答えなさい。( )

資料Ⅱ

人々に対して，収穫の約3％の稲や，絹などの特産物，布などの税を納めることが義務づけられました。そのほかに，労役(ろうえき)や兵役(へいえき)も課せられており，これらも人々にとって重い負担でした。

5　Kさんのクラスでは，公民の学習のまとめとして，模擬選挙を行うことにした。最初に各班で模擬政党を結成し，公約を一つずつ考えた。次は，各党が考えた公約である。これについて，あとの(1)～(5)に答えなさい。

ア党：医療制度を充実させ，安心して健康に暮らせる社会をめざします。

イ党：地方自治へのさらなる住民参加を呼びかけ，地域活性化を推進します。

ウ党：企業間の健全な競争をうながし，経済の発展に努めます。

エ党：国際社会と協力しながら，持続可能な社会の形成に努めます。

オ党：食料の安定供給のため，食料自給率を向上させます。

(1)　ア党の公約に関連して，自己決定の観点から，医師は治療方法などについて患者に十分な説明を行うべきだと考えられている。このような考え方を何というか。次の1～4から一つ選び，記号で答えなさい。(　　　)

1　メディアリテラシー　　2　クーリング・オフ　　3　フェアトレード

4　インフォームド・コンセント

(2)　イ党では，公約を考えるにあたって，各自が興味をもったことについて調べることにした。次は，イ党に所属するKさんが作成したメモである。(あ)に適切な語をおぎない，文を完成させなさい。(　　　)

〈メモ〉

○中学生も住民投票

平成15年5月11日，長野県平谷(ひらや)村で，市町村合併の賛否を問う住民投票が実施された。この住民投票では，事前に制定された条例にもとづいて，中学生にも投票の資格が与えられ，実際に投票を行った。

○感想

地方自治は「(あ)の学校」であると言われるが，平谷村の中学生にとって，この経験は地方自治について，そして，(あ)について考えるきっかけになったのではないかと思う。

(3)　ウ党の公約に関連して，企業の健全な競争をうながすために制定された独占禁止法の運用を担当する行政機関を何というか。答えなさい。(　　　)

(4)　エ党の公約について，「持続可能な社会」とはどのような社会のことか。「現在の世代」と「将来の世代」という二つの語を用いて説明しなさい。

（　　　　　　　　　　　　　　　　　　　　　　　　　　　　　　　）

(5) Kさんのクラスでは模擬選挙の前に，公開討論会を行うことにした。次は，オ党が公開討論会で使用するポスターと，原稿である。原稿中の［　い　］に適切な語句をおぎない，文を完成させなさい。

（　　　　　　　　　　　　　　　　　　　　　　　　　　　　　　　）

〈ポスター〉

日本の食料自給率の向上に向けて

【私たちが考えた具体的政策】

・米の生産者と，製粉業者，パンや菓子といった商品のメーカー・小売業者が連携して，米粉の利用を促進する体制を確立する。

・米の消費量を増やすため，お米・ごはん食の栄養・健康面でのよさなどをわかりやすく紹介するパンフレットを作成する。

【日本の食料自給率の現状】

資料Ⅰ　日本の食料自給率の推移（供給熱量ベース）

(%) 80 60 40 20 0

1965 1975 1985 1995 2005 2015(年度)

（農林水産省資料により作成）

資料Ⅱ　日本の品目別食料自給率の変化（供給熱量ベース）

品目	1965年度（%）	2015年度（%）
米	100	99
畜産物	47	17
油脂類	33	3
小麦	28	15
魚介類	110	62
野菜	100	76

（農林水産省資料により作成）

資料Ⅲ　国民1人・1日当たり供給熱量の変化

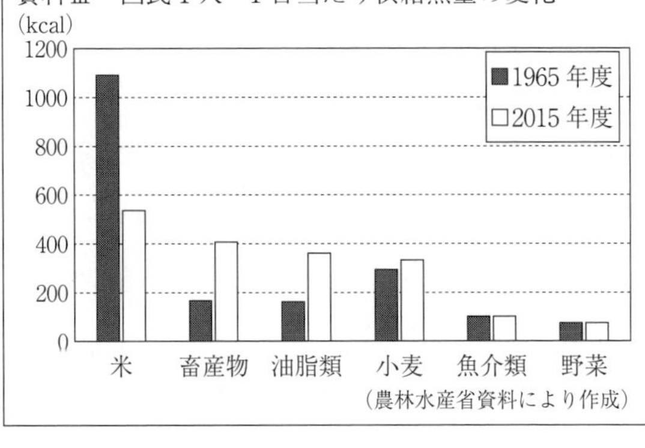

（農林水産省資料により作成）

（注）資料Ⅰ～Ⅲにおける供給熱量とは，国民に対して供給された食料の重量を熱量に換算して示したもの。

〈原稿〉

・資料Ⅰから資料Ⅲをふまえて，私たちが考えた政策を発表します。

・資料Ⅰから，日本の食料自給率は，1965年度から2015年度にかけて低下していることが読み取れます。

・資料Ⅱと資料Ⅲから，［　い　］ことが食料自給率の低下の一因であると言えます。

・以上のことから，食料自給率を向上させるためには，お米・ごはん食を奨励することが有効であると考えます。

6　昨年秋に，日本で開催されたラグビーワールドカップを見たTさんは，南半球の国々に興味をもち，アルゼンチン，南アフリカ共和国，オーストラリアについて調べることにした。これについて，次の(1)～(5)に答えなさい。

(1)　図Ⅰは，北回帰線より南を省略してかかれた地図である。図Ⅰ中の［　　］で囲んだあ～うにあてはまる図を，下のA～Cからそれぞれ選び，記号で答えなさい。

あ(　　　)　い(　　　)　う(　　　)

図Ⅰ

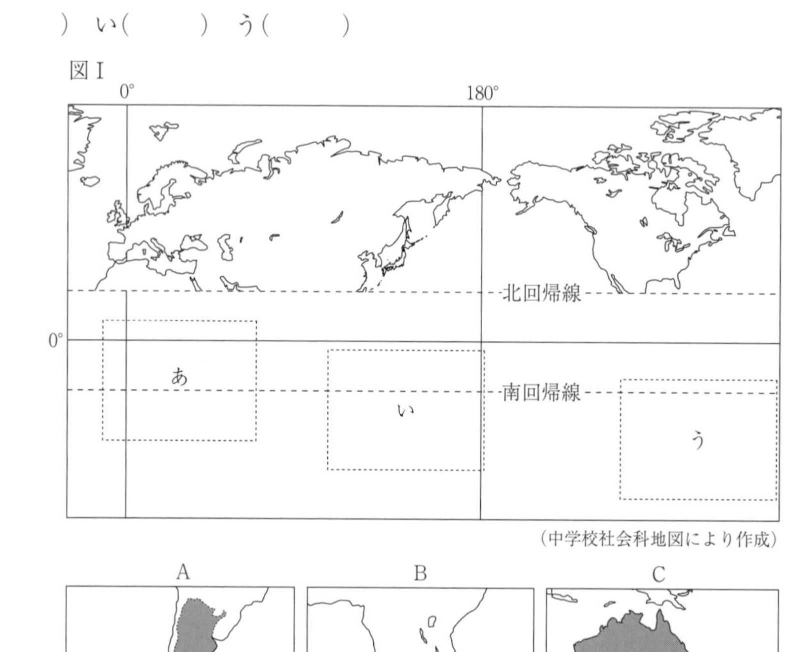

(中学校社会科地図により作成)

(注)　A～Cの縮尺はすべて同じであるが，図Ⅰとの縮尺は異なる。

(2)　世界には，高くけわしい山脈や島々が連なる造山帯が二つある。このうち，アルゼンチンとチリの国境をなすアンデス山脈と，日本列島とが，ともに属する造山帯を何というか。答えなさい。

(　　　)

(3)　昨年のラグビーワールドカップで優勝した南アフリカ共和国は，異なる人種どうしの和解や協調を進めている。これは，1990年代にヨーロッパ系以外の人々を差別する政策が廃止されたためである。この廃止された政策を何というか。答えなさい。(　　　)

資料Ⅰ　オーストラリアの輸出品の変化

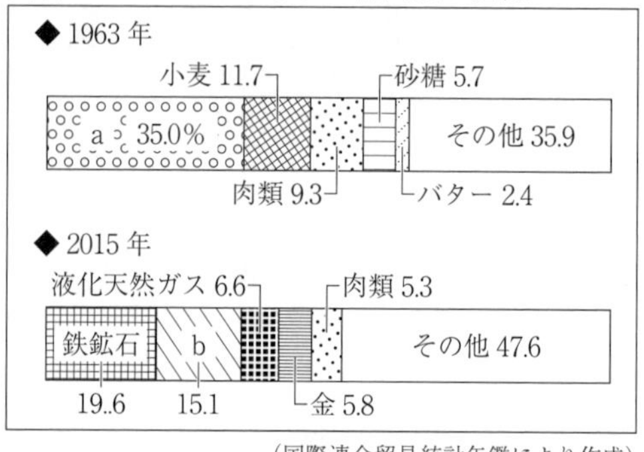

(国際連合貿易統計年鑑により作成)

(4)　Tさんは，オーストラリアについてレポートを作成するために，資料を集めた。資料Ⅰ，資料Ⅱは，その一部である。次のア～ウに答えなさい。

ア　オーストラリアは，世界を六つの州に区分した場合，何という州に属するか。答えなさい。

(　　　州)

イ　資料Ⅰは，オーストラリアの1963年と2015年における輸出額の品目別の割合を示したものである。資料Ⅰ中のa，bにあてはまる品目を，次の1～4からそれぞれ選び，記号で答えなさい。a（　　　）b（　　　）

1　石炭　　2　石油　　3　羊毛　　4　コーヒー

ウ　Tさんは，2017年に日本に輸入された鉄鉱石の約6割がオーストラリア産であり，日本の製鉄はオーストラリアと関係が深いことを知った。

資料Ⅱは，現在の日本における主な製鉄所の所在地を示したものである。これらの製鉄所は，どのような場所に立地しているか。輸送手段に着目して説明しなさい。

（　　　　　　　　　　　　　　　　　　　　　　　　）

資料Ⅱ　日本の主な製鉄所の所在地

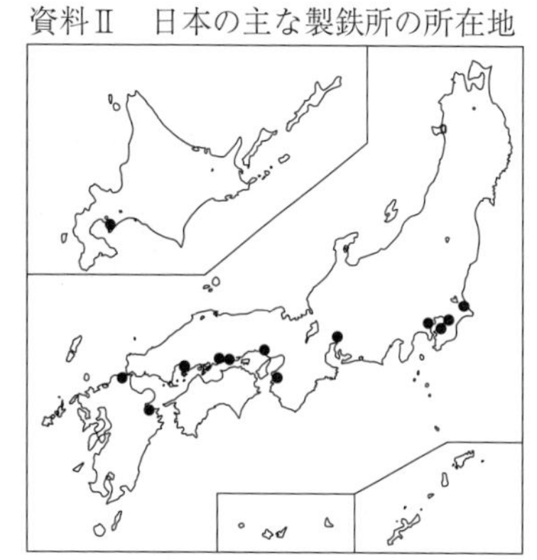

（日本の鉄鋼業2018年版により作成）

(5) Tさんは，ラグビーワールドカップをきっかけに，ラグビーの競技人口にも興味をもち，表Ⅰの資料をもとに図Ⅱのような統計地図を作成することにした。図Ⅱ中の未記入の二つの県について，記入されている都県の例にならって作業を行い，図Ⅱを完成させなさい。

表Ⅰ

都県名	ラグビー競技人口（人）
茨城県	1,809
栃木県	676
群馬県	1,916
埼玉県	4,178
千葉県	3,125
東京都	13,153
神奈川県	7,098

（注）ラグビー競技人口は，日本ラグビーフットボール協会に登録されている人数である。

（日本ラグビーフットボール協会2018年度事業報告により作成）

図Ⅱ　関東地方のラグビー競技人口

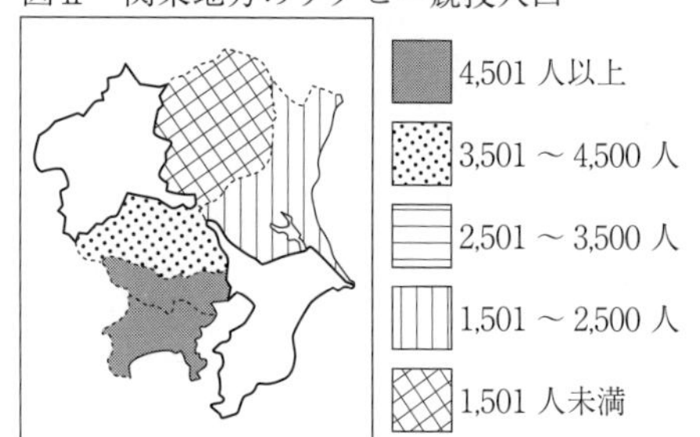

7　Sさんは，かつて日本の都が置かれていたことから古都と呼ばれている奈良・京都に興味をもち，調べ学習を行った。次の(1)，(2)に答えなさい。

(1)　Sさんは，奈良・京都の文化遺産について調べ，まとめることにした。次は，その一部である。これについて，下のア～エに答えなさい。

◆東大寺

・奈良時代に聖武天皇が，仏教の教えを中心にして，国を守るために建てた。
・源平の争乱で①平氏に焼かれたが，貴族や武士だけでなく民衆などの支援によって再建された。
・南大門には，力強い動きを表す，②彫刻作品が置かれている。

◆二条城

・徳川家康により築城され，以後，江戸幕府の将軍が京都を訪れたときの宿泊所となった。
・二の丸御殿は，③桃山文化を代表する建築物である。
・1867年（慶応3年），15代将軍徳川慶喜が，④大政奉還を発表した場所である。

ア　下線部①に関連して，武士として初めて政治の実権をにぎった平清盛について述べた文として正しいものを，次の1～4から一つ選び，記号で答えなさい。（　　　）

1　摂政になり，仏教や儒教の考え方を取り入れた十七条の憲法を定めた。
2　太政大臣になり，一族を朝廷の高い位につけ，各地の公領を支配した。
3　征夷大将軍になり，家来となった武士に守護や地頭の職を与えた。
4　執権になり，元軍の襲来では，博多湾に石の防壁を築き抵抗した。

イ　下線部②は，運慶らによって制作されたものである。南大門にある，この作品を何というか。答えなさい。（　　　）

ウ　下線部③について，資料Ⅰは，桃山文化を代表する絵画である。この絵画をかいた人物は誰か。答えなさい。（　　　）

資料Ⅰ

エ　下線部④とは，どのようなことか，「朝廷」という語を用いて，簡潔に述べなさい。
（　　　　　　　　　　　　　　　　　　　　　　　）

(2)　Sさんは，京都の文化遺産などの観光地を家族と一緒にめぐるコースを考えることにした。次は，Sさんが考えたコースである。これについて，あとのア～カに答えなさい。

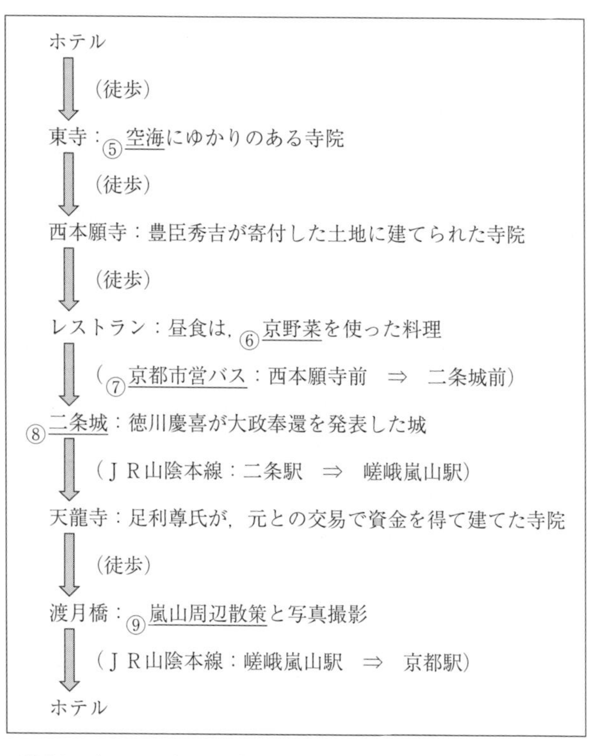

ア　下線部⑤が，9世紀の初めに唐から帰国した後，仏教の新しい宗派を広めた。この宗派を何というか。次の1～4から一つ選び，記号で答えなさい。(　　　)

1　真言宗　　2　天台宗　　3　浄土宗　　4　日蓮宗

イ　下線部⑥について，Sさんは，賀茂なすや九条ねぎなどの京野菜が京都市の郊外や周辺地域で生産されていることを知った。東京や京都などの大都市から距離の近い地域に，野菜や生花などを生産する農業が多くみられる理由を説明しなさい。

(　　　　　　　　　　　　　　　　　　　　　　　　　　　　　　　　　　　　　)

ウ　下線部⑦を運営する京都市交通局のような国や地方公共団体などが経営する公企業に対して，個人企業や法人企業のような民間企業を何というか。答えなさい。(　　　)

エ　下線部⑧について調べていたSさんは，「入城料」をクレジットカードで支払えることを知った。クレジットカードで商品を購入する際の利点を，支払い方法にふれながら，「現金」という語を用いて説明しなさい。

(　　　　　　　　　　　　　　　　　　　　　　　　　　　　　　　　　　　　　)

オ　下線部⑨について，Sさんは，嵐山周辺を散策するルートを決めるため，図Ⅰを使用した。図Ⅰの範囲から読み取れることとして正しいものを，次の1～4から一つ選び，記号で答えなさい。(　　　)

1　①の範囲には，茶畑が広がっている。

2　郵便局が最も近くにある駅は，有栖川駅である。

3　②の神社は，標高100mよりも低い位置にある。

4　天龍寺庭園は，渡月橋の北東の方向にある。

図Ⅰ

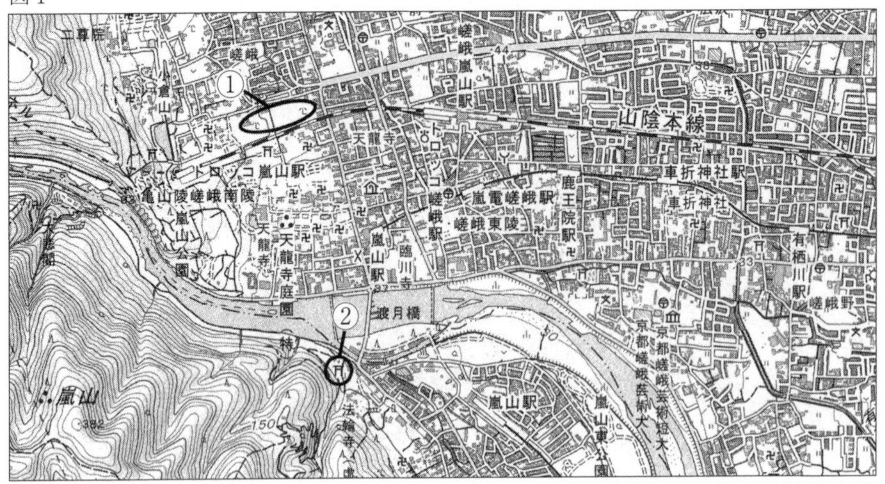

（国土地理院 25,000 分の 1 地形図による）

カ　表Ⅰは，国内の宿泊旅行のうち，近畿地方２府５県を目的地とした，旅行目的別の延べ旅行者数を示したもので，図Ⅱは，近畿地方２府５県における国宝（建造物）指定件数である。京都府にあてはまるものを，表Ⅰ，図Ⅱ中のＡ～Ｄから一つ選び，記号で答えなさい。なお，表Ⅰと図Ⅱ中のＡ～Ｄは，それぞれ同じ府県である。（　　　）

表Ⅰ　（2017 年）

府県名	観光・レクリエーション（千人）	出張・業務（千人）
A	7,975	4,075
B	7,647	1,240
兵庫県	7,542	2,187
三重県	5,983	1,072
C	3,332	266
D	2,087	230
滋賀県	1,804	766

（観光庁資料により作成）

図Ⅱ

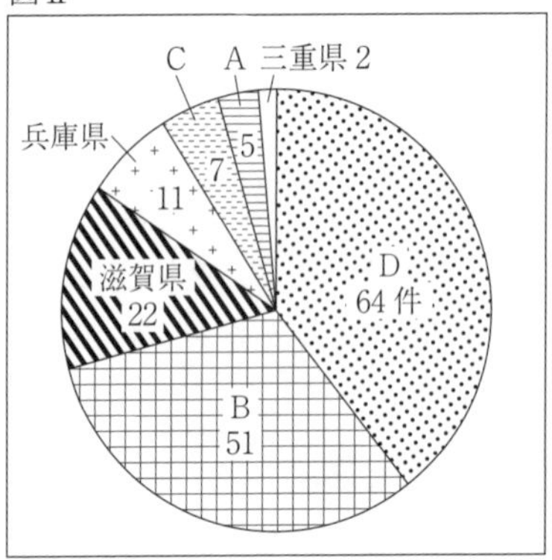

（注）　指定件数は，2019 年 12 月 1 日現在のものである。
（文化庁資料により作成）

理科

時間 50分　　　満点 50点

1　図1のように2本のプラスチックのストローA，Bをティッシュペーパーでよくこすり，図2のように，ストローAを竹ぐしにかぶせ，ストローBを近づけると，2本のストローはしりぞけ合った。次の(1)，(2)に答えなさい。

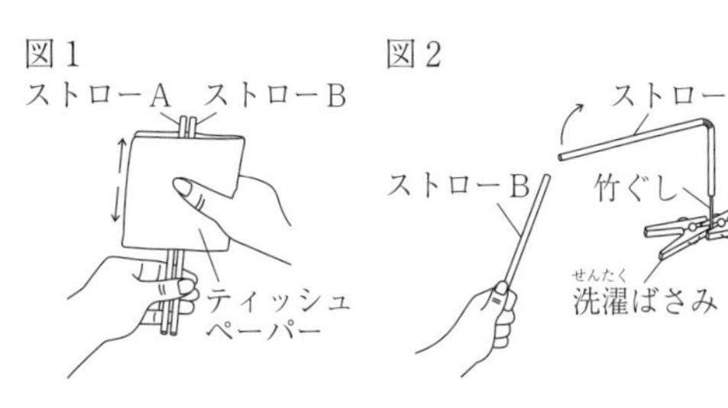

(1)　プラスチックと紙のように異なる種類の物質を，たがいにこすり合わせたときに発生する電気を何というか。書きなさい。(　　　)

(2)　図3のように，竹ぐしにかぶせたストローAに，ストローAをこすったティッシュペーパーを近づけた。次の文が，このとき起きる現象を説明したものとなるように，(　　)内のa～dの語句について，正しい組み合わせを，下の1～4から1つ選び，記号で答えなさい。

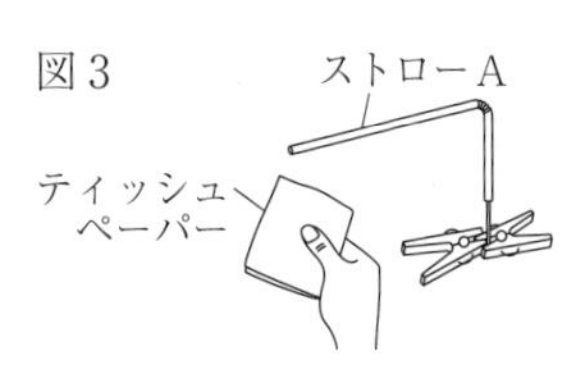

(　　　)

竹ぐしにかぶせたストローAと，ストローAをこすったティッシュペーパーは，(a　同じ種類　b　異なる種類）の電気を帯びているため，たがいに（c　引き合う　　d　しりぞけ合う)。

1　aとc　　2　aとd　　3　bとc　　4　bとd

2　60℃の水100gを入れた2つのビーカーに，それぞれ塩化ナトリウムとミョウバンを加えてとかし，飽和水溶液をつくり，図1のようにバットに入れた水の中で冷やした。

このとき，ミョウバンは結晶として多くとり出すことができたのに対し，塩化ナトリウムはほとんどとり出すことができなかった。

次の(1)，(2)に答えなさい。

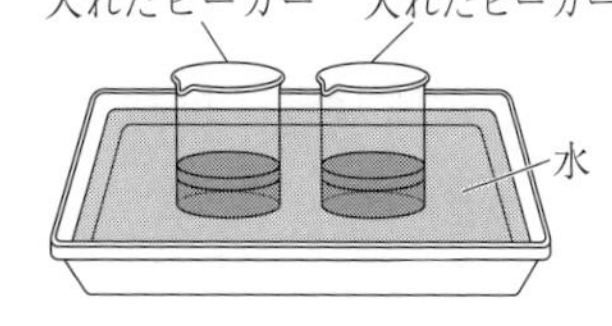

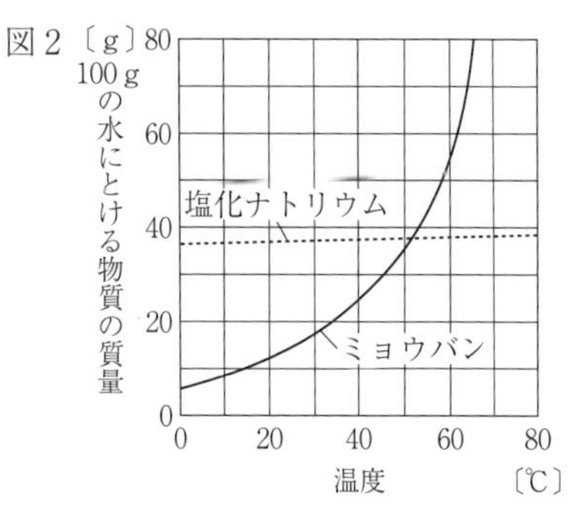

(1)　水溶液における水のように，溶質をとかしている液体を何というか。書きなさい。(　　　)

(2)　塩化ナトリウムが結晶としてほとんどとり出すことができなかったのはなぜか。図2をもとに，「温度」と「溶解度」という語を用いて，簡潔に述べなさい。

(　　　　　　　　　　　　　　　　　　)

3　ジャガイモのいもを，水を入れた皿に置いておくと，図1のように芽が出て成長し，新しい個体となった。このように，植物や動物などにおいて，親の体の一部から新しい個体がつくられることを無性生殖という。次の(1)，(2)に答えなさい。

図1

水　いも

(1)　さまざまな生物にみられる無性生殖のうち，ジャガイモなどの植物において，体の一部から新しい個体ができる無性生殖を何というか。書きなさい。(　　　)

(2)　無性生殖において，親の体の一部からつくられた新しい個体に，親と全く同じ形質が現れるのはなぜか。理由を簡潔に述べなさい。

(　　　　　　　　　　　　　　　　　　　　　　　　　　　　　)

4　図1のように，氷を入れた大型試験管を用いて，金属製のコップの中に入れた水の温度を下げていき，コップの表面がくもり始める温度を測定した。次の(1)，(2)に答えなさい。

図1

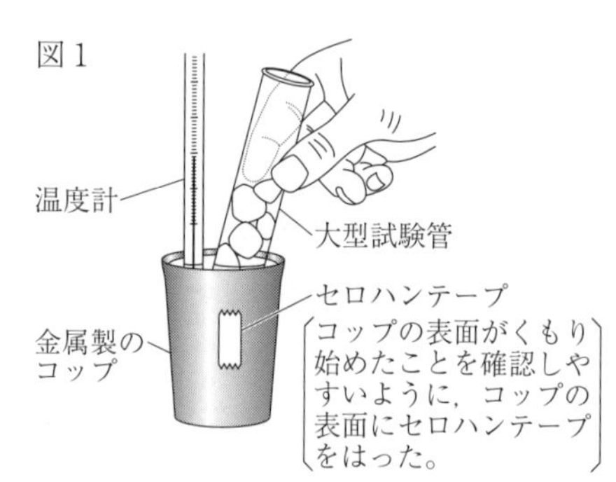

(1)　コップの表面がくもったのは，コップの表面にふれている空気が冷やされて，空気中の水蒸気の一部が水滴となったためである。このように，空気中の水蒸気が冷やされて水滴に変わり始めるときの温度を何というか。書きなさい。(　　　)

(2)　図2は，ある年の4月15日から17日にかけての気温と湿度をまとめたものである。図2の期間において，図1のようにコップの表面がくもり始める温度を測定したとき，その温度が最も高くなるのはいつか。次の1～4から1つ選び，記号で答えなさい。(　　　)

1　4月15日12時　　2　4月16日16時　　3　4月17日8時　　4　4月17日16時

図2

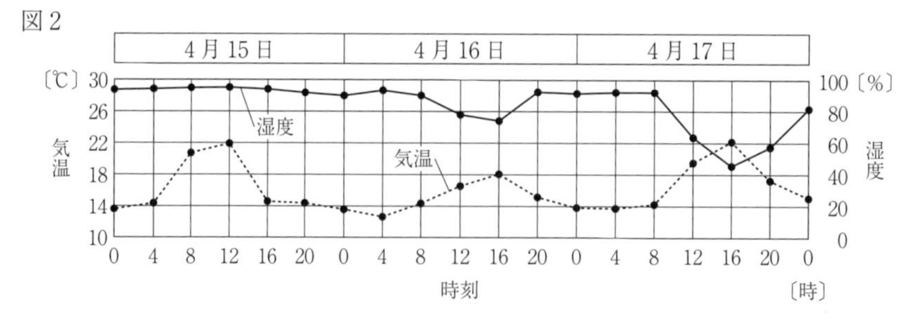

5 AさんとBさんは，刺激に対する反応について調べるために，次の実験を行った。下の(1)～(4)に答えなさい。

［実験］

① 30cmのものさしを用意した。

② 図1のように，Aさんは，ものさしの上端を持ち，ものさしの0の目盛りをBさんの手の位置に合わせた。また，AさんとBさんはお互いに空いている手をつなぎ，Bさんは目を閉じた。

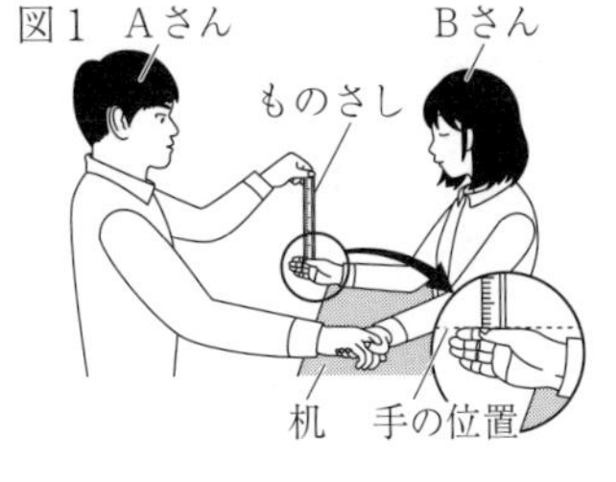

図1

③ Aさんは，つないだ手を強くにぎると同時に，ものさしをはなした。Bさんは，つないだ手が強くにぎられたのを感じたら，すぐものさしをつかんだ。

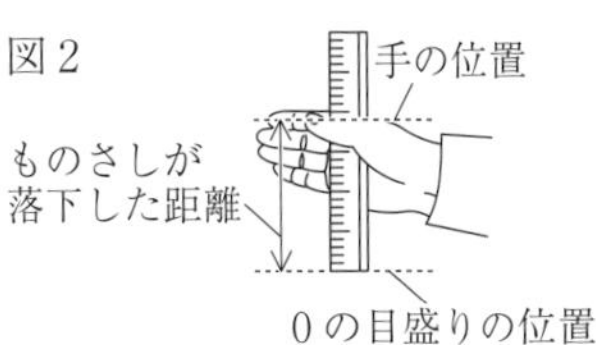

図2

④ 図2のように，ものさしが落下した距離を測定した。

⑤ ②～④の操作をさらに4回繰り返した。表1はその結果である。

表1

	1回目	2回目	3回目	4回目	5回目
ものさしが落下した距離〔cm〕	19.0	20.8	18.5	20.0	19.2

⑥ 5回測定した距離の平均値を求めた。

(1) 図3は，Bさんがつないだ手を強くにぎられてから，刺激が信号に変えられ，反対側の手でものさしをつかむまでの，信号が伝わる経路を示したものである。図3の［a］，［b］にあてはまる末しょう神経の名称をそれぞれ書きなさい。a（　　）b（　　）

図3 にぎられた手の皮ふ→［a］→中枢神経→［b］→反対側の手の筋肉

(2) 実験においてより正しい値を求めるためには，［実験］の⑤，⑥のように繰り返し測定し，平均値を求める必要がある。その理由を簡潔に述べなさい。

（　　　　）

(3) 図4は，30cmのものさしが落下する時間と落下する距離の関係を示したものである。図4と，［実験］の⑥で求めた距離の平均値から，手を強くにぎられてから反対側の手でものさしをつかむまでの時間として最も適切なものを，次の1～4から選び，記号で答えなさい。（　　）

1 0.19秒　2 0.20秒　3 0.21秒　4 0.22秒

図4

〔cm〕 落下する距離 (0, 5, 10, 15, 20, 25, 30)
落下する時間〔s〕 (0, 0.10, 0.20)

(4) 手で熱いものにふれたとき，熱いと感じる前に思わず手を引っこめる反応は，反射の一つであり，危険から体を守ることに役立っている。この反応が，［実験］の③の下線部のような意識して起こす反応に比べて，短い時間で起こるのはなぜか。「せきずい」という語を用いて，その理由を簡潔に述べなさい。

（　　　　）

6　Yさんは，酸とアルカリの反応について調べるために，次の実験を行った。下の(1)～(4)に答えなさい。

［実験1］

①　2％の塩酸4 cm^3 を入れた試験管に，緑色のBTB溶液を数滴加えると，黄色に変化した。この試験管にマグネシウムリボンを入れると，図1のAのように，気体が発生した。

②　①の試験管に，こまごめピペットで2％の水酸化ナトリウム水溶液を少しずつ加えていくと，図1のBのように，しだいに気体の発生が弱くなった。

③　さらに水酸化ナトリウム水溶液を加えていくと，図1のC，Dのように，気体が発生しなくなり，水溶液の色が緑色に変化した後，青色になった。

図1

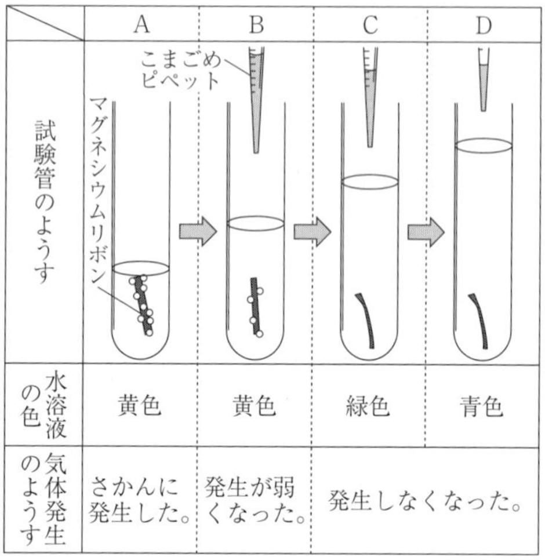

	A	B	C	D
試験管のようす	（マグネシウムリボン）	（こまごめピペット）		
水溶液の色	黄色	黄色	緑色	青色
気体発生のようす	さかんに発生した。	発生が弱くなった。	発生しなくなった。	

Yさんは，酸とアルカリの種類をかえて，［実験2］を行った。

［実験2］

①　うすい硫酸をビーカーに入れた。

②　①のビーカーに，こまごめピペットでうすい水酸化バリウム水溶液を少しずつ加えた。

(1)　［実験1］の①で発生した気体の性質として最も適切なものを，次の1～4から選び，記号で答えなさい。（　　　）

1　フェノールフタレイン溶液を赤色に変化させる。　　2　特有の刺激臭がある。

3　ものを燃やすはたらきがある。　　4　空気より密度が小さい。

(2)　水300gに水酸化ナトリウムを加えて，［実験1］の②の下線部をつくった。このとき，加えた水酸化ナトリウムは何gか。小数第2位を四捨五入し，小数第1位まで求めなさい。（　　　g）

(3)　［実験1］で起こった，塩酸と水酸化ナトリウム水溶液の反応を化学反応式で書きなさい。

（　　　　　　　　）

(4)　図2は，［実験2］の②の操作をモデルで示したものである。図2のように，水素イオン H^+ が6個存在する硫酸に，水酸化物イオン OH^- が4個存在する水酸化バリウム水溶液を加えたとする。

このとき，反応後にビーカー内に残っている「バリウムイオン」と「硫酸イオン」の数はいくつになるか。次のア～キからそれぞれ1つずつ選び，記号で答えなさい。

バリウムイオン（　　　）　硫酸イオン（　　　）

ア　0個　　イ　1個　　ウ　2個　　エ　3個　　オ　4個　　カ　5個　　キ　6個

図2

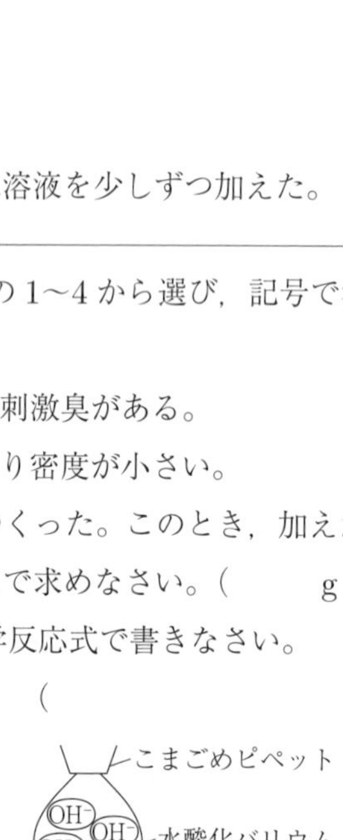

こまごめピペット
水酸化バリウム水溶液
硫酸
ビーカー

（水酸化バリウム水溶液に含まれているバリウムイオンと，硫酸に含まれている硫酸イオンは，示していない。）

7 小球の運動について調べるために，次の実験を行った。小球とレールの間の摩擦(まさつ)や空気の抵抗はないものとして，あとの(1)～(4)に答えなさい。

［実験］

① 図1のように，目盛りをつけたレールを用いて，斜面と水平面がなめらかにつながった装置を作り，0の目盛りの位置を P_0 点とした。

図1

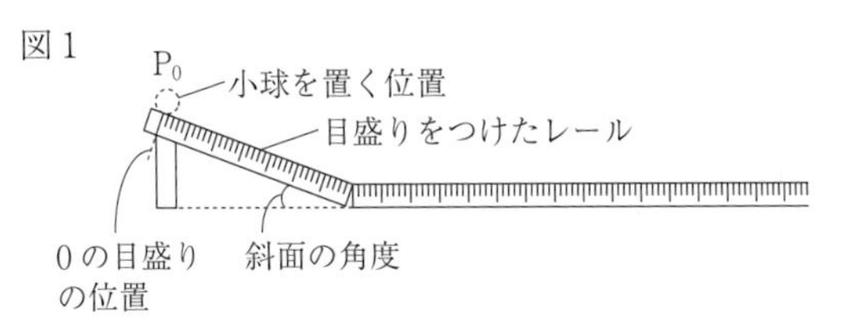

② 斜面の角度を20°にした。

③ 小球を P_0 点に置いた。

④ 小球から静かに手をはなした。このときの小球の運動をビデオカメラで撮影した。

⑤ 図2のように，②の斜面の角度を30°，40°にかえて，②～④の操作を繰り返した。

図2

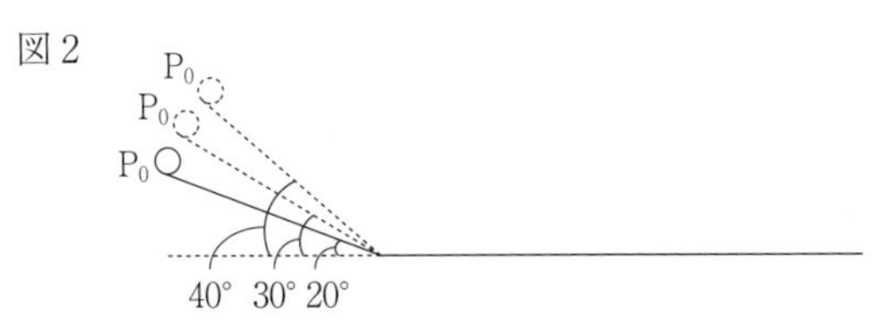

〔装置と小球を模式的に表している。〕

⑥ 表1は，小球を手からはなして0.1秒後，0.2秒後，0.3秒後，・・・，0.8秒後の小球の位置をそれぞれ P_1，P_2，P_3，・・・，P_8 とし，2点間の小球の移動距離をまとめたものである。

なお，図3は，斜面の角度を20°としたときの小球の位置を示したものである。

表1

斜面の角度	2点間の小球の移動距離〔cm〕							
	P_0P_1	P_1P_2	P_2P_3	P_3P_4	P_4P_5	P_5P_6	P_6P_7	P_7P_8
20°	1.7	5.0	8.4	11.7	14.8	15.3	15.3	15.3
30°	2.5	7.4	12.3	17.0	18.5	18.5	18.5	18.5
40°	3.1	9.4	15.7	20.6	21.0	21.0	21.0	21.0

図3

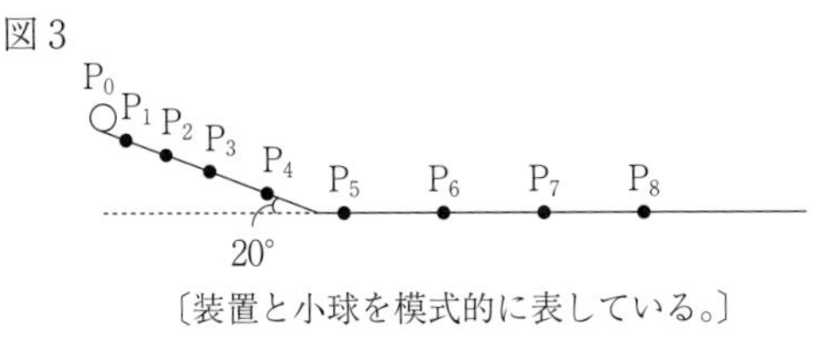

〔装置と小球を模式的に表している。〕

⑦ 表1から，斜面を下る小球の速さは一定の割合で大きくなるが，斜面の角度を大きくすると，速さの変化の割合が大きくなることが確かめられた。

(1)　斜面の角度を20°としたときのP_2P_3間の平均の速さは，P_1P_2間の平均の速さの何倍か。表1から，小数第2位を四捨五入して，小数第1位まで求めなさい。(　　　倍)

(2)　図4は，P_6の位置で水平面上を運動している小球にはたらく重力を矢印で表したものである。重力以外に小球にはたらく力を，図4に矢印でかきなさい。なお，作用点を「•」で示すこと。

図4

(3)　［実験］の⑦の下線部のようになるのはなぜか。理由を簡潔に述べなさい。
(　　　　　　　　　　　　　　　　　　　　)

(4)　図1の装置を用いて，図5のように，斜面の角度を20°にし，小球を高さhの位置から静かにはなした。次に，斜面の角度を30°にかえ，小球を高さhの位置から静かにはなした。

このときの「小球の速さ」と小球をはなしてからの「経過時間」の関係を表すグラフとして，最も適切なものを，次の1～4から選び，記号で答えなさい。(　　　)

図5

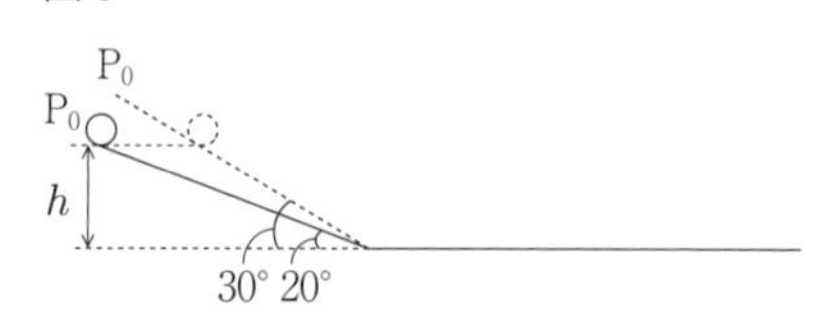

〔装置と小球を模式的に表している。〕

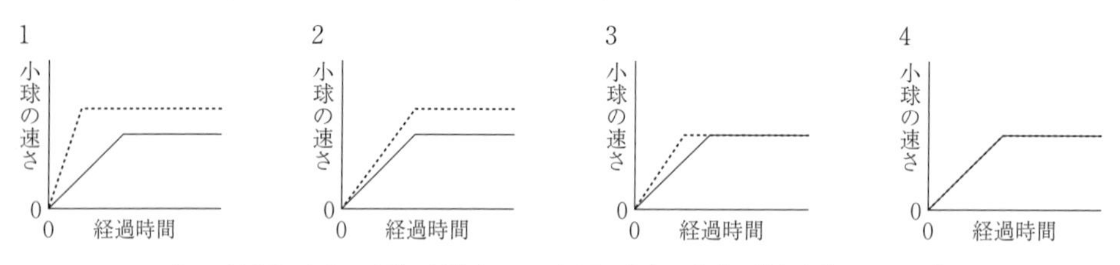

〔――は20°のときの小球の速さを，……は30°のときの小球の速さを表している。〕

8　Yさんは，地層の重なりや広がりに興味をもち，次の観察と調査を行った。あとの(1)~(4)に答えなさい。

［観察］

① 砂，れき，火山灰の層がみられる地層を，(ア)ルーペで観察し，粒の大きさを調べた。

② 火山灰を採集し，ルーペで観察すると，(イ)多数の鉱物が含まれていた。

別のある地域の地層について，インターネットを用いて次の［調査］を行った。

［調査］

① ある地域のあ地点，い地点，う地点，え地点の柱状図を収集し，図1のようにまとめた。

② この地域の標高を調べ，図2のようにまとめた。

図1

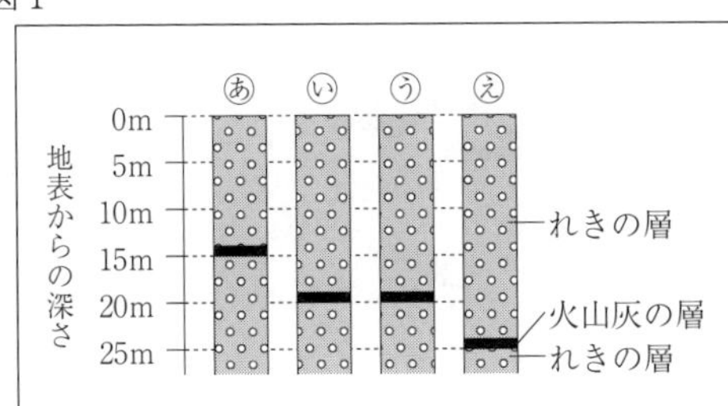

図2

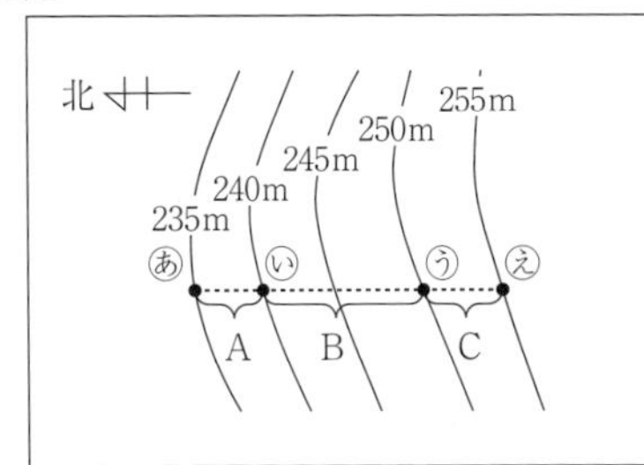

Yさんは，T先生と，図1，2を見ながら，次のような会話をした。

Yさん：この地域にも火山灰の層がみられますね。

T先生：この火山灰の層は，現在の九州地方の火山が約7300年前に噴火したときにふき出した火山灰が堆積したものであることが分かっているそうです。

Yさん：そうすると，火山灰の層の下にある，れきの層は，約7300年前以前に堆積したということですね。

T先生：そのとおりです。火山灰の層は，(ウ)離れた地層を比較する手がかりになりますね。

Yさん：はい。各地点の柱状図とこの地域の標高をもとに，火山灰の層を水平方向につなげてみたところ，(エ)火山灰の層がずれているところがあることもわかりました。

T先生：よく気づきましたね。

(1) 下線(ア)について，地表に現れている地層を観察するときのルーペの使い方として，最も適切なものを，次の1~4から選び，記号で答えなさい。(　　　)

1　ルーペは目に近づけて持ち，地層に自分が近づいたり離れたりしてピントを合わせる。

2　ルーペは目から離して持ち，地層に自分が近づいたり離れたりしてピントを合わせる。

3　自分の位置を固定し，ルーペを地層に近づけたり離したりしてピントを合わせる。

4　自分の位置を固定し，地層と自分の中間の位置にルーペを構えてピントを合わせる。

(2) 下線(イ)は,「有色の鉱物」と「無色・白色の鉱物」に分けられる。「無色・白色の鉱物」を，次の1~4から1つ選び，記号で答えなさい。(　　　)

1　キ石　　2　チョウ石　　3　カクセン石　　4　カンラン石

(3)　火山灰の層が，下線(ウ)となるのはなぜか。簡潔に述べなさい。

(　　)

(4)　下線(エ)のようになっている原因は，㋐地点から㋓地点の間に，図3の模式図のような断層が1か所あるからである。この断層による火山灰の層のずれは，図2のA～Cのいずれかの「区間」の下にある。その「区間」として最も適切なものを，図2のA～Cから選び，記号で答えなさい。ただし，この地域の火山灰の層は水平に堆積しているものとする。

図3

北側　上　南側

下

また，この断層ができるときに「地層にはたらいた力」を模式的に表した図として適切なものを，次の1，2から1つ選び，記号で答えなさい。

区間(　　　)　地層にはたらいた力(　　　)

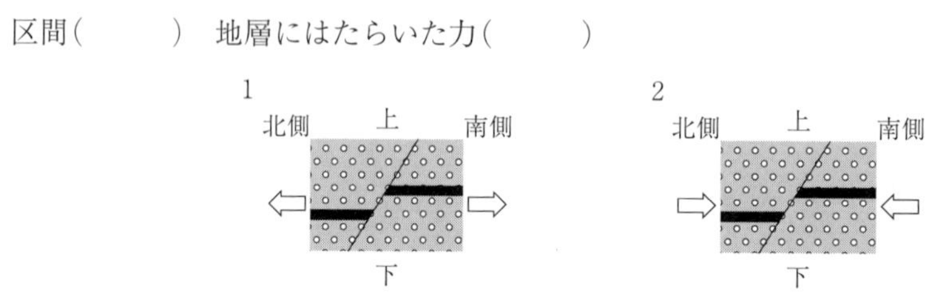

〔⇨は地層にはたらいた力の向きを示している。〕

9 AさんとBさんは，消化を促す胃腸薬にタンパク質を分解する消化酵素が含まれていることを知り，そのはたらきを調べようと考え，次の作業と実験を行った。あとの(1)～(4)に答えなさい。

胃腸薬と，(ア)タンパク質を主成分とする脱脂粉乳（牛乳からつくられる加工食品）を用意し，胃腸薬のはたらきについて次の仮説を立て，下の作業と実験を行った。

〈仮説Ⅰ〉 白くにごった脱脂粉乳溶液は，胃腸薬によって徐々に分解され透明になる。

［作業］

液の「透明の度合い」を測定するために，図1のような二重十字線をかいた標識板をつくり，図2のようにメスシリンダーの底に標識板をはりつけた「装置」をつくった。

この装置で透明の度合いを測定する手順を図3のようにまとめた。

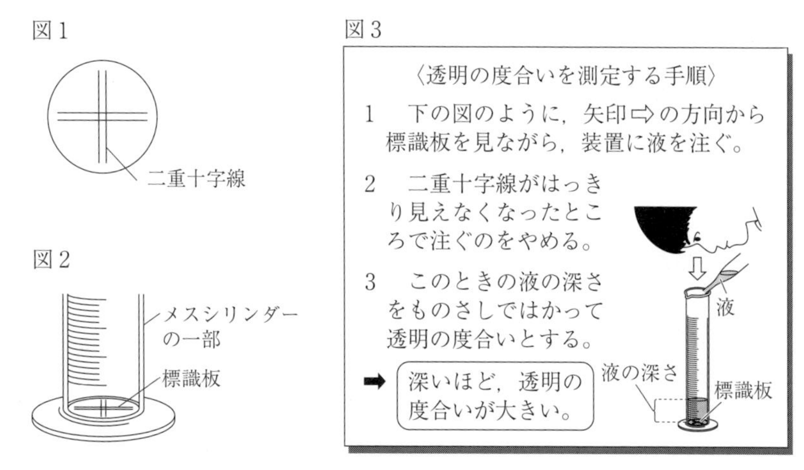

［実験1］

① 三角フラスコに水と胃腸薬を入れてよく混ぜ，「酵素液」とした。

② ビーカーに水90mLと脱脂粉乳0.5gを入れてよく混ぜ「脱脂粉乳溶液」とし，図4のように，①の三角フラスコと一緒に40℃の水を入れた水そうに入れた。

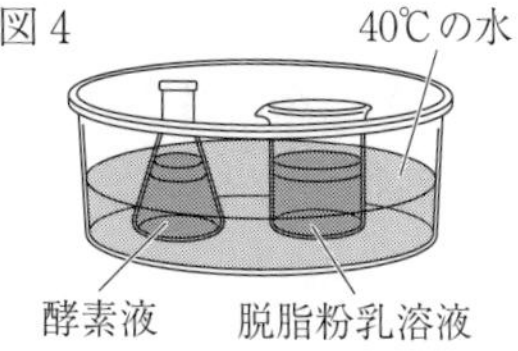

図4

③ 酵素液10mLを②のビーカーに加え，よく混ぜると同時にストップウォッチのスタートボタンを押した。

④ 0分，1分，2分，・・・，10分経過したときに，ビーカーからとった液の透明の度合いを，［作業］でつくった装置を用いて測定した。

⑤ 結果を表1にまとめた。透明の度合いは，時間の経過とともに大きくなった。

表1

経過した時間〔分〕	0	1	2	3	4	5	6	7	8	9	10
透明の度合い〔mm〕	8	8	8	9	11	13	16	20	25	31	37

AさんとBさんは，さらに，次の仮説を立て，あとの実験を行った。

〈仮説Ⅱ〉　胃腸薬のはたらきの強さは，温度が高いほど大きくなる。

［実験２］

①　［実験１］の②の水そうの水温を50℃，60℃にかえて，［実験１］と同様の操作を行った。

②　結果を，［実験１］の結果と合わせて，図５のようにまとめた。

図５

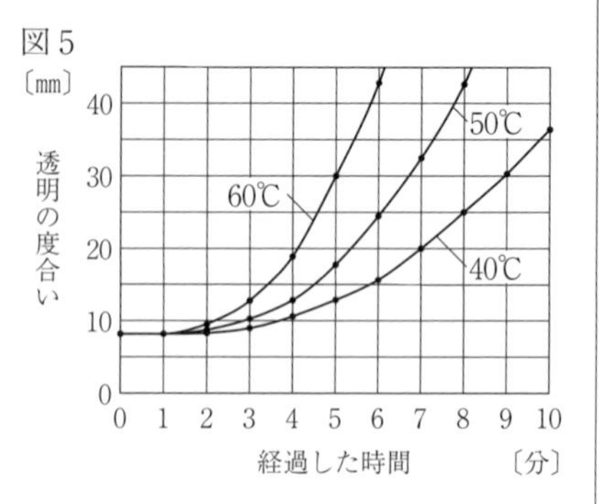

(1)　下線(ア)は有機物であり，砂糖やほかの有機物と同じように，燃やすとある気体を発生する。酸素が十分ある条件で有機物を燃やしたときに，水蒸気以外に共通して発生する気体を化学式で書きなさい。(　　　)

(2)　脱脂粉乳溶液が白くにごって見えるのは，脱脂粉乳溶液にタンパク質の分子が多数集まってできた粒子が含まれており，この粒子に光が当たっていろいろな方向にはね返るためである。光がでこぼこした面に当たって，いろいろな方向にはね返ることを何というか。答えなさい。

(　　　)

(3)　〈仮説Ⅰ〉を正しく検証するためには，［実験１］の対照実験を行う必要がある。次の文が，その対照実験の計画を示したものとなるように，［あ］に入る物質と，［い］に入る適切な語句を書きなさい。あ(　　　)　い(　　　　　　　　)

［実験１］の③においてビーカーに加える液を［あ］10mLにかえ，②～④の操作と同様の操作を行い，ビーカー内の液が［い］であることを確かめる。

(4)　AさんとBさんは，図５をもとに，〈仮説Ⅱ〉が正しいと言えるかどうかについて，次のような会話をした。Bさんの発言が，〈仮説Ⅱ〉が正しいと言える根拠を示したものとなるように，図５をもとにして，［　　］に入る適切な語句を書きなさい。(　　　　　　　　)

Aさん：胃腸薬のはたらきの強さは，透明の度合いが変化するのにかかる時間を比較することで判断することができるよね。

Bさん：はい。例えば，透明の度合いが20mmから30mmになるまでの時間は，［　　］ね。

Aさん：そうだね。だから，仮説Ⅱは正しいと言えるね。

【資料】

食品ロスについて

○　食品ロスとは

・　本来食べることができるのに捨てられる食品

○　食品ロスの発生量について

・　年間643万トン

・　1日当たりにすると大型（10トン）トラック1,760台分

○　食品ロスの発生状況について

	主な内容
※事業系廃棄物由来（年間352万トン）	※規格外品　返品　売れ残り　食べ残し
※家庭系廃棄物由来（年間291万トン）	食べ残し　※過剰除去　※直接廃棄

（注）

※　事業系廃棄物由来
食品産業から発生する食品廃棄物に由来。

※　家庭系廃棄物由来
家庭から発生する食品廃棄物に由来。

※　規格外品
製造過程での印字ミス（賞味期限，消費期限など）や型くずれ等により販売できなくなった食品のこと。

※　過剰除去
野菜や果物の皮を厚くむきすぎたり，取り除きすぎたりしたもの。

※　直接廃棄
冷蔵庫に入れたままで消費期限切れになるなど，調理されず，何も手がつけられずに廃棄される食品。

（消費者庁資料などにより作成）

㈠　□に入る語句として最も適切なものを、示された【資料】の中から書き抜きなさい。（　　）

㈡　司会者の最後の発言を踏まえて、あなたが「社会をよりよくするために心がけていきたいこと」について、自分の体験に触れながら、次の注意に従って文章を書きなさい。

注意

○　氏名は書かずに、1行目から本文を書くこと。

○　原稿用紙の使い方に従って、8行以上12行以内で書くこと。

○　段落は、内容にふさわしく適切に設けること。

○　読み返して、いくらか付け加えたり削ったりしてもよい。

2　1

え、［Ⅱ］には最も適切なものを、あとの1～4から選び、記号で答えなさい。Ⅰ［　　　　］　Ⅱ（　　）

Aさん　「鸚鵡」の例では、鸚鵡は人の言葉の［Ⅰ］ことはできるが、言葉を上達させることはできないということが、書かれていました。

Bさん　そうですね。この鸚鵡の例と対応させて考えてみると、「迹に循ふ者」の例は、ただ単に先人の考えをそのまま受け入れたり、先人の行動をそのまま行ったりするだけで、後世に名前を残すことはできないということになりますね。

Aさん　つまり、後世に自分の名前を残せるような人物は、物事を行うときの［Ⅱ］をもっているということでしょうね。

1　根本となるもの　　2　表面に現れているもの

3　規則に沿うもの　　4　形式を重視したもの

5　次の1～5について、——部の漢字は読み仮名を書き、片仮名は漢字に改めなさい。

1　あの山を隔てた向こう側に海がある。（　　て）

2　作家が辛苦の末に大作を完成させた。（　　）

3　休日に、友人とアソびに出かける。（　　び）

4　吹奏楽部の演奏会にショウタイされた。（　　）

5　調理室をいつもセイケツに保つ。（　　）

6　ある中学校では、食品ロスについて調べ学習をしている。次の会話は、クラスで食品ロスについて話し合いを行ったときのものである。よく読んで、あとの(一)、(二)に答えなさい。

司会者　それでは、みなさんがまとめた【資料】をもとに、食品ロスの対策について話し合いましょう。

Aさん　一日当たりの食品ロス発生量は、膨大（ぼうだい）な量になっていますね。また、表を見ると、事業系廃棄物由来と家庭系廃棄物由来の二つに分かれることや、それらの主な内容についても分かりますね。

司会者　こうしてみると、由来ごとに解決すべき課題がありそうですね。では、食品ロスを減らすためには、どのような対策が必要だと思いますか。

Bさん　中学生にも実行可能なものを考えて、みんなで取り組んでいくとよいと思います。それから、食品ロスの内容のうち、どれかに絞って考えると、効果的な対策が見つかるのではないでしょうか。

Cさん　なるほど。それでは、対策として「［　　］をなくす」というのはどうでしょう。これなら私たちにも取り組めて、両方の由来からの食品ロスを減らすことにもつながります。

Aさん　いいですね。では、そのことを対策として示して、この問題への関心を高めるポスターを作成しましょう。

司会者　食品ロスに限らず、社会をよりよくするためには、私たち一人ひとりの普段の心がけが大切ですね。

3 次の古文を読んで、あとの㈠～㈢に答えなさい。

※吾（われ）にしたがひて物まなばむともがら（学問をしようという諸君）も、わが後に、又よきかむがへの（考えが出た）いできたらむには（とき）、かならず（決して）わが説にななづみそ（こだわるな）。わがあしきゆゑをいひて、よき考へをひろめよ。すべておのが（私が）人ををしふるは、※道をあきらかにせむ（しよう）となれば、かにもかくにも（ともかくも）、道をあきらかにせむぞ、吾を用ふる（大切にする）には有（あり）ける（ることであるよ）。道を思はで（考えずに）、いたづらに（むだに）われをたふとまんは（尊重すること）、わが心にあらざるぞかし。

（「玉勝間（たまかつま）」より）

（注）※吾＝私。ここでは、筆者。　※道＝真理。

㈠ 「をしふる」を現代仮名遣いで書き直しなさい。（　　）

㈡ 「わがあしきゆゑをいひて、よき考へをひろめよ」の解釈として最も適切なものを、次の1～4から選び、記号で答えなさい。（　　）

1 師である私の説をしっかりと理解することで、あなたの考えを深めていきなさい。
2 師である私の説のよさを伝えていくと同時に、あなたの考えも伝えていきなさい。
3 師である私の説を無理に理解しようとせず、あくまでもあなたの考えにこだわりなさい。
4 師である私の説がよくない理由を示し、あなたがよいとする考えを伝えていきなさい。

㈢ 「わが心にあらざる」とは、「私の本意ではない」という意味であるが、ここでの「私の本意」とは何か。そのことについて述べた部分を、古文中から十字以内で書き抜きなさい。

4 次の漢文の書き下し文を読んで、あとの㈠～㈢に答えなさい。

※聖人終身治を言ふも（聖人は生涯国の治め方について発言するが、）、用ひる所は其の言に非（あら）ざるなり（（人を動かすために）用いるのは、言葉ではないのである）。言ふ所以（ゆゑん）を用ひるなり（発言のもととなる心を用いるのである）。歌ふ※者は詩有り。然（しか）れども人をして之（これ）を善くせしむる者は（人に歌をうまく歌わせるもの）、其の詩に非ざるなり。

※鸚鵡（あうむ）能く言へども（言葉を発することができるが、）、言に長ぜしむべからず（言葉を上達させることはできない）。是（こ）れ何となれば則（すなは）ち其の言ふ所を得れども（人の発する言葉を身につけられるが）、其の言ふ所以を得ざればなり（得られないからである）。故（ゆゑ）に迹（あと）に循（したが）ふ者は（先人の足跡をなぞる者）、能く迹を生ずる者（自分の足跡を残せる人物）に非ざるなり。

（「淮南子（えなんじ）」より）

（注）※聖人＝高い学識や人徳をもつ、理想的な人。
※者＝「物」と同じ。もの。
※鸚鵡＝鳥の名前。人の言葉をまねる。

㈠ 「聖人終身治を言ふも」は、「聖人終身言治」を書き下し文に改めたものである。書き下し文を参考にして、「聖 人 終 身 言（フ）治（ヲ）」に返り点を補いなさい。

聖 人 終 身 言（フ）治（モ）（ヲ）

㈡ 「詩」とあるが、「聖人」の例において、この「詩」に対応する語は何か。書き下し文の中から書き抜きなさい。（　　）

㈢ 次の会話は、「迹に循ふ者は、能く迹を生ずる者に非ざるなり」の解釈に関する、AさんとBさんのやりとりである。Ⅰ、Ⅱに入る適切な内容を答えなさい。なお、Ⅰには五字以内の現代語で答

るでしょう。※言説資料による、さまざまな情報に振り回されて右往左往する群衆の一人になってしまうということです。
　だからこそ、情報あっての自分であり、同時に、自分あっての情報なのです。
（細川英雄（ほそかわひでお）「対話をデザインする――伝わるとはどういうことか」より）
（注）　※言説資料＝言葉で説明された資料。

(一)　文章中の～～～部1、2について、片仮名は漢字に改め、漢字は読み仮名を書きなさい。1（　　　）　2（　　　なく）
　1　ザッシ　　2　余儀なく

(二)　文章中の＝＝＝部a～dのうち、上一段活用の動詞を一つ選び、記号で答えなさい。（　　　）
　a　し　　b　わから　　c　立て　　d　起き

(三)　「切り口」とあるが、ここでの「切り口」と同じ意味をもつ熟語として最も適切なものを、次の1～4から選び、記号で答えなさい。（　　　）
　1　目印　　2　観点　　3　技術　　4　方式

(四)　「相手の心をとらえるもの」とあるが、筆者はこれをどのようなものであると述べているか。最も適切なものを、次の1～4から選び、記号で答えなさい。（　　　）
　1　与えられたテーマに沿うもの
　2　聞き手にとって興味のあるもの
　3　話し手にとって切実なもの
　4　誰にでもわかる一般的なもの

(五)　「この発想」とはどのような発想か。説明しなさい。
（　　　　　　　　　　　　　　　）

(六)　「インターネットの存在は、日々の生活や仕事の中で不可欠なものです」とあるが、なぜ「不可欠」と言えるのか。文章の内容に即して説明しなさい。
（　　　　　　　　　　　　　　　）

(七)　「自分あっての情報」とはどういうことか。次の文がそれを説明したものとなるよう、［Ⅰ］には文章中から二十五字以内の表現を書き抜いて答え、［Ⅱ］には適切な内容を「自分の固有の立場」という言葉を用いて、四十字以内で答えなさい。

Ⅰ［　　　　　　　　　　］
Ⅱ［　　　　　　　　　　］

　現代社会は、多くの情報であふれているが、情報の質や［Ⅰ］はさまざまであるため、［Ⅱ］ことで、情報を活用することができるということ。

2　次の文章を読んで、あとの㈠～㈦に答えなさい。

「国際化」について対話することになった場合、一口に「国際化」といっても、その間口はたいへん広いし、その辺の資料を切り貼りして話すだけでいいならば、それほど悩むことはないでしょう。インターネットで検索すれば、それこそ数千、数万という記事が引き出せます。

問題は、「国際化」という切り口で、あなた自身に何が話せるか、なのです。

ということは、たとえ与えられたテーマだとａしても、その対話は、「自分でなければ話せないもの」でなければ意味がないことになります。だれにでも話せるような、新鮮味のないものは、あなたが話す必要はないはずです。

そのためには、たとえ話題そのものは一般的なものであっても、あなたにとってどれだけ切実であるか、というところが重要で、ここに相手の心をとらえるものがあることになります。

ですから、対話では、「何が言いたいのか」ということが常に大切であるわけです。

「何が言いたいのかがｂわからない」対話は、テーマが明らかでないのと同様、「何を話しているのかわからない」ということになりますね。その「テーマ」について「何が言いたいのか」がはっきりと相手に見えなければなりません。

ところが、その「言いたいこと」がなかなか見出せないあなたには、どのような課題があるのでしょうか。

「言いたいこと」を見出すために、あなたは、おそらくまず「情報の収集を」と考えていませんか。情報がなければ、構想がｃ立てられない、だから、まず情報を、というのがあなたの立場かもしれません。

しかし、この発想をまず疑ってみてください。それから、もちろんのこと、インターネットの存在は、日々の生活や仕事の中で不可欠なものです。

情報といえば、まずテレビでしょうか。インターネットの普及は、情報の概念を大きく変えたといっても過言ではないでしょう。インターネットの力によって、世界中のさまざまな情報が瞬時にして地球上のあらゆるところまで伝わるようになりました。その他、ラジオ、新聞、１ザッシ等を含めた、各種のメディアの力による情報収集の方法を、わたしたちは無視するわけにはいきません。しかも、こうしたメディアが、あなた自身の自覚・無自覚にかかわらず、いつの間にかわたしたちの仕事や生活のための情報源になっているということはもはや否定できない事実でしょう。

しかし、よく考えてみてください。それらの情報の速さと量は、決して情報の質そのものを高めるわけではないのです。たとえば、インターネットが一般化するようになってから、世界のどこかでｄ起きた一つの事件について、地球上のすべての人々がほぼ同時に知ることが可能になりました。しかし、その情報の質は実にさまざまであり、決して同じではないのです。しかも、その情報をもとにしたそれぞれの人の立場・考え方は、これまた千差万別です。

こう考えると、一つの現象をめぐり、さまざまな情報が蝶（ちょう）のようにあなたの周囲を飛び回っていることがわかるはずです。大切なことは、そうした諸情報をどのようにあなたが自分の目と耳で切り取り、それについて、どのように自分のことばで語ることができるか、ということではないでしょうか。

もし、自分の固有の立場を持たなかったら、さまざまな情報を追い求めることによって、あなたの思考はいつの間にか停止を２余儀なくされ

駿馬はぶるっと身震いした。

（注）※アイピース＝望遠鏡で、目を付けてのぞきこむ部分。
※シーイング＝天体観測の際に、望遠鏡で見たときの星の像の見え具合。
※黄色くん＝駿馬が父親から譲り受けた天体望遠鏡の愛称。

（黒川裕子「天を掃け」より）

㈠ 「乾」を楷書で書いたときの総画数は何画か。数字で答えなさい。（　　画）

㈡ 「視野」の「野」と同じ意味で用いられている「野」を含む熟語を、次の1～4から一つ選び、記号で答えなさい。（　　）

1 原野　2 野鳥　3 野望　4 分野

㈢ 「見せていた」とあるが、この述語に対する主語を、文中から一文節で書き抜きなさい。（　　）

㈣ 「穏やかな」と同じ品詞であるものを、次の1～4から一つ選び、記号で答えなさい。（　　）

1 校舎を照らした夕日はきれいだった。
2 この時期にしては小春日和で暖かかった。
3 君のような人は信頼されるだろうよ。
4 この本は面白くて時間が経つのを忘れる。

㈤ 「それに似ている」とはどういうことか。次の文がその説明となるよう、□に入る適切な表現を、文章中から五字以内で書き抜きなさい。

月が□に似ているということ。

㈥ 「すばるの声は心なしかはずんでいるような気がする」とあるが、このときの「すばる」の気持ちを、文章の内容に即して説明しなさい。

（　　）

㈦ 「駿馬はぶるっと身震いした」とあるが、このときの「駿馬」の心情を説明したものとして最も適切なものを、次の1～4から選び、記号で答えなさい。（　　）

1 遠く離れたモンゴルと日本が、空間を超えて一つの空でつながっていることを知り、一体感に浸っている。
2 月を眺めているうちに、時間を超えて幼稚園児の頃の記憶が鮮やかによみがえり、懐かしさを覚えている。
3 遥かかなたにある月を、空間を超えて間近にあるもののように感じ、かつてない感覚に心が高ぶっている。
4 時間を超えて存在している月を見て、有限である自分自身の存在のはかなさを実感し、途方に暮れている。

国語

時間 五〇分
満点 五〇点

1 「駿馬(しゅま)」は両親の仕事の関係で五歳のときにモンゴルへ移り住み、中学校入学時に帰国し、すおう町へ越してきた。中学二年生の夏、たった一人で小惑星の発見をめざす同級生「すばる」と出会う。次の文章は、「すばる」と一緒に、「駿馬」が生まれて初めて天体望遠鏡で月の観測を行っている場面である。よく読んで、あとの㈠～㈦に答えなさい。

低いささやき声に引き寄せられるように、ふらふらと望遠鏡に近づいた。

しゃがんで、アイピース※をのぞきこむ。

――でけえ。

圧倒されてしばらく声も出ない。

なんてロックな眺めなんだろうか。でっかい岩のかたまりって感じ。

視野いっぱいに、ちょっとくすんだ銀色の月がみっしりとつまっている。

まだモンゴルに行く前の幼稚園児だったころ、よく手のひらいっぱいの泥だんごをつくって、表面がツルツルになるまでムキになってこすった。一晩外に置いておくと、砂が白く乾いて、ところどころはがれて、昨日は見えなかったデコボコが見えてくる。それに似ている。

左横から光が当たって、球面の右三分の一ほどが欠けている、その不完全なすがた。きわが真っ黒にニジんでいるせいか、付近の凹凸(おうとつ)がより立体的に見える。泥っぽい水たまりみたいに見える大きな影が、左上から、ひとつ、ふたつ、みっつ。そこに、いくつもの線条がひっかき傷みたいに走っている。上部に浮きあがった無数のクレーターが、月の肌を、雨がふって乾いたあとの砂地のように見せていた。

「いま、あんたは月を上下逆さまに見ている。北東……向かって像の左端から、危機の海に、豊かの海、人類がはじめて着陸した静かの海、そして晴れの海。一番大きな影は、本州がすっぽり入る雨の海の、ちょうど半分。今度はクレーターだ。上から、クラビウス、マギヌス、ティコ……特に大きいのがデランドル」

すぐ近くで、穏やかなささやきが聞こえる。聞き逃してしまいそうなほど声が小さいのは、きっと、いま駿馬が見ているものを知っていて、それを邪魔したくないからだ。

この瞬間、手を伸ばして、あのデランドルというクレーターのふちに指先でふれたらどんな感じだろう――。

「何でゆらゆらゆれてんの?」

川底の石を見ているみたいに、月の像がゆれている。

「言っただろ。晴れてても上層に激しい気流があったりすると、星像がゆれて見える。これがさっき言ってた、シーイング※が悪いってことだ」

悪いと言いながら、すばるの声は心なしかはずんでいるような気がする。

「けっこういいだろ。望遠鏡って」

熱い興奮が腹の底からせりあがってきて、こめかみがずきっとした。

いま、この黄色くん※を通して、よくわからないほどすごいものを見ているのではないだろうか。それはただのすおう町の夜空ではなく、草原でいつも見上げていた落っこちてきそうな星空ともまたどこかちがう。同じなのに、ちがって見える。言葉にするなら、これは宇宙の切れっぱし。でもそこには、でっかい泥だんごが浮かんでいるのだ。そのせいだろうか。とんでもなく遠いはずなのに、なぜか、遠いと感じない。

2020年度／解答

数　学

1 【解き方】(1) 与式 $= 3 - 5 = -2$

(2) 与式 $= 36 \times \frac{1}{8} = \frac{9}{2}$

(3) 与式 $= -2a + 7 - 1 + 5a = 3a + 6$

(5) 与式 $= (-1)^3 + 2 \times (-1) \times \frac{7}{2} = -1 - 7 = -8$

【答】(1) -2　(2) $\frac{9}{2}$　(3) $3a + 6$　(4) $-36a^2 + 4ab$　(5) -8

2 【解き方】(1) $y = ax$ とおいて，$x = 6$，$y = -9$ を代入すると，$-9 = a \times 6$ より，$a = -\frac{3}{2}$　よって，$y = -\frac{3}{2}x$

(2) $\sqrt{45n} = \sqrt{3^2 \times 5 \times n}$ より，$n = 5$

(3) $60 \times a + b = 800$ より，$b = 800 - 60a$

(4) 底面の円の半径が 3 cm で，高さが 8 cm の円柱となるので，体積は，$\pi \times 3^2 \times 8 = 72\pi$ (cm^3)

【答】(1) ($y =$) $-\frac{3}{2}x$　(2) 5　(3) ($b =$) $800 - 60a$　(4) 72π (cm^3)

3 【解き方】(1) ア．$20 - 0 = 20$ (分)より，正しくない。イ．最頻値は度数が 10 人の階級の階級値だから，$\frac{20 + 40}{2} = 30$ より，正しくない。ウ．40 分以上 120 分未満の生徒は，$8 + 4 + 0 + 2 = 14$ (人)で，$30 \div 2 = 15$ (人)以下だから，正しい。エ．2 つしかないから，正しくない。

(2) 階級値はそれぞれ，10，30，50，70，90，110 なので，平均値は，$(10 \times 6 + 30 \times 10 + 50 \times 8 + 70 \times 4 + 90 \times 0 + 110 \times 2) \div 30 = 42$ (分)

【答】(1) ウ　(2) 42 (分)

4 【解き方】(1) $y = \frac{1}{4}x^2$ に $y = 5$ を代入して，$5 = \frac{1}{4}x^2$ より，$x^2 = 20$　よって，$x = \pm 2\sqrt{5}$ より，$(2\sqrt{5}, 5)$，$(-2\sqrt{5}, 5)$

(2) A $(-12, 24)$，B $(-12, 0)$，C $(12, 0)$，D $(12, 24)$　$24 = \frac{1}{4}x^2$ より，$x^2 = 96$ なので，$x = \pm\sqrt{96} = \pm 4\sqrt{6}$　$4\sqrt{6} < \sqrt{100} = 10$ より，$-10 < x < 10$　よって，条件を満たす座標は，$(0, 0)$，$(2, 1)$，$(-2, 1)$，$(4, 4)$，$(-4, 4)$，$(6, 9)$，$(-6, 9)$，$(8, 16)$，$(-8, 16)$の 9 個。

【答】(1) $(2\sqrt{5}, 5)$，$(-2\sqrt{5}, 5)$　(2) 9 (個)

5 【解き方】(1) $(x + 2)(x + 5) = x^2 + 7x + 10$ より，$m = 7$，$n = 10$

(2) 目の出方は全部で，$6 \times 6 = 36$ (通り)　このうち，$x^2 + mx + n$ が因数分解できる場合は，目の出方を，(m, n)とすると，$(2, 1)$，$(3, 2)$，$(4, 3)$，$(4, 4)$，$(5, 4)$，$(5, 6)$，$(6, 5)$の 7 通り。よって，求める確率は $\frac{7}{36}$。

【答】(1) ($m =$) 7　($n =$) 10　(2) $\frac{7}{36}$

6 【解き方】$\overset{\frown}{AD}$に対する円周角より，$\angle ABD = \angle ACD = 30°$なので，$\angle DBC = \angle ABC - \angle ABD = 80° - 30° = 50°$ よって，右図のように，$\angle DBC$の二等分線と辺CDの交点Pとすればよい。

【答】(右図)

(例)

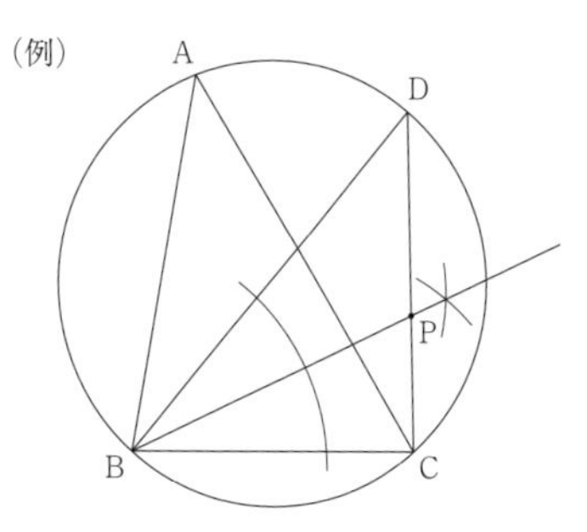

7 【解き方】(1) $75 \div 6 = 12$ 余り3なので，$12 + 1 = 13$(行目) 13行目は奇数の行で，1列目から並ぶので，3列目。

(2) 偶数行は1列目が最大で，列の数が大きくなるほど番号が小さくなるから，偶数行のn列目の番号は，$2m \times 6 - n + 1 = 12m - n + 1$

【答】(1) 13(行目の) 3(列目)

(2) (式) $12m - n + 1$ (説明) Bさんの整理券の番号は，$12m - n + 1$に$n = 5$を代入して，$12m - 5 + 1 = 4(3m - 1)$となる。mは自然数だから，$3m - 1$は整数であり，$4(3m - 1)$は4の倍数である。したがって，Bさんの整理券の番号は，4の倍数となる。

8 【解き方】(3) 三角形CDHは30°，60°の直角三角形だから，$CH = \dfrac{2}{\sqrt{3}}CD = \dfrac{4\sqrt{3}}{3}$ (cm)，$DH = \dfrac{1}{2}CH = \dfrac{2\sqrt{3}}{3}$ (cm) $\triangle BCF \backsim \triangle DHF$より，$FC : FH = BC : DH = 2 : \dfrac{2\sqrt{3}}{3} = 3 : \sqrt{3}$なので，$FH = CH \times \dfrac{\sqrt{3}}{3 + \sqrt{3}} = \dfrac{4\sqrt{3}}{3} \times \dfrac{\sqrt{3}(3 - \sqrt{3})}{(3 + \sqrt{3})(3 - \sqrt{3})} = \dfrac{4\sqrt{3}}{3} \times \dfrac{\sqrt{3}(3 - \sqrt{3})}{6} = \dfrac{6 - 2\sqrt{3}}{3}$ (cm)

【答】(1) エ

(2) $\triangle AEG$と$\triangle FDC$において，説明より，$\angle AEG = 45°$，$\angle FDC = 90° \times \dfrac{1}{2} = 45°$だから，$\angle AEG = \angle FDC = 45°$……① $BG \parallel CD$より，錯角は等しいので，$\angle AGE = \angle FCD = 30°$……② $\angle ABE = \angle BGC = 30°$より，$\triangle EBG$は二等辺三角形だから，$GE = BE$……③ 正方形ABCDと正三角形BCEの辺の長さは等しいので，$CD = BE$……④ ③，④より，$GE = CD$……⑤ ①，②，⑤より，1辺とその両端の角がそれぞれ等しいので，$\triangle AEG \equiv \triangle FDC$

(3) $\dfrac{6 - 2\sqrt{3}}{3}$ (cm)

9 【解き方】(1)(ア) 金について，$0.05x + 0.30y = 190$……①，銀について，$0.26x + 0.84y = 700$……②が成り立つ。①$\times \dfrac{26}{5}$ −②より，$0.72y = 288$なので，$y = 400$ これを①に代入して，$0.05x + 0.30 \times 400 = 190$より，$0.05x = 70$ よって，$x = 1400$ (イ) 6大会の中央値は，$(6 + 1) \div 2 = 3.5$より，3番目と4番目の平均になる。金メダルの数について，a以外を小さい順に並べると，10，11，12，13，16で，$(12 + 13) \div 2 = 12.5$だから，aは，13，14，15，16のいずれかとなる。また，銅メダルの数について，b以外を小さい順に並べると，7，8，12，14，21で，$(8 + 12) \div 2 = 10$だから，bは，7か8となる。したがって，$a + b = 29 - 5 = 24$より，$b = 7$とすると，$a = 24 - 7 = 17$となり，aの値が条件に当てはまらない。$b = 8$とすると，$a = 24 - 8 = 16$となり，ともに条件に当てはまる。

(2)(ア) 教室のスクリーンの縦の長さは，$2 \times \dfrac{9}{16} = \dfrac{9}{8}$ (m) 教室のスクリーンと大型スクリーンの面積の比が1：8なので，長さの比は，$\sqrt{1}:\sqrt{8}=1:2\sqrt{2}$ より，大型スクリーンの縦の長さは，$\dfrac{9}{8}\times\dfrac{2\sqrt{2}}{1}=\dfrac{9\sqrt{2}}{4}$ (m)　(イ) 3万円でP社から購入できるうちわは，$30000\div125=240$ (枚)　Q社から240枚購入するのに，$120\times240=28800$ (円)かかり，あと，$(30000\div28800)\div120=10$ (枚)購入できる。また，1枚100円になるには，301枚は購入する必要があり，少なくとも，$100\times301=30100$ (円)かかる。よって，より多く購入できるのは，Q社で，最大枚数は，$240+10=250$ (枚)

【答】 (1) (ア) (式) $\begin{cases}0.05x+0.30y=190\\0.26x+0.84y=700\end{cases}$　(携帯電話) 1400 (台)　(ノートパソコン) 400 (台)

(イ) a. 16　b. 8

(2) (ア) $\dfrac{9\sqrt{2}}{4}$ (m)　(イ) Q (社)，(最大) 250 (枚)

英　語

1 【解き方】（テスト 1）No.1. zoo =「動物園」。No.2. win =「勝つ」。won は win の過去形。No.3. come home =「家に帰る」。by 〜 =「〜までに」。No.4. borrow =「借りる」。umbrella =「傘」。

（テスト 2）No.1. 電話での会話。call again =「電話をかけなおす」。later =「あとで」。No.2. 料理をしている相手に話しかけている場面。Can I help you? =「手伝いましょうか？」。No.3. 飲み物を買いに行こうとしている場面。How long does it take to 〜? =「〜するのにどれくらい時間がかかりますか？」。No.4. 先生からノートに名前を書くように言われた生徒の返答。should 〜 =「〜すべきだ」。

（テスト 3）(A) given は present を修飾する形容詞的用法の分詞。「おじによって与えられた」と考える。(B) トニーの冒険にはたくさんの「問題」が待ち受けている。(C) come true =「実現する」。トニーの「夢」が実現したと言っている。(D) it's written in easy English の言いかえになっている。

【答】（テスト 1）No.1. 3　No.2. 2　No.3. 4　No.4. 2

（テスト 2）No.1. 2　No.2. 1　No.3. 4　No.4. 3

（テスト 3）(A) by her uncle　(B) problems　(C) dream　(D) Easy

◀全訳▶（テスト 1）

No.1.

A：リョウタ，先週の日曜日は何をしましたか？

B：家族と一緒に動物園に行きました。スミス先生は何をしたのですか？

A：友達と一緒に湖に行きました。

質問：リョウタは先週の日曜日，何をしましたか？

No.2.

A：やあ，ユミ，元気？　とてもうれしそうだね。

B：そうなのよ，アレックス。私は昨日，英語のスピーチコンテストで優勝したの。先生と一緒に一生懸命練習したわ。

A：へえ！　それはすごいね！

質問：なぜユミはとてもうれしそうなのですか？

No.3.

A：ジョン，今日の午後は何をする予定なの？

B：ああ，お母さん。まず，宿題をするつもりだよ。それから，公園で友達とテニスをする予定なんだ。

A：わかったわ。6 時までに家に帰ってきてね。今夜はレストランで夕食を食べる予定よ。

質問：ジョンの母は彼に何をするように頼んでいますか？

No.4.

A：おはよう，メアリー。なぜ傘を持っているの？　今日は晴れているよ。

B：おはよう，サトシ。ケリー先生にそれを持っていくの。昨日私は傘を持っていなかったから，彼女からそれを借りたのよ。

A：幸運だったね！　昨日の放課後，雨がたくさん降ったからね。

質問：メアリーは昨日何をしましたか？

（テスト 2）

No.1.

A：もしもし。

B：もしもし，マイクです。ナツキと話せますか？

A：ごめんなさい，マイク。彼女は今，家にいないわ。

No.2.

A：料理は終わった？

B：いいえ。じゃがいもと人参を洗ったばかりよ。

A：わかった。手伝おうか？

No.3.

A：今日は本当に暑いわね。何か飲みましょうよ。

B：そうしよう。いい店を知っているよ。フルーツジュースで有名なんだ。

A：本当？　ここからそこまで自転車でどれくらいかかるかしら？

No.4.

A：これは誰のノートかな？　名前がないね。

B：すみません，ジャクソン先生。私のです。

A：ああ，マキ。自分のノートには名前を書いておくべきだよ。

(テスト 3)

ケン　　　　：ホワイト先生，先生の大好きな本について教えてくれませんか？

ホワイト先生：いいわ。その本の名前は「トニーの冒険」よ。それは子ども向けの本なの。

ケン　　　　：それをいつ読んだのですか？

ホワイト先生：私が小学生のとき，おじがプレゼントとしてそれをくれたのよ。当時，それは生徒たちの間で人気があったわ。

ケン　　　　：その本についてもっと教えてください。

ホワイト先生：もちろんよ。そうね，それはトニーという幼い少年についての物語なの。彼の冒険の中で，たくさんの問題が彼を待ち受けているわ。でも彼は決して冒険をやめず，最後には彼の夢が実現するのよ。簡単な英語で書かれているから，すぐに読めるわ。私は日本の生徒たちに英語でその本を読んで，その物語を楽しんでほしいと思っているの。

ケン　　　　：すぐに読みたいです。どうもありがとうございます，ホワイト先生。

ホワイト先生：どういたしまして。

2 **【解き方】**(1) (A) for the first time =「初めて」。(C) 直後の it は「桜もち」を指しており，「それを試してみたい？」となる。try =「試す」。(E) 直前でベスが「和菓子がとても美しいので食べられない」と言っていることから，ミナミは「食べる前に写真を撮ろう」と言った。before ～ =「～する前に」。

(2) 文末に last week があるので過去形にする。

(3) 直前の so に注目する。so ～ that … =「とても～なので…」。

【答】(1) (A) 4　(C) 3　(E) 1　(2) bought　(3) beautiful that I can't eat

◀全訳▶

ベス　：この和菓子屋さんに来たのは初めてだわ。

ミナミ：本当？　私は先週この店で「桜もち」を買ったの。とてもおいしかったわ。

ベス　：わあ，ここにはたくさんの種類の和菓子があるのね！　どれが「桜もち」なの？

ミナミ：見て。これが「桜もち」よ。それを試してみたい？　それとも別の和菓子にする？　あなたはどれを食べたい？

ベス　：わあ，それは私にはとても難しい質問ね。この店のそれぞれの和菓子がとても美しいから食べることなんてできないわ。

ミナミ：じゃあ，和菓子を食べる前に写真を撮りましょう。あとで，その写真で美しい和菓子を見て楽しめるわ。

ベス　：それはいいアイデアね！

3 **【解き方】**(1) ロビンは「一緒に来ない？」とユウタを誘っている。「～しませんか？」= Will you ～?。Why

don't you come とするのも可。

(2) ポスターの日時を見る。「そのイベントは朝9時に始まる予定だ」とする。「始まる」= start。

(3) ユウタは「それ（that）がごみを減らす方法の一つだ」と言っている。また直前で，不要な雑誌をくれると言うロビンにユウタが「それらを読むことで英語を上達させることができる」と言っている。4の「他の人が必要としないものを再利用すること」が適切。reuse =「再利用する」。

(4) ロビンは2つ目のせりふで「ブルービーチ周辺の通りを掃除しようと思う」と言っている。

(5) 1. ポスター上部を見る。清掃活動は夕方ではなく午前中に行われる。2.「雨が降れば，市は11月にクリーンアップ・デーを行う予定である」。ポスター上部の文と一致する。3. ポスター上部を見る。人々は8時50分までに南高校ではなくシティパークに来なければならない。4. ポスター上部を見る。人々は好きなルートを掃除することができる。5.「人々は清掃用の手袋とビニール袋を持ってくる必要はない」。ポスター上部の文と一致する。6. ポスター下部を見る。市は本，雑誌，新聞だけでなく缶，ペットボトル，衣類も回収する。

【答】 (1)（例）Will you come (2) start (3) 4 (4) 3 (5) 2・5

◀全訳▶

ロビン：ユウタ，僕は今週末に行われるこのイベントに参加しようと思っているんだ。人々が通りを歩いてごみを拾うんだよ。

ユウタ：それは素晴らしいね。それには3つのルートがあるんだね？

ロビン：うん。僕はブルービーチ周辺の通りを掃除しようと思う。一緒に来ない？

ユウタ：もちろん，行くよ。

ロビン：そのイベントは午前9時に始まるんだ。8時50分までにシティパークに行かないといけないね。

ユウタ：わかった。ああ，市は不要な物品を回収してくれるの？

ロビン：そうだよ。僕はシティパークに雑誌を持っていくつもりだよ。

ユウタ：もし持っていく雑誌がたくさんあるなら手伝うよ。

ロビン：ありがとう。ああ，待って。君は英語を勉強しているんだから，よければ雑誌を何冊かあげるよ。

ユウタ：本当？　それらを読むことで英語を上達させることができる。僕はそれがごみを減らす方法の一つだと思うんだ。

ロビン：その通りだね。

ユウタ：今，僕はそのクリーンアップ・デーをとても楽しみにしているよ。でもまずは自分の部屋を掃除すべきだと思うんだ。

ロビン：わあ，毎日が君にとってはクリーンアップ・デーだね！

4 **【解き方】** (1) エの直前に「イチロウたちの英語はあまり上手ではなかった」とあり，これに「しかし，彼らはスペイン出身の女性たちと楽しい時間を過ごすことができた」と続けると意味が通る。

(2) (a)「その少年たちは疲れたと感じたとき，何をしようと決めましたか？」。第1段落の最終文に「彼らは図書館の近くのお好み焼き屋に歩いていくことにした」とある。(b)「イチロウはなぜスペイン出身の女性たちと話そうとしたのですか？」。第2段落の中ごろより，イチロウはアキラが女性たちと楽しそうに話しているのを見て自分も話したいと思った。(c)「イチロウによると，コミュニケーションに必要なものは何でしたか？」。最終段落の後半でイチロウが「僕は勇気がコミュニケーションの鍵だと信じる」と言っている。

(3) ① 第2段落の前半を見る。イチロウたちはスペイン出身の女性たちに「出会った」。meet =「出会う」。meet の過去形は met。② 最終段落の中ごろを見る。イチロウたちは新しい経験をして「興奮して」いた。be excited to ～ =「～して興奮する」。③ 最終段落の最後から2文目を見る。イチロウたちは同じ楽しい時間を「共有する」ことで大切なことを学んだ。share =「共有する」。前置詞のあとの動詞は動名詞にする。

【答】 (1) エ (2) (a) 2 (b) 1 (c) 3 (3) ① met ② excited ③ sharing

◀全訳▶ ある日，イチロウは友達のアキラとコウタと一緒に図書館に行きました。彼らは午前中，そこで2時間勉強し，少し疲れたと感じました。コウタが「お腹が空いたな。何か食べに行かない？」と言いました。イチロウは「いいアイデアだね！　今から昼食にしよう」と言いました。正午になるところでした。彼らは図書館の近くのお好み焼き屋に歩いていくことにしました。

イチロウとアキラとコウタがお好み焼き屋に入ると，そこにはすでにたくさんの人がいました。その少年たちがテーブルを見つけることができたのは幸運でした。彼らのテーブルの隣に，2人の女性がいました。彼女たちは少年たちが知らない言葉で話していました。少年たちがお好み焼きを待っていると，女性の1人が英語で「こんにちは，あなたたちは高校生ですか？」とイチロウのグループにたずねてきました。少年たちはお互いに顔を見合わせました。「私たちはスペイン出身で，この近くの大学で勉強しているのです」と彼女は言って微笑みました。イチロウは誰かがその質問に答えることを期待しました。少し経ってから，アキラが「はい。僕たちは高校生です」と答えました。アキラは学校ではあまりしゃべらないので，イチロウは驚きました。彼はアキラの勇気を尊敬しました。その女性たちは友好的で，アキラは英語で彼女たちと話し続けました。彼はとてもうれしそうでした。次第に，イチロウも彼女たちと話したくなりました。そこで彼は勇気を持って「よくお好み焼きを食べるのですか？」と彼女たちにたずねました。女性の1人が彼を見て，「ええ。私はよくこのレストランに来ます。特にお好み焼きにチーズをのせるのが好きです」と笑顔で言いました。「僕もチーズが好きです！　それはお好み焼きにとてもよく合います」とイチロウは言いました。イチロウのあと，コウタもその女性たちに話しかけました。そのあと，その日本の少年たちとスペイン出身の女性たちは英語で話し，一緒においしいお好み焼きを食べて楽しみました。イチロウはそのお好み焼きがいつもよりおいしいと思いました。

その少年たちが図書館に戻るために川沿いを歩いていたとき，お好み焼き屋での経験について話しました。彼らの英語はあまり上手ではありませんでした。しかし，彼らはスペイン出身の女性たちと楽しい時間を過ごすことができました。イチロウは「最初，僕たちは英語を話すのが怖かった。でも少し勇気を持ったら，スペイン出身の女性たちと楽しく話をすることができたんだ。それはすごいことだよね？」と言いました。アキラとコウタは彼に同意しました。彼らはお好み焼き屋での新たな経験のために，みんな興奮していました。それからイチロウは「他の人々と，特に外国語でコミュニケーションを図るのは難しいことだとわかっている。でもちょっと勇気を持てば，僕たちにはそれができると思うんだ。僕は勇気がコミュニケーションの鍵だと信じるよ」と続けました。アキラとコウタは一緒に同じ楽しい時間を共有したので，イチロウの考えが理解できました。お好み焼きが彼らを満腹にし，彼らの勇気が彼らの心を喜びで満たしました。

5 **【解き方】** (1) (A) 関係代名詞 which 以下が junior high schools を修飾している。「最も歴史の長い中学校」なので long を最上級にする。(B)「100」= hundred。(C)「～の前に」= in front of ～。

(2) 例として「文化祭が楽しい」，「いい先生がたくさんいる」などの内容が考えられる。

【答】 (1) (A) longest　(B) hundred　(C) front　(2) (例) Our school festival is fun

社　会

1 【解き方】(1) 祭りに使用されたと考えられている。

(2) 1はアメリカ合衆国初代大統領。2はインド航路を開拓したポルトガルの探検家。4は革命後にフランスの皇帝になった人物。

(3) この条約により，下田と函館の2港が開港された。

【答】(1) 1　(2) 3　(3) 日米和親条約

2 【解き方】(1) 社会権の一つ。この条文の第2項で，社会保障についての国の使命が定められている。

(3)「常任理事国」は，アメリカ・イギリス・フランス・中国・ロシアの5か国。

【答】(1) 4　(2) インフレーション　(3) 2

3 【解き方】(1) 日当たりがよく，水はけもよいことから，特に果樹の栽培に適している地形。

(2) Aはリマン海流，Dは千島海流（親潮）。なお，Bの対馬海流，Cの日本海流（黒潮）はともに暖流。

(3) 世界一の人口をかかえる，東アジアに位置する国。

【答】(1) 扇状地　(2) 3　(3) 2

4 【解き方】(2) 2は江戸時代に活躍した手紙や荷物を運ぶ運送業者。3は室町時代に有力な農民を中心に寄合を開き，自治を行った村のこと。

(3) 織田信長は1577年，安土城下に楽市楽座令を出した。

(4) その他にも長崎貿易を奨励したり，干拓を進めるなどの政策も行った。

(5) アメリカは，公共事業により雇用を増やすなどのニューディール政策を行った。

(6) 所得税は景気の影響を受けやすく，2008年の世界金融危機のさいにも税収額が減少したことに注目。また，消費税は税収が安定しており，税率が引き上げられると税収が大きく増加する。

(7) 1の石油危機は1970年代，2は1990年代，3は1967年のできごと。

(8)「収穫の約3％の稲」は租，「絹などの特産物」は調，「布などの税」は庸のこと。

【答】(1) 大宝律令　(2) 1・4　(3) 16（世紀）　(4) 株仲間をつくることを奨励し，税を納めさせること。（同意可）

(5) ブロック経済　(6) 3　(7) 3→1→2　(8) A

5 【解き方】(1) 自己決定権は，日本国憲法には明記されていないが認められるようになってきた「新しい人権」の一つ。

(3) 違反行為をやめるように命令したりすることができる。

(4) 将来の世代への影響も考慮に入れて，現在の生活を考える点がポイント。なお，2015年の国連サミットで，SDGs（持続可能な開発目標）が採択され，貧困や環境問題など地球規模で取り組むべき課題について，17の目標が設定された。

(5) 以前は米食中心だった日本の食生活が洋風化し，畜産物などを多く食べるようになってきたことを念頭に置くとよい。

【答】(1) 4　(2) 民主主義　(3) 公正取引委員会

(4) 現在の世代と将来の世代がともに質の高い生活を送ることができる社会。（同意可）

(5) 自給率の高い米の供給熱量が減少した（同意可）

6 **【解き方】**(1) A は南アメリカ大陸の南部，B はアフリカ大陸の南部，C はオーストラリア大陸が描かれている。

(2) ロッキー山脈やフィリピン，ニュージーランドなどを含む，太平洋を取り巻くように発達した造山帯。

(3) 1991 年に政策の終結が宣言され，マンデラ大統領の就任とともに完全撤廃された。

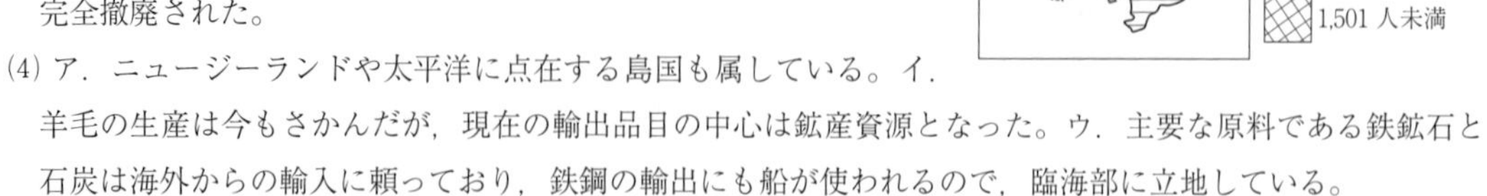

(4) ア．ニュージーランドや太平洋に点在する島国も属している。イ．羊毛の生産は今もさかんだが，現在の輸出品目の中心は鉱産資源となった。ウ．主要な原料である鉄鉱石と石炭は海外からの輸入に頼っており，鉄鋼の輸出にも船が使われるので，臨海部に立地している。

(5) 群馬県と千葉県の数値を確認。

【答】(1) あ．B　い．C　う．A　(2) 環太平洋造山帯　(3) アパルトヘイト

(4) ア．オセアニア(州)　イ．a．3　b．1　ウ．原料の多くを海外から船で輸入しているため，臨海部に立地している。(同意可)

(5) (前図)

7 **【解き方】**(1) ア．1 は聖徳太子，3 は源頼朝，4 は北条時宗について述べた文。ウ．資料Ⅰは「唐獅子図屛風」。エ．江戸幕府 15 代将軍の徳川慶喜が 1867 年に行った。

(2) ア．高野山に金剛峯寺を創建した僧。イ．このような農業を「近郊農業」という。ウ．利潤の追求を目的に活動を行う企業。エ．代金は，後日購入者の銀行口座などから引き落とされ，カード会社への支払いにあてられる。オ．1．竹林が広がっている。2.「有栖川駅」ではなく，嵐電嵯峨駅が正しい。4.「北東」ではなく，北西が正しい。地形図は，方位記号などがない場合，上が北の方角を示す。カ．国宝（建造物）が多く，旅行者数に占める出張・業務で来る人の割合が低い統計を選ぶ。A は大阪府，C は和歌山県，D は奈良県。

【答】(1) ア．2　イ．金剛力士像　ウ．狩野永徳　エ．政権を幕府から朝廷に返上すること。(同意可)

(2) ア．1　イ．農産物を新鮮なうちに，近くの大消費地に出荷することができるから。(同意可)　ウ．私企業

エ．カード会社が一時的に代金を立てかえるため，現金がなくても商品を購入できる。(同意可)

オ．3　カ．B

理　科

1 【解き方】(2) ストローをティッシュペーパーでこすると，ストローは－の電気を，ティッシュペーパーは＋の電気を帯びる。

【答】(1) 静電気　(2) 3

2 【答】(1) 溶媒　(2) 温度が変わっても，溶解度があまり変化しないから。(同意可)

3 【答】(1) 栄養生殖　(2) 子が親と全く同じ遺伝子を受けつぐから。(同意可)

4 【解き方】(2) 気温が高いと飽和水蒸気量が大きく，同じ湿度でも空気中に含まれる水蒸気量は大きいため，露点は高くなる。また，同じ気温の場合，湿度が高いと露点も高くなる。

【答】(1) 露点　(2) 1

5 【解き方】(1) 感覚器官で受けとった刺激は，感覚神経を通って中枢神経に伝えられ，中枢神経から命令の信号が出され，運動神経を通って運動器官に伝えられて行動が起こる。

(3) 表1より，5回の実験の平均は，$\frac{(19.0 + 20.8 + 18.5 + 20.0 + 19.2)\,(\text{cm})}{5\,(\text{回})} = 19.5\,(\text{cm})$　図4より，ものさしが19.5cm落下する時間を読み取る。

【答】(1) a. 感覚神経　b. 運動神経　(2) 測定値には誤差があるから。(同意可)　(3) 2

(4) 手で受けとった刺激の信号がせきずいに伝えられると，せきずいから直接，手を引っこめるという信号が出されるから。(同意可)

6 【解き方】(1) うすい塩酸にマグネシウムを加えると，水素が生じる。

(2) 加えた水酸化ナトリウムの質量を x g とすると，$\frac{x\,(\text{g})}{300\,(\text{g}) + x\,(\text{g})} \times 100 = 2\,(\%)$ より，$x \fallingdotseq 6.1\,(\text{g})$

(3) うすい塩酸に水酸化ナトリウム水溶液を加えると中和反応が起こり，塩化ナトリウムと水が生じる。

(4) 硫酸は，$H_2SO_4 \rightarrow 2H^+ + SO_4{}^{2-}$ のように電離するので，水素イオンが6個存在するとき硫酸イオンは3個存在する。水酸化バリウムは，$Ba(OH)_2 \rightarrow Ba^{2+} + 2OH^-$ のように電離するので，水酸化物イオンが4個存在するときバリウムイオンは2個存在する。よって，バリウムイオン2個と硫酸イオン2個が結びついて2個の硫酸バリウムが生じ，硫酸イオンが1個余る。

【答】(1) 4　(2) 6.1 (g)　(3) $HCl + NaOH \rightarrow NaCl + H_2O$　(4) (バリウムイオン) ア　(硫酸イオン) イ

7 【解き方】(1) 平均の速さは単位時間当たりに進んだ距離なので，表1より，$\frac{8.4\,(\text{cm})}{5.0\,(\text{cm})} \fallingdotseq 1.7$ (倍)

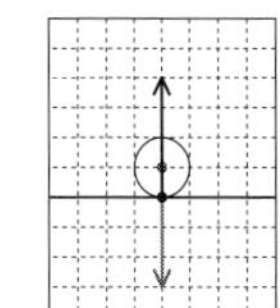

(2) 下向きの重力と，上向きの垂直抗力がつり合っている。

(4) 斜面の角度が大きいほど速さの変化の割合は大きくなる。また，手をはなす高さが等しいとき，はじめの位置エネルギーの大きさが等しいので，基準面での速さは等しくなる。

【答】(1) 1.7 (倍)　(2) (前図)　(3) 運動の向きにはたらく力が大きくなるから。(同意可)　(4) 3

8 【解き方】(1) ルーペは目に近づけて持ち，対象物を動かしてピントを合わせる。対象物が動かせないときは，自分が前後に動く。

(4) 地表の標高をもとに，各地点の火山灰の層の下面の標高を調べると，あ地点は，235 (m) － 15 (m) = 220 (m)，い地点は，240 (m) － 20 (m) = 220 (m)，う地点は，250 (m) － 20 (m) = 230 (m)，え地点は，255 (m) － 25 (m) = 230 (m)　よって，断層はい地点とう地点の間にあることがわかる。また，図3より，南側が上にあるので，左右に引き離される力がはたらいたことがわかる。

【答】(1) 1　(2) 2　(3) 火山灰は広範囲に堆積するから。(同意可)　(4) (区間) B　(地層にはたらいた力) 1

9 **【解き方】**(1) 有機物は水素と炭素を含む化合物なので，燃やすと水蒸気と二酸化炭素を生じる。

(3) 酵素液のはたらきを調べるために，酵素液のかわりに水を加え，他の条件を同じにして実験を行う。

(4) 図 5 より，透明の度合いが 20mm から 30mm になるのにかかる時間は，60 ℃のとき約 1 分，50 ℃のとき約 1.5 分，40 ℃のとき約 2 分。

【答】(1) CO_2　(2) 乱反射　(3) あ．水　い．白くにごったまま（同意可）　(4) 温度が高いほど短い（同意可）

国　語

1 【解き方】㈡ 決まった領域や範囲という意味。1はひろびろとした野原，2は人の手が加わらない自然のままの，3は大それていて身分に合わないという意味。

㈢「月の肌を，雨がふって乾いたあとの砂地のように見せていた」ものをおさえる。

㈣ 活用のある自立語で，言い切りの形が「～だ」となる形容動詞。2・4は，活用のある自立語で，言い切りの形が「～い」となる形容詞。3は，活用のある付属語の助動詞。

㈤ 駿馬が望遠鏡で「銀色の月」を見ながら，「モンゴルに行く前の幼稚園児だったころ…デコボコが見えてくる」と思い出していることをおさえる。

㈥ 前ですばるが，駿馬の観測の邪魔をしないように気づかいながら説明をしていることや，直後で「けっこういいだろ。望遠鏡って」と言っていることから，自分が熱中しているものを同級生と共有する時の気持ちを考える。

㈦ 駿馬が望遠鏡を通して月を見たときに，「熱い興奮が腹の底からせりあがってき」たことや，「よくわからないほどすごいものを見ているのではないだろうか」と思いながらも，「宇宙の切れっぱし」に「でっかい泥だんごが浮かんでいる」せいで「とんでもなく遠いはずなのに，なぜか，遠いと感じない」と感じていることに着目する。

【答】㈠ 11(画)　㈡ 4　㈢ クレーターが　㈣ 1　㈤ 泥だんご

㈥ 望遠鏡の魅力を駿馬に伝えられて，うれしいと思う気持ち。(同意可)　㈦ 3

2 【解き方】㈡ aは，サ行の音をもとにして，変則的な変化をするサ行変格活用。bは，「ない」をつけると，直前の音が「ア段」の音になる五段活用。cは，「ない」をつけると，直前の音が「エ段」の音になる下一段活用。

㈢ 何かを見たり判断したりするときの立場や視点。

㈣「ここに」とあるので，前で「たとえ話題そのものは一般的なものであっても…重要」と述べていることに注目。

㈤ 前の段落に，「『言いたいこと』を見出すために…あなたの立場かもしれません」とあることをおさえる。

㈥「インターネットの普及は，情報の概念を大きく変えた」ことを説明したうえで，「こうしたメディアが…もはや否定できない事実でしょう」と述べている。

㈦ Ⅰ．説明の文に「情報の質」は「さまざま」とあるので，本文で「情報の質は実にさまざまであり…千差万別です」と述べているところに着目する。Ⅱ．さまざまな情報が周囲にある中で「大切なことは，そうした諸情報を…どのように自分のことばで語ることができるか，ということ」であり，「もし，自分の固有の立場を持たなかったら…余儀なくされるでしょう」と述べていることから考える。

【答】㈠ 1．雑誌　2．よぎ(なく)　㈡ d　㈢ 2　㈣ 3

㈤ 言いたいことを見出すためには，まず情報を収集することが必要であるという発想。(同意可)

㈥ インターネットを利用して，生活や仕事のためのさまざまな情報を得ているから。(同意可)

㈦ Ⅰ．情報をもとにしたそれぞれの人の立場・考え方 (21字)　Ⅱ．自分の固有の立場で必要な情報を選択し，その内容を理解した上で自分のことばで語る (39字) (同意可)

3 【解き方】㈠ 助詞以外の「を」は「お」にする。語頭以外の「は・ひ・ふ・へ・ほ」は「わ・い・う・え・お」にする。

㈡「ゆゑ」は，理由という意味。前で，「吾にしたがひて物まなばむともがらも…わが説にななづみそ」と述べていることにも着目する。

㈢「道を思はで…たふとまん」とすることを本意ではないと述べているので，「道」に対する「おのが人ををしふるは…吾を用ふるには有ける」という筆者の考えをおさえる。

【答】㈠ おしうる　㈡ 4　㈢ 道をあきらかにせむ

◀口語訳▶　私の説に従って学問をしようという諸君も，私の後に，他によい考えが出たときには，決して私の説にこだわるな。私の説がよくない理由を示し，あなたがよいとする考えを伝えていきなさい。すべて私が人を教えるのは，真理を明らかにしようということなので，ともかくも，真理を明らかにしようとすることが，私の説を大切にすることであるよ。真理を考えずに，むだに私の説を尊重することは，私の本意ではない。

4 **【解き方】** ㈠ 一字戻って読む場合には「レ点」を用いる。

㈡「詩」は，「歌ふ者」が用いるもの。「然れども人をして之を善くせしむる者は，その詩に非ざるなり」と対応する表現で，「聖人終身治を言ふも…非ざるなり」という一文から，「非ざるなり」と言われている語をとらえる。

㈢ Ⅰ．鸚鵡について，「言葉を発することができるが，言葉を上達させることはできない」「人の発する言葉を身につけられるが」とあることから考える。Ⅱ．鸚鵡が言葉を上達させることはできない理由について，「其の言ふ所以を得ざればなり」と述べている。Bさんの「ただ単に先人の考えをそのまま受け入れたり…するだけで，後世に名前を残すことはできない」という発言にも着目し，「後世に自分の名前を残せるような人物」がもっているものを選ぶ。

聖人終身言(フモ)レ治(ヲ)

【答】 ㈠ (右図)　㈡ 言　㈢ Ⅰ．まねをする（同意可）　Ⅱ．1

◀口語訳▶　聖人は生涯国の治め方について発言するが，（人を動かすために）用いるのは，言葉ではないのである。発言のもととなる心を用いるのである。歌う者には詩がある。しかしながら，人に歌をうまく歌わせるものは，その詩ではないのである。

鸚鵡は言葉を発することができるが，言葉を上達させることはできない。これはなぜかといえばすなわち（鸚鵡は）人の発する言葉を身につけられるが，それを発言する理由を得られないからである。こういうわけで先人の足跡をなぞる者は，自分の足跡を残せる人物ではないのである。

5 **【答】** 1．へだ(て)　2．しんく　3．遊(び)　4．招待　5．清潔

6 **【解き方】** ㈠ Cさんが「これなら私たちにも取り組めて，両方の由来からの食品ロスを減らすことにもつながります」と述べているので，資料の「食品ロスの発生状況について」の表から，由来の両方にあるものを探す。

㈡ 司会者が最後に「私たち一人ひとりの普段の心がけが大切ですね」と発言していることから，「社会をよりよくするために」自分が心がけて行動した体験や考えをまとめる。

【答】 ㈠ 食べ残し　㈡ (例)

私は，校門でのあいさつ運動を続けてきました。朝が早く，つらく感じることもありましたが，笑顔であいさつをすると，地域の方がはげましや感謝の言葉をかけてくださり，温かく幸せな気持ちになれました。

この経験から，あいさつには人と人とをつなぐ力があると感じました。人はあいさつをきっかけにして，お互いを認め合い，心が通い合うようになると思います。これからも自分から進んであいさつをして，多くの人と関わり合い，みんなが温かい気持ちで暮らせる社会を築いていきたいです。(12行)

山口県公立高等学校
(学校指定教科検査)

2020年度
入学試験問題

※数学・英語・国語のうち，学校が指定する教科を受験する。

数学

時間　15分　　　　満点　15点

1　校庭に「山口」の人文字をつくることになった。

図1のように,「山」の文字は, $BC = FE = a$m, $AD = CE = 2a$m とし, 点Dは線分CEの中点で, 線分BC, AD, FEはそれぞれ線分CEに垂直であり,「口」の文字は1辺の長さがbmの正方形である。

図1

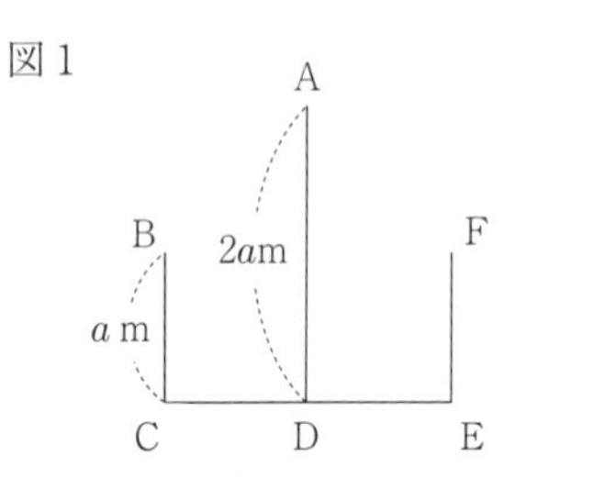

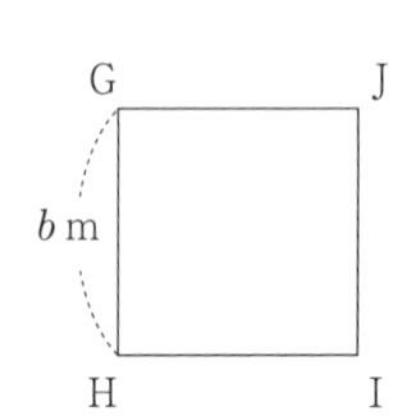

次の(1), (2)に答えなさい。

(1)　長さa, bを自然数とし, 校庭にかいた文字の上に, 次のルールにしたがって生徒が立ち, 人文字をつくる。

ルール

・点A～Jに1人ずつ立つ。
・点A～Jに立っている生徒から1mごとに1人ずつ立つ。

例えば, 図2は$a = 2$, $b = 3$として生徒が立つ位置を●で表したものであり,「山」と「口」の人文字をつくるのに必要な人数は, それぞれ13人と12人である。

図2

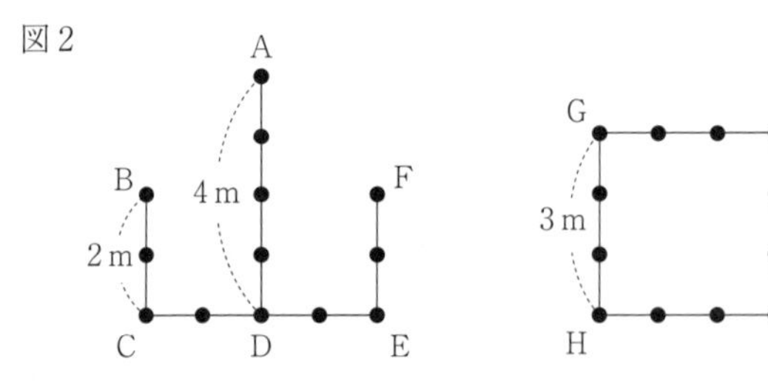

次の(ア), (イ)に答えなさい。

(ア)　$a = 3$とするとき,「山」の人文字をつくるのに必要な人数を求めなさい。(　　　人)

(イ)「山」と「口」の人文字をつくるのに必要な人数をそれぞれa, bを使った式で表しなさい。

「山」の人文字をつくるのに必要な人数(　　　人)

「口」の人文字をつくるのに必要な人数(　　　人)

(2)　人文字をつくるために, 校庭に円を2つかき, その円の中に1文字ずつ「山」と「口」をできるだけ大きくかくことにする。

次の(ア), (イ)に答えなさい。

㈦ 「口」の文字を円の中にできるだけ大きくかくと，図3のように4点G，H，I，Jが円の周上になる。円の半径をr mとするとき，rをbを使った式で表しなさい。また，rとbの関係を表したグラフとして，最も適切なものを次のア〜エの中から選び，記号で答えなさい。

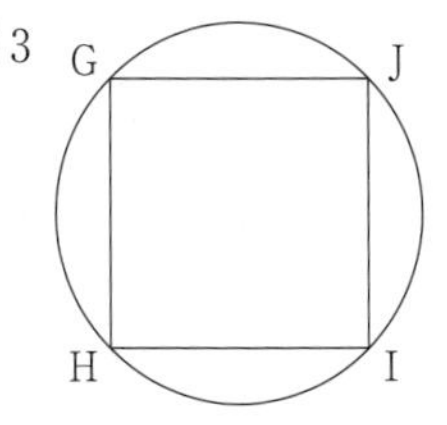

式 r =(　　　)　グラフ(　　　)

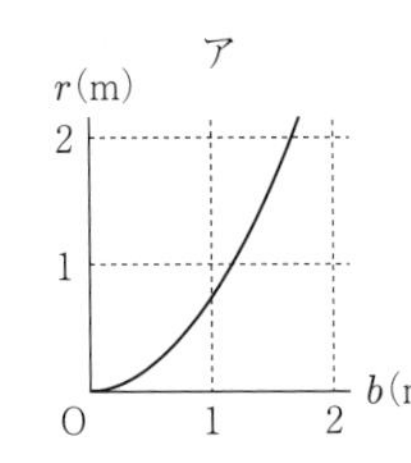

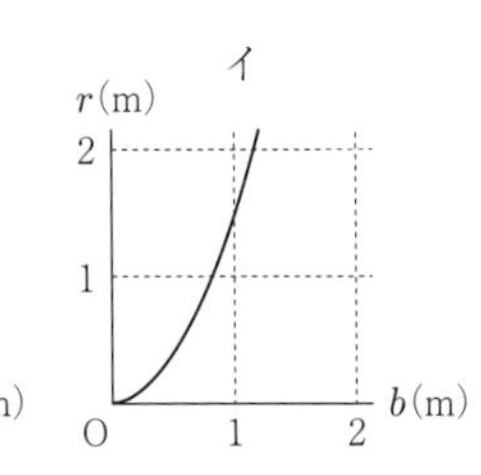

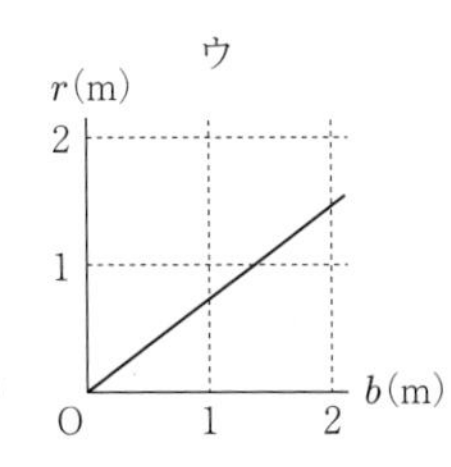

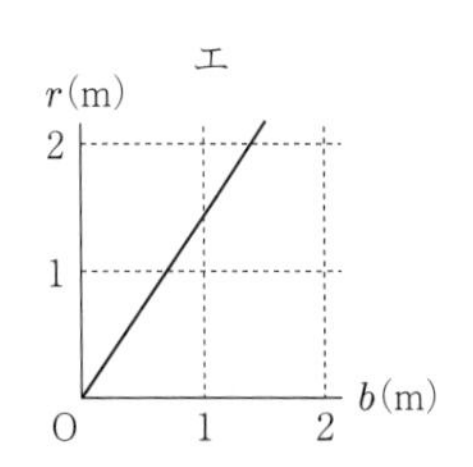

㈠ 「山」の文字を円の中にできるだけ大きくかくと，3点A，C，Eが円の周上になる。線分CEの長さを8mとするとき，円の半径を求めなさい。

また，図4のように，円Oの周上に点Aをとったとき，点Cを定規とコンパスを用いて作図しなさい。ただし，作図に用いた線は消さないこと。(　　　m)

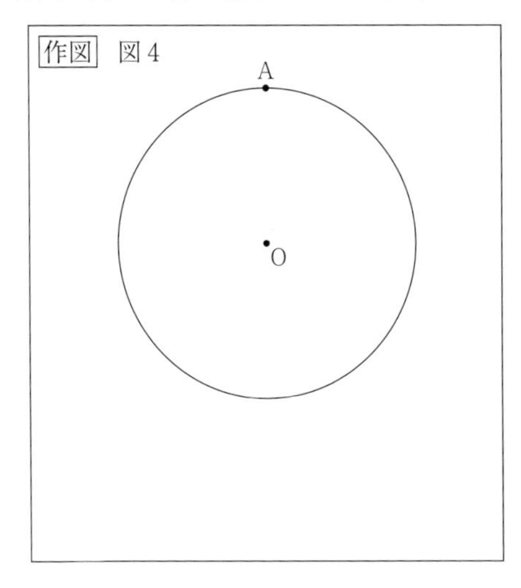

英語

時間　15分　　　満点　15点

1　*Madoka* は，家庭科の授業で調べた「ほうれん草（spinach）に含まれるビタミンC（vitamin C）」について，英語の授業で発表した。次は，*Madoka* が発表の際に用いた【グラフ】(graph）と【原稿】の一部である。これらを読んで，あとの(1)～(5)に答えなさい。

【グラフ】

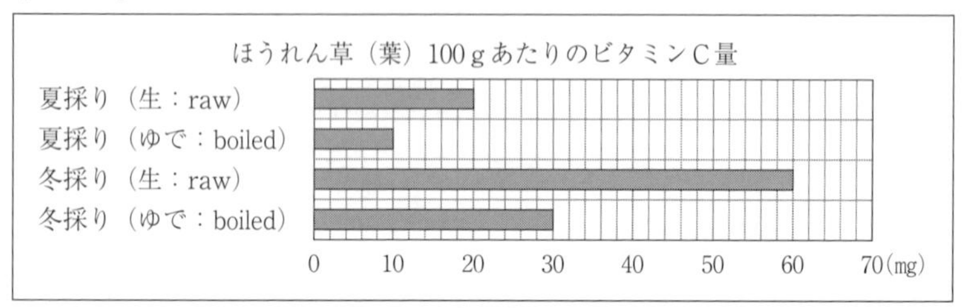

（日本食品標準成分表2015年版（七訂）により作成）

【原稿】

Vegetables have vitamins, and they're good for our health. I'll tell you some interesting information about the amount of vitamin C in vegetables.

Let's take spinach as an example. Look at this graph. I found two interesting things.

First, winter spinach has more vitamin C than summer spinach. [(A)] Like spinach, it increases in their best seasons, too.

Second, raw spinach has more vitamin C than boiled spinach. 100 g of raw winter spinach has 60 mg of vitamin C. But when it's boiled, it (B) (l　　) half of its vitamin C.

So if you want to take in a lot of vitamin C from spinach, it's best to eat raw winter spinach. But it's difficult for us to eat raw spinach. Compared with raw __(C)__ spinach, boiled winter spinach has more vitamin C. So eating boiled winter spinach is a better choice for us.

Now, I know that eating vegetables in their best seasons is a good way to take in a lot of vitamins. When I cook, I want to use vegetables in their best seasons. This is my idea to stay healthy. Of course, there are some other ideas. (D) What do you usually do to stay healthy other than eating something good for your health?

（注）vegetables　野菜　　information　情報　　the amount of ～　～の量
take ～ as an example　～を例に挙げる　　more ～ than ...　…よりも多くの～　　half　半分
take in ～　～を摂取する　　compared with ～　～と比較すると　　choice　選択
stay healthy　健康を保つ　　other than ～　～の他に

(1)　次の1～3は，本文中の [(A)] に入る英文である。1～3を文脈に合うように最も適切な順に並べかえ，記号で答えなさい。(　　→　　→　　)

1　What do you think about the amount of vitamin C in other vegetables?

2　Because of this, the amount of its vitamin C increases in its best season, winter.

3　Of course, we can eat spinach in every season now, but it's originally a winter vegetable.

(2)　【グラフ】の内容に合うように，下線部(B)に入る適切な英語１語を書きなさい。ただし，（　　）内に与えられた文字で書き始めなさい。（　　　　）

(3)　【グラフ】の内容に合うように，下線部(C)に入る適切な英語１語を書きなさい。（　　　　）

(4)　*Madoka* の発表について，司会の *Mark* が，クラスメートに質問を求めた。次は，そのときの対話の一部である。下線部に，場面にふさわしい４語以上の英語を書きなさい。

（　　　　　　　　　　　　　　　　　　　　　　　　　　　　　）the information?

Mark:　Thank you for the speech. Now everyone, do you have any questions?

Student A:　Yes. ____ the information?

Madoka:　I found it by using the Internet.

Student A:　All right. Thank you.

(5)　下線部(D)の質問に，あなたならどのように答えるか。次の【条件】に従って文章を書きなさい。

I usually ______________________________________.

------- ------- ------- ------- ------- ------- ------- ------- ------- -------

------- ------- ------- ------- ------- ------- ------- ------- ------- ------- 20語

------- ------- ------- ------- ------- ------- ------- ------- ------- ------- 30語

【条件】

①　１文目は，次の書き出しに続けて，下線部に英語で書くこと。

I usually ______________________________________.

②　１文目に続けて，その内容をより具体的に，20語以上30語以内の英語で書くこと。英語は２文以上になってもよい。符号（.,?! など）は，語数に含めないものとする。

③　文と文のつながりを意識して，内容的にまとまりのある文章とすること。

④　解答は，記入例に従って書くこと。

（記入例）

Hi , how are you ? I'm a high school student now .

（鈴木宏子『「古今和歌集」の創造力』より。一部省略がある）

（注）※レトリック＝言葉を美しく巧みに用いて効果的に表現する技法。
※花＝梅、桜などの春の花のこと。
※捨象＝抽象する際に、本質的でない種類の性質を捨て去ること。
※思惟＝思考。

㈠　文章二の「相違」と同じ構成（組み立て）の熟語を、次の1～5から二つ選び、記号で答えなさい。（　　）（　　）

1　意思　2　急増　3　開幕　4　仮定　5　難易

㈡　文章一に「実在する事物Aを非実在の事物Bと見なす」とあるが、文章二の「み吉野の山辺に咲ける桜花雪かとのみぞあやまたれける」の和歌において、「実在する事物A」と「非実在の事物B」に当てはまるものを、和歌の中からそれぞれ書き抜きなさい。なお、「実在する事物A」は二字、「非実在の事物B」は一字で書き抜くこと。

実在する事物A［　　］　非実在の事物B［　］

㈢　文章三に「思いがけない本質が鮮やかに立ち現われてくる」とあるが、どういうことか。文章の内容に即して、七十字以内で説明しなさい。

［　　］

㈣　文章一から文章三までを読んだAさんとBさんは、文章二にある「Ⅱ類〈自然と人事の見立て〉」について調べてみた。次の会話の［Ⅰ］、［Ⅱ］に入る適切な内容を、それぞれ十字以内で答えなさい。

Ⅰ［　　　　　　　　　　］　Ⅱ［　　　　　　　　　　］

Aさん　「Ⅱ類〈自然と人事の見立て〉」とありますが、ここでの「人事」とは「人が作ったもの」ということのようです。

Bさん　自然のものを人が作ったものに見立てる、ということですね。

Aさん　「古今和歌集」の和歌で確認してみましょう。この歌はどうでしょうか。

> 浅緑（あさみどり）糸よりかけて白露を玉にもぬける春の柳か
> （春上・二七・僧正遍昭）
>
> 新芽をつけた緑の糸を垂らして、まるで玉を貫いたように白露をちりばめている、そんな春の柳である。

Bさん　この和歌の中では、自然の「白露」を、人事である「玉」、つまり宝玉に見立てていますね。共通点は「丸く輝く」ということでしょうか。また、新芽をつけた「柳」の細い枝を、「糸」に見立ててもいます。

Aさん　見立てが二つも入っているのですね。それぞれの見立てを関連付けて考えてみると、この和歌全体では、［Ⅰ］を、［Ⅱ］に見立てて詠（よ）んでいることになりますね。見立てることで、和歌のイメージは大きく広がっていきますね。

国語

時間　一五分
満点　一五点

1　次の文章一から文章三までを読んで、あとの㈠～㈣に答えなさい。なお、文章一から文章三までの出典はいずれも同じである。

文章一

和歌における見立ては、「視覚的な印象を中心とする知覚上の類似に基づいて、実在する事物Aを非実在の事物Bと見なすレトリック※である」と定義することができる。

文章二

「見立て」の歌は『古今集』の中に百首あまり見られるが、それらは性格の異なる二つのパターンに大別することができる。

Ⅰ類〈自然と自然の見立て〉

Ⅱ類〈自然と人事の見立て〉

同じ見立てではあるが、この二つにはさまざまな点で相違が認められる。

まず『古今集』に見られるⅠ類〈自然と自然の見立て〉には、次のようなものがある。

雪→花※　花→雪　花→波　波→花　雲→花　雪→月

空→海　菊→星　白菊→波　滝→雲　鶴→波……

Ⅰ類は、「雪・花・波・月・雲」などごく限られた範囲の、白い印象を喚起する景物を中心として行なわれている。王朝の歌人たちは「白」という色に特別な美を見いだしていたらしい。そして多くの場合「A→B」「B→A」の双方向の見立てが成り立つ、つまりAとBに互換性があるという特徴が見られる。Ⅰ類は、選び抜かれた「白く美しい物」のあいだで閉じている。

Ⅰ類の中で最も歌数が多いのは、雪から花、あるいは花から雪への〈雪と花の見立て〉である。

み吉野（よしの）の山辺に咲ける桜花雪かとのみぞあやまたれける

（春上・六〇・紀友則）

吉野山の辺りに咲いている桜の花は、まるで雪かとばかり見誤られることだ。

文章三

ところで、見立てによって結びつけられるAとBは、本当に似ているのだろうか。たとえば〈桜と雪の見立て〉の場合。「桜」は春に地上で咲く植物であり、一方の「雪」は冬に空から降ってくる天象である。この二つは本来まったく異なるのではないか。本当は似ていない二つの物を、「白さ」という印象深いたった一つの類似性を取り出すことによって、半ば強引に結びつけてしまう。言い換えれば、それ以外の属性はすべて捨※象してしまう。このような潔（いさぎよ）いほどの取捨選択と誇張とが、「見立て」というレトリックの命である。

実のところ「桜」は「雪」よりも「梅」に似ているが、「桜」を「梅」に見立てたところで、あまり面白くない。本当は似ていない「桜」と「雪」を結びつけることから、二つに共通する「真っ白な美しさ」が、あらためて認識されるのである。「見立てる」ことによって、それまで何気なく見ていたものの中から、思いがけない本質が鮮やかに立ち現われてくる。見立てというレトリックには、和歌の場合のようにAとBとが固定していてもなお、発見的思惟※（しい）と驚きが伴っている。

2020年度／解答

数　学

1 【解き方】(1)(ア) AD, CE に, $2 \times 3 \div 1 + 1 = 7$ (人), BC, FE に, $3 \div 1 + 1 = 4$ (人)で, C, D, E に立つ人を 2 回数えているから, 人数の合計は, $7 \times 2 + 4 \times 2 - 3 = 19$ (人)　(イ)「山」は, AD, CE に, $2a \div 1 + 1 = 2a + 1$ (人), BC, FE に, $a \div 1 + 1 = a + 1$ (人)　よって, $(2a + 1) \times 2 + (a + 1) \times 2 - 3 = 6a + 1$ (人)　「口」は, 1 辺に, $b \div 1 + 1 = b + 1$ (人)なので, $(b + 1) \times 4 - 4 = 4b$ (人)

(2)(ア) △GHI は直角二等辺三角形なので, $GI = \sqrt{2}GH = \sqrt{2}b$ (m)　r は GI を二等分した長さなので, $r = \sqrt{2}b \div 2 = \dfrac{\sqrt{2}}{2}b$　よって, r は b に比例するグラフで, $b = 1$ のとき, $r = \dfrac{\sqrt{2} \times 1}{2} = \sqrt{\dfrac{2}{4}} = \sqrt{\dfrac{1}{2}}$ より, $r < 1$ だから, グラフはウ。(イ) AD = CE = 8 m, $CD = \dfrac{1}{2}CE = 4$ m なので, $AC = \sqrt{4^2 + 8^2} = 4\sqrt{5}$ (m)　右図 1 で, 半径の長さを r m とすると, AM = $2r$m, 直径 AM に対する円周角なので, ∠ACM = 90° より, △ACM ∽ △ADC　よって, AM : AC = AC : AD より, $2r : 4\sqrt{5} = 4\sqrt{5} : 8$ なので, $r = \dfrac{(4\sqrt{5})^2}{2 \times 8} = 5$　また, 作図は, 点 A, O を通る直径をひき, 円との交点で A ではない方の点を M として, 点 M を通り, 直径 AM に対する垂線, すなわち, 円 O の接線をひく。さらに, M を中心とする半径 OM の円と, 点 M を通る円 O の接線との交点を N として, 直線 AN と, 円 O との交点を C とする。点 C から直径 AM に垂線をひき, その交点を D とすると, △ACD ∽ △ANM だから, AD : CD = AM : NM = 2 : 1 となるので, 右図 2 のようになる。

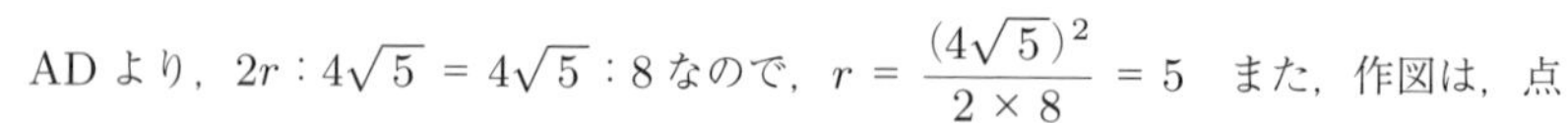

図 1

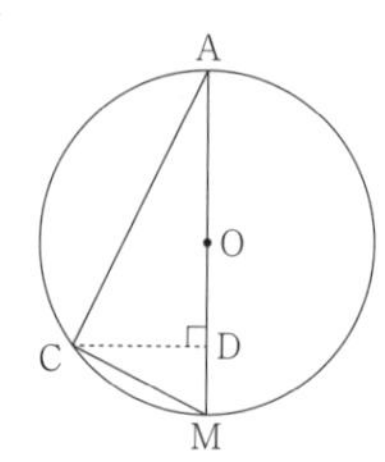

図 2
(例)

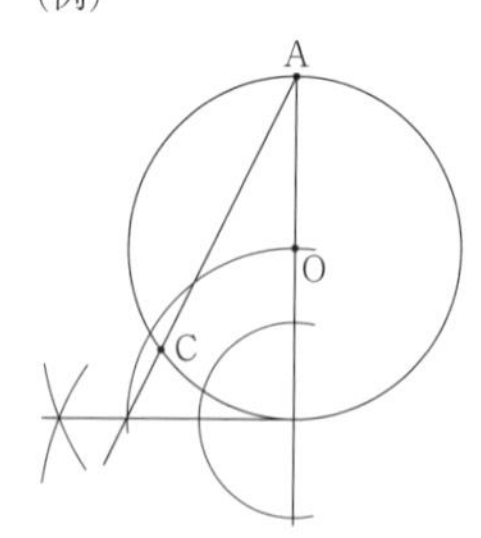

【答】(1)(ア) 19 (人)

(イ) (「山」の人文字をつくるのに必要な人数) $6a + 1$ (人)　(「口」の人文字をつくるのに必要な人数) $4b$ (人)

(2)(ア) (式) $(r =)\ \dfrac{\sqrt{2}}{2}b$　(グラフ) ウ　(イ) 5 (m)　(作図) (前図 2)

英　語

[1] **【解き方】** (1) 2に「『このために』ほうれん草のビタミンCの量は旬の冬に増える」とあり，thisはビタミンCの量が冬に増える理由を述べている3の内容（ほうれん草が冬の野菜であること）を指す。したがって3→2と並ぶ。空所の直後で「ほうれん草のように」と他の野菜に含まれるビタミンCの量を説明しているので，それについての問いかけである1が最後に来る。

(2) グラフより，冬採りのほうれん草はゆでられるとビタミンCの半分を失う。lose ～＝「～を失う」。

(3) グラフより，ゆでられた冬採りのほうれん草は，生の夏採りのほうれん草よりビタミンCが多い。

(4) 空所の直後でマドカが「インターネットを使ってそれを見つけた」と答えていることから，生徒Aは「どうやってその情報を見つけたの？」とたずねたのだと考えられる。疑問詞howを用い，一般動詞の過去形の疑問文を作る。

(5)「健康にいいものを食べることの他に，あなたは健康を保つために何をしているか？」という質問。「私はいつも」に続けてその内容を具体的に書く。

【答】 (1) 3→2→1　(2) loses　(3) summer　(4)（例）How did you find

(5)（例）walk my dog in the morning／Every day, I get up at about six and walk my dog for twenty minutes. When I get home, I feel so good.（23語）

◀全訳▶ 野菜にはビタミンが含まれていて，それらは私たちの健康にいいです。私は野菜に含まれるビタミンCの量について，いくつかの興味深い情報をお話しします。

ほうれん草を例に挙げてみましょう。このグラフを見てください。私は興味深いことを2つ見つけました。

第一に，冬採りのほうれん草は夏採りのほうれん草よりも多くのビタミンCを含んでいます。もちろん，今ではどの季節でもほうれん草を食べることができますが，それは元々は冬の野菜です。このため，その中のビタミンCの量は旬である冬に増えます。他の野菜に含まれるビタミンCの量についてはどう思いますか？　ほうれん草のように，それも旬の季節に増えるのです。

第二に，生のほうれん草はゆでられたほうれん草よりも多くのビタミンCを含んでいます。生の冬採りのほうれん草100グラムには，60ミリグラムのビタミンCが含まれています。しかしゆでられると，それはビタミンCの半分を失います。

だからもし，ほうれん草からたくさんのビタミンCを摂取したければ，生の冬採りのほうれん草を食べるのが最善です。しかし私たちにとって生のほうれん草を食べるのは難しいです。生の夏採りのほうれん草と比較すると，ゆでられた冬採りのほうれん草の方がより多くのビタミンCを含んでいます。そのため，ゆでられた冬採りのほうれん草を食べることは，私たちにとってよりよい選択なのです。

今，私は旬の季節に野菜を食べることがたくさんのビタミンを摂取するよい方法であるということを知っています。料理をするとき，私は旬の野菜を使いたいと思います。これが，健康を保つための私のアイデアです。もちろん，他にもいくつかのアイデアがあります。健康にいいものを食べることの他に，健康を保つためにあなたはいつも何をしていますか？

国　語

1 **【解き方】** ㈠ 上の漢字が下の漢字を修飾している。1は同意の漢字の組み合わせ，3は上の漢字が動作を表し，下の漢字がその対象を表している。5は反意の漢字の組み合わせ。

㈡ (実在する事物A) 実際に「吉野山の辺りに咲いている」ものを書き抜く。(非実在の事物B) 現代語訳の「まるで雪かと」に注目。

㈢「見立て」というレトリックについて述べているので，桜と雪の見立てについて言及している「本当は似ていない二つの物を…すべて捨象してしまう」「本当は似ていない『桜』と『雪』を結びつけることから…認識されるのである」に着目する。

㈣ 和歌にある見立てについてBさんが，「自然の『白露』を，人事である…『宝玉』に見立てています」「新芽をつけた『柳』の細い枝を，『糸』に見立ててもいます」と述べていることから考える。

【答】 ㈠ 2・4　㈡ (実在する事物A) 桜花　(非実在の事物B) 雪

㈢ 本当は似ていない二つの物を，たった一つの類似性を取り出し強引に結びつけることで，両者に共通する美しさがあらためて認識されるということ。(67字) (同意可)

㈣ Ⅰ．露が降りている柳の枝　Ⅱ．宝玉を貫いている糸 (それぞれ同意可)

2025 年度受験用

公立高校入試対策シリーズ 3035

山口県公立高等学校

別冊

解答用紙

- この冊子は本体から取りはずしてご使用いただけます。
- 解答用紙（本書掲載分）をダウンロードする場合はこちら↓
https://book.eisyun.jp/

※なお，予告なくダウンロードを終了することがあります。

英俊社

●解答用紙の四隅にあるガイドに合わせて指定の倍率で拡大すると，実物とほぼ同じ大きさでご使用いただけます（一部例外がございます）。

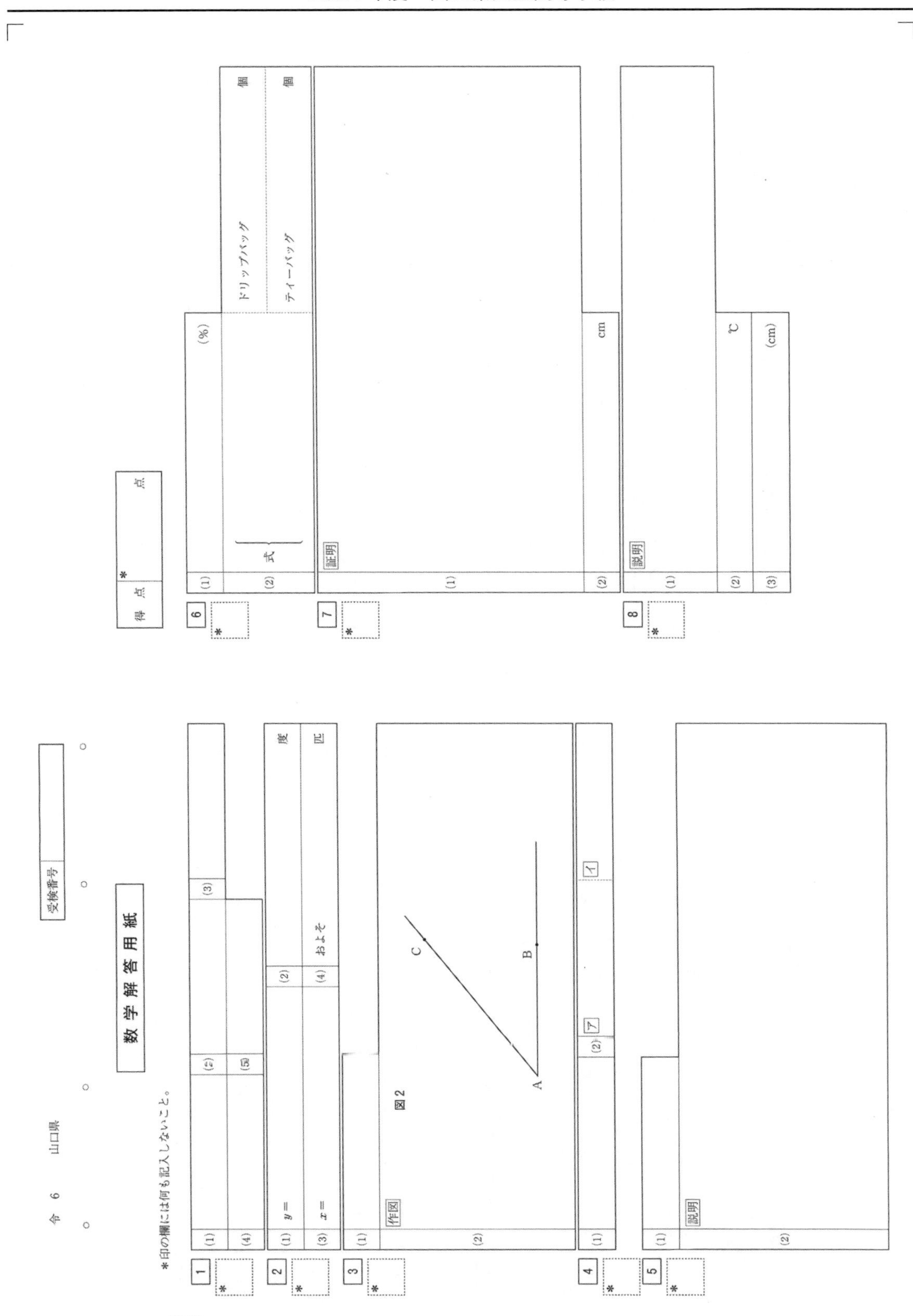

※実物の大きさ：195% 拡大（A3 用紙）

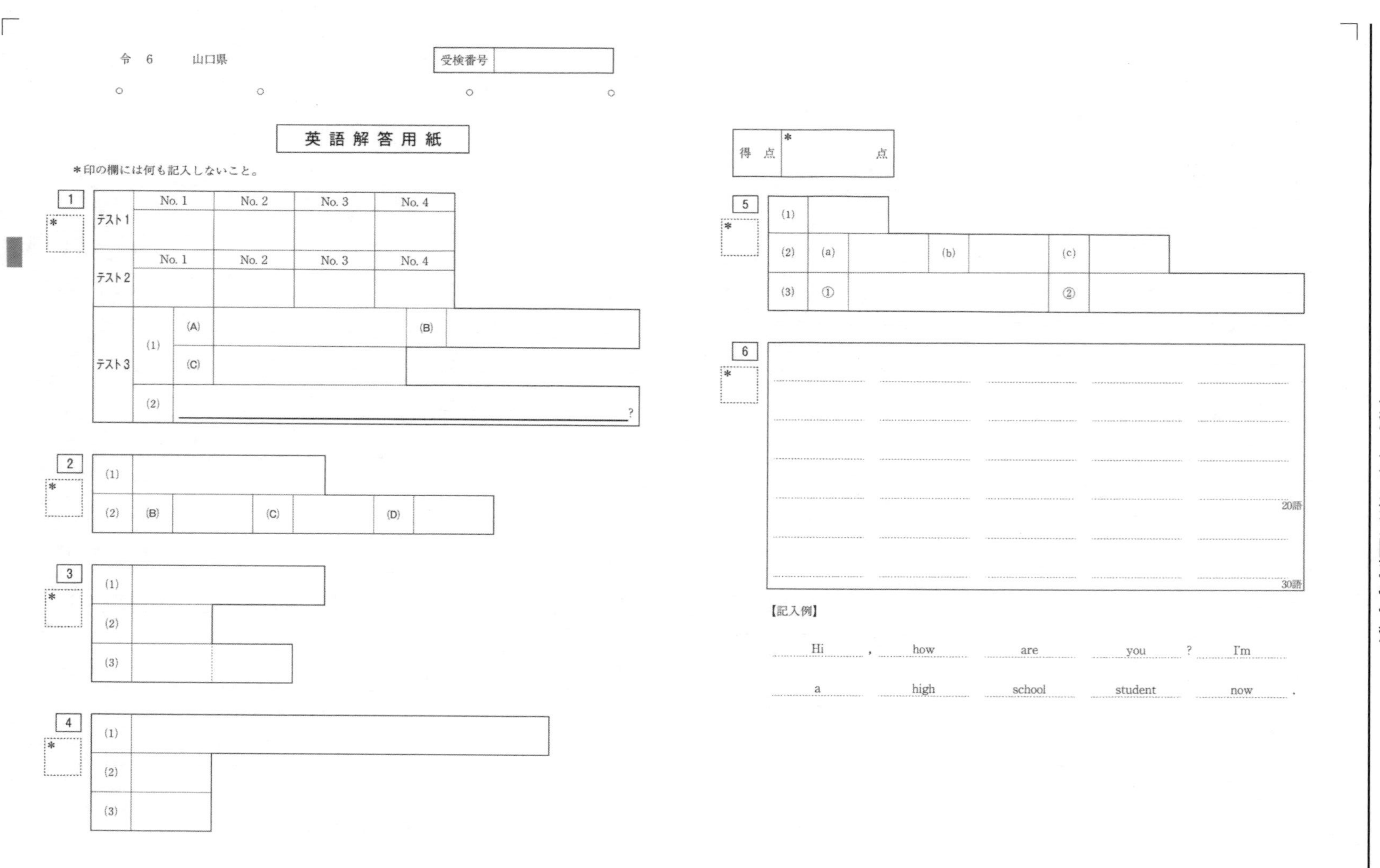

※実物の大きさ：195% 拡大（A3 用紙）

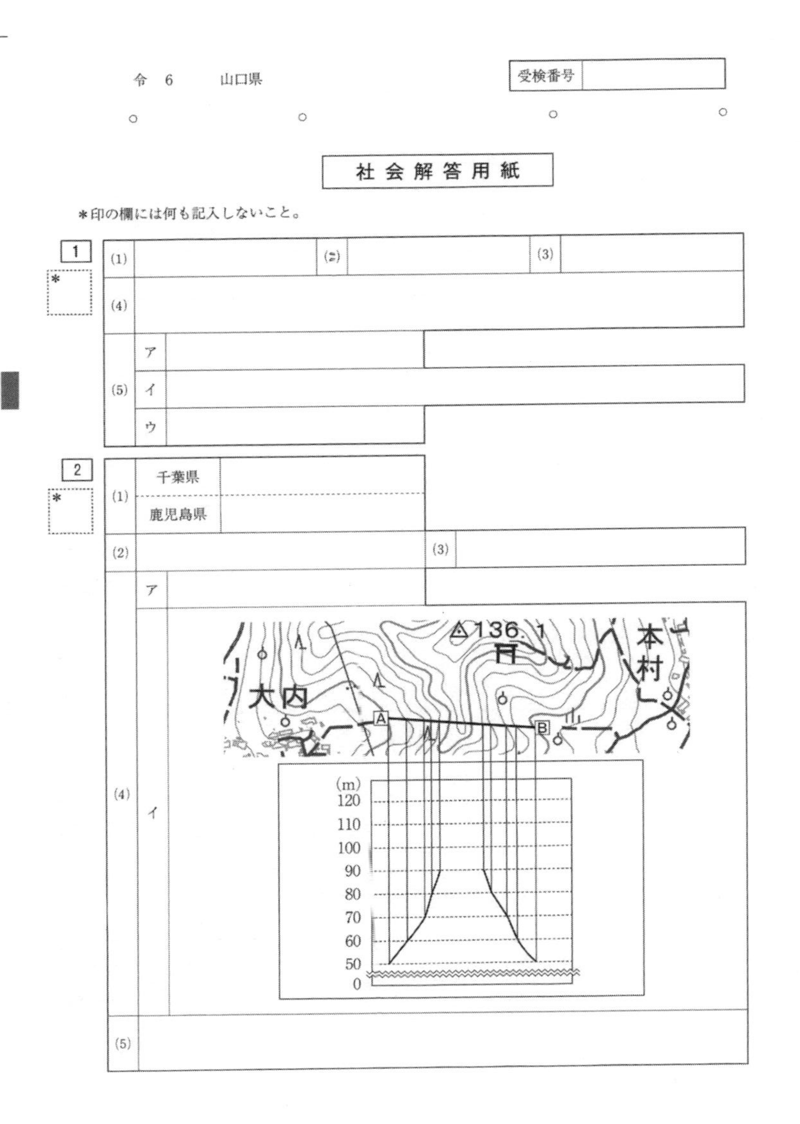

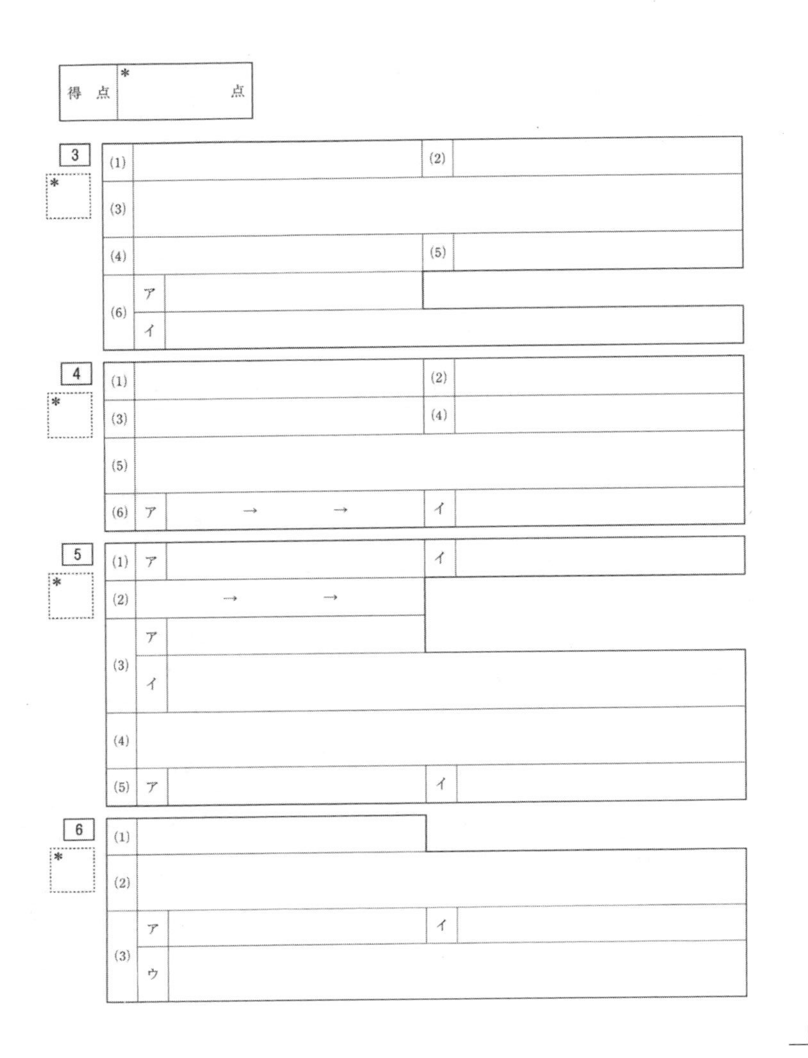

※実物の大きさ：195% 拡大（A3 用紙）

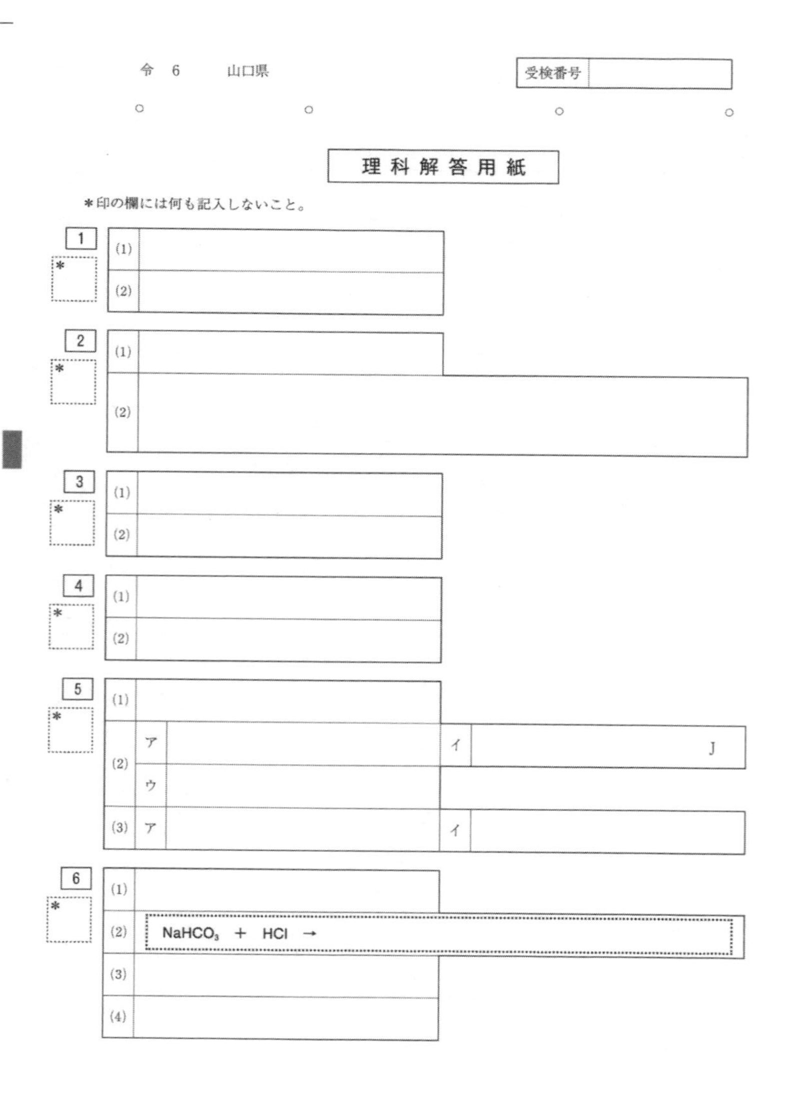

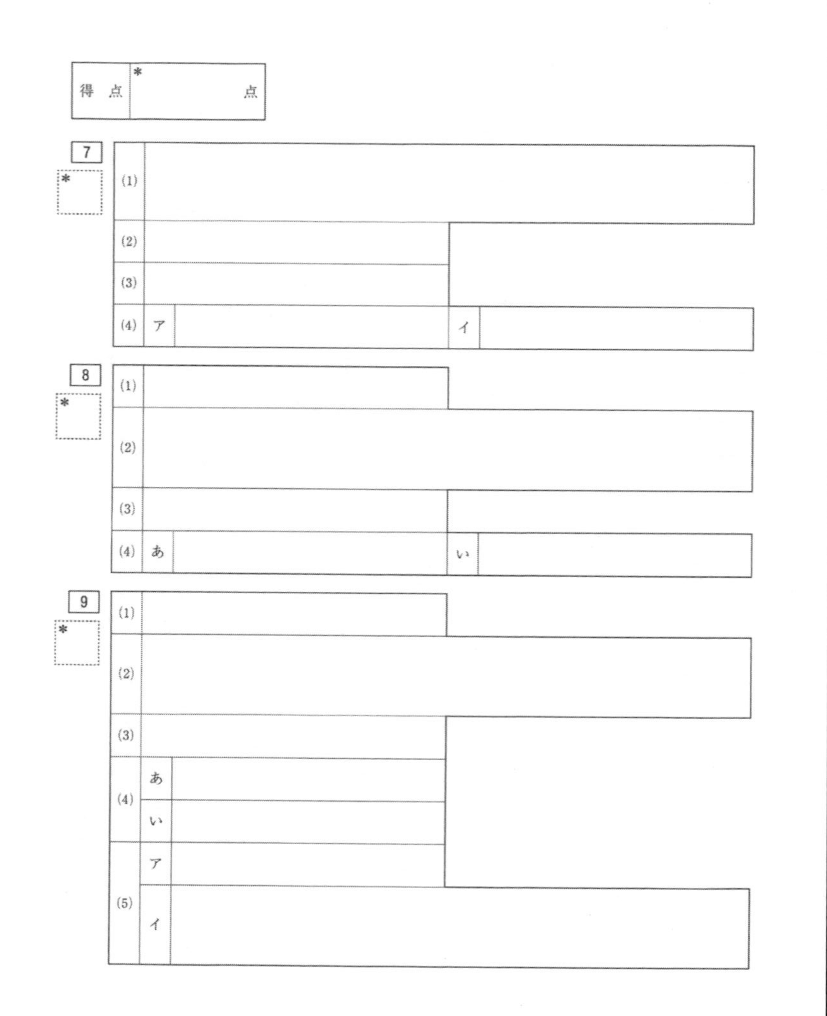

※実物の大きさ：195% 拡大（A3用紙）

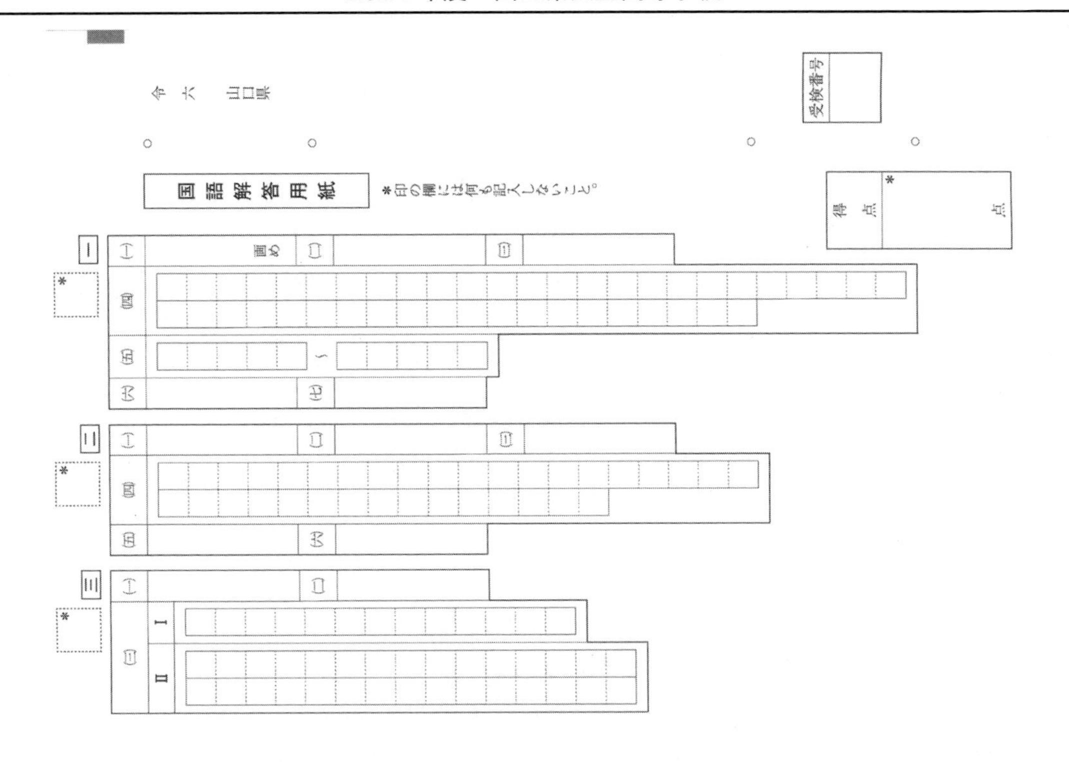

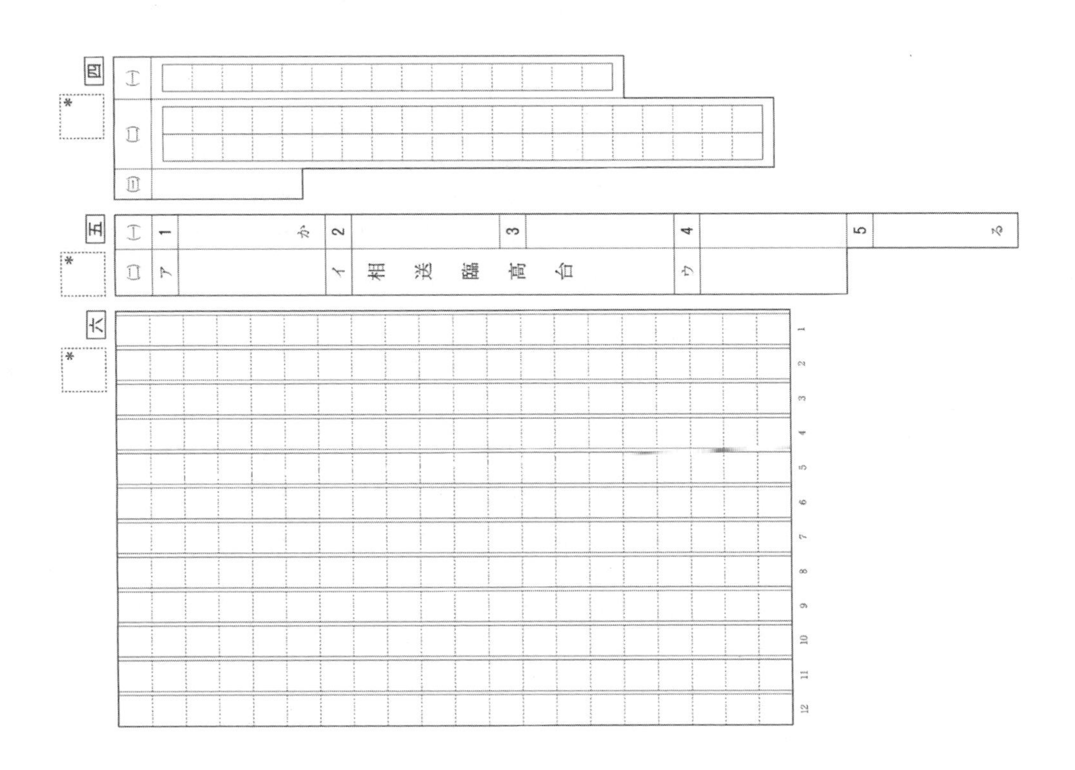

※実物の大きさ：195% 拡大（A3 用紙）

【数　　学】

1 1点×5　2 2点×4　3 (1)2点　(2)3点　4 (1)2点　(2)3点　5 (1)2点　(2)4点
6 (1)2点　(2)4点　7 (1)4点　(2)3点　8 (1)3点　(2)2点　(3)3点

【英　　語】

1 テスト1. 1点×4　テスト2. 1点×4　テスト3. (1)1点×3　(2)2点　2 1点×4
3 (1)2点　(2)1点　(3)2点×2　4 2点×3　5 2点×6　6 8点

【社　　会】

1 (1)～(3)1点×3　(4)2点　(5)ア. 1点　イ. 1点　ウ. 2点
2 (1)～(3)1点×3（(1)は完答）(4)ア. 1点　イ. 2点　(5)2点
3 (1)1点　(2)1点　(3)2点　(4)～(6)1点×4　4 (1)～(4)1点×4　(5)2点　(6)1点×2
5 (1)1点×2　(2)1点　(3)ア. 1点　イ. 2点　(4)2点　(5)1点×2
6 (1)1点　(2)2点　(3)ア. 1点　イ. 1点　ウ. 2点

【理　　科】

1 (1)1点　(2)2点　2 (1)1点　(2)2点　3 (1)1点　(2)2点　4 (1)1点　(2)2点
5 (1)1点　(2)ア. 1点　イ. 2点　ウ. 2点　(3)1点×2　6 (1)1点　(2)～(4)2点×3
7 (1)2点　(2)1点　(3)1点　(4)ア. 1点　イ. 2点　8 (1)2点　(2)2点　(3)1点　(4)1点×2
9 (1)1点　(2)2点　(3)1点　(4)2点　(5)ア. 1点　イ. 2点

【国　　語】

一 (一)～(三) 1点×3　(四) 3点　(五)～(七) 2点×3
二 (一) 1点　(二) 1点　(三) 2点　(四) 3点　(五) 2点　(六) 2点　三 (一) 1点　(二) 1点　(三) 2点×2
四 (一) 1点　(二) 3点　(三) 2点　五 1点×8　六 7点

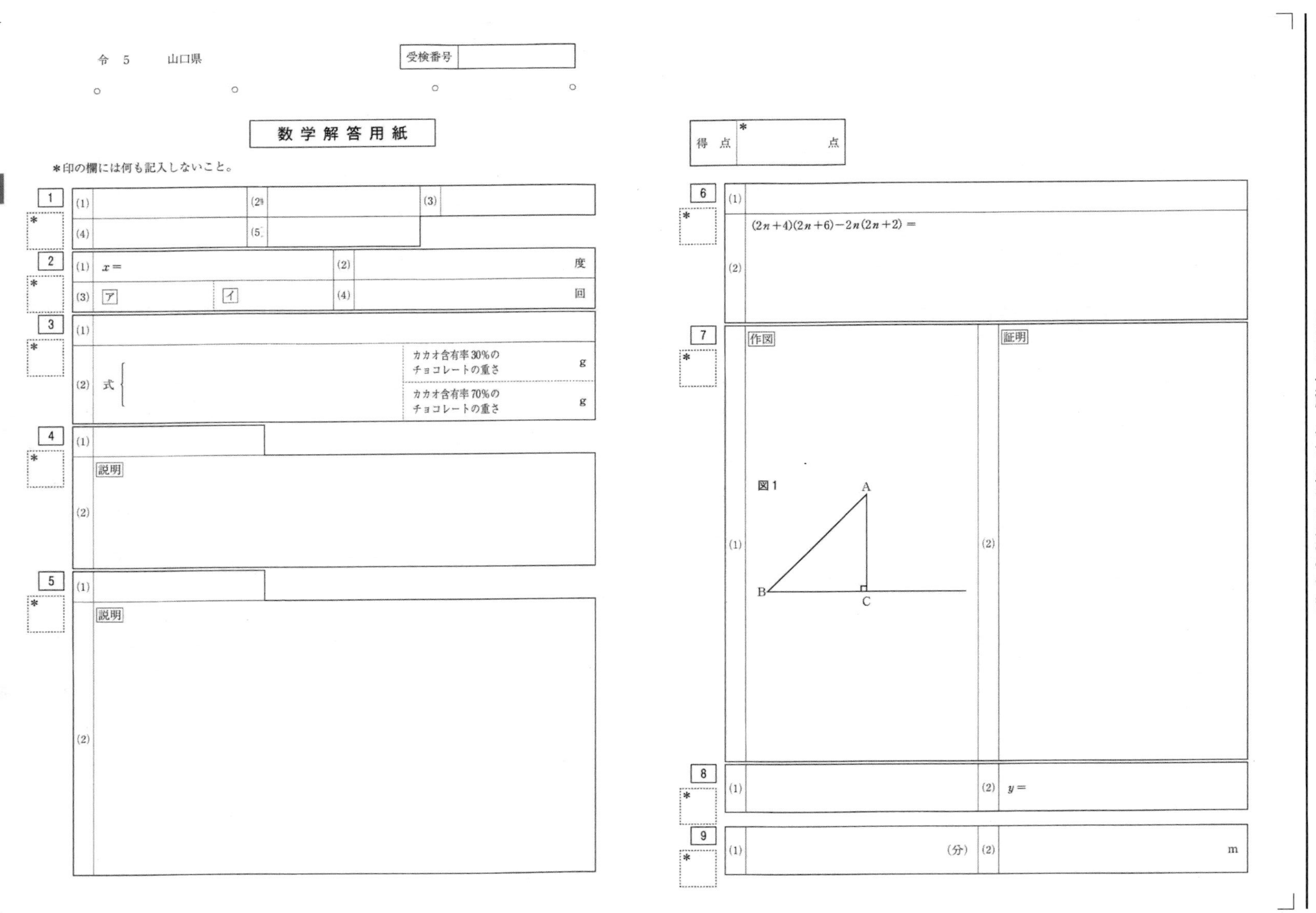

※実物の大きさ：195% 拡大（A3 用紙）

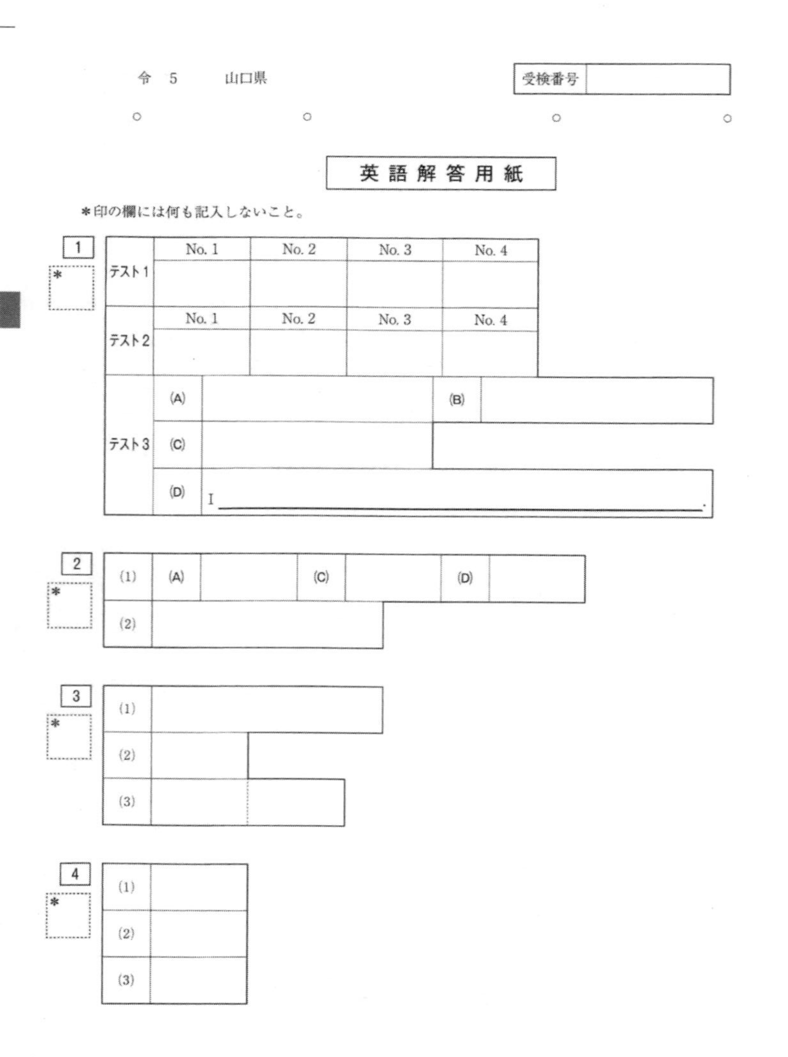

令 5　山口県

受検番号

英 語 解 答 用 紙

＊印の欄には何も記入しないこと。

1 ＊

テスト1	No. 1	No. 2	No. 3	No. 4
テスト2	No. 1	No. 2	No. 3	No. 4
テスト3	(A)		(B)	
	(C)			
	(D) I ______ .			

2 ＊

(1)	(A)		(C)		(D)	
(2)						

3 ＊

(1)	
(2)	
(3)	

4 ＊

(1)	
(2)	
(3)	

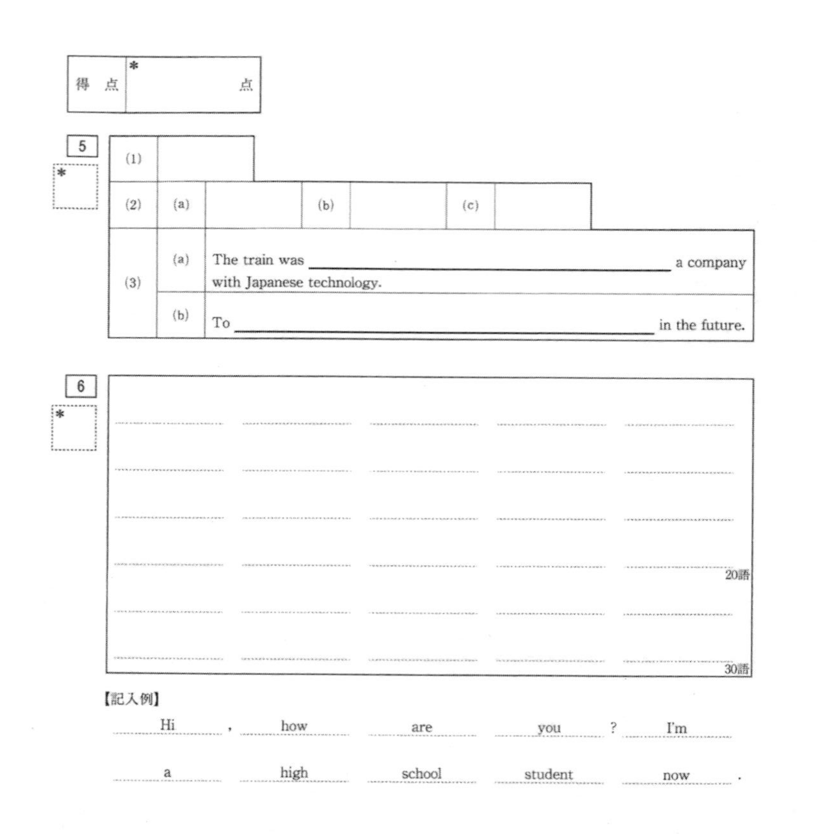

得点 ＊ 点

5 ＊

(1)		
(2)	(a) ｜ (b) ｜ (c)	
(3)	(a)	The train was ______ a company with Japanese technology.
	(b)	To ______ in the future.

6 ＊

20語

30語

【記入例】

Hi , how are you ? I'm

a high school student now .

※実物の大きさ：195% 拡大（A3 用紙）

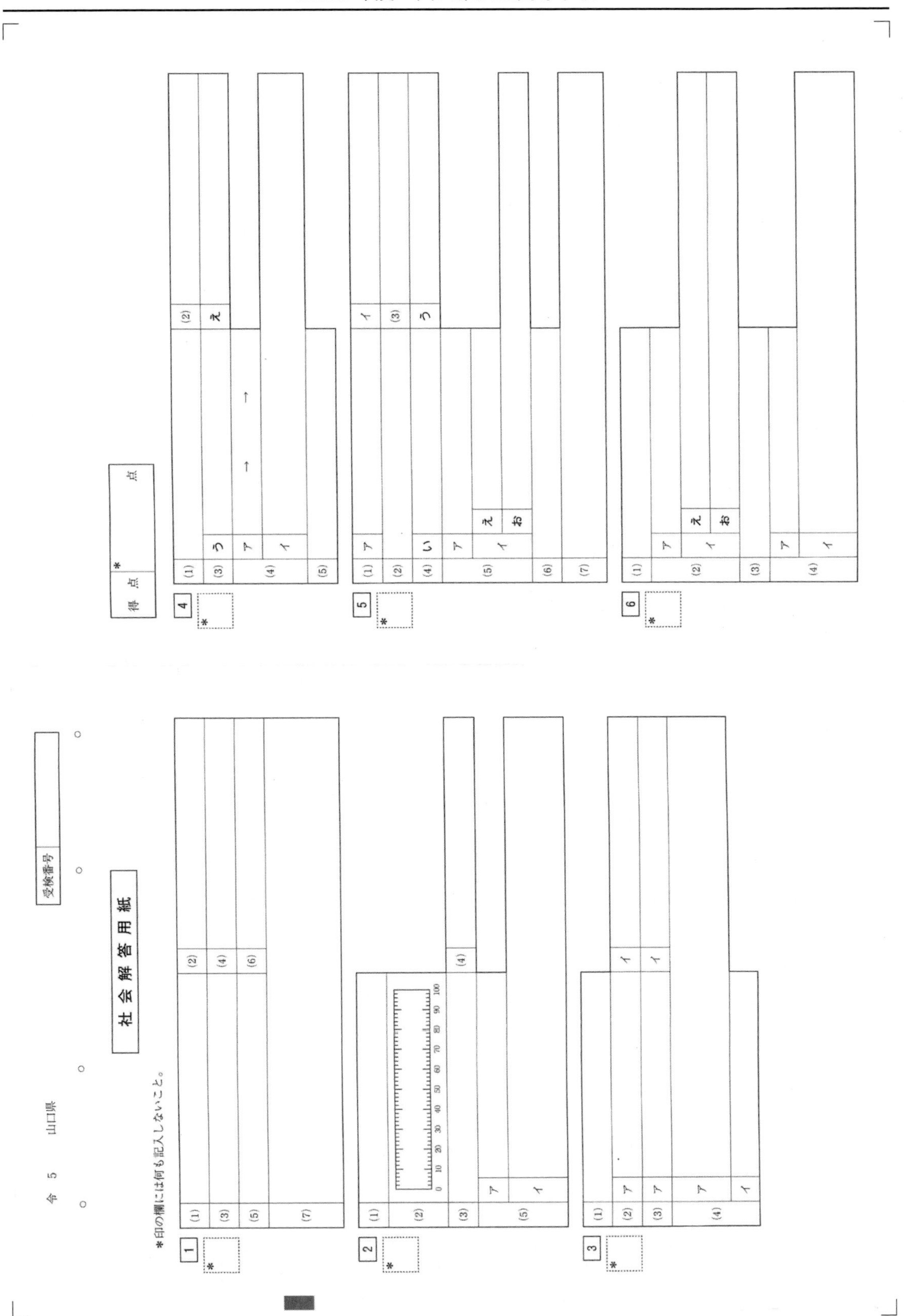

※実物の大きさ：195% 拡大（A3 用紙）

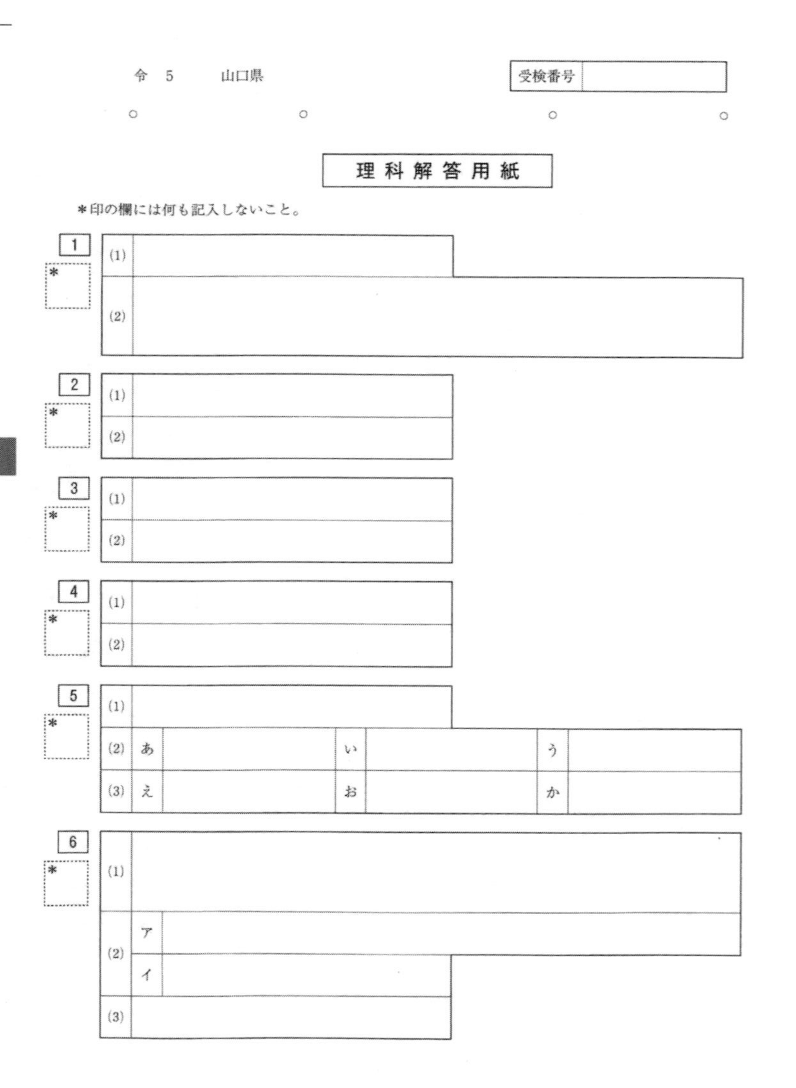

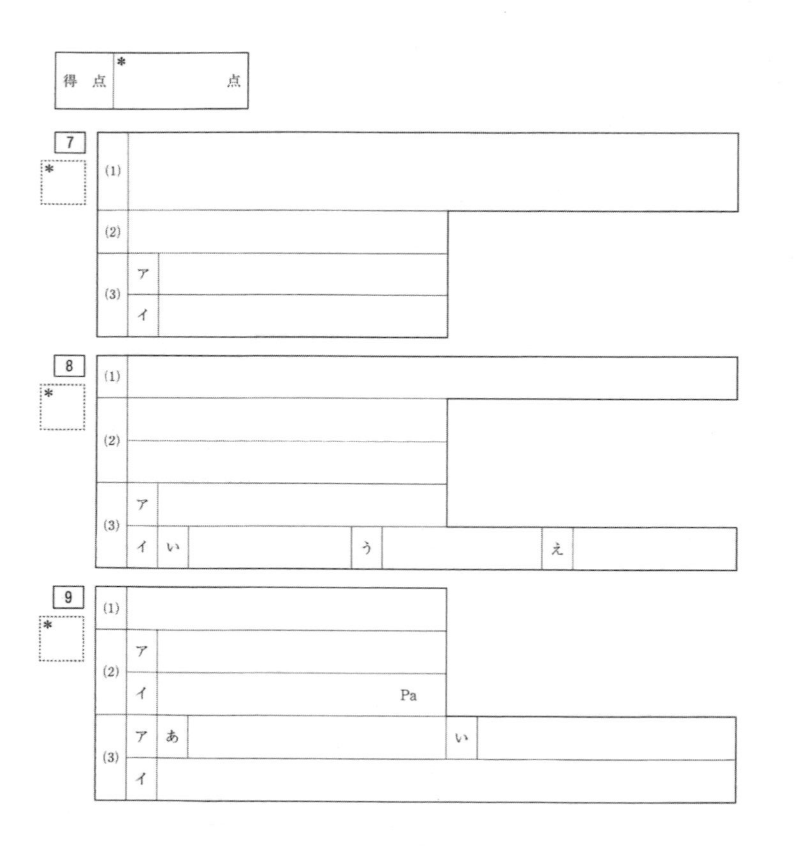

※実物の大きさ：195% 拡大（A3 用紙）

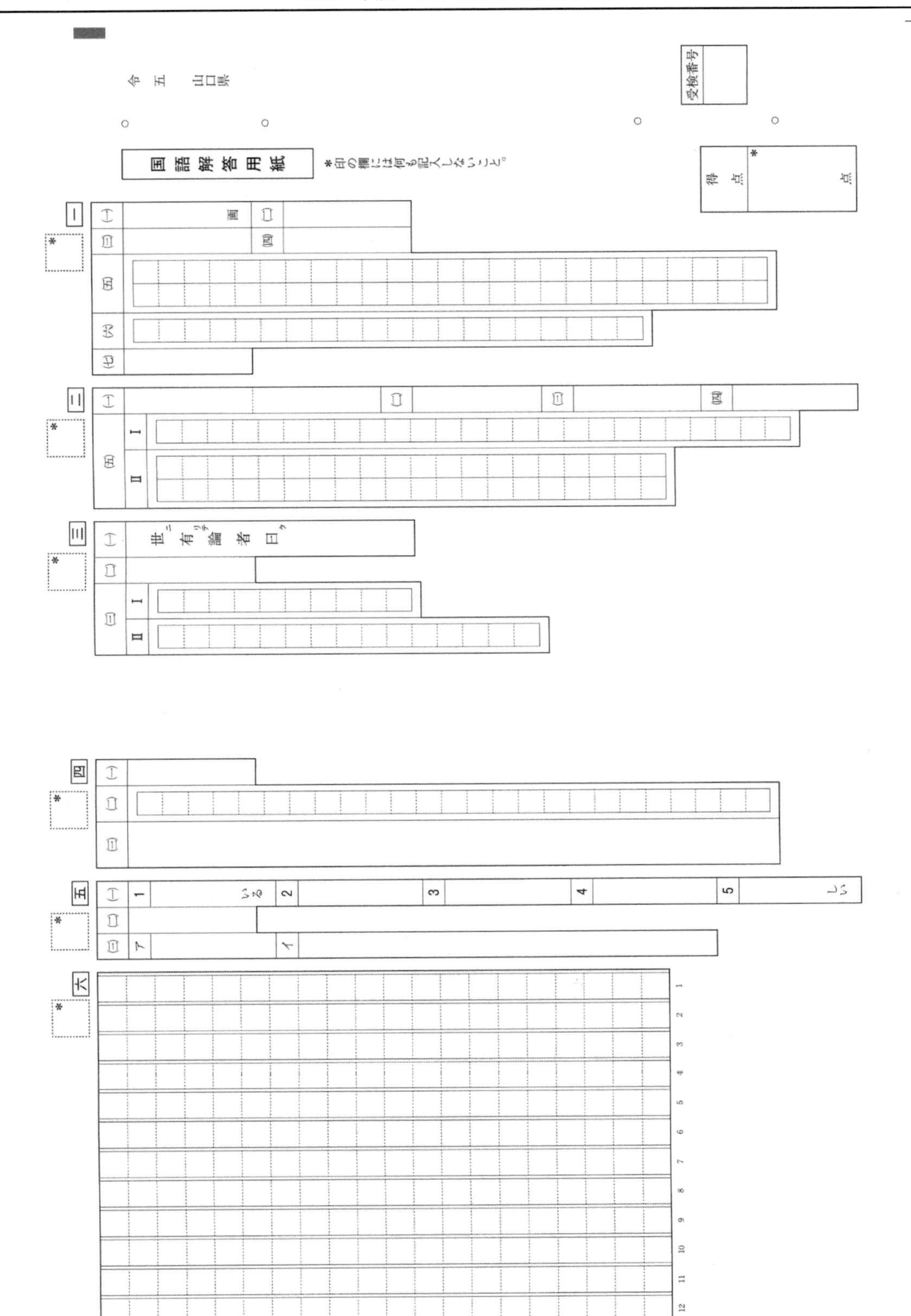

※実物の大きさ：195% 拡大（A3 用紙）

【数　　学】

1 1点×5　2 2点×4　3 (1)2点　(2)3点　4 (1)2点　(2)3点　5 (1)2点　(2)4点
6 (1)2点　(2)3点　7 3点×2　8 (1)2点　(2)3点　9 (1)2点　(2)3点

【英　　語】

1 テスト1．1点×4　テスト2．1点×4　テスト3．(A)～(C)1点×3　(D)2点　2 1点×4
3 (1)2点　(2)1点　(3)2点×2　4 2点×3　5 2点×6　6 8点

【社　　会】

1 (1)～(6)1点×6　(7)2点　2 (1)1点　(2)2点　(3)1点　(4)1点　(5)ア．1点　イ．2点
3 (1)～(3)1点×5　(4)ア．2点　イ．1点　4 (1)～(3)1点×4　(4)ア．1点　イ．2点　(5)1点
5 1点×10（(4)は完答）　6 (1)～(3)1点×5　(4)ア．1点　イ．2点

【理　　科】

1 (1)1点　(2)2点　2 (1)1点　(2)2点　3 (1)1点　(2)2点　4 (1)1点　(2)2点
5 (1)1点　(2)あ．1点　い・う．2点　(3)1点×3　6 (1)2点　(2)2点×2　(3)1点
7 (1)2点　(2)1点　(3)2点×2　8 (1)2点　(2)1点×2　(3)ア．2点　イ．2点
9 (1)1点　(2)2点×2　(3)ア．2点　イ．2点

【国　　語】

一 (一)～(三) 1点×3　(四) 2点　(五) 3点　(六) 2点　(七) 2点
二 (一) 2点　(二) 1点　(三) 1点　(四) 2点　(五) Ⅰ．2点　Ⅱ．3点　三 (一) 1点　(二) 1点　(三) 2点×2
四 2点×3　五 1点×8　六 7点

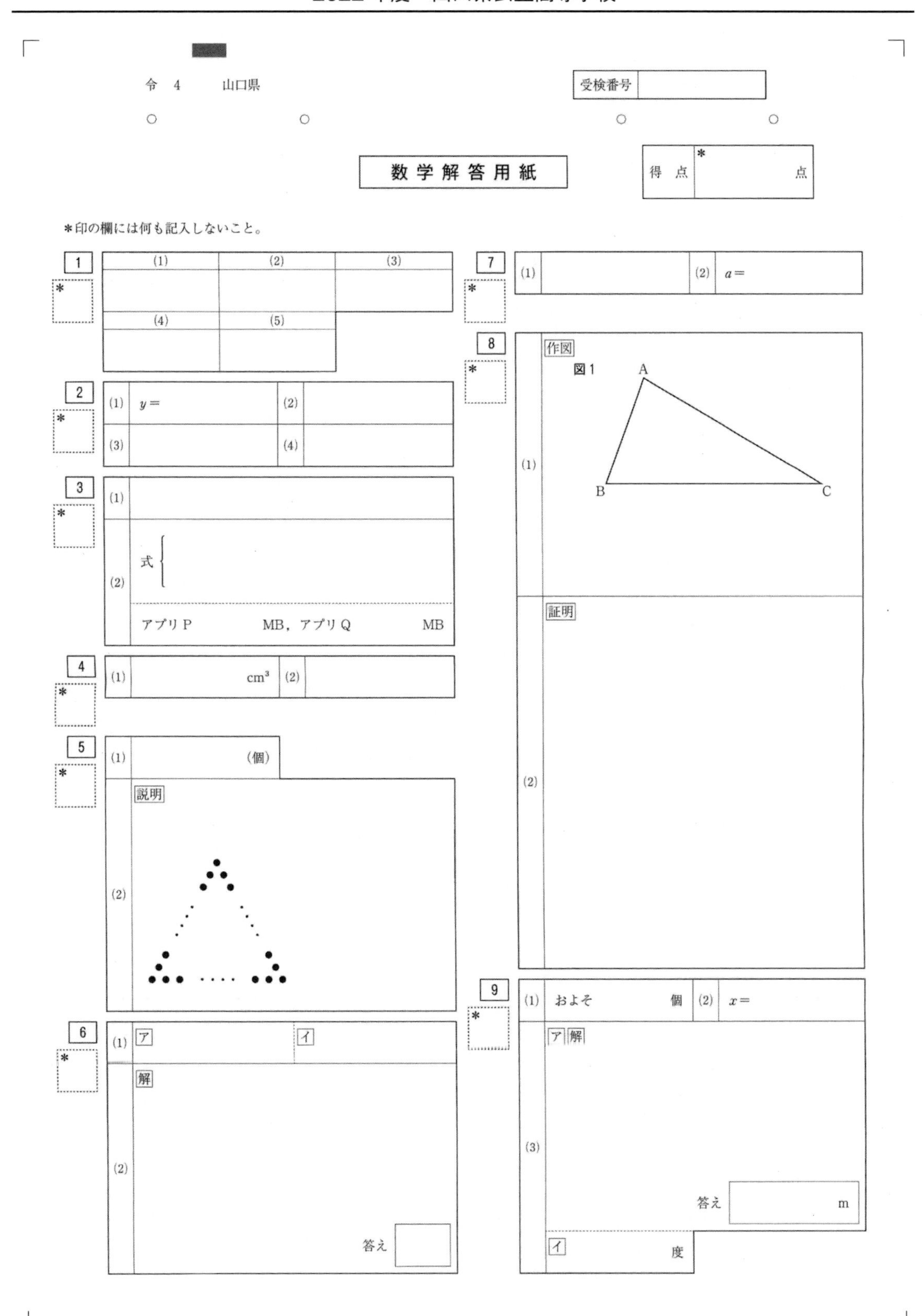

令　4　　山口県

受検番号

数学解答用紙

得点　*　点

*印の欄には何も記入しないこと。

1 (1) (2) (3) (4) (5)

2 (1) $y=$ (2) (3) (4)

3 (1) (2) 式 アプリ P　MB，アプリ Q　MB

4 (1) cm^3 (2)

5 (1) （個） (2) 説明

6 (1) ア イ (2) 解 答え

7 (1) (2) $a=$

8 (1) 作図 図 1 A B C (2) 証明

9 (1) およそ　個 (2) $x=$ (3) ア 解 答え　m イ　度

※実物の大きさ：173% 拡大（B4 用紙）

令　4　　山口県

受検番号

英語解答用紙

得点	＊　　点

＊印の欄には何も記入しないこと。

1

	No. 1	No. 2	No. 3	No. 4
テスト1				
	No. 1	No. 2	No. 3	No. 4
テスト2				

テスト3						
	(A)		(B)		(C)	
	(D)	I ______________________.				

2

(1)	(A)		(C)		(D)	
(2)						

3

(1)	
(2)	
(3)	

4

(1)								
(2)	(a)		(b)		(c)		(d)	
(3)	He should ______________________ and make *tanka* freely.							

5

(1)	
(2)	
(3)	

6

20語

30語

【記入例】

Hi , how are you ? I'm

a high school student now .

※実物の大きさ：173% 拡大（B4用紙）

令　4　　山口県

受検番号

社会解答用紙

得点　＊　点

＊印の欄には何も記入しないこと。

1 ＊

(1)		
(2)		
(3)		
(4)	表Ⅰ	
	図Ⅲ	
(5)		
(6)		

2 ＊

(1)		
(2)		
(3)		
(4)	ア	
	イ	
	ウ	
	エ	

3 ＊

(1)		
(2)	ア	
	イ	
(3)	ア	
	イ	
(4)		
(5)		→　→　→

4 ＊

(1)		
(2)	ア	
	イ	
(3)		
(4)		（産業革命によって）
(5)		
(6)		→　→　→

5 ＊

(1)	ア	
	イ	あ（　　）年 理由
(2)		
(3)	ア	
	イ	
(4)		
(5)		
(6)		
(7)		

6 ＊

(1)		
(2)		→　→
(3)		
(4)	い	
	う	
(5)		
(6)		

※実物の大きさ：173% 拡大（B4 用紙）

令　4　　　山口県

受検番号	

理科解答用紙

得　点	＊　　　点

＊印の欄には何も記入しないこと。

1　＊

(1)	
(2)	

2　＊

(1)	
(2)	図 3

3　＊

(1)	あ	
	い	
(2)		

4　＊

(1)	
(2)	

5　＊

(1)		
(2)		
(3)	ア	
	イ	

6　＊

(1)		
(2)	ア	
	イ	
(3)	方　向	
	根　拠	
(4)		

7　＊

(1)			
(2)			
(3)	ア		
	イ	あ	
		い	
		う	

8　＊

(1)		
(2)		
(3)	ア	
	イ	

9　＊

(1)		
(2)		
(3)		
(4)	あ	
	X	
(5)	い	
	う	

※実物の大きさ：173% 拡大（B4 用紙）

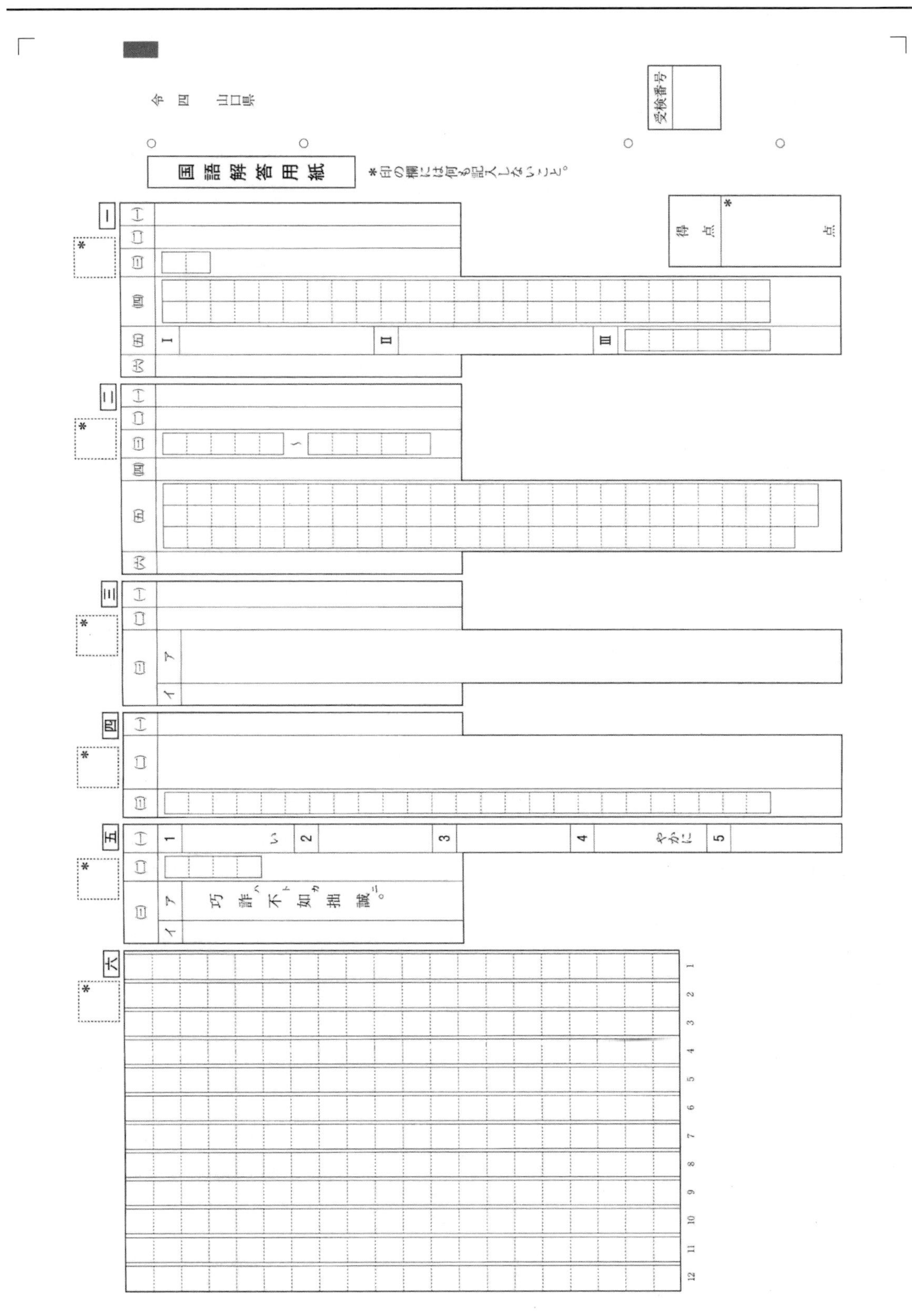

※実物の大きさ：173% 拡大（B4 用紙）

【数　　学】

1 1点×5　2 2点×4　3 (1)2点　(2)3点　4 2点×2　5 (1)1点　(2)3点
6 (1)2点　(2)3点　7 2点×2　8 (1)3点　(2)4点　9 (1)2点　(2)2点　(3)4点

【英　　語】

1 テスト1. 1点×4　テスト2. 1点×4　テスト3. (A)～(C)1点×3　(D)2点　2 1点×4
3 (1)2点　(2)1点　(3)2点×2　4 2点×6　5 2点×3　6 8点

【社　　会】

1 (1)～(3)1点×3　(4)2点　(5)2点　(6)1点
2 (1)～(3)1点×3　(4)ア. 1点　イ. 2点　ウ. 1点　エ. 1点　3 (1)～(3)1点×5　(4)2点　(5)1点
4 (1)～(3)1点×4　(4)2点　(5)1点　(6)1点　5 (1)1点×2　(2)2点　(3)～(7)1点×6
6 (1)～(3)1点×3　(4)2点　(5)2点　(6)1点

【理　　科】

1 (1)2点　(2)1点　2 (1)1点　(2)2点　3 (1)2点　(2)1点　4 (1)1点　(2)2点
5 (1)1点　(2)2点　(3)2点×2　6 (1)1点　(2)ア. 1点　イ. 2点　(3)2点　(4)2点
7 (1)1点　(2)2点　(3)ア. 2点　イ. 1点×3　8 (1)1点　(2)2点　(3)2点×2
9 (1)1点　(2)1点　(3)2点　(4)1点×2　(5)2点

【国　　語】

一 (一)～(三) 1点×3　(四) 3点　(五) Ⅰ. 1点　Ⅱ. 1点　Ⅲ. 2点　(六) 2点
二 (一) 1点　(二) 1点　(三) 2点　(四) 2点　(五) 3点　(六) 2点　三 (一) 1点　(二) 1点　(三) 2点×2
四 (一) 1点　(二) 3点　(三) 2点　五 1点×8　六 7点

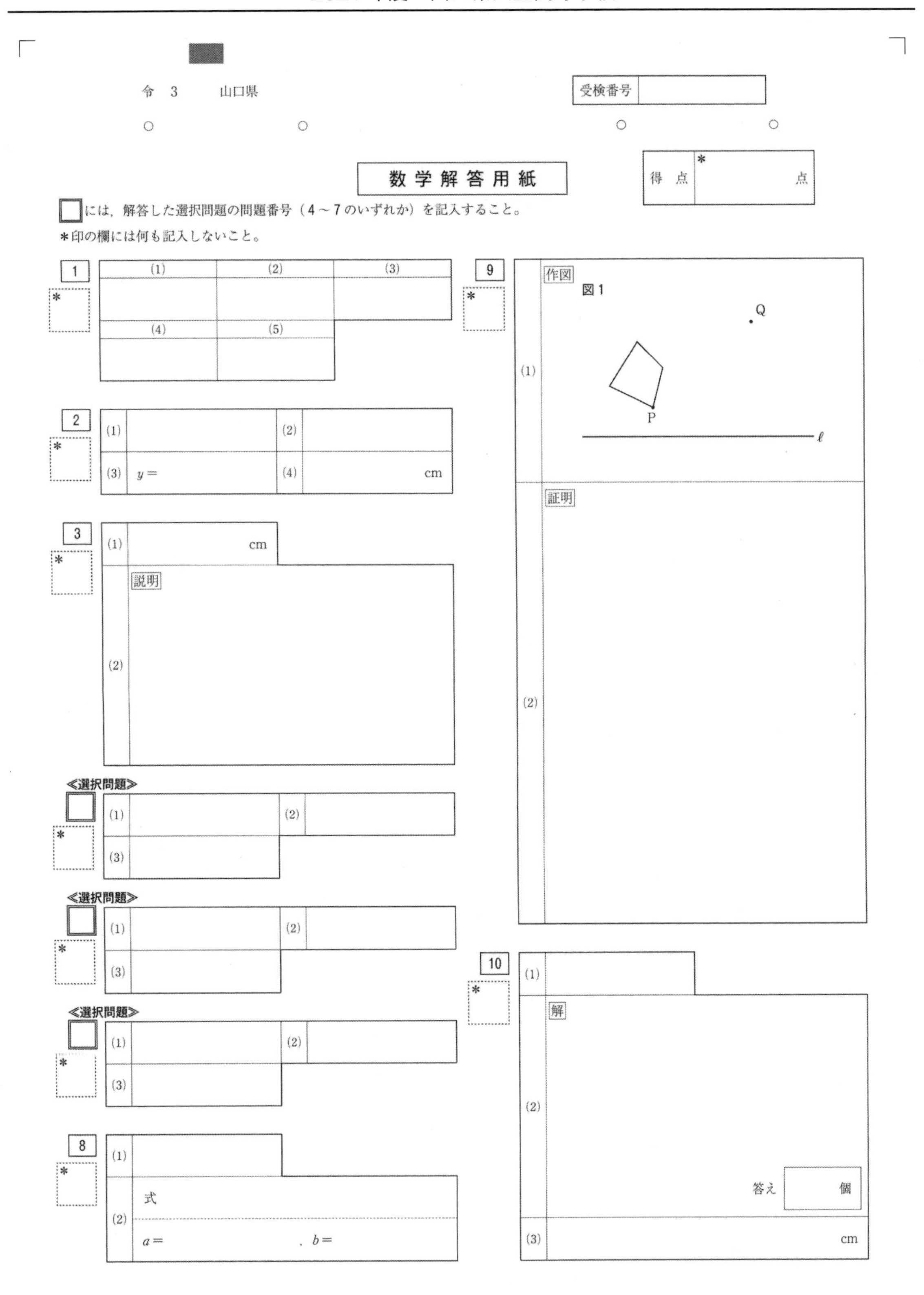

※実物の大きさ：173% 拡大（B4 用紙）

令　3　　山口県

受検番号	

得　点	* 点

英語解答用紙

□には，解答した選択問題の問題番号（2～5のいずれか）を記入すること。

*印の欄には何も記入しないこと。

1

	No. 1	No. 2	No. 3	No. 4
テスト1				
	No. 1	No. 2	No. 3	No. 4
テスト2				

テスト3						
	(A)		(B)		(C)	
	(D)	We will ________.				

≪選択問題≫ □

(1)	(A)			
(2)	(B)	( )		
(3)	(C)		(D)	

≪選択問題≫ □

(1)	(A)			
(2)	(B)	( )		
(3)	(C)		(D)	

≪選択問題≫ □

(1)	(A)			
(2)	(B)	( )		
(3)	(C)		(D)	

6

(1)	(A)	________ in your family?
(2)	(B)	
(3)	(C)	
(4)		

7

(1)						
(2)	(a)		(b)			
(3)	①		②		③	

8

(1)	(A)		(B)		(C)	
(2)	(D)	________?				

※実物の大きさ：173% 拡大（B4 用紙）

令　3　　山口県

受検番号	

社会解答用紙

得　点	* 点

□には，解答した選択問題の問題番号（1～4のいずれか）を記入すること。

＊印の欄には何も記入しないこと。

≪選択問題≫

□ ＊

(1)	
(2)	
(3)	

≪選択問題≫

□ ＊

(1)	
(2)	
(3)	

≪選択問題≫

□ ＊

(1)	
(2)	
(3)	

5 ＊

(1)	
(2)	
(3)	
(4)	
(5)	
(6)	
(7)	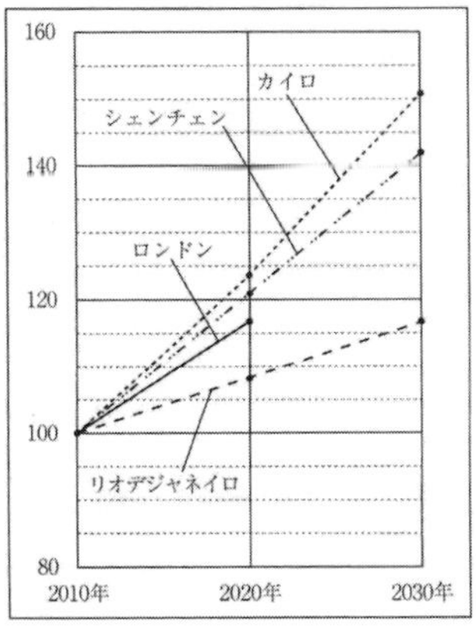

160
140
120
100
80
カイロ
シェンチェン
ロンドン
リオデジャネイロ
2010年
2020年
2030年

6 ＊

(1)	ア	
	イ	a（　　　） b（　　　）
(2)		
(3)		
(4)		
(5)		
(6)		

7 ＊

(1)	
(2)	
(3)	
(4)	
(5)	
(6)	
(7)	

8 ＊

(1)		
(2)		
(3)		
(4)		
(5)	ア	
	イ	
(6)		
(7)		

※実物の大きさ：173% 拡大（B4 用紙）

令　3　　山口県

受検番号	

理科解答用紙

得　点	* 点

□には，解答した選択問題の問題番号（1～4のいずれか）を記入すること。

＊印の欄には何も記入しないこと。

≪選択問題≫

(1)	
(2)	
(3)	

≪選択問題≫

(1)	
(2)	
(3)	

≪選択問題≫

(1)	
(2)	
(3)	

5

(1)	
(2)	
(3)	
(4)	

6

(1)		
(2)		
(3)	ア	
	イ	

7

(1)	
(2)	
(3)	
(4)	

8

(1)		
(2)		
(3)	該当する部分	図1
	名　称	
(4)		

9

(1)			
(2)			Wh
(3)	ア		
	イ	あ	
		い	

※実物の大きさ：173% 拡大（B4 用紙）

令三　山口県

国語解答用紙

□には、解答した選択問題の問題番号（三～六のいずれか）を記入すること。

*印の欄には何も記入しないこと。

受検番号

得点 *　点

一
(一) 画め
(二) 1　2
(三)
(四)
(五)
(六)
(七)
*

二
(一) 1 われ　2　3 んで　4
(二)
(三)
(四)
(五)
(六)
*

〈選択問題〉□
(一)
(二)
(三)
*

〈選択問題〉□
(一)
(二)
(三)
*

〈選択問題〉□
(一)
(二)
(三)
*

七
(一)
(二) 1 2 3 4 5 6 7 8 9 10 11 12
*

※実物の大きさ：173% 拡大（B4用紙）

【数　学】

1 1点×5　2 2点×4　3 2点×2　4 (1)1点 (2)2点 (3)2点　5 (1)1点 (2)2点 (3)2点
6 (1)1点 (2)2点 (3)2点　7 (1)1点 (2)2点 (3)2点　8 (1)1点 (2)3点　9 (1)3点 (2)4点
10 (1)2点 (2)3点 (3)2点

【英　語】

1 テスト1. 1点×4　テスト2. 1点×4　テスト3. (A)〜(C)1点×3 (D)2点
2 (1)1点 (2)2点 (3)1点×2　3 (1)1点 (2)2点 (3)1点×2　4 (1)1点 (2)2点 (3)1点×2
5 (1)1点 (2)2点 (3)1点×2　6 (1)〜(3)2点×3 (4)1点×2　7 (1)1点 (2)1点×2 (3)2点×3
8 (1)1点×3 (2)2点

【社　会】

1 (1)2点 (2)1点 (3)2点　2 (1)2点 (2)1点 (3)2点　3 (1)2点 (2)1点 (3)2点
4 (1)2点 (2)1点 (3)2点　5 (1)〜(4)1点×4 (5)2点 (6)1点 (7)2点
6 (1)ア. 1点 イ. 2点 (2)1点 (3)1点 (4)2点 (5)1点 (6)1点
7 (1)〜(4)1点×4 (5)2点 (6)1点 (7)1点　8 (1)〜(4)1点×4 (5)ア. 1点 イ. 2点 (6)1点 (7)1点

【理　科】

1 (1)1点 (2)2点 (3)2点　2 (1)1点 (2)2点 (3)2点　3 (1)1点 (2)2点 (3)2点
4 (1)1点 (2)2点 (3)2点　5 (1)1点 (2)〜(4)2点×3　6 (1)1点 (2)2点 (3)2点×2
7 (1)2点 (2)1点 (3)2点 (4)2点　8 (1)1点 (2)2点 (3)1点×2 (4)2点
9 (1)1点 (2)2点 (3)2点×2

【国　語】

一 (一)〜(三) 1点×4 (四) 2点 (五) 2点 (六) 3点 (七) 2点
二 (一) 1点×4 (二) 1点 (三) 2点 (四) 3点 (五) 2点 (六) 2点　三 (一) 1点 (二) 2点 (三) 2点
四 (一) 1点 (二) 2点 (三) 2点　五 (一) 1点 (二) 2点 (三) 2点　六 (一) 1点 (二) 2点 (三) 2点
七 (一) 1点 (二) 7点

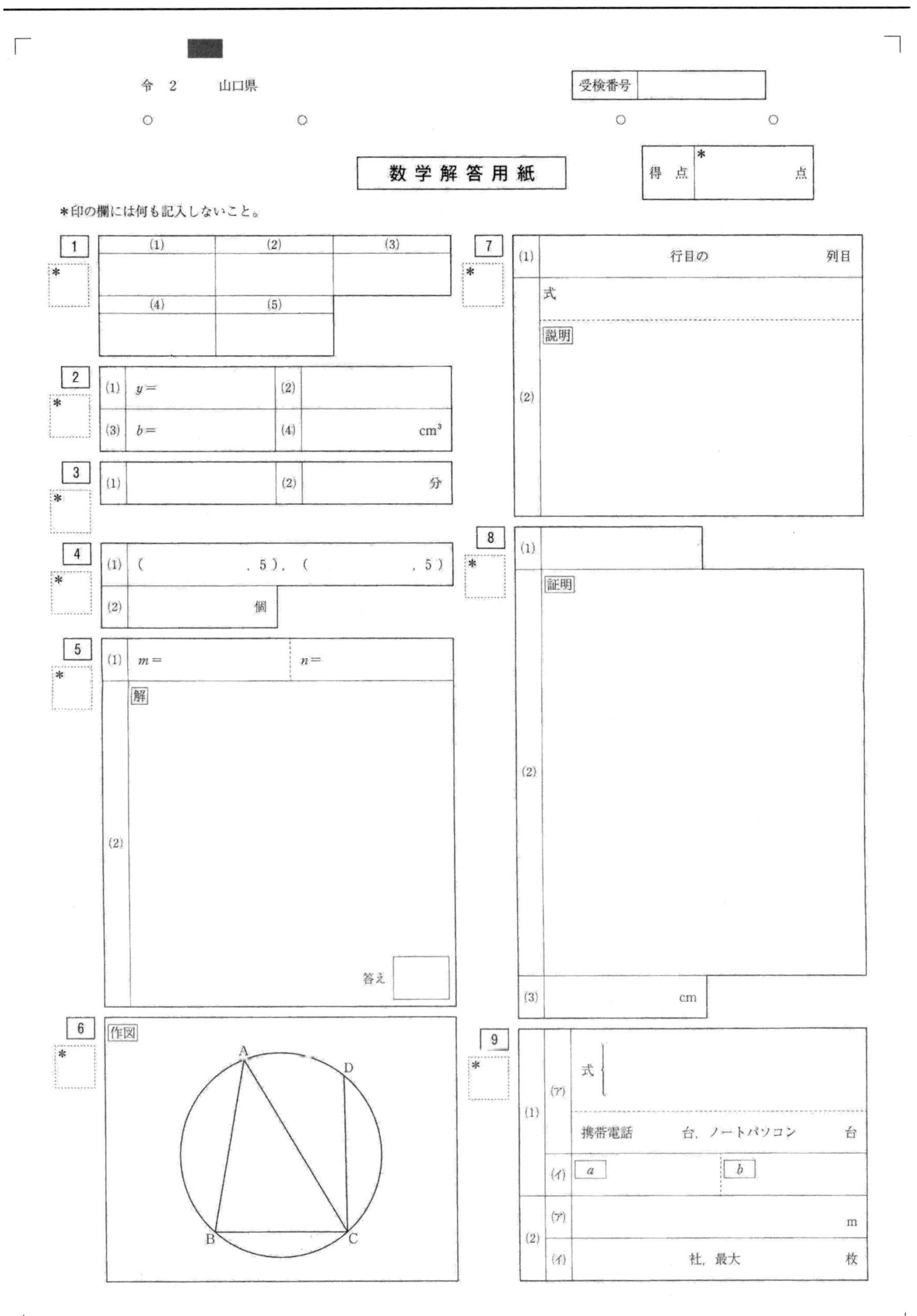

※実物の大きさ：173% 拡大（B4 用紙）

令　2　　山口県

受検番号	

英語解答用紙

得点	* 点

＊印の欄には何も記入しないこと。

1

テスト1	No. 1	No. 2	No. 3	No. 4

テスト2	No. 1	No. 2	No. 3	No. 4

テスト3					
(A)	It was a present given ＿＿＿＿ when she was in elementary school.				
(B)		(C)		(D)	

2

(1)	(A)		(C)		(E)	
(2)	(B)					
(3)	(D)	Each *wagashi* in this shop is so ＿＿＿＿ it.				

3

(1)	(A)	＿＿＿＿ with me?
(2)	(B)	
(3)	(C)	
(4)		
(5)		

4

(1)						
(2)	(a)		(b)		(c)	
(3)	①		②		③	

5

(1)	(A)		(B)		(C)	
(2)	(D)	＿＿＿＿.				

※実物の大きさ：173% 拡大（B4 用紙）

令　2　　山口県

受検番号	

社会解答用紙

得点	* 点

＊印の欄には何も記入しないこと。

1 ＊

(1)	
(2)	
(3)	

2 ＊

(1)	
(2)	
(3)	

3 ＊

(1)	
(2)	
(3)	

4 ＊

(1)	
(2)	
(3)	世紀
(4)	
(5)	
(6)	
(7)	→ →
(8)	

5 ＊

(1)	
(2)	
(3)	
(4)	
(5)	

6 ＊

(1)		あ　　い　　う
(2)		
(3)		
(4)	ア	州
	イ	a　　b
	ウ	
(5)		

7 ＊

(1)	ア	
	イ	
	ウ	
	エ	
(2)	ア	
	イ	
	ウ	
	エ	
	オ	
	カ	

※実物の大きさ：173% 拡大（B4 用紙）

令　2　　山口県

受検番号	

理科解答用紙

得 点	* 点

*印の欄には何も記入しないこと。

1 *

(1)	
(2)	

2 *

(1)	
(2)	

3 *

(1)	
(2)	

4 *

(1)	
(2)	

5 *

(1)	a	
	b	
(2)		
(3)		
(4)		

6 *

(1)		
(2)	g	
(3)		
(4)	バリウムイオン	硫酸イオン

7 *

(1)	倍
(2)	図 4
(3)	
(4)	

8 *

(1)		
(2)		
(3)		
(4)	区間	地層にはたらいた力

9 *

(1)		
(2)		
(3)	あ	
	い	
(4)		

※実物の大きさ：173% 拡大（B4 用紙）

令二　山口県

受検番号

国語解答用紙

＊印の欄には何も記入しないこと。

得点　＊　点

一
(一) 画
(二)
(三)
(四)
(五)
(六)
(七)

二
(一) 1　2 なく
(二)
(三)
(四)
(五)
(六)
(七) Ⅰ　Ⅱ

三
(一)
(二)
(三)

四
(一) 聖人終身言治
(二)
(三) Ⅰ　Ⅱ

五
1 で　2　3 び　4　5

六
(一)
(二) 1 2 3 4 5 6 7 8 9 10 11 12

※実物の大きさ：173% 拡大（B4 用紙）

令 2　山口県　受検番号

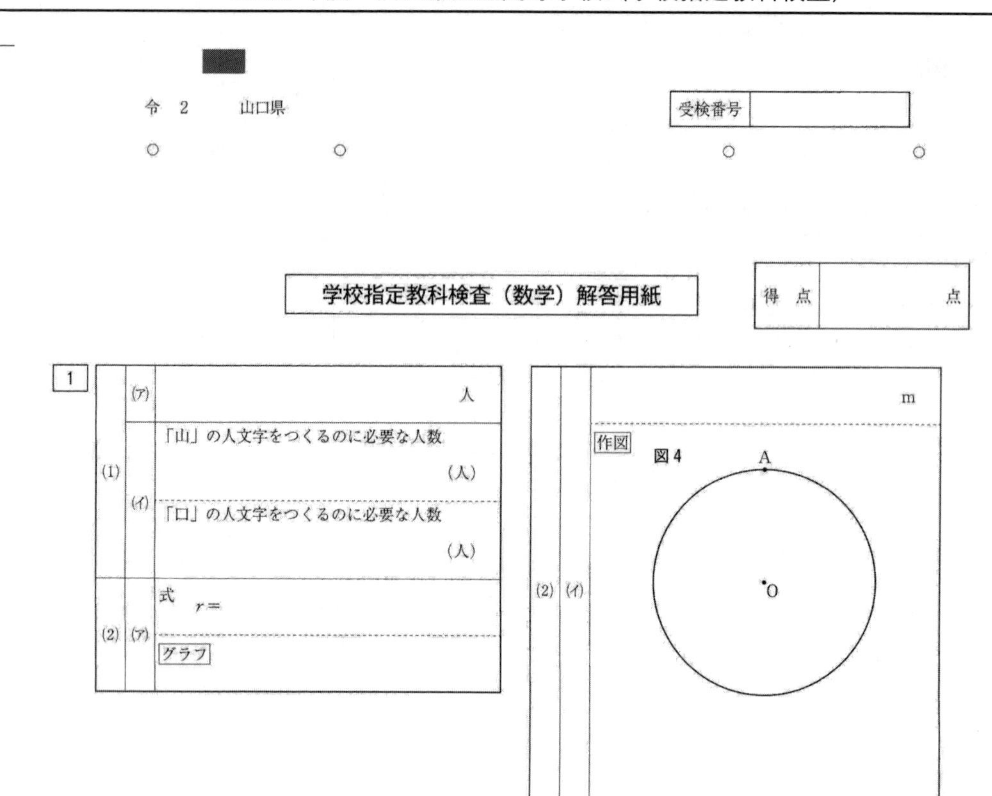

※実物の大きさ：173% 拡大（B4 用紙）

令　2　　山口県

受検番号	

学校指定教科検査（英語）解答用紙

得　点	点

1

(1)	(A)	→ →
(2)	(B)	
(3)	(C)	
(4)	______ the information?	
(5)	I usually ______.	

20語

30語

（記入例）

Hi ,	how	are	you ?	I'm
a	high	school	student	now .

令二　山口県

受検番号

学校指定教科検査（国語）解答用紙

得点　　点

一

㈠

㈡　実在する事物A

非実在の事物B

㈢

㈣　Ⅰ

Ⅱ

※実物の大きさ：173% 拡大（B4 用紙）

■本検査

【数　　学】

1 1点×5　2 2点×4　3 2点×2　4 2点×2　5 (1)2点　(2)3点　6 3点
7 (1)1点　(2)4点　8 (1)1点　(2)4点　(3)2点　9 (1)(ア) 3点　(イ) 2点　(2)2点×2

【英　　語】

1 テスト1. 1点×4　テスト2. 1点×4　テスト3. (A)2点　(B)〜(D)1点×3
2 (1)1点×3　(2)1点　(3)2点　3 2点×6　4 2点×7　5 (1)1点×3　(2)2点

【社　　会】

1 1点×3　2 1点×3　3 1点×3　4 (1)〜(3)1点×3　(4)2点　(5)1点　(6)1点　(7)2点　(8)1点
5 (1)〜(3)1点×3　(4)2点　(5)2点　6 (1)〜(3)1点×3　(4)ア. 1点　イ. 2点　ウ. 2点　(5)2点
7 (1)ア〜ウ. 1点×3　エ. 2点　(2)ア. 1点　イ. 2点　ウ. 1点　エ. 2点　オ. 1点　カ. 2点

【理　　科】

1 (1)1点　(2)2点　2 (1)1点　(2)2点　3 (1)1点　(2)2点　4 (1)1点　(2)2点
5 (1)1点×2　(2)〜(4)2点×3　6 (1)1点　(2)〜(4)2点×3　7 2点×4　8 (1)1点　(2)〜(4)2点×3
9 (1)1点　(2)2点　(3)3点　(4)2点

【国　　語】

一 (一) 1点　(二) 1点　(三) 2点　(四) 1点　(五) 2点　(六) 3点　(七) 2点
二 (一)〜(四) 1点×5　(五) 2点　(六) 2点　(七) Ⅰ. 2点　Ⅱ. 3点　三 (一) 1点　(二) 2点　(三) 2点
四 (一) 1点　(二) 1点　(三) Ⅰ. 2点　Ⅱ. 1点　五 1点×5　六 (一) 2点　(二) 7点

■学校指定教科検査

【数　　学】 1 (1)(ア) 2点　(イ) 4点　(1)(ア) 3点　(イ) 3点×2

【英　　語】 1 (1)〜(3)2点×3　(4)3点　(5)6点

【国　　語】 一 (一) 2点　(二) 2点×2　(三) 5点　(四) 2点×2

~MEMO~

~MEMO~

~MEMO~

~*MEMO*~

~MEMO~